汶川特大地震
剑阁抗震救灾志

WENCHUANTEDADIZHEN JIANGEKANGZHENJIUZAIZHI

剑阁县地方志编纂委员会　编

方志出版社
Publishing House of Local Records

图书在版编目(CIP)数据

汶川特大地震剑阁抗震救灾志/剑阁县地方志编纂委员会编. —北京:方志出版社,2019.1

ISBN 978-7-5144-3607-5

Ⅰ.①汶… Ⅱ.①剑… Ⅲ.①抗震救灾—概况—剑阁县—2008 Ⅳ.①D632.5

中国版本图书馆 CIP 数据核字(2019)第 024670 号

汶川特大地震剑阁抗震救灾志

编　　者:剑阁县地方志编纂委员会
责任编辑:何明忠

出 版 人:冀祥德
出 版 者:方 志 出 版 社
地址　北京市朝阳区潘家园东里 9 号(国家方志馆 4 层)
邮编　100021
网址　http://www.fzph.org
发　　行:方志出版社发行中心
电话(010)67110500
经　　销:各地新华书店
印　　刷:成都市前智印务有限责任公司

开　　本:889×1194　1/16
印　　张:25.25
字　　数:635 千
版　　次:2019 年 1 月第 1 版　2019 年 1 月第 1 次印刷
印　　数:0001~1000 册

ISBN 978-7-5144-3607-5　定价:318.00 元

剑阁县城区图

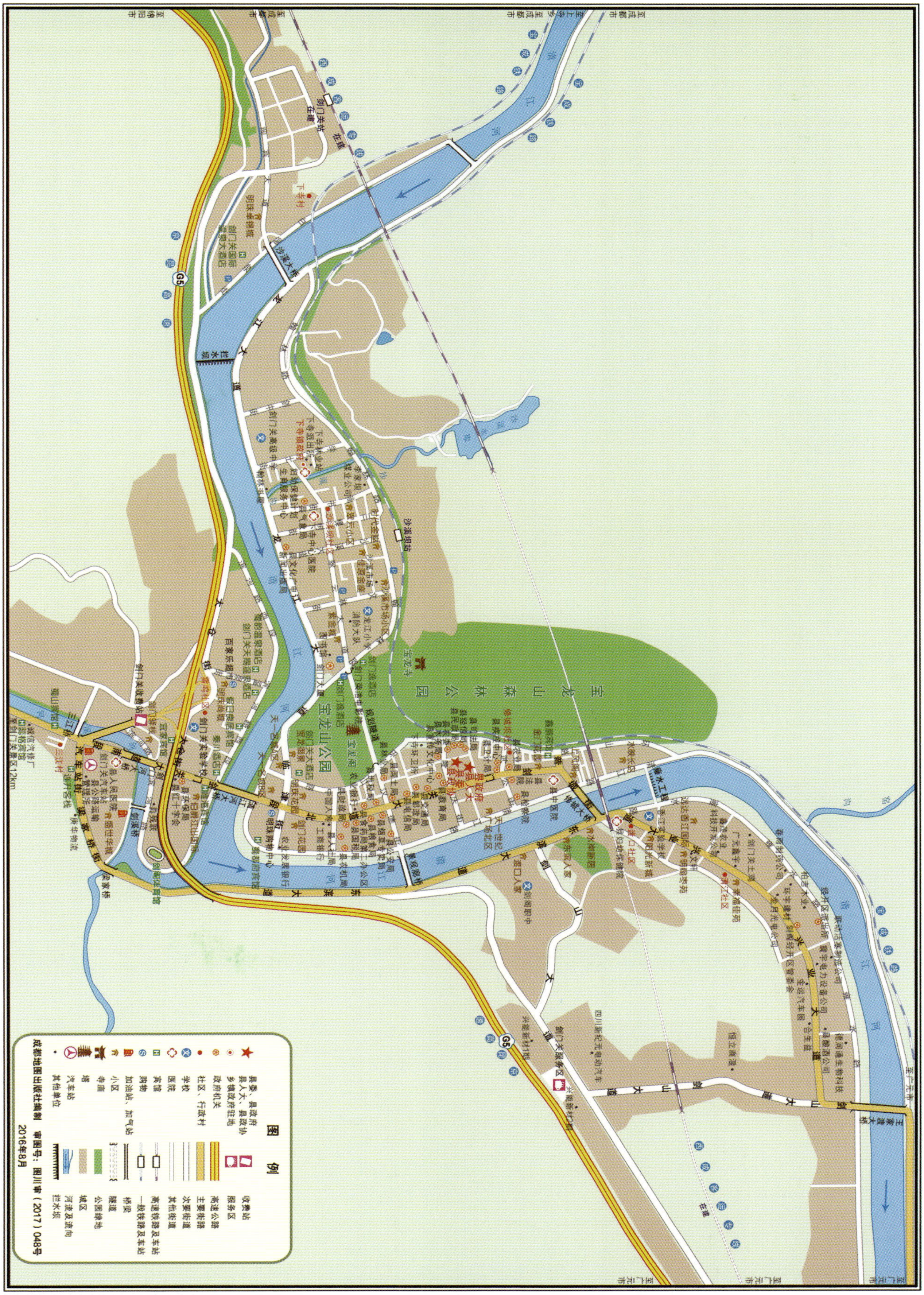

宝龙山公园
宝龙山森林公园
G5
清江河
闻溪河
图例
成都地图出版社编制
审图号：图川审（2017）048号
2016年8月

县城全景

地质灾害

剑门关山体滑坡

翠云廊景区山体滑坡

柘坝乡地裂

毛坝乡宝桥村地裂

民房损毁

上寺乡民房屋垮塌

演圣镇民房垮塌

开封镇民房受损

毛坝乡民房垮塌

元山镇民房损毁

普安镇民房受损

剑门关镇民房受损

民房受损

索伊冰箱
中日合资
上海名牌
因为您需要 "索伊"我来造
索伊冰箱好
中国大陆免费热线:400 820 2696
800 820 2696

民房受损

民房受损

民房受损

民房受损

民房受损

道路损毁

公路损毁

广播电视设备破坏

郑家山广播电视调频台受损

县广播电视台录像录音室受损

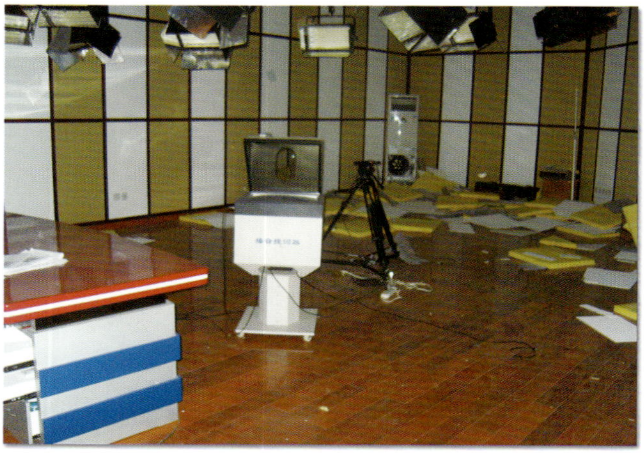

县广播电视台广电前端传输机房受损

盐店广电站倒塌的机房

文化遗产破坏

文峰塔受损

剑门关关楼受损

剑门关景区景点受损

农业服务用房损失

马灯乡原农技站房屋受损

县农场房屋垮塌

白龙镇农业服务中心房屋受损

机关房屋损失

剑门关派出所房屋受损

元山派出所房屋受损

县交通局办公楼受损

县畜牧食品局办公楼受损

学校房屋损失

公兴中学教师宿舍受损

剑州中学教学楼损毁

开封小学教学楼受损

盐店小学受损

卫生用房损失

开封中心卫生院房屋受损

江口中心卫生院房屋受损

县计生技术指导站职工宿舍受损

卫生业务用房受损

组织指挥

县委部署抢险救灾工作

四川省委书记刘奇葆（左）到剑阁指导抢险救灾

四川省委副书记、省长蒋巨峰（左二）到剑阁指导抢险救灾

广元市委书记罗强（中）到剑阁指导抢险救灾

广元市政府副市长余建（中）到剑阁指导抢险救灾

广元市法院领导到剑阁指导抢险救灾

广元市司法局领导到剑阁指导抢险救灾

紧急救护

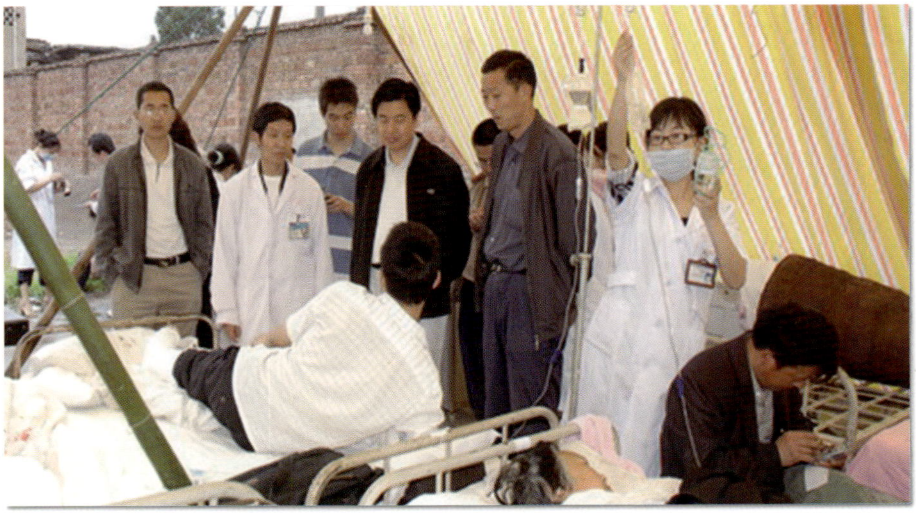

县长田中文（右四）到临时篷布医院看望伤员

县委常委、宣传部长贾小玲（左二）到临时篷布医院看望伤员

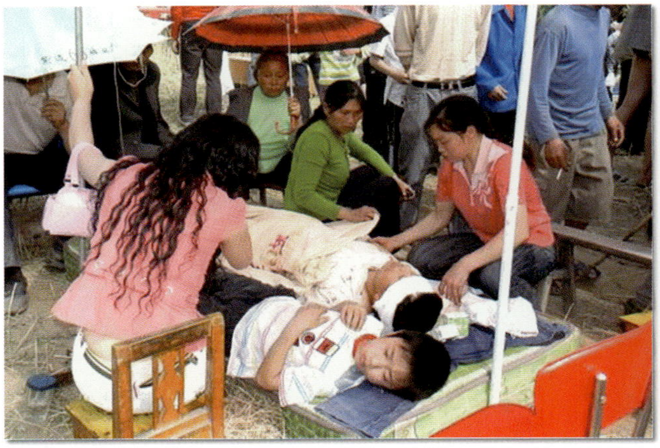

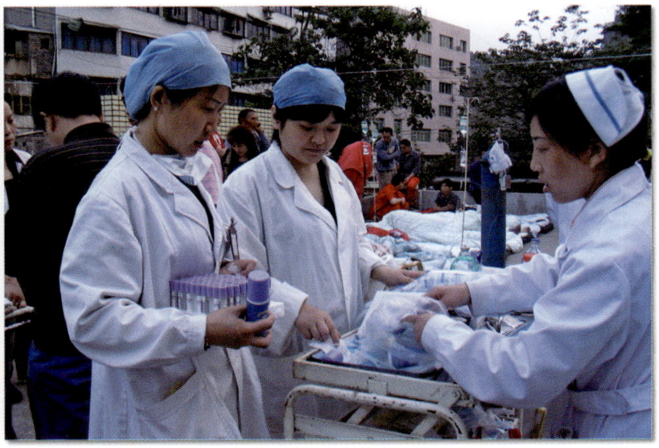

救治伤员

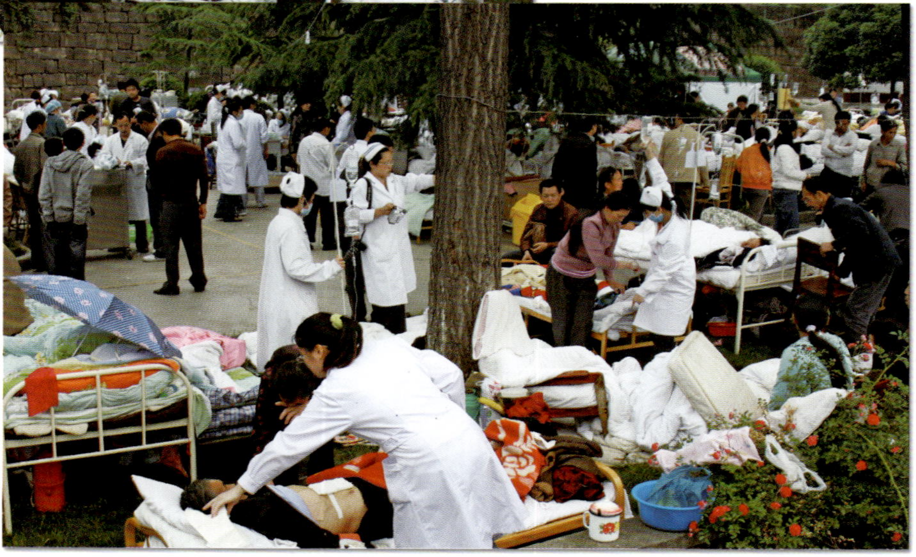

震后临时住院部

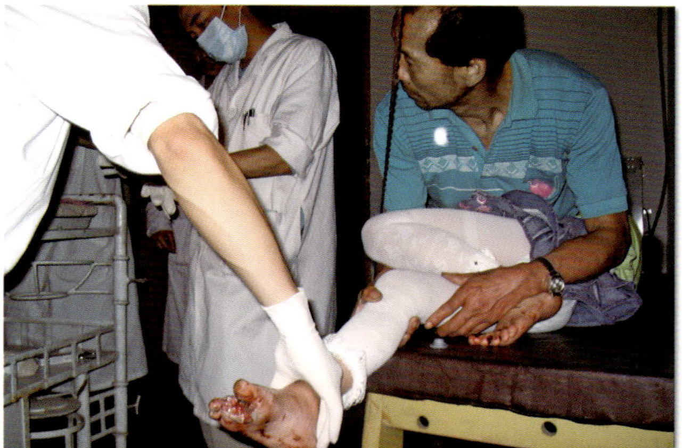

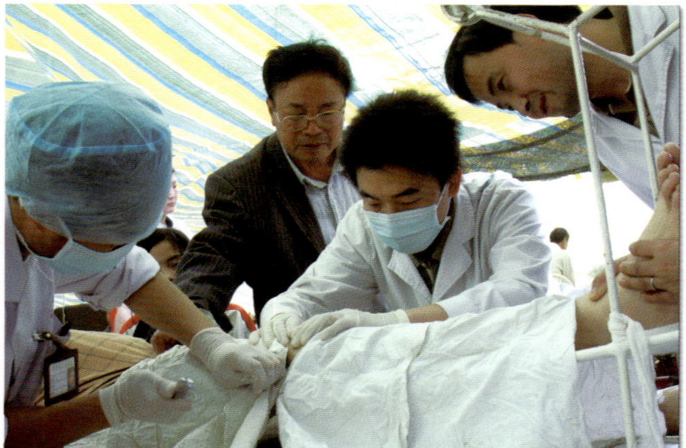

为地震伤员清创缝合

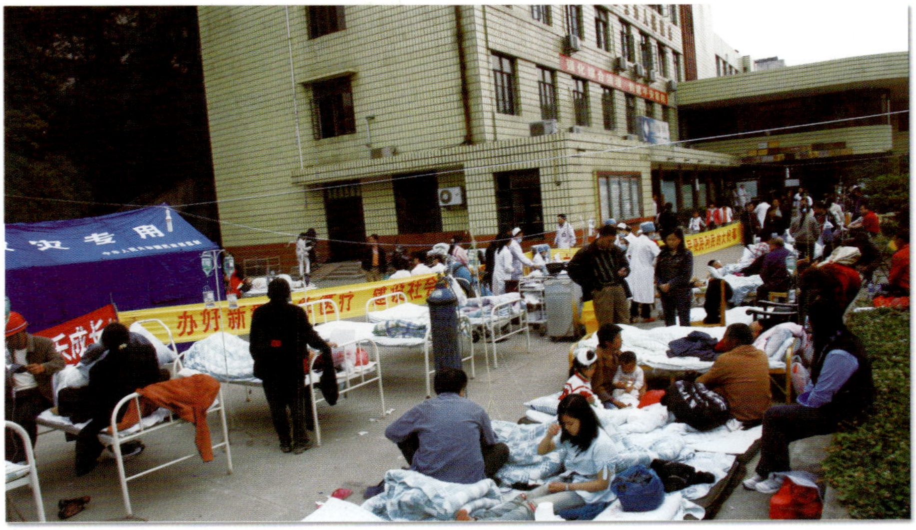

震后急诊

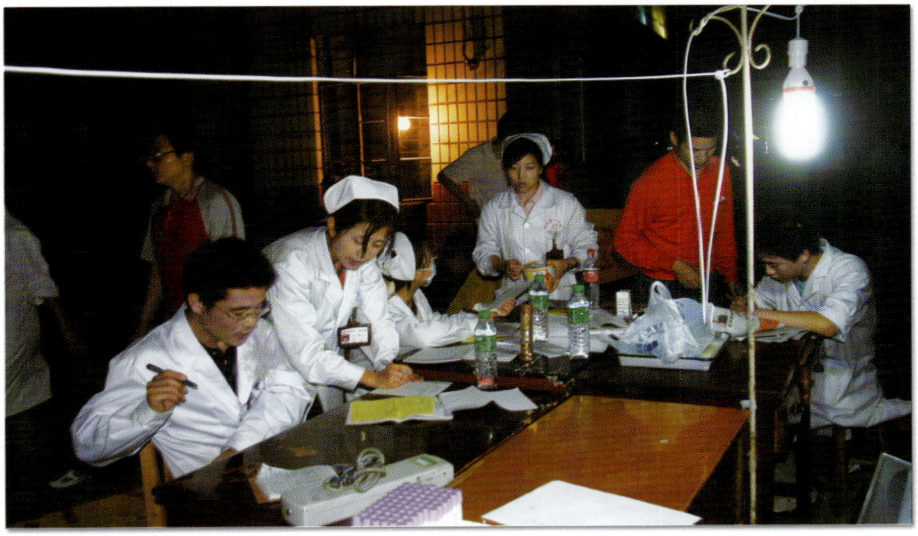

医护人员紧急会诊

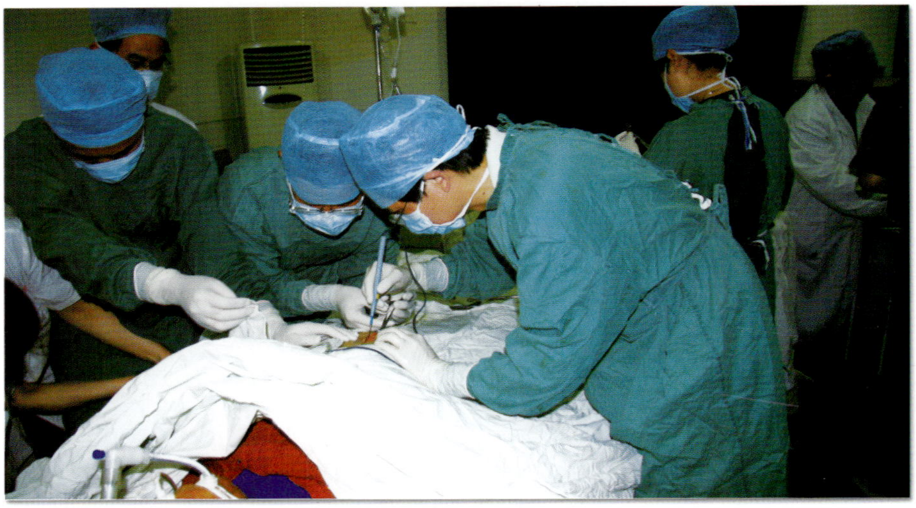

抢救地震伤员

紧急转移

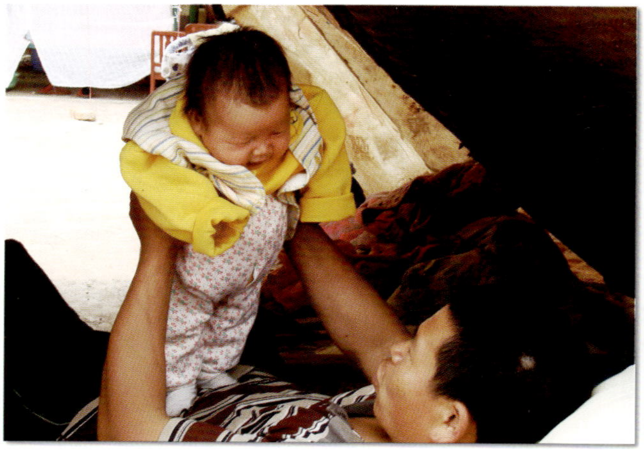

转移受灾群众

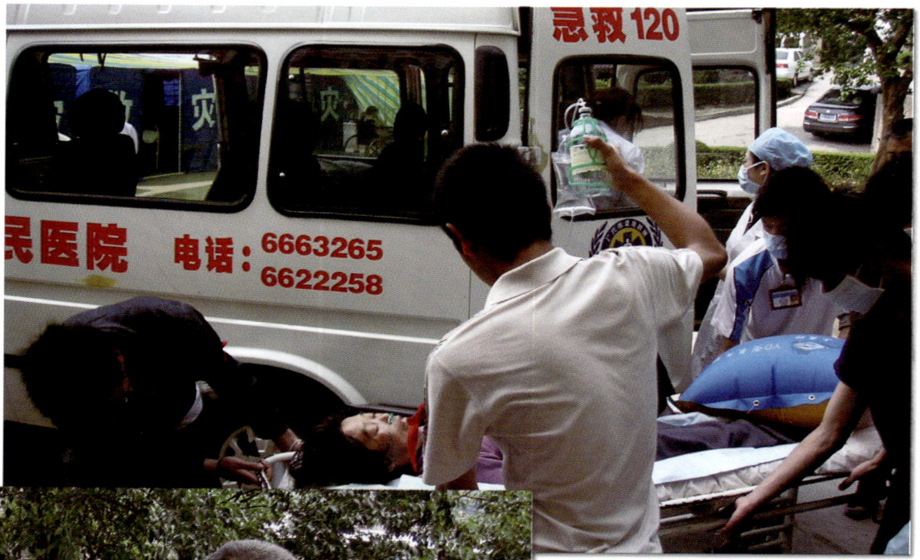

转移伤员

紧急避险

搭建临时帐篷

剑阁中学避险学生

剑阁中学校园内避险群众

临时避险点

临时避险点

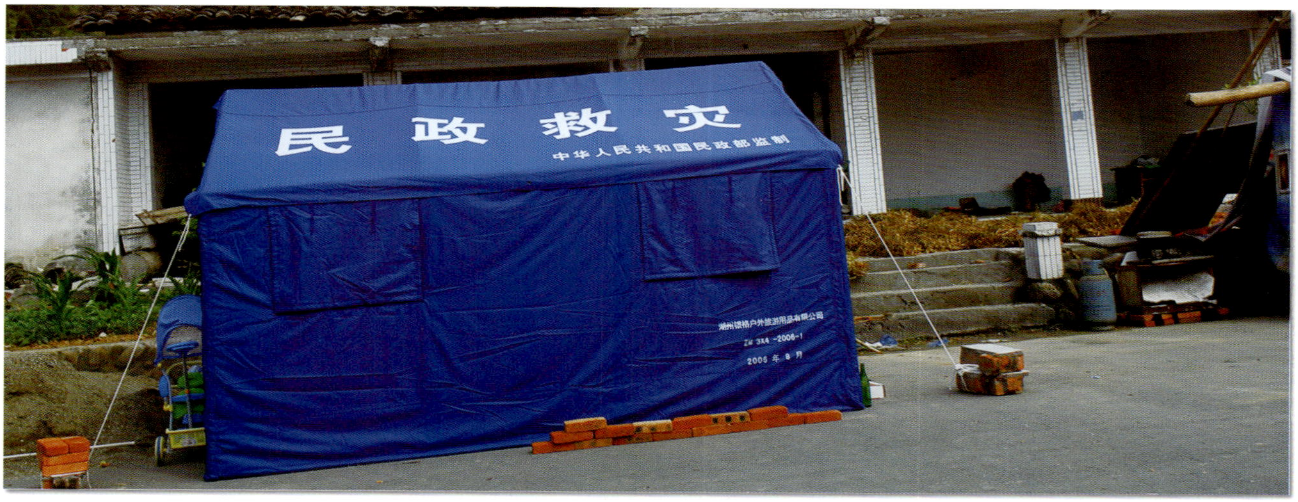

临时避险点

临时避险点

临时帐篷

发放免费充值卡

手机应急充电

免费报平安电话

对口救援

黑龙江省医疗支援专家

黑龙江省卫生厅领导到剑阁看望医疗支援队员

黑龙江省支援四川省剑阁县灾后重建前线指挥部总指挥刘国会（右二）看望黑龙江医疗队员

慰问黑龙江医疗队员

黑龙江省公安机关支援队

黑龙江省司法厅为县司法局捐赠物资

社会救援

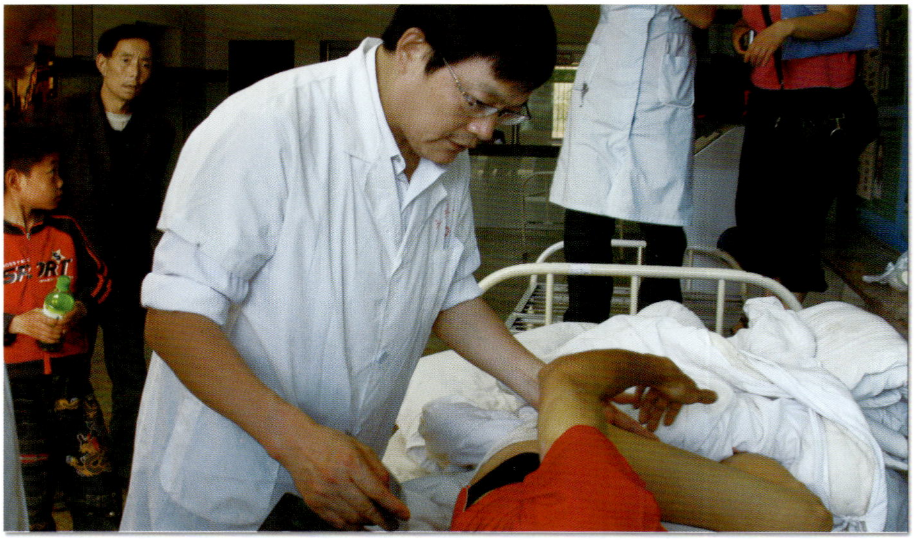

中国农工民主党医疗队员为地震伤员检查伤情

重庆市电力公司为剑阁县城应急发电

中煤集团在郑家山调频台排危

县人民医院赴青川县木鱼镇医疗援助队

县人民医院赴青川抗震救灾医疗点

剑阁支援青川抢险救灾运输队

抢修基础设施

国道 108 线抢险

上寺乡道路抢险

剑金路抢险

剑南路抢险

县委副书记陈勇（左二）检查道路抢修情况

剑盐路抢修

柳沟大桥抢修

治理山体滑坡

抢修广电线路

熔接网络光纤

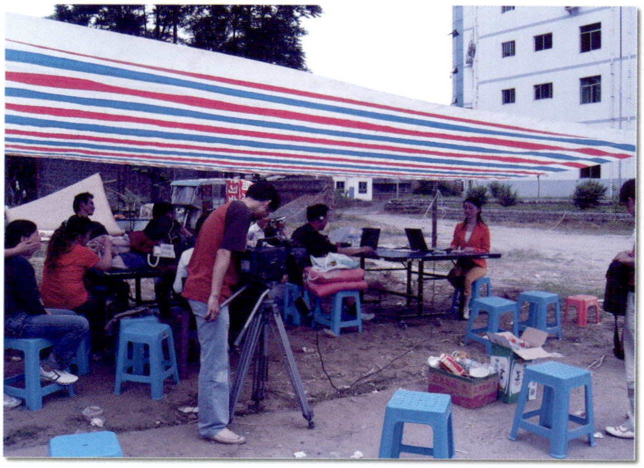

县广播电视台临时制播点

电力抢修

生产自救

拆除危房

翻修震损房屋

干部指导受灾群众生产自救

县农业局安排农业生产自救

县畜牧食品局干部在临时帐篷办公

抢收粮油作物

恢复教学

县教育局召开抗灾自救工作会

复课

剑阁职中学生高考前复习

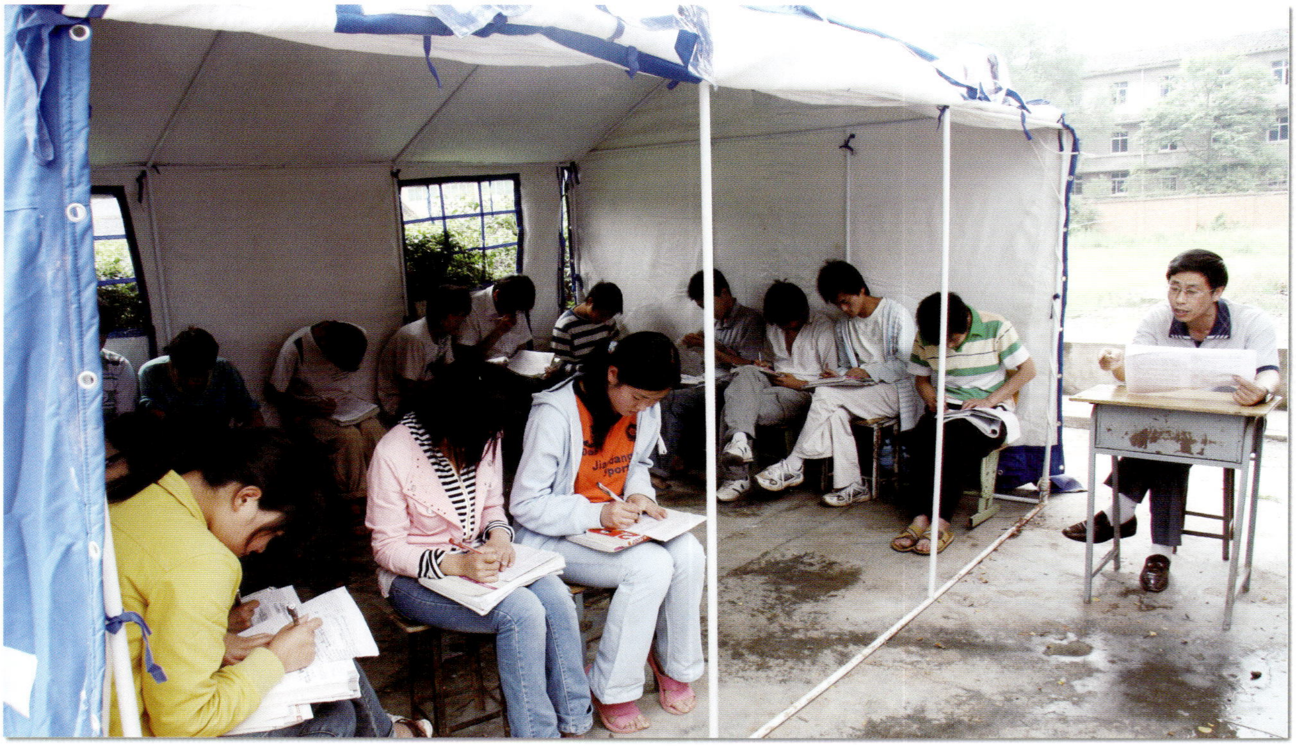

白龙中学师生高考前复习

维护稳定

剑门派出所临时办公地点

公安抢险队

县公安交警震后临时服务点

县司法局干部为群众提供法律咨询

医疗防疫

县人民医院医生巡回医疗

发放防病治病宣传资料

地震中死亡生猪无害化处理

地震后养殖环境消毒

爱心捐款

领导干部捐款

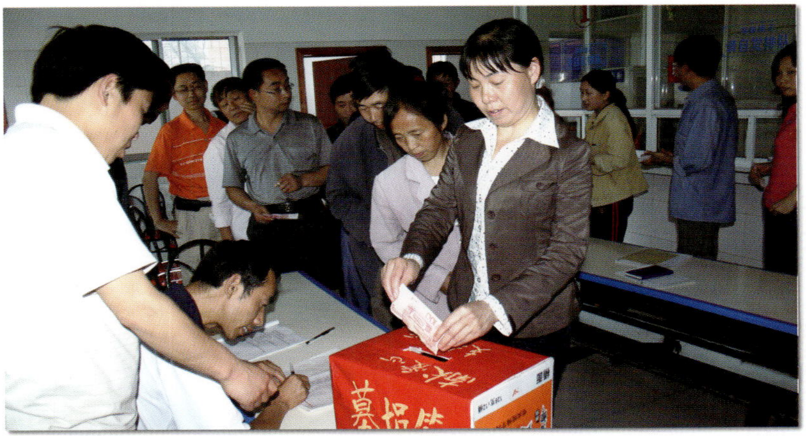

教师捐款

学生捐款

部队捐赠

群众捐款

特殊党费

救灾物资

同甘苦共患难 干群团结渡难关
湖南支援灾区车队
情系灾区 爱涌三湘

湖南支援灾区车队
情系灾区 爱涌三湘
开展平安创建

救灾专用

救灾物资接收

救灾物资接收

救灾物资接收

救灾物资接收

救灾物资接收

救灾物资接收

救灾物资接收

救灾物资发放

四川省委书记刘奇葆（左二）到剑阁北庙乡指导灾后重建

四川省委书记刘奇葆（左四）指导剑门关景区灾后重建

水利部副部长矫勇（右三）到剑阁指导灾后重建

四川省高级人民法院院长刘玉顺（左三）到剑阁指导县法院灾后重建

县委书记冯安富（左二）参加广坪小学教学楼落成典礼

县长田中文（左二）指导灾后重建工作

副县长杨政国（左一）指导学校灾后重建工作

四川省委书记刘奇葆（左一）慰问黑龙江前指工作人员

黑龙江省委常委、省人民政府常务副省长杜家毫（前排左二）到剑阁检查指导体育中心建设

黑龙江省副省长于莎燕（右二）检查指导体育中心建设

黑龙江省政协副主席、九三学社黑龙江省主委陶夏新（前排左四）参加剑门中学综合楼落成典礼

黑龙江省民政厅厅长杨喜军（左三）到剑阁指导灾后重建工作

黑龙江省对口支援剑阁工作汇报会

前线指挥部领导在龙江大道指导施工

黑龙江省支援四川省剑阁县灾后重建前线指挥部指挥长刘国会（右二）检查援建的广播设备配套情况

黑龙江省支援四川省剑阁县灾后重建总指挥长刘国会（左三）指导体育中心建设

黑龙江省援建剑门关关楼重建开工仪式

龙江大道竣工通车典礼

剑阁干部群众欢送黑龙江援建人员

重建成果

剑门关镇步行街

重建后的民居

北庙乡青川移民安置点

县人民医院下寺院区

普安中学教学楼

剑门关高级中学

广坪小学

剑昭公路

龙江大桥

剑门关关楼

标准化厂房

剑门大厦

县体育馆

抗震救灾志终审

《汶川特大地震剑阁抗震救灾志》审查验收会议合影

《汶川特大地震剑阁抗震救灾志》编纂委员会

顾　　问：向永东　　张世忠　　侯　宏　　孔金山

主　　任：王　静

副 主 任：花泽松　　周建明　　张春华　　何　超　　王湖益

　　　　　阎维萍

委　　员：唐　刚　　陈　东　　董升礼　　张　黎　　杨光强

　　　　　赵　勇　　李锦福　　唐守忠　　何波涛　　李先义

　　　　　鄢家华　　魏仲文　　刘来平　　孙元泰　　王晓明

　　　　　李云峰　　董勇朝　　李世藩　　王显峰　　徐怀峰

　　　　　熊征远　　李成瑞　　王顺太　　杨大勋　　杨剑雄

《汶川特大地震剑阁抗震救灾志》编辑部

主　　编：杨光强

副 主 编：赵　勇

编　　辑：赵树鹏　　田中锦　　何中辉　　何代英　　黄茂斌

　　　　　姜法武　　郭小艳

编　　务：张怀高　　李云华

资料统筹：左　松

《汶川特大地震剑阁抗震救灾志》曾任编纂委员会成员及主编

（以任职时间为序，职务变化人名仅录一次）

顾　　问： 冯安富　田中文　陈　勇　何德生　王成书　李伯伟　蒋茂成

主　　任： 吴　勇　侯　宏

副 主 任： 杨政国　杨明学　夏思法　张大勇　贾小玲　李作芳　李多安

委　　员： 张福安　张　旭　谢　波　邓家洪　邓国勤　黄耀明　孙益科　刘　飞　杜中贵　孙正安　何跃德　李荣健　何秀萍　王精明　王剑平　何建明　王全斌　刘忠银　郭建军　蒲剑秋　吴忠敏　王显明　母大明　王　仲　母培生　张映学　陈　君

主　　编： 杜中贵　孙元泰

广元市县（区）抗震救灾志审查验收小组《汶川特大地震剑阁抗震救灾志》审查验收人员

组　　长： 陈永剑

副 组 长： 王少卿

成　　员： 王家生　王海国　母　江　张晓磊　王开建　王绍安　杨大明　嘉全德　李银燕

序

《汶川特大地震剑阁抗震救灾志》付梓成书，这是全县人民政治生活中的大事，是剑阁社会主义精神文明建设的重要成果。可喜可贺。

2008年5月12日14时28分，汶川发生里氏8.0级特大地震，这次地震破坏性之强、波及范围之广为新中国成立以来历次地震之最。受强震和多次余震袭击，剑阁全县23镇、34乡、549村、33个居委会，20.12万户、67.5万人受灾，人民生命财产、生产生活、经济建设和社会发展蒙受巨大损失。震后，剑阁人民经历了抢险救灾和灾后重建的艰辛历程。在党中央的坚强领导下，全县人民奋起抗灾自救，重建家园；全国人民和海内外同胞心系灾区，无私帮助；黑龙江人民万里驰援，倾力灾区恢复重建，夺取了抗震救灾和灾后重建的伟大胜利，实现了灾后发展振兴和剑阁经济社会的跨越发展，曾经满目疮痍、遍地废墟的剑阁实现跨越式发展，城乡各行各业面貌焕然一新。借此机会，对参加和支持剑阁抗震救灾、灾后重建的中国人民解放军、武警部队官兵，黑龙江人民，海内外各界人士表示最诚挚的感谢。

历经沧桑巨变，剑阁儿女从悲壮走向豪迈，用自强不息谱写了抗震救灾巨幅画卷中最可歌可泣的不朽篇章，用智慧勤劳构建起幸福美好家园，砥砺奋进、攻难克艰，铸就了伟大的抗震救灾精神。回望历程，催人奋进。发掘好、整理好、保护好这笔弥足珍贵的精神财富，将这段历史留存后世是我们的责任和义务。

《汶川特大地震剑阁抗震救灾志》是剑阁县首部专业志书，是剑阁67万人民在党的领导下抗灾自救、浴火重生的见证，也是全体编纂人员数载辛勤笔耕、精诚合作的结晶。志书严格遵循方志体例，用述、记、志、图、表、录之体裁，取篇、章、节、目之架构，首为概述，次为大事记，后为专志，末为附录。全书以唯物史观为指导，全方位、宽领域、多角度记述剑阁“5·12”汶川特大地震灾情、抢险救灾和灾后重建这段影响亘久的历史，其彰显于世、留传后人的意义和价值不可估量。

鉴往知来，以资治道。修志之旨，在于资治、教化、存史，在于告慰前人，激励当代，启迪后世，造福桑梓。当前，县委、县政府正在举全县之力，培强县域经济，力促经济社会快速发展，把剑阁建设成广元市经济文化生态强县和川陕结合部旅游强县，为实现“两个一百年”的宏伟目标和中华民族伟大复兴的“中国梦”而奋斗。诚望全县人民，继续发扬伟大的抗震救灾精神，凝心聚力，真抓实干，共创剑阁幸福美好明天。

是为序。

中共剑阁县委书记

剑阁县人民政府县长

2018 年 10 月

凡 例

一、编纂《汶川特大地震剑阁抗震救灾志》，坚持以马列主义、毛泽东思想、邓小平理论、“三个代表”重要思想、科学发展观、习近平新时代中国特色社会主义思想为指导，运用辩证唯物主义、历史唯物主义的观点和方法，客观、真实、全面、准确、系统记述剑阁地震灾害、抗震救灾和灾后恢复重建。

二、本志编纂以资治、教化、存史、弘扬抗震救灾精神为宗旨，为社会主义物质文明、精神文明、政治文明建设服务。

三、本志除卷首外分为概述、大事记、灾情、抢险救灾、医疗防疫、赈灾、灾后重建、黑龙江省援建、先进名录及人物、附录、索引，卷末置后记。概述扼要记述剑阁地震灾害、抗震救灾和灾后重建全貌，纲挈全志；大事记以编年体为主，纪事本末体为辅，按时序略记断限内大事要事；灾情记述剑阁灾区地震破坏、灾情损失以及次生灾害情况；抢险救灾记述决策部署、组织抢险救灾情况；医疗防疫记述灾区医疗救援和卫生防疫等工作；赈灾记述社会各界赈灾救助情况；灾后重建记述灾区恢复生产和重建家园等工作；黑龙江援建记述黑龙江省对口支援剑阁县灾后重建工作；先进名录及人物记述抗震救灾和灾后重建先进集体和先进个人名录以及模范人物事略，先进个人名录排名不分先后，模范人物以姓氏笔画为序。附录收录与抗震救灾工作有关的、有文献价值的文件、报道和文艺作品。

四、本志上限为2008年5月12日；灾情、抢险救灾、医疗防疫、赈灾下限至2008年12月31日，概述、大事记、灾后重建、黑龙江省援建、先进名录和人物、下限至2010年12月31日。附录、震前背景、灾后重建重大事项及图片载入，适当上溯下延。

五、本志采用述、记、志、图、表、录等体裁，以志体为主。

六、本志坚持横分门类、纵述史实、以事类聚的原则。除大事记、先进名录及人物、附录外，其余按篇、章、节、目编次。除概述外，坚持述而不论原则，运用现代汉语书面规范语体文记述，寓观点于记事中。表达力求准确、朴实、简洁、流畅、合乎语法。语言文字、标点符号、数字数据、计量单位的使用和引文注释的书写等按国家有关规定执行。

七、志书使用公元纪年；除引用原文外采用第三人称表述；机构、单位简称按要求规范使用，专用名词、术语过长，首次出现使用全称，余者简称；人物一般直书姓名，需写职务或身份的，首次冠在姓名之前，为时任职职务；问题人物除附录外、专志中隐讳其名；政区、职官、军队、一律沿用当时称谓。

八、志书使用资料来源于各部门、乡镇、统计年鉴，经严格筛选、校核、考证辑成，资料及撰写初稿归档以备查考。少部分采用口碑调查材料，均经鉴别核实，不注出处。数据以统计部门公布的法定数据为准，统计部门未统计的采用主管部门的统计数据；部分数据因四舍五入的原因，存在着分项与总项合计不等的情况。受资料限制，汇总表的赈灾物资只包括了县慈善总会、县红十字会接收的赈灾物资，未包括通过其他渠道接收的赈灾物资；灾后重建项目只包括县发改局立项的1201个灾后恢复重建项目，未包括上级主管部门直接下达给县级相关部门的灾后重建项目。

九、图片资料按照记述内容时间顺序集中附图。

目 录

第二篇　抢险救灾

第三篇　医疗防疫

第四篇　赈　灾

第五篇　灾后重建

第六篇　黑龙江援建

第七篇　先进名录及人物

附 录

CONTENTS

Part Two Dealing with emergencies and providing relief

Part Three Medical and epidemic prevention

Part Four Relieving the people in stricken areas

Part Five Post－disaster reconstruction

Part Six Heilongjiang provincial aid in reconstruction

Part Seven Advanced directory and characters

Appendix

概 述

2008年5月12日14时28分04秒，四川汶川县发生里氏8.0级特大地震，称“5·12”汶川特大地震（简称“5·12”地震）震中位于龙门山断裂带中央主干上的北川断层——映秀镇。龙门山地震带由西北向东北延伸，“5·12”地震波快速错移至北川、青川、剑阁沿断层移动地带，地震地表破裂带直达青川石坝乡，给断裂带地区造成巨大灾害。剑阁与青川毗邻，离震中映秀镇210千米。此后，强余震不断，自5月12日至7月1日，震源中心在剑阁县境内3.0级以上的余震共发生5次，最高达4.8级。地震灾害给剑阁造成历史上空前的灾难，直接经济损失186.9亿元。剑阁县被国家确定为对口省市支援灾后重建的汶川特大地震四川灾区18个重灾县之一。

一

剑阁县地处四川盆地北缘，位于北纬31°31′46″至32°21′06″，东经105°10′10″至105°49′26″之间，东邻广元市元坝区、苍溪县，南连阆中市、南部县，西接梓潼县、江油市，北依广元市青川县、利州区。南北长91千米，东西宽63千米，辖区面积3204.33平方千米。县城北距广元城区42千米，南距成都254千米。2007年年末，辖57个乡镇、549个村、33个居委会，户籍人口67.5万人，男女性别比为108∶100，常住人口56.91万人，城镇化率22.2%。

县境地势西北高，东南低，由西北向东南倾斜。地貌以低山为主，次为中山、深丘，间或少许山前河谷小平坝。受地质结构影响，境内北部地区群山西来，重峦叠嶂，层岭云集，沟壑纵横。西北界龙门山脉斜插，清江河以南为剑门山等弧型山脉覆盖。剑门七十二峰单斜，石壁巍峨，连峰绝险，森若剑戟，横亘百余里，宛如天然城郭，北控函秦，南锁巴蜀，自古为地扼要冲。向东南，山势渐缓，地面切割剧烈，呈台梁、枝羽状低山展布。海拔高程最高点为盐店镇五子山主峰1330米，最低点是南部长岭乡西河出口谷地368米。境内河流属嘉陵江水系，嘉陵江沿东南边界流出，为过境水。发源于西北山麓的西河、闻溪河、店子河、白龙河、柳沟河，以及由青川县流入的清江河贯穿全境，河流总长693.24千米，总流域面积3098.63平方千米。域内属亚热带湿润季风气候区，雨量充沛，气候温和，四季分明。1990年至2006年，年均气温16.1℃，日照1284.8小时，降雨量915.7毫米，无霜期267天。

县域自然风光雄奇秀美，拥有多种资源。在总土地面积320433.3公顷中，农业利用土地239765.3公顷，利用率74.8%，其中耕地利用率为16.2%，土地开发潜力较大。地下蕴藏有天然气、煤、铁、沙金等十多种矿产资源。境内有广阔的林地、茂密的森林，森林蓄积637万立方米，森林覆盖率48.7%。质地优良的柏木林遍布全境，面积6万余公顷，以“柏木之乡”著称。多样的地貌形态和适宜的光热条件，为动植物的生存提供了良好环境。域内野生动、植物众多，列入省重点保护的天然、原生珍贵树木名录的有12种；野生动物列入国家一、二级保护的有25种。

境内山川名胜、文物古迹甚多，剑门蜀道自然与文化遗产极其丰富。剑门与峨眉山、青城山、夔门并称为蜀中四大形胜之地，剑门以天险居其首。“峭壁中断，两崖相嵌，如门斯辟，如剑斯植”。古金牛道从剑门隘谷经过，曲折险峻。三国时蜀汉诸葛亮于此设防，剑门关成为“一夫当关，万夫莫开”的蜀门锁钥，历代兵家必争之地。“三百里程十万树”的世界奇观翠云廊，驿道以青石铺就，两旁古柏森森，虬枝凌空，千姿百态，荫翳蔽日，逶迤于崇山峻岭之间。有“翠云廊，苍烟护，苔滑荫雨湿衣裳，回柯垂叶凉风度。无石不可眠，处处堪留句”的美誉。剑阁古城普安镇为全省首批历史文化名城，以钟鼓楼、箭楼为中心的古街区等明代建筑，古风犹存。古城墙上有中国工农红军长征时留下的大型石刻《中国共产党十大政纲》。城东鹤鸣山，有隋唐时期的道教摩崖造像，唐代诗人李商隐撰文《剑州重阳亭铭》和文学家元结撰文、书法家颜真卿书《大唐中兴颂》等摩崖石刻，以及山巅屹立的文峰塔。武连觉苑寺是全国重点文物保护单位，有全国仅存的明代大型《佛传》壁画，堪称中国佛教艺术的瑰宝。蜀道历史文化遗存还有小庙山新石器时代文化遗址、三国古战场、南宋抗元遗址和古城堡以及自然景观五子山、翠云湖、茶园沟等。剑门蜀道是古金牛道上保存较好的古道之一，专家称可与欧洲古罗马大道媲美，是古代陆上交通活化石。剑门蜀道被列为国家重点文物保护单位、国家级风景名胜区，剑门关被列为国家级森林公园。剑阁为川陕革命根据地的一部分，境内有红军战斗遗址、苏维埃政府机关遗址、红军遗物、石刻标语、烈士墓冢等现代革命遗存。

剑阁山河壮丽，人文荟萃，为古今无数名人瞩目。自晋以降，张载、李隆基、李白、杜甫、岑参、柳宗元、王安石、陆游、方孝孺、李调元、张之洞，当代政要周恩来、朱德、张澜、邓小平、徐向前、贺龙、郭沫若、张爱萍、邓力群，以及名家张大千、王朝闻、邵宇、冯其庸、孙道临、刘文西等，或驻足观光，或考古视察，留下了他们的足迹、墨宝和传诵千古的诗文。

二

剑阁历史源远流长。新石器时代，境内已有先民生息。夏商时为梁州之域，西周时属雍州。秦王政二十六年（公元前221年），西北大部归蜀郡葭萌县，东南属巴郡阆中县。西汉高帝六年（公元前201年）分属广汉郡梓潼县、葭萌县和巴郡阆中县。东汉建安二十二年（217年）置汉德县，故城黄芦城（今剑门关镇青树村）。三国时为蜀汉领域。东晋永和三年（347年）置剑阁县（治下寺镇三江村），太和十五年（390年）废。南北朝时，有县、郡、州建置。南朝宋大明（457—464年）中，实置南安郡，郡、县（南安）同治普安镇。南齐建元初复归梓潼郡，后废汉德县。隋开皇三年（583年）废郡设州；大业三年（607年），改始州为普安郡。唐武德元年（618年）废郡复州；先天二年（713

年），改始州为剑州。五代时剑州辖八县。宋元时，州府三易其名后复称剑州，属保宁府。明清时隶承前。民国2年（1913年）改剑州为剑阁县，属嘉陵道。民国24年三月（1935年4月），中国工农红军第四方面军在剑阁建立普安、赤化、金仙三个县苏维埃政府，红军北上后被废；同年六月，国民政府统一“川政”，为四川省第十四区行政督察专员公署暨保安司令部治地，辖11县。

中华人民共和国成立后，1949年12月18日剑阁县解放。1950年属川北行政公署剑阁专员公署。1953年3月，改属绵阳专员公署。1985年5月划属广元市。1991年7月，广元市中区所辖下寺镇、普广乡和广元市元坝区所辖上寺乡划归剑阁县。县辖11个区，63个乡镇。1992年10月撤区，乡镇设置调整为36个。1995年10月，完善乡镇建制，调整为57个乡镇。2003年9月28日，县治地由普安镇迁至下寺镇。

剑阁自古英才辈出。较有影响的有，南宋天文学家、礼部尚书黄裳，明朝嘉靖兵部尚书赵炳然，清代翰林学士李榕。新民主主义革命时期，千余名剑阁优秀儿女，为争取劳苦大众的翻身解放英勇斗争，献出了宝贵的生命。社会主义革命和建设时期涌现出的有，在抗美援朝的上甘岭战斗中，荣获“特等功臣二级战斗英雄”光荣称号的中国人民志愿军战士高良伦；把一个穷山村改变成全国山区粮棉油高产的一面红旗，被周总理称赞为“四川的大寨”的化林大队带头人，党支部书记、第五届全国人大常务委员会委员的张正桃；被誉为“川北活雷锋”的全国邮电特等劳动模范、县邮电局职工梁承烈等各条战线上的优秀人物。这些灿若明星的英才，为剑阁历史书写了最辉煌的篇章。

2007年，全县地区生产总值32.69亿元。其中，第一产业增加值13.42亿元，第二产业增加值7.45亿元，第三产业增加值11.82亿元。农业总产值24.84亿元，工业总产值16.15亿元，地方财政一般预算总收入8075万元，城镇职工年人均工资14494元，城镇居民人均可支配收入8131元，农民人均纯收入2664元。有各类学校114所，医疗卫生机构网点1039个（含卫生站所、私营诊所）。

三

剑阁位于龙门山断裂带东北段，其地质构造西北受龙门山断裂影响，东受巴中莲花状构造控制，西南受绵阳帚状构造制约，形成以梓潼大向斜为主构造体系。境内地壳运动较强裂，尤以西北部为甚，断裂构造分布不均。据史料记载：公元前203年始，剑阁有感地震近百次。“5.12”地震前，剑阁属国家、省地震重点监视防御区，全县统一按6度设防。此后，全县57个乡镇分3级设防，其中8度强设防4个乡镇，7度设防23个乡镇，6度设防30个乡镇。

汶川特大地震灾害造成剑阁23镇、34乡、549村、33个居委会的20.12万户、67.5万人受灾，上寺、下寺、盐店、姚家、东宝、武连、柳沟等42个乡镇受灾特别严重。地震造成21人死亡，伤5580人，其中重伤85人。

全县受损房屋1663.92万平方米。其中，城镇居民受损住房250.43万平方米，农村居民受损住房1137.28万平方米。

地震致使交通设施严重受损，通讯中断，学校、医院等公共服务设施严重损毁，工业、农业、旅游业等产业遭受重创，生态环境遭到破坏。造成滑坡13处、崩塌11处、地质灾害隐患点169个。受损耕地3073.33公顷、林木859.31公顷，粮食作物5600公顷、经济作物4400公顷、水产养殖面积574.67公顷，沼气池16356口、农机具1469台（件）。地震中砸死耕牛3025头、生猪16.37万头、羊2.05万只。全县177户工业企业受灾，损毁厂房8.69万平方米、生产设备9970台（套）、产品材料1984万元。地震损毁商贸企业营业用房12.43万平方米、商品1670万元。粮食企业仓库244个、仓罐容13.77万吨、粮油68吨。供销企业房屋12.42万平方米、商品644万元。金融系统营业房和办公用房5.35万平方米，旅游业受损景区7个。

地震损毁干线公路35.88千米、农村公路1463千米、桥梁193座6993米、隧道2座2895米、客运站17个、水运码头11个；损毁水库199座，渠系1020千米，供水设施（灌溉、人饮）335处，管道911千米，损毁城镇供排水管321.15千米、天然气管网27.8千米、道路106.9千米、生活垃圾收集处理设施2座、配气站5座；损毁发电站12座、输电线路315千米。

地震损毁广播电视台（站）51座、光缆线路1913千米、专业设备3396台（件），邮政营业用房9507平方米、设备设施129件（套），通信业务用房17279平方米、移动通信基站84座、小灵通基站42座、光缆电缆609皮长公里、设备165台（套）。

全县学校114所全部受灾，损毁校舍55.72万平方米、教学设备仪器7.23万台（件）、图书资料53.79万册。受损卫生机构595个，损毁房屋18.23万平方米、设备设施257台（套）。损毁文物35件、文物管理用房6290平方米。损毁体育比赛场馆2200平方米、训练场馆4200平方米、健身工程22处。损毁社会救助站、社会福利院、敬老院、康复院、殡仪馆房屋3.13万平方米。

地震灾害造成全县直接经济损失186.9亿元。其中，城乡居民房屋损失104.97亿元、财产损失4.55亿元，产业损失22.98亿元（农林牧渔业12.52亿元，工业3.04亿元，商贸、金融、旅游服务业7.42亿元），基础设施损失31.25亿元（交通9.18亿元、水利15.28亿元、市政设施5.18亿元、广播电视0.40亿元、电力邮政通信1.21亿元），社会事业损失9.22亿元（教育5.89亿元，卫生计生、2.28亿元、文化体育1.05亿元）。

四

面对突如其来的特大地震灾害，中共剑阁县委、县人民政府（以下简称县委、县政府）视灾情如命令，以非凡的胆略，果断决策，带领全县67万人民奋力自救，顽强反击。

县委在第一时间召开“四大班子”紧急会议，成立剑阁县“5·12”抗震救灾指挥部（以下简称抗震救灾指挥部），县级各部门、各单位和各乡镇均成立了抗震救灾领导小组，全县成立由党政主要领导担任指挥长或领导小组组长的抗震救灾指挥机构共104个。同时启动破坏性地震应急预案，按照一级响应，提出“救人第一，安全第一，防震第一，查灾第一”的要求，迅速开展工作。由四大班子11名县级领导干部带领的抢险救灾工作组急驰社区、农村、各大公共场所，现场指挥。全县军民极速行动，卫生部门出动救护车搜救伤员，建起一条条绿色通道，58名重伤员得到及时救治。1.3万人组成的60支抢险队在短时间内救助遇险群众4.7万人，紧急转移群众21万人、在校学生10多万人、住院病人614人，将人员伤亡降至最低程度，实现了受灾人口安全大转移。5月12日夜色降临前，已设置临时集中避难点300多处。与此同步的查灾抢险全面展开，交通、通信、电力、水利、广电、建设等部门，昼夜加班，突击抢险排危。姚家水库出现纵向裂缝的消息传到普安后，惊魂未定的居民准备上山逃难，水利部门和乡村干部组织民工争分夺秒，开挖回填，及时排除重大险情。全县紧急处理166座水库险情。

全国各地的武警消防、解放军、民兵预备役官兵、公安干警、对口支援单位紧急行动，组织物资、资金，派出救援、医疗队伍，支援剑阁抗震救灾。浙江省抢险救援队（宁波建工集团）700多名干部工人进驻下寺镇、武连镇、上寺乡等重灾乡镇，日夜奋战，完成4956套板房安装。参加救灾抢险部队指战员共2028人，他们自带运输车辆、铲车、挖掘机、装载机、铁锹及其他救灾抢险工具，清理灾后废墟，排除危房险情，为灾后重建平整场地，搬运红砖、木材等救灾物资。中煤集团山西平朔公司救援队历时一个多月，帮助上寺、下寺、毛坝、武连、东宝、普安6个乡镇拆除危房1492户、6290间、3.03万平方米。为11个行政事业、企业单位拆除危房2.8万平方米，平整场地15.37万平方米，搬运建筑垃圾1万余吨。

剑阁县委、县政府组织统筹各方力量，在短时间内修复道路、通信、供水、供电、供气等基础设施，抢救国家资产，保护档案资料和文物古迹，有效排除塌方、滑坡、泥石流等次生灾害隐患，拆除高危建筑，妥善处置震损水库，落实卫生防疫和环境保护措施，恢复生产生活秩序，维护灾区社会治安稳定。

5月13日，全县通信恢复70%。14日，全面抢修广电中心大楼机房震损设备，更换毁坏的部分零部件，将信号前端机转移到大楼前空地，搭建临时播出场地，从普安紧急调回发电机，建起临时广播电视节目制作与播出点，恢复广播电视节目的播出。15日，基本恢复居民用水。5月底，全县天然气公司和液化气企业恢复营运。

金融部门职工奋力抗灾，抢救和保护国家金融资产。组织人员撤离，封锁受灾现场，启动应急预案，加大保卫力量，24小时武装守库、值班、巡逻，确保金库和职工人身安全。对发行库库款进行点箱（袋）、点捆，核对数目，做到账实相符。

剑阁县灾情受到中央、省、市领导高度重视。全国政协副主席王志珍、原副主席杨汝岱，中共四川省委、省政府、省人大、成都军区、四川省军区领导刘奇葆、蒋巨峰、陶武先、张作哈、晏永和、段禄定等，广元市领导罗强、马华、唐全林、王振会、黄正富、张康明、张兴德、严明清等亲临剑阁县指导抗震救灾工作，极大地鼓舞了灾区人民抗震自救的斗志，增强了建设美好家园的信心和决心。

五

“5·12”地震发生后，剑阁县抗震救灾医疗卫生领导小组紧急动员各方力量，全力实施地震伤员大抢救。县卫生局抗震救灾指挥部迅速组织全县各医疗机构千余名医务人员投入伤员救治。地震当天，医疗卫生机构共出动救护车152台次，在普安、下寺城区等人口密集居住地连续搜救8个多小时，运送伤员458人，使其得到及时救治。42个重灾乡镇医疗救援全覆盖。省、市、县领导亲临一线指挥，县医院、县中医院、县妇幼保健院及各中心卫生院、乡镇卫生院搭建“帐篷医院”，快速转治伤病员。

各医疗卫生机构和医疗救治站（点），严格执行操作规程，严把质量关，控制院内感染。省内、黑龙江省及军队等医疗卫生救援力量从四面八方奔赴剑阁，县内和外援队伍中的医疗专家，成立危重伤员救治专家组，集中收治危重伤员。全县共收治伤员 5622 人，其中住院伤员 2137 人，转移至广元和省外医疗 10 人，最大限度地降低死亡率与致残率。

灾后卫生防疫与医疗救治同步展开。全县卫生监督、饮用水监测、食品药品检测、消杀灭菌等工作全面推进。出动卫生防疫小分队 618 支，防疫人员 66308 人次，工作车辆 464 台次，发放使用各类消杀药品 76 吨，累计消杀面积 14609. 6 万平方米。为重灾乡镇派驻 2 至 3 名卫生防疫人员，重点防控易感染人群。全县无传染病疫情暴发流行和重大突发公共卫生事件发生。

全县各医疗机构抓紧灾后恢复医疗卫生服务，战胜房屋损毁、设备短缺等重重困难，不等不靠，自力更生，力求尽快恢复正常工作秩序。通过自身努力及对口支援帮扶，截至 2008 年 10 月 14 日，县、乡、村三级医疗服务体系及公共卫生服务体系的服务功能基本恢复。

“一方有难，八方支援。”“5・12” 地震发生后，省内外机关、企事业单位和国内外爱心人士纷纷捐款捐物，支援剑阁灾区。县委、县政府和各乡镇抗震救灾指挥机构高效有序接受和发放捐款捐物，安置受灾群众，落实生活救助措施，保障市场供应，确保灾区群众生活。

县慈善总会、县红十字会和团县委、县妇联等 22 个县级部门，采取多种形式，多渠道向社会（含国际社会）广泛募集善款，接受县外捐赠物资 12333. 95 万元，接受捐资 3675. 92 万元，使抗震救灾工作得以顺利开展。

全县设立临时安置和救助点 80 个，搭建活动板房 4956 间，安置受灾严重的群众 4000 余户、15000 多人。对因灾无房、无生产资料和生活来源的困难群众及“三孤”（孤老、孤幼、孤残）人员，按政策及时给予生活救助，抚慰遇难者家属及伤残人员。根据国家赈灾政策规定，县政府及时给予受灾群众临时生活救助，累计拨付生活救助款 25774. 92 万元，粮食 1. 18 万吨，菜油 40 吨。给地震中遇难者家属发放抚慰金 9. 2 万元。县政府及时制定受灾群众安置政策，采取临时住处、过渡住房、永久性住房相结合等办法，有计划、分阶段、分类解决受灾群众住所。

六

2008 年 5 月 22 日，全县在救灾赈灾的同时启动灾后恢复重建工作。编制申报《剑阁县“5・12”地震灾后恢复重建实施规划》，优先安排城乡居民住房，学校、医院等民生工程的恢复重建。12 月 23 日，县委、县政府成立剑阁县“5・12” 地震灾后恢复重建委员会，制订《关于加快推进灾后恢复重建项目实施意见》。2009 年 1 月，召开全县灾后恢复重建动员大会，提出“三年项目，两年实施”的工作目标，明确“以人为本、民生优先、尊重科学、统筹兼顾、突出重点、彰显特色、创新机制、协作共建”的原则，号召全县广大干部群众弘扬伟大的抗震救灾精神，树立攻坚克难的必胜信念，要求妥善处理功能恢复与跨越式发展的关系，着力抓好城乡居民住房、城镇体系、农村建设、公共服务设施及基础设施建设、生产力布局、产业调整、防灾减灾、生态修复、精神家园重建九大项目。截至 2010 年 12 月，全县灾后重建除清江河壅水工程、普安汽车站搬迁、少量文物古迹保护项目未完成，亭子口电站剑阁淹没区乡镇灾后重建进入扫尾阶段外，其余项目全部完成。累计实施项目1201个（其中黑龙江省援建项目146个），实际竣工项目1159个。计划总投资185.44亿元，其中，中央灾后重建基金包干数48.45亿元，地方财政5.32亿元，对口支援12.19亿元，银行贷款21.45亿元，自筹74.59亿元，其他渠道资金23.44亿元。完成投资151.19亿元。恢复重建房屋2421.99万平方米，其中城镇住房142.68万平方米，农村住房2041.27万平方米。升级改造国、省、县道公路182千米，新铺县、乡、村油路577千米（含砼混路），新建和维修加固桥梁18座，恢复重建集中供水工程52座，新建中心村集中供水站9座，农村分散式供水工程2000余处。铺筑城镇道路88.7千米，铺设城镇供水供气管网48.4千米，城区绿化24.69万平方米。修复农田1007公顷，恢复森林植被5301公顷，水库除险加固221座，筑防洪河堤9.1千米。通过灾后重建项目实施，全县建设整体水平提高，民生事业发生突破性变化，基础设施根本性改善，产业发展再生能力增强，城乡面貌焕然一新。

黑龙江省委、省政府按照党中央、国务院的统一部署，对口援建剑阁。2008年6月19日，黑龙江省政府常务会议提出3年投入15亿元，将剑阁打造成“龙江第一县”。黑龙江省委、省政府迅速组建援建领导小组，制定援建计划，召集精兵强将，奔赴剑阁灾区，实施援建工程。他们把“大庆精神”“铁人精神”“北大荒精神”与“万众一心、众志成城、不畏艰险、百折不挠、以人为本、尊重科学”的抗震救灾精神结合起来，展示了黑龙江人的精神风貌。他们冒着余震、强震的危险，克服气候、环境等不利因素，夜以继日，忘我工作，用务实的行动，履行了“三年任务，两年完成”的庄严承诺。截至2010年12月，完成投资总额12.18亿元，实施援建项目146个，包括49所中小学、幼儿园建校舍18.11万平方米，39所医院、卫生院，6个计划生育服务站、100个村级卫生站建医疗业务用房4.53万平方米，18个乡镇光纤骨干网络253.8皮长公里，体育场馆1.05万平方米，文化活动中心、残疾人康复中心1.33万平方米，敬老院5幢、1.13万平方米，铺建城镇道路5625米，架桥梁2座，建供水站11座。剑门关楼、体育活动中心等4个援建项目荣获“天府杯”金奖，剑门关景区文化旅游产业重建，剑门关大厦重建项目被列为四川省灾后重建经典工程。黑龙江省委、省政府向党中央、国务院交上了一份满意的答卷，在剑阁大地上树起了一座无疆大爱的巍峨丰碑。

在这场波澜壮阔、浩气凌云的抗震救灾和灾后重建中，68万剑阁人民和黑龙江人及国内外救援、援建友人一道，众志成城，百折不挠，共克时艰，所向无敌，谱写了一曲从悲壮走向豪迈的凯歌，取得了历史性的伟大胜利，涌现出了无数英雄模范人物和先进集体，他们生动感人的事迹充分显示了中华民族的优秀品质和中国共产党人的坚强信念，也为下一代留下了一笔宝贵的精神财富，他们的名字将功炳千秋。山河破碎，剑阁人民承长征之精神，谱写坚强与希望；重建家园，雄关儿女展红军之神勇，成就辉煌与梦想。全县人民在抗震救灾和灾后重建中深切体会到，中国共产党好！社会主义大家庭好！黑龙江人民好！

大 事 记

二〇〇八年

5 月

12 日 14 时 28 分 04 秒，北纬 31°01′、东经 103°42′，汶川县映秀镇发生里氏 8.0 级特大地震，波及剑阁，全县普遍受灾。

是日 15 时 30 分，县委召开县四大班子领导干部紧急会议，启动抗震救灾应急预案，成立剑阁县“5·12”抗震救灾指挥部，安排部署抗震救灾工作。随后，11 名县级领导分别带领 11 个工作组深入灾区乡镇、学校、医院等重点受灾区域查灾，并指导抗震救灾工作。

是日 16 时 47 分，县境姚家乡天字村发生里氏 4.8 级地震。

是日 17 时 30 分，县境上寺乡桅杆村发生里氏 4.4 级地震。

是日 22 时，县委召开常委（扩大）会议，传达省、市抗震救灾会议精神，听取各查灾小组灾情收集情况汇报，分析灾情，落实责任，安排抗灾工作。

是日晚，全县 57 个乡镇和 86 个县级部门就在搭建的临时帐篷内办公，并实行 24 小时值班制。

是日，调派 37 辆客运车辆支援青川抗震救灾。

13 日凌晨 6 点，县四大班子领导再次分别带队深入各乡镇、重点区域查灾，指导救灾工作，传达县委常委（扩大）会议精神。

是日，剑阁民兵应急分队 80 名主力队员赴青川灾区紧急救援。

是日 20 时 30 分，剑门关镇志公村发生里氏 4.6 级地震。

14 日凌晨 0 时 26 分，姚家乡银溪村发生里氏 4.1 级地震。

14 日 18 时 37 分，剑阁供电局沙溪坝变电站恢复供电。

是日，白龙、江口等26个场镇供水站恢复供水。

15日，全县57个乡镇、65个场镇集中供水站恢复供水。

是日，水利部、水利规划设计总院、中国水利水电科学研究院、四川省水利厅等单位专家组成的抗震工作小组到剑阁检查指导水利工程抗震抢险工作。

16日下午，市委书记罗强到剑阁察看震灾情况并慰问受灾群众，要求全力保障受灾群众基本生活，奋力推进救灾工作，努力抢抓灾后重建进度。

是日下午，四川省治权集团有限公司副总裁唐天学（剑阁籍）为剑阁捐赠2万元。

是日，剑阁移动通信公司开通“免费报平安”服务电话。

是日，县委、县政府印发《关于防止震后次生灾害事故发生的公告》。

17日，中国农工党中央向剑阁县派遣医疗队1支、4人，援助县医院伤员救治工作。

18日，沈阳军区第201医院抗震救灾医疗队临时进驻下寺镇中心卫生院，救助“5·12”地震灾害受伤群众。

19日14时28分，剑阁举行四川汶川特大地震遇难者悼念活动。

是日，县政府召开县长办公会议，安排县财政筹措资金1500万元，用于启动灾后重建工作。

21日，县“5·12”抗震救灾指挥部下发《关于迅速恢复生产重建家园促进经济发展的通知》。

是日，市委副书记、市长马华，副市长何顺洪、张兴德一行到剑阁县下寺镇拐枣村等地察看灾情并慰问受灾群众。

22日，浙江省应急办主任陈荣代表浙江省委、省政府到剑阁查看灾情，商讨宁波市对口救援剑阁灾区搭建活动板房等有关事宜，并捐赠救灾资金500万元。

24日，剑阁成立青川震灾移民安置工作领导小组。

25日，国土资源部派遣20名地质专家深入剑阁县各乡镇开展地质灾害排查避险和地震灾害损失调查评估工作。

是日，中煤集团山西平朔公司抗震救灾救援队一行43人，自带发电机、餐车、生活用品等抵达剑阁。

26日，宁波市抢险救援队抵达剑阁，开始调查了解活动板房的需求量、搭建点等。

27日，省政协主席、省“5·12”抗震救灾指挥部驻广元市工作组组长陶武先到剑阁慰问受灾群众，检查灾后重建工作。市政协主席唐全林陪同。

是日，县财政紧急拨付救灾资金3295.23万元，保障受灾群众基本生活。

28日，首批青川移民215户、715人到剑阁，分别安置到柳沟、摇铃、高观等15个乡镇。

29日，全县21户规模以上工业企业已有19户恢复生产。

是日，浙江省宁波市调运的4000套临时过度活动板房材料抵达剑阁。

6月

1日，县“5·12”抗震救灾指挥部印发《剑阁县“5·12”地震灾后重建规划编制工作实施方案》。

2日7时，县委、县政府紧急转移龙王潭水库下游群众，至上午12时转移下游群众222户、915名到达安全地带，并得到妥善安置。

2日，四川省百特尔心理咨询中心3名教授到达剑阁，开展心理咨询援助活动。

是日，香港世界宣明会向剑阁灾区捐助人民币1500万元。

3日，马华、张兴德在剑阁调研青川震灾移民安置工作。

7日，中煤山西平朔公司赴川救援队在武连镇开始拆除危房。

是日，浙江省赴川支教团剑阁支教小组一行13人抵达剑阁，开展支教活动。

9日，成立剑阁县接受浙江支援剑阁抗震救灾领导小组。

12日，县“5·12”抗震救灾指挥部印发《关于震后危房鉴定和拆除有关问题的紧急通知》。

13日，中央工作会议确定黑龙江省对口支援剑阁灾后恢复重建。

14日，黑龙江省对口支援剑阁前期对接组抵达剑阁。

是日，教育部授予下寺小学张庚杰“抗震救灾优秀学生”称号。

15日，县委、县政府向黑龙江省对接组汇报灾情，与对接组一行22人分8路，深入乡镇、社区、学校、医院调研。

16日，省政协副主席、省“5·12”抗震救灾指挥部驻广元工作组副组长晏永和，广元市政协副主席樊怀京一行在在高观乡张帽村七组、禾丰乡禾丰村二组察看青川移民安置和受灾情况。

17日，四川省副省长张作哈一行到剑阁检查指导抗震救灾工作。

是日，黑龙江省成立对口支援剑阁县恢复重建领导小组。

18日，省委副书记、省长、省“5·12”抗震救灾指挥部副指挥长蒋巨峰到剑阁调研抗震救灾和恢复重建工作。在上寺乡桅杆村，下寺镇拐枣村、大桥村实地考察。

19日，中宣部、文化部、广电总局、解放军总政治部、中国文联组织的抗震救灾“心连心”艺术团到剑阁灾区慰问演出。

23日，黑龙江省成立支援四川省剑阁县灾后重建前线指挥部（以下简称黑龙江援建前线指挥部）。

25日，黑龙江援建前线指挥部一行14人抵达剑阁。

27日，张庚杰获中央文明办、教育部、团中央、全国妇联授予的“抗震救灾优秀少年”称号。

30日，由中华全国总工会主办，省、市总工会承办的“全国工会就业帮扶爱心行动”大型招聘求职洽谈会在县行政中心广场举行。

7月

1日凌晨，黑龙江省首批医疗队一行26人抵达，进驻县医院、县中医院和县妇幼保健院，开展援助工作。

4日，四川省委书记、省人大常委会主任、省“5·12”抗震救灾指挥部指挥长刘奇葆深入重灾区剑阁县视察灾情，指导灾后重建工作。

9 日，陶武先、罗强、唐全林深入剑阁县北庙乡孤玉村、城北镇民主村及汉阳场镇调研指导灾后重建工作。田中文、县政协主席王成书陪同。

12 日，成都军区副政委、成都军区抗震救灾第五责任区指挥长段禄定中将在剑阁检查地方武装和民兵预备役分队抗震救灾宿营地和救灾入户工作。

15 日，来自黑龙江、辽宁、福建等省 68 名“西部计划”志愿者，开展为期一年的志愿服务。

26 日，黑龙江省公安厅派驻剑阁灾区的 150 名特警抵达剑阁。

31 日，广元市委、市政府在剑阁县行政中心广场举办“挺起不屈的脊梁——2008 广元抗震救灾大型新闻图片展”。

是日，黑龙江省选派的首批 13 名中高职院校职教教师到达剑阁职中，开展为期半年的支教工作。

8 月

6 日，济南军区副司令员叶爱群中将率部队赴剑阁抗震救灾。

11 日，晏永和一行在剑阁调研受灾群众安置和永久性住房重建情况。

14 日，剑阁应急通讯无线电台开通。

14 日始，黑龙江省援建的 11 所中小学和剑阁职中、特教学校项目工程陆续开工。

16 日，国家减灾委到剑考察地震灾情和救灾资金使用情况。

25 日，晏永和、唐全林到剑阁调研指挥灾后重建工作。

9 月

3—4 日，黑龙江省委副书记、省长栗战书，省委常委、常务副省长杜家毫赴剑阁调研对口支援工作。深入北庙乡孤玉村，城北镇柳垭村、民主村及汉阳镇、剑门关镇、剑门工业园调查了解地震灾情、受灾群众生活，察看援建情况。

4 日，栗战书一行出席剑阁县医院住院楼、大仓坝受灾群众安置小区的开工和奠基仪式。

13 日，县政府印发《关于“5・12”地震灾后城镇住房恢复重建工作实施意见》。

9 月 27 日，刘奇葆视察剑阁灾后恢复重建工作

10 月

9 日，县委、县政府主要领导赴黑龙江省哈尔滨市，黑龙江省委、省政府领导接见并研究受灾群众安全过冬和受灾群众永久性住房建设。

15 日，县政府召开受灾群众安全过冬紧急会议，县长与 57 个乡镇的乡镇长签订受灾群众安全过冬目标责任书。

28 日，县委办、县政府办发出《关于进一步做好地震受灾群众安全过冬的通知》。

11 月

6 日，四川省委常委、组织部长柯尊平慰问剑阁农村受灾党员，看望慰问黑龙江援建前线指挥部全体工作人员。

是日，晏永和在北庙乡石桥村、城北镇柳垭村及剑门关镇调研灾后重建和农村群众安全过冬工作。

18 日，冯安富调任中共剑阁县委书记。

12 月

3 至 4 日，杜家毫在剑阁调研灾后援建项目实施情况和剑门关旅游景点恢复开发。

10 日，黑龙江省支援剑阁地震灾区特警队奉命撤回。

18 日，广元市政府批复同意《剑阁县灾后恢复重建实施规划》。

是日，县委、县政府印发《关于加快推进黑龙江省援建项目实施的意见》。

23 日，撤销剑阁县“5・12”抗震救灾指挥部，建立剑阁县“5・12”地震灾后恢复重建委员会，冯安富、田中文兼任委员会主任。

24 日，县委办、县政府办下发《关于调整剑阁县地震灾后城镇住房恢复重建工作领导小组组成人员的通知》。

28 日，黑龙江援建前线指挥部第二批队员抵达剑阁。第一批队员奉命撤回。

二〇〇九年

1 月

5 日，剑阁县委、县政府授予黑龙江援建前线指挥部刘国会等 12 名同志“剑阁县荣誉市民”称号。

12 日，县委、县政府召开剑（阁）昭（化）公路建设协调会。

19 日，县委、县政府召开全县灾后恢复重建动员大会。

2 月

10 日，黑龙江省援建的首个教育项目——广坪小学教学楼竣工投入使用。

16 日，剑（阁）昭（化）公路开工建设。

19 日，援建前线指挥部和县受援领导小组共同制定《黑龙江省支援剑阁县灾后重建项目工程款拨付暂行办法》。

3 月

6 日，剑门关隧道工程竣工通车。

18 日，黑龙江援建的首个卫生项目——高池乡卫生院综合楼竣工投入使用。

4 月

15 日，由中国青少年发展基金会发起，一汽丰田公司捐建的希望学校——义兴小学举行奠基仪式。

22 日，由中国青少年发展基金会协助、青岛丽可医疗器械有限公司捐资 50 万元捐建的正兴丽可希望小学举行奠基仪式。

28 日，龙江大道建设工程开工。

5 月

6 日，四川省副省长黄彦蓉到剑阁慰问黑龙江援建前线指挥部人员

19 日，黑龙江省鸡西矿业集团与剑阁县政府签订《剑阁县职工教育培训中心援建项目协议书》，并转送企业职工捐赠资金 50 万元。

是月，杨家坝水库灾后修复工程开工。

6 月

6 日，县委、县政府和黑龙江援建前线指挥部主办，共青团剑阁县委、哈尔滨工业大学、剑阁县劳动和社会保障局承办的“返乡青年农民工培训暨青年创业论坛”开班。

17 日，黑龙江省农业工程职业学院向剑阁高级职业中学捐赠价值 10 万元的办公设备交接仪式在剑阁职中举行。

是月，青川移民住房项目竣工。

7 月

2 日，罗强、冯安富一行赴黑龙江省委、省政府汇报对口援建工作。

15 日，黑龙江省对口就业援助现场招聘会在县行政中心广场举行。

8 月

12 日，栗战书、杜家毫到剑阁视察剑门关镇改造。

18 日，县灾后重建委员会召开黑龙江省援建水利项目竣工座谈会，县委、县政府向黑龙江省水利厅、江河管理处赠送锦旗，并向完成援建任务即将离开剑阁的马金龙同志颁发“剑阁县荣誉市民”证书、抗震救灾纪念章和相册。

是月，龙王潭水库列入灾后重建项目，长岭大桥动工修建。

9 月

9 日，全国妇联中国少年儿童基金会捐助剑阁 30 名特困学生，资助 7 名弱视儿童治疗。

18 日，县委、县政府举行剑门关关楼恢复重建奠基仪式。

是月，全县城镇住房维修加固工作结束。

10 月

22 日，剑阁县体育中心项目开工。

是月，龙江渡口大桥、龙江沙溪大桥开工；金子山隧道灾后重建工程竣工。

11 月

5 日，成立《汶川特大地震黑龙江省援建剑阁县志》编纂领导小组。

30 日，剑阁县公共服务中心（剑门大厦）开工建设。

12 月

6 日，县委、县政府召开成西（成都至西安）快速铁路下寺客运站建设现场办公会，黑龙江援建前线指挥部刘国会、张宝武，县领导冯安富、田中文、陈勇、吴勇、邓益平、杨正国和县级有关部门负责人参加会议。

22 日，县委、县政府在剑门关景区红星广场隆重举行“老区不会忘记——红军攻克剑门关纪念碑落成暨纪念馆开馆仪式”。四川省军区副政委祝少东少将、市委书记罗强等领导和部分老红军、将帅亲属代表和各界群众参加仪式。

31 日，剑门关镇风貌打造工程竣工。

二〇一〇年

1 月

4 日至 6 日，杜家毫一行到剑阁，视察剑门关景区、龙江大道、体育中心等援建重点项目施工现场，参加剑昭公路竣工典礼、剑门关古镇一期竣工典礼，看望慰问指挥部队员。

13 日，文峰塔灾后恢复重建开工。

18 日，罗强陪同省委、省政府春节慰问团到剑阁，慰问黑龙江援建前线指挥部工作人员及剑门大厦工程施工人员。

22 日，举行亭子口水电站剑阁淹没区的店子乡场镇迁址开工典礼。冯安富、田中文等县领导参加。

是日下午，普安镇公交车通车仪式在普安车站举行。冯安富、田中文等县领导参加。

2 月

12 日，中央电视台《新闻 30 分》《朝闻天下》《东方时空》栏目分别报道剑阁县灾后重建工作。

13 日，冯安富、田中文等领导和黑龙江援建前线指挥部负责人看望慰问一线工人。

3 月

4 日，县委、县政府和黑龙江援建前线指挥部在县城行政中心广场联合举办 2010 年剑阁县就业援助大型招聘会。

14 日，新建剑阁县看守所、拘留所、武警中队营房竣工，投入使用。工程于 2008 年 11 月动工修建，建筑面积 8590 平方米。

31 日，在黑龙江省委宣传部、省文明办等联合主办的“2009 年感动黑龙江年度人物（团队）评选”颁奖盛典上，黑龙江援建前线指挥部获得 2009 年感动黑龙江年度群体荣誉称号。

4 月

4 日，四川省政府副省长陈文华在剑阁调研灾后恢复重建和鹤鸣山文化公园建设。

15 日，柯尊平到剑阁调研灾后恢复重建。

19 日，四川省委常委、副省长钟勉在姚家乡团结水库、天字村和剑门关景区调研灾后恢复重建。

4 月 28 日到 29 日，黑龙江省政府副省长于莎燕一行赴剑阁县调研指导援建工作。听取对口援建和灾后重建工作的情况介绍，视察援建的龙江大道、沙溪中学和体育中心等项目，出席 29 日举行的剑门关景区灾后重建关楼落成暨 2010 中国蜀道·剑门关文化旅游节开幕式活动。

5 月

5 日，省委、省政府在剑阁召开四川省灾后重建工作现场会，500 名代表参观剑阁县恢复重建现场。

25 日，黑龙江省政协副主席刘海生一行视察剑阁援建项目情况。

29 日，广元市委、市政府授予剑阁县委、县政府灾后重建特殊贡献奖。

6 月

8 日，全国政协原副主席杨汝岱到剑阁考察地震灾后恢复重建。

21 日，山西省委常委、省政法委书记杜玉林到剑阁考察地震灾后恢复重建。

7 月

10 日，剑阁县启动“颂歌献给党”广元灾区百万群众歌咏活动。

29 日，县委、县政府举行“2010 年剑阁县西部计划大学生志愿者欢迎会暨服务期满志愿者欢送会”。

30 日，全国政协委员、少将毛新宇视察剑门关红色经典景区建设，为汉阳镇中心村捐赠图书 500 余套。

8 月

10 日，四川省人大常委会副主任杨志文到剑阁视察灾后恢复重建。

16 日，马华在升钟水库淹没区调研灾后恢复重建。

24 日，四川省委常委、省纪委书记欧泽高到剑阁检查灾后恢复重建资金使用情况。

27 日，广元市老区建设促进会会长、广元市委原书记曾子益到剑阁调研老区灾后恢复重建。

30 日，全国政协副主席、九三学社中央副主席王志珍到剑门关景区，调研灾后重建。

九　月

2 日，觉苑寺地震灾后维修保护工程通过国家文物局委托的专家组的验收。

6 日，县职业中学举行重建的新校区竣工暨开校庆典。

16 日，马华在升钟水库剑阁淹没区调研灾后恢复重建。

24 日，灾后重建项目清江河壅水工程开工。

25 日，罗强看望慰问黑龙江省对口援建干部职工。

25—26 日，黑龙江省政府副秘书长谭文一行先后为龙江大道、沙溪中学、剑门工业园区标准化厂房及二期道路管网工程、县体育馆等对口援建项目竣工剪彩。黑龙江援建的 146 个项目全部竣工。

27 日下午，黑龙江援建前线指挥部全体人员离剑阁，剑阁数千名干部、群众欢送。

30 日，黑龙江援建前线指挥部获“全国五一劳动奖状”。

是月，恢复重建的剑门关关楼工程获四川省优质工程奖。

10 月

12 日，灾后恢复重建项目鹤鸣山公园开工。

是月，灾后恢复重建的剑苍路剑阁段、剑南路剑阁段、喻马路、桥边河桥、西河（东宝）大桥竣工。

11 月

26 日，剑门大厦主体工程封顶。

是月，剑阁县村级组织活动场所建设完工，安装党员干部现代远程教育终端点 367 个。

12 月

27 日，“感恩奋进”文艺演出在县体育中心举行。

29 日，黑龙江省召开对口援建剑阁县总结表彰大会，黑龙江省委副书记、省长王宪魁等领导会见广元市、剑阁县领导。

是月，龙王潭水库除险加固工程竣工。

第一篇 灾 情

2008年5月12日14时28分04秒，汶川县境内发生特大地震，震中位于汶川县境内北纬31°01′，东经103°42′，震源深度14千米，震中烈度11度，震级里氏8.0级。剑阁震感强烈，为汶川特大地震重灾区。地震摧毁农田、房屋，伤人生命，损毁财物；剑阁紧临青川、江油，多次受其强烈余震袭击；加之主震后，县境又先后发生4.8级、4.4级、4.6级、4.1级余震，致使灾情加重，造成全县23镇、34乡、549村、33个居委会的20.12万户、67.5万人全部受灾，其中，上寺、下寺、盐店、姚家、东宝、武连、柳沟等42个乡镇受灾特别严重。地震造成21人死亡（含在北川探亲死于地震的剑阁籍人员2人），5580人受伤，其中重伤85人。

地震致使全县交通设施严重受损，通讯中断，学校、医院等公共服务设施严重损毁，工业、农业、旅游业等产业遭受重创，生态环境遭到破坏。

地震中受灾耕地3073.33公顷、灭失耕地115.59公顷，损毁粮食作物5600公顷、经济作物4400公顷，大棚设施24000平方米、沼气池16356口；损毁林木面积859.31公顷、林区道路106.30千米；砸死牛3025头、生猪16.37万头，倒塌畜禽圈舍71.6万平方米；损毁水库199座，堤防工程26千米，供水管道911千米，灌溉工程1020千米，蓄水池389口，农村水电站9座；损毁农机具1469台（套）、提灌站177座、机耕道450千米。

地震损毁177户工业企业生产、业务性用房8.69万平方米，生产设备9970台（套）；损毁采掘业设备设施191台（套），井巷受损12.61千米；损毁地方电力系统电站3座，输电线路315千米。

地震损毁干线公路35.88千米，农村公路1463千米，桥梁193座6993米，隧道2座2895米，客运站17个；损毁通信业务用房17279平方米，移动基站84座、小灵通基站42座，光缆200皮长公里、电缆409皮长公里，交换机及接入设备134台，传输设备31台；邮政受灾局所9507平方米，损失设备设施129件（台）。

地震损毁商务系统营业房12.43万平方米，粮食系统仓库244个、仓罐容13.77万吨，供销系统房屋12.42平方米。

全县受灾学校114所，损毁校舍55.72万平方米，教学设备仪器72283台（件、套），图书资料53.79万册；受灾医院、卫生院（站）595个，损毁房屋18.23万平方米，医疗设备器械257台；文化市场、文化产业受损机构229个，损毁文物本体35件，毁坏文化用房8.24万平方米、设备1.1万台

（件），图书 1. 59 万册；损毁广播电视台（站）51 座，光缆线路 1913 千米，专业设备 3396 台（件、套）；损毁比赛场馆 2200 平方米、训练场馆 4200 平方米；损毁社会救助站、社会福利院、敬老院、康复院、殡仪馆等房屋 3. 13 万平方米。

地震损毁城市供排水管道 321. 15 千米、燃气管道 27. 80 千米、市政道路 106. 90 千米、生活垃圾收集处理设施 2 座；损毁金融保险业营业用房 5. 35 万平方米；损毁旅游景点 7 个。

地震造成全县 23722 户农村居民的 22. 40 万间、573. 54 万平方米房屋倒塌，27171 户的 18. 98 万间、563. 74 万平方米房屋严重受损；2313 户城镇居民的 9871 间、24. 68 万平方米房屋倒塌或损毁，11666 万户的 4. 98 万间、124. 47 万平方米房屋严重受损；行政机关房屋受损 29. 25 万平方米、事业单位房屋受损 22. 96 万平方米。

地震诱发滑坡、崩塌、泥石流等次生灾害 24 处，形成地质灾害隐患点 169 处，生态环境损坏程度为 1. 57%。

“5·12”地震后，县委、县政府启动应急抢险预案，组织抢险救灾，同时开展灾情损失统计。经反复调查核实、分乡镇和系统上报，对全县灾情进行全面统计，县委发出《关于我县遭受“5·12”地震和开展抗震救灾的情况通报》，通报全县灾情。6 月 9 日，经省相关机构最终核实，确认剑阁全县直接经济损失 186. 90 亿元。其中，农业系统损失 3. 49 亿元，林业系统损失 1. 65 亿元，畜牧系统损失 7. 38 亿元，水利系统损失 15. 28 亿元，农机系统损失 0. 59 亿元，工业系统损失 2. 76 亿元，采掘业系统损失 0. 28 亿元，地方电力系统损失 0. 40 亿元，国家电力系统损失 0. 33 亿元，公路交通系统损失 9. 18 亿元，通信系统损失 0. 37 亿元，邮政系统损失 0. 11 亿元，商务系统损失 2. 05 亿元，粮食系统损失 0. 99 亿元，供销系统损失 1. 06 亿元，金融系统损失 0. 47 亿元，旅游系统损失 2. 85 亿元，教育系统损失 5. 89 亿元，卫生系统损失 1. 87 亿元，计生系统损失 0. 41 亿元，文化系统损失 0. 90 亿元，文物系统损失 0. 11 亿元，广电系统损失 0. 40 亿元，体育系统损失 0. 04 亿元，宗教系统损失 0. 04 亿元，民政系统损失 0. 23 亿元，国土资源系统损失 1. 67 亿元，环境保护系统损失 0. 09 亿元，党政机关损失 11. 30 亿元，城镇公用设施损失 5. 18 亿元，农村住房损失 85. 10 亿元，城镇住房损失 19. 87 亿元，居民财产（不包括房屋和土地）损失 4. 55 亿元。

第一章　地质构造与地震

第一节　地理环境

地理位置及县域概况　剑阁县地处四川盆地北缘，位于北纬31°31′46″至32°21′06″，东经105°10′10″至105°49′26″之间。东邻广元市元坝区、苍溪县，西接梓潼县、江油市，北接青川县、广元市利州区，南连阆中市、南部县。南北长91千米，东西宽63千米。2007年年末，县域辖区面积3204.33平方千米。全县辖23个镇、34个乡、549个村、3618个村民小组和33个居委会、106个居民小组。

境内山川名胜、文物古迹甚多，剑门蜀道自然与文化遗产极其丰富。剑门与峨眉山、青城山、夔门并称为蜀中四大形胜之地，剑门以天险居其首。古金牛道从剑门隘谷经过，曲折险峻。三国时蜀汉诸葛亮于此设防，剑门关成为“一夫当关，万夫莫开”的巴蜀锁钥，为历代兵家必争之地。翠云廊逶迤于崇山峻岭之间。剑阁古城普安镇为四川省首批历史文化名城，以钟鼓楼、箭楼为中心的古街区多为明代建筑。城东鹤鸣山，有隋唐时期的道教摩崖造像，唐代诗人李商隐撰文《剑州重阳亭铭》和文学家元结撰文、书法家颜真卿书《大唐中兴颂》等摩崖石刻以及屹立于山巅的清乾隆三十五年建造的文峰塔。武连觉苑寺为全国重点文物保护单位，有全国仅存的明代大型《佛传》壁画，为中国佛教艺术的瑰宝。还有小庙山新石器时代文化遗址、三国古战场、南宋抗元遗址、古城堡以及自然景观五子山、翠云湖、茶园沟等蜀道历史文化遗存。剑门蜀道是古金牛道上保存较好的古道之一。

地形地貌　县域地形西北高，东南低，由西北向东南倾斜。海拔高程最高点为盐店镇五子山主峰1330米，最低点为长岭乡西河出口谷地367.8米。境内河流属嘉陵江水系，嘉陵江沿县东界绕流，至南边界流出，为过境河。发源于县西北山麓的西河、闻溪河、店子河、白龙河以及由青川县流入的清江河纵贯全境。河道总长693.24千米，总流域面积3098.63平方千米。地貌以构造侵蚀低山为主，次为中山、深丘，间或少许河丘平坝。受地质构造影响，境内群山西来，重峦叠嶂，层岭云集，沟壑纵横。境域地貌类型由山前河谷平坝区，单斜中、低山窄谷区，台梁低山宽谷区，枝羽状低山深丘槽坝区构成。山前河谷平坝区分布在上寺、下寺地区，其地貌分为中山台地和河谷平坝两个类型，面积136.65平方千米。单斜中、低山窄谷区，分布在秀钟、盐店、姚家、汉阳、剑门关、张王一线以北地区，其地层受龙门山褶皱断裂影响，普遍向上抬升，向北渐长渐高，变形渐大，向南渐次减缓，形成北坡陡峭，南坡缓斜的单斜山。北坡砾岩出露，地层若刀切斧劈，形成高百余米的“百里城墙岩群”，南坡缓斜成阶梯叠瓦状，近河谷较陡，切割深，多成狭谷，面积343.4

平方千米。台梁低山宽谷区分布在县境中部的高观、汉阳、北庙、西庙、秀钟、东宝一线以南，碗泉、开封、迎水、摇铃、禾丰、杨村、鹤龄一线以北地带。因受龙门山前陆盆地隐伏断裂带和长期风化剥蚀及流水侵蚀，形成桌状、羽状、爪状的台梁低山。台梁顶部平阔宽展，边沿成阶梯，总面积 1920.4 平方千米。枝羽状低山、深丘槽坝区分布在羊岭、锦屏、广坪、柘坝、开封以南，西河以西地区。谷岭走向南西至北东，排列似枝状，羽状，谷坡山体宽厚，山顶浑圆，河谷多坝谷、槽坝，总面积 826.3 平方千米。

自然环境 域内属亚热带湿润季风气候区，雨量充沛，气候温和，四季分明。多年平均气温 16.1℃、降水量 915.7 毫米、日照 1284.8 小时。

县域自然风光雄奇秀美，拥有多种资源，土地开发潜力巨大。全县总土地面积 3204 平方千米，其中耕地面积 5.23 万公顷。境内林地广阔，森林茂密，森林面积 15.94 万公顷。质地优良的柏木林遍布全境。境域多样的地貌形态和适宜的光热条件为动植物的生存提供良好环境。野生植物列入四川省重点保护天然、原生珍贵树木名录的有 12 种。野生动物列入国家一、二级保护的有 25 种。境域内已探明的矿产资源有煤、磷铁矿、天然气、铝矿土、重晶石、石英砂、膨润土共 10 余种，具有开采价值。境域水资源丰富，多年平均径流总量 11.59 亿立方米，地下水年径流量 3993 万立方米。

山脉分布 剑阁县域西北界外龙门山脉北东向斜绕，上寺，下寺等地为前山地带。其东南支脉由江油市入县境至盐店镇西北形成，主脉北东延伸，构成剑门山脉体系，弧形展布、向东南延伸。

龙门山东南支脉在清江河以北，源于青川县境，东西走向，有铁佛山，金鹅山，矿山梁、梅子崇、南门山、人字岩等山峰，以金鹅山为最高峰，海拔高程 1248.6 米。剑门山主脉在清江河以南，闻溪河以北，由五指山起，自西向北东延伸，分前后两列：前列经五子山、美女山、摩天岭、毛家山至元坝区人头山，又称小剑山。后排经黄洋寺、马耳山、朱家寨、仙峰观、东山寨、翠屏峰、绝路岩、天龙山至嘉陵江西岸。以东山寨最高，海拔高程 1248 米。其支脉顺主干南北呈鸡爪状展布。

中部一列山脉在闻溪河、西河之间。发脉于五指山分水岭，经盐店、龙源、摇铃、金仙等乡入南部县、阆中市境。该山脉延伸分支若干，于盐店镇分支秀钟山、垂泉山；于柳垭子分支汉阳山，云顶山。于凉山分支傅家山，高池山；于龙源分支，一为云起山接摇铃山，一为小垭子、青虚山至鹤龄长宁山入苍溪县境。

西部一列山脉，在西河以西、源于五子山，为剑阁与江油市、梓潼县、南部县分界线，其干脉经江油市云集、重兴于漏风垭入县境东宝镇尖子山，经燕家山至瓦子垭分支，其一支入梓潼县境，其一支经魏公山、罗家山至碗泉山；经司公山（公店）、胡家垭（王河）、贾家山（元山）、老龙山入南部、盐亭县境。

河流 嘉陵江于张王乡嘉陵村入境，经张王、江口、鹤龄等乡镇入苍溪县境，入境高程 432 米，出境高程 391 米。嘉陵江为过境水，是剑阁上通广元，下达南充、重庆的水运航道，境内河道长 50.25 千米。

清江河源于青川县大草坪，至黄石拐进入上寺乡猫儿村。入境高程 510 米，境内流程 23.24 千米，流域面积 275.45 平方千米，于曹洪碥流入广元市利州区，出境高程 485 米。多年平均径流量每秒 49.9 立方米。县境主要支流有三叉河、剑溪河、大窑沟河等。

西河源于盐店镇五子山分水岭西南，流经东宝、武连、正兴、开封、迎水、柘坝、长岭等乡镇，于涂山乡流入南部、阆中境内。西河为县内较大河流，境内长105.7千米，流域面积1235平方千米。河道起点高程670米，出境高程368米，平均比降1.45‰。中下游河面宽100米至200米，出境平均流量每秒12.8立方米。平均径流量每秒12.59立方米，年径流总量4.5亿立方米。境内主要支流有曾家河、王家河、杨家河、罗家河、张家河、刘家河、龙桥河、柳沟河、土门河、龙潭河、贾家河、柳河等。

闻溪河源于盐店镇五子山分水岭东南，流经盐店、北庙、城北、普安、闻溪等乡镇至江口镇入嘉陵江。源头高程715米，出境高程414米，平均比降3.33‰。河道长62.3千米，流域面积534平方千米。平均径流量每秒3.5立方米，出境径流量每秒7.44立方米，年径流总量1.06亿立方米。主要支流有刘家河、小河子、梁家河、魏家河、高江河等。

白龙河源于龙源镇唐家角，流经禾丰、白龙、碑垭、公兴、吼狮、涂山至香沉镇剑南村入阆中市，源头高程628米，出境高程427米，平均比降3.12‰，河道长49千米，流域面积410平方千米，平均径流量每秒1.91立方米，出境平均流量每秒2.1立方米，年径流总量0.7亿立方米。主要支流有圈龙河、香沉河、羊岭河等。

店子河源于凉山乡高台子，流经普安镇、店子乡至木马镇七柏村入广元市元坝区青牛乡汇入嘉陵江。源头高程606米，出境高程396米，平均比降3‰。河道长38千米，流域面积326平方千米。年均径流量每秒2.72立方米，出境径流量每秒3.7立方米，年径流总量1.2亿立方米。

第二节　地质构造

县域地质构造　县境所处的大地构造分区为扬子准地台之四川中台坳和秦岭褶皱系两个一级构造之间，分属龙门山印支褶皱带和四川中坳陷燕山褶皱两个单元。地质构造西北受龙门山大断裂影响，东受巴中莲花状构造控制，西南受绵阳帚状构造制约。县境域西北界外为龙门山脉北东向斜绕，上寺、下寺为前山地带，其东南支脉由江油市官垭子入县境至盐店镇西北边缘突起五峰，若五指并立称五指山，又名五子山。主干横亘西北，北东构成剑门山脉，呈弧形展布，覆盖县境。第四纪以来，龙门山间歇抬升，造山活动强烈，形成三条深大断裂，即龙门山后山断裂、龙门山中央断裂、龙门山主边界断裂，沿龙门山轴线延伸，切割轴部，呈迭瓦状向南、东迭冲，构成龙门山断裂带。县境北部地处龙门山北东段前山断裂带，从青川入境，经上寺、下寺至广元利州区。其地质构造体系为天井山背斜之南矿山梁背斜，起于上寺西北，是在加里东末期旋向中，摩天岭褶皱回返之后形成的强烈沉陷带，即龙门山边缘拗陷带，构造曲线为西南—北东向，倾伏角13至15度，核部出露地层为寒武系（上寺以北长江沟一带），二叠系（上寺铁佛山一带）、三叠系（上寺西北至下寺）、侏罗系（上寺、下寺以南，大小剑山、马耳山、五指山以北）。县境北部大、小剑山，马耳山至五子山以南，闻溪河北岸地带为龙门山前缘（前陆盆地）隐伏断裂带，从江油入境经东宝、秀钟、盐店、西庙、姚家、北庙、剑门关、汉阳、张王等乡镇出境，其地质构造体系为盐店向斜、北庙背斜。盐店向斜起于盐店场东北，呈北东向延伸；北庙背斜起于北庙场，呈北、东延伸，出露地层为白龙组。龙门山前缘隐伏断裂带为龙门山分区和四川盆地分界地层，核部出露地层为侏罗系，下侏罗统白田坝组，中侏罗纪千佛岩组。上侏罗统蓬莱镇组。县境中部、南部统属四川盆地分区，为山地盆地渐次过渡带，地质构造体系为梓潼向斜、起于梓潼回龙寺，经剑阁正兴、龙源、田家、木马一线，轴线不甚规则，观音寺以南轴向北60度东，至龙源寺轴向北40度东，龙源寺以东又转成北60度东，平面向上呈S型向北东延伸横贯县境中部，总体走向北60度东，九龙山背斜起于苍溪小桥河以东，轴北向65度东；北西与梓潼向斜相接，东南与苍溪向斜相邻；苍溪向斜起于苍溪县城北，轴向北70度东近直线展布，西段消失于剑阁县正兴场；柘坝场鼻状背斜起于柘坝场东，轴线近东西向，以西轴向北70度偏转，总轴线呈弧形延伸，西段倾没于王河场东，东段消失于苍溪县华尖山；金仙场向斜起于柘坝场鼻状背斜以南，总体轴向北70度东近直线延伸，消失于元山场北。

龙门山脉地质构造 龙门山脉位于四川盆地西北边缘，广元市与都江堰市之间，东北—西南走向，形成于中生代和早新生代。东北接摩天岭，西南止岷江边。绵延200多千米。海拔1000米—1500米。龙门山宛如一座天然屏风，横亘四川盆地西北边缘。龙门山南北分段性特征显著，北段和四川盆地之间界限逐渐模糊，南段地形陡峭，盆山界限清楚。

龙门山为青藏高原东延部分，其地质为一巨大复合型推覆构造带，沿带展布众多外的推覆群体，其地层由上古生界和下三叠统灰岩、砂岩及页岩构成，沿着走向北东。总体西倾的低角度掩断层自北西、南东推覆到上三叠统须家河组及侏罗系砂页岩组成的原岩系之上。根据推覆体群出露位置和形成时间顺序划分为后山推覆构造带、前山推覆构造带和前缘推覆构造带。

龙门山自隐生宙元古代（系地质年代，距今24亿至5.7亿年）以来，就为一继承性构造运动活跃与强烈地区。显生宙中生代的构造运动，特别是白垩纪末（距今1.37亿至6700万年）的“燕山运动”，使其西部构造带强烈褶皱成山，龙门山形成以北、东、西为主体的三大断裂带。新生代（距今6700万年）的“喜马拉雅运动”，青藏高原大幅度抬升，龙泉隆起成山。在龙门山断裂和龙泉山断裂之间形成第四纪（距今250万年）的成都断陷沉积盆地。

龙门山断裂带南起泸定，天全，向北东延伸，经都江堰、汶川、茂县、安县、北川、平武，从江油、青川入剑阁，出境广元，进入陕西宁强、勉县，长约500千米，宽40千米至50千米。

“5·12”地震发震构造 龙门山脉地区是强烈地震带之一。自公元1169年以来，共发生破坏性地震26次，其中里氏6级以上地震20次。由于印度板块向亚洲板块俯冲，造成青藏高原快速隆升。高原物质向东缓慢流动，在高原东缘沿龙门山构造带向东挤压，遇到四川盆地之下刚性地块的顽强阻挡，造成构造应力能量的长期积累，最终于2008年5月12日在龙门山脉北川—汶川映秀地区突然释放，发生里氏8.0级地震。龙门断层破裂面，以极快的速度从震中汶川县裂向广元，断层破裂带严重成灾范围长240千米、宽30千米。

结合“5·12”地震震源过程的反演结果，推断发震断层与地震破坏情况。地震发生时，地处龙门山脉中央的汶川映秀镇之下的基地滑脱面（微观震源）发生逆冲型破裂（或同震错动），破裂沿滑脱面向上和北东方向扩展到与中央断裂的中段、中北段以及前山断裂的中段上，在地表产生沿中央断裂展布的主破裂带和沿前山断裂带布展的次级破裂带。沿龙门山脉中央的同震破裂分解大部分平行断裂同震运动分量，龙门山脉前山断裂中段同震破裂为逆冲运动。

龙门山脉中央与前山断裂之下参与破裂或同震错动基地滑面宽度由发震西南汶川映秀—都江堰—平武南坝—青川逐渐变窄，“5・12”地震余震分布由南西、中段至北东段逐渐变窄。

第三节　历史地震

秦始皇嬴政十七年（前230年），境域（今剑阁县境，下同）发生地震。

西汉高皇后吕雉二年（前186年）正月，甘肃地震，山崩地裂，房屋倒塌，人畜伤亡惨重。境域震感强烈。

东汉安帝延光三年（124年），巴郡（今阆中）地震，山崩地裂。境域房屋晃动。

东汉恒帝和平元年（150年）七月（阴历。下同），梓潼地震，山崩、房屋倒塌，波及毗邻郡县。境域少量房屋倒塌。

西晋武帝咸宁四年（278年）六月初十、六月廿七日，广武（今平武县）、白水（今青川县）发生地震，汉德县（今剑阁县）房屋晃动。

西晋武帝太康八年（287年）七月，阴平郡（今江油小溪镇）发生地震，波及毗邻县。境域房屋摇动。

东晋安帝义熙二年（406年）六月，金城（今兰州市）发生大地震。汉德县部分房屋倒塌，人畜伤亡。

南朝刘宋武帝永初二年（421年）七月，阴平郡（今江油、北川）地震，波及邻县。境域房屋晃动。

南朝梁武帝天监四年（505年）十一月，南安郡（今剑阁县）发生地震，造成部分房屋倒塌，人畜伤亡过百。

南朝梁武帝天监五年（506年）七月，甘肃发生强烈地震，波及邻县。境域部分农房倒塌，人畜伤亡。

南朝梁武帝天监八年（509年）二月，南安郡地震。

南朝陈宣帝太建八年（576年）九月，江油、白水、益昌（今昭化）、始州（今剑阁）一线发生地震，造成山体垮塌，人畜伤亡。

唐太宗贞观元年（627年），成都发生大地震，波及始州。境域震感强烈，房屋晃动。

唐武后（周）长安二年（702年）六月十八日，涪县（今绵阳）、梓州（今三台）、始州一线发生地震，震感强烈，房屋晃动。

唐德宗贞元四年（788年），陕西东南（渭南潼关和汉中）一线发生地震。剑州震感强烈。

唐僖宗光启元年（888年）正月，四川北东地震，一日10余次，部分房屋倒塌，人畜伤亡。剑州震感强烈，房屋晃动。

后唐清泰三年（936 年）四月，清川（今青川县）、江油（今平武一带）地震。剑州震感强烈，房屋晃动。

后晋高祖天福三年（938 年）十月，四川地震，梓州（今三台县）人畜伤亡惨重。剑州震感强烈，余震不断。次年十月，江油（今平武一带）发生地震，境域房屋晃动，断续三日。

后晋天福七年（942 年）正月，清川（今青川县）地震，剑州房屋晃动。十月，江油（今平武一带）地震，剑州微震。

后周太祖广顺三年（953 年）三月，四川江油（今平武一带）、清川地震，余震 10 余日。剑州震感强烈。

宋真宗咸平六年（1003 年）正月，石泉县（今北川县）地震，波及邻县。剑州房屋晃动。

宋真宗景德四年（1007 年）八月十六日，成都地震，剑州微震。

宋哲宗绍圣三年（1096 年）三月，四川潼川府（今三台县）地震，剑州震感强烈。

宋孝宗隆兴元年（1163 年）五月，成都地震，剑州微震。

宋孝宗乾道二年（1166 年）十月，普安军节度（今剑阁县）地震，损失严重。

宋孝宗乾道四年（1168 年）十二月二十五日，四川石泉（今北川）发生大地震，断续三日。普安军节度震感强烈，房屋晃动。

宋宁宗嘉泰九年（1216 年）二月、三月、六月、九月汶川多次地震，山崩地裂，人畜伤亡无计，期间三月二日、十一日、十四日，成都、潼川府地震。隆庆府（今剑阁县）震感强烈，少量房屋倾倒，人畜伤亡。

宋宁宗嘉定十二年（1219 年）六月十八日，石泉地震，隆庆府微震，房屋晃动。

宋度宗咸淳元年（1265 年），汶川、茂州（今茂县）、北川地震，波及隆庆府，微震。

宋度宗咸淳七年（1271 年），彰明（江油）地震，隆庆府房屋晃动。

元泰定帝泰定四年（1327 年）八月，四川天全招讨司（今天全县）大地震，人畜伤亡无计，波及全川。剑州（今剑阁县）房屋晃动。

明太祖洪武七年（1374 年）三月十三日，四川安县、石泉地震，剑州微震。

明宪宗成化二十二年（1486 年）九月初九日，德阳、石泉、江油、青川守御千户所（今青川县）一线地震，剑州房屋晃动，山体滑坡。

明孝宗弘治九年（1496 年）正月，涪县、石泉地震，剑州房屋晃动。

明孝宗弘治十二年（1499 年）云南发生特大地震，剑州震感强烈。

明孝宗弘治十五年（1502 年）八月，涪县、石泉、江油地震，波及全川。剑州房屋晃动。

明武帝正德五年（1510 年）九月十九日，四川茂州、汶川特大地震，响声如雷，山崩房塌，剑州震感强烈。次年七月，涪县、石泉、江油地震，剑州房屋晃动。

明武帝正德八年（1513 年）十二月初四，成都、临邛（今邛崃）、潼川府地震，剑州震感强烈。

明世宗嘉靖十一年（1532 年）正月，四川发生大地震，倒塌房屋无数。剑州震感强烈，山体滑坡，少量农房倒塌。

明世宗嘉靖十五年（1536年）二月十八日，四川地震，剑州震感强烈，人畜有伤亡，房屋少量倒塌。

明神宗万历十年（1582年）四月，剑州地震，无人员伤亡。是月巴中地震，波及剑州，微震。

明神宗万历三十八年（1610年）三月初九，石泉、江油、安县大地震，十室九倾，人畜伤亡惨重。剑州震感强烈。

明熹宗天启元年（1621年）三月十八日，平武、青川守御千户所、剑州地震。

明思宗崇祯三年（1630年）十二月初四，松潘小河地震，山崩、屋毁，地陷，波及剑州，余震12日。

清世祖顺治十二年（1655年）六月十六日，剑州地震，房屋晃动。

清世祖顺治十四年（1657年）三月十六日，剑州地震，感应强烈。

清圣祖康熙五十三年（1714年）七月十五日，剑州地震，人畜伤亡无计。

清世宗雍正十年（1732年）云南发生特大地震，剑州震感强烈。

清高宗乾隆五十一年（1786年）四川泸定等地发生地震，城塌房倾，人畜伤亡无数。剑州震感强烈。

清仁宗嘉庆二十四年（1819年）正月、五月剑州地震。

清宣宗道光二年（1822年）三月初二，剑州地震。

清宣宗道光十三年（1833年），云南发生特大地震，剑州感应强烈，房屋晃动。

清宣宗道光十五年（1835年）八月，剑州地震。

清文宗咸丰六年（1856年）正月初九日，剑州地震。

清文宗咸丰八年（1858年）元月、三月，剑州发生三次有感地震。次年二月初八，发生较强地震，人员有伤亡，少量房屋损毁。

清穆宗同治五年（1866年）七月，剑州地震。

清穆宗同治十二年（1873年）九月初七、二十五日，剑州地震，少量房屋损毁。

清德宗光绪元年（1875年）五月，剑州发生较强地震。

清德宗光绪五年（1879年）五月二十五日，剑州地震。七月初一，甘肃发生特大地震，剑州震感强烈，人畜伤亡严重，房屋部分倒塌。

清德宗光绪十八年（1892年）十二月二十三日，剑州地震，房屋晃动。

清德宗光绪三十年（1904年）元月二十四日，剑州地震，余震不断。

民国2年（1913年）七月，剑阁地震。

民国21年（1932年）十二月二十五日，甘肃昌马堡发生7.6级地震，余震持续半年多。剑阁微震，房屋晃动。

民国22年（1933年）八月二十五日，茂县叠溪发生7.5级地震，地陷石崩，叠溪城沉陷为“海子”，剑阁微震，房屋晃动。

1966年3月22日16时19分，河北省邢台地区发生7.2级地震，波及范围广，剑阁微震。

1976年7月28日，河北省唐山市发生7.8级强烈地震，剑阁微震。8月16日平武发生6.4级地震，余震持续月余，波及剑阁。8 月 22 至 28 日，四川松潘发生 6.7 级以上地震三次，主震达 7.2 级，剑阁震感强烈，房屋晃动，人心浮动，于室外避灾数月。

1986 年 6 月 1 日，四川泸定县德威乡发生 7.0 级地震，波及全川，剑阁微震。

2003 年 1 月 18 日，北川发生 5.0 级地震，剑阁微震。

2006 年 6 月 21 日，甘肃武都发生 5.0 级地震，剑阁微震。

2008 年 5 月 12 日 14 时 28 分，四川汶川映秀镇发生 8.0 级地震，震源深度 14 千米。震源中心距离剑阁县城 210 千米，对剑阁县造成巨大人员、财产损失。

第四节　地震活动

地震感应　剑阁县属国家和省地震重点监测防御区，1996 年 5 月在普安镇汉阳山建地震观测台，2000 年后相继在东宝、下寺、姚家、龙源、剑门关等乡镇设立地震观测站和观测点，观测地震前兆，收集地震感应资料。

“5·12”地震前，县境多处出现异常现象。5 月 1 日，城北镇民主村村民反映，常年野兔成群，糟蹋庄稼，损毁粮食，而当年兔子销声匿迹，难寻踪影。5 月 8 日，盐店镇五指村一农民反映他家房前水井，多年水旺不枯，可当年 5 月，井水突然干涸。5 月 10 日，普安镇中坪村农民发现成群结队的青蛙爬满草丛，挡住林间小道。5 月 11 日下午 5 时许，姚家乡团结村村民称剑金公路团结水库段，数百条蛇挡住行车线路。5 月 12 日上午，毛坝乡元山村六组村民反映，饲养的 50 多只鸡，全部飞往树上栖息；武连镇武五村村民发现院内墙脚边成群结队的老鼠四处奔跑；羊岭镇青柏村二组村民发现山中野鸡无目标地群飞哀号，家中圈养的狗也四处狂奔嚎叫。当日下午，地震前一刻，普安城区整个天空似弥布了厚厚的尘埃，不见鸟飞，小动物也难寻踪迹。

主震　2008 年 5 月 12 日 14 点 28 分 04 秒，四川省阿坝州汶川县境发生里氏 8.0 级地震，震中位于北纬 31°01′、东经 103°42′之间的汶川县映秀镇。震中最大烈度 11 度，震源深度 14 千米。

“5·12”地震是新中国成立以来破坏性最强、波及面最广的一次地震，影响范围包括距震中 50 千米范围内的汶川县城和 200 千米内外的陕西、甘肃、宁夏、天津、青海、北京、山西、山东、河北、河南、安徽、湖北、湖南、重庆、贵州、云南、内蒙古、广西、广东、海南、西藏、江苏、上海、浙江、辽宁、福建等省（自治区、直辖市）和香港、澳门特别行政区以及台湾地区均有明显震感，甚至泰国首都曼谷、越南首都河内、菲律宾、日本等地也有感应，其中以川、陕、甘 3 省震情最为严重。

根据中国地震局提供的汶川特大地震烈度区划，6—11 度区面积 440442 平方千米，其中 11 度区面积约 2419 平方千米，以四川省汶川县映秀镇和北川县县城为两个中心呈长条状分布，其中汶川县映秀 11 度区沿汶川—都江堰—彭州方向分布，长轴约 66 千米，短轴约 20 千米；10 度区面积约 3144 平方千米，呈北东向狭长展布，长轴约 224 千米，短轴约 28 千米，东北端达四川省青川县，西南端达汶川县；9 度区面积约为 7738 平方千米，呈北东向狭长展布，长轴约 318 千米，短轴约 45 千米，东北端到甘肃省陇南市武都区和陕西省宁强县交界地带，西南端到四川省汶川县；8 度区面积约 27786 平方千米，呈北东向不规则椭圆形状展布，东南方向受地形影响不规则衰减，长轴约 413 千米，短轴约 115 千米，西南端至四川宝兴县与芦山县，东北端达陕西省略阳县和宁强县；7 度区面积约 84449 平方千米，呈北东向不规则椭圆形状展布，东南向受地形影响不规则衰减，西南端较东北紧窄，长轴约 566 千米，短轴约 267 千米，西南端至四川省天全县，最北为甘肃省天水市麦积区，最南端为四川省雅安市雨城区；6 度区面积约 314906 平方千米，呈北东向不均匀椭圆形展布，长轴约 936 千米，短轴约 596 千米，西南端为四川省九龙县、冕宁县和喜德县，东北端为甘肃省镇原县与庆阳市，最东部为陕西省镇安县，最西边为四川省道孚县，最北部达到宁夏回族自治区固原县，最南为四川省雷波县。

“5·12”地震产生龙门山中央断裂（北川—映秀断裂），为地表主破裂带，西端起于汶川县映秀镇西（北纬 30°98′6″，东经 103°36′4″），东端止于平武县平溪乡东（北纬 32°17′05″，东经 104°69′06″）接青川县关庄镇，总长 240 千米。龙门山主破断裂的几何结构、同震位移方式与量值大小分为映秀—虹口；小鱼洞—茶坪；北川—南坝—平溪三段。龙门山地表主破断裂的同震垂直位移与右旋水平位移形成两处最高值；一为汶川县映秀镇经都江堰市虹口镇至绵竹市清平镇，垂直位移 3 米—4 米，最大值 6.2 米，右旋水平位移 2 米—3 米，最大值 4.5 米；一为北川县擂鼓镇、经曲山镇至平武县平通镇，垂直位移 2.5 米—4 米，最大 9 米，右旋水平位移 3 米—4 米，最大值 4.7 米。

“5·12”地震形成两条地表次级破裂带；一为汉旺镇—白鹿镇地表次破裂带，北端起于都江堰市向峨乡，北东向经彭州市白鹿镇，绵竹市汉旺镇至安县桑枣镇川主庙村（北纬 31°62′85″，东经 104°37′2″）呈北东向 45° ±5°延伸；一为小鱼洞地表次破断裂带，地表破断以小鱼洞为中心，挤压推覆 / 褶皱陡坎为主的地表断裂，走向北 35° ±5°西，陡坎坡度为 30°—35°，其地层南西盘抬升，北东盘下降。

“5·12”地震发生后，在成都平原西、什邡市师古镇一带呈现一条总长 4500 米的山前地表破裂带，反映主震后龙门山山前隐伏断裂带也产生破裂，局部传至地表。

“5·12”地震形成的主破、次级地表破裂带，尤以靠近断层近场地域经强地面运动、错动与变形均造成严重地震灾害带和地质灾害重灾带。凡跨越地震断层（主、次地表破裂带）的房屋、桥梁、道路及其地面构（建）筑物，无论有否抗震设防标准，均被地震时产生的强地面运动完全损毁或全部破坏。凡经地震断层展布带，地震来袭产生的地面震动和变形，均出现大面积建筑物倒塌、山体滑坡、崩塌、泥石流掩埋房屋，砸死人畜，堵塞河道，形成堰塞湖，特别是处地震断层高裂度区（9 至 11 度）的汶川映秀镇、彭州龙门山镇、北川曲山镇、什邡红白镇、绵竹汉旺镇、平武平通镇、青川关庄镇等损失惨重，几乎完全毁灭。

余震　汶川特大地震后至是年 12 月 23 日，地震波及区累计发生里氏 4.0 级以上余震 628 次，其中 6.0 级以上 6 次，5.0 至 5.9 级 63 次、4.0 至 4.9 级 559 次。地震活动频率高，仅主震后的当天就发生里氏 4.0 级以上余震 66 次，其中震源中心在剑阁的两次。至 2008 年 7 月，震中在县境 4.0 级以上的余震 4 次。5 月 12 日 16 时 47 分，姚家乡天字村（北纬 32°10′，东经 105°18′），发生 4.8 级余震，震源深度 14 千米；17 时 30 分上寺乡桅杆村（北纬 32°18′，东经 105°27′），发生 4.4 级余震，震源深度 15 千米。5 月 13 日 20 时 30 分，剑门关（北纬 31°49′，东经 105°40′），发生 4.6 级余震，震源深度 14

千米。5 月 14 日 0 时 26 分，姚家乡银溪村（北纬 31°09′，东经 105°23′），发生 4.1 级余震，震源深度 12 千米。地震造成 4 村 157 户村民房屋倒塌 2.31 万平方米，山体滑坡，泥石流、不稳定斜坡等地质灾害 16 处。致使集镇市政设施破坏，部分街房坍塌，剑门关景区索道站站房裂缝、塔柱变型。

剑阁县下寺镇、上寺乡，地处龙门山脉北东段前山断裂带，从青川入境；东宝、盐店、西庙、姚家、北庙、剑门关、汉阳等乡镇地处龙门山前（缘）陆盆地隐伏断裂带，从江油官垭子入县境。其比邻县市地震，均不同程度造成县境部分乡镇财物损失。2008 年 5 月 18 日 1 时 8 分江油市发生 6.4 级余震，震中距离东宝镇、剑阁县城分别为 20 千米、50 千米，19 日 14 时 6 分、25 日 16 时 21 分，青川发生 5.4 级、6.4 级余震，震中分别距剑阁县城 37 千米、27 千米。6 月 7 日 18 时 42 分，广元市利州区西发生 4.8 级余震，震中距离剑阁县城 4.8 千米。四次较大余震，县城震感强烈，使灾害损失程度加深。地震造成县城城区房屋结构破坏，城市管网断裂，财物毁损，县城城区和下寺镇经济损失 20.8 亿元。7 月 24 日 15 时 9 分，青川县发生 6.0 级余震，震中距剑阁县城 37 千米。县境北部的上寺三房、桅杆，下寺拐枣、大桥；东宝楼台、龙泉，盐店拱石、五指，剑门关桂花、志公等 8 乡镇 28 村震感特别强烈。经主震和比邻县、市多次余震袭击，房屋倒塌和严重破坏达 40%。出现山体滑坡，裂缝等地质灾害 26 起。

“5·12”地震剑阁及比邻县（市、区）余震情况表

表 1—1

发生时间	区位		震源深度（千米）	震级（ML）	震中	距剑阁县城距离（千米）
	北纬	东经				
2008 年 5 月 12 日 14 时 28 分	31°01′	103°42′	14	8.0	汶川映秀镇	238.8
2008 年 5 月 12 日 16 时 47 分	32°10′	105°18′	14	4.8	姚家乡天字村	21.8
2008 年 5 月 12 日 17 时 30 分	32°18′	105°27′	15	4.4	上寺乡桅杆村	7.4
2008 年 5 月 13 日 20 时 30 分	31°49′	105°40′	14	4.6	剑门关镇志公村	7.1
2008 年 5 月 14 日凌晨 26 分	31°09′	105°23′	12	4.1	姚家乡银溪村	18.3
2008 年 5 月 18 日 1 时 8 分	32°16′	104°57′	14	6.0	江油	50
2008 年 5 月 19 日 14 时 6 分	32°33′	105°15′	16	5.4	青川	37
2008 年 5 月 25 日 16 时 21 分	32°33′	105°20′	20	6.4	青川	27
2008 年 6 月 7 日 18 时 42 分	32°25′	105°39′	19	4.8	广元市利州区	4.8
2008 年 7 月 1 日 9 时 40 分	32°14′	105°26′	—	3.0	下寺乡麻柳村	12.4
2008 年 7 月 24 日 15 时 9 分	32°50′	105°29′	22	6.0	青川	37

说明：截止时间为 2008 年 7 月末

第二章 地震地质灾害

第一节 崩 塌

2008年5月12日汶川特大地震后，全县多处发生山体崩塌，其中严重的11处，主要集中在县境北部的上寺、姚家、盐店、西庙、下寺等乡镇。崩塌体阻塞交通、河道，危及人民生命财产安全。北庙乡北庙小学位于孤玉山前，其后山山体崩塌，倒损古柏6株，教学楼地基沉陷，校门前道路坍塌长65米、宽5米、高4米，1300立方米。上寺乡三房村一组杨家山、三组贾家山，桅杆村二组大柏林、四组张家沟等15处山体崩塌，逾百万立方米，146户593人被迫撤离搬迁。2008年5月25日，青川县境发生6.4级余震，震中距剑阁县城27千米，其境域震感强烈，山体多处崩塌。冠京村三组危岩崩塌3处，迫使3户17人迁居，损毁冠京林场国有林地1公顷。进入雨季，大雨增多。8月6日和9月28日，两次强降水分别达到179.9毫米与140.8毫米。因受主震和多次余震影响，加速山体环境恶化。全县新增山体崩塌21处，其中城北镇柳垭村、圈龙乡太吉村、国光乡寨山村、杨村镇官店村、龙源中学五处危岩崩塌体达10.5万立方米，危及38户和831人生命财产安全。

第二节 滑 坡

“5·12”地震造成县境域多处山体滑坡，遍及东宝、武连、毛坝、盐店、剑门关、下寺、上寺等44个乡镇，其中最严重的13处。2008年5月12日、5月13日，剑门关国家风景名胜区经“5·12”地震和震中在剑门关、姚家天字、上寺桅杆村的里氏4.8级、4.4级、4.6级三次余震袭击，引发水井坡、石笋峰、磨石岩、雷鸣谷多处山体滑坡，滑坡体体积177万立方米。剑门关镇志公村水井坡地质灾害形成长800米、宽20厘米、深1米的山体裂缝，滑坡体达100余万立方米，危及108线过往车辆和剑门关景区游人及山下177位村民生命财产安全。2008年5月18日，江油发生里氏6.0级余震，震中距离剑阁东宝镇治地20千米，形成多处山体滑坡。姚家乡天字村二组王家岩经主震和余震袭击，山体滑坡长200米、宽150米，3万立方米滑坡体危及12户、56人生命财产安全。普安鹤鸣山经主震和多次余震影响，引发剑州白塔东文物保护石刻1号龛北山体滑坡，造成白塔倾倒，文物保护墙多处裂缝。至2008年12月23日，全县累计排查山体滑坡隐患点141处，多分布于姚家、西庙、盐店、剑门关、龙源、北庙、柳沟、垂泉、武连、江口、高观、木马等乡镇。其中上寺、下寺两乡镇34处，高观乡黄坪村魏家山、普安镇观音岩、木马镇坟坪梁最为严重。全县建立地质灾害监测点668个，确定监测人员740人。随时观测，报告地质变化状况。

第三节 地裂缝 泥石流

剑阁距离震中较近，与地震烈度大的青川县、江油市为邻，余震发生频率高。受主震和多次余震袭击，至2008年5月27日，全县共发生山体裂缝52处，不稳定斜坡113处，泥石流1处。主要分布于上寺、下寺、盐店、西庙、姚家、汉阳、剑门关等乡镇。姚家乡银溪村一组宁家岩山体裂缝长500米、宽10厘米、深8米，团结村二组山体裂缝长300米、宽8厘米、深10米。两处形成100余万立方米滑坡隐患体，迫使该乡21户、76人迁居。上寺乡三房村空木山地裂缝长500米、宽5厘米至20厘米、深8米，形成300万立方米滑坡隐患体，处于极不稳定状态，影响95户380人生命财产安全。西庙乡西灵寺后山山体裂痕长250米，石柱村九组龙洞口岩地裂缝长100米。两地滑坡隐患体影响11户人家生命财产安全。上寺乡上寺村一组长江沟地处龙门山后山断裂青川断裂带，经“5·12”地震和多次5.0级以上余震袭击，形成长1000余米、宽10余米的长江沟泥石流，填塞河道，掩埋农田近1公顷，使400人受灾，100余人被迫迁居。上寺桅杆村山体裂缝长达3000余米。2008年7月始，县境域降水量增多，8月和9月，降水总量达560余毫米，使地质灾害加剧。全县新增地裂缝5处、不稳定斜坡59处。下寺镇石瓮村五组、窑沟村二组不稳定斜坡造成85户人家部分农耕地灭失，房屋倒损4500平方米。鹤龄镇永兴村府君庙、金仙镇双柏村天堂窝、垂泉乡青泉村柳树坪、公兴镇茶垭村茶头垭等多处地裂缝损毁山坪塘5座，灭失耕地6.53公顷。

第三章　人员伤亡及房屋财产损失

第一节　人员伤亡

2007年年末，全县辖23镇、34乡、549村和33个居民委员会，有城乡居民20.12万户、67.5万人。受汶川特大地震和江油、青川的多次5.0级以上余震及县境内4次有感地震袭击，全县57个乡镇、549村、20.12万户城乡居民全部受灾。受灾特重的有武连、东宝、正兴、盐店、姚家、上寺、下寺、毛坝、凉山、西庙、北庙、剑门关、汉阳等42个乡镇。地震致使5.2万户、17.92万人无家可归，9.77万名中、小学学生被迫停课，4500余名高三学生移居简易帐篷复习迎考。地震造成5580人受伤，其中重伤85人。受伤人员中，农村5406人，城镇174人。住院治疗2137人，其中转移县外治疗40人。强烈地震造成的房屋坍塌、砖石坠落、墙体倒塌，致使21人死亡（包括地震灾害造成重伤经抢救无效死亡3人，抢险救灾死亡1人，地震创伤产生恐惧、惊慌等心理障碍死亡1人）。其中，下寺镇、普安镇各3人（包括普安镇河东街2位居民去北川探亲在地震中失踪认定死亡的），姚家乡、凉山乡、秀钟乡、摇铃乡、张王乡各2人，开封镇、白龙镇、杨村镇、毛坝乡、锦屏乡各1人。地震发生时，毛坝乡元山村六组1位村民，厨房墙体倒塌，砸中其头部当即死亡；凉山乡甘水村六组1位村民，猪圈房坍塌，当即砸死；下寺小学一年级1位学生，被倒塌围墙掩埋死亡；姚家小学1位教师，被倒塌的墙体砸伤，经抢救无效死亡；开封镇东华村一组1位村民，被倒塌围墙掩埋死亡。普安镇河东街2位居民去北川探亲，突遇地震，在北川失踪，被认定死亡。普安镇卧龙社区主任李茂凡在地震发生后不顾个人安危，抢救生命，安抚受灾群众，分发救灾物资，5月28日，组织爆破排危时突然昏倒，从6米高的堡坎上落下摔成重伤，经抢救无效失去生命。

地震造成上寺乡桅杆村铁佛山、汉王山山体滑坡，滚石坠落，1位村民的住房半截被撞下河中，其本人因躲避不及，双腿被砸断；普安镇卧龙社区1位居民在地震发生时从二楼跳下，双腿骨折；县粮食局1位职工被坍塌的房屋砸断肋骨数根。

第二节　房屋破坏

“5·12”地震造成全县1663.92万平方米房屋受损，其中，农村居民房屋受损1137.28万平方米，城镇居民受损房屋250.43万平方米，党政机关房屋受损52.20万平方米，其他房屋受损224.01万平方米。

农村居民房屋损坏 全县农村居民住房受损50893户、1137.28万平方米，其中，倒塌房屋23722户、224039间、573.54万平方米，严重受损房屋27171户、189812间、563.74万平方米。

城镇居民房屋损坏 全县城镇居民住房受损23471户、250.43万平方米，其中，倒塌或损毁2313户、24.68万平方米，重度破坏11666户、124.47万平方米，一般破坏9492户、101.29万平方米。县治地下寺拐枣、大仓、沙溪社区居民老式土坯房、穿逗结构住房多数夷为平地，砖混结构住房部分屋顶坍塌，墙体裂缝，梁柱断裂。县城单位职工购买的经济适用房一期工程清江花园，二期工程江岸华城共13.43万平方米，重度破坏占25%。

党政机关房屋损坏 全县党政机关房屋受损52.20万平方米，其中，行政机关房屋受损29.25万平方米，事业单位房屋受损22.96万平方米。

其他房屋损坏 全县其他房屋受损224.01万平方米，其中，农业系统办公及生产用房损毁2.26万平方米，林业系统林区房屋损毁5.53万平方米，畜牧系统畜禽圈舍倒塌71.60万平方米，水利系统办公及管理用房受损1.50万平方米，农机系统库棚毁损0.12万平方米、办公用房毁损0.35万平方米，工业系统厂房受损8.69万平方米，采掘业系统办公及厂房受损1.85万平方米，公路交通系统损毁道班房1.43万平方米、办公用房5.00万平方米，通信系统损毁业务用房1.73万平方米，邮政系统损毁业务用房0.95万平方米、职工住房1.04万平方米，环境保护系统房屋受损0.08万平方米，教育系统受损校舍55.72万平方米、其他房屋0.06万平方米，卫生系统受损房屋18.23万平方米，计生系统危房1.11万平方米、损坏2.12万平方米，文化系统房屋受损7.61万平方米，文物系统管理用房损失0.63万平方米，体育系统比赛场馆、训练场馆受损0.64万平方米，民政系统房屋受损3.13万平方米，金融系统营业房和办公用房损失5.35万平方米，商务系统损毁营业房12.43万平方米，粮食系统办公楼损失1.33万平方米，供销系统损毁房屋12.42万平方米，旅游系统办公用房受损0.12万平方米，广电系统办公用房和机房受损0.98万平方米。

2008年6月，县政府成立震后农村房屋安全鉴定小组，并拟定《“5·12”震后村镇房屋损害鉴定技术标准》，组织城建、国土及相关建筑工程技术人员深入农村，进行住房安全监测和受损程度鉴定评估。6月11日，县委印发《关于震后危房鉴定和拆除有关问题的紧急通知》，剑阁县抗震救灾指挥部成立“剑阁县房屋安全隐患排查评估专家指导组”。6月中旬，县城建、国土及省住房和城乡建设厅下派的专业技术人员对全县城镇房屋受损程度进行安全鉴定。

第三节 居民财产损失

“5·12”地震城乡居民财产受损较为严重。家用电器毁损39703台（件）、农机具毁损1469台（套），造成城乡居民经济损失4.55亿元，其中，家庭财产损失3.49亿元，经营性财产损失1.06亿元。按城乡分，农村居民经济损失3.13亿元，其中，家庭财产损失2.45亿元，经营性财产损失0.67亿元；城镇居民经济损失1.43亿元，其中，家庭财产损失1.04亿元，经营性财产损失0.39亿元。

第四章　基础设施破坏

第一节　交通邮政通讯设施破坏

交通　“5·12”地震毁损干线公路35.88千米、农村公路1463千米，桥梁193座、6993米，隧道2座、2895米，损坏水运码头11座、客运站17座，损毁道班房1.43万平方米。直接经济损失9.18亿元。

公路　2007年年末县境公路里程2475千米，其中，等级公路913千米（一级公路26千米、二级公路89千米、三级公路237米、四级公路561千米）；绵广高速公路26千米、国道108线98千米、省道302线57千米、县道18条652千米、乡道235千米。地震受损干线公路35.88千米、农村公路1463千米，公路滑坡塌方1257处，地基沉陷424处，路面开裂201处，致使全县交通中断。国道108线地震损毁14.73千米，因路基沉陷、山体滑坡、挡土墙垮塌、路面开裂，形成多处灾害路段。1926km+200m路基沉陷40余厘米；1938km+500m路面开裂4100平方米；1946km+245m挡土墙垮塌，车辆只能单边通行。下寺至剑门关段沿线多处危岩，时有坠落之险。省道302线受损21.13千米，全线路面开裂10处，挡土墙垮塌5处，车辆只能单向通行。县道公路受损面74%。剑金公路边坡垮塌9万平方米，剑苍、剑南路面开裂。

桥梁　2007年年末，全县有桥梁286座。地震受损桥梁193座、6993米。柘坝大桥T梁开裂严重，实行交通管制，限重10吨通行。柳沟大桥桥台及主拱圈开裂，侧墙外移、台内路面沉陷，人行道裂缝宽10厘米，限单边通行。桥边河桥拱圈及侧墙开裂严重，有垮塌之险。姚家乡银溪桥、龙源镇石门桥、闻溪乡闻溪河漫水桥、羊岭镇太平桥垮塌不能通行。公兴镇九龙、大桥，普安镇闻峰大桥、剑门关镇剑溪桥等37座为危桥，均存在伸缩缝破坏、侧墙、拱圈、桥台、栏杆、锥坡开裂等问题。

隧道　渡口　2007年年末，全县有隧道3孔、渡口43处。地震受损隧道2孔、2895米，渡口11处。金子山隧道全长1750米，其中280米边墙开裂，内拱横向裂缝；长1350米的剑门关隧道处于施工阶段，地震中内拱垮塌，初期支护开裂，工字钢变形，二衬横向裂缝。长演公路渡两岸码头裂缝，部分基础沉陷；吼狮乡王家堰渡、迎水乡寺坝渡、江口镇长江渡、樵店乡偏石滩渡等或崖岩崩塌、淤积口岸，或码头基础沉陷裂缝，停止使用。

客货运站　全县17座客货运站在地震中全部受损，损坏营业用房2.82万平方米、办公设施设备199件，毁坏安全设施含护栏、标志、标牌。地震造成广运集团办公房主体结构破坏，省县养路段、运管所、收费站管理用房成危房。

邮政 县内有邮政业务网点16处、业务用房21500平方米。地震中受损业务房屋9507平方米。局机关业务用房部分受损，多处开裂；剑门、木马、江口支局营业用房承重墙、主梁断裂，阳台变形，天花板坠落。白龙、公兴、开封、龙源、元山等支局的房屋或围墙倒塌，或瓷砖脱落，或楼面裂缝，经鉴定为高危房，面积达20%。地震中受损邮务、速递亭（点）21座，受损邮务、速递业务运作设施设备129台（套），砸毁邮路运转车辆1台，邮路物流中断10余天。

通信 地震发生后，剑阁所有通信中断。地震引发下寺镇雷鸣谷段山体滑坡，造成普安—广元光缆、绵阳—广元光缆中断，致使县域移动、联通、电信等机构各营业网点全部停业。主震和多次余震袭击，受损小灵通基站42座、移动通信基站84座，损坏交换机及接入设备134台、传输设备31台，受损通信杆路24根，损毁光缆200皮长公里、电缆409皮长公里，受损业务用房17279平方米。

第二节 广播电视设施破坏

广电系统受损办公业务用房9798平方米、广播电视站51座，光缆线路断裂1913千米，损坏设备3396台（件、套）、网络575杆公里、钢纹线152吨。

局机关3500平方米办公楼基础沉降、墙体裂缝、门窗毁损，电脑、空调、办公桌椅等损坏342台（件）。

地震破坏有线广播电视传输覆盖网络设施设备。郑家山调频台机房地基沉陷，砖柱断裂；龙源中转站、木马差转台机房墙体裂口、围墙倒塌；剑门关雷鸣谷段因山体滑坡电杆倒毁、光缆中断；下普（下寺至普安）、剑西（剑阁至西庙）、长元（长岭至元山）、普开（普安至开封）等线路光纤主干网及通往南北乡镇分支网倒杆断线严重。县广播电视台、无线广播电视发射转播台受损机房2356平方米，损坏非编系统3套、硬盘播出系统2套、音频播出工作站1套、导播台1套，摄像机5台，播制、配音、录音设备3套，办公设备450件台。

乡镇广播电视站损坏广播扩大机364台、机框41台、附属设备624台（套）。盐店、武连、毛坝、闻溪、元山等23个乡镇广播电视站机房、办公用房梁柱断裂，门窗变形无法使用。普安广电营业大厅2700平方米主梁断裂，经鉴定为危房。“村村通”工程前端设备、接收及放大设备、附属设施不同程度受损。

第三节 电力设施破坏

2007年年末，全县有供电站11座，其中110千伏变电站2座，35千伏变电站9座，小型水力发电站9座，年用电总量15215万千瓦时。地震损毁水力发电站3座，供电站11座，输电线路315千米、塔架3座、电杆65根、变压器16台。

供、发电站破坏 公兴供电站围墙坍塌，姚家供电站地基沉陷，柳沟、柳垭、汉阳、白龙、鹤龄、普安等供电站、供电公司（供电所）营业用房毁损6478平方米，设备毁坏154台件。装机容量720千瓦的龙王潭电站，石拱坝受损，形成长3米，宽2厘米—3厘米的垂直裂缝，地震的次生灾害滑坡、泥石流堵塞其电站引水渠12段1500米，砸毁5处150米，底部裂缝52米；装机容量600千瓦的凉水沟电站，地震造成压力池底部沉陷，石拱坝多处开裂，引水渠被山体崩塌物堵塞，基础沉陷，坝体裂缝漏水。

供输电线路毁损 因山体大面积崩塌，造成县境的宝轮至竹园110千伏输电线10号杆、11号杆塔体变型，26号至33号，67号至78号杆塔基沉陷。因剑门关段地质滑坡，沙溪坝至普安110千伏输电线5号至17号杆、24号至41号杆电杆受损，电缆线断裂。

电力设施损坏 地震致使输变电线路中断，穿越剑门、下寺、姚家、柳沟等地高压线电杆、塔架毁损68根（座），武连、普安、白龙等集镇变压器报废16台。

第四节 水利设施破坏

2007年年末，全县有水库255座，塘21020口，石河堰591道，防旱池9222口。地震损毁水库199座，山坪塘8164口，微水池7073口，石河堰80道。损坏场镇集中供水站32座，水土保持工程2767公顷，堤防工程26千米。强烈地震及地震引发的地质灾害损毁农田灌溉渠系1020千米、供排水管网911千米，水利管理站、水文站业务用房1.5万平方米。

水库毁损 地震损坏中型水库1座、小（一）型水库28座、小（二）型水库170座。81座水库溃坝，31座水库涵卧管漏水，37座水库溢洪道裂缝变形，50座水库因库区周边山体裂缝、崩塌、滑坡，其隐患体严重影响水库安全。杨家坝水库溢洪道裂缝，纵深1米多，大坝北岸码头山体滑坡，巨大滑坡隐患体影响水库安全。剑门关镇剑雄水库拱坝多处裂缝，库区沿岸山体崩塌，坠物滚落，影响下游2个村11个组222户915名村民的安全。汉阳镇灯煌水库坝基沉陷、坝体裂隙，危及下游灯煌村3个组151户村民生命财产安全。5月15日、5月21日，水利部建设司、中国水利水电科学院专家对全县重点水利工程地震灾害程度评估鉴定，确认高危水库22座、次高危96座、病危81座，分布在下寺、姚家、白龙、汉阳、碗泉、迎水、公兴、王河、高观、剑门关、城北、柳沟等54个乡镇。

小微水利工程破坏 地震造成全县小微水利工程受损18586处，其中，山坪塘8164口，微水池7073口，石河堰80道。剑门关镇境域峻岭凌空，沟壑纵横，经强烈地震及地震引发的山体滑坡、崩塌，隐患体填塘堵堰，损毁山坪塘251口、微水池191口。毛坝乡有山坪塘238口、微水池201口，地震损毁山坪塘108口、微水池91口。横跨柳沟河的2道石河堰，坝体裂缝漏水，经鉴定为高危坝体。县境小微水利工程的损毁程度，县北重于县南，县西重于县东，多以沉陷垮塌，填沙堵石，裂缝溃坝，无法使用。地震损坏177座提水站，或管道破裂，或机房坍塌，或输电线路中断丧失提水能力。有51道石河堰、26千米堤坝或因基础沉陷，或多处垮塌失去蓄水功能。

水土保持工程破坏 地震损毁元山、王河、公店、开封、城北、武连、下寺等23乡镇水土保持工程336处、农田2767公顷，工程实施区垮塌田地埂141千米，涵洞691个，损坏坡面水系16.7万平方米，蓄水池191口，截洪渠2千米。

人饮工程破坏 地震损毁龙源、武连、白龙、金仙、姚家、盐店等32个乡镇集中供水站32座。普安鹤鸣、下寺石瓮、剑门关镇青树及涂山厚子铺、羊岭石城等农村分散式供水站325处，供水管网断裂911千米，损毁营业用房0.74万平方米，机械设备报废235台（件）。

水利管理设施及农田排灌水系破坏 地震致使县域29个水利管理站、3个水文观测台受损业务用房1.50万平方米。杨家坝水库及下寺茶园沟、柏垭云顶、香沉群英、圈龙金铃、城北民主、王河新电等199座水库和塘21020口、177座提灌站的渠系1020千米、末端水系管网961千米受损。

第五节 市政公用设施破坏

地震毁损城市供排水管网321.15千米，天然气管道27.8千米，市政道路106.9千米，城市桥梁8座，垃圾处理场、集运站12座，门气站5座。

城镇供水 供气管网破坏 2007年年末，全县城镇有自来水站39座，其中县城1座，乡镇38座，供水人口19.8万人，年供水115万立方米。全县有供气企业6家，23个乡镇使用天然气，用气户2.16万户。地震使32座自来水站受损，部分失去供水能力，其中3座停止运作，抽水站设备受损24台，管网破裂312千米。白龙、武连、柳沟等场镇供水站或地基沉陷或站房报废，或供水管网破裂停止供水。

地震造成天燃气配气站受损5座，液化气站房屋破坏200平方米，供气管网断裂187处27.8千米。下寺供气管网断裂23处4700米；金子山至普安供气管网断裂39处6700米；王河、白龙、公兴、鹤龄等乡镇供气站因地基沉陷、管网多处破裂停止供气。

园林绿化与环卫设施破坏 2007年年末，县乡镇集镇绿化覆盖面积61.5公顷，其中县城6.9公顷，普安11.5公顷。城镇垃圾处理场2座，垃圾集运站（点）41处，公用厕所39座，排污下水管网91千米。

地震造成县城垃圾处理场进场公路塌方4000米。普安镇城区8处公厕梁柱断裂，12座垃圾集运站房门受损、屋顶裂缝漏水。毛坝、柳沟、武连、上寺等32个乡镇集镇排污管网多处破裂，丧失排污功能。

经主震及多次余震袭击，累计毁坏城镇绿地11.28公顷、绿化树14088株，灌溉系统1套；损毁普安和下寺垃圾处理场、公厕、垃圾集运站站房4800平方米；损坏柳沟、武连、开封、元山、公兴、白龙、鹤龄、高观、店子等42个乡镇场镇便道12千米，排污管网15.8千米；致使剑阁中学、县医院、下寺小学、清江花园小区等251个单位、小区园林花卉受损，有的花台开裂、有的保坎、围栏地基沉陷，部分苗木花卉损毁。

城镇交通道路毁坏 2007年年末，全县集镇建成区面积31.1平方千米。其中县城2.17平方千米，普安4.76平方千米，建成区和乡镇有桥梁38座。

地震中，城镇街道受损107千米，其中塌方、断裂3200米。地震破坏市政桥梁8座，毁坏街面路灯3377盏，倒损电杆189根，电缆线断裂。县城环山路、滨河路，普安剑门路、城北路、滨河路多处开裂、不间断断裂、塌方。上寺、武连、毛坝、北庙、剑门关、姚家等集镇或因后山山体滑坡，或因地基沉陷街道多处破损，道路崩垮断裂。县城清江河大桥、剑门河大桥主体工程及桥面受损，车辆限重、限速通行；普安剑州大桥、东门大桥、文峰大桥码头局部移位，鹤龙、汉龙索桥人行道水泥板掉落，承重柱变形。武连新桥、公兴九龙大桥、剑门关集镇景观桥等，其两端码头、桥面多处受损，车辆不能正常通行。

城镇防洪体系破坏 2007年年末，县城及普安、柳沟、开封、公兴、白龙等乡镇集镇有防洪河堤16.9千米。

地震致使县城及乡镇堤防工程损毁26千米。正在施工的沙溪、大仓河堤多处垮塌或地基沉陷，迫使多次返工；普安滨河路、闻溪路河堤垮塌5处1006米，护栏断裂7处240米；白龙、公兴、开封等乡镇河堤裂缝，丧失防洪能力。8月，洪水倒灌，旧灾未除，又添新患，下寺、普安、开封、香沉、武连等城镇泄洪工程再次受损。

第五章 生态环境和文化遗产破坏

第一节 生态环境破坏

震前剑阁自然生态环境良好。清江河、闻溪河、西河等主要河流水质达到国家地表水三类标准。工业、农业、生活污染源能有效控制，废水、废气、废渣、噪音排放达到国家规定标准。

地震致使县境多处出现滑坡、崩塌、泥石流，形成大量危岩滑坡体，破坏地质矿藏点3处、水源地3处，毁坏林木859.31公顷，灭失耕地115.59公顷。损毁古木202株。

植被损毁 地震造成县境自然植被遭受严重破坏。地震引发的大量山体崩塌、滑坡、泥石流造成岩石裸露，水土流失，沟渠堵塞。全县有31个乡镇、139个村发生林地滑坡，其中上寺乡上寺村、姚家乡天字村、龙源镇尖岭村、北庙乡孤玉村、剑门关镇志公村等地林地滑坡严重。林区林木倒伏，幼树折断，苗木死亡。

水土流失 地震造成县域水土保持林工程27.67平方千米、小流域治理工程破坏102.1平方千米受损。大量森林植被破坏，导致林区涵养水源，土壤吸水能力等植被保持水土功能降低。至8月，山洪暴发，西河流域升钟水库淹没区和清江河、闻溪河、店子河等流域水土流失面积达1294.7平方千米。

大量的水土流失导致河水含沙量增大，山体侵蚀模数增高，城镇供水区形成高浊度水源；水土流失造成可耕地面积减少，土壤肥力降低，坡地、沙漫地沙化日趋严重。

土壤侵蚀 强烈地震毁损基本农田堡坎、道路、田地埂，地震次生灾害引发山体滑坡、泥石流隐患体填埋农田，陡坡地崩塌等，灭失耕地115.59公顷。导致恢复重建住房任务加重，建设用地占用农田、林地640公顷。

污染隐患 地震破坏县城及普安、柳沟等集镇饮用水源地，毁损汇丰食品有限公司冷库液氨阀门，广元友福化工有限公司应急处理池围堰，引发液氨、硫酸泄漏等，污染土壤与水环境。

第二节 文物破坏

2007年年末，全县馆藏文物共3297余件（一级文物3件，二级文物35件，三级文物634件）；地面文物保护点近200处，其中，全国重点文物保护单位3处，省级全国重点文物保护单位9处，市级文物保护单位19处，县级文物保护单位30处。

地震损毁文物本体35件，损坏文物保护库及管理用房6290平方米，损毁文物保护围墙（栏）800米。剑溪桥、剑州白塔及觉苑寺、剑门蜀道遗址、红军文化遗址等毁损严重。

觉苑寺 2001年6月，国务院列入第五批全国重点文物保护单位。地震致使天王殿屋面脊饰断裂，小青瓦脱接漏水，部分椽、檩、枋滚动移位，五柱偏闪，四墙通体裂缝。大雄宝殿脊饰损毁，筒瓦屋面裂缝漏水。东南角脱榫，殿内佛台壁画泥坯摔落，泥金彩塑开裂移位。观音殿屋面脊饰及瓦面损毁达90%，椽、檩、枋移位脱落，前檐柱、角柱向东北偏闪，脊梁断裂、翼解下坠，台阶裂缝变形。东西配殿屋面及青瓦、檐口薄檐板尽数损毁，西厢房后墙断裂成高危房。

剑门蜀道遗址 以剑阁县普安为中心，北至古葭萌（今昭化）天雄关，南至古巴郡（今阆中）厚子铺，西至梓潼演武铺古驿道，全长150余千米。2006年6月，国务院列入第六批全国重点文物保护单位。地震损毁剑门关、大柏湾、石洞沟、拦马墙、龙源道等路段，部分路基沉陷，损坏石板路面2100米，倒损古柏16株，连接驿道古石桥垮塌1座，严重受损4座。

钟鼓楼 位于普安城镇中央，始建于明正德年间，省级文物保护单位。地震致使钟鼓楼严重破坏。其楼屋面脊饰断裂，受损80%，部分檩、椽、枋脱榫、移位或榫头拉裂，主柱不同程度偏闪，四墙挤压破裂变形。箭楼四根檐柱下沉明显。古城墙表面裂缝加大，墙体下沉面积达40平方米。南城门左侧城墙严重向外凸鼓，随时有坍塌之险。

剑州白塔 剑州白塔位于鹤鸣山顶，清乾隆三十五年建，省级文物保护单位。地震造成白塔东侧山体严重滑坡，形成一条长30米、宽6米的滑坡隐患体，导致白塔基础沉陷、基石移位。强烈地震的振动、摇晃、摧毁白塔3至6级，白塔仅存两层半。白塔所在地鹤鸣山文物保护区内围墙垮塌800米，踏道破损250米。

鹤鸣山摩崖造像 石刻 摩崖道教造像、《重阳亭铭》碑、《大唐中兴颂》摩崖石刻及文物保护设施，保护亭、石保坎、护栏、石阶梯不同程度损毁。

其他文物 县境市、县级其他文物受损22处。秀钟大路河红军楼、白龙陕西会馆、普安古城二贤祠、兼山书院等古建筑或横梁断裂，或墙体裂缝，或柱榫脱落成危房。

第三节 宗教活动场所破坏

2007年年末，全县经批准登记的宗教活动场所19处，其中佛教14处，道教1处，基督教4处，有宗教教职人员55人，信众6000余人。

地震造成县境宗教活动场所全部受灾，毁坏房屋8900平方米，垮塌围墙5100米，破坏园林花卉410平方米。梁山寺古刹屋面青瓦脱接漏水。志公禅院局部地基沉陷，屋面损毁80%。公兴镇灵芝寺真武殿横梁断裂，围墙垮塌135米。香沉镇香沉寺，元代建筑，前殿墙体多处裂缝，正殿檐下斗拱损毁，后殿脊饰断裂。西庙乡西灵寺、普安镇观音阁后山崩塌，其隐患体危及寺院安全。普安镇朱家拐基督教堂房屋损毁347平方米。

第六章 农业损失

第一节 种植业损失

2007年年年末，全县耕地52260公顷，全年农作物播种面积118349公顷，实现农业产值24.84亿元。

地震破坏农业基础设施 毁损农村沼气池16356口，其中6356口或坍塌，或多处裂缝漏气漏水。损坏塑料大棚1200个、24000平方米。受灾耕地3073.33公顷，灭失耕地115.59公顷，毁坏桑（果）园400公顷，垮塌农田作业道965千米，田、地埂2101千米。

地震破坏农业生产 受灾粮食作物5600公顷，经济作物4400公顷。尤以下寺镇拐枣村、上寺乡桅杆村、剑门关镇志公寺村、盐店镇莲花村、姚家乡银溪村、柳沟镇长安村、汉阳镇锁溪村等98村受灾严重。

地震灾损农业服务体系 县农业局办公楼3600平方米墙体裂缝，设备毁损286台（件）；乡镇农业服务站业务用房受损1.76万平方米，设备受损147台（件）；县农技推广中心、武连农场生产性用房重度破坏1300平方米，仪器设备报废108件套。

第二节 养殖业损失

2007年年末，全县存栏猪、牛、羊、家禽分别为98.68万头、13.54万头、44.45万只、636.75万只，年实现畜牧业产值13.56亿元。

地震受损草场205公顷，畜禽圈舍倒塌4.78万间、71.6万平方米，损失饲草和饲料3万吨，设备设施1250台（件）。

地震造成圈舍墙体倒塌砸死大牲畜（牛）3025头、生猪16.37万头、羊2.05万只、兔7.04万只。其中，北庙乡砸死牛167头，张王乡嘉陵村、柳沟镇石龙村、杨村镇长湖村、江口镇百包村砸死牛较多。元山、鹤龄、剑门关3镇被砸死生猪4000头以上。王河镇南华村、龙源镇兴泉村、柳沟镇三清村、演圣镇寅圣村等67村被砸死生猪均700头以上，王河镇南华村生猪死亡884头。公店乡新家村倒损畜禽圈舍3561平方米。

地震砸死家禽128万只，地震中1689户畜禽养殖专业大户受灾，康茂种猪场、海琦牧业、汇丰、家信食品有限责任公司等56家畜禽养殖企业受灾特别严重，因圈舍倒塌、环境污染、疫病蔓延死亡生猪3478头、牛51头、小家禽17.5万只。

县畜牧局大楼4200平方米局部受损，毁损各类设施设备285台（件）；57个畜牧站中，严重受灾25个，中度受灾28个，毁损业务和畜牧科技推广用房3.42万平方米，办公设备316台件。

第三节　林业损失

2007年年末，全县森林面积15.94万公顷，年实现林业产值0.55亿元。

地震损毁林木859.31公顷、古树202株（其中古蜀驿道古柏16株）。损坏育苗塑料大棚150个、3000平方米。剑门、马灯、汉阳、下寺、盐店、姚家等106.3千米林区道路、120座涵洞受损，林区输水管道断裂25千米，输电线路断裂128千米，损坏育苗、护林防火、森林病虫防治设施设备431台（件）。

地震中，朱家寨、梁山寺、大柏树湾、沙溪林场等林区7座护林防火瞭望台，鹤龄镇岳坪村、汉阳镇老君山及闻溪、龙源、北庙等19个乡镇140.3公顷林木采种基地，三江苗圃12.0公顷育苗基地受损。

地震造成全县57个乡镇护林站、三江、公兴、王河3座苗圃、武连、公兴、姚家、盐店等8处木材检查站业务用房5.53万平方米受损，其中，倒塌450平方米，重度破坏1.85万平方米。损坏设施设备216台套。

第四节　渔业损失

2007年，全县渔业养殖面积2174公顷，全年渔业捕捞量5865吨。

地震破坏渔业池塘340公顷、水产繁殖场116公顷，损坏渔业设施102处，鱼池注排水渠21.4千米。

地震损坏渔业生产和管理用房2271平方米。长岭乡七郎山渔场网箱受灾134口、3350平方米；杨家坝水库大鲵养殖场、白龙渔场池塘坍塌1280米，护坡裂隙1380平方米；唐家坪渔场房屋毁损5间、150平方米；香沉、姚家、碗泉等乡镇105户养鱼专业户鱼池渗漏，网箱破损。

第五节　农业机械损失

2007年年末，全县拥有各类农业机械72752台（件），农业机械总动力38.66万千瓦，年机械作业面积66733.33公顷。

地震损毁各类农机具1469台（件），其中拖拉机192台，联合收割机28台，耕整机、榨油机、饲料粉碎机、脱粒机等其他农业机械1249台（件）。农机管理服务站、农机培训中心生产服务性用房3520平方米、农机库棚1170平方米受损。受损农用机械提灌站177座，其中农机提灌站101座，抽水泵房3540平方米。长岭乡红岩村、王河镇南华村、公兴镇大凉村、元山镇广化村等72村的91座提灌站损毁严重，输水管网破裂826千米。机耕道多处裂缝，坍塌450千米。197户农机专业大户受灾，损坏农用加工机械92台，运输机械29台，机耕、机收作业机械73台。

第七章 工业 建筑业损失

第一节 工业损失

2007年年末，县域工业企业184户中有177户（未包括煤炭开采业）受灾，受损厂房8.69万平方米、设备设施9970台（套），其中报废1825台（套）；产品和材料受损1984万元，其中，原辅材料受损170.96吨计804.5万元，成品、半成品受损249.48吨计669万元。

农副产品加工业 地震造成72户农副产品加工企业全部受灾，损毁房屋3.18万平方米，其中倒塌6437平方米。设备设施受损1259台（套），部分原辅材料、产品、半成品损毁或报废。因频繁余震工人避灾和地震造成的交通、电力中断及原材料供需短缺等因素，食品加工企业停产223天，木材加工企业停产110天。

建工建材业 全县62户建工建材企业全部受灾，房屋毁损2.43万平方米，其中倒塌4014平方米。设备设施受损1003台（套），其中报废339台（套）。毁损原辅材料0.74万件（箱），产成品、半成品72.1吨。

机械制造业 地震造成全县8户机械制造企业（农机制造6户，电机制造2户）全部受灾。毁损房屋0.57万平方米，其中倒塌295平方米，受损设备设施1265台（套），其中报废407台，毁损原辅材料7.5万元，成品半成品毁损8.5万元。因避灾农机制造企业停产260天，电机制造企业停产150天。

煤炭开采业 2007年年末，全县有煤炭开采业3户，年生产原煤19吨。地震中3户企业全部受灾，毁损房屋1.85万平方米，其中倒塌151平方米；损毁机械设备254台（套），其中报废143台（套）；井巷道路受损7000米。因避灾停止煤炭开采120天。

其他制造企业 地震中，全县电力、纺织、印刷、医药、化工等35户其他工业企业受灾。房屋受损2.51万平方米，其中倒塌305平方米；设备设施受损6443台（套），其中报废272台（套）；受损原辅材料174.6万元，其中药品145万元，纺织、印刷等29.6万元；造成企业生产的成品、半成品报废损失55.4万元、避灾歇业220天，在建和正在技改的电力、纺织等企业返工。

第二节 建筑业损失

2007年年末，全县三级以上建筑企业6户，当年新施工项目50个、房屋施工面积15.58万平方米。

地震致使剑阁建筑业及房地产业遭受巨大损失。地震毁损办公业务用房4.83万平方米，其中，重度破坏1.05万平方米，中度破坏1.60平方米，轻度损坏2.18万平方米。经主震及多次余震的轮番袭击，龙门吊倒损7座、升降起重机损毁59台。建筑物倒塌砸坏搅拌机91台、工程车3辆，建筑材料废损21吨。地震造成正在施工的建筑项目全部受灾，其建筑工程多数返工、部分推倒重建，因避灾和工地排危除险，建筑行业停产30天；地震造成房地产业营销量下降10至15个百分点，中止交易活动60天。经安全隐患鉴定，广元市金益建设有限公司、剑阁县第二建设工程有限公司、剑阁县欣宇劳务公司、四川省易达建筑工程公司、广元市众想建筑工程公司等41个建筑企业开工的43个建设项目，多数返工重建，损失惨重。

第八章 商业 服务业损失

第一节 商贸业损失

商贸系统损失 2007年年末，县域有社会商业服务网点（含个体户）8549户，商品交易市场68座。

地震造成全县8275户商业网点受灾，其中，批发零售业受灾3230户，餐饮娱乐业受灾2334户，旅游及社会服务业受灾2530户。受损营业用房12.43万平方米、商品交易市场50座、5.2万平方米、摊位3446个，损毁、污染、丢失各类商品0.17万件。

粮食系统损失 2007末，剑阁有国有粮食购销企业11个，其中国家粮食储备库1座，粮食收储站10个。粮油仓储库269座，拥有仓储能力15.8万吨。

地震造成244座仓库、191处粮油销售网点受损。房屋受损10.28万平方米，其中，倒塌0.46万平方米，重度破坏4.81万平方米。损失仓罐容13.77万吨。受损粮油收储设备406台（套），检、化验仪器受损12台（套）。

供销系统损失 2007年年末，县供销联社辖农资供应、农副产品收购和日杂、贸易4个有限公司、12个中心供销社、57个分社，有购销网点617个，全年完成商品购进总额1.58亿元、商品销售总额1.91亿元。

地震造成供销系统73个单位，518个商品购销网点受灾。受损房屋12.42万平方米，其中，倒塌332间、1.00万平方米，重度破坏570间、1.74万平方米，中度破坏910间、2.75万平方米，轻度损坏2110间、6.94万平方米。各类商品受损18.4万件，损失化肥、农药、农膜等各类农用物资5.76万吨。

第二节 金融保险损失

2007年年末，全县有金融机构6户，保险机构4户，延伸基层金融网点78个，保险业务窗口12个。年末存款余额31.31亿元，贷款余额12.72亿元。商业保险全年保费收入5795万元。

金融保险设备设施受损 地震致使金融、保险机构营业活动场所遭受严重破坏，毁损营业房和办公房5.35万平方米、设备损坏610台套。房屋遭重度破坏215间、0.87万平方米，中度破坏285间、

1.16 万平方米，轻度损坏 930 间、3.32 万平方米。地震破坏电子网络设备 109 台（套），电子监控设施 14 台。地震损毁营业窗口设施设备 133 万元。

金融保险业务损失 地震中的大量人员伤亡和财产破坏，企业和个人生产经营业务中断，致使负债单位、个人还款能力大幅下降，造成金融机构贷款呆账户、死绝户、无力偿还户逾万户，全县新增不良贷款 2.07 亿元，贷款资金损失 1424 万元。地震致使保险业务受影响，理赔金额同比上升 20%。

第三节 旅游业损失

2007 年，剑阁旅游全年接待中外游客 85.63 万人次，实现旅游门票收入 837 万元，旅游总收入 5.32 亿元。

地震中受损景区 7 个、景点 37 处、旅游宾馆饭店 1 户、乡村旅游专业户 337 户，受损办公用房 1200 平方米、车辆 1 台、办公用品 250 台（件）。

旅游景点破坏 剑门关景区后关门东 600 米处石笋峰，地震后峰体倾斜，成为不稳定斜坡地质灾害点；梁山寺北险景舍身崖，地震后崖体裂缝，其观景平台和防护栏被损毁；翠屏峰下翠屏湖坝体裂隙漏水，停止对外开放。地震损坏人文景点。明代剑溪桥地震中桥体裂缝，两端码头受损，其西岸码头受强烈地震影响而塌方；梁山寺古刹屋顶青瓦脱落，售票房墙体裂缝；武连觉苑寺大雄宝殿及两侧厢房墙体开裂，主体结构局部移位，佛传壁画损坏，裱褙层破裂，壁画脱落；鹤鸣山白塔在地震中塔体 3 至 6 层被掀倒。1992 年恢复重建的剑门古关楼，因地震造成地质沉降，关楼屋顶筒瓦脱落、主体结构部分移位，售票房裂缝。关楼建筑群 56 处标志碑、15 处安全防护设施被损毁。1992 年 12 月竣工的大柏湾翠云楼地基沉陷，楼体裂缝、防护栏毁损，经县房屋安全隐患鉴定小组鉴定为危楼。陪衬景点李壁祠大梁断裂，文化广场围墙破损，石栏杆移位，休闲长廊保坎塌陷。1993 年建成的剑门关索道，地震中塔架基础沉陷，出现多处裂纹，上下站房墙体开裂，琉璃瓦脱落，致使索道无法运行。

旅游设施损毁 地震造成景区旅游设施毁损严重，地震损坏下普（下寺至普安）、剑梁（剑门关至梁山寺）、剑仙（剑门关至仙峰观）、柳翠（柳垭至翠云湖）、新凉（新店子至凉山乡）等 5 条旅游环线、72 千米，塌方 78 处、路基沉陷 41 处，开裂 97 处。损坏剑门关、翠云廊、鹤鸣山、拦马墙、觉苑寺等景区专用线路 12 千米。因山体滑坡、泥石流形成的土石壅道，路基裂缝，破坏景区游山踏道 36.5 千米，栈道 370 米。损毁游人中心旅客接待用房 1472 平方米、剑门关集镇街道道路 1.21 万平方米、剑门河剑门关楼段河道排污管道 150 米。

旅游市场损失 地震破坏交通。旅游设施，危及人身安全，造成旅游市场疲软，旅游业务萧条，旅游人数骤减。长途游客因旅游环线破坏，取消远行；短途游客因避灾躲险停止外游；旅游经营者忙于抢险救灾，中断旅游业务运作，形成景区旅游市场瘫痪 150 余天。2008 年 5 至 11 月，剑门关、梁山寺、剑门索道、翠云廊、鹤鸣山、翠云湖、觉苑寺 7 个景区接待游客、旅游门票收入同比分别减少 78.8%、75.1%。

第九章 党政群 政法机关损失

第一节 党政群机关损失

地震造成全县党政群机关全部受灾，房屋受损52.20万平方米，其中，党政机关房屋受损29.25平方米，事业单位房屋受损22.96万平方米；受损设备20141件（台），其中，县级党政群机关车辆砸毁8台，损毁电脑314台，打印复印机94台，传真机10台，档案柜2582个，办公桌椅1073套，空调机121台，电视、饮水机、通讯电话等其他财物3213台（件），直管行政机构与事业单位损毁车辆2台，电脑121台，空调机105台，办公桌椅601套，档案柜350个，监检测仪器145台，饮水机、打印复印机、公用电话等2085台（件）。

县行政中心办公大楼2.1万平方米，受损1.46万平方米，墙体多处裂缝，房盖开裂变形，电脑、空调、打印复印机、桌、椅、柜等办公设施设备受损1305台（件）。

县工商行政管理局机关办公用房损毁9138平方米，其中危房756平方米，损坏各类办公设备105台（件），其中，砸坏车辆1台，毁坏电视机2部、空调机14台、办公桌椅、档案柜64套件。工商所业务用房受损5166平方米，受损各类办公设备240台（件）；公兴、江口、开封、剑门关、元山、武连等工商所损失最为严重。

县技术监督局毁损机关办公大楼2200平方米，其主楼承重墙大梁裂痕变形，填充墙部分垮塌，附属楼墙体多处裂缝，部分倾斜断裂，为高危房，停止使用。毁坏电脑10台、电视机4台、办公桌椅26套、文件柜28组、饮水机35台、空调23台。损毁下属质监、计量站监检测仪器18台（件）。

县档案局（馆）有档案库房3000平方米，馆藏各类档案12万卷，图书资料4.8万册。地震造成局（馆）机关单位及档案馆（室）档案库房主梁断裂，墙体多处裂缝，高危房面积2889平方米；受损电脑68台、空调49台、金属档案密集架80平方米、档案柜、架2120个、去湿机10台，打印机、复印机、传真机、缝纫机、刻录机等31台（件）。因库房倾倒、消防管道漏水、环境污染等因素损失档案3647卷。全县县级部门档案库房受损3889平方米。

地震造成县委党校教学楼、办公室及办公设施损坏，县党史研究室、县地方志办公室办公场地损坏，党史、地情资料损坏遗失。县委党校普安教学楼2200平方米地基下沉，墙体开裂，经鉴定为危房。3个单位办公设备损坏134台（套），其中，电脑7台、电视机3台、饮水机12台、档案柜23个。部分档案资料污染损坏。

上划部门的气象、国税、地税、食品药品监督等机关办公、业务用房受损1.78万平方米，其中，重度破坏1596平方米，中度破坏6712平方米，轻度损坏9497平方米；损毁电脑45台，空调31台，办公桌椅151套，档案、文件柜108个，监（检）测设备94件（套）；砸坏仓储设施设备175个（座）。

第二节　政法机关损失

公安　县公安局被公安部列入全国受灾最严重的23个县市级公安机关之一。地震中受损办公用房8550平方米，其中，重度破坏600平方米、中度破坏2650平方米、轻度损坏5300平方米；砸坏轿车10辆，损毁电脑145台，打印、复印机28台，传真机8台，档案柜、文件柜181个，办公桌椅187套，饮水机、空调、电视机等193台（件）。指挥中心平台（含110指挥中心调度报警系统、城市监控系统、金融监控报警系统、CPS卫星定位系统）不同程度受损。局办公大楼、县交警大队办公楼及12个派出所和拘留所、看守所房屋建筑与附属设施多处裂缝，部分倾斜、垮塌。

检察　检察院办公楼房屋墙体裂缝、吊顶脱落，在普安镇的原办公楼梁柱断裂，受损面积5224平方米；砸坏车辆5台，受损电脑30台，打印、复印机7台，传真机1台，档案柜、文件柜124个，单反数码相机2部，办公桌椅97套；损坏信息化设备2套，服务器、双口路由器等41件（套）。

法院　县法院在县城新建的办公大楼地基沉陷，梁柱断裂，整体变形；受损电脑58台，电视11台，办公桌椅85套，文件柜150个，饮水机42个；破坏通信设施，致使网络设备无法使用。普安、城北法庭办公用房墙体裂缝，房瓦脱落。开封、白龙法庭办公用房围墙垮塌，梁柱局部断裂。剑门法庭办公用房部分墙体移位、倾斜。

司法　剑阁县司法机关受损办公用房4614平方米，其中，倒塌280平方米，墙体裂缝3984平方米，梁柱断裂350平方米。砸坏车辆4台，受损电脑22台、空调21台、电视机4台、办公桌椅、文件柜、档案柜、饮水机、电话机等105件（台）。

第十章 社会事业损失

第一节 教育 科技部门损失

教育 2007 年学年末，全县有各类学校 114 所，其中，普通中学 50 所（初中 45 所、高中 5 所）、职业高中 2 所、小学 45 所（其中社会力量办学 7 所）、幼儿园 16 所，成人大专 1 所。普通教育学校占地面积 246.4 万平方米，校舍建筑面积 83.1 万平方米。

地震袭击县教育机关和全县所有学校。受损校舍 55.72 万平方米（倒塌 0.90 万平方米，经鉴定不能继续使用的 30.87 万平方米、加固后可以继续使用的 23.95 万平方米），毁坏教学设备仪器 7.23 台（件、套）、图书 53.79 万册，受损体育活动场所 16834 平方米，校园园林花卉 35146 平方米，破坏附属设施 360 处。地震危及近 10 万名师生的生命财产安全，地震中受伤 245 人，其中重伤 43 人，死亡 2 人；损毁教育局机关办公及业务用房 1.57 万平方米，电脑 161 台，打印、复印机 75 台，办公桌椅 141 套，空调 21 台，电教仪器、设备等 294 件（套）。

科技 地震致使剑阁县科技局管理的 6 个民营科技企业、1 个农业科技示范园、1 个产业化基地、2 个科普教育基地和 23 个科研项目受灾。造成房屋倒毁、设备损坏、科研中断。损毁科技管理机关办公用房 86 平方米、电脑 6 台、办公桌椅 10 套、档案柜 10 组、空调 6 台、传真机、复印机 2 台。毁损科技示范园业务用房 90 平方米，试验设备，监测仪器 10 台（套）。因地质灾害影响，园内垮塌山坪塘 2 口、蓄水池塌 5 口，受损道路 5000 米。地震造成科研课题项目研究中断，试验数据丢失，科技信息网络瘫痪。科技企业生产用房受损 1720 平方米，其中倒塌 120 平方米、重度破坏 500 平方米、中度破坏和轻度损坏 1100 平方米；损坏设备 21 台（件），因避灾停止营运 60 天。

“5·12”地震剑阁县教育系统财产损失情况表

表 1-2 单位：所、平方米、台、件、套、册、处

	学校所数	校舍受损建筑面积				毁坏教学设备仪器	毁坏图书	毁坏体育场馆	毁坏附属设施
		合计	倒塌	经鉴定不能继续使用	经鉴定加固后可以继续使用				
合计	114	557232	9032	308664	239536	72283	537914	16834	360
中学	50	196019	2160	111272	82587	26186	208258	4510	65

续表1—2

	学校所数	校舍受损建筑面积				毁坏教学设备仪器	毁坏图书	毁坏体育场馆	毁坏附属设施
		合计	倒塌	经鉴定不能继续使用	经鉴定加固后可以继续使用				
职中	2	23934	650	11390	11894	4186	25919	600	7
小学	45	330781	6222	182307	142252	41022	286458	11724	288
幼儿园	16	2074	—	1168	906	631	5546	—	—
成教中心	1	4424	—	2527	1897	258	11733	—	—

第二节　卫生 计划生育部门损失

卫生　2007末，全县有县直属医疗卫生机构7个、中心卫生院11所、乡镇卫生院46所，卫生所6所。有各类医务人员2225人，年诊疗病员74.25万人次。

地震致使全县卫生事业遭受重创。595个医疗机构受损房屋18.23万平方米，其中倒塌和严重破坏3.73万平方米，损坏设备257台（件）、药品、药械等其他医疗用品121件箱，园林绿化面积11650平方米。

县卫生局办公大楼受损1085平方米、设备34台（件）。县医院、县中医院、县妇幼保健院等7家县直属卫生机构房屋受损38168平方米，其中重度破坏4297平方米，中度破坏4929平方米，轻度损坏28942平方米、各类医疗器械设备受损74台（件）、办公及业务操作用品1454件。

11个中心卫生院、46个乡镇卫生院房屋受损11.43万平方米，其中倒塌1.08万平方米，重度破坏1.84万平方米，中度破坏2.14万平方米，轻度损坏6.38万平方米，损毁医疗设备器械149台（件）。高池、开封、武连、汉阳、下寺等18个卫生院损失尤为严重，门诊部、住院部部分垮塌，多数成高危建筑，无法使用。

530个村卫生防疫保健站受损房屋2.88万平方米，其中倒塌0.05万平方米，重度破坏0.32万平方米，中度破坏0.36万平方米，轻度损坏2.15万平方米。

计划生育　全县57个乡镇计划生育办公室和1个县计划生育服务站、57个乡镇计生服务站全部遭受地震袭击，受损办公业务用房1.11万平方米，办公设备、药械损毁921台（件）。计生局机关办公楼大梁局部断裂，有650平方米严重变形，成高危房，损毁电脑11台，办公桌椅、档案柜、热水器、电视机等办公用品131件套。县计生服务站业务用房2560平方米，其中位于普安镇一幢，局部地基沉陷；位于下寺镇一幢，大梁断裂成高危房，108套（件）医疗器械全部报废。乡镇计生办、服务站办公与业务用房毁损7926平方米，其中倒塌138平方米，重度破坏940平方米，中度破坏1094平方米，轻度损坏5754平方米。白龙、公兴、羊岭、香沉、剑门关、汉阳等26个乡镇计生服务站的业务用房经鉴定为高危房，停止使用。损毁乡镇计生办、服务站电脑41台，办公桌椅、文件柜、档案柜等641台（件）。

"5·12"地震剑阁县卫生系统财产损失情况表

表1-3　　单位：个、平方米、台（件、套）

	单位数	房屋受损面积					设备设施损坏	
		合计	倒塌	重度损坏	中度损坏	轻度损坏	损坏医疗设备	破坏园林
合　计	595	182309	11249	26066	30423	114571	257	11650
县卫生局	1	1085	—	226	466	393	34	275
直属医疗机构	7	38168	—	4297	4929	28942	74	3947
中心卫生院	11	65583	4604	10989	11848	38142	52	4015
乡镇卫生院	46	48711	6180	7371	9534	25626	97	3413
村卫生站	530	28762	465	3183	3646	21468	—	—

第三节　文化 体育部门损失

文化　全县57个乡镇文化站及县文化馆、图书馆、文管所、电影发行放映公司等5个直属单位、229个文化产业机构、668个（处）公共文化设施全部受损。受损房屋8.24万平方米、设备1.11万台、图书1.59万册、文物本体35件。县局机关办公用房受损2400平方米，设备受损78台（件）。县文化馆1300平方米业务用房大梁断裂，结构变形，设备报废48台（件）。县图书馆阅览室房屋受损1100平方米，图书毁坏3254册，设备损坏306台（件），砸烂书架25个、目录柜7台、文件柜3台、阅览桌10张，多功能打印机、传真机全部报废。乡镇文化站房屋受损4260平方米，其中倒塌和重度破坏1250平方米，毁坏设备246台（件），毁损图书3921册。

电影　全县电影院46座、2.15万平方米房屋受损，16mm流动数字电影放映机毁坏35台，发电机报废20台。县电影发行放映公司受损电脑15台、空调2台、投影机1台、影碟机1台、椅子210把、前端设备60套。普安电影院营业用房放映大厅墙体多处裂缝，受损1300平方米。

体育　2007年年末，全县有体育场馆（场地）230个，占地面积1.57万平方米。地震中受损公共比赛场馆2200平方米、运动员训练场馆4200平方米、全民健身路径工程12套、农民体育健身工程10套、篮球场3处，门球场1处，体育健身器材24台（件）。县体育局办公用房受损70平方米、办公设备51台（件套）（电脑2台、空调5台、音响4套、电视机1部、办公桌椅5套、文件柜3组）。

第四节　其他社会事业损失

地震造成县康复院、福利院、社会救助站、敬老院、殡仪馆、革命烈士陵园房屋5.47万平方米受损，老年活动中心、活动场所服务用房受损7.92万平方米，办公用品、冷冻设施、监检测设备损坏1940台（件）。

社会救助站　位于下寺镇修城坝，面积1560平方米。地震中受损办公及营业活动用房1050平方米，大面积墙体裂缝；砸坏救助车2辆，损毁救助床位80张。

社会福利院　位于下寺镇沙溪坝，建筑面积1058平方米。地震造成750平方米房屋主体结构、墙体断裂，局部垮塌；损坏电视机2台，饮水机5个，桌椅15套，床位213张。

敬老院　至2007年年末，全县有敬老院19所，占地面积44608平方米，入住“五保”老人400余人。地震造成房屋倒塌4400平方米，重度破坏13510平方米、中度破坏15107平方米，损毁床位250张，电视机49台。

康复院　位于剑门关镇桂花、高峰两村之间，占地面积42.6公顷，房屋筑建筑面积4500平方米。地震造成康复院生活、医疗、办公用房地基沉陷、梁柱断裂，3500平方米受损，其中倒塌450平方米。损毁耕地1.5公顷，毁坏生产、生活设施设备108台（件），损坏检测仪器、医疗器械14台（套）。

殡仪馆　位于普安镇剑南路旁，占地面积3600平方米。地震造成殡仪馆地基沉陷，墙体开裂，大梁变形，防护墙保坎大面积垮塌。地震中馆内冷冻设施、办公设备遭严重破坏。

鹤鸣山公墓与革命烈士陵园　位于普安镇剑坪村，占地面积2.1公顷。地震中，鹤鸣山公墓倒毁墓碑67座，墓园台阶下沉2米，大门倾斜，保坎垮塌。革命烈士陵园倒损墓碑24座，墓园内围墙垮塌43米，园林绿化毁损350平方米。

老年活动中心　2007年年末，全县有老年活动中心（含老干部活动中心、老科协、老体协、老年大学）、老促会及乡镇老促分会、老年学校等53个，社区（村）老年协会8个，建筑面积17.6万平方米。地震毁中受损房屋7.92万平方米，其中，倒塌550平方米，重度破坏12400平方米，中度破坏15100平方米。建筑物倒塌的砖块、瓦砾砸坏桌椅、烤火炉、热水器、电视机、空调、电风扇、演出道具、健身器材等1210台（件）。

第十一章　乡镇损失

第一节　乡镇灾情

地震中，全县所有乡镇全部受灾。全县受伤5580人，其中农村5406人，城镇174人。住院治疗2137人，其中重伤85人，转移县外治疗40人。死亡的21人中，下寺镇、普安镇各3人，姚家乡、凉山乡、秀钟乡、摇铃乡、张王乡各2人，开封镇、白龙镇、杨村镇、毛坝乡、锦屏乡各1人。居民住房受损1387.72万平方米。受灾耕地3073.33公顷、粮食作物5600公顷、经济作物4400公顷。灭失耕地115.59公顷。倒塌畜禽圈舍71.6万平方米，11.64万户普通养殖户、2910户畜禽养殖专业大户死亡牛3025头、生猪16.37万头、家禽128万只。损毁居民家用电器39703件（台），其中，电视机19248台，电风扇10704台，洗衣机、空调机4215台。损毁大棚设施2.4万平方米、沼气池1.64万口、农机具1469台（套），其中，联合收割机28台、拖拉机192台。受损农村公路338条、1463千米，便民桥63座，山坪塘8164口，微水池7073口，机井741眼，石河堰80道，中型水库1座、小型水库198座、堤防工程26千米、供水管道911千米、灌溉渠道1020千米。垮塌田地埂2101千米。

地震损毁普安、白龙、公兴、武连、元山、北庙、国光等18乡镇蔬菜塑料大棚2.4万平方米；开封、王河、长岭、白龙、鹤龄等34乡镇桑园400公顷，蚕种3423张；损毁下寺、上寺、剑门关、姚家、东宝、秀钟、北庙、西庙、汉阳、盐店、木马、柳沟、张王、江口、凉山、毛坝、义兴、武连、摇铃、广坪等乡镇林地115公顷。地震袭击普安唐家坪、长岭七郎山渔场、白龙苗种场、杨家坝水库大鲵养殖场及163个养鱼专业户、25户养鱼专业大户，损毁渔业池塘340公顷。

第二节　重灾乡镇灾情

地震造成县境42个乡镇受灾严重。受伤5229人，死亡21人。受损居民住房1207.33万平方米。受灾耕地2252.34公顷、粮食作物5111.62公顷、经济作物3513.33公顷。灭失耕地104.39公顷。倒塌畜禽圈舍52.55万平方米，死亡牛2258头、生猪12.01万头。损毁大棚设施1.8万平方米、沼气池1.11万口、农机具1271台（套）。受损农村公路1086.92千米，中型水库1座、小型水库151座、堤防工程24.5千米、供水管道632.6千米、灌溉渠道779千米。

下寺镇 山前河谷平坝地貌，处龙门山脉前山北东段断裂带。2007年年末，面积106.48平方千米，有16个村、101个组和2个居委会、6个居民小组，9939户、25117人。地震中，受伤1423人，死亡3人；受损房屋231.96万平方米，其中居民住房191.39万平方米；损毁居民家用电器2130件（台）、农机具3台（套）；受灾耕地104.40公顷、粮食作物166.67公顷、经济作物41公顷；倒塌畜禽圈舍2.01万平方米，砸死牛82头、猪2583头；受损大棚设施260平方米、沼气池58口、小型水库3座、山坪塘260口、微水池191口、堤防工程8千米、灌溉渠道30千米、提灌站4座、集镇街道1210米、供水管道27千米、市政排污管网910米、干线公路1.44千米、农村公路3.47千米、桥梁35座。

普安镇 台梁中低山宽谷地貌。2007年年末，面积58.10平方千米，有13个村、81个组和4个居委会、35个居民小组，20151户、47000人。地震中，受伤1482人，死亡3人；受损房屋299.45万平方米，其中居民住房255.52万平方米；损毁居民家用电器922件（台）、农机具42台（套）；受灾耕地76.07公顷、粮食作物122.67公顷、经济作物199.33公顷；倒塌畜禽圈舍1.69万平方米，砸死牛68头、猪3365头；受损大棚设施1060平方米、沼气池724口、小型水库2座、山坪塘182口、微水池169口、堤防工程3千米、灌溉渠道24千米、提灌站3座、农田作业道31.5千米、供水管道51千米、市政排污管网1.1千米、干线公路1.47千米、农村公路18.17千米、桥梁8座。

龙源镇 深丘台梁宽谷地貌。2007年年末，面积88.58平方千米，有16个村、100个组和1个居委会、3个居民小组，4385户、16291人。地震中，受伤268人；受损房屋22.12万平方米，其中居民住房17.77万平方米；受灾耕地90公顷、粮食作物160公顷、经济作物121公顷；垮塌田地埂31.9千米；倒塌畜禽圈舍1.67万平方米，砸死牛66头、猪3826头；损毁居民家用电器973件（台）、农机具40台（套）；受损大棚设施420平方米、沼气池134口、小型水库2座、山坪塘215口、微水池195口、灌溉渠道3千米、提灌站4座、石河堰3道、供水管道12千米、农村公路27.14千米、桥梁1座。

城北镇 台梁中低山宽谷地貌。2007年年末，面积93.44平方千米，有17个村、121个组，5412户、18682人。地震中，受伤184人；受损房屋40.18万平方米，其中居民住房32.03万平方米；损毁居民家用电器981件（台）、农机具45台（套）；受灾耕地87.8公顷、粮食作物215公顷、经济作物230公顷；垮塌田地埂63.1千米；倒塌畜禽圈舍1.78万平方米，砸死牛73头、猪3867头；受损大棚设施1020平方米、沼气池664口、小型水库5座、山坪塘218口、微水池541口、堤防工程2.5千米、灌溉渠道24千米、提灌站5座、集镇街道750米、供水管道13.4千米、排污管网450米、干线公路2.97千米、农村公路19.47千米、桥梁5座。

盐店镇 单斜中低山狭谷地貌，处龙门山脉前缘隐伏断裂带。2007年年末，面积68.3平方千米，有9个村、58个组和1个居委会、2个居民小组，2445户、8427人。地震中，受伤36人，受损房屋32.36万平方米，其中居民住房29.14万平方米；损毁居民家用电器450件（台）、农机具41台（套）；受灾耕地62.33公顷、粮食作物90公顷、经济作物121公顷；倒塌畜禽圈舍1.12万平方米，砸死牛46头、猪2556头；损大棚设施380平方米、沼气池116口、中型和小型水库各1座、山坪塘121口、微水池169口、灌溉渠道119千米、提灌站3座、供水管道11.4千米、农村公路27.48千米。

柳沟镇 低山深丘宽谷地貌。2007年年末，面积53.73平方千米，有8个村、48个组和1个居委会、2个居民小组，2897户、10164人。地震中，受伤95人；受损房屋23.92万平方米，其中居民住房19.10万平方米；受灾耕地26.67公顷、粮食作物125公顷、经济作物124公顷；倒塌畜禽圈舍1.22万平方米，砸死牛51头、猪2795头；损毁居民家用电器340件（台）、农机具30台（套）；受损大棚设施540平方米、沼气池100口、小型水库4座、山坪塘121口、微水池104口、堤防工程1.2千米、灌溉渠道28千米、提灌站3座、石河堰3道、集镇道路1.31千米、供水站1座、供水管道15.2千米、市政排污管网950米、干线公路1.73千米、农村公路21.62千米、桥梁5座。

武连镇 台梁低山宽谷地貌。2007年年末，面积72.19平方千米，有11个村、65个组和1个居委会、4个居民小组，3976户、12467人。地震中，受伤136人；受损房屋41.45万平方米，其中居民住房34.9万平方米；受灾耕地96.6顷、粮食作物150公顷、经济作物203公顷；倒塌畜禽圈舍1.32万平方米，砸死牛53头、猪3009头；损毁居民家用电器254件（台）、农机具45台（套）；受损大棚设施680平方米、沼气池359口、小型水库5座、山坪塘164口、微水池143口、堤防工程1.8千米、灌溉渠道17千米、提灌站6座、农田作业道21.5千米、集镇供水站1座、供水管道26.6千米、市政排污管网150米、干线公路1.72千米、农村公路24.93千米、桥梁4座。

东宝镇 台梁低山宽谷地貌，处龙门山脉前缘隐伏断裂带。2007年年末，面积66.38平方千米，有13个村、87个组和1个居委会、3个居民小组，3835户、13628人。地震中，受伤128人；受损房屋37.29万平方米，其中居民住房33.37万平方米；损毁居民家用电器121件（台）、农机具33台（套）；受灾耕地89公顷、粮食作物163.33公顷、经济作物132公顷；倒塌畜禽圈舍1.69万平方米，砸死牛68头、猪3852头；受损大棚设施420平方米、沼气池148口、小型水库4座、山坪塘169口、微水池143口、灌溉渠道15千米、提灌站4座、集镇供水站1座、供水管道14.2千米、市政排污管网700米、场镇街道950米、农村公路53.94千米、桥梁4座。

开封镇 台梁低山宽谷地貌。2007年年末，面积68.15平方千米，有11个村、62个组和1个居委会、3个居民小组，5524户、15810人。地震中，受伤152人，死亡1人；受损房屋30.35万平方米，其中居民住房21.84万平方米；损毁居民家用电器691件（台）、农机具52台（套）；受灾耕地30.13公顷、粮食作物115公顷、经济作物116公顷；倒塌畜禽圈舍1.41万平方米，砸死牛58头、猪3222头；受损大棚设施620平方米、沼气池152口、小型水库6座、山坪塘165口、微水池151口、堤防工程1.5千米、灌溉渠道27千米、提灌站7座、集镇供水站1座、供水管道19.1千米、市政排污管网750米、农村公路27.56千米、桥梁7座。

元山镇 低山深丘槽坝地貌。2007年年末，面积93.09平方千米，有21个村、144个组和1个居委会、4个居民小组，8182户、30907人。地震中，受伤23人；受损房屋66.35万平方米，其中居民住房57.62万平方米；损毁居民家用电器2115件（台）、农机具21台（套）；受灾耕地82.67公顷、粮食作物316.67公顷、经济作物156公顷；倒塌畜禽圈舍2.08万平方米，砸死牛83头、猪4747头；受损大棚设施820平方米、沼气池1100口、小型水库11座、山坪塘280口、微水池271、堤防工程0.5千米、灌溉渠道44千米、提灌站5座、农田排灌水网29.1千米、集镇供水站1座、供水管道22.2千米、市政道路1.15千米、市政排污管网650米、干线公路5.09千米、农村公路25.7千米、桥梁15座。

演圣镇 低山深丘槽坝地貌。2007年年末，面积43.57平方千米，有10个村、61个组和1个居委会、2个居民小组，3104户、11853人。地震中，受伤18人；受损房屋14.07万平方米，其中居民住房11.21万平方米；损毁居民家用电器247件（台）、农机具24台（套）；受灾耕地55.33公顷、粮食作物175公顷、经济作物70公顷；倒塌畜禽圈舍1.34万平方米，砸死牛55头、猪3073头；受损大棚设施360平方米、沼气池460口、小型水库6座、山坪塘69口、微水池169口、灌溉渠道17千米、提灌站5座、石河堰1道、场镇道路1.4千米、供水管道13.1千米、干线公路4.26千米、农村公路25.53千米、桥梁5座。

王河镇 低山深丘槽坝地貌。2007年年末，面积41.92平方千米，有8个村、53个组和1个居委会、2个居民小组，3000户、10721人。地震中，受伤20人；受损房屋13.17万平方米，其中居民住房10.68万平方米；损毁居民家用电器45件（台）、农机具30台（套）；受灾耕地24.67公顷、粮食作物130公顷、经济作物70公顷；倒塌畜禽圈舍0.93万平方米，砸死牛37头、猪3015头；受损大棚设施220平方米、沼气池145口、小型水库4座、山坪塘121口、微水池114口、灌溉渠道33千米、提灌站6座、集镇供水站1座、供水网点3处、供水管道12.8千米、市政排污管网540米、农村公路34.94千米、桥梁8座。

公兴镇 低山深丘槽坝地貌。2007年年末，面积34.38平方千米，有6个村、62个组和1个居委会、4个居民小组，4041户、12246人。地震中，受伤11人；受损房屋15.83万平方米，其中居民住房8.92万平方米；损毁居民家用电器750件（台）、农机具45台（套）；受灾耕地60公顷、粮食作物103.33公顷、经济作物152公顷；倒塌畜禽圈舍0.96万平方米，砸死牛39头、猪2691头；受损大棚设施540平方米、沼气池478口、小型水库8座、山坪塘104口、微水池109口、堤防工程1.6千米、灌溉渠道34千米、提灌站9座、供水管道33千米、市政排污管网2千米、集镇街道1.5千米、农村公路28.41千米、桥梁4座。

白龙镇 台梁低山宽谷地貌。2007年年末，面积51.39平方千米，有10个村、78个组和2个居委会、6个居民小组，5949户、18458人。地震中，受伤203人，死亡1人；受损房屋20.94万平方米，其中居民住房11.98万平方米；损毁居民家用电器1021件（台）、农机具36台（套）；受灾耕地76公顷、粮食作物121.67公顷、经济作物148公顷；倒塌畜禽圈舍1.51万平方米，砸死牛61头、猪3462头；受损大棚设施660平方米、沼气池1065口、小型水库5座、山坪塘140口、微水池121口、堤防工程1.4千米、灌溉渠道32千米、提灌站6座、农田作业道51千米、集镇供水站1座、供水管道27.5千米、市政排污管网1.1千米、集镇街道1.61千米、农村公路53.6千米、桥梁2座。

杨村镇 台梁低山宽谷地貌。2007年年末，面积39.89平方千米，有7个村、52个组和1个居委会、2个居民小组，3247户、11950人。地震中，受伤21人，死亡1人；受损房屋23.1万平方米，其中居民住房20.36万平方米；损毁居民家用电器210件（台）、农机具37台（套）；受灾耕地43.73公顷、粮食作物95公顷、经济作物67公顷；倒塌畜禽圈舍1.26万平方米，砸死牛51头、猪2870头；受损大棚设施420平方米、沼气池120口、小型水库2座、山坪塘115口、微水池91口、灌溉渠道3千米、提灌站3座、集镇供水站1座、供水管道14.3千米、市政排污管网790米、集镇街道1040米、农村公路31.29千米、桥梁1座。

羊岭镇 台梁低山宽谷地貌。2007年年末，面积61.73平方千米，有11个村、98个组和1个居委会、2个居民小组，4991户、18417人。地震中，受伤113人；受损房屋22.13万平方米，其中居民住房18.29万平方米；损毁居民家用电器914件（台）、农机具33台（套）；受灾耕地27.33公顷、粮食作物155公顷、经济作物128公顷；倒塌畜禽圈舍1.91万平方米，砸死牛77头、猪3569头；受损大棚设施460平方米、沼气池257口、小型水库2座、山坪塘143口、微水池151口、灌溉渠道6千米、提灌站2座、集镇供水站1座、供水管道10.9千米、集镇街道900米、市政排污管网780米、农村公路27.05千米、桥梁4座。

木马镇 台梁低山宽谷地貌。2007年年末，面积63.61平方千米，有10个村、57个组和1个居委会、2个居民小组，3289户、11495人。地震中，受伤16人；受损房屋22.33万平方米，其中居民住房19.04万平方米；损毁居民家用电器310件（台）、农机具10台（套）；受灾耕地45.33公顷、粮食作物41.07公顷、经济作物36公顷；倒塌畜禽圈舍1.29万平方米，砸死牛53头、猪2947头；受损大棚设施380平方米、沼气池327口、小型水库2座、山坪塘145口、微水池139口、灌溉渠道7千米、集镇供水站1处、村供水网点5处、供水管道15千米、市政排污管网700米、集镇街道850米、农村公路25.27千米。

剑门关镇 单斜中低山窄谷地貌，处龙门山脉前缘隐伏断裂带。2007年年末，面积132.71平方千米，有15个村、105个组和1个居委会、3个居民小组，5276户、17664人。地震中，受伤27人；受损房屋43.81万平方米，其中居民住房35.53万平方米；损毁居民家用电器950件（台）、农机具51台（套）；受灾耕地32公顷、粮食作物225公顷、经济作物122公顷；倒塌畜禽圈舍1.86万平方米，砸死牛75头、猪4254头；受损大棚设施420平方米、沼气池621口、小型水库1座、山坪塘210口、微水池191口、灌溉渠道14千米、提灌站1座、集镇供水站1座、供水管道17.4千米、市政排污管网1.1千米、集镇街道1.3千米、干线公路2.16千米、农村公路36.23千米、桥梁12座。

汉阳镇 单斜中低山窄谷地貌，处龙门山脉前缘隐伏断裂带。2007年年末，面积140.6平方千米，有18个村、112个组和1个居委会、2个居民小组，4688户、17544人。地震中，受伤23人；受损房屋27.13万平方米，其中居民住房22.42万平方米；损毁居民家用电器1350件（台）、农机具49台（套）；受灾耕地43.33公顷、粮食作物221.67公顷、经济作物129公顷；倒塌畜禽圈舍1.93万平方米，砸死牛80头、猪2818头；受损大棚设施560平方米、沼气池598口、小型水库8座、山坪塘251口、微水池271口、灌溉渠道33千米、提灌站2座、集镇供水站1座、供水管道12千米、市政排污管网910千米、集镇街道950米、干线公路1.62千米、农村公路17.47千米。

江石乡 台梁低山宽谷地貌。2007年年末，面积33.91平方千米，有7个村、47个组，1872户、6935人。地震中，受伤21人；受损房屋12.2万平方米，其中居民住房10.31万平方米；损毁农机具29台（套）；受灾耕地37.33公顷、粮食作物95公顷、经济作物38公顷；倒塌畜禽圈舍0.92万平方米，砸死牛37头、猪2602头；受损大棚设施260平方米、沼气池36口、小型水库2座、灌溉渠道7千米、提灌站3座、供水管道8千米、农村公路24.17千米、桥梁1座。

闻溪乡 台梁低山宽谷地貌，处龙门山脉前缘隐伏断裂带。2007年年末，面积51.72平方千米，有10个村、48个组，2186户、8531人。地震中，受伤30人；受损房屋16.18万平方米，其中居民住房13.5万平方米；损毁居民家用电器103件（台）、农机具22台（套）；受灾耕地51.2公顷、粮食作物100公顷、经济作物52公顷；倒塌畜禽圈舍1.12万平方米，砸死牛46头、猪2570头；受损大棚设施420平方米、沼气池137口、小型水库1座、山坪塘131口、微水池107口、石河堰2道、灌溉渠道4千米、提灌站3座、集镇供水站1座、供水管道10.2千米、市政排污管网700米、集镇街道850米、农村公路25.1千米、桥梁3座。

姚家乡 单斜中低山窄谷地貌，处龙门山脉前缘隐伏断裂带。2007年年末，面积74.61平方千米，有9个村、59个组和1个居委会、1个居民小组，2248户、8313人。地震中，受伤97人，死亡2人；受损房屋22.04万平方米，其中居民住房18.65万平方米；损毁居民家用电器14件（台）、农机具36台（套）；受灾耕地57.47公顷、粮食作物85公顷、经济作物49公顷；倒塌畜禽圈舍1.16万平方米，砸死牛46头、猪2643头；受损大棚设施380平方米、沼气池135口、小型水库2座、山坪塘154口、微水池125口、灌溉渠道19千米、提灌站2座、集镇供水站1座、供水管道9千米、市政排污管网550米、集镇街道905米、农村公路21.88千米、桥梁5座。

北庙乡 单斜中低山窄谷地貌，处龙门山脉前缘隐伏断裂带。2007年年末，面积56.74平方千米，有8个村、62个组，2701户、9573人。地震中，受伤103人；受损房屋14.42万平方米，其中居民住房12.07万平方米；损毁居民家用电器16件（台）、农机具34台（套）；受灾耕地42.27公顷、粮食作物121.67公顷、经济作物52公顷；倒塌畜禽圈舍1.07万平方米，砸死牛167头、猪2442头；受损大棚设施360平方米、沼气池76口、小型水库3座、山坪塘120口、微水池110口、灌溉渠道23千米、提灌站1座、田地埂32.7千米、集镇供水站1座、供水管道7.3千米、市政排污管网470米、集镇街道510米、农村公路21.71千米。

西庙乡 单斜中低山窄谷地貌，处龙门山脉前缘隐伏断裂带。2007年年末，面积52.65平方千米，有7个村、47个组，2171户、7822人。地震中，受伤13人；受损房屋22.48万平方米，其中居民住房19.64万平方米；损毁居民家用电器10件（台）、农机具11台（套）；受灾耕地37.67公顷、粮食作物24.13公顷、经济作物32公顷；倒塌畜禽圈舍1.08万平方米，砸死牛48头、猪2480头；受损大棚设施320平方米、沼气池140口、小型水库4座、山坪塘98口、微水池96口、灌溉渠道12千米、农村供水网点3处、供水管道12千米、市政排污管网610米、集镇街道590米、农村公路23.66千米。

义兴乡 台梁中低山宽谷地貌。2007年年末，面积47.31平方千米，有7个村、46个组和1个居委会、1个居民小组，2145户、8610人。地震中，受伤98人；受损房屋19.48万平方米，其中居民住房17.19万平方米；损毁居民家用电器98件（台）、农机具19台（套）；受灾耕地44.8公顷、粮食作物111.67公顷、经济作物52公顷；倒塌畜禽圈舍1.1万平方米，砸死牛44头、猪2518头；受损大棚设施340平方米、沼气池33口、小型水库5座、山坪塘95口、微水池75口、灌溉渠道15千米、提灌站2座、供水管道12.1千米、市政排污管网760米、集镇街道810米、农村公路26.29千米。

毛坝乡 台梁低山宽谷地貌。2007年年末，面积40.16平方千米，有7个村、43个组，1492户、6128人。地震中，受伤42人，死亡1人；受损房屋23.27万平方米，其中居民住房21.14万平方米；损毁居民家用电器664件（台）、农机具28台（套）；受灾耕地82.6公顷、粮食作物101.67公顷、经济作物41公顷；倒塌畜禽圈舍0.99万平方米，砸死牛39头、猪2267头；受损大棚设施340平方米、沼气池82口、小型水库2座、山坪塘108口、微水池91口、灌溉渠道11千米、提灌站2座、农田作业道31.1千米、供水管道9千米、农村公路27.73千米、桥梁1座。地震引发山体滑坡1620米，坡耕地沉陷330米。元山村五、六两组共89户人家，90%的农户住房或倒塌，或严重损坏成高危房，被迫迁居板房。

凉山乡 深丘台梁宽谷地貌。2007年年末，面积46.67平方千米，有9个村、55个组，2334户、8754人。地震中，受伤26人，死亡2人；受损房屋11.73万平方米，其中居民住房8.7万平方米；损毁居民家用电器510件（台）、农机具22台（套）；受灾耕地42.87公顷、粮食作物41.67公顷、经济作物50公顷；倒塌畜禽圈舍1.17万平方米，砸死牛48头、猪2681头；受损大棚设施340平方米、沼气池50口、小型水库2座、山坪塘135口、微水池117口、灌溉渠道14千米、提灌站1座、石河堰2道、供水管道7.7千米、市政排污管网810米、集镇街道900米、农村公路19.93千米、桥梁1座。

垂泉乡 台梁低山宽谷地貌。2007年年末，面积35.69平方千米，有7个村、38个组，1360户、4862人。地震中，受伤12人；受损房屋20.71万平方米，其中居民住房18.93万平方米；损毁居民家用电器110件（台）、农机具36台（套）；受灾耕地26公顷、粮食作物66.67公顷、经济作物40公顷；倒塌畜禽圈舍0.86万平方米，砸死牛35头、猪2476头；受损大棚设施420平方米、沼气池32口、小型水库5座、山坪塘115口、微水池91口、机井25眼、灌溉渠道14千米、提灌站2座、供水管道9.6千米、市政排污管网570米、集镇街道710米、干线公路0.98千米、农村公路22.24千米。

秀钟乡 台梁低山宽谷地貌，处龙门山脉前缘隐伏断裂带。2007年年末，面积50.75平方千米，有9个村、58个组，2406户、8888人。地震中，受伤21人，死亡2人；受损房屋14.54万平方米，其中居民住房12.54万平方米；损毁居民家用电器191件（台）、农机具23台（套）；受灾耕地67.27公顷、粮食作物125公顷、经济作物68公顷；倒塌畜禽圈舍0.69万平方米，砸死牛29头、猪2574头；受损大棚设施260平方米、沼气池102口、小型水库3座、山坪塘120口、微水池103口、石河堰1道、灌溉渠道10千米、提灌站1座、田地埂35.4千米、集镇供水站1座、供水管道11.2千米、市政排污管网700米、集镇街道950米、农村公路25.78千米、桥梁1座。

正兴乡 台梁低山宽谷地貌。2007年年末，面积47.83平方千米，有9个村、40个组，1899户、6426人。地震中，受伤12人；受损房屋21.11万平方米，其中居民住房18.81万平方米；损毁农机具42台（套）；受灾耕地31.07公顷、粮食作物108.33公顷、经济作物56公顷；倒塌畜禽圈舍1.23万平方米，砸死牛51头、猪2821头；受损大棚设施260平方米、沼气池83口、小型水库2座、灌溉渠道6千米、提灌站2座、供水管道7.7千米、农村公路31.21千米、桥梁3座。

马灯乡 深丘台梁地貌。2007年年末，面积40.13平方千米，有7个村、37个组，1701户、5851人。地震中，受伤11人；受损房屋26.32万平方米，其中居民住房23.88万平方米；损毁农机具33台（套）；受灾耕地39.33公顷、粮食作物75公顷、经济作物96公顷；倒塌畜禽圈舍0.87万平方米，砸死牛35头、猪2489头；受损大棚设施420平方米、沼气池121口、小型水库3座、灌溉渠道9千米、提灌站9座、供水管道8.2千米、干线公路0.65千米、农村公路23.43千米、桥梁8座。

高池乡 深丘台梁地貌。2007年年末，面积52.24平方千米，有10个村、51个组，2093户、

7801人。地震中，受伤15人；受损房屋9.49万平方米，其中居民住房7.39万平方米；损毁农机具24台（套）；受灾耕地40.93公顷、粮食作物83.33公顷、经济作物45公顷；倒塌畜禽圈舍0.91万平方米，砸死牛37头、猪2678头；受损大棚设施360平方米、沼气池87口、小型水库3座、灌溉渠道9千米、提灌站3座、供水管道15.6千米、农村公路29.34千米。

碗泉乡 深丘台梁宽谷地貌。2007年年末，面积53.72平方千米，有9个村、51个组，2218户、7842人。地震中，受伤9人；受损房屋13.98万平方米，其中居民住房11.49万平方米；损毁居民家用电器100件（台）、农机具25台（套）；受灾耕地60.67公顷、粮食作物113.33公顷、经济作物47公顷；倒塌畜禽圈舍1.05万平方米，砸死牛42头、猪2405头；受损大棚设施260平方米、沼气池38口、小型水库7座、山坪塘134口、微水池137口、机井103眼、灌溉渠道23千米、提灌站6座、供水管道14.2千米、市政排污管网850米、集镇街道1015米、农村公路25.1千米。

迎水乡 台梁低山宽谷地貌。2007年年末，面积60.02平方千米，有9个村、65个组，2344户、8203人。地震中，受伤16人；受损房屋14.34万平方米，其中居民住房12.2万平方米；损毁农机具21台（套）；受灾耕地68.6公顷、粮食作物120公顷、经济作物77公顷；倒塌畜禽圈舍0.99万平方米，砸死牛39头、猪2654头；受损大棚设施420平方米、沼气池458口、小型水库3座、灌溉渠道16千米、提灌站5座、供水管道20.8千米、农村公路25.95千米、桥梁1座。

柘坝乡 深丘低山槽坝地貌。2007年年末，面积48.71平方千米，有11个村、49个组，2111户、7306人。地震中，受伤34人；受损房屋12.68万平方米，其中居民住房10.78万平方米；损毁居民家用电器44件（台）、农机具33台（套）；受灾耕地38公顷、粮食作物158.33公顷、经济作物49公顷；倒塌畜禽圈舍0.79万平方米，砸死牛33头、猪2301头；受损大棚设施420平方米、沼气池621口、小型水库2座、山坪塘107口、微水池94口、灌溉渠道10千米、提灌站2座、供水管道20.8千米、市政排污管网740米、集镇街道850米、农村公路29.01千米、桥梁3座。

公店乡 深丘槽坝地貌。2007年年末，面积40.48平方千米，有8个村、48个组，1938户、6873人。地震中，受伤45人；受损房屋14.83万平方米，其中居民住房12.56万平方米；损毁居民家用电器46件（台）、农机具37台（套）；受灾耕地40.67公顷、粮食作物100公顷、经济作物41公顷；倒塌畜禽圈舍1.14万平方米，砸死牛46头、猪2606头；受损大棚设施260平方米、沼气池191口、小型水库6座、山坪塘112口、微水池109口、石河堰1道、灌溉渠道16千米、提灌站2座、集镇供水站1座、供水管道12.6千米、市政排污管网740米、集镇街道750米、农村公路26.12千米、桥梁2座。

广坪乡 台梁低山宽谷地貌。2007年年末，面积38.16平方千米，有6个村、46个组，2337户、8352人。地震中，受伤96人；受损房屋13.79万平方米，其中居民住房11.28万平方米；损毁农机具19台（套）；受灾耕地37.33公顷、粮食作物110公顷、经济作物68公顷；倒塌畜禽圈舍1.37万平方米，砸死牛55头、猪3122头；受损大棚设施420平方米、沼气池51口、小型水库3座、灌溉渠道18千米、提灌站4座、供水管道17.8千米、农村公路23.41千米、桥梁2座。

摇铃乡 深丘台梁宽谷地貌。2007年年末，面积58.61平方千米，有7个村、44个组，2298户、8431人。地震中，受伤13人，死亡2人；受损房屋18.5万平方米，其中居民住房16.53万平方米；

损毁农机具27台（套）；受灾耕地78.27公顷、粮食作物158.33公顷、经济作物50公顷；倒塌畜禽圈舍1.04万平方米，砸死牛42头、猪2380头；受损大棚设施460平方米、沼气池21口、小型水库6座、灌溉渠道13千米、提灌站3座、供水管道12千米、农村公路26.12千米。

锦屏乡 台梁低山宽谷地貌。2007年年末，面积26.58平方千米，有6个村、42个组，2448户、8322人。地震中，受伤89人，死亡1人；受损房屋18.24万平方米，其中居民住房16.1万平方米；损毁居民家用电器103件（台）、农机具9台（套）；受灾耕地42.67公顷、粮食作物21公顷、经济作物33公顷；倒塌畜禽圈舍1.09万平方米，砸死牛44头、猪2494头；受损大棚设施380平方米、沼气池162口、小型水库3座、山坪塘90口、微水池71口、灌溉渠道10千米、供水管道11.7千米、市政排污管网700米、集镇街道680米、农村公路26.12千米。

高观乡 台梁中低山宽谷地貌，处龙门山脉前缘隐伏断裂带。2007年年末，面积55.58平方千米，有11个村、65个组，2823户、10426人。地震中，受伤11人；受损房屋20.86万平方米，其中居民住房18.45万平方米；损毁居民家用电器341件（台）、农机具34台（套）；受灾耕地52.33公顷、粮食作物141.67公顷、经济作物53公顷；倒塌畜禽圈舍1.26万平方米，砸死牛51头、猪2870头；受损大棚设施360平方米、沼气池635口、小型水库1座、山坪塘143口、微水池149口、灌溉渠道4千米、提灌站1座、农村供水网点5处、供水管道10.5千米、市政排污管网810米、集镇街道1040米、农村公路26.72千米。震引发黄坪、龙山、元岭等村山体滑坡、不稳定斜坡地质灾害。

张王乡 深丘台梁狭谷地貌，处龙门山前缘隐伏断裂带。2007年年末，面积63.67平方千米，有10个村、61个组，2755户、10308人。地震中，受伤20人，死亡2人；受损房屋25.31万平方米，其中居民住房22.59万平方米；损毁居民家用电器151件（台）、农机具40台（套）；受灾耕地52.67公顷、粮食作物151.67公顷、经济作物50公顷；倒塌畜禽圈舍1.12万平方米，砸死牛46头、猪2570头；受损大棚设施320平方米、沼气池142口、小型水库2座、山坪塘150口、微水池138口、灌溉渠道6千米、供水管道8.3千米、市政排污管网810米、集镇街道930米、农村公路21.71千米、桥梁2座。

上寺乡 山前河谷平坝地貌，处龙门山脉前山北东段断裂带。2007年年末，面积26.83平方千米，有4个村、31个组，1069户、3963人。主震发生后，5月12日17时30分、7月1日9时40分，分别发生震中在桅杆村和紧临的下寺镇麻柳村的4.4级、3.0级余震，造成上寺乡大量房屋倾塌、人畜伤亡、地质灾害频发。地震中，受伤16人；受损房屋23.76万平方米，其中居民住房21.48万平方米；损毁居民家用电器165件（台）；受灾耕地26.93公顷、粮食作物47.07公顷、经济作物9公顷；倒塌畜禽圈舍0.56万平方米，砸死牛22头、猪974头；受损沼气池72口、堤防工程3千米、提灌站2座、农村公路4.92千米。地震引发山体崩塌15处，滑坡9处，地裂缝2处，泥石流1处，不稳定斜坡4处。其中，上寺村长江沟泥石流长1000米、宽50余米；三房村望牛山、桅杆村大柏林山体裂缝、崩塌计3000余米，损毁农田69.33公顷，危及103户406人生命财产安全。

“5·12”地震剑阁县损失情况表（一）

表 1－4（一）

			单位	全县合计	其中重灾乡镇	普安镇	龙源镇	城北镇	盐店镇	柳沟镇	武连镇	东宝镇	开封镇	元山镇	演圣镇
是否重灾乡镇						是	是	是	是	是	是	是	是	是	是
受灾乡镇个数			个	57	42	1	1	1	1	1	1	1	1	1	1
受灾人员情况	受灾人口		人	675023	506641	47000	16291	18682	8427	10164	12467	13628	15810	30907	11853
	死亡		人	21	21	3	—	—	—	—	—	—	1	—	—
	安葬		人	21	21	3	—	—	—	—	—	—	1	—	—
	失踪		人	—	—	—	—	—	—	—	—	—	—	—	—
	受伤		人	5580	5229	1482	268	184	36	95	136	128	152	23	18
	从废墟中救出		人	—	—	—	—	—	—	—	—	—	—	—	—
	临时安置		人	120870	101845	14593	1688	4722	2880	3091	3750	3150	3472	6096	630
家庭及三孤情况	孤儿		人	—	—	—	—	—	—	—	—	—	—	—	—
	孤老		人	—	—	—	—	—	—	—	—	—	—	—	—
	孤残人		人	—	—	—	—	—	—	—	—	—	—	—	—
直接经济损失合计			万元	1868982	1572776	282771	22627	47970	36473	31007	50578	40910	36562	62922.5	18337
农业系统	直接经济损失		万元	34910	28082	674	912	1179	541	698	1409	929	705	1475	733
	粮食作物	受灾面积	公顷	5600.03	5111.62	126.67	160.00	215.00	90.00	125.00	150.00	163.33	115.00	316.67	175.00
		损失产量	吨	25200	22999	570	720	953	405	563	675	735	518	1425	788
	经济作物受灾面积		公顷	4400.33	3513.33	199.33	121.00	230.00	121.00	124.00	203.00	132.00	116.00	156.00	70.00
	大棚设施损毁面积		平方米	24000	18020	1060	420	1020	380	540	680	420	620	820	360
	办公及生产用房	损毁面积	平方米	22590	19485	359	398	499	2363	295	2019	372	448	751	302
		经济损失	万元	6847	5968	112	124	152	77	72	1068	107	129	216	87
	沼气池损毁数量		口	16356	11131	724	134	664	116	100	359	148	152	1100	460
林业系统	直接经济损失		万元	16483	14153	2867	178	1845	322	225	245	152	246	123	52
	林木损毁面积		公顷	859.31	557.92	21.33	22.47	8.60	6.67	12.07	14.53	—	15.00	8.00	10.00
	林区道路损毁长度		千米	106.30	90.60	3.00	1.30	1.60	5.20	1.20	1.60	1.10	1.60	1.80	—
	林区房屋损毁	面积	平方米	55272	51675	18815	237	6077	440	1017	1020	632	1027	250	120
		经济损失	万元	7137	6672	2453	33	704	68	129	133	88	134	30	14
	林区输电线路损坏长度		千米	128.00	115.00	6.00	5.00	4.00	11.00	—	—	5.00	—	—	—
	林区通讯线路损坏长度		千米	—	—	—	—	—	—	—	—	—	—	—	—
	电站损毁		座	—	—	—	—	—	—	—	—	—	—	—	—

续表1—4（一）

			单位	全县合计	其中重灾乡镇	普安镇	龙源镇	城北镇	盐店镇	柳沟镇	武连镇	东宝镇	开封镇	元山镇	演圣镇
畜牧系统	直接经济损失		万元	73810	54195	1666	1724	1804	1152	1260	1356	1736	1452	2138	1385
	大牲畜	死亡数量	头	3025	2258	68	66	73	46	51	53	68	58	83	55
		损失金额	万元	1513	1127	33	32	36	22	25	26	33	28	42	28
	生猪	死亡数量	头	163676	120138	3365	3826	3867	2556	2795	3009	3852	3222	4747	3073
		损失金额	万元	24551	18020	504	574	580	383	419	451	578	483	712	461
	畜禽圈舍	倒塌面积	平方米	716000	525549	16907	16745	17793	11182	12229	13164	16853	14094	20766	13439
		损失金额	万元	24344	17867	575	565	605	380	416	448	573	479	706	457
	饲料饲草损失		万元	6000	4403	144	140	149	94	102	110	141	118	174	113
水利系统	直接经济损失		万元	152770	123635	9400	2270	4691	7211	4796	4156	5597	3646	3925	1488
	水库工程受损	大型	座	—	—	—	—	—	—	—	—	—	—	—	—
		中型	座	1	1	—	—	—	1	—	—	—	—	—	—
		小型	座	198	151	2	2	5	1	4	5	4	6	11	6
	堤防工程损毁长度		千米	26.00	24.50	3.00	—	2.50	—	1.20	1.80	—	1.50	0.50	—
	供水工程受损	影响人口	万人	37.96	29.94	4.15	0.51	0.62	0.45	0.88	0.98	0.56	1.25	1.25	0.52
		管道长度	千米	911.00	632.60	51.00	12.00	13.40	11.40	15.20	26.60	14.20	19.10	22.20	13.10
	灌溉工程受损	重点建筑物	处	2012	1533	48	6	48	238	56	34	30	54	88	34
		渠道长度	千米	1020.00	779.00	24.00	3.00	24.00	119.00	28.00	17.00	15.00	27.00	44.00	17.00
	农村水电受损	电站座数	座	9	7	—	—	—	—	—	—	—	—	—	—
		容量	万千瓦	0.44	0.34	—	—	—	—	—	—	—	—	—	—
	水土保持设施受损	蓄水池	口	389	271	10	5	15	2	6	15	5	8	7	5
		坡面水系	千米	164.00	117.00	5.00	2.00	7.00	0.50	2.00	5.00	2.00	3.00	4.00	2.00
	水产	受灾面积	公顷	574.67	461.32	29.33	6.67	12.00	10.00	17.33	16.67	10.00	13.33	23.33	6.67
		成鱼及鱼种死亡	吨	630	507	32	7	13	11	19	18	11	15	26	7
	房屋及管理设施受损	办公及管理用房	平方米	15000	14000	1310	—	1400	—	1400	1600	—	1000	700	—
		管理设施	台(套)	—	—	—	—	—	—	—	—	—	—	—	—

续表1—4（一）

				单位	全县合计	其中重灾乡镇	普安镇	龙源镇	城北镇	盐店镇	柳沟镇	武连镇	东宝镇	开封镇	元山镇	演圣镇
地方电力系统	直接经济损失			万元	3984	3641	65	28	52	33	25	—	—	46	—	22
	电站损毁			座	3	2	—	—	—	—	—	—	—	—	—	—
	损毁输电线路			千米	315.00	228.00	15.00	7.00	12.00	8.00	8.00	—	—	4.00	—	5.00
农机系统	直接经济损失			万元	5860	4920	610	120	360	80	160	150	100	190	120	70
	农机具毁损			台（套）	1469	1271	42	40	45	41	30	45	33	52	21	24
	损毁提灌站			座	177	134	3	4	5	3	3	6	4	7	5	5
				千瓦	6152	4688	105	119	152	115	90	192	135	222	149	200
	机耕道毁损			千米	450.00	373.00	9.00	10.00	8.00	9.00	6.00	14.00	12.00	9.00	8.00	7.00
	农机库棚毁损			平方米	1170	1170	840	—	250	—	—	—	—	—	—	—
	办公用房		毁损面积	平方米	3520	3350	120	—	90	—	90	90	—	120	95	—
			损失金额	万元	614	596	17	—	9	—	9	9	—	12	10	—
工业系统	直接经济损失			万元	27590	27072	13996	10	3873	—	75	92	7	1017	225	9
	受灾工矿企业			户	177	159	35	1	12	—	4	5	1	19	12	1
	财产损失	厂房	面积	平方米	86862	84127	26812	100	19850	—	600	750	70	6700	1870	70
			折合金额	万元	8812	8536	2723	10	2014	—	61	76	7	680	190	7
		设备设施	数量	台（套）	9970	9910	4564	—	2050	—	8	2	—	374	48	1
			折合金额	万元	12199	11962	6177	—	1408	—	10	8	—	244	13	2
		产品和材料	万元	1984	1979	500	—	452	—	4	8	—	93	22	—	—
	停产项目受阻损失			万元	48127	48092	25355	—	8397	—	10	8	—	415	10	—
	在建项目受阻损失			万元	2400	2400	800	—	—	—	—	—	—	—	—	—
采掘业系统	直接经济损失			万元	2804	2709	—	—	6	—	12	19	—	24	—	—
	受损地面情况	办公及厂房	实物量	平方米	18530	12870	—	—	100	—	160	300	—	2900	—	—
			价值量	万元	282	226	—	—	3	—	4	7	—	10	—	—
		设备设施	实物量	台（套）	141	123	—	—	2	—	3	4	—	7	—	—
			价值量	万元	650	611	—	—	3	—	8	12	—	14	—	—
	井下情况	设备设施	实物量	台（套）	50	50	—	—	—	—	—	—	—	—	—	—
			价值量	万元	542	542	—	—	—	—	—	—	—	—	—	—
		井巷	受损长度	千米	12.61	12.61	—	—	—	—	—	—	—	—	—	—
			价值量	万元	1329	1329	—	—	—	—	—	—	—	—	—	—

续表1－4（一）

			单位	全县合计	其中重灾乡镇	普安镇	龙源镇	城北镇	盐店镇	柳沟镇	武连镇	东宝镇	开封镇	元山镇	演圣镇
公路交通系统	直接经济损失		万元	91801	71989	4615	959	3909	873	3974	2733	2451	2321	3384	2584
	损毁公路	高速公路	千米	—	—	—	—	—	—	—	—	—	—	—	—
		干线公路	千米	35.88	24.09	1.47	—	2.97	—	1.73	1.72	—	—	5.09	4.26
		农村公路	千米	1463.00	1086.92	18.17	27.14	19.47	27.48	21.62	24.93	53.94	27.56	25.70	25.53
	损毁桥梁		座/米	193/6993	153/5909	8/442	1/11	5/324	—	5/192	4/176	4/80	7/248	15/248	5/115
	损毁隧道		座/米	2/2895	2/2895	—	—	—	—	—	—	—	—	—	—
	损毁县级以上客运站		个	2	2	1	—	—	—	—	—	—	—	—	—
	损毁农村客运站		个	15	10	—	—	—	—	—	1	—	1	—	—
	损毁码头		个	11	1	—	—	—	—	—	—	—	—	—	—
	损毁养护设施		台（套）	—	—	—	—	—	—	—	—	—	—	—	—
	损毁道班房		平方米	14300	10800	1200	500	—	—	400	900	500	500	500	600
	损毁办公用房		平方米	49960	49960	36960	—	—	—	—	—	—	—	—	—
国家电力系统直接经济损失			万元	3260	3260	—	—	—	—	—	—	—	—	—	—
通信系统	直接经济损失	万元	3744	3346	606	32	134	143	145	168	43	172	135	—	—
	业务用房	损毁面积	平方米	17279	16369	3893	130	260	650	520	780	260	260	390	—
		折合价值	万元	1393	1283	291	22	33	54	43	54	22	54	22	—
	移动通信基站	损毁数量	座	84	65	4	2	3	2	3	2	2	3	3	—
		折合价值	万元	390	309	28	11	13	11	13	11	11	13	13	—
	小灵通基站	损毁数量	座	42	37	4	—	3	2	3	3	—	3	3	—
		折合价值	万元	46	41	5	—	3	2	3	3	—	3	4	—
	光缆	损毁长度	皮长公里	200	200	—	—	—	—	—	—	—	—	—	—
		折合价值	万元	413	413	—	—	—	—	—	—	—	—	—	—
	电缆	损毁长度	皮长公里	409	334	46	—	13	8	11	16	8	18	13	—
		折合价值	万元	557	451	52	—	18	11	14	22	11	26	18	—
	交换机及接入设备	损毁数量	台	134	134	56	—	—	—	—	—	—	—	—	—
		折合价值	万元	760	760	326	—	—	—	—	—	—	—	—	—
	传输设备	损毁数量	台	31	31	16	—	—	—	—	—	—	—	1	—
		折合价值	万元	89	89	31	—	—	—	—	—	—	—	9	—

续表1—4（一）

			单位	全县合计	其中重灾乡镇	普安镇	龙源镇	城北镇	盐店镇	柳沟镇	武连镇	东宝镇	开封镇	元山镇	演圣镇
邮政系统	直接经济损失		万元	1133	1010	211	9	12	—	6	80	—	44	76	—
邮政系统	受灾局所	损毁面积	平方米	9507	8467	1219	224	—	—	—	699	—	251	712	—
邮政系统	受灾局所	损失金额	万元	700	609	37	7	—	—	—	77	—	28	66	—
邮政系统	职工住房	损毁面积	平方米	10380	9480	3400	—	400	—	200	100	—	500	300	—
邮政系统	职工住房	损失金额	万元	353	326	115	—	12	—	6	3	—	15	9	—
邮政系统	汽车	损毁数量	辆	1	1	1	—	—	—	—	—	—	—	—	—
邮政系统	汽车	损失金额	万元	6	6	6	—	—	—	—	—	—	—	—	—
邮政系统	其他设备设施	损失数量	件（台）	129	123	93	4	—	—	—	—	—	2	3	—
邮政系统	其他设备设施	损失金额	万元	74	69	53	2	—	—	—	—	—	1	1	—
邮政系统	损失邮件赔偿金额		万元	—	—	—	—	—	—	—	—	—	—	—	—
邮政系统	损失现金		万元	—	—	—	—	—	—	—	—	—	—	—	—
国土资源系统	直接经济损失		万元	16730	14671	64	79	178	143	17	20	26	592	42	—
国土资源系统	耕地	直接经济损失	万元	5830	5393	29	77	30	42	—	—	—	540	—	—
国土资源系统	耕地	原有耕地面积	公顷	65962.05	50456.42	1375.19	1906.92	2031.07	1183.85	1107.07	1376.51	1787.54	1248.41	3067.13	16.11
国土资源系统	耕地	受灾耕地面积	公顷	3073.33	2252.34	76.07	90.00	87.80	62.33	26.67	96.60	89.00	30.13	82.67	55.33
国土资源系统	耕地	受灾耕地灭失面积	公顷	115.59	104.39	—	—	—	0.53	—	—	—	12.00	—	—
国土资源系统	地质灾害	直接经济损失	万元	10900	9278	35	2	148	101	17	20	26	52	42	—
国土资源系统	地质灾害	隐患点 震前	处	109	83	1	1	1	2	2	1	—	—	2	2
国土资源系统	地质灾害	隐患点 震后	处	169	130	5	1	3	2	2	1	2	1	3	—
国土资源系统	地质灾害	震后发生 滑坡	处	13	12	—	—	—	—	—	—	—	—	—	—
国土资源系统	地质灾害	震后发生 崩塌	处	11	7	—	—	—	1	—	—	—	—	—	—
国土资源系统	地质灾害	震后发生 泥石流	处	—	—	—	—	—	—	—	—	—	—	—	—
国土资源系统	地质灾害	震后发生 其他灾害	处	18	15	—	—	—	—	—	—	—	1	1	—
	直接经济损失		万元	919	868	284	6	6	4	5	5	4	4	5	6
	房屋	损失面积	平方米	820	820	—	—	—	—	—	—	—	—	—	—

续表1—4（一）

			单位	全县合计	其中重灾乡镇	普安镇	龙源镇	城北镇	盐店镇	柳沟镇	武连镇	东宝镇	开封镇	元山镇	演圣镇
环境保护系统		损失金额	万元	180	180	—	—	—	—	—	—	—	—	—	—
	仪器设备、执法车辆	损失数量	台（套）	10	10	—	—	—	—	—	—	—	—	—	—
		损失金额	万元	14	14	—	—	—	—	—	—	—	—	—	—
	水、空气自动监控站	损失数量	台	—	—	—	—	—	—	—	—	—	—	—	—
		损失金额	万元	—	—	—	—	—	—	—	—	—	—	—	—
	生态环境损失	原有面积	万平方米	50566.94	38119.41	887.12	1566.71	1435.68	883.71	1194.65	1381.54	1133.72	964.74	1215.81	1395.69
		损坏程度	%	1.57	1.59	1.60	1.56	1.52	1.53	1.70	1.68	1.69	1.40	1.60	1.56
		损失金额	万元	214	163	4	5	5	4	5	5	4	4	5	6
	企业污染治理设备	损失数量	台	3	3	2	—	—	—	—	—	—	—	—	—
		损失金额	万元	640	640	271	—	—	—	—	—	—	—	—	—
	在线监控系统	损失数量	台	1	1	1	—	—	—	—	—	—	—	—	—
		损失金额	万元	10	10	10	—	—	—	—	—	—	—	—	—
教育系统	直接经济损失		万元	58908	48742	10793	1333	1589	680	1469	1724	858	2716	2179	627
	学校数量	原有数量	所	114	89	11	3	3	1	2	2	3	2	4	1
		受灾数量	所	114	89	11	3	3	1	2	2	3	2	4	1
	学校建筑面积	原有校舍建筑面积	平方米	684956	555592	121679	14980	17889	7869	17147	18293	9045	30217	23057	7013
		受损校舍面积	平方米	557232	459748	99941	12913	15367	6760	14386	16166	7787	26457	20350	6024
		倒塌校舍面积	平方米	9032	8622	1070	—	—	—	—	—	—	—	—	—
		经鉴定不能继续使用的校舍面积	平方米	308864	254193	56525	7183	8765	3859	8206	9415	4373	14807	11140	3436
		经鉴定加固后可以继续使用的校舍面积	平方米	239336	196933	42346	5730	6601	2902	6180	6750	3414	11650	9210	2588
		毁坏其他建筑面积	平方米	593	524	157	—	—	—	14	62	15	7	10	—
	毁坏教学设备仪器数量		台（件、套）	72283	60155	14009	1625	1850	625	1425	1750	1315	3075	3340	750
	毁坏图书数量		册	537914	455579	118545	12270	12350	5115	10640	10920	9190	23500	21300	5900

续表1—4（一）

				单位	全县合计	其中重灾乡镇	普安镇	龙源镇	城北镇	盐店镇	柳沟镇	武连镇	东宝镇	开封镇	元山镇	演圣镇
卫生系统	直接经济损失			万元	18717	15752	3896	214	472	89	197	1163	343	1297	1394	166
	受损机构数量			个	595	450	19	17	18	10	9	12	14	12	22	11
	房屋	损失面积		平方米	182309	151279	45650	2170	3690	1600	1790	7090	3248	8200	13580	1390
		损失金额		万元	16814	14007	3479	214	422	89	161	1013	343	1147	1294	166
	设备	损失数量		台	257	240	112	—	5	—	4	10	—	11	10	—
		损失金额		万元	1295	1183	343	—	40	—	25	110	—	120	80	—
	药品损失金额			万元	588	542	54	—	10	—	11	40	—	30	20	—
计生系统	直接经济损失			万元	4118	3334	304	55	29	50	183	174	57	212	196	48
	服务机构数目			个	633	482	18	18	19	11	10	13	15	13	23	12
	房屋损失	倒塌面积		平方米	—	—	—	—	—	—	—	—	—	—	—	—
		危房面积		平方米	11136	9042	—	120	—	130	720	680	146	800	650	120
		损坏面积		平方米	21166	16332	1770	510	540	300	270	360	420	360	660	330
		损失价值		万元	3534	2832	88	52	27	44	172	168	53	194	176	43
	设备损失	损失数量		件	921	679	69	8	1	10	21	11	4	17	36	10
		损失价值		万元	584	502	216	3	2	6	11	6	4	18	20	5
	药品药具损失价值			万元	—	—	—	—	—	—	—	—	—	—	—	—
文化系统	直接经济损失			万元	9014	7193	988	180	109	164	154	176	139	232	263	106
	文化市场、文化产业设备地震灾害损失	受损机构数量		个	229	205	61	2	1	3	5	6	—	17	12	—
		房屋受损	面积	平方米	6259	5559	1924	70	23	80	22	180	—	140	160	—
			金额	万元	407	366	147	4	2	5	2	11	—	8	10	—
		设备受损数量		台	521	456	88	8	9	16	13	27	—	18	23	—
		直接经济损失		万元	1009	850	185	6	4	11	35	30	—	85	60	—
	公共文化设施地震灾害损失	受损机构数量		个	668	506	18	18	16	12	10	13	15	13	23	12
		房屋受损	面积	平方米	69875	55187	6870	1560	1248	1416	1008	1198	1278	1240	1892	1008
			金额	万元	1787	1435	218	38	31	33	24	29	31	30	46	25
		设备受损数量		台	10579	7923	249	251	78	226	200	236	200	236	281	140
		图书受损数量		册	15857	13022	278	194	270	284	216	378	238	230	419	194
		直接经济损失		万元	8005	6343	803	174	105	153	119	146	139	147	203	106

续表1—4（一）

			单位	全县合计	其中重灾乡镇	普安镇	龙源镇	城北镇	盐店镇	柳沟镇	武连镇	东宝镇	开封镇	元山镇	演圣镇
文物系统	直接经济损失		万元	1146	1058	335	—	—	—	—	35	36	—	—	—
	文物本体损毁数量		件	35	30	6	—	—	—	—	2	2	—	—	—
	管理用房损失	损失面积	平方米	6290	5830	680	—	—	—	—	200	160	—	—	—
		损失金额	万元	669	615	100	—	—	—	—	15	16	—	—	—
	防护设施损失金额		万元	477	443	235	—	—	—	—	20	20	—	—	—
宗教系统	直接经济损失		万元	388	293	45	2	—	—	—	—	—	1	16	—
	损失宗教场所数量		处	19	14	1	1	—	—	—	—	—	1	1	—
体育系统	直接经济损失		万元	380	369	219	—	5	—	—	3	—	—	19	3
	公共比赛场馆（有观众席位）	损失面积	平方米	2200	2200	2200	—	—	—	—	—	—	—	—	—
		损失金额	万元	160	160	160	—	—	—	—	—	—	—	—	—
	运动员训练场馆	损失面积	平方米	4200	4200	1200	—	—	—	—	—	—	—	600	—
		损失金额	万元	130	130	48	—	—	—	—	—	—	—	14	—
	其他体育用房	损失面积	平方米	—	—	—	—	—	—	—	—	—	—	—	—
		损失金额	万元	—	—	—	—	—	—	—	—	—	—	—	—
	全民健身路径工程	损失数量	套	12	11	2	—	—	—	—	—	—	—	1	—
		损失金额	万元	60	56	8	—	—	—	—	—	—	—	5	—
	农民体育健身工程	损失数量	个	10	8	1	—	2	—	—	1	—	—	—	1
		损失金额	万元	30	23	3	—	5	—	—	3	—	—	—	3
民政系统	直接经济损失		万元	2269	2181	870	56	—	56	—	60	—	88	105	43
	民政事业单位	原有数量	个	22	20	2	1	—	1	—	1	—	1	1	1
		受损数量	个	22	20	2	1	—	1	—	1	—	1	1	1
	房屋	原有面积	平方米	54660	52580	5160	1200	—	1350	—	1450	—	6600	6900	980
		受损面积	平方米	31280	29640	4180	960	—	1080	—	1160	—	2001	2100	784
	设备	原有价值	万元	488	472	359	10	—	3	—	3	—	12	10	3
		受损价值	万元	173	162	79	8	—	2	—	2	—	8	6	2
金融系统	直接经济损失		万元	4668	4027	1526	37	429	1	64	15	15	46	161	20
	营业房和办公用房损失	损失面积	平方米	53452	47028	17985	874	6976	—	530	210	210	1336	2005	150
		损失价值	万元	4239	3603	1147	32	429	1	64	15	15	41	156	20

续表1—4（一）

			单位	全县合计	其中重灾乡镇	普安镇	龙源镇	城北镇	盐店镇	柳沟镇	武连镇	东宝镇	开封镇	元山镇	演圣镇
金融系统	固定资产及设备损失	系统设备	万元	96	91	47	5	—	—	—	—	—	5	5	—
		网络设备	万元	2	2	—	—	—	—	—	—	—	—	—	—
		损失总值	万元	133	128	82	5	—	—	—	—	—	5	5	—
	现金损失		万元	—	—	—	—	—	—	—	—	—	—	—	—
商务系统	直接经济损失		万元	20500	17320	3600	200	150	250	350	700	360	900	1500	700
	损毁营业房面积		平方米	124300	107000	29320	850	600	1000	2100	4600	2400	6300	7400	2100
	损毁商品金额		万元	1670	1562	830	5	4	6	10	20	10	30	40	10
	损毁现金		万元	—	—	—	—	—	—	—	—	—	—	—	—
粮食系统	直接经济损失		万元	9895	7911	256	36	378	68	446	301	87	444	457	141
	仓库损失	仓库损失数量	个	244	182	3	3	22	3	6	7	4	3	13	3
		损失仓罐容	吨	137675	117127	667	95	18891	617	2717	4678	1400	3937	3793	1188
		损失金额	万元	5195	4205	86	12	178	32	209	204	61	202	241	76
	附属设施损失金额		万元	3648	2770	160	23	113	6	170	57	16	199	170	53
	粮油损失	损失数量	吨	68	68	—	—	—	—	10	10	—	10	10	—
		损失金额	万元	14	14	—	—	—	—	2	2	—	2	2	—
	办公楼损失	损失数量	平方米	13308	11506	151	21	787	388	444	384	115	437	578	179
		损失金额	万元	943	830	10	1	72	30	58	33	10	30	38	12
	其他损失金额		万元	95	92	—	—	15	—	7	5	—	11	6	—
供销系统	直接经济损失		万元	10606	9847	3130	37	110	—	480	720	8	340	254	—
	损毁房屋面积		平方米	124220	112880	45150	1800	2000	—	2850	4450	280	2600	3000	—
	损毁商品价值		万元	644	588	40	1	3	—	30	35	3	50	8	—
	现金损失		万元	—	—	—	—	—	—	—	—	—	—	—	—
旅游系统	直接经济损失		万元	28522	28216	4114	—	1231	2531	—	3611	—	—	—	—
	景区	受损个数	个	7	7	1	—	—	1	—	1	—	—	—	—
		损失金额	万元	27336	27030	3305	—	1231	2531	—	3607	—	—	—	—
	宾馆饭店	受损数量	个	1	1	1	—	—	—	—	—	—	—	—	—
		损失价值	万元	779	779	779	—	—	—	—	—	—	—	—	—

续表1—4（一）

			单位	全县合计	其中重灾乡镇	普安镇	龙源镇	城北镇	盐店镇	柳沟镇	武连镇	东宝镇	开封镇	元山镇	演圣镇
	办公用房	受损面积	平方米	1200	1200	—	—	—	—	—	—	—	—	—	—
		损失金额	万元	180	180	—	—	—	—	—	—	—	—	—	—
	车辆	损失数量	辆	1	1	—	—	—	—	—	—	—	—	—	—
		损失金额	万元	25	25	—	—	—	—	—	—	—	—	—	—
广电系统	直接经济损失		万元	3992	3699	681	49	43	21	34	104	33	75	119	60
	受损台站数量		个	51	45	2	2	1	1	1	1	1	1	1	1
	办公用房和机房损失	受损面积	平方米	9798	9504	1840	178	40	48	50	65	36	48	65	48
		损失价值	万元	1946	1886	360	35	8	10	10	13	7	10	13	10
	光缆线路	损失长度	千米	1913.00	1658.00	308.00	15.00	44.00	6.00	27.00	112.00	24.00	75.00	136.00	64.00
		损失价值	万元	1294	1121	209	10	30	4	18	76	16	51	92	43
	专业设备	受损数量	台（件、套）	3396	3052	486	38	61	43	41	137	45	134	112	54
		损失金额	万元	753	688	96	4	6	7	6	15	10	15	15	7
党政机关	直接经济损失		万元	113015	106272	8102	480	740	463	807	991	537	1006	967	458
	行政机关	受损房屋	平方米	292466	256783	1300	2308	1100	1700	3804	3529	3100	3900	4278	1150
		受损设备	件（台）	12683	12258	6	—	16	13	—	28	2	120	10	—
		经济损失	万元	53791	49946	147	255	263	262	255	269	256	396	260	255
	事业单位	受损房屋	平方米	229579	215276	67133	893	2395	3053	3227	3841	1348	3498	3578	822
		受损设备	件（台）	7458	7201	981	9	49	11	39	53	15	45	52	19
		经济损失	万元	59224	56326	7955	225	477	201	552	722	281	610	707	203
城镇公用设施	直接经济损失		万元	51803	45908	10750	310	206	413	673	1570	1140	2171	1870.5	904
	城市供排水管道损毁		千米	321.15	268.65	33.00	1.50	1.40	2.20	1.70	13.00	16.00	19.90	15.20	13.85
	城市燃气管道损毁		千米	27.80	27.80	8.00	—	6.00	—	—	—	—	—	4.80	—
	市政道路损毁		千米	106.90	91.72	24.00	1.00	—	1.30	1.80	4.20	2.00	5.50	4.57	1.40
	城市桥梁损毁		座	8	8	3	—	—	—	1	—	—	—	—	—
	生活垃圾收集处理设施损毁		座	2	2	1	—	—	—	—	—	—	—	—	—
	直接经济损失		万元	851012	740621	164708	10952	22294	19392	11398	22117	23382	13308	37645	7150
			户	23722	22668	8478	161	724	171	195	1023	1094	162	213	185

续表1—4（一）

			单位	全县合计	其中重灾乡镇	普安镇	龙源镇	城北镇	盐店镇	柳沟镇	武连镇	东宝镇	开封镇	元山镇	演圣镇
农村居民房屋	倒塌房屋		人	86348	82512	30860	587	2635	622	710	3724	3982	590	775	673
			间	224039	214284	78984	1500	6743	1594	1816	9531	10192	1509	1970	1711
			平方米	5735400	5485650	2022000	38400	172680	40800	46500	243990	260910	38640	50430	43800
	严重受损房屋		户	27171	20930	202	540	581	1105	526	178	172	700	2323	252
			人	93740	72207	699	1863	2004	3812	1815	614	593	2415	8014	869
			间	189812	146326	1418	3792	4079	7758	3693	1249	1207	4914	16167	1754
			平方米	5637420	4345860	42120	112590	121140	230400	109680	37110	35850	145950	480150	52080
城镇居民房屋	直接经济损失		万元	198684	176482	33396	2359	2136	1793	3354	6681	2870	3267	4129	1562
	原有房屋住宅面积		平方米	2975924	2632744	571500	32145	30587	25247	39584	73285	42016	38569	49896	22532
	已登记产权房屋住宅面积		平方米	1339267	1173342	251220	31280	26960	24440	38760	70830	34020	32540	45960	15400
	倒塌或损毁		户	2313	2285	32	7	3	—	25	74	7	9	10	12
			人	6707	6632	94	21	10	—	72	216	20	25	29	36
			间	9871	9761	138	32	14	—	106	317	30	37	43	53
			平方米	246768	244007	3443	790	360	—	2658	7931	750	928	1080	1324
	严重破坏		户	11666	10126	959	166	141	132	237	457	179	248	298	110
			人	33829	29361	2782	480	408	383	689	1325	520	718	865	319
			间	49788	43213	4094	706	601	563	1013	1950	765	1056	1273	469
			平方米	1244701	1080314	102348	17661	15028	14087	25334	48739	19125	26412	31821	11731
	一般破坏		平方米	1012858	917477	385287	8220	11071	6087	6875	11181	17084	6492	12740	3145
	小计		平方米	2504327	2241798	491078	26671	26459	20174	34867	67851	36959	33832	45641	16200
	受影响居住人口		户	23471	20735	5375	268	285	223	380	712	385	362	442	188
			万人	7.44	5.74	1.31	0.09	0.09	0.07	0.12	0.21	0.1	0.09	0.12	0.06
	城居居民经济损失合计	损失合计	万元	45547	—	—	—	—	—	—	—	—	—	—	—
		家庭财产损失	万元	34934	—	—	—	—	—	—	—	—	—	—	—
		经营性财产损失	万元	10613	—	—	—	—	—	—	—	—	—	—	—
	农村居民经济损失	家庭财产损失	万元	24538	—	—	—	—	—	—	—	—	—	—	—

续表1—4（一）

			单位	全县合计	其中重灾乡镇	普安镇	龙源镇	城北镇	盐店镇	柳沟镇	武连镇	东宝镇	开封镇	元山镇	演圣镇
居民财产（不包括房屋和土地）		经营性财产损失	万元	6747	—	—	—	—	—	—	—	—	—	—	—
		损失小计	万元	31285	—	—	—	—	—	—	—	—	—	—	—
	城镇居民经济损失	家庭财产损失	万元	10396	—	—	—	—	—	—	—	—	—	—	—
		经营性财产损失	万元	3866	—	—	—	—	—	—	—	—	—	—	—
		损失小计	万元	14262	—	—	—	—	—	—	—	—	—	—	—

“5·12”地震剑阁县损失情况表（二）

表1-4（二）

			单位	王河镇	公兴镇	金仙镇	香沉镇	白龙镇	鹤龄镇	杨村镇	羊岭镇	江口镇	木马镇	剑门关镇	汉阳镇
是否重灾乡镇				是	是			是		是	是		是	是	是
受灾乡镇个数			个	1	1	1	1	1	1	1	1	1	1	1	1
受灾人员情况		受灾人口	人	10721	12246	9500	14443	18458	24444	11950	18417	14540	11495	17664	17544
		死亡	人	—	—	—	—	1	—	1	—	—	—	—	—
		安葬	人	—	—	—	—	1	—	1	—	—	—	—	—
		失踪	人	—	—	—	—	—	—	—	—	—	—	—	—
		受伤	人	20	11	13	48	203	29	21	113	22	16	27	23
		从废墟中救出	人	—	—	—	—	—	—	—	—	—	—	—	—
		临时安置	人	404	1148	1912	1404	1413	628	2934	1017	645	1551	1215	1052
家庭及三孤情况		孤儿	人	—	—	—	—	—	—	—	—	—	—	—	—
		孤老	人	—	—	—	—	—	—	—	—	—	—	—	—
		孤残人	人	—	—	—	—	—	—	—	—	—	—	—	—
直接经济损失合计			万元	17398	22625	18621	18720	30632	23095	22818	21282	30376	21742	72053	30509
农业系统	直接经济损失		万元	693	468	344	679	654	913	575	985	557	492	1080	1251
	粮食作物	受灾面积	公顷	130.00	103.33	28.60	40.20	121.67	58.07	95.00	155.00	44.20	41.07	225.00	221.67
		损失产量	吨	585	465	129	181	548	261	428	698	199	185	1013	998
	经济作物受灾面积		公顷	70.00	152.00	127.00	63.00	148.00	119.00	67.00	128.00	43.00	36.00	122.00	129.00
	大棚设施损毁面积		平方米	220	540	520	380	660	660	420	460	340	380	420	560

续表1—4（二）

			单位	王河镇	公兴镇	金仙镇	香沉镇	白龙镇	鹤龄镇	杨村镇	羊岭镇	江口镇	木马镇	剑门关镇	汉阳镇
	办公及生产用房	损毁面积	平方米	301	276	174	320	471	399	287	477	260	200	400	460
		经济损失	万元	86	79	50	77	136	115	83	138	75	58	115	133
	沼气池损毁数量		口	145	478	809	580	1065	244	120	257	529	327	621	598
林业系统	直接经济损失		万元	31	188	181	127	227	343	116	94	222	274	794	1362
	林木损毁面积		公顷	—	20.00	45.80	25.00	9.40	7.00	10.73	10.47	6.67	25.00	85.13	81.33
	林区道路损毁长度		千米	—	—	—	—	1.70	1.50	—	1.10	1.70	3.30	8.30	16.40
	林区房屋损毁	面积	平方米	206	814	73	205	980	1055	540	120	1010	320	490	2514
		经济损失	万元	27	109	9	26	127	143	75	14	130	38	59	318
	林区输电线路损坏长度		千米	0.50	0.50	—	0.50	—	3.50	—	—	2.00	4.00	15.00	15.00
	林区通讯线路损坏长度		千米	—	—	—	—	—	—	—	—	—	—	—	—
	电站损毁		座	—	—	—	—	—	—	—	—	—	—	—	—
畜牧系统	直接经济损失		万元	1088	1062	1073	1237	1560	2131	1293	1848	1600	1328	1917	1752
	大牲畜	死亡数量	头	37	39	39	48	61	85	51	77	63	53	75	80
		损失金额	万元	18	19	19	23	30	43	26	39	32	27	38	40
	生猪	死亡数量	头	3015	2691	2716	2746	3462	4398	2870	3569	3550	2947	4254	2818
		损失金额	万元	452	404	407	412	519	660	431	535	533	442	638	423
	畜禽圈舍	倒塌面积	平方米	9251	9584	9693	12009	15143	21427	12558	19109	15529	12891	18610	19331
		损失金额	万元	315	326	330	408	515	729	427	650	528	438	633	657
	饲料饲草损失	万元	78	80	81	101	127	180	105	160	130	108	156	162	
水利系统	直接经济损失		万元	2452	3546	2164	2027	4558	3489	1714	1401	2981	1611	5192	3967
	水库工程受损	大型	座	—	—	—	—	—	—	—	—	—	—	—	—
		中型	座	—	—	—	—	—	—	—	—	—	—	—	—
		小型	座	4	8	4	4	5	6	2	2	4	2	1	8
	堤防工程损毁长度		千米	—	1.60	—	—	1.40	—	—	—	1.50	—	—	—
	供水工程受损	影响人口	万人	0.56	0.85	0.85	0.35	1.9	1.1	0.57	0.35	0.65	0.7	1.5	0.45
		管道长度	千米	12.80	33.00	44.20	14.70	27.50	23.50	14.30	10.90	12.60	15.00	17.40	12.00
	灌溉工程受损	重点建筑物	处	66	68	40	48	63	53	7	13	20	15	29	67
		渠道长度	千米	33.00	34.00	20.00	24.00	32.00	27.00	3.00	6.00	12.00	7.00	14.00	33.00

续表1—4（二）

			单位	王河镇	公兴镇	金仙镇	香沉镇	白龙镇	鹤龄镇	杨村镇	羊岭镇	江口镇	木马镇	剑门关镇	汉阳镇
	农村水电受损	电站座数	座	—	—	—	—	—	1	—	—	1	—	4	—
		容量	万千瓦	—	—	—	—	—	0.07	—	—	0.03	—	0.15	—
	水土保持设施受损	蓄水池	口	12	9	6	2	15	17	6	8	4	24	8	6
		坡面水系	千米	6.00	5.00	3.00	1.00	5.00	7.00	5.00	6.00	5.00	5.00	2.00	2.00
	水 产	受灾面积	公顷	26.67	15.33	5.33	10.00	26.67	6.67	13.33	10.00	6.67	5.33	13.33	18.67
		成鱼及鱼种死亡	吨	29	17	6	11	31	6	15	11	7	6	15	21
	房屋及管理设施受损	办公及管理用房	平方米	—	700	—	—	1200	300	—	—	700	—	1500	—
		管理设施	台(套)	—	—	—	—	—	—	—	—	—	—	—	—
地方电力系统	直接经济损失		万元	—	29	20	25	26	50	24	24	28	24	2249	36
	电站损毁		座	—	—	—	—	—	1	—	—	—	—	—	—
	损毁输电线路		千米	—	9.00	5.00	7.00	8.00	12.00	6.00	6.00	7.00	6.00	11.00	11.00
农机系统	直接经济损失		万元	100	210	20	30	150	130	60	70	140	30	190	80
	农机具毁损		台(套)	30	45	12	16	36	15	37	33	14	10	51	49
	损毁提灌站		座	6	9	1	4	6	2	3	2	—	—	1	2
			千瓦	192	293	55	135	192	85	140	72	—	—	55	72
	机耕道毁损		千米	8.00	13.00	4.00	3.00	14.00	6.00	7.00	10.00	6.00	6.00	12.00	12.00
	农机库棚毁损		平方米	—	—	—	—	—	—	—	—	—	—	—	—
	办公用房	毁损面积	平方米	—	95	—	—	110	85	—	—	85	—	90	—
		损失金额	万元	—	10	—	—	11	9	—	—	9	—	9	—
工业系统	直接经济损失		万元	280	63	11	32	433	88	22	8	301	—	109	134
	受灾工矿企业		户	4	4	1	2	18	6	2	1	4	—	6	6
	财产损失 厂房	面积	平方米	1000	600	100	300	2700	720	200	70	1000	—	1000	825
		折合金额	万元	101	61	10	30	274	73	20	7	101	—	101	84
	财产损失 设备设施	数量	台(套)	9	13	2	4	314	26	3	2	21	—	20	46
		折合金额	万元	85	2	1	2	20	10	2	1	200	—	5	40
	财产损失 产品和材料		万元	94	—	—	—	139	5	—	—	—	—	3	10
	停产项目受阻损失		万元	20	—	—	—	20	10	—	—	10	—	—	—
	在建项目受阻损失		万元	—	—	—	—	—	—	—	—	—	—	—	—

续表1—4（二）

				单位	王河镇	公兴镇	金仙镇	香沉镇	白龙镇	鹤龄镇	杨村镇	羊岭镇	江口镇	木马镇	剑门关镇	汉阳镇
采掘业系统	直接经济损失			万元	9	15	—	17	8	25	—	—	9	—	33	38
采掘业系统	受损地面情况	办公及厂房	实物量	平方米	160	1730	—	1100	150	480	—	—	130	—	300	1320
采掘业系统	受损地面情况	办公及厂房	价值量	万元	4	7	—	13	4	12	—	—	4	—	8	25
采掘业系统	受损地面情况	设备设施	实物量	台(套)	2	6	—	1	3	6	—	—	2	—	7	6
采掘业系统	受损地面情况	设备设施	价值量	万元	6	8	—	4	4	13	—	—	5	—	25	13
采掘业系统	井下情况	设备设施	实物量	台(套)	—	—	—	—	—	—	—	—	—	—	—	—
采掘业系统	井下情况	设备设施	价值量	万元	—	—	—	—	—	—	—	—	—	—	—	—
采掘业系统	井下情况	井巷	受损长度	千米	—	—	—	—	—	—	—	—	—	—	—	—
采掘业系统	井下情况	井巷	价值量	万元	—	—	—	—	—	—	—	—	—	—	—	—
公路交通系统	直接经济损失			万元	1647	1364	2565	1437	2182	2167	1051	1086	1427	883	6539	838
公路交通系统	损毁公路	高速公路		千米	—	—	—	—	—	—	—	—	—	—	—	—
公路交通系统	损毁公路	干线公路		千米	—	—	5.23	—	—	—	—	—	—	—	2.16	1.62
公路交通系统	损毁公路	农村公路		千米	34.94	28.41	13.40	31.21	53.60	21.88	31.29	27.05	32.65	25.27	36.23	17.47
公路交通系统	损毁桥梁			座/米	8/127	4/140	1/19	7/188	2/61	5/193	1/40	4/129	6/185	—	12/407	—
公路交通系统	损毁隧道			座/米	—	—	—	—	—	—	—	—	—	—	1/1145	—
公路交通系统	损毁县级以上客运站			个	—	—	—	—	—	—	—	—	—	—	—	—
公路交通系统	损毁农村客运站			个	—	1	1	1	1	1	—	—	—	1	1	1
公路交通系统	损毁码头			个	—	—	—	—	—	1	—	—	—	—	—	—
公路交通系统	损毁养护设施			台(套)	—	—	—	—	—	—	—	—	—	—	—	—
公路交通系统	损毁道班房			平方米	500	1600	500	500	300	1100	—	—	500	500	600	400
公路交通系统	损毁办公用房			平方米	—	—	—	—	—	—	—	—	—	—	—	—
国家电力系统直接经济损失				万元	—	—	—	—	—	—	—	—	—	—	—	—
	直接经济损失			万元	1	115	42	1	164	134	—	—	124	49	224	122
	业务用房	损毁面积		平方米	—	260	130	—	780	260	—	—	260	130	1299	260
	业务用房	折合价值		万元	—	22	22	—	54	33	—	—	33	22	65	22
	移动通信基站	损毁数量		座	1	3	1	1	3	3	—	—	2	1	3	2
	移动通信基站	折合价值		万元	4	13	4	4	13	13	—	—	11	4	13	11

续表1—4（二）

			单位	王河镇	公兴镇	金仙镇	香沉镇	白龙镇	鹤龄镇	杨村镇	羊岭镇	江口镇	木马镇	剑门关镇	汉阳镇
通信系统	小灵通基站	损毁数量	座	—	3	—	—	3	3	—	—	2	—	3	3
		折合价值	万元	—	3	—	—	3	3	—	—	2	—	3	3
	光缆	损毁长度	皮长公里	—	—	—	—	—	—	—	—	—	—	200	—
		折合价值	万元	—	—	—	—	—	—	—	—	—	—	413	—
	电缆	损毁长度	皮长公里	—	11	8	—	13	13	—	—	16	5	21	16
		折合价值	万元	—	14	11	—	18	18	—	—	22	7	29	22
	交换机及接入设备	损毁数量	台	—	—	—	—	—	—	—	—	—	11	—	—
		折合价值	万元	—	—	—	—	—	—	—	—	—	65	—	—
	传输设备	损毁数量	台	—	—	—	—	—	—	—	—	—	3	—	—
		折合价值	万元	—	—	—	—	—	—	—	—	—	18	—	—
邮政系统	直接经济损失		万元	—	99	17	—	41	13	—	—	92	21	77	28
	受灾局所	损毁面积	平方米	—	712	311	—	812	—	—	—	729	34	641	351
		损失金额	万元	—	79	10	—	25	—	—	—	81	4	71	11
	职工住房	损毁面积	平方米	—	600	200	—	500	400	—	—	300	200	100	300
		损失金额	万元	—	18	6	—	15	12	—	—	9	16	3	15
	汽车	损毁数量	辆	—	—	—	—	—	—	—	—	—	—	—	—
		损失金额	万元	—	—	—	—	—	—	—	—	—	—	—	—
	其他设备设施	损失数量	件(台)	—	4	2	—	2	1	—	—	2	1	5	4
		损失金额	万元	—	2	1	—	1	1	—	—	2	1	3	2
	损失邮件赔偿金额		万元	—	—	—	—	—	—	—	—	—	—	—	—
	损失现金		万元	—	—	—	—	—	—	—	—	—	—	—	—
	直接经济损失		万元	—	738	131	949	42	204	37	33	126	84	3696	128
	耕地	直接经济损失	万元	—	38	55	22	—	24	22	18	42	—	96	106
		原有耕地面积	公顷	1121.65	1046.37	941.42	1432.01	1062.65	1886.65	1017.54	1587.23	1452.07	1067.23	2164.33	2481.99
		受灾耕地面积	公顷	24.67	60.00	68.67	78.53	76.00	75.67	43.73	27.33	52.53	45.33	32.00	43.33

续表1—4（二）

				单位	王河镇	公兴镇	金仙镇	香沉镇	白龙镇	鹤龄镇	杨村镇	羊岭镇	江口镇	木马镇	剑门关镇	汉阳镇
国土资源系统		受灾耕地灭失面积		公顷	—	1.60	2.80	0.80	—	—	—	—	1.00	—	1.47	1.60
国土资源系统	地质灾害	直接经济损失		万元	—	700	76	927	42	180	15	15	84	84	3600	22
国土资源系统	地质灾害	隐患点	震前	处	1	—	1	4	—	4	1	2	4	3	1	1
国土资源系统	地质灾害	隐患点	震后	处	—	4	1	6	2	5	2	3	4	5	1	2
国土资源系统	地质灾害	震后发生	滑坡	处	—	—	—	—	—	—	1	—	1	—	1	—
国土资源系统	地质灾害	震后发生	崩塌	处	—	—	3	—	—	—	—	—	—	—	1	—
国土资源系统	地质灾害	震后发生	泥石流	处	—	—	—	—	—	—	—	—	—	—	—	—
国土资源系统	地质灾害	震后发生	其他灾害	处	—	—	—	—	—	1	—	—	1	—	—	—
环境保护系统	直接经济损失			万元	4	5	4	4	5	5	4	5	—	4	6	5
环境保护系统	房屋	损失面积		平方米	—	—	—	—	—	—	—	—	—	—	—	—
环境保护系统	房屋	损失金额		万元	—	—	—	—	—	—	—	—	—	—	—	—
环境保护系统	仪器设备、执法车辆	损失数量		台（套）	—	—	—	—	—	—	—	—	—	—	—	—
环境保护系统	仪器设备、执法车辆	损失金额		万元	—	—	—	—	—	—	—	—	—	—	—	—
环境保护系统	水、空气自动监控站	损失数量		台	—	—	—	—	—	—	—	—	—	—	—	—
环境保护系统	水、空气自动监控站	损失金额		万元	—	—	—	—	—	—	—	—	—	—	—	—
环境保护系统	生态环境损失	原有面积		万平方米	896.01	985.73	955.85	894.79	986.97	901.82	915.09	895.99	—	894.03	1604.36	1205.87
环境保护系统	生态环境损失	损坏程度		%	1.69	1.34	1.52	1.53	1.54	1.53	1.52	1.53	—	1.76	1.62	1.63
环境保护系统	生态环境损失	损失金额		万元	4	5	4	4	5	5	4	5	—	4	6	5
环境保护系统	企业污染治理设备	损失数量		台	—	—	—	—	—	—	—	—	—	—	—	—
环境保护系统	企业污染治理设备	损失金额		万元	—	—	—	—	—	—	—	—	—	—	—	—
环境保护系统	在线监控系统	损失数量		台	—	—	—	—	—	—	—	—	—	—	—	—
环境保护系统	在线监控系统	损失金额		万元	—	—	—	—	—	—	—	—	—	—	—	—
	直接经济损失			万元	507	1882	519	874	3229	2351	706	1164	1066	1076	1053	994
	学校数量	原有数量		所	1	3	1	3	3	5	3	5	4	2	3	3
	学校数量	受灾数量		所	1	3	1	3	3	5	3	5	4	2	3	3
		原有校舍建筑面积		平方米	5196	18562	5688	13595	40250	30090	9477	12440	11539	11163	16693	9848

续表1—4（二）

			单位	王河镇	公兴镇	金仙镇	香沉镇	白龙镇	鹤龄镇	杨村镇	羊岭镇	江口镇	木马镇	剑门关镇	汉阳镇
教育系统	学校建筑面积	受损校舍面积	平方米	4462	17801	4885	8002	31731	22793	6269	11209	9973	9589	9726	8799
		倒塌校舍面积	平方米	—	1850	—	—	—	—	—	—	—	—	—	340
		经鉴定不能继续使用的校舍面积	平方米	2544	9074	2787	4496	18315	12646	3499	6517	5440	5470	4392	4825
		经鉴定加固后可以继续使用的校舍面积	平方米	1918	6878	2098	3506	13416	10148	2771	4691	4533	4119	5334	3633
		毁坏其他建筑面积	平方米	11	14	11	12	—	—	2	18	18	73	2	3
	毁坏教学设备仪器数量		台\件\套	825	1865	600	1335	3141	2933	1310	1160	1520	1225	2260	1675
	毁坏图书数量		册	6900	15000	4690	7065	24657	17970	7780	7260	9580	10480	16930	12600
卫生系统	直接经济损失		万元	122	557	117	162	930	491	154	150	1099	101	328	147
	受损机构数量		个	9	8	10	10	11	17	8	12	12	11	16	19
	房屋	损失面积	平方米	1060	8860	1810	1990	6360	4810	1390	1440	8420	1010	3220	1790
		损失金额	万元	122	443	117	162	817	414	154	150	1018	101	283	147
	设备	损失数量	台	—	12	—	—	12	8	—	—	9	—	6	—
		损失金额	万元	—	90	—	—	90	52	—	—	60	—	30	—
	药品损失金额		万元	—	24	—	—	23	25	—	—	21	—	15	—
计生系统	直接经济损失		万元	42	250	56	57	194	144	40	60	165	50	376	78
	服务机构数目		个	10	8	11	11	13	18	9	13	13	12	17	20
	房屋损失	倒塌面积	平方米	—	—	—	—	—	—	—	—	—	—	—	—
		危房面积	平方米	105	1040	160	158	700	500	106	153	600	120	1500	187
		损坏面积	平方米	270	210	300	300	360	510	240	360	360	330	480	570
		损失价值	万元	37	239	50	50	172	136	35	52	150	43	354	70
	设备损失	损失数量	件	9	36	26	11	39	31	15	22	26	21	26	18
		损失价值	万元	5	11	6	7	22	8	5	8	15	7	22	8
	药品药具损失价值		万元	—	—	—	—	—	—	—	—	—	—	—	—

续表1—4（二）

				单位	王河镇	公兴镇	金仙镇	香沉镇	白龙镇	鹤龄镇	杨村镇	羊岭镇	江口镇	木马镇	剑门关镇	汉阳镇
文化系统	直接经济损失			万元	143	198	182	139	265	255	150	120	135	131	195	189
	文化市场、文化产业设备地震灾害损失	受损机构数量		个	4	10	8	2	21	11	2	—	2	6	8	3
		房屋受损	面积	平方米	140	180	180	80	380	280	80	—	130	180	360	160
			金额	万元	8	11	11	5	22	16	5	—	8	11	21	9
		设备受损数量		台	19	32	17	18	17	12	8	—	12	17	32	18
		直接经济损失		万元	32	80	64	16	121	70	16	—	6	7	12	14
	公共文化设施地震灾害损失	受损机构数量		个	10	8	11	11	12	18	9	14	13	12	18	20
		房屋受损	面积	平方米	960	912	1032	1056	1200	1344	1152	1128	1176	1104	1536	1680
			金额	万元	23	22	25	26	29	32	28	27	28	27	45	41
		设备受损数量		台	177	213	181	192	230	349	206	168	190	185	213	222
		图书受损数量		册	162	203	186	224	319	383	305	203	197	192	400	567
		直接经济损失		万元	111	118	118	123	144	185	134	120	129	124	183	175
文物系统	直接经济损失			万元	—	20	26	24	20	—	—	20	—	17	370	—
	文物本体损毁数量			件	—	1	2	1	3	—	—	1	—	1	4	—
	管理用房损失	损失面积		平方米	—	160	140	120	140	—	—	80	—	120	3400	—
		损失金额		万元	—	15	18	18	18	—	—	14	—	12	320	—
	防护设施损失金额			万元	—	5	8	6	2	—	—	6	—	5	50	—
宗教系统	直接经济损失			万元	1	—	45	—	43	14	—	23	—	32	23	—
	损失宗教场所数量			处	1	—	1	—	2	1	—	1	—	1	1	—
体育系统	直接经济损失			万元	—	6	—	—	19	4	—	—	—	—	39	—
	公共比赛场馆(有观众席位)	损失面积		平方米	—	—	—	—	—	—	—	—	—	—	—	—
		损失金额		万元	—	—	—	—	—	—	—	—	—	—	—	—
	运动员训练场馆	损失面积		平方米	—	—	—	—	600	—	—	—	—	—	600	—
		损失金额		万元	—	—	—	—	12	—	—	—	—	—	30	—
	其他体育用房	损失面积		平方米	—	—	—	—	—	—	—	—	—	—	—	—
		损失金额		万元	—	—	—	—	—	—	—	—	—	—	—	—
	全民健身路径工程	损失数量		套	—	1	—	—	1	1	—	—	—	—	1	—
		损失金额		万元	—	6	—	—	5	4	—	—	—	—	5	—

续表1—4（二）

			单位	王河镇	公兴镇	金仙镇	香沉镇	白龙镇	鹤龄镇	杨村镇	羊岭镇	江口镇	木马镇	剑门关镇	汉阳镇
	农民体育健身工程	损失数量	个	—	—	—	—	1	—	—	—	—	—	1	—
		损失金额	万元	—	—	—	—	2	—	—	—	—	—	4	—
民政系统	直接经济损失		万元	—	84	—	—	79	—	—	—	—	—	354	—
	民政事业单位	原有数量	个	—	1	—	—	1	—	—	—	—	—	2	—
		受损数量	个	—	1	—	—	1	—	—	—	—	—	2	—
	房屋	原有面积	平方米	—	6300	—	—	6140	—	—	—	—	—	7190	—
		受损面积	平方米	—	1500	—	—	1450	—	—	—	—	—	6970	—
	设备	原有价值	万元	—	12	—	—	10	—	—	—	—	—	11	—
		受损价值	万元	—	9	—	—	7	—	—	—	—	—	12	—
金融系统	直接经济损失		万元	18	41	77	219	44	15	1	121	29	46	159	107
	营业房和办公用房损失	损失面积	平方米	150	1337	664	1824	1200	1302	—	996	82	362	3552	912
		损失价值	万元	18	37	76	219	40	11	1	120	29	45	152	102
	固定资产及设备损失	系统设备	万元	—	4	1	—	4	4	—	—	—	—	8	5
		网络设备	万元	—	—	—	—	—	—	—	1	—	1	—	—
		损失总值	万元	—	4	1	—	4	4	—	1	—	1	8	5
	现金损失		万元	—	—	—	—	—	—	—	—	—	—	—	—
商务系统	直接经济损失		万元	600	900	750	100	1100	800	300	250	760	260	600	500
	损毁营业房面积		平方米	1800	5300	2600	1800	7200	6200	2100	900	2600	1200	3700	2600
	损毁商品金额		万元	9	20	10	8	41	47	8	5	10	7	15	11
	损毁现金		万元	—	—	—	—	—	—	—	—	—	—	—	—
粮食系统	直接经济损失		万元	138	277	147	114	441	246	156	168	505	105	323	312
	仓库损失	仓库损失数量	个	5	5	4	4	3	18	5	7	4	1	3	6
		损失仓罐容	吨	1165	3682	2025	1581	6501	4213	2693	2913	1311	273	1447	1447
		损失金额	万元	74	147	82	64	297	152	97	105	169	35	221	221
	附属设施损失金额		万元	53	93	52	40	119	80	52	56	316	66	83	83
	粮油损失	损失数量	吨	—	10	—	—	—	—	—	—	—	—	10	—
		损失金额	万元	—	2	—	—	—	—	—	—	—	—	2	—
	办公楼损失	损失数量	平方米	176	431	237	185	95	140	90	97	296	62	127	127
		损失金额	万元	11	23	13	10	19	11	7	7	20	4	8	8
	其他损失金额		万元	—	12	—	—	6	3	—	—	—	—	9	—

续表1—4（二）

			单位	王河镇	公兴镇	金仙镇	香沉镇	白龙镇	鹤龄镇	杨村镇	羊岭镇	江口镇	木马镇	剑门关镇	汉阳镇
供销系统	直接经济损失		万元	15	200	—	—	850	190	8	7	335	80	950	80
	损毁房屋面积		平方米	1200	5200	—	—	5800	2800	250	260	2900	780	8110	1120
	损毁商品价值		万元	5	48	—	—	63	7	2	3	30	8	80	—
	现金损失		万元	—	—	—	—	—	—	—	—	—	—	—	—
旅游系统	直接经济损失		万元	—	—	—	—	—	306	—	—	—	—	14168	838
	景区	受损个数	个	—	—	—	—	—	—	—	—	—	—	1	1
		损失金额	万元	—	—	—	—	—	306	—	—	—	—	13809	824
	宾馆饭店	受损数量	个	—	—	—	—	—	—	—	—	—	—	—	—
		损失价值	万元	—	—	—	—	—	—	—	—	—	—	—	—
	办公用房	受损面积	平方米	—	—	—	—	—	—	—	—	—	—	1200	—
		损失金额	万元	—	—	—	—	—	—	—	—	—	—	180	—
	车辆	损失数量	辆	—	—	—	—	—	—	—	—	—	—	1	—
		损失金额	万元	—	—	—	—	—	—	—	—	—	—	25	—
广电系统	直接经济损失		万元	39	68	33	40	134	81	43	37	—	44	52	30
	受损台站数量		个	1	1	1	1	1	1	1	1	—	2	1	1
	办公用房和机房损失	受损面积	平方米	42	48	35	48	76	65	40	40	—	165	60	50
		损失价值	万元	8	10	7	10	15	13	8	8	—	33	12	10
	光缆线路	损失长度	千米	36.00	63.00	28.00	35.00	145.00	74.00	43.00	35.00	—	6.00	36.00	12.00
		损失价值	万元	24	43	19	24	98	50	29	24	—	4	24	8
	专业设备	受损数量	台\件\套	31	73	45	40	136	126	31	32	—	50	52	40
		损失金额	万元	7	16	8	7	21	18	6	6	—	7	16	12
党政机关	直接经济损失		万元	436	975	384	396	1276	1136	332	354	814	455	1920	564
	行政机关	受损房屋	平方米	2420	4640	2500	2100	4600	5551	1110	1010	3276	2936	4093	1700
		受损设备	件（台）	82	117	8	70	200	1	—	6	5	—	4	—
		经济损失	万元	265	270	259	229	456	530	130	124	258	294	257	255
	事业单位	受损房屋	平方米	686	4476	674	738	4511	3379	913	870	3340	620	9210	1645
		受损设备	件（台）	14	61	12	13	78	47	8	13	62	12	344	13
		经济损失	万元	171	705	125	167	820	606	202	230	556	161	1663	309

续表1—4（二）

		单位	王河镇	公兴镇	金仙镇	香沉镇	白龙镇	鹤龄镇	杨村镇	羊岭镇	江口镇	木马镇	剑门关镇	汉阳镇
城镇公用设施	直接经济损失	万元	732	2020	815	704	2445	1230	971	584	1078	686	1736	660
	城市供排水管道损毁	千米	13.30	13.00	3.00	15.10	18.50	12.00	4.90	2.10	3.20	5.90	18.40	4.00
	城市燃气管道损毁	千米	—	—	—	—	5.00	—	—	—	—	—	—	—
	市政道路损毁	千米	0.80	6.00	2.78	0.40	5.70	3.00	3.10	2.00	3.80	1.80	4.00	2.00
	城市桥梁损毁	座	—	—	—	—	1	—	—	—	—	—	—	—
	生活垃圾收集处理设施损毁	座	—	—	—	—	—	—	—	—	—	—	—	—
农村居民房屋	直接经济损失	万元	6447	3998	7429	7655	5876	3488	11833	8160	13850	11239	22135	14200
	倒塌房屋	户	131	53	131	39	65	7	38	107	260	38	232	156
		人	477	193	477	142	237	25	138	389	946	138	844	568
		间	1212	490	1212	361	601	64	352	989	2404	352	5721	1444
		平方米	31020	12540	31020	9240	15390	1650	9000	25320	61530	9000	146460	36960
	严重受损房屋	户	274	207	342	478	321	232	768	424	617	727	719	776
		人	945	714	1180	1649	1107	800	2650	1463	2129	2508	2481	2677
		间	1907	1440	2380	3326	2234	1614	5345	2951	4294	5060	5011	5408
		平方米	56640	42780	70680	98790	66360	47940	158760	87630	127530	150270	148830	160620
城镇居民房屋	直接经济损失	万元	1853	3247	1469	1671	3637	2652	3228	4510	2933	2620	5166	2069
	原有房屋住宅面积	平方米	25164	39658	28624	23690	43526	35243	42310	74546	38683	35466	65234	32245
	已登记产权房屋住宅面积	平方米	23200	38920	11960	22470	39200	34310	40280	16280	33800	8890	64860	28720
	倒塌或损毁	户	—	24	2	—	23	1	2	4	4	3	15	3
		人	—	70	5	—	68	2	7	12	11	9	43	8
		间	—	103	7	—	99	2	10	18	17	13	64	11
		平方米	—	2570	170	—	2484	60	240	450	420	325	1595	280
	严重破坏	户	145	229	85	123	260	198	238	225	216	181	355	132
		人	422	664	246	356	753	575	690	652	627	526	1031	382
		间	621	977	362	524	1108	846	1015	960	923	774	1517	562
		平方米	15513	24431	9059	13102	27705	21150	25376	23991	23083	19344	37928	14056
	一般破坏	平方米	3676	6919	11343	5735	7902	7968	10260	45532	8689	11422	20459	12309
	小计	平方米	19189	33920	20572	18837	38091	29178	35876	69973	32192	31091	59982	26645

续表1—4（二）

			单位	王河镇	公兴镇	金仙镇	香沉镇	白龙镇	鹤龄镇	杨村镇	羊岭镇	江口镇	木马镇	剑门关镇	汉阳镇
	受影响居住人口		户	224	381	225	213	339	285	335	598	312	302	525	212
			万人	0.07	0.11	0.07	0.07	0.11	0.08	0.1	0.18	0.95	0.1	0.16	0.07
居民财产（不包括房屋和土地）	城乡居民经济损失合计	损失合计	万元	—	—	—	—	—	—	—	—	—	—	—	—
		家庭财产损失	万元	—	—	—	—	—	—	—	—	—	—	—	—
		经营性财产损失	万元	—	—	—	—	—	—	—	—	—	—	—	—
	农村居民经济损失	家庭财产损失	万元	—	—	—	—	—	—	—	—	—	—	—	—
		经营性财产损失	万元	—	—	—	—	—	—	—	—	—	—	—	—
		损失小计	万元	—	—	—	—	—	—	—	—	—	—	—	—
	城镇居民经济损失	家庭财产损失	万元	—	—	—	—	—	—	—	—	—	—	—	—
		经营性财产损失	万元	—	—	—	—	—	—	—	—	—	—	—	—
		损失小计	万元	—	—	—	—	—	—	—	—	—	—	—	

"5·12"地震剑阁县损失情况表（三）

表1-4（三）

		单位	下寺镇	江石乡	田家乡	闻溪乡	姚家乡	北庙乡	西庙乡	义兴乡	毛坝乡	凉山乡	垂泉乡	秀钟乡
是否重灾乡镇			是	是		是	是	是	是	是	是	是	是	是
受灾乡镇个数		个	1	1	1	1	1	1	1	1	1	1	1	1
受灾人员情况	受灾人口	人	25117	6935	7711	8531	8313	9573	7822	8610	6128	8754	4862	8888
	死亡	人	3	—	—	—	2	—	—	—	1	2	—	2
	安葬	人	3	—	—	—	2	—	—	—	1	2	—	2
	失踪	人	—	—	—	—	—	—	—	—	—	—	—	—
	受伤	人	1423	21	13	30	97	103	13	98	42	26	12	21
	从废墟中救出	人	—	—	—	—	—	—	—	—	—	—	—	—
	临时安置	人	18562	955	1654	1546	1943	1242	2791	736	1421	717	2377	964
家庭及三孤情况	孤儿	人	—	—	—	—	—	—	—	—	—	—	—	—
	孤老	人	—	—	—	—	—	—	—	—	—	—	—	—
	孤残人	人	—	—	—	—	—	—	—	—	—	—	—	—

续表1—4（三）

			单位	下寺镇	江石乡	田家乡	闻溪乡	姚家乡	北庙乡	西庙乡	义兴乡	毛坝乡	凉山乡	垂泉乡	秀钟乡
直接经济损失合计			万元	282832	13393	13962	17003	24302	15767	22300.5	18370	20262	14381	20983	16293
农业系统	直接经济损失		万元	2697	340	255	419	440	460	352	362	318	377	363	509
	粮食作物	受灾面积	公顷	116.67	95.00	21.00	100.00	85.00	121.67	24.13	111.67	106.67	41.67	66.67	125.00
		损失产量	吨	525	428	95	450	383	548	109	503	480	188	300	563
	经济作物受灾面积		公顷	41.00	38.00	25.00	52.00	49.00	52.00	32.00	52.00	41.00	50.00	40.00	68.00
	大棚设施损毁面积		平方米	260	260	340	420	380	360	320	340	340	340	420	260
	办公及生产用房	损毁面积	平方米	4291	175	130	212	224	252	142	207	156	226	131	237
		经济损失	万元	1693	50	37	61	64	72	41	60	45	65	38	68
	沼气池损毁数量		口	58	36	58	137	135	76	140	33	82	50	32	102
林业系统	直接经济损失		万元	1859	123	50	83	675	142	41	51	99	429	40	133
	林木损毁面积		公顷	54.67	16.73	—	—	9.80	1.33	—	—	—	8.33	3.80	10.00
	林区道路损毁长度		千米	4.90	1.20	0.90	1.50	13.20	3.10	0.30	—	1.50	6.00	—	1.40
	林区房屋损毁	面积	平方米	9201	110	150	130	500	136	116	342	255	1440	210	307
		经济损失	万元	1220	16	18	18	67	20	17	51	34	182	25	43
	林区输电线路损坏长度		千米	10.00	—	—	4.00	15.00	2.00	3.00	—	2.00	—	—	—
	林区通讯线路损坏长度		千米	—	—	—	—	—	—	—	—	—	—	—	—
	电站损毁		座	—	—	—	—	—	—	—	—	—	—	—	—
畜牧系统	直接经济损失		万元	1765	1022	1078	1158	1190	1162	1120	1134	1021	1208	965	860
	大牲畜	死亡数量	头	82	37	42	46	46	167	48	44	39	48	35	29
		损失金额	万元	41	19	21	23	23	84	24	22	20	23	17	14
	生猪	死亡数量	头	2583	2602	2392	2570	2643	2442	2480	2518	2267	2681	2476	2574
		损失金额	万元	388	390	359	386	397	366	372	378	340	402	371	386
	畜禽圈舍	倒塌面积	平方米	20053	9198	10467	11240	11563	10681	10848	11014	9918	11729	8644	6886
		损失金额	万元	682	313	356	382	393	363	369	375	337	399	294	234
	饲料饲草损失		万元	168	77	88	94	97	90	91	92	83	98	72	58
	直接经济损失		万元	8460	1853	1296	1818	2765	2676	2503	1853	2691	2331	1851	2810
	水库工程受损	大型	座	—	—	—	—	—	—	—	—	—	—	—	—
		中型	座	—	—	—	—	—	—	—	—	—	—	—	—
		小型	座	3	2	—	1	2	3	4	5	2	2	5	3

续表1—4（三）

			单位	下寺镇	江石乡	田家乡	闻溪乡	姚家乡	北庙乡	西庙乡	义兴乡	毛坝乡	凉山乡	垂泉乡	秀钟乡
水利系统	堤防工程损毁长度		千米	8.00	—	—	—	—	—	—	—	—	—	—	—
	供水工程受损	影响人口	万人	1.89	0.32	0.41	0.36	0.5	0.48	0.42	0.55	0.48	0.48	0.52	0.4
		管道长度	千米	27.00	8.00	9.50	10.20	9.00	7.30	12.00	12.10	9.00	7.70	9.60	11.20
	灌溉工程受损	重点建筑物	处	62	11	—	7	33	41	24	33	26	27	30	19
		渠道长度	千米	30.00	7.00	—	4.00	19.00	23.00	12.00	15.00	11.00	14.00	14.00	10.00
	农村水电受损	电站座数	座	1	—	—	1	—	—	—	—	—	—	—	—
		容量	万千瓦	0.04	—	—	0.01	—	—	—	—	—	—	—	—
	水土保持设施受损	蓄水池	口	17	4	3	1	4	3	2	4	8	8	2	2
		坡面水系	千米	7.00	1.00	2.00	1.00	2.00	1.00	1.00	1.00	4.00	5.00	0.50	1.00
	水　产	受灾面积	公顷	13.33	6.67	2.67	12.00	5.33	9.33	3.33	10.67	12.00	12.00	5.33	11.33
		成鱼及鱼种死亡	吨	15	7	3	13	6	11	4	11	13	12	6	12
	房屋及管理设施受损	办公及管理用房	平方米	3190	—	—	—	—	—	—	—	—	—	—	—
		管理设施	台（套）	—	—	—	—	—	—	—	—	—	—	—	—
地方电力系统	直接经济损失		万元	76	22	20	20	28	31	22	46	28	26	22	22
	电站损毁		座	1	—	—	—	—	—	—	—	—	—	—	—
	损毁输电线路		千米	6.00	5.00	5.00	5.00	10.00	9.00	6.00	4.00	8.00	6.00	6.00	5.00
农机系统	直接经济损失		万元	630	70	40	60	50	30	30	80	40	60	60	60
	农机具毁损		台（套）	3	29	10	22	36	34	11	19	28	22	36	23
	损毁提灌站	座	4	3	2	3	2	1	—	2	2	1	2	1	
		千瓦	135	115	47	89	110	30	—	85	60	30	66	30	
	机耕道毁损		千米	11.00	10.00	4.00	9.00	7.00	8.00	6.00	8.00	6.00	7.00	7.00	10.00
	农机库棚毁损		平方米	80	—	—	—	—	—	—	—	—	—	—	—
	办公用房	毁损面积	平方米	2450	—	—	—	—	—	—	—	—	—	—	—
		损失金额	万元	500	—	—	—	—	—	—	—	—	—	—	—
	直接经济损失		万元	2930	17	40	75	—	—	—	—	—	931	—	12
	受灾工矿企业		户	12	1	1	3	—	—	—	—	—	4	—	1
	厂房	面积	平方米	7700	150	200	700	—	—	—	—	—	4250	—	80
		折合金额	万元	781	15	20	71	—	—	—	—	—	431	—	8

续表1—4（三）

				单位	下寺镇	江石乡	田家乡	闻溪乡	姚家乡	北庙乡	西庙乡	义兴乡	毛坝乡	凉山乡	垂泉乡	秀钟乡
工业系统	财产损失	设备设施	数量	台（套）	1346	2	3	9	—	—	—	—	—	46	—	1
			折合金额	万元	1909	2	20	2	—	—	—	—	—	376	—	2
		产品和材料		万元	240	—	—	2	—	—	—	—	—	124	—	2
	停产项目受阻损失			万元	7830	10	10	60	—	—	—	—	—	1100	—	2
	在建项目受阻损失			万元	1600	—	—	—	—	—	—	—	—	—	—	—
采掘业系统	直接经济损失			万元	1000	7	10	—	—	—	—	—	—	12	—	—
	受损地面情况	办公及厂房	实物量	平方米	2970	1000	2000	—	—	—	—	—	—	120	—	—
			价值量	万元	74	4	6	—	—	—	—	—	—	4	—	—
		设备设施	实物量	台（套）	24	2	2	—	—	—	—	—	—	4	—	—
			价值量	万元	195	3	4	—	—	—	—	—	—	8	—	—
	井下情况	设备设施	实物量	台（套）	23	—	—	—	—	—	—	—	—	—	—	—
			价值量	万元	245	—	—	—	—	—	—	—	—	—	—	—
		井巷	受损长度	千米	4.86	—	—	—	—	—	—	—	—	—	—	—
			价值量	万元	486	—	—	—	—	—	—	—	—	—	—	—
公路交通系统	直接经济损失			万元	4937	918	821	967	2498	690	752	835	931	690	1713	876
	损毁公路	高速公路		千米	—	—	—	—	—	—	—	—	—	—	—	—
		干线公路		千米	1.44	—	—	—	—	—	—	—	—	—	0.98	—
		农村公路		千米	3.47	24.17	25.87	25.10	21.88	21.71	23.66	26.29	27.73	19.93	22.24	25.78
	损毁桥梁			座/米	35/1585	1/18	—	3/52	5/750	—	—	—	1/30	1/18	—	1/10
	损毁隧道			座/米	—	—	—	—	1/1750	—	—	—	—	—	—	—
	损毁县级以上客运站			个	1	—	—	—	—	—	—	—	—	—	—	—
	损毁农村客运站			个	—	—	—	—	1	—	—	—	—	—	—	—
	损毁码头			个	1	—	—	—	—	—	—	—	—	—	—	—
	损毁养护设施			台（套）	—	—	—	—	—	—	—	—	—	—	—	—
	损毁道班房			平方米	500	—	—	—	500	—	—	—	—	—	400	—
	损毁办公用房			平方米	13000	—	—	—	—	—	—	—	—	—	—	—
国家电力系统直接经济损失				万元	3212	—	—	—	—	—	—	—	—	—	—	—
	直接经济损失			万元	674	1	1	8	38	38	38	1	8	8	38	38

续表1—4（三）

			单位	下寺镇	江石乡	田家乡	闻溪乡	姚家乡	北庙乡	西庙乡	义兴乡	毛坝乡	凉山乡	垂泉乡	秀钟乡
通信系统	业务用房	损毁面积	平方米	5197	—	—	—	130	130	130	—	—	—	130	130
		折合价值	万元	327	—	—	—	22	22	22	—	—	—	22	22
	移动通信基站	损毁数量	座	4	1	1	1	1	1	1	1	1	1	1	1
		折合价值	万元	28	4	4	4	4	4	4	4	4	4	4	4
	小灵通基站	损毁数量	座	4	—	—	—	—	—	—	—	—	—	—	—
		折合价值	万元	6	—	—	—	—	—	—	—	—	—	—	—
	光缆	损毁长度	皮长公里	—	—	—	—	—	—	—	—	—	—	—	—
		折合价值	万元	—	—	—	—	—	—	—	—	—	—	—	—
	电缆	损毁长度	皮长公里	26	—	—	5	5	5	5	—	5	5	5	5
		折合价值	万元	37	—	—	7	7	7	7	—	7	7	7	7
	交换机及接入设备	损毁数量	台	67	—	—	—	—	—	—	—	—	—	—	—
		折合价值	万元	369	—	—	—	—	—	—	—	—	—	—	—
	传输设备	损毁数量	台	10	—	—	—	—	—	—	—	—	—	—	—
		折合价值	万元	22	—	—	—	—	—	—	—	—	—	—	—
邮政系统	直接经济损失		万元	306	—	—	—	—	—	—	—	—	—	—	—
	受灾局所	损毁面积	平方米	2812	—	—	—	—	—	—	—	—	—	—	—
		损失金额	万元	204	—	—	—	—	—	—	—	—	—	—	—
	职工住房	损毁面积	平方米	2880	—	—	—	—	—	—	—	—	—	—	—
		损失金额	万元	99	—	—	—	—	—	—	—	—	—	—	—
	汽车	损毁数量	辆	—	—	—	—	—	—	—	—	—	—	—	—
		损失金额	万元	—	—	—	—	—	—	—	—	—	—	—	—
	其他设备设施	损失数量	件（台）	5	—	—	—	—	—	—	—	—	—	—	—
		损失金额	万元	3	—	—	—	—	—	—	—	—	—	—	—
	损失邮件赔偿金额		万元	—	—	—	—	—	—	—	—	—	—	—	—
	损失现金		万元	—	—	—	—	—	—	—	—	—	—	—	—
	直接经济损失		万元	2707	78	114	154	387	176	182	5	—	—	20	—
	耕地	直接经济损失	万元	1680	68	114	154	65	36	34	—	—	—	—	—
		原有耕地面积	公顷	1746.86	893.10	971.41	1019.75	1184.70	1279.29	1184.27	1122.62	791.52	1184.18	669.91	1302.26
		受灾耕地面积	公顷	104.40	37.33	34.67	51.20	57.47	42.27	37.67	44.80	82.60	42.87	26.00	67.27

续表1—4（三）

			单位	下寺镇	江石乡	田家乡	闻溪乡	姚家乡	北庙乡	西庙乡	义兴乡	毛坝乡	凉山乡	垂泉乡	秀钟乡
国土资源系统		受灾耕地灭失面积	公顷	33.33	—	—	—	1.33	1.00	1.20	—	—	—	—	—
国土资源系统	地质灾害	直接经济损失	万元	1027	10	—	—	322	140	148	5	—	—	20	—
国土资源系统	地质灾害	隐患点 震前	处	20	3	—	—	7	1	—	1	—	—	1	—
国土资源系统	地质灾害	隐患点 震后	处	24	3	—	—	8	5	5	2	—	—	1	—
国土资源系统	地质灾害	震后发生 滑坡	处	2	1	—	—	—	2	—	—	—	—	—	—
国土资源系统	地质灾害	震后发生 崩塌	处	—	—	—	—	—	—	—	—	—	—	—	—
国土资源系统	地质灾害	震后发生 泥石流	处	—	—	—	—	—	—	—	—	—	—	—	—
国土资源系统	地质灾害	震后发生 其他灾害	处	4	—	—	—	5	—	—	—	—	—	1	—
环境保护系统	直接经济损失		万元	59	6	5	6	4	4	5	4	4	5	—	3
环境保护系统	房屋	损失面积	平方米	820	—	—	—	—	—	—	—	—	—	—	—
环境保护系统	房屋	损失金额	万元	180	—	—	—	—	—	—	—	—	—	—	—
环境保护系统	仪器设备、执法车辆	损失数量	台（套）	10	—	—	—	—	—	—	—	—	—	—	—
环境保护系统	仪器设备、执法车辆	损失金额	万元	14	—	—	—	—	—	—	—	—	—	—	—
环境保护系统	水、空气自动监控站	损失数量	台	—	—	—	—	—	—	—	—	—	—	—	—
环境保护系统	水、空气自动监控站	损失金额	万元	—	—	—	—	—	—	—	—	—	—	—	—
环境保护系统	生态环境损失	原有面积	万平方米	1355.6	1697.44	935.98	1186.74	896.45	896.05	926.99	896.19	893.11	1018.35	—	137.59
环境保护系统	生态环境损失	损坏程度	%	1.53	1.57	1.52	1.57	1.67	1.63	1.65	1.60	1.57	1.62	—	1.56
环境保护系统	生态环境损失	损失金额	万元	5	6	5	6	4	4	5	4	4	5	—	3
环境保护系统	企业污染治理设备	损失数量	台	—	—	—	—	—	—	—	—	—	—	—	—
环境保护系统	企业污染治理设备	损失金额	万元	—	—	—	—	—	—	—	—	—	—	—	—
环境保护系统	在线监控系统	损失数量	台	—	—	—	—	—	—	—	—	—	—	—	—
环境保护系统	在线监控系统	损失金额	万元	—	—	—	—	—	—	—	—	—	—	—	—
教育系统	直接经济损失		万元	2743	226	435	606	1084	479	938	610	447	545	212	336
教育系统	学校数量	原有数量	所	7	1	1	1	1	1	1	1	1	2	1	1
教育系统	学校数量	受灾数量	所	7	1	1	1	1	1	1	1	1	2	1	1
教育系统		原有校舍建筑面积	平方米	33118	2512	4323	5528	12738	5480	11311	7247	3288	5160	2330	3438
教育系统		受损校舍面积	平方米	25938	2159	3866	5422	10941	4707	9715	5678	3288	4439	2001	2930

续表1—4（三）

			单位	下寺镇	江石乡	田家乡	闻溪乡	姚家乡	北庙乡	西庙乡	义兴乡	毛坝乡	凉山乡	垂泉乡	秀钟乡
	学校建筑面积	倒塌校舍面积	平方米	—	—	—	1104	—	—	—	—	3288	—	—	—
		经鉴定不能继续使用的校舍面积	平方米	12963	1231	2205	2463	6241	2685	5542	3239	—	2504	1142	1662
		经鉴定加固后可以继续使用的校舍面积	平方米	12975	927	1661	1855	4700	2022	4173	2439	—	1936	860	1268
		毁坏其他建筑面积	平方米	9	2	1	7	—	—	—	—	12	57	2	4
	毁坏教学设备仪器数量		台\件\套	4715	250	775	700	875	500	550	875	350	800	275	600
	毁坏图书数量		册	31675	2650	4805	4520	6585	3010	5020	6300	2760	5425	1500	4850
卫生系统	直接经济损失		万元	1539	92	138	205	187	164	150	69	109	90	72	77
	受损机构数量		个	20	8	9	11	7	9	8	7	8	10	8	10
	房屋	损失面积	平方米	7810	1000	1190	1800	2360	1530	1390	980	1250	1460	1060	1790
		损失金额	万元	969	92	138	205	187	164	150	69	109	90	72	77
	设备	损失数量	台	58	—	—	—	—	—	—	—	—	—	—	—
		损失金额	万元	255	—	—	—	—	—	—	—	—	—	—	—
	药品损失金额		万元	315	—	—	—	—	—	—	—	—	—	—	—
计生系统	直接经济损失		万元	364	18	39	24	26	23	19	21	17	25	18	20
	服务机构数目		个	18	8	9	11	10	9	8	8	8	10	8	10
	房屋损失	倒塌面积	平方米	—	—	—	—	—	—	—	—	—	—	—	—
		危房面积	平方米	1300	—	96	—	—	—	—	—	—	—	—	—
		损坏面积	平方米	510	325	240	385	386	338	300	293	305	366	296	368
		损失价值	万元	338	16	33	19	19	17	15	15	15	18	15	18
	设备损失	损失数量	件	39	9	8	13	14	14	9	12	6	14	7	6
		损失价值	万元	26	2	6	5	7	6	4	6	2	7	3	2
	药品药具损失价值		万元	—	—	—	—	—	—	—	—	—	—	—	—
	直接经济损失		万元	760	78	93	110	124	84	85	84	78	100	92	116
		受损机构数量	个	39	—	—	—	1	—	—	—	—	—	—	1

续表1—4（三）

				单位	下寺镇	江石乡	田家乡	闻溪乡	姚家乡	北庙乡	西庙乡	义兴乡	毛坝乡	凉山乡	垂泉乡	秀钟乡
文化系统	文化市场、文化产业设备地震灾害损失	房屋受损	面积	平方米	1240	—	—	—	60	—	—	—	—	—	—	30
			金额	万元	75	—	—	—	4	—	—	—	—	—	—	2
		设备受损数量		台	78	—	—	—	8	—	—	—	—	—	—	7
		直接经济损失		万元	128	—	—	—	6	—	—	—	—	—	—	7
	公共文化设施地震灾害损失	受损机构数量		个	20	9	10	12	11	10	9	9	9	11	9	11
		房屋受损	面积	平方米	3973	744	864	1032	1032	816	768	768	744	936	816	984
			金额	万元	137	18	21	25	25	20	19	19	18	23	20	24
		设备受损数量		台	654	104	132	151	181	109	115	115	104	136	138	158
		图书受损数量		册	3579	165	165	208	176	173	149	165	157	216	151	181
		直接经济损失		万元	632	78	93	110	118	84	85	84	78	100	92	109
文物系统	直接经济损失			万元	10	—	—	—	—	13	—	—	—	—	—	28
	文物本体损毁数量			件	1	—	—	—	—	1	—	—	—	—	—	2
	管理用房损失	损失面积		平方米	40	—	—	—	—	60	—	—	—	—	—	70
		损失金额		万元	10	—	—	—	—	8	—	—	—	—	—	13
	防护设施损失金额			万元	—	—	—	—	—	5	—	—	—	—	—	15
宗教系统	直接经济损失			万元	—	—	—	—	—	—	32	—	—	—	—	—
	损失宗教场所数量			处	—	—	—	—	—	—	1	—	—	—	—	—
体育系统	直接经济损失			万元	49	—	—	—	7	—	—	—	—	—	—	—
	公共比赛场馆（有观众席位）	损失面积		平方米	—	—	—	—	—	—	—	—	—	—	—	—
		损失金额		万元	—	—	—	—	—	—	—	—	—	—	—	—
	运动员训练场馆	损失面积		平方米	1200	—	—	—	—	—	—	—	—	—	—	—
		损失金额		万元	26	—	—	—	—	—	—	—	—	—	—	—
	其他体育用房	损失面积		平方米	—	—	—	—	—	—	—	—	—	—	—	—
		损失金额		万元	—	—	—	—	—	—	—	—	—	—	—	—
	全民健身路径工程	损失数量		套	4	—	—	—	1	—	—	—	—	—	—	—
		损失金额		万元	20	—	—	—	7	—	—	—	—	—	—	—
	农民体育健身工程	损失数量		个	1	—	—	—	—	—	—	—	—	—	—	—
		损失金额		万元	3	—	—	—	—	—	—	—	—	—	—	—

续表1—4（三）

			单位	下寺镇	江石乡	田家乡	闻溪乡	姚家乡	北庙乡	西庙乡	义兴乡	毛坝乡	凉山乡	垂泉乡	秀钟乡
民政系统	直接经济损失		万元	65	—	—	50	46	45	—	—	—	34	—	65
	民政事业单位	原有数量	个	1	—	—	1	1	1	—	—	—	1	—	1
		受损数量	个	1	—	—	1	1	1	—	—	—	1	—	1
	房屋	原有面积	平方米	1500	—	—	1210	1100	1260	—	—	—	800	—	1400
		受损面积	平方米	1200	—	—	968	880	945	—	—	—	640	—	1190
	设备	原有价值	万元	9	—	—	3	3	3	—	—	—	3	—	10
		受损价值	万元	7	—	—	2	2	2	—	—	—	2	—	7
金融系统	直接经济损失		万元	36	35	53	1	67	7	123	5	293	166	127	1
	营业房和办公用房损失	损失面积	平方米	412	288	440	180	560	—	1024	—	1380	1380	300	210
		损失价值	万元	28	35	53	1	67	7	123	5	293	166	127	1
	固定资产及设备损失	系统设备	万元	8	—	—	—	—	—	—	—	—	—	—	—
		网络设备	万元	—	—	—	—	—	—	—	—	—	—	—	—
		损失总值	万元	8	—	—	—	—	—	—	—	—	—	—	—
	现金损失		万元	—	—	—	—	—	—	—	—	—	—	—	—
商务系统	直接经济损失		万元	1540	80	60	90	100	110	80	100	120	80	90	70
	损毁营业房面积		平方米	9530	600	400	650	900	1000	600	900	1100	600	700	500
	损毁商品金额		万元	344	4	3	5	7	8	5	7	10	5	6	4
	损毁现金		万元	—	—	—	—	—	—	—	—	—	—	—	—
粮食系统	直接经济损失		万元	884	86	70	394	46	92	88	84	84	138	138	87
	仓库损失	仓库损失数量	个	9	2	2	3	2	1	3	5	5	7	2	5
		损失仓罐容	吨	32265	226	179	1021	2634	5245	798	531	531	859	862	1404
		损失金额	万元	426	29	24	132	25	50	41	40	40	66	66	61
	附属设施损失金额		万元	205	54	43	246	16	31	8	33	33	53	53	16
	粮油损失	损失数量	吨	8	—	—	—	—	—	—	—	—	—	—	—
		损失金额	万元	2	—	—	—	—	—	—	—	—	—	—	—
	办公楼损失	损失数量	平方米	4101	51	41	231	110	218	501	87	87	141	141	115
		损失金额	万元	230	3	3	16	5	11	39	11	11	19	19	10
	其他损失金额		万元	21	—	—	—	—	—	—	—	—	—	—	—

续表1—4（三）

			单位	下寺镇	江石乡	田家乡	闻溪乡	姚家乡	北庙乡	西庙乡	义兴乡	毛坝乡	凉山乡	垂泉乡	秀钟乡
供销系统	直接经济损失		万元	2200	3	—	25	10	—	19	8	20	60	30	18
	损毁房屋面积		平方米	16900	580	—	1280	1310	—	880	440	240	500	850	450
	损毁商品价值		万元	120	—	—	2	1	—	1	1	10	15	3	2
	现金损失		万元	—	—	—	—	—	—	—	—	—	—	—	—
旅游系统	直接经济损失		万元	1356	—	—	—	—	—	—	—	—	367	—	—
	景区	受损个数	个	1	—	—	—	—	—	—	—	—	1	—	—
		损失金额	万元	1356	—	—	—	—	—	—	—	—	367	—	—
	宾馆饭店	受损数量	个	—	—	—	—	—	—	—	—	—	—	—	—
		损失价值	万元	—	—	—	—	—	—	—	—	—	—	—	—
	办公用房	受损面积	平方米	—	—	—	—	—	—	—	—	—	—	—	—
		损失金额	万元	—	—	—	—	—	—	—	—	—	—	—	—
	车辆	损失数量	辆	—	—	—	—	—	—	—	—	—	—	—	—
		损失金额	万元	—	—	—	—	—	—	—	—	—	—	—	—
广电系统	直接经济损失		万元	1589	13	—	22	17	17	19	28	20	24	15	17
	受损台站数量		个	2	1	—	1	1	1	1	1	1	1	1	1
	办公用房和机房损失	受损面积	平方米	5640	24	—	48	48	40	42	48	40	40	40	40
		损失价值	万元	1120	5	—	10	10	8	8	10	8	8	8	8
	光缆线路	损失长度	千米	314.00	2.00	—	10.00	2.80	2.50	3.60	17.00	8.00	13.00	1.80	3.50
		损失价值	万元	212	1	—	7	2	2	2	11	5	9	1	2
	专业设备	受损数量	台（件、套）	911	23	—	31	21	18	16	23	22	24	20	25
		损失金额	万元	257	7	—	6	6	8	8	7	7	7	6	7
党政机关	直接经济损失		万元	76471	324	286	404	352	365	395	444	394	272	345	455
	行政机关	受损房屋	平方米	162034	2000	1800	1880	1600	2050	1200	1350	2020	1530	1700	2900
		受损设备	件（台）	11225	12	15	—	10	15	—	3	25	2	—	20
		经济损失	万元	39527	216	200	255	179	222	255	257	268	153	255	301
	事业单位	受损房屋	平方米	88746	475	336	627	780	596	688	852	576	442	337	720
		受损设备	件（台）	5141	6	7	14	12	8	12	10	12	10	7	6
		经济损失	万元	36944	108	86	149	173	143	140	187	126	119	90	154

续表1—4（三）

		单位	下寺镇	江石乡	田家乡	闻溪乡	姚家乡	北庙乡	西庙乡	义兴乡	毛坝乡	凉山乡	垂泉乡	秀钟乡
城镇公用设施	直接经济损失	万元	11142	435	377	377	330	330	245.5	134	105	183	139	230
	城市供排水管道损毁	千米	30.00	1.50	1.30	1.30	2.00	2.00	2.70	2.10	2.00	2.70	1.60	2.00
	城市燃气管道损毁	千米	4.00	—	—	—	—	—	—	—	—	—	—	—
	市政道路损毁	千米	8.00	1.50	1.30	1.30	1.00	1.00	0.55	0.20	0.10	0.30	0.30	0.60
	城市桥梁损毁	座	2	—	—	—	—	—	—	—	—	—	—	—
	生活垃圾收集处理设施损毁	座	1	—	—	—	—	—	—	—	—	—	—	—
农村居民房屋	直接经济损失	万元	97554	6107	7381	8703	12053	7295	13180	11115	11737	4733	13465	8005
	倒塌房屋	户	4958	73	64	76	276	52	348	132	389	37	412	96
		人	18047	266	233	277	1005	189	1267	480	1416	135	1500	349
		间	45900	680	596	708	2571	484	3243	1229	3625	345	3838	894
		平方米	1175040	17400	15270	18120	65820	12390	83010	31470	92790	8820	98250	22890
	严重受损房屋	户	245	323	422	497	465	432	448	589	460	276	384	423
		人	845	1114	1456	1715	1604	1490	1546	2032	1587	952	1325	1459
		间	1708	2268	2963	3489	3265	3032	3145	4135	3229	1937	2696	2970
		平方米	50730	67350	87990	103620	96960	90060	93420	122820	95910	57540	80070	88200
城镇居民房屋	直接经济损失	万元	53218	1439	1300	1224	1778	1334	1882	1297	1698	1487	1168	1445
	原有房屋住宅面积	平方米	795687	24388	23152	17569	27896	24126	24895	22603	28381	26105	16205	19215
	已登记产权房屋住宅面积	平方米	128570	4370	4140	2880	27480	5980	21390	7920	6500	7800	15010	16380
	倒塌或损毁	户	1986	—	—	—	1	—	8	—	—	—	7	—
		人	5751	—	1	—	4	—	24	1	—	—	21	1
		间	8465	—	1	—	6	—	36	1	—	—	30	2
		平方米	211600	—	25	—	150	—	889	30	—	—	760	40
	严重破坏	户	3096	94	80	93	110	81	137	79	106	89	90	116
		人	8977	273	232	269	318	235	396	230	307	257	262	337
		间	13212	402	342	396	468	345	583	338	452	379	386	496
		平方米	330300	10045	8547	9892	11705	8630	14568	8449	11299	9473	9645	12409
	一般破坏	平方米	146200	8346	8926	3401	11862	9612	4553	9115	11374	11136	598	1883
	小计	平方米	688100	18391	17498	13293	23717	18242	20010	17594	22673	20609	11003	14332
	受影响居住人口	户	4520	198	185	154	235	198	211	185	232	223	123	154
		万人	1.13	0.06	0.05	0.05	0.07	0.06	0.07	0.06	0.07	0.07	0.04	0.05

续表1—4（三）

			单位	下寺镇	江石乡	田家乡	闻溪乡	姚家乡	北庙乡	西庙乡	义兴乡	毛坝乡	凉山乡	垂泉乡	秀钟乡
居民财产（不包括房屋和土地）	城乡居民经济损失合计	损失合计	万元	—	—	—	—	—	—	—	—	—	—	—	—
		家庭财产损失	万元	—	—	—	—	—	—	—	—	—	—	—	—
		经营性财产损失	万元	—	—	—	—	—	—	—	—	—	—	—	—
	农村居民经济损失	家庭财产损失	万元	—	—	—	—	—	—	—	—	—	—	—	—
		经营性财产损失	万元	—	—	—	—	—	—	—	—	—	—	—	—
		损失小计	万元	—	—	—	—	—	—	—	—	—	—	—	—
	城镇居民经济损失	家庭财产损失	万元	—	—	—	—	—	—	—	—	—	—	—	—
		经营性财产损失	万元	—	—	—	—	—	—	—	—	—	—	—	—
		损失小计	万元	—	—	—	—	—	—	—	—	—	—	—	

"5·12"地震剑阁县损失情况表（四）

表1－4（四）

		单位	正兴乡	马灯乡	高池乡	碗泉乡	迎水乡	国光乡	柘坝乡	公店乡	吼狮乡	长岭乡	涂山乡	圈龙乡
是否重灾乡镇			是	是	是	是	是	—	是	是	—	—	—	—
受灾乡镇个数		个	1	1	1	1	1	1	1	1	1	1	1	1
受灾人员情况	受灾人口	人	6426	5851	7081	7842	8203	8219	7306	6873	9599	10429	12025	9341
	死亡	人	—	—	—	—	—	—	—	—	—	—	—	—
	安葬	人	—	—	—	—	—	—	—	—	—	—	—	—
	失踪	人	—	—	—	—	—	—	—	—	—	—	—	—
	受伤	人	12	11	15	9	16	11	34	45	86	4	8	12
	从废墟中救出	人	—	—	—	—	—	—	—	—	—	—	—	—
	临时安置	人	901	3167	527	14	982	1984	372	1076	2674	267	306	1575
家庭及三孤情况	孤儿	人	—	—	—	—	—	—	—	—	—	—	—	—
	孤老	人	—	—	—	—	—	—	—	—	—	—	—	—
	孤残人	人	—	—	—	—	—	—	—	—	—	—	—	—

续表1—4（四）

			单位	正兴乡	马灯乡	高池乡	碗泉乡	迎水乡	国光乡	柘坝乡	公店乡	吼狮乡	长岭乡	涂山乡	圈龙乡
直接经济损失合计			万元	19884	25021	10966	14812	15298	14936	13954	15119	20928	11125	19093	16649
农业系统	直接经济损失		万元	362	284	424	449	420	436	604	690	455	453	439	291
	粮食作物	受灾面积	公顷	108.33	75.00	83.33	113.33	120.00	23.20	158.33	100.00	37.93	29.00	33.47	20.07
		损失产量	吨	488	338	375	510	540	104	713	450	171	131	151	90
	经济作物受灾面积		公顷	56.00	96.00	45.00	47.00	77.00	57.00	49.00	41.00	67.00	61.00	61.00	69.00
	大棚设施损毁面积		平方米	260	420	360	260	420	300	420	260	360	420	380	360
	办公及生产用房	损毁面积	平方米	178	161	179	221	214	155	210	198	179	182	241	152
		经济损失	万元	51	46	52	64	62	44	60	57	52	53	69	44
	沼气池损毁数量		口	83	121	87	38	458	44	621	191	368	674	672	214
林业系统	直接经济损失		万元	32	65	94	50	59	17	75	96	66	89	145	90
	林木损毁面积		公顷	—	0.33	8.00	—	—	—	10.00	12.07	15.00	20.33	36.00	21.73
	林区道路损毁长度		千米	0.50	0.90	1.30	0.70	—	—	—	1.10	—	—	—	—
	林区房屋损毁	面积	平方米	120	237	150	210	452	145	290	100	80	66	70	70
		经济损失	万元	14	33	18	25	59	17	37	12	10	8	8	8
	林区输电线路损坏长度		千米	—	—	—	—	—	—	—	—	—	—	—	—
	林区通讯线路损坏长度		千米	—	—	—	—	—	—	—	—	—	—	—	—
	电站损毁		座	—	—	—	—	—	—	—	—	—	—	—	—
畜牧系统	直接经济损失		万元	1271	971	1027	1083	1075	1050	887	1174	1050	1231	1560	1055
	大牲畜	死亡数量	头	51	35	37	42	39	42	33	46	37	48	61	42
		损失金额	万元	26	18	19	21	20	21	17	23	19	24	31	21
	生猪	死亡数量	头	2821	2489	2678	2405	2654	2330	2301	2606	2665	2732	3462	2340
		损失金额	万元	423	373	402	361	398	350	345	391	400	410	519	351
	畜禽圈舍	倒塌面积	平方米	12337	8703	9089	10519	9859	10192	7875	11402	9472	11949	15143	10241
		损失金额	万元	420	296	309	358	335	347	268	388	322	406	515	348
	饲料饲草损失		万元	103	73	76	88	83	85	66	96	79	100	127	86
	直接经济损失		万元	1589	1730	1266	1757	1719	1426	1099	1329	2694	1485	1862	2020
	水库工程受损	大型	座	—	—	—	—	—	—	—	—	—	—	—	—
		中型	座	—	—	—	—	—	—	—	—	—	—	—	—
		小型	座	2	3	3	7	3	3	2	6	6	3	3	4

续表1 —4（四）

			单位	正兴乡	马灯乡	高池乡	碗泉乡	迎水乡	国光乡	柘坝乡	公店乡	吼狮乡	长岭乡	涂山乡	圈龙乡
水利系统	堤防工程损毁长度		千米	—	—	—	—	—	—	—	—	—	—	—	—
	供水工程受损	影响人口	万人	0.31	0.42	0.56	0.45	0.58	0.43	0.45	0.38	0.65	0.55	0.85	0.32
		管道长度	千米	7.70	8.20	15.60	14.20	20.80	10.00	20.80	12.60	23.00	32.30	41.70	10.20
	灌溉工程受损	重点建筑物	处	19	11	17	20	42	30	31	21	30	72	29	51
		渠道长度	千米	6.00	9.00	9.00	23.00	16.00	17.00	10.00	16.00	37.00	9.00	16.00	26.00
	农村水电受损	电站座数	座	—	—	—	—	—	—	—	—	—	—	—	—
		容量	万千瓦	—	—	—	—	—	—	—	—	—	—	—	—
	水土保持设施受损	蓄水池	口	5	2	8	4	4	5	2	2	6	15	3	8
		坡面水系	千米	4.00	1.00	5.00	2.00	1.00	2.00	1.00	1.00	1.00	3.00	1.00	1.00
	水产	受灾面积	公顷	10.00	6.67	5.33	4.67	10.00	6.67	8.67	8.00	6.67	12.00	8.00	10.67
		成鱼及鱼种死亡	吨	11	7	6	5	12	7	13	8	7	15	9	12
	房屋及管理设施受损	办公及管理用房	平方米	—	—	—	—	—	—	—	—	—	—	—	—
		管理设施	台（套）	—	—	—	—	—	—	—	—	—	—	—	—
地方电力系统	直接经济损失		万元	—	—	22	—	20	—	46	—	17	24	20	24
	电站损毁		座	—	—	—	—	—	—	—	—	—	—	—	—
	损毁输电线路		千米	—	—	5.00	—	5.00	—	4.00	—	4.00	6.00	5.00	6.00
农机系统	直接经济损失		万元	80	140	70	90	110	80	40	30	70	60	50	70
	农机具毁损		台（套）	42	33	24	25	21	13	33	37	14	12	8	16
	损毁提灌站		座	2	9	3	6	5	6	2	2	4	4	3	6
			千瓦	110	293	89	205	152	205	110	85	170	145	89	180
	机耕道毁损		千米	11.00	9.00	10.00	6.00	12.00	4.00	8.00	8.00	6.00	5.00	6.00	4.00
	农机库棚毁损		平方米	—	—	—	—	—	—	—	—	—	—	—	—
	办公用房	毁损面积	平方米	—	—	—	—	—	—	—	—	—	—	—	—
		损失金额	万元	—	—	—	—	—	—	—	—	—	—	—	—
	直接经济损失		万元	—	—	9	—	16	—	—	—	16	11	10	—
	受灾工矿企业		户	—	—	1	—	1	—	—	—	1	1	1	—
	厂房	面积	平方米	—	—	80	—	150	—	—	—	150	100	90	—
		折合金额	万元	—	—	8	—	15	—	—	—	15	10	9	—

续表1—4（四）

				单位	正兴乡	马灯乡	高池乡	碗泉乡	迎水乡	国光乡	柘坝乡	公店乡	吼狮乡	长岭乡	涂山乡	圈龙乡
工业系统	财产损失	设备设施	数量	台（套）	—	—	1	—	1	—	—	—	1	1	1	—
			折合金额	万元	—	—	1	—	1	—	—	—	1	1	1	—
		产品和材料		万元	—	—	—	—	—	—	—	—	—	—	—	—
	停产项目受阻损失			万元	—	—	—	—	5	—	—	—	5	—	—	—
	在建项目受阻损失			万元	—	—	—	—	—	—	—	—	—	—	—	—
采掘业系统	直接经济损失			万元	—	—	—	—	—	—	—	—	7	—	—	—
	受损地面情况	办公及厂房	实物量	平方米	—	—	—	—	—	—	—	—	1100	—	—	—
			价值量	万元	—	—	—	—	—	—	—	—	4	—	—	—
		设备设施	实物量	台（套）	—	—	—	—	—	—	—	—	2	—	—	—
			价值量	万元	—	—	—	—	—	—	—	—	3	—	—	—
	井下情况	设备设施	实物量	台（套）	—	—	—	—	—	—	—	—	—	—	—	—
			价值量	万元	—	—	—	—	—	—	—	—	—	—	—	—
		井巷	受损长度	千米	—	—	—	—	—	—	—	—	—	—	—	—
			价值量	万元	—	—	—	—	—	—	—	—	—	—	—	—
公路交通系统	直接经济损失			万元	1201	2103	932	798	926	1333	1573	931	905	1826	2142	943
	损毁公路		高速公路	千米	—	—	—	—	—	—	—	—	—	—	—	—
			干线公路	千米	—	0.65	—	—	—	—	—	—	—	2.57	3.99	—
			农村公路	千米	31.21	23.43	29.34	25.10	25.95	27.73	29.01	26.12	26.46	27.68	17.66	28.07
	损毁桥梁			座/米	3/64	8/193	—	—	1/26	12/296	3/290	2/35	1/45	—	3/48	1/25
	损毁隧道			座/米	—	—	—	—	—	—	—	—	—	—	—	—
	损毁县级以上客运站			个	—	—	—	—	—	—	—	—	—	—	—	—
	损毁农村客运站			个	—	—	—	—	1	—	1	—	—	1	1	—
	损毁码头			个	—	—	—	—	—	—	—	—	2	7	—	—
	损毁养护设施			台（套）	—	—	—	—	—	—	—	—	—	—	—	—
	损毁道班房			平方米	400	—	—	—	—	—	—	—	—	—	—	—
	损毁办公用房			平方米	—	—	—	—	—	—	—	—	—	—	—	—
国家电力系统直接经济损失				万元	—	—	—	—	—	—	—	—	—	—	—	—
	直接经济损失			万元	8	12	8	42	2	1	38	8	8	9	1	8

续表1—4（四）

			单位	正兴乡	马灯乡	高池乡	碗泉乡	迎水乡	国光乡	柘坝乡	公店乡	吼狮乡	长岭乡	涂山乡	圈龙乡
通信系统	业务用房	损毁面积	平方米	—	—	—	260	—	—	130	—	—	—	—	—
		折合价值	万元	—	—	—	22	—	—	22	—	—	—	—	—
	移动通信基站	损毁数量	座	1	1	1	1	2	1	1	1	1	2	1	1
		折合价值	万元	4	4	4	4	11	4	4	4	4	9	4	4
	小灵通基站	损毁数量	座	—	—	—	—	—	—	—	—	—	—	—	—
		折合价值	万元	—	—	—	—	—	—	—	—	—	—	—	—
	光缆	损毁长度	皮长公里	—	—	—	—	—	—	—	—	—	—	—	—
		折合价值	万元	—	—	—	—	—	—	—	—	—	—	—	—
	电缆	损毁长度	皮长公里	5	8	5	8	—	—	5	5	5	5	—	5
		折合价值	万元	7	11	7	11	—	—	7	7	7	7	—	7
	交换机及接入设备	损毁数量	台	—	—	—	—	—	—	—	—	—	—	—	—
		折合价值	万元	—	—	—	—	—	—	—	—	—	—	—	—
	传输设备	损毁数量	台	—	—	—	—	—	—	—	—	—	—	—	—
		折合价值	万元	—	—	—	—	—	—	—	—	—	—	—	—
邮政系统	直接经济损失		万元	—	—	—	—	—	—	—	—	—	—	—	—
	受灾局所	损毁面积	平方米	—	—	—	—	—	—	—	—	—	—	—	—
		损失金额	万元	—	—	—	—	—	—	—	—	—	—	—	—
	职工住房	损毁面积	平方米	—	—	—	—	—	—	—	—	—	—	—	—
		损失金额	万元	—	—	—	—	—	—	—	—	—	—	—	—
	汽车	损毁数量	辆	—	—	—	—	—	—	—	—	—	—	—	—
		损失金额	万元	—	—	—	—	—	—	—	—	—	—	—	—
	其他设备设施	损失数量	件（台）	—	—	—	—	—	—	—	—	—	—	—	—
		损失金额	万元	—	—	—	—	—	—	—	—	—	—	—	—
	损失邮件赔偿金额		万元	—	—	—	—	—	—	—	—	—	—	—	—
	损失现金		万元	—	—	—	—	—	—	—	—	—	—	—	—
	直接经济损失		万元	—	12	76	91	132	62	5	29	42	78	132	148
	耕地	直接经济损失	万元	—	—	76	84	132	60	—	—	30	44	24	17
		原有耕地面积	公顷	899.44	820.79	27.39	1094.00	1089.30	1159.41	862.15	1156.53	955.51	28.31	1205.55	887.93

续表1—4（四）

				单位	正兴乡	马灯乡	高池乡	碗泉乡	迎水乡	国光乡	柘坝乡	公店乡	吼狮乡	长岭乡	涂山乡	圈龙乡
国土资源系统		受灾耕地面积		公顷	31.07	39.33	40.93	60.67	68.60	52.20	38.00	40.67	51.00	42.33	64.80	58.13
		受灾耕地灭失面积		公顷	—	—	2.00	2.00	3.00	1.33	—	—	1.47	2.20	0.87	0.73
	地质灾害	直接经济损失		万元	—	12	—	7	—	2	5	29	12	34	108	131
		隐患点	震前	处	—	2	1	1	—	—	2	4	1	6	—	—
			震后	处	—	3	—	1	—	1	1	6	2	5	4	2
		震后发生	滑坡	处	—	—	—	—	—	—	—	—	—	—	—	—
			崩塌	处	—	—	—	—	—	—	—	—	—	—	—	1
			泥石流	处	—	—	—	—	—	—	—	—	—	—	—	—
			其他灾害	处	—	—	—	—	—	—	1	—	—	—	—	—
环境保护系统	直接经济损失			万元	—	—	—	—	4	—	4	—	4	5	4	4
	房屋	损失面积		平方米	—	—	—	—	—	—	—	—	—	—	—	—
		损失金额		万元	—	—	—	—	—	—	—	—	—	—	—	—
	仪器设备、执法车辆	损失数量		台（套）	—	—	—	—	—	—	—	—	—	—	—	—
		损失金额		万元	—	—	—	—	—	—	—	—	—	—	—	—
	水、空气自动监控站	损失数量		台	—	—	—	—	—	—	—	—	—	—	—	—
		损失金额		万元	—	—	—	—	—	—	—	—	—	—	—	—
	生态环境损失	原有面积		万平方米	—	—	—	—	885.46	—	911.99	—	974.11	1686.55	1189.03	885.88
		损坏程度		%	—	—	—	—	1.43	—	1.56	—	1.61	1.62	1.54	1.56
		损失金额		万元	—	—	—	—	4	—	4	—	4	5	4	4
	企业污染治理设备	损失数量		台	—	—	—	—	—	—	—	—	—	—	—	—
		损失金额		万元	—	—	—	—	—	—	—	—	—	—	—	—
	在线监控系统	损失数量		台	—	—	—	—	—	—	—	—	—	—	—	—
		损失金额		万元	—	—	—	—	—	—	—	—	—	—	—	—
	直接经济损失			万元	325	738	433	541	379	407	406	459	514	404	637	701
	学校数量	原有数量		所	1	1	1	1	1	1	1	2	1	1	1	1
		受灾数量		所	1	1	1	1	1	1	1	2	1	1	1	1
		原有校舍建筑面积		平方米	3690	8765	4717	5937	4150	4317	4543	5766	8053	4459	7927	8137

续表1 —4（四）

			单位	正兴乡	马灯乡	高池乡	碗泉乡	迎水乡	国光乡	柘坝乡	公店乡	吼狮乡	长岭乡	涂山乡	圈龙乡
教育系统	学建筑面积	受损校舍面积	平方米	3170	7529	4052	5400	3565	3898	3904	4231	5203	3831	6311	6990
		倒塌校舍面积	平方米	—	—	—	300	—	190	—	—	—	—	—	—
		经鉴定不能继续使用的校舍面积	平方米	1808	4295	2312	2909	2034	2116	2226	2773	2968	2185	3600	3987
		经鉴定加固后可以继续使用的校舍面积	平方米	1362	3234	1740	2191	1531	1593	1678	1458	2235	1646	2711	3002
		毁坏其他建筑面积	平方米	—	4	—	4	3	6	—	—	3	2	—	2
	毁坏教学设备仪器数量		台（件、套）	350	500	600	375	475	400	500	475	375	500	575	600
	毁坏图书数量		册	2850	3900	4980	2640	4600	2700	2900	3000	3135	3900	6325	4560
卫生系统	直接经济损失		万元	153	43	215	102	97	81	57	57	128	137	177	69
	受损机构数量		个	8	8	11	10	10	11	5	9	9	10	10	7
	房屋	损失面积	平方米	1241	1240	2110	1290	1180	950	820	810	1890	1560	1900	1300
		损失金额	万元	153	43	215	102	97	81	57	57	128	137	177	69
	设备	损失数量	台	—	—	—	—	—	—	—	—	—	—	—	—
		损失金额	万元	—	—	—	—	—	—	—	—	—	—	—	—
	药品损失金额		万元	—	—	—	—	—	—	—	—	—	—	—	—
计生系统	直接经济损失		万元	20	16	27	57	43	24	26	19	19	119	40	16
	服务机构数目		个	10	8	11	10	11	10	12	9	9	10	10	7
	房屋损失	倒塌面积	平方米	—	—	—	—	—	—	—	—	—	—	—	—
		危房面积	平方米	—	—	—	180	105	—	—	—	—	470	110	—
		损坏面积	平方米	352	286	390	270	300	367	428	326	336	270	270	276
		损失价值	万元	18	14	20	53	38	18	21	16	17	117	38	14
	设备损失	损失数量	件	7	7	15	16	13	11	11	15	15	17	23	17
		损失价值	万元	2	2	7	4	5	6	5	3	2	2	2	2
	药品药具损失价值		万元	—	—	—	—	—	—	—	—	—	—	—	—
	直接经济损失		万元	94	145	104	146	136	95	129	100	85	137	163	109
		受损机构数量	个	—	—	2	—	1	—	—	—	—	—	—	—

续表1—4（四）

				单位	正兴乡	马灯乡	高池乡	碗泉乡	迎水乡	国光乡	柘坝乡	公店乡	吼狮乡	长岭乡	涂山乡	圈龙乡
文化系统	文化市场、文化产业设备地震灾害损失	房屋受损	面积	平方米	—	—	80	—	70	—	—	—	—	—	—	—
			金额	万元	—	—	5	—	4	—	—	—	—	—	—	—
		设备受损数量		台	—	—	12	—	6	—	—	—	—	—	—	—
		直接经济损失		万元	—	—	8	—	3	—	—	—	—	—	—	—
	公共文化设施地震灾害损失	受损机构数量		个	11	9	12	11	11	12	13	10	10	11	11	8
		房屋受损	面积	平方米	912	1080	960	1272	1104	960	1176	912	816	1128	1272	864
			金额	万元	22	27	23	30	27	23	28	21	20	28	31	21
		设备受损数量		台	124	262	117	208	215	117	190	155	109	226	294	190
		图书受损数量		册	176	151	189	348	211	194	203	162	162	176	219	135
		直接经济损失		万元	94	145	96	146	133	95	129	100	85	137	163	109
文物系统	直接经济损失			万元	20	—	—	18	—	38	—	—	—	—	—	—
	文物本体损毁数量			件	1	—	—	1	—	2	—	—	—	—	—	—
	管理用房损失	损失面积		平方米	140	—	—	80	—	200	—	—	—	—	—	—
		损失金额		万元	15	—	—	8	—	18	—	—	—	—	—	—
	防护设施损失金额			万元	5	—	—	10	—	20	—	—	—	—	—	—
宗教系统	直接经济损失			万元	—	—	—	—	—	—	—	—	—	—	—	—
	损失宗教场所数量			处	—	—	—	—	—	—	—	—	—	—	—	—
体育系统	直接经济损失			万元	—	—	—	—	—	—	—	—	4	3	—	—
	公共比赛场馆（有观众席位）	损失面积		平方米	—	—	—	—	—	—	—	—	—	—	—	—
		损失金额		万元	—	—	—	—	—	—	—	—	—	—	—	—
	运动员训练场馆	损失面积		平方米	—	—	—	—	—	—	—	—	—	—	—	—
		损失金额		万元	—	—	—	—	—	—	—	—	—	—	—	—
	其他体育用房	损失面积		平方米	—	—	—	—	—	—	—	—	—	—	—	—
		损失金额		万元	—	—	—	—	—	—	—	—	—	—	—	—
	全民健身路径工程	损失数量		套	—	—	—	—	—	—	—	—	—	—	—	—
		损失金额		万元	—	—	—	—	—	—	—	—	—	—	—	—
	农民体育健身工程	损失数量		个	—	—	—	—	—	—	—	—	1	1	—	—
		损失金额		万元	—	—	—	—	—	—	—	—	4	3	—	—

续表1—4（四）

			单位	正兴乡	马灯乡	高池乡	碗泉乡	迎水乡	国光乡	柘坝乡	公店乡	吼狮乡	长岭乡	涂山乡	圈龙乡
民政系统	直接经济损失		万元	—	46	—	—	—	—	35	—	40	—	—	—
	民政事业单位	原有数量	个	—	1	—	—	—	—	1	—	1	—	—	—
		受损数量	个	—	1	—	—	—	—	1	—	1	—	—	—
	房屋	原有面积	平方米	—	1100	—	—	—	—	940	—	880	—	—	—
		受损面积	平方米	—	880	—	—	—	—	752	—	704	—	—	—
	设备	原有价值	万元	—	3	—	—	—	—	5	—	8	—	—	—
		受损价值	万元	—	2	—	—	—	—	3	—	5	—	—	—
金融系统	直接经济损失		万元	34	28	48	11	—	49	55	46	—	64	54	10
	营业房和办公用房损失	损失面积	平方米	280	230	400	50	—	411	459	380	—	531	450	150
		损失价值	万元	34	28	48	11	—	49	55	46	—	64	54	10
	固定资产及设备损失	系统设备	万元	—	—	—	—	—	—	—	—	—	—	—	—
		网络设备	万元	—	—	—	—	—	—	—	—	—	—	—	—
		损失总值	万元	—	—	—	—	—	—	—	—	—	—	—	—
	现金损失		万元	—	—	—	—	—	—	—	—	—	—	—	—
商务系统	直接经济损失		万元	80	100	90	90	110	80	120	60	20	60	80	60
	损毁营业房面积		平方米	600	300	600	300	900	200	900	400	300	400	600	400
	损毁商品金额		万元	6	2	5	2	7	1	7	3	3	4	4	3
	损毁现金		万元	—	—	—	—	—	—	—	—	—	—	—	—
粮食系统	直接经济损失		万元	49	82	116	73	184	140	68	110	74	109	74	107
	仓库损失	仓库损失数量	个	3	3	3	2	3	2	4	2	2	4	3	4
		损失仓罐容	吨	798	1320	1063	667	1680	1278	570	924	1032	1520	965	1495
		损失金额	万元	35	57	54	34	86	66	36	59	42	62	42	60
	附属设施损失金额		万元	9	16	54	34	85	64	26	42	26	38	26	38
	粮油损失	损失数量	吨	—	—	—	—	—	—	—	—	—	—	—	—
		损失金额	万元	—	—	—	—	—	—	—	—	—	—	—	—
	办公楼损失	损失数量	平方米	66	108	118	74	186	142	86	139	121	178	113	175
		损失金额	万元	5	9	8	5	13	10	6	9	6	9	6	9
	其他损失金额		万元	—	—	—	—	—	—	—	—	—	—	—	—

续表1—4（四）

系统	项目		单位	正兴乡	马灯乡	高池乡	碗泉乡	迎水乡	国光乡	柘坝乡	公店乡	吼狮乡	长岭乡	涂山乡	圈龙乡
供销系统	直接经济损失		万元	14	—	15	18	16	17	—	8	—	5	—	—
	损毁房屋面积		平方米	510	—	—	1600	—	770	—	660	—	880	—	—
	损毁商品价值		万元	2	—	14	9	15	11	—	—	—	1	—	—
	现金损失		万元	—	—	—	—	—	—	—	—	—	—	—	—
旅游系统	直接经济损失		万元	—	—	—	—	—	—	—	—	—	—	—	—
	景区	受损个数	个	—	—	—	—	—	—	—	—	—	—	—	—
		损失金额	万元	—	—	—	—	—	—	—	—	—	—	—	—
	宾馆饭店	受损数量	个	—	—	—	—	—	—	—	—	—	—	—	—
		损失价值	万元	—	—	—	—	—	—	—	—	—	—	—	—
	办公用房	受损面积	平方米	—	—	—	—	—	—	—	—	—	—	—	—
		损失金额	万元	—	—	—	—	—	—	—	—	—	—	—	—
	车辆	损失数量	辆	—	—	—	—	—	—	—	—	—	—	—	—
		损失金额	万元	—	—	—	—	—	—	—	—	—	—	—	—
广电系统	直接经济损失		万元	16	15	16	17	20	—	14	28	40	53	—	—
	受损台站数量		个	1	1	1	1	1	—	1	1	1	1	—	—
	办公用房和机房损失	受损面积	平方米	35	40	35	40	35	—	36	40	48	48	—	—
		损失价值	万元	7	8	7	8	7	—	7	8	10	10	—	—
	光缆线路	损失长度	千米	3.00	2.80	2.50	2.50	8.50	—	2.50	19.50	31.00	46.00	—	—
		损失价值	万元	2	2	2	2	6	—	2	13	21	31	—	—
	专业设备	受损数量	台（件、套）	26	18	24	23	26	—	15	28	36	60	—	—
		损失金额	万元	7	6	7	7	7	—	6	7	10	13	—	—
党政机关	直接经济损失		万元	344	416	433	401	422	285	386	384	414	528	400	386
	行政机关	受损房屋	平方米	2140	3100	2100	2500	2700	1585	1430	2610	1300	3200	2000	2200
		受损设备	件（台）	—	—	33	5	10	—	2	—	6	170	40	8
		经济损失	万元	223	309	267	258	278	173	256	255	258	326	216	259
	事业单位	受损房屋	平方米	500	483	709	601	644	472	538	524	675	982	791	548
		受损设备	件（台）	10	7	18	10	11	10	11	12	16	14	15	12
		经济损失	万元	121	107	166	143	144	112	130	129	156	202	184	127

续表1 —4（四）

		单位	正兴乡	马灯乡	高池乡	碗泉乡	迎水乡	国光乡	柘坝乡	公店乡	吼狮乡	长岭乡	涂山乡	圈龙乡
城镇公用设施	直接经济损失	万元	193	152	110	106	330	230	485	167	142	249	118	156
	城市供排水管道损毁	千米	1.70	1.30	1.50	1.40	2.00	2.00	2.00	2.30	2.30	3.10	1.70	1.40
	城市燃气管道损毁	千米	—	—	—	—	—	—	—	—	—	—	—	—
	市政道路损毁	千米	0.50	0.40	0.20	0.20	1.00	0.60	1.00	0.30	0.20	0.50	0.20	0.40
	城市桥梁损毁	座	—	—	—	—	—	—	1	—	—	—	—	—
	生活垃圾收集处理设施损毁	座	—	—	—	—	—	—	—	—	—	—	—	—
农村居民房屋	直接经济损失	万元	12737	16036	4099	7935	7868	7715	6254	7974	13334	2824	9965	8915
	倒塌房屋	户	268	347	52	256	72	80	72	253	183	7	25	39
		人	976	1263	189	932	262	291	262	921	666	25	91	142
		间	2497	3233	484	2385	670	745	666	2339	1692	64	231	361
		平方米	63930	82770	12390	61050	17160	19080	17040	59880	43320	1650	5910	9240
	严重受损房屋	户	525	645	213	209	445	424	338	220	682	186	656	565
		人	1811	2225	735	721	1535	1463	1166	759	2353	642	2263	1949
		间	3686	4528	1495	1468	3124	2977	2353	1531	4746	1295	4566	3932
		平方米	109470	134490	44400	43590	92790	88410	69870	45480	140970	38460	135600	116790
城镇居民房屋	直接经济损失	万元	1262	1887	1332	937	1210	1370	1548	1420	780	1162	1020	1467
	原有房屋住宅面积	平方米	19686	26855	22533	16535	17105	22104	24696	24957	12136	19563	16142	24124
	已登记产权房屋住宅面积	平方米	9610	9030	9144	2816	11880	1380	3640	420	880	3430	6510	4830
	倒塌或损毁	户	1	13	2	2	2	8	—	—	—	—	—	—
		人	4	38	6	5	7	22	—	—	—	—	—	—
		间	6	56	9	7	10	33	—	—	—	—	—	—
		平方米	150	1410	220	170	260	825	—	—	—	—	—	—
	严重破坏	户	89	124	85	69	95	88	96	82	60	77	75	93
		人	257	360	245	199	276	256	277	237	175	222	217	270
		间	379	530	361	294	407	377	408	349	257	327	319	397
		平方米	9472	13258	9030	7338	10169	9434	10190	8730	6427	8169	7968	9932
	一般破坏	平方米	5078	6849	7852	2774	1575	6043	10684	11492	1826	6588	3577	9368
	小计	平方米	14700	21517	17102	10282	12004	16302	20874	20222	8253	14757	11545	19300

续表1—4（四）

			单位	正兴乡	马灯乡	高池乡	碗泉乡	迎水乡	国光乡	柘坝乡	公店乡	吼狮乡	长岭乡	涂山乡	圈龙乡
	受影响居住人口		户	151	223	185	112	132	175	203	223	89	154	121	212
			万人	0.05	0.07	0.06	0.03	0.04	0.05	0.06	0.07	0.03	0.05	0.04	0.06
居民财产（不包括房屋和土地）	城乡居民经济损失合计	损失合计	万元	—	—	—	—	—	—	—	—	—	—	—	—
		家庭财产损失	万元	—	—	—	—	—	—	—	—	—	—	—	—
		经营性财产损失	万元	—	—	—	—	—	—	—	—	—	—	—	—
	农村居民经济损失	家庭财产损失	万元	—	—	—	—	—	—	—	—	—	—	—	—
		经营性财产损失	万元	—	—	—	—	—	—	—	—	—	—	—	—
		损失小计	万元	—	—	—	—	—	—	—	—	—	—	—	—
	城镇居民经济损失	家庭财产损失	万元	—	—	—	—	—	—	—	—	—	—	—	—
		经营性财产损失	万元	—	—	—	—	—	—	—	—	—	—	—	—
		损失小计	万元	—	—	—	—	—	—	—	—	—	—	—	

“5·12”地震剑阁县损失情况表（五）

表1－4（五）

		单位	碑垭乡	广坪乡	禾丰乡	店子乡	摇铃乡	樵店乡	锦屏乡	柏垭乡	高观乡	张王乡	上寺乡
是否重灾乡镇				是	—	—	是	—	是	—	是	是	是
受灾乡镇个数		个	1	1	1	1	1	1	1	1	1	1	1
受灾人员情况	受灾人口	人	10103	8352	9033	11988	8431	10183	8322	6824	10426	10308	3963
	死亡	人	—	—	—	—	2	—	1	—	—	2	—
	安葬	人	—	—	—	—	2	—	1	—	—	2	—
	失踪	人	—	—	—	—	—	—	—	—	—	—	—
	受伤	人	6	96	12	23	13	28	89	36	11	20	16
	从废墟中救出	人	—	—	—	—	—	—	—	—	—	—	—
	临时安置	人	3509	657	1084	541	727	151	1180	691	255	2178	1749
家庭及三孤情况	孤儿	人	—	—	—	—	—	—	—	—	—	—	—
	孤老	人	—	—	—	—	—	—	—	—	—	—	—
	孤残人	人	—	—	—	—	—	—	—	—	—	—	—
直接经济损失合计		万元	19486	14353	13588	11161	17688	10194	17153	8725	19612	24258	29555

续表1—4（五）

			单位	碑垭乡	广坪乡	禾丰乡	店子乡	摇铃乡	樵店乡	锦屏乡	柏垭乡	高观乡	张王乡	上寺乡
农业系统	直接经济损失		万元	477	512	378	484	558	414	259	253	707	612	111
	粮食作物	受灾面积	公顷	34.40	110.00	29.47	34.80	158.33	26.33	21.00	27.67	141.67	151.67	47.07
		损失产量	吨	155	495	133	157	713	119	95	125	638	683	212
	经济作物受灾面积		公顷	77.00	68.00	32.00	30.00	50.00	30.00	33.00	26.00	53.00	50.00	9.00
	大棚设施损毁面积		平方米	380	420	360	380	460	300	380	500	360	320	—
	办公及生产用房	损毁面积	平方米	175	221	225	217	219	173	154	123	256	233	110
		经济损失	万元	51	64	65	62	63	50	44	35	74	67	35
	沼气池损毁数量		口	163	51	145	36	21	353	162	336	635	142	72
林业系统	直接经济损失		万元	158	37	285	405	37	111	17	41	220	137	218
	林木损毁面积		公顷	10.73	—	13.33	69.87	—	23.93	—	6.00	45.00	17.13	—
	林区道路损毁长度		千米	3.00	—	6.00	2.60	0.40	—	—	—	—	—	3.40
	林区房屋损毁	面积	平方米	93	248	100	260	170	100	124	120	285	523	400
		经济损失	万元	11	37	12	39	23	12	15	14	40	65	48
	林区输电线路损坏长度		千米	—	—	2.00	2.00	—	2.00	—	1.00	3.00	2.00	8.00
	林区通讯线路损坏长度		千米	—	—	—	—	—	—	—	—	—	—	—
	电站损毁		座	—	—	—	—	—	—	—	—	—	—	—
畜牧系统	直接经济损失		万元	1361	1407	1310	1456	1072	1385	1123	1038	1293	1158	528
	大牲畜	死亡数量	头	53	55	51	59	42	55	44	42	51	46	22
		损失金额	万元	27	28	26	30	21	28	22	21	26	23	11
	生猪	死亡数量	头	3022	3122	2909	2901	2380	3073	2494	2302	2870	2570	974
		损失金额	万元	453	468	436	435	357	461	374	345	431	386	146
	畜禽圈舍	倒塌面积	平方米	13218	13659	12724	14874	10408	13439	10907	10074	12558	11241	5569
		损失金额	万元	449	464	433	506	354	457	371	343	427	382	189
	饲料饲草损失		万元	111	114	107	125	87	113	91	84	105	94	46
	直接经济损失		万元	1532	1625	2188	1176	1821	1447	1566	1348	1173	1572	2157
	水库工程受损	大型	座	—	—	—	—	—	—	—	—	—	—	—
		中型	座	—	—	—	—	—	—	—	—	—	—	—
		小型	座	2	3	4	—	6	3	3	1	1	2	—

续表1—4（五）

			单位	碑垭乡	广坪乡	禾丰乡	店子乡	摇铃乡	樵店乡	锦屏乡	柏垭乡	高观乡	张王乡	上寺乡
水利系统	堤防工程损毁长度		千米	—	—	—	—	—	—	—	—	—	—	3.00
	供水工程受损	影响人口	万人	0.42	0.45	0.32	0.45	0.43	0.32	0.36	0.35	0.34	0.41	0.35
		管道长度	千米	18.40	17.80	6.50	13.50	12.00	8.90	11.70	9.40	10.50	8.30	8.20
	灌溉工程受损	重点建筑物	处	18	33	36	—	24	33	18	19	7	13	—
		渠道长度	千米	10.00	18.00	18.00	—	13.00	15.00	10.00	10.00	4.00	6.00	—
	农村水电受损	电站座数	座	—	—	—	—	—	—	—	—	—	—	1
		容量	万千瓦	—	—	—	—	—	—	—	—	—	—	0.14
	水土保持设施受损	蓄水池	口	7	5	12	5	3	15	5	10	4	4	2
		坡面水系	千米	3.00	2.00	5.00	3.00	1.00	5.00	2.00	5.00	2.00	1.00	1.00
	水产	受灾面积	公顷	9.33	8.67	8.00	8.67	10.00	8.67	3.33	3.33	4.67	5.33	—
		成鱼及鱼种死亡	吨	10	9	8	9	12	10	3	3	4	3	—
	房屋及管理设施受损	办公及管理用房	平方米	—	—	—	—	—	—	—	—	—	—	—
		管理设施	台（套）	—	—	—	—	—	—	—	—	—	—	—
地方电力系统	直接经济损失		万元	20	28	28	23	22	20	46	24	24	22	385
	电站损毁		座	—	—	—	—	—	—	—	—	—	—	1
	损毁输电线路		千米	5.00	7.00	9.00	5.00	5.00	5.00	4.00	6.00	6.00	6.00	—
农机系统	直接经济损失		万元	60	80	60	50	90	60	20	20	50	50	50
	农机具毁损		台（套）	11	19	15	13	27	8	9	21	34	40	—
	损毁提灌站		座	3	4	4	2	3	2	—	—	1	—	2
			千瓦	89	170	170	47	89	47	—	—	30	—	110
	机耕道毁损		千米	6.00	8.00	5.00	5.00	8.00	10.00	4.00	3.00	9.00	9.00	8.00
	农机库棚毁损		平方米	—	—	—	—	—	—	—	—	—	—	—
	办公用房	毁损面积	平方米	—	—	—	—	—	—	—	—	—	—	—
		损失金额	万元	—	—	—	—	—	—	—	—	—	—	—
工业系统	直接经济损失		万元	—	—	—	—	—	—	—	9	—	—	2729
	受灾工矿企业		户	—	—	—	—	—	—	—	1	—	—	5
	厂房	面积	平方米	—	—	—	—	—	—	—	75	—	—	7800
		折合金额	万元	—	—	—	—	—	—	—	8	—	—	791

续表1—4（五）

				单位	碑垭乡	广坪乡	禾丰乡	店子乡	摇铃乡	樵店乡	锦屏乡	柏垭乡	高观乡	张王乡	上寺乡
	财产损失	设备设施	数量	台（套）	—	—	—	—	—	—	—	1	—	—	1050
			折合金额	万元	—	—	—	—	—	—	—	1	—	—	1652
		产品和材料		万元	—	—	—	—	—	—	—	—	—	—	286
	停产项目受阻损失			万元	—	—	—	—	—	—	—	—	—	—	4850
	在建项目受阻损失			万元	—	—	—	—	—	—	—	—	—	—	—
采掘业系统	直接经济损失			万元	27	—	—	—	—	—	—	—	—	—	1526
	受损地面情况	办公及厂房	实物量	平方米	850	—	—	—	—	—	—	—	—	—	1660
			价值量	万元	17	—	—	—	—	—	—	—	—	—	72
		设备设施	实物量	台（套）	5	—	—	—	—	—	—	—	—	—	53
			价值量	万元	10	—	—	—	—	—	—	—	—	—	312
	井下情况	设备设施	实物量	台（套）	—	—	—	—	—	—	—	—	—	—	27
			价值量	万元	—	—	—	—	—	—	—	—	—	—	297
		井巷	受损长度	千米	—	—	—	—	—	—	—	—	—	—	7.75
			价值量	万元	—	—	—	—	—	—	—	—	—	—	843
公路交通系统	直接经济损失			万元	931	857	872	857	830	735	830	851	849	803	156
	损毁公路	高速公路		千米	—	—	—	—	—	—	—	—	—	—	—
		干线公路		千米	—	—	—	—	—	—	—	—	—	—	—
		农村公路		千米	26.10	23.41	24.26	26.97	26.12	21.88	26.12	24.26	26.72	21.71	4.92
	损毁桥梁			座/米	2/22	2/76	2/38	—	—	—	—	—	—	2/49	—
	损毁隧道			座/米	—	—	—	—	—	—	—	—	—	—	—
	损毁县级以上客运站			个	—	—	—	—	—	—	—	—	—	—	—
	损毁农村客运站			个	—	—	—	—	—	—	—	—	—	—	—
	损毁码头			个	—	—	—	—	—	—	—	—	—	—	—
	损毁养护设施			台（套）	—	—	—	—	—	—	—	—	—	—	—
	损毁道班房			平方米	—	—	—	—	—	400	—	500	—	—	—
	损毁办公用房			平方米	—	—	—	—	—	—	—	—	—	—	—
国家电力系统直接经济损失				万元	—	—	—	—	—	—	—	—	—	—	48

续表1—4（五）

			单位	碑垭乡	广坪乡	禾丰乡	店子乡	摇铃乡	樵店乡	锦屏乡	柏垭乡	高观乡	张王乡	上寺乡
通信系统	直接经济损失		万元	8	8	37	8	8	8	8	8	8	8	45
	业务用房	损毁面积	平方米	—	—	260	—	—	—	—	—	—	—	260
		折合价值	万元	—	—	22	—	—	—	—	—	—	—	22
	移动通信基站	损毁数量	座	1	1	1	1	1	1	1	1	1	1	1
		折合价值	万元	4	4	4	4	4	4	4	4	4	4	4
	小灵通基站	损毁数量	座	—	—	—	—	—	—	—	—	—	—	—
		折合价值	万元	—	—	—	—	—	—	—	—	—	—	—
	光缆	损毁长度	皮长公里	—	—	—	—	—	—	—	—	—	—	—
		折合价值	万元	—	—	—	—	—	—	—	—	—	—	—
	电缆	损毁长度	皮长公里	5	5	3	5	5	5	5	5	5	5	8
		折合价值	万元	7	7	6	7	7	7	7	7	7	7	11
	交换机及接入设备	损毁数量	台	—	—	—	—	—	—	—	—	—	—	—
		折合价值	万元	—	—	—	—	—	—	—	—	—	—	—
	传输设备	损毁数量	台	—	—	—	—	—	—	—	—	—	—	1
		折合价值	万元	—	—	—	—	—	—	—	—	—	—	9
邮政系统	直接经济损失		万元	—	—	—	—	—	—	—	1	—	—	—
	受灾局所	损毁面积	平方米	—	—	—	—	—	—	—	—	—	—	—
		损失金额	万元	—	—	—	—	—	—	—	—	—	—	—
	职工住房	损毁面积	平方米	—	—	—	—	—	—	—	—	—	—	—
		损失金额	万元	—	—	—	—	—	—	—	—	—	—	—
	汽车	损毁数量	辆	—	—	—	—	—	—	—	—	—	—	—
		损失金额	万元	—	—	—	—	—	—	—	—	—	—	—
	其他设备设施	损失数量	件（台）	—	—	—	—	—	—	—	1	—	—	—
		损失金额	万元	—	—	—	—	—	—	—	1	—	—	—
	损失邮件赔偿金额		万元	—	—	—	—	—	—	—	—	—	—	—
	损失现金		万元	—	—	—	—	—	—	—	—	—	—	—
	直接经济损失		万元	—	27	7	—	232	12	25	54	86	1281	3047
	耕地	直接经济损失	万元	—	—	—	—	—	5	—	—	—	86	1980
		原有耕地面积	公顷	1080.42	900.33	795.64	982.82	902.48	920.01	680.87	806.47	1278.07	1336.15	381.67

续表1—4（五）

				单位	碑坝乡	广坪乡	禾丰乡	店子乡	摇铃乡	樵店乡	锦屏乡	柏垭乡	高观乡	张王乡	上寺乡
国土资源系统			受灾耕地面积	公顷	48.33	37.33	33.93	60.00	78.27	56.20	42.67	44.00	52.33	52.67	26.93
			受灾耕地灭失面积	公顷	—	—	—	—	—	—	—	—	—	1.33	42.00
	地质灾害		直接经济损失	万元	—	27	7	—	232	7	25	54	86	1195	1067
		隐患点	震前	处	—	—	1	—	—	1	3	4	5	6	5
			震后	处	—	2	2	—	4	3	4	4	6	4	12
		震后发生	滑坡	处	—	—	—	—	—	—	—	—	—	2	3
			崩塌	处	—	—	—	—	—	—	—	—	—	—	5
			泥石流	处	—	—	—	—	—	—	—	—	—	—	—
			其他灾害	处	—	—	—	—	—	—	—	1	—	2	—
环境保护系统	直接经济损失			万元	4	—	4	4	5	4	4	—	4	5	375
	房屋		损失面积	平方米	—	—	—	—	—	—	—	—	—	—	—
			损失金额	万元	—	—	—	—	—	—	—	—	—	—	—
	仪器设备、执法车辆		损失数量	台（套）	—	—	—	—	—	—	—	—	—	—	—
			损失金额	万元	—	—	—	—	—	—	—	—	—	—	—
	水、空气自动监控站		损失数量	台	—	—	—	—	—	—	—	—	—	—	—
			损失金额	万元	—	—	—	—	—	—	—	—	—	—	—
	生态环境损失		原有面积	万平方米	895.9	—	875.46	1386.81	1685.97	865.35	835	—	955.27	864.88	1632.91
			损坏程度	%	1.58	—	1.63	1.50	1.43	1.52	1.62	—	1.57	1.56	1.53
			损失金额	万元	4	—	4	4	5	4	4	—	4	5	6
	企业污染治理设备		损失数量	台	—	—	—	—	—	—	—	—	—	—	1
			损失金额	万元	—	—	—	—	—	—	—	—	—	—	369
	在线监控系统		损失数量	台	—	—	—	—	—	—	—	—	—	—	—
			损失金额	万元	—	—	—	—	—	—	—	—	—	—	—
	直接经济损失			万元	365	415	496	958	367	150	452	289	413	763	246
	学校数量		原有数量	所	1	1	1	2	1	1	1	1	1	3	1
			受灾数量	所	1	1	1	2	1	1	1	1	1	3	1

续表1—4（五）

			单位	碑垭乡	广坪乡	禾丰乡	店子乡	摇铃乡	樵店乡	锦屏乡	柏垭乡	高观乡	张王乡	上寺乡
教育系统	学校建筑面积	原有校舍建筑面积	平方米	5228	4822	5736	15167	5175	1900	5790	3205	4576	8455	6238
		受损校舍面积	平方米	3329	3573	4666	9694	3630	1289	4274	2754	3931	7269	2265
		倒塌校舍面积	平方米	—	670	220	—	—	—	—	—	—	—	—
		经鉴定不能继续使用的校舍面积	平方米	1899	1656	2536	5501	2070	735	2438	1570	2242	4121	1292
		经鉴定加固后可以继续使用的校舍面积	平方米	1430	1247	1910	4193	1560	554	1836	1183	1689	3148	973
		毁坏其他建筑面积	平方米	1	—	—	7	—	3	6	3	8	18	—
	毁坏教学设备仪器数量		台（件、套）	550	650	625	715	350	275	525	350	450	815	375
	毁坏图书数量		册	4740	4575	4015	5090	2712	1960	4925	1800	3800	6450	2615
卫生系统	直接经济损失		万元	47	140	107	86	49	47	109	79	127	73	56
	受损机构数量		个	7	5	7	11	8	8	7	7	9	11	5
	房屋	损失面积	平方米	1100	1580	940	1380	1200	1130	1290	660	1120	770	660
		损失金额	万元	47	140	107	86	49	47	109	79	127	73	56
	设备	损失数量	台	—	—	—	—	—	—	—	—	—	—	—
		损失金额	万元	—	—	—	—	—	—	—	—	—	—	—
	药品损失金额		万元	—	—	—	—	—	—	—	—	—	—	—
计生系统	直接经济损失		万元	20	18	25	18	19	18	16	24	59	27	14
	服务机构数目		个	8	7	11	7	7	8	7	9	12	11	5
	房屋损失	倒塌面积	平方米	—	—	—	—	—	—	—	—	—	—	—
		危房面积	平方米	—	—	—	—	—	—	—	—	180	—	—
		损坏面积	平方米	305	266	385	264	278	305	278	346	330	406	210
		损失价值	万元	15	13	19	13	14	15	14	17	56	20	11
	设备损失	损失数量	件	10	13	9	12	12	10	13	16	10	18	13
		损失价值	万元	5	5	6	5	5	3	2	7	3	7	3
	药品药具损失价值		万元	—	—	—	—	—	—	—	—	—	—	—
	直接经济损失		万元	81	91	73	95	87	92	77	87	133	267	71

续表1 —4（五）

				单位	碑垭乡	广坪乡	禾丰乡	店子乡	摇铃乡	樵店乡	锦屏乡	柏垭乡	高观乡	张王乡	上寺乡
文化系统	文化市场、文化产业设备地震灾害损失	受损机构数量		个	—	—	—	—	—	—	—	1	—	—	—
		房屋受损	面积	平方米	—	—	—	—	—	—	—	30	—	—	—
			金额	万元	—	—	—	—	—	—	—	1	—	—	—
		设备受损数量		台	—	—	—	—	—	—	—	6	—	—	—
		直接经济损失		万元	—	—	—	—	—	—	—	3	—	—	—
	公共文化设施地震灾害损失	受损机构数量		个	8	8	8	12	9	9	8	10	13	12	6
		房屋受损	面积	平方米	720	768	672	960	792	984	720	840	1176	2736	576
			金额	万元	18	19	17	23	19	20	16	19	28	66	14
		设备受损数量		台	122	145	100	117	126	217	122	120	190	276	117
		图书受损数量		册	135	135	130	186	157	143	124	200	324	362	108
		直接经济损失		万元	81	91	73	95	87	92	77	84	133	267	71
文物系统	直接经济损失			万元	—	—	—	—	—	—	60	—	—	28	28
	文物本体损毁数量			件	—	—	—	—	—	—	2	—	—	1	1
	管理用房损失	损失面积		平方米	—	—	—	—	—	—	300	—	—	80	120
		损失金额		万元	—	—	—	—	—	—	30	—	—	8	13
	防护设施损失金额			万元	—	—	—	—	—	—	30	—	—	20	15
宗教系统	直接经济损失			万元	—	—	—	2	—	7	52	27	—	—	23
	损失宗教场所数量			处	—	—	—	1	—	1	2	1	—	—	1
体育系统	直接经济损失			万元	—	—	—	—	—	—	—	—	—	—	—
	公共比赛场馆（有观众席位）	损失面积		平方米	—	—	—	—	—	—	—	—	—	—	—
		损失金额		万元	—	—	—	—	—	—	—	—	—	—	—
	运动员训练场馆	损失面积		平方米	—	—	—	—	—	—	—	—	—	—	—
		损失金额		万元	—	—	—	—	—	—	—	—	—	—	—
	其他体育用房	损失面积		平方米	—	—	—	—	—	—	—	—	—	—	—
		损失金额		万元	—	—	—	—	—	—	—	—	—	—	—
	全民健身路径工程	损失数量		套	—	—	—	—	—	—	—	—	—	—	—
		损失金额		万元	—	—	—	—	—	—	—	—	—	—	—
	农民体育健身工程	损失数量		个	—	—	—	—	—	—	—	—	—	—	—
		损失金额		万元	—	—	—	—	—	—	—	—	—	—	—

续表1—4（五）

			单位	碑垭乡	广坪乡	禾丰乡	店子乡	摇铃乡	樵店乡	锦屏乡	柏垭乡	高观乡	张王乡	上寺乡
民政系统	直接经济损失		万元	—	—	—	48	—	—	—	—	—	—	—
	民政事业单位	原有数量	个	—	—	—	1	—	—	—	—	—	—	—
		受损数量	个	—	—	—	1	—	—	—	—	—	—	—
	房屋	原有面积	平方米	—	—	—	1200	—	—	—	—	—	—	—
		受损面积	平方米	—	—	—	936	—	—	—	—	—	—	—
	设备	原有价值	万元	—	—	—	8	—	—	—	—	—	—	—
		受损价值	万元	—	—	—	6	—	—	—	—	—	—	—
金融系统	直接经济损失		万元	68	—	—	2	—	1	37	—	48	8	—
	营业房和办公用房损失	损失面积	平方米	570	—	—	—	—	—	310	—	400	—	—
		损失价值	万元	68	—	—	2	—	1	37	—	48	8	—
	固定资产及设备损失	系统设备	万元	—	—	—	—	—	—	—	—	—	—	—
		网络设备	万元	—	—	—	—	—	—	—	—	—	—	—
		损失总值	万元	—	—	—	—	—	—	—	—	—	—	—
	现金损失		万元	—	—	—	—	—	—	—	—	—	—	—
商务系统	直接经济损失		万元	90	130	60	80	70	120	220	60	240	250	80
	损毁营业房面积		平方米	200	800	400	500	650	300	700	400	800	900	600
	损毁商品金额		万元	2	7	3	5	6	2	7	3	9	10	5
	损毁现金		万元	—	—	—	—	—	—	—	—	—	—	—
粮食系统	直接经济损失		万元	57	51	45	59	37	130	170	107	57	259	—
	仓库损失	仓库损失数量	个	2	2	3	4	2	3	4	3	3	5	—
		损失仓罐容	吨	858	766	667	894	574	2252	2929	278	150	1206	—
		损失金额	万元	39	35	30	41	26	81	106	36	19	184	—
	附属设施损失金额		万元	16	14	13	16	10	43	56	67	36	68	—
	粮油损失	损失数量	吨	—	—	—	—	—	—	—	—	—	—	—
		损失金额	万元	—	—	—	—	—	—	—	—	—	—	—
	办公楼损失	损失数量	平方米	13	11	10	13	8	75	98	63	34	106	—
		损失金额	万元	2	2	2	2	1	6	8	4	2	7	—
	其他损失金额		万元	—	—	—	—	—	—	—	—	—	—	—

续表1—4（五）

			单位	碑垭乡	广坪乡	禾丰乡	店子乡	摇铃乡	樵店乡	锦屏乡	柏垭乡	高观乡	张王乡	上寺乡
供销系统	直接经济损失		万元	75	68	79	—	—	—	6	58	32	—	8
	损毁房屋面积		平方米	1710	1220	1550	—	—	—	300	730	310	—	—
	损毁商品价值		万元	2	1	2	—	—	—	1	3	4	—	8
	现金损失		万元	—	—	—	—	—	—	—	—	—	—	—
旅游系统	直接经济损失		万元	—	—	—	—	—	—	—	—	—	—	—
	景区	受损个数	个	—	—	—	—	—	—	—	—	—	—	—
		损失金额	万元	—	—	—	—	—	—	—	—	—	—	—
	宾馆饭店	受损数量	个	—	—	—	—	—	—	—	—	—	—	—
		损失价值	万元	—	—	—	—	—	—	—	—	—	—	—
	办公用房	受损面积	平方米	—	—	—	—	—	—	—	—	—	—	—
		损失金额	万元	—	—	—	—	—	—	—	—	—	—	—
	车辆	损失数量	辆	—	—	—	—	—	—	—	—	—	—	—
		损失金额	万元	—	—	—	—	—	—	—	—	—	—	—
广电系统	直接经济损失		万元	46	25	—	—	29	—	—	—	17	19	36
	受损台站数量		个	1	1	—	—	1	—	—	—	1	1	1
	办公用房和机房损失	受损面积	平方米	50	50	—	—	48	—	—	—	40	56	60
		损失价值	万元	10	10	—	—	10	—	—	—	8	11	12
	光缆线路	损失长度	千米	41.00	14.50	—	—	16.50	—	—	—	3.20	2.50	14.80
		损失价值	万元	28	10	—	—	11	—	—	—	2	2	10
	专业设备	受损数量	台（件、套）	37	25	—	—	39	—	—	—	24	23	51
		损失金额	万元	9	6	—	—	8	—	—	—	7	7	15
党政机关	直接经济损失		万元	323	452	362	303	427	349	365	377	438	377	343
	行政机关	受损房屋	平方米	1900	1861	1213	1400	1650	2400	1492	3258	1820	2238	2200
		受损设备	件（台）	37	31	—	—	66	45	6	20	45	8	136
		经济损失	万元	207	263	255	156	261	254	258	265	263	235	263
	事业单位	受损房屋	平方米	470	855	390	661	702	378	452	469	801	589	320
		受损设备	件（台）	12	14	7	9	14	7	9	14	10	11	10
		经济损失	万元	116	189	107	147	166	95	107	112	175	142	80

续表1 —4（五）

		单位	碑垭乡	广坪乡	禾丰乡	店子乡	摇铃乡	樵店乡	锦屏乡	柏垭乡	高观乡	张王乡	上寺乡
城镇公用设施	直接经济损失	万元	143	123	127	185	143	127	185	214	214	110	98
	城市供排水管道损毁	千米	1.70	1.20	1.30	1.50	1.70	1.30	1.50	1.60	1.60	1.50	1.20
	城市燃气管道损毁	千米	—	—	—	—	—	—	—	—	—	—	—
	市政道路损毁	千米	0.30	0.30	0.30	0.50	0.30	0.30	0.50	0.60	0.60	0.20	0.20
	城市桥梁损毁	座	—	—	—	—	—	—	—	—	—	—	—
	生活垃圾收集处理设施损毁	座	—	—	—	—	—	—	—	—	—	—	—
农村居民房屋	直接经济损失	万元	12234	6886	5842	3734	10421	3755	10151	2270	11750	12318	16011
	倒塌房屋	户	15	126	93	65	98	41	44	5	136	114	755
		人	55	459	339	237	357	149	160	18	495	415	2748
		间	138	1165	860	601	906	379	407	47	1259	1055	6990
		平方米	3540	29820	22020	15390	23190	9690	10410	1200	32220	27000	178950
	严重受损房屋	户	826	311	282	173	592	206	644	150	633	701	117
		人	2850	1073	973	597	2042	711	2222	518	2184	2418	404
		间	5748	2165	1963	1204	4120	1433	4482	1045	4412	4886	815
		平方米	170730	64290	58290	35760	122370	42570	133110	31050	131040	145110	24210
城镇居民房屋	直接经济损失	万元	1359	1373	1203	1128	1364	1202	1355	1486	1670	4111	1166
	原有房屋住宅面积	平方米	21356	24166	18570	19512	24517	18129	21584	22152	26102	57165	16263
	已登记产权房屋住宅面积	平方米	1840	230	2730	9400	708	7105	7316	21140	14212	25344	2952
	倒塌或损毁	户	4	1	3	4	—	—	5	2	—	1	3
		人	10	4	8	11	—	—	15	5	—	2	9
		间	15	6	12	16	—	—	22	7	—	3	14
		平方米	381	160	290	410	—	—	540	180	—	80	340
	严重破坏	户	88	82	85	76	77	87	83	109	110	261	90
		人	257	238	246	220	224	252	240	317	318	758	262
		间	378	351	362	324	329	371	353	466	469	1116	386
		平方米	9441	8775	9050	8089	8236	9282	8821	11654	11714	27893	9643
	一般破坏	平方米	6966	9747	4379	4833	11461	4521	8125	4619	9545	25862	1692
	小计	平方米	16788	18682	13719	13332	19697	13803	17486	16453	21259	53835	11675

续表1—4（五）

			单位	碑垭乡	广坪乡	禾丰乡	店子乡	摇铃乡	樵店乡	锦屏乡	柏垭乡	高观乡	张王乡	上寺乡
	受影响居住人口		户	165	198	132	143	217	141	192	184	223	589	118
			万人	0.05	0.06	0.04	0.05	0.06	0.05	0.06	0.06	0.07	0.18	0.04
居民财产（不包括房屋和土地）	城乡居民经济损失合计	损失合计	万元	—	—	—	—	—	—	—	—	—	—	—
		家庭财产损失	万元	—	—	—	—	—	—	—	—	—	—	—
		经营性财产损失	万元	—	—	—	—	—	—	—	—	—	—	—
	农村居民经济损失	家庭财产损失	万元	—	—	—	—	—	—	—	—	—	—	—
		经营性财产损失	万元	—	—	—	—	—	—	—	—	—	—	—
		损失小计	万元	—	—	—	—	—	—	—	—	—	—	—
	城镇居民经济损失	家庭财产损失	万元	—	—	—	—	—	—	—	—	—	—	—
		经营性财产损失	万元	—	—	—	—	—	—	—	—	—	—	—
		损失小计	万元	—	—	—	—	—	—	—	—	—	—	—

说明：全县直接经济损失合计包括居民财产损失，居民财产损失无分乡镇损失数据，全县直接经济损失合计不等于分乡镇之和。

第二篇　抢险救灾

“5·12”地震发生后，县委、县政府紧急启动《剑阁县地震灾害应急预案》，成立抗震救灾指挥部，下设10个工作组，带领全县各级党委、政府和基层组织广大党员、干部、群众快速投入抗震救灾战斗中。县级各部门（单位）、各乡镇相继成立抗震救灾领导小组。全县成立抗震救灾指挥机构104个（县级1个，县级部门46个，乡镇57个）。各级党组织紧急行动，不等不靠，组建抢险救灾、医疗救护、灾情统计、安全巡逻和灾情报道等工作小组，在第一时间亲临抗震救灾最前线。

县委、县政府坚持生命至上，在全县组织1.3万人的抗震救灾突击队、应急队、搜救队60个，第一时间搜救伤员、转移受灾群众。到学校、医院、居民聚集区、地质灾害地区紧急抢救、疏散群众，救助遇险群众4.7万人，紧急转移群众21万多人。

县委、县政府组织统筹各方力量，在短时间恢复道路、通信、供水、供电、供气等基础设施，抢救被毁设施和国家金融资产，保护档案资料和文物古迹，有效排除塌方、滑坡、泥石流等次生灾害隐患，拆除高危建筑，妥善处置震损水库，注重卫生防疫和环境保护工作，恢复生产生活秩序，维护灾区社会治安稳定。救灾工作取得显著成效。

15日，全县通信恢复70%。18日，全面抢修广电中心大楼机房震坏设备，更换不能修好的部分零部件；将信号前端机转移到大楼前空地上，搭建临时播出场地，找电源、布线路、安设备、调信号，建起临时广播电视节目制作与播出点；恢复广播电视节目的播出。通过紧急抢修，5月20日基本恢复居民用水。5月底全县天然气公司和液化气企业恢复供气。

全县金融系统职工团结一致，奋起抗震救灾，抢救和保护国家金融资产，最大限度降低损失。组织人员撤离，封锁受灾现场，加大保卫力量，24小时武装守库、值班、巡逻，确保资金和职工人身安全。对发行库库款点箱（袋）点捆，核对数目，做到账实相符。

6月1日，县政府办印发《关于认真做好抗震救时期档案规范化管理的通知》，要求认真做好档案安全保管工作，做好档案开发利用和档案资料收集工作。规定凡档案安全出了问题，追究一把手责任。从6月2日起，县委办、县政府办组织相关人员深入乡镇、机关、学校认真开展档案检查工作，对全县57个乡镇政府、4所中学和68个县级机关部门，进行档案安全检查。

截至6月2日，累计收治伤病员5622人次，其中，县级医院门诊治疗2214人次，乡镇医院门诊治疗1027人次。累计住院收治2137人次，转移外地治疗10人次。

全国各地、社会各界，特别是武警消防、解放军、民兵预备役官兵，公安干警、对口支援单位不途遗力，组织物资、资金，派出救援、医疗队伍，支援剑阁抗震救灾。

2008 年 6 月 13 日，剑阁被国务院列为对口省市援建的四川灾区 18 个“5・12”地震重灾县之一，确定黑龙江省对口支援，在救援、房屋鉴定、就业援助、交通、支教、医疗、财政评审等方面全方位援助。

浙江省抢险救援队（宁波建工集团）700 多名干部工人进驻下寺镇、武连镇、上寺乡等重灾乡镇，日夜奋战，按时完成 4956 套板房的安装任务。

参加救灾抢险的部队官兵共 2028 人，其中干部 159 人，战士 1869 人。部队自带运输车辆、铲车、挖掘机、装载机、铁锹及其他救灾抢险工具。主要任务是清理灾后废墟，排除危房险情，为灾后重建平整场地，搬运红砖、木材等救灾物资。

中煤集团山西平朔公司救援队员历时一个多月，帮助上寺、下寺、毛坝、武连、东宝、普安 6 个乡镇拆除危房 1492 户、6290 间、3. 03 万平方米。为 11 个行政事业、企业单位拆除危房 2. 8 万平方米。平整场地 15. 37 万平方米，搬运建筑垃圾 10000 余吨。

剑阁县灾情受到中央、省、市领导高度关注。全国政协副主席王志珍、全国政协原副主席杨汝岱，省委、省人大、省政府、成都军区、四川省军区领导刘奇葆、蒋巨峰、陶武先、张作哈、晏永和、段禄定等，广元市领导罗强、马华、唐全林、王振会、黄正富、张康明、张兴德、严明清等亲临剑阁县指导抗震救灾工作，极大鼓舞灾区人民抗震自救的斗志，增强了重建美好家园的信心和决心。

第一章 组织救援

第一节 决策部署

中央决策 2008年5月12日，汶川特大地震发生当晚，中共中央总书记、国家主席、中央军委主席胡锦涛主持召开中央政治局常委会，决定成立国务院抗震救灾总指挥部。根据中共中央决定，国务院迅速成立抗震救灾总指挥部，由国务院总理温家宝任总指挥，国务院副总理李克强、回良玉任副总指挥，下设由有关职能部门、军队、武警部队和地方党委、政府主要领导负责人参加的抢险救灾组、群众生活组、地震监测组、卫生防疫组、宣传组、生产恢复组、基础设施保障组（后改为基础设施保障和灾后重建组）、社会治安组8个抗震救灾工作组（后增设水利组），分别负责具体指挥相关领域的救援与处置工作；同时还在都江堰设置总指挥四川前方指挥部，亲临一线指挥。国务院召开两次常务会议，讨论部署救灾工作。至5月29日，召开第14次会议，出台一系列文件和政策，确保人员调配、物资保障等救灾工作顺利进行。要求大力发扬全国“一盘棋”思想，一方有难、八方支援，一切为了灾区、全力支援灾区，灾区党委、政府委把抢救人的生命摆放在第一位，只要有一线希望就尽百倍努力，迅速组织各方救援力量解救被困群众，及时救治伤病员；千方百计安置受灾群众生活，解决群众最急最盼的生活难题，救助困难群众；确保中小学校在新学期开始前全面复课开学；采取有效措施确保大灾之后无大疫，让灾区人民有饭吃、有衣穿、有干净水喝、有住处、有病能及时得到医治；全力抢修交通、电力、通信、广电、水电、水利、供水、供气等基础设施；及时处理和化解堰塞湖等次生灾害；积极组织资金拨付和物资供应，并及时采取措施加强对管理使用情况的监督检查，确保抗震救灾资金物资及时有效用于灾区和受灾群众；加强政策扶持，抓好灾区生产恢复工作；开展评估和规划工作，及时制定有关条例、指导意见和规划；中央财政建立专项基金，组织实施对口支持，全面推进抢险救灾工作。6月11日，国务院办公厅发《汶川特大地震灾后恢复重建对口支援方案》，黑龙江省对口支援剑阁县。

省 市部署 “5·12”地震发生后，省委书记、省人大常委会主任、省“5·12”抗震救灾指挥部指挥长刘奇葆就作出各级党委、政府迅速抢救伤员，把受灾群众转移到安全地带，保障受灾群众有饭吃、有衣穿、有住处等7条指示。成立四川省抗震救灾指挥部。13日，向全省发表《全体动员、众志成城、奋力夺取抗震救灾斗争的胜利》动员讲话，部署抗震救灾工作。要求在抢险救援阶段，突出生命至上，与时间赛跑、同死神抗争，尽最大可能救人。5月27日，下发《关于做好地震灾区群众过渡安置工作的通知》；29日下发《关于组织发动群众开展生产自救重建家园的通知》，布置过渡住房建设、安置工作，优先恢复群众住房和与群众生活生产密切相关的公共设施，保障和改善民生工程。号召灾区人民自强自立，不等不靠，抗击灾害，重建美好家园，努力夺取抗震救灾斗争和经济社会发展全面胜利。

地震发生后，广元市委、市政府立即召开紧急会议，部署抗震救灾工作。按照生命至上，救人第一的要求，全力做好灾害应对工作。启动抗震救灾应急预案，成立广元市抗震救灾指挥部，市级领导和相关部门负责人为成员，下设稳定组、宣传组、后勤保障组、应急救援组等工作组，迅速开展工作。指挥部多次召开抗震指挥部全体会议，听取情况汇报，结合县、区上报的灾情，详细安排部署下一步的工作，下发《做好抗震救灾工作的紧急通知》，要求各县区、开发区管委及相关部门，迅速采取措施，抢救人员生命，救护伤员；全力抢修通信、水电、广播电视等设施；维护群众正常生活秩序，组织公安、武警、政法部门24小时巡查，确保社会稳定。

地震后，广元市政府召开会议，专题研究抗震救灾工作，制定《广元市抗震救灾恢复重建工作实施方案》，全市抗震救灾工作重心从应急阶段转移到救灾安置、重建家园、恢复重建上来。

剑阁部署 地震发生后，剑阁县委紧急研究部署救灾工作。15时30分，县委召开县四大班子领导干部紧急会议，启动抗震救灾应急预案，成立剑阁县“5・12”抗震救灾指挥部，安排部署抗震救灾工作。随后，县四大班子11名县级领导分别带领11个工作组深入灾区乡镇、学校、医院等重点受灾区域查灾，指导抗震救灾。组织各级党员干部、公安、武警、民兵应急分队全力投入抢险，抢救伤员，安葬遇难人员，转移安置受灾群众。是日22时，县委召开常委（扩大）会议，传达省、市抗震救灾会议精神，听取各查灾小组灾情收集情况汇报，分析灾情，落实责任，安排抗灾工作。13日凌晨6点，县四大班子领导再次分别带队深入各乡镇、重点区域查灾，指导救灾工作，传达县委常委（扩大）会议精神。5月15日，县委、县政府决定县级部门定点帮扶乡镇抗震救灾重建家园，一个乡镇一名县级领导干部，一个乡镇一个县级部门帮扶，尽快帮助受灾群众做好抗震救灾，重建家园。5月17日，县委、县政府决定成立联络衔接、救灾物资接收和救灾物资发放三个工作组，明确纪律，落实责任，以确保救灾物资快速及时有效地接收发放，帮助群众渡过难关。5月22日，县委、县政府召开专题会议，成立青川移民工作领导小组，决定在30个乡镇安置青川移民2000人。要求各乡镇及时组织乡镇、村组干部深入到村组户，开展闲置房屋土地林地的调查摸底工作。明确接收和补贴标准，制定接收方案，落实安置措施，及时安置。5月31日，县抗震救灾指挥部分别部署组织群众生产自救重建家园工作和做好地震灾区群众过渡安置工作，发挥群众在生产自救、灾后重建中的主观能动作用，做好群众安置平稳过渡工作。为进一步加强救灾物资的监督管理，剑阁县委、县政府于6月7日决定对救灾物资收发情况进行一次全面自查，要求于6月9日前详细填写《救灾物资接收、发放明细表》并形成书面报告。同日，县委、县政府召开专题会议，研究浙江省支援剑阁抗震救灾工作，决定成立剑阁县接受浙江省支援剑阁抗震救灾领导小组，具体部置受援工作。6月12—19日，剑阁县收到上级政府拨付的抗震救灾专项资金和兄弟省（区、市）、社会各界捐赠的大量款、物，县委、县政府为给广大群众和捐赠者一本“明白账”“放心账”，决定组成联合检查组，对全县救灾款物的接收、发放、使用、管理情况进行全面检查。6月12日，县委、县政府安排部署，对全县各乡镇政府、学校、医院等公益事业单位和民房进行安全隐患排查。6月13日，安排县民政部门牵头，开展对农村自建房、过渡期安置房享受补助的农户进行调查核实上报工作。7月17日，县委、县政府部署农房重建工作，要求全县在2008年全面完成农房重建任务。9月9日，县政府印发《剑阁县“5·12”地震损坏农房维修加固工作方案》，要求在2008年10月10日前汇总上报损坏农房维修加固情况，2008年12月31日前确保全面完成损坏农房维修加固任务。10月，县政府召开第十六次常务会议，根据广元市“5·12”抗震救灾指挥部发布第18号《关于进一步抓好重建农房建材生产供应控制建材价格的令》，安排全县建材特供工作，印发《关于做好灾后农房重建砂石特供有关问题的通知》《关于切实做好灾后农房重建用砖特供工作的实施意见》。28日，县委办、县政府办印发《关于进一步做好地震受灾群众安全过冬工作的通知》，安排解决受灾户冬令期间吃穿住问题，要求于11月5日前全面完成受灾群众安全过冬的各项整改工作，确保受灾群众安全过冬。11月21日，县政府印发《关于变更我县“5·12”地震损坏农房维修加固资金补助标准的通知》，安排财政局尽快将资金下拨到乡镇，各乡镇要迅速组织兑现，确保2008年底前全面完成损坏农房维修加固任务。12月16日，县政府办转发市府办《关于“5·12”地震受灾群众投亲靠友有关问题的通知》，解决投亲靠友安置中的具体问题，妥善安置受灾群众。23日，县委办、县政府办印发《关于组建剑阁县“5·12”灾后恢复重建委员会的通知》，决定撤销剑阁县“5·12”抗震救灾指挥部，组建剑阁县“5·12”地震灾后恢复重建委员会。剑阁县抗震救灾取得阶段性胜利。应急抢险、过渡安置工作基本结束，恢复重建全面展开。

第二节　组织机构

地震后，县委紧急召开四大班子会议，研究部署抢险救灾工作。县委办、县政府办迅速印发《关于成立剑阁县“5·12”抗震救灾指挥部的通知》，成立剑阁县“5·12”抗震救灾指挥部，县委主要领导任指挥长，县委副书记、县长田中文，县委常委、常务副县长，县委常委、县纪委书记卢达昌任副指挥长；县政协主席王成书，县人大常委会党组书记、副主任何德生，县委常委、组织部长夏思法，县委常委、副县长肖光林，县委常委、政法委书记吴勇，县委常委、人武部政委彭廷明，县委常委、县委办主任王湖益，副县长贾剑生、杨正国、赵春学为成员。指挥部负责宣传、贯彻落实国家、省、市抗震救灾的方针政策；制定抗震救灾的具体方略、措施；组织指挥全县抗震救灾，协调处理赈灾救助中出现的突发情况和重大事宜；部署四大班子领导带队深入重灾乡镇察看灾情，核实、上报震灾损失；监管救灾物资接收、发放，救灾资金分配使用；组织抢救震灾伤员、安葬遇难人员，转移安置受灾群众；加强治安管理，维护社会稳定；围绕抗震救灾大局，提供组织保障，监督管理使用干部。2008年6月，增补县委常委、宣传部长贾小玲，县委常委、副县长王绍光，副县长曾维忠、邓益平为“5·12”抗震救灾指挥部成员。

剑阁县“5·12”抗震救灾指挥部成立后，迅即启动应急预案，组建应急机构，成立总值班室、维护社会安全组、交通保障组、通讯保障组、电力保障组、救灾物资组、宣传报道组、食品保障组、铁路运输组、秘书组。组织全县各级党员干部、公安、武警、消防、民兵应急分队，迅即投入抢险救灾。

县级各部门（单位）、各乡镇相继成立抗震救灾领导小组抗震救灾指挥部，组建抢险救灾、医疗救护、灾情统计、安全巡逻和灾情报道等工作小组，组织抢险队，紧急行动，不等不靠，始终站在抗震救灾最前线。地震发生的当晚，全县57个乡镇党委、政府和86个县级部门就在搭建的临时帐篷内办公，并实行24小时值班制。

针对居民集中安置点、青川移民、救援队伍较多的实际情况，在全县组建应急抢险、救灾物资接收和发放、“黄丝带”志愿者、赴青川救援队、（移）居民集中安置点等86个临时党支部。对在地震中党组织活动场所垮塌和成为危房的268个村党支部、16个乡镇党委、23个县级部门、103所学校、医院、企业党组织，要求在第一时间把帐篷、简易防震棚等作为临时办公地点，悬挂党组织标牌和党旗。在抗震救灾“火线”发展党员62人。做到哪里有受灾群众，哪里就有党员，哪里有党员，哪里就有党组织。

第三节　现场指挥

省领导现场指挥　2008年5月19日，省政协副主席、省“5·12”抗震救灾指挥部驻广元市工作组副组长晏永和在剑阁上寺乡桅杆村、下寺镇拐枣村、剑门工业园区察看灾情，慰问受灾群众，听取县委、县政府主要领导关于剑阁地震灾情和抗震救灾工作打算的汇报。晏永和对剑阁前一阶段抗震救灾工作给予充分肯定，要求剑阁下一步的抗震救灾工作，要按照省委扩大会议精神，因地制宜、低成本高效率地做好受灾群众安置工作；要迅速及时兑现困难群众救济补助政策；救灾物资分配要从严把控，做到公开、透明、公正、廉洁；要抓好重建家园规划，灾后重建用地要在统一规划、占补平衡的前提下，由县政府批准，税费全免；灾后农户林木用材可集中3—5年的用材指标统一使用，由县政府审批，林业规费全免；农民灾后重建急需的贷款由政府证明贷款、信用担保，实行免息或降息政策；落实好受灾群众临时住房和灾后重建国家补贴政策，县政府应尽快批准黏土砖、小砖窑投产建设，并给予政策支持。在灾后重建中可将扶农惠农的各项政策资金集中打捆，配套使用。集中供水、通村公路、联户道路等都要统一规划，配套建设。灾后重建不是简单的恢复重建，而是社会主义新农村的建设、高水平的灾后重建。晏永和对剑阁提出的抗震救灾政策建议予以肯定，表示将以省政协主席名义搞个专题报告，送省委、省政府领导阅示。

27日，陶武先在广元市政协主席唐全林陪同下到剑阁慰问受灾群众，检查灾后重建，察看下寺镇拐枣村村级卫生站、便民超市和受灾群众安置情况。陶武先充分肯定剑阁受灾群众安置及灾后重建取得的成绩，要求剑阁要做好以下工作：加强卫生防疫，确保大灾过后无大疫；全力保障受灾群众生活，必须做到“五有”（有房住、有饭吃、有御寒衣物、有钱治病、有干净水喝），帮助老百姓渡过难关；抓好大春“双抢”工作，确保大灾之后不减收；抓好重建工作，灾后重建要科学规划，合理布局，迅速有序推进，要与工业化、城市化、环境优美化紧密结合。

6月10日，晏永和在剑阁县城北镇前锋村、剑州中学、汉阳中学、上寺乡桅杆村指导灾后过渡安置房建设，县委、县政府主要领导分别作汇报。6月16日，晏永和一行在广元市政协副主席樊怀京、剑阁县委主要领导、县人大主任、县政协主席的陪同下，深入高观乡张帽村七组、禾丰乡禾丰村二组察看灾情和青川移民安置情况。17日，副省长张作哈一行到剑指挥抗震救灾，察看了城北镇新华村现代农业示范园区建设，在高观乡移民安置点看望慰问青川移民，沿途察看烤烟种植及下寺镇拐枣村、三江村、沙溪村、县城城区地震灾情，督导受灾群众过渡房建设及受灾群众安置工作。他指出，剑阁受“5·12”汶川8.0级强震波及和多次余震冲击，损失惨重。剑阁县委、县政府在地震灾害面前组织有序，应对有方，指挥得力，整个抗震救灾工作稳步推进。他要求继续发扬不折不挠、顽强拼搏精神，坚持抗震救灾与发展经济、发展农业生产两手齐抓，夺取抗震救灾全面胜利。市长马华、副市长张兴德陪同，县委、县政府主要领导参加，并作汇报。18日，省委副书记、省长、省“5·12”抗震救灾指挥部副指挥长蒋巨峰在剑阁指挥抗震救灾和灾后重建恢复重建。他先后在上寺乡桅杆村、下寺镇拐枣村、大桥村察看灾情，慰问受灾群众。他强调，当前救灾和重建工作头绪多、任务重，要按照党中央、国务院的总体部署和省委、省政府的统一要求，坚持“两手抓”：一手抓好抗震救灾，一手抓好经济社会发展。要坚持以人为本，抓紧救治地震伤员，妥善安置受灾群众，加强卫生防疫工作，确保大灾之后无大疫。要防止次生灾害发生，不再出现新的人员伤亡；要因地制宜研究恢复生产、恢复重建。灾后重建要科学规划，按新农村建设标准设计，必须按照水、电、路、环卫、绿化标准配套进行，使灾后农村有个新的风貌；要按国务院的统一部署和省委的统一要求，做好对口支援重建的准备工作。灾后援建要突出自身特色和资源优势，抓好灾后国家支持重建、援建的大好机遇，抓好项目发展，抓好经济发展，抓好社会事业发展，抓好灾区稳定。指出要教育群众坚持自力更生，艰苦奋斗，用自己勤劳的双手搞好灾后重建。当地党政机关要组织好、动员好，发动好群众，充分发挥在群众灾后重建中的主体作用，用自己的双手和辛勤劳动重建美好家园。省政协副主席晏永和，省政府秘书长、办公厅主任于伟，广元市委书记罗强、市长马华陪同，县委、县政府主要领导分别作汇报。

7月4日，刘奇葆深入剑阁县察看灾情，指导灾后重建。他先后在北庙乡石桥村青川移民安置点、孤玉村震灾居民安置小区、城北镇民主村受灾群众重建示范点和剑门工业园区等地察看。他充分肯定剑阁在自身严重受灾的情况下，主动接纳安置极重灾区青川县移民，在关键时刻顾全大局，为党委、政府分忧，为青川重灾县解难；剑阁分散安置震灾移民的经验值得推广。刘奇葆要求，在解决受灾群众困难时，要对异地安置移民的特殊困难户予以特别关注，帮助尽早动工修建永久性住房，让群众真正安家、安心；要求农村重建一定要达到安全设防标准，在风貌上不搞千篇一律，要有四川风格；要想尽千方百计，保障农村永久性住房建设所需建材，县乡要负责砖瓦等建材生产、供应。钢材、水泥建材要统一调配使用；严格控制建材价格，不能高于震前水平，切实降低农房恢复重建成本；汶川特大地震后，倒房户补助资金是新中国成立以来数额最大的一次，县乡要管好、用好，分配要公平、公正、公开，用在灾后重建永久性住房上，严禁贪污挪用，转移用途。金融部门要加强信贷支持，扶持受灾群众自住房建设；相关行业部门要加强技术指导，确保新建房高标准、高质量，体现川北民居风貌；民居建设要与水、电、路、沼气、绿化、环境整治配套。既坚持高标准，保证质量，又加快进度，同时功能配套，环境优美。在剑门工业园区，刘奇葆察看了灾后剑阁工业企业开工情况。对剑阁在灾后以工业恢复为重点抓经济发展的做法予以肯定。他要求一定要抓住黑龙江省援建机遇，在灾后重建中加快工业发展，使工业经济上一个台阶，保持剑阁经济持续快速发展。省委常委、副省长、省委秘书长钟勉，副省长王宁，省政协副主席晏永和，广元市委书记罗强，市委常委、市委秘书长黄正富陪同。县委、县政府主要领导参加，并作汇报。9 日，陶武先在剑阁指导抗震救灾，深入北庙乡孤玉村、城北镇民主村、汉阳镇察看受灾群众安置、生活救助、灾后重建工作。罗强、唐全林陪同，田中文、王成书参加。12 日，成都军区副政委、成都军区抗震救灾第五责任区指挥长段禄定中将在剑阁检查地方武装和民兵预备役分队抗震救灾宿营地和救灾入户工作。广元市委常委、广元军分区政委张锐陪同。剑阁县委、县人武部领导分别作汇报。15 日，段禄定在剑阁检查民兵应急分队支援青川县抗震救灾“进村入户”工作情况。广元军分区司令员王太平陪同，剑阁县人武部部长罗家明，县委常委、县人武部政委彭廷明汇报救援工作。28 日，中纪委副局级专员刘流率中央抗震救灾资金、物资第二监督检查组赴剑，实地检查抗震救灾资金、物资使用和监督管理情况。市委副书记、市纪委书记李茂森，市纪委副书记、市监察局局长赵天禄陪同。卢达昌汇报。

8 月 25 日，省政协副主席晏永和在剑阁调研指挥灾后重建，深入乡镇、学校、医院、企业调研后，在县委领导班子会上充分肯定了剑阁在抢救生命、临时过渡安置、次生灾害防治、灾后防疫、受灾群众生活救助、灾后恢复重建等各个阶段取得的显著成绩：全省灾后重建现场会在剑阁召开，刘奇葆书记重点表扬剑阁：剑阁在本身极端困难的情况下，主动帮助青川安置移民，率先在全省跨地区安置创造了经验；剑阁在全省率先开展了千名领导干部下乡大接访活动，采取提前公告的方式让老百姓知晓，有效地把各类矛盾处置在萌芽状态；剑阁把灾后重建与工业化、城镇化、新农村建设、产业培育相结合，眼光是长远的；与对口援建省关系处理得很好，群众是主体，政府是主导，援建方是帮助，最终为老百姓做成实实在在的事。希望剑阁戒骄戒躁，再接再厉，把抗震救灾各项工作做得更好。晏永和强调，过渡安置基本任务完成以后，剑阁的主要任务是抓永久性住房重建，工作要着眼于精，立足于细，要切实加强卫生死角管理，增强安全防范意识。

9 月 23 日，省委常委、省总工会主席李登菊在剑阁慰问黑龙江省全体援建工作人员，为援建人员送上电热毯、烘干器等物品，并实地察看灾后重建和援建工作。

11 月 6 日，省委常委、组织部部长柯尊平在剑阁调研、督查灾后重建，慰问基层受灾党员，看望慰问援建指挥部工作人员。同日，晏永和在北庙乡石桥村、城北镇柳垭村、剑门关镇等地察看灾后重建和农村困难群众安全越冬情况。

市领导现场指挥 5 月 13 日，市人大常委会党组书记、副主任赵安均在下寺镇、普安镇察看地震灾情，慰问受灾群众，现场指挥抢险。5 月 16 日，罗强在剑阁察看地震灾情，慰问受灾群众，要求干群要团结一心，全力保障受灾群众基本生活，奋力推进抗震救灾工作。17 日，市人大常委会党组书记、副主任赵安均及副主任陈杰章、黄黎明、王永君在下寺镇、上寺乡查看灾情，看望受灾群众。21 日，市委副书记、市长马华，副市长何顺洪、张兴德一行到剑阁县下寺镇拐枣村等地察看灾情并慰问受灾群众。

6 月 2 日，市政协副主席严明清在剑阁公店、国光、碗泉、马灯等乡察看地震灾情、了解青川移民安置情况，就移民安置问题召开“两乡”（剑阁公店乡、青川县马公乡）党政领导联席会议。3 日，马华、张兴德等在柳沟镇、北庙乡察看地震灾情，调研青川移民安置，了解移民生活状况。

县领导现场指挥 5月12日，县委和县政府主要领导在下寺镇沙溪坝、拐枣坝察看灾情，慰问受灾群众，动员受灾群众自救互救。田中文在普安镇察看灾情，现场指挥救援。是日，县委领导赶赴下寺镇中小学校、中心卫生院指挥搜救和抢救伤员。是日晚，抗震救灾指挥部领导赶赴普安镇，指挥救灾工作，送去蔬菜、猪肉、方便面、矿泉水等物资。13日，“剑阁县‘5·12’抗震救灾指挥部”成员按照分工安排，深入重灾点、重灾区域分线救灾查灾。16日，县四大班子主要领导深入下寺等乡镇，传达15日县委常委（扩大）会议精神，检查、督促各乡镇抗震救灾工作进展。是日，贾小玲深入城北镇柳垭村、普安中学、县医院等地，检查指挥抗震救灾工作，组织受灾群众重建家园。17—18日，田中文深入张王、白龙、公兴、元山等13个乡镇检查抗震救灾工作。18日，县委主要领导和王湖益深入普安、高池、开封、马灯、东宝、秀钟等乡镇慰问受灾群众，指导灾后排危、重建工作。贾剑生在姚家乡团结水库主持召开灾后水库整治工程现场会。是日，王湖益赶赴普安镇，为挂联乡镇送去5000元现金，帮助受灾群众重建家园。22日，田中文检查剑阁中学、剑州中学和剑阁职中高三年级震后复课工作。是日，县委主要领导及贾剑生到剑门、汉阳察看危险水库的排危补救工作。25日，何德生到武连镇武五村调查灾情。29日，县委主要领导，人大党组书记、副主任何德生到城北镇、武连镇、毛坝乡调研过渡房建设。31日，田中文、贾剑生到汉阳灯煌水库慰问黄河防总工程技术人员，并到柳沟、公店、碗泉等乡镇慰问青川移民、调查移民安置情况。贾小玲在剑阁中学、剑州中学、剑阁职中、白龙中学看望慰问学校师生，督导灾后卫生防疫工作。

6月1日，县委、县政府主要领导及夏思法、王湖益到县级机关临时办公点慰问机关干部职工。6月8日，县委、县政府主要领导及卢达昌，贾小玲、王湖益、邓益平一行到剑门关景区、剑门关镇调研灾后重建、旅游开发工作，查看房屋、设施受损情况。6月9日，赵春学深入到武连、开封、元山、剑门以及县医院检查灾后卫生防疫、防病工作。

7月2日，县人大副主任王正金等率领纪检、民政、司法、法院、交通、建设、环保、信访等部门在剑门关镇举行“5·12”地震大接访。

8月6日，县委主要领导和王湖益在盐店镇五指村、拱石村调研灾后重建工作。县委常委、副县长曾维忠到柳沟镇长安村一组、六组，毛坝乡元山村六组慰问青川移民和受灾群众。22日，县委主要领导一行，到汉阳中学、剑州中学、剑阁中学等学校检查活动板房搭建安装情况。23日，县委主要领导，县委常委、组织部部长夏思法一行到龙源镇调研抗震救灾恢复生产和重建工作。

第二章　抢救生命财产

第一节　紧急救助

“5·12”地震及余震，使全县57个乡镇67万人普遍受灾，一时瓦砾遍地，满目疮痍。其中，剑阁西北界外为龙门山脉北东向斜绕，这一线的下寺、上寺、剑门关、汉阳、西庙、北庙、盐店、姚家等乡镇损失惨重。县委、县政府在第一时间，组织11个抗灾工作组分赴农村、社区、各大公共场所疏散群众、抢救伤员、查看灾情。全县共组织1.3万人的抢险队60个，到学校、医院、居民聚集区、地质灾害地区紧急抢救、疏散群众，救助遇险群众4.7万人，紧急转移群众21万多人。

各级党组织反应迅速，第一时间抢救人员生命，救治伤员，组织群众转移，重点安置倒房重灾户、老弱病残人员和留守妇女儿童。设立临时救助站，动员群众无灾帮有灾，轻灾帮重灾，亲友邻里相互帮衬，共同搭建临时防震棚，维修轻微受损房屋，翻盖震损瓦房。党员干部勇挑重担，迎难而上，发挥旗帜标杆作用。广大群众携手同心，街坊互助，邻里相帮，共渡难关。确保受灾人员有地方住、有饭吃、有衣穿、有干净水喝、有病能得到及时医治。

下寺镇　地震发生后，镇党委、政府立即成立抗震救灾领导小组。全镇干部在通讯中断的情况下，自觉赶到镇政府集结，按照安排奔赴各村了解灾情，帮助村组抗震救灾。镇党委书记、镇长分别带领人员赶到沙溪坝社区、拐枣村、大桥村等重灾区组织抢救人员，疏散群众，稳定民心。治安联防队在集镇大街小巷通知群众紧急转移，安置到农贸市场和翠云大道空地避险。当天下午余震不断，避灾场所拥挤不堪，为使群众安全过夜，下午5时许，砸开沙溪坝社区办公房建设场地围墙，安排200多名群众避险，组织群众搭防震棚。镇干部和联防队员8人，分成两组，彻夜巡逻，保护群众居室内财产安全。下寺派出所干警迅速搭建“帐篷派出所”“帐篷警务室”，建立临时办公点，昼夜值班巡逻，守护救灾物资。各村党支部共组织29名共产党员，统一佩戴印有“共产党员”的红色袖套，参加夜间巡逻，维护秩序，搭建防震棚，排危除险，扫除街道垃圾。

普安镇　地震后普安镇党委、政府立即成立抗震救灾指挥部。县医院、中医院、红十字医院等医疗机构，出动救护，对需要救治伤员不问来源，不讲条件，确保第一时间打通抢救生命的“绿色通道”。全镇干部党员全力搜救。出动警车在城区巡回宣传，稳定受灾群众情绪，维护社会秩序。组织受灾群众紧急疏散到镇政府广场、塔子山广场、剑中校运动场以及普安一小、文峰中学、南禅小学、剑州中学操场等地紧急避难。千方百计组织食品和饮用水、方便面，保障避难群众临时生活，组织罐装液化气和食品到各学校，确保学生基本生活。13日中午前，交通部门将滞留在校的20000余名学生安全疏散。发动群众互帮互建防震棚。治安联防队24小时值班，维护棚区秩序，接通照明、电视收视线路、抢修饮水等生活设施。

盐店镇 地震后盐店镇党委、政府迅速成立抗震救灾领导小组，将全体镇干部分成11个工作组，迅速深入到村组、医院等，疏散群众，救灾查灾。镇党委对震灾反应迅速，现场指挥，临危不惧，不等不靠，果断处置各种危急情况。积极组织群众抢险自救，各党支部将党员、干部迅速组织起来，抢修中断的道路，挨家挨户搜寻救助。红旗社区党支部组织党员干部分设抢险突击队、巡逻队和群众安置、后勤保障两个工作组，确保场镇居民的生命财产安全。迅速疏散学校师生，1000多名学生无一伤亡。镇党委、政府领导，不顾余震的危险，深入到各行政村，召开群众大会，号召自力更生、抗震救灾、重建家园，要求全镇各级干部、广大群众积极行动起来，抗灾自救，同时奋力做好疫病防中工作，确保大灾之后无大疫。通过政策的宣传讲解，稳定了民心，及时恢复了全镇生产生活秩序。通过与县级相关部门协调，镇党委、政府组织力量炸毁五指村五组的巨型危岩，避免了次生灾害的发生。

武连镇 武连镇党委、政府迅速应对，首先保障人的生命，救治伤员，将2名重伤员转移至医院治疗。及时转移疏散受灾群众，武连职中、武连小学转移疏散师生2000余人。将场镇鳏、寡、孤、独人员到避险场所，妥善安置。在所有危险地段、建筑设置临时警戒线标。设立紧急避险场所，干部、党员协助群众组织防震棚材料，搭建防震棚，架设电视机、饮水器等设施。妥善安置受灾群众，确保基本生活用品、水、方便面的供给。公安干警、民兵设立帐篷警务室，组成巡逻队24小时值班，守护救灾物资，保护受灾群众财产安全，维护社会治安秩序。

剑门关镇 剑门关镇党委、政府在灾后第一时间召开紧急现场会，成立抗震救灾领导小组，负责抗震救灾的指挥、安排、协调、应急处理、灾情统计与上报等工作。组织15支抢险突击队，争分夺秒抢救伤病员，疏散学生、受灾群众5000余人。全体镇干部深入各自挂联村，指导、配合村组干部转移群众，抢救伤员、财物，统计灾情，宣传抗震知识，组织群众搭建防震棚。开辟紧急避灾点80处，发放彩条布3500米搭建帐篷。镇干部、社区居委会、公安派出所、交警组成安全巡逻队，轮流值守看护救灾物资集散中心，维护受灾群众生活秩序。组织人员抢修损毁水利设施，对受损的龙王潭水库采取放水减压和大坝裂缝防渗水处理，转移撤离下游群众。

姚家乡 地震后乡党委政府反应迅速，沉着应对，成立抗震救灾指挥部，坚持把救人作为第一任务，各村在最短的时间内成立应急抢险队，平安转移学生1500余人，救助遇险群众2000余人，救治受伤群众40人。组织村组干部排查危险，在险情处拉起警标线牌。各村支部成立互助组，组织动员群众拿出晒席、档席、彩布条、货车篷布等搭建简易棚，让倒房户有安身之所；为"五保"老人、特困群众送去矿泉水、饼干、方便面等急需物品；逐户帮助搭防震棚，安置受灾群众，帮助转移、抢救废墟中的财物，为轻微受损房屋排危加固，翻砖盖瓦。

上寺乡 5月12日15时15分，乡党委、政府召开紧急会议，安排干部、党员第一时间赶赴村组，分片入村动员邻里互助，安抚民心，了解灾情，登记财产、人员损失，鉴定房屋损害情况，完成摸排上报工作。动员村民无灾帮有灾，轻灾帮重灾。合理调配民政物资，适当照顾高山重灾区受灾群众。全乡组织车辆运输物资21车次，接收发放各类食品1843件，生活物资2100件（套），组织搭建防震棚、帐篷422顶，供受灾群众居住。紧急调运消毒药品2车次，26名卫生防疫员对23个防疫片区进行防疫消杀。对饮用水源实行专人管理，不定期抽查检验。

北庙乡　灾情发生后，北庙乡党委、政府迅速成立抗震救灾指挥部，把救人作为第一件大事，组织各级干部群众第一时间赶赴学校、医院和各村抢险救人。紧急疏散医院病人、学校师生1000余人。抢救牲畜100余头、粮食4000多千克。安排紧急避难场所，组织篷布、彩条布、铁丝等物资，动员群众互帮互助搭建防震棚。各村成立互助组，受灾群众互相帮助，相互送开水、干粮和防寒衣被，互补有无。组建乡应急队、巡逻队，协助受灾群众排危重建，晚上参与巡查，组织受灾群众收看电视新闻，对受灾群众临时聚居区逐日消毒，查看重点水利设施灾情，组织群众排除隐患，全乡无次生灾害发生。

西庙乡　地震后，西庙乡党委迅速召开紧急会议，成立抗震救灾指挥部，组织干部、党员成立抢险队1个，应急队1个，分头下村入户，全面普查灾情，搜救伤病员，抢救贵重财物、粮食，转移学生、群众2600人。出动抗震救灾车辆30台次，发放大帐篷317顶、小帐篷15顶、银胶布40件、篷布30件、彩条布45件。指挥群众互帮互建，搭建防震棚、活动板房、临时过渡房，解决临时居住问题。紧急调运消毒药品，对防疫片区进行消杀。

毛坝乡　乡党委、政府坚持把救人作为首要任务，在与上级失去联系的情况下，果断决策，迅速成立抗震救灾指挥部，组建由相关领导带队的救灾抢险组、震灾事故处理组和救灾宣传组，第一时间赶赴学校、医院、村组，抢险救人，转移群众1100人，紧急疏散转移学生347人，转送重伤学生4人，医院救治伤员27人。抢救牲畜200余头、粮食5000千克。乡村党员干部成立自救互救队，安排紧急避难场所，转移安置受灾群众，互帮互建防震棚。逐户排查灾情，登记人员财产损失情况，动员邻里互助，做好受灾群众生活保障。

第二节　紧急救护

紧急搜救　“5·12”地震发生后，剑阁县委、政府迅速应对，紧急行动，安排部署震灾伤病员的搜救、转移、救治工作，要求把搜救、抢救人民生命放在第一位。5月12日17时许，田中文、王湖益等领导到剑阁县医院了解人员伤亡、救治情况，要求不惜一切代价救治伤病员，调动全部力量投入抗震救灾；随时作好外出急救的准备，人、财、物、急救车随时处于待命状态；认真排查，不留死角，不留一个伤病员在危房内；全院统一指挥。县卫生局成立两个临时指挥部，统一协调指挥下寺、普安救护工作；要求全县医护人员全员上岗，坚守岗位。将住院病人转移至临时医疗点，全力救治地震伤员。全县9辆急救护车全部出动，在大街小巷搜救伤员。5月12日下午，县医院出动救护车20台次，往返普安、姚家等地搜救伤员。县中医院、县保健院各出动8台次，在普安搜救。下寺镇中心卫生院出动12台次，在下寺中学、小学、上寺等地搜救伤病员。至13日，共出动救护车辆152台次，搜救范围从普安、下寺镇延伸至周边乡镇，共搜救运送伤病员458人。县级医院及各乡镇中心卫生院在地震后快速组织帮助住院病人撤离，转移至安全地带。安排人员检查每个病房，不让一个病人滞留在危房内。

开封、武连等乡镇医院在震灾中受损严重。开封镇中心卫生院业务用房几乎全部垮塌。开封医院住院部有8位病人，地震发生时，正在住院部查房的副院长迅速抱起一名女病人冲向室外空地。在病人亲属与医务人员的共同努力下，大家背的背，抬的抬，抢在房屋坍塌前及时将另外7名病人成功转移。白龙医院疾控工作人员，在地震袭来时奋不顾身第一个冲进住院部，抢运病人17名。

地震发生后，各乡镇迅速组织成立抗震救灾突击队、应急队、搜救队，抢救生命，在第一时间搜救伤员、转移受灾群众。

紧急救治 灾情发生后，全县各地医院告急，有的业务用房倒塌，无处安置伤病员，有的急救药品短缺，有的需立即转送重伤员。县政府及时调拨帐篷56顶，活动板房300平方米。县卫生局组织医疗单位分成三组支援各卫生院医疗救治。各医院成立抗震领导小组，做好稳定工作，积极救治伤病员，把抢救生命放在第一位。

剑阁县医院在地震后不到10分钟，就组织召开抗震救灾工作紧急会议，全面部署和安排抗震救灾，在医院总值班室设立抗震救灾指挥部。抗震救灾领导小组下设医疗抢救、后勤保障、管理协调和安全稳定4个小组，全院领导干部通讯保持24小时畅通。医护人员协助住院患者向室外转移，安排住院患者、医院职工迅速撤离，转移至安全地带。为患者搭建临时帐篷，安装照明等设施。科室主任具体负责组织医护人员全力及时抢救伤病员，优先救治重伤病员。要求职工，尤其是科室党员、领导干部要做好表率。对安全维稳工作不重视，责任不落实，造成不良后果的，医院追究有关人员的责任。规定在地震期间，所有医务人员不得进入高层建筑和危房，搭建临时工作点和住宿场所须远离高层建筑和高压电线、电杆等物和危险地带，确保职工、患者及家属的生命安全。

地震发生后的一个小时内，县医院共收治伤员68人。其中清创缝合伤员53人，处置各种骨折伤员13人。

5月12日23时许，县医院救护车救护59岁的魏某入院，他因腹胀、腹痛、不能排便、排气，已经有11小时，需要立即进行急诊剖腹探查手术。医护人员不顾余震的影响，为病人成功施行了急诊手术。

地震发生前，产妇罗某某正在剑阁县红十字医院接受手术分娩。由于该产妇腹腔内炎性粘连严重，手术危险性极高。医生仔细分离粘连后顺利取出一活女婴。产妇由于出血过多，身体虚弱，生命体征不稳定。当医护人员正在紧张抢救时，汶川8.0级特大地震突发而至。在场所有手术人员，没有一个人惊呼，没有一个人离开手术台。震后20分钟，手术圆满结束，产妇安然无恙。医务人员顾不上换下手术衣，迅速将病人转移到临时帐篷内，妥善安置。

剑阁县下寺镇中心卫生院在地震后第一时间投入抗震救灾，救治伤病员有序有效开展。由于吃住和伤病员在一起，医护人员无法得到较好的休息。经过3天的连续作战，医务人员已极度疲劳。当时谣传地震中心向下寺镇靠近，卫生院个别职工产生恐慌，救灾工作产生松劲情绪。在关键时刻，院领导召开会议，统一认识，要求必须确保20多位伤病员的安全，确保全院职工及家属女子的安全，确保集体财产和个人的安全。提出“怕死不当共产党员，有困难党员上”。党员轮流值班，坚守岗位，稳定病员和职工的情绪，确保救灾工作继续顺利进行。

5月12日早晨，孕妇张某在家人的陪同下来到下寺镇中心卫生院。上午12点左右，张某腹部疼痛加剧，产前征兆明显。地震发生后，医务人员不顾自身安危，将孕妇及其他伤病员安置到卫生院对面的空地上，迅速搭建起简易防震帐篷、临时产房。在医务人员的协助下，张某16点16分顺利产下一男婴，发育正常，母子平安。为记住医护人员的付出和冒的风险，记住特大地震那一刻骨铭心的时刻，张某夫妇给孩子取名叫“震生”。

至13日12时，县医院共收治伤员281人，其中危重病人18人。下寺中心卫生院共收治伤员210人，其中住院40人。

地震发生后，全县各级医疗机构房屋受到不同程度损坏。为了保障伤病员、医护人员生命安全，在安全宽阔地带设置现场救治站（点）221个，其中县医院设在住院部两侧空地，县中医院设在剑阁中学操场，县妇幼保健院设在普安一小操场，县红十字医院设在县实验小学操场内。参加现场救治的医务人员有648人，其中，站点负责人73人，医生444人，护理人员131人。基本保证每个站点有一名负责人，有医生护理人员两名以上，现场救治1722人。截至6月2日，累计收治伤病员5622人，累计住院收治2137人。除救治地震伤员外，救治其他疾病人员6.57万人次（其中青川移民46人）。

第三节　抢救保护财产

抢救保护金融资产　全县金融系统职工团结一致，奋起抗震救灾，抢救和保护国家金融资产，最大限度降低损失。

震后第一时间，中国人民银行剑阁县支行支行启动应急预案，组织人员撤离，封锁受灾现场；加大保卫力量，24小时武装守库、值班、巡逻，确保资金和职工人身安全；立即对发行库库款点箱（袋）点捆，核对数目，做到账实相符；检查库房主体，库内电路，按规定要求清理震后散乱钱捆堆码。清点防暴枪弹数目。

13日，恢复国库、会计、发行、支付清算等基础业务，抢修震损设备，密切关注网络和业务系统运行情况，整理账册和金融档案。特事特办，保障抗震救灾资金及时划拨、税款及时入库，确保银行系统正常运行。

中国农业银行剑阁县支行业务办公楼、职工住宿楼受到严重破坏，金融资产安全受到严重影响。“5·12”当天下午，支行领导组织干部职工安全转移西街、新街口。营业部营业款、尾款等现金上百万元，及时清点入库。将当天的账册、金融资料档案等转移到安全地带，确保国家财产免受损失。抽调职工协助保卫人员值守营业网点，加强柜台安全保卫。对支行办公区、生活区及库房外围实行24小时巡逻。增加守库人员，加强对金库现金、枪支子弹的守护，确保无安全责任事件发生。13日，清理废墟，整理档案、资料、票据、U盘、印单章，桌、椅等办公用品，维修损坏的设备，争取尽快恢复营业。

中国工商银行剑阁支行办公楼位于普安城镇中心，街道两旁高楼林立，四周没有开阔地带避险。地震发生后，支行当即决定让一部分人疏散撤离避险，领导干部、党员留守，观察震情，随时准备撤离。强震过后，职工快速返回营业厅，抢救营业款、金融资料档案，确保国家财产免受损失。加强保卫工作，加派人员对支行办公区、生活区24小时轮流巡逻。增加守库人员，清理金库物品、防暴枪弹，确保无安全隐患。组织职工在行宿舍楼下操场搭建防震棚，购买帐篷、条纹布、铁丝、电筒等应急物品和面包、方便面、矿泉水等生活用品，保障职工生活。13日，全体职工不顾余震威胁，自觉来到营业厅，清理办公室桌椅、电脑等办公设备设施，整理档案、资料、票据、电脑、U盘，印章等物品，做好尽快恢复对外营业的准备工作。

剑阁县农村信用社及下辖乡镇信用社、营业网点办公用房和办公设备设施遭到破坏，其中武连、柳沟、东宝、剑门关、汉阳等乡镇信用社房屋受损严重。震后，县信用联社立即成立抗震救灾领导小组，下设抢险救灾组、安全保卫组、后勤保障组、联络组，抢救金融资产，抗震救灾。5月12日下午，抢险救灾组奔赴县城各个营业部，察看灾情，和职工一起将档案、票据、U盘、印章等转移安全地方，封存营业款。安排营业部人员值班巡逻，确保安全。后勤保障组选择较为安全地带作为临时避难所，组织职工及家属搭建防震棚，选购矿泉水、方便面、藿香正气水等物品，保障职工基本生活。13日，分路到全县各乡镇信用社，了解受灾情况，组织抢救财物、档案资料，维修受损房屋和设施设备。

抢救档案资料　县档案局于灾情发生后的第一时间成立抗震救灾领导小组，组织干部职工冲进危楼，扶起震倒的架柜，将散落的档案资料逐一整理、打包、编号、施药和封存，修复损坏的设备、仪器20件，详细检查受损情况。

5月17日，档案局印发《关于认真做好抗震救灾时期档案规范化管理的通知》，要求认真做好档案安全保管、档案开发利用和档案资料收集工作。规定档案安全出了问题，追究一把手责任。从6月2日起，组织职工对全县57个乡镇4所中学和68个县级机关单位的档案进行安全检查。查明全县档案室不同程度受损的120个，面积达2400平方米，造成直接经济损失400万元。其中地震造成档案室成为危房，经鉴定需重建的有剑门关镇、高观乡、柏垭乡、西庙乡、武连镇、毛坝乡、城北镇、田家乡、樵店乡；县级机关档案室定为危房，需要加固的有县委、县政府、县法院、交通局、人事局、财政局、档案局、建设局等单位。

在档案局监督指导下，将档案从危房内全部转移到安全的档案室。指导收集整理抗震救灾档案，安排职工4人，实地操作，整理县民政局救灾物资发放档案50卷，资料14500件。

抢救保护文物　地震造成剑阁县地上文物、馆藏文物、非物质文化遗产保护设施等受到不同程度破坏。2008年5月23日，县政府组织城建、文化、旅游、宣传开展全县文物损坏状况调查，查明文物受损情况。对国家文物保护单位觉苑寺、剑门蜀道遗址，省级文物保护单位钟鼓楼、鹤鸣山进行抢救维修，翻盖古建筑屋面3300平方米。制定剑阁县地面文物保护单位抢救维修方案53处。协助北京故宫博物院编制觉苑寺灾后恢复重建文物抢救保护规划，报国家文物局审批。配合四川省考古研究设计所专家调查制定鹤鸣山灾后恢复重建文物抢救保护规划。县文物部门做好资料准备，配合山东省文物科技保护中心制订剑门蜀道遗址、鹤鸣山文物保护区进行灾后恢复重建文物抢救保护规划。征集地震见证物104种、500余件，登记建档，完成地震文物的征集工作。清理发掘吼狮乡天星村、石马村岩墓、剑门关镇医院清代碑刻、青树村汉墓群保护区青铜器、公兴镇九龙村出土的一批文物，登记入库。

完善觉苑寺、钟鼓楼、鹤鸣山、《中国共产党十大政纲》、剑门蜀道等国家和省级重点文物保护单位的安全应急预案。根据文物保护单位的具体情况，逐级签订保护责任书，落实守护人员。加大安全检查力度和密度，做到文物工作人员每日一查，县文化局每月一查，对存在的隐患及时整改，确保文物安全。

第四节　紧急救援

公安 消防救援　剑阁县公安局于地震发生后十分钟即紧急抽派副局长带领刑警大队赶赴县看守所，将120名在押人员迅速转移至安全地带。全面加强枪支弹药爆炸化危品应急管理，除值班用枪外，其余枪支上交县公安局统一保管。清理、封存涉爆单位库存爆炸物品，强化涉爆单位安全生产检查，消除安全隐患。紧急抽调国保、法制、治安、刑侦、网监、派出所20余名民警，协助当地党委政府做好震灾死亡人员家属安抚工作。组织治安、刑侦、交警、消防、派出所等警种开展昼夜巡逻，实施安全隐患排查和涉稳因素摸底，排查安全隐患368处，收集各类不稳定信息145条，出动警力1500余人次。对避难群众聚集区实行24小时巡逻，强化社会治安控制和防范。加强情报信息工作，整理分析社会治安动态及群众救助情况，及时向市局指挥中心、县抗震救灾指挥部汇报，确保情报信息畅通，及时掌控灾区社会动态。强化道路交通安全管理，及时掌握灾后交通受损情况和道路通行、交通流量情况，查找管理薄弱环节，完善应急预案。加强路面勤务管理，对因地震灾害造成的道路、桥梁损毁及山体滑坡等交通隐患，及时报告并落实整治措施。合理安排勤务，主要警力部署到通往灾区的道路上，保障运输车辆和人员顺利通行。开展以摩托车、低速载货汽车、拖拉机违法载人为重点的农村交通安全集中整治，预防因农村道路管控薄弱引发的重特大交通事故。强化市场经济秩序管控，县公安局及时会同工商、物价等部门，联合印发《关于维护抗震救灾期间正常价格秩序的紧急通知》。经侦大队加强维护市场秩序，共检查市场100余户商家，接受投诉报警10余起。协助工商、物价查处3起哄抬物价案件，行政处罚3名个体商户。5月14日，县公安局在人口密集地、帐篷较多的地方建立“治安篷户”点，加强篷户区治安管理。全县设立“治安篷户”点58个，县公安局组织各警种民警深入篷户区巡逻巡查，宣传避震防灾、自防自救常识，对受灾群众进行心理疏导和安抚，稳定群众情绪，坚定群众信心。严密守护救灾物资，救灾物资发放点实行局领导负责制，严格执勤，昼夜守护。净化治安环境，印发《剑阁县公安局关于抗震救灾期间维护治安秩序的通告》《加强对救灾物资安全守护的通知》等文件。在执勤守护工作中，严查案件，从重打击。“5・12”地震后，县公安局召开两次党委会议，专题研究棚户区消防安全防范工作，县消防大队会同各级政府对棚户区进行消防安全检查，发现隐患及时督促整改。争取20余万元专项资金，购买灭火器具等消防器材近2000具，发放到重点乡镇棚户区，实现受灾群众安置场所消防安全“零事故”。参加抢险救援46次，抢救被困人员8人，疏散遇险群众10000余人，为灾区送水300余吨。

人武部 武警救援　县人民武装部于震后10多分钟即组织人员在县城开展救灾行动。得知下寺医院、学校受损严重，需要医疗救护和搭建帐篷，当即安排下寺镇民兵和武装部机关干部职工40余人参加救援，救出伤员32名，转移疏散学生和群众数百人，搭建医用帐篷12顶，帮助20名受灾群众搭建临时避灾棚。5月13日凌晨1时，上寺山沟里一列K390次上海至成都列车因地震灾害紧急停靠避险。县武装部组织民兵14人，为受困旅客送去矿泉水、食品等物资70余件。5月13日，组织民兵应急分队156人集结到人武部，随时待命。先后组织动员机关干部职工和全县民兵1600余人次，分别在剑阁、青川两县参加救援，圆满地完成抗震救灾任务。在剑阁县转移遇险学生和群众800余人，抢运物资数十车，搭建帐篷2000余顶，参与搬运救灾物资数万吨。根据广元军分区的命令，剑阁县民兵应急分队留下50人继续在剑阁卸装救灾物资，主力队员80人开赴青川灾区。分别在剑阁、青川两地筹办战地军民联谊会，组织“爱心助学”活动，先后3次募集捐款共计2万余元。向受灾群众宣传救灾政策，化解思想矛盾，对30余名老人、小孩和部分心理负担过重的群众进行心理疏导。

武警剑阁县中队在抢险救灾中出动官兵170余人次，协助公安机关紧急疏散人群，限制交通要道，维护社会秩序。县看守所高耸的烟囱地震中倒塌，县武警中队接警后，迅速派出二十几名武警战士，和看守所工作人员一起稳定在押人员情绪。落实包监责任，每个监室门口2名民警、2名武警，然后打开监室门，随时做好撤离准备。

5月25日17时发生5.7级余震。中队派出30余名战士，连续奋战18小时，协助转移救灾物资15车、药品220吨，搭建帐篷120余项，转移安置青川受灾群众，保证各项救灾物资及时到位，妥善安置受灾群众。给灾区群众捐款1万余元。抗震救灾期间，县武警中队共完成抢险救灾、武装巡逻、搭建帐篷、转移救灾物资、押解勤务等临时任务10余次，出动兵力220余人次。

第三章　外部救援

第一节　对口救援

浙江省救援　2008年5月20日，国务院确定浙江省宁波市对口支援广元灾区的剑阁县和元坝区，要求在6月25日前完成为剑阁县生产安装4000套活动板房的任务。5月22日，浙江省应急办主任陈荣代表中共浙江省委、省政府到剑阁查看灾情，商讨宁波市对口救援剑阁灾区搭建活动板房等有关事宜，并捐赠救灾资金500万元。宁波市副市长陈炳水带领抢险救援队及车辆、机械、建材等同时抵达剑阁。26日，宁波市抢险救援队奔赴剑阁县下寺修城坝、沙溪村、拐枣村，上寺乡，普安镇，武连镇等地，着重调查了解人口密集地、学校、医院（卫生院）实际情况，针对板房的需求量、活动板房搭建点、占用土地等具体问题，认真分析，研究标准，完善措施。以受灾学校校舍、医院（卫生院）业务用房和受灾群众安置房为时序建设活动板房，合理调配材料生产、运输和施工等各方力量，统筹一、二、三期活动板房建设计划，优先建设布局集中、配套较好、运距合适的活动板房。27日，成立“宁波市支援四川省广元市剑阁县、元坝区联络组”，宁波市政府副秘书长杨胜隽任组长，宁波市建委副主任、救援广元市过渡期安置房搭建指挥部总指挥应柏平、宁波市对口扶贫办主任助理王梁慧任副组长，联络组全面协调联络宁波市救援广元市地震灾害抢险救援工作。29日，浙江省宁波市调运的临时过度活动板房4000套抵达剑阁。

6月7日，浙江省赴川支教团剑阁支教小组一行14人抵达剑阁，开展支教活动。同日，浙江省抢险救援队（宁波建工集团）700多名干部工人进驻下寺镇、武连镇、上寺乡等重灾乡镇，日夜奋战，至16日，完成4956套板房生产安装，奉命撤出剑阁。

浙江省救援队党员共交纳“特殊党费”2.7万元，与剑阁的20名受灾致贫党员结成“2+1”帮扶对子，为每户捐助1000元。宁波建设集团龙润公司向剑州中学捐赠电扇120台，并帮助学校安装照明设备。

黑龙江省救援　2008年6月13日，剑阁县被列为18个省市对口支援的四川灾区地震重灾县之一，并确定黑龙江省对口支援剑阁县。14日，黑龙江省发改委副主任刘国会及水利、交通、教育、卫生、建设等部门负责人到达剑阁。15日，对接组分8个小组对所有乡镇进行全面巡视，黑龙江省住房和城乡建设厅副厅长庄严、财政厅社保中心主任张永革在常务副县长的陪同下赶赴姚家乡、北庙乡、西庙乡、盐店镇、柳垭乡、城北镇、普安镇等乡镇察看灾情。16日，刘国会、黑龙江省卫生厅厅长索天仁、发改委调研员陈唯等，深入县医院、县中医院、县妇幼保健院、开封中心卫生院、下寺中心卫生院、高池乡卫生院调查灾情；省交通厅巡视员李伦带一组查看剑阁县交通桥梁、隧道、港航、国道

108线、剑南公路等震后交通基础设施损毁情况，另一组察看公兴镇集镇、中小学校、卫生院等灾情。随后，对接组向黑龙江省委、省政府详细汇报剑阁地震灾情调查情况，黑龙江省委、省政府对救助援建剑阁重灾区作了具体安排部署。17日，黑龙江省成立对口支援剑阁县灾后恢复重建领导小组。23日，黑龙江省成立支援四川省剑阁县灾后重建前线指挥部（以下简称黑龙江援建前线指挥部）。25日，黑龙江省直机关7部门组成的龙江援建前线指挥部首批成员14人抵达剑阁，总指挥刘国会（省发改委党组成员、副主任），副总指挥高占国（省发改委就业处处长）、王广焱（省民政厅救灾处副处长）同时到达。前线总指挥部设立综合计划组、工程组、联络宣传组、办公室和监督工作领导小组办公室，分别履行资金计划管理、项目建设管理、联络、宣传、文秘和后勤保障、项目资金监督管理等职责。26日，黑龙江省支援剑阁前期工作组领导在常务副县长陪同下深入剑门工业园区（下寺拐枣坝）、沙溪坝及普安镇察看防洪泄洪设施及受灾群众安置小区。7月18日，黑龙江省地震局工程院研究室主任韦庆海、程宇二位高级工程师等一行到剑，调查“5·12”地震后房屋损失、破坏程度等情况。剑阁县地震办主任祝祥龙汇报全县受灾情况。8月3—4日，黑龙江省委副书记、省长栗战书，省委常委、副省长杜家毫赴剑阁县调研对口支援工作。深入北庙乡孤玉村、城北镇柳垭村、民主村及汉阳镇、剑门关镇、剑门工业园调查了解地震灾情、受灾群众生活，察看援建情况。

黑龙江援建前线指挥部贯彻执行党中央、国务院关于“5·12”地震援建工作的统一部署，遵照黑龙江省委、省政府的要求，具体落实黑龙江省委书记吉炳轩提出的“要把援建工作‘办快、办实、办好’”的指示和栗战书省长强调的“推进援建工作要‘求实、务实、做实’”的要求，本着“救险、救急、救民”原则，重点抓好受灾群众安置，学校、医院等恢复重建，让受灾群众满意，确保灾区稳定；当前救援和恢复重建相结合，实现剑阁县委、县政府提出的“大灾难、大爬坡、大发展”“三年恢复重建、两年基本完成”的目标任务。黑龙江援建前线指挥部把受灾群众安全越冬作为灾后救援工作的头等大事，千方百计确保受灾群众安全过冬，保民生、保稳定。加快推进各类民生项目建设，投入资金52万元，为特困群众购买5223床电热毯、150个取暖炉、90吨烤火煤，救助受灾老人、小孩、残疾人安全过冬。借鉴黑龙江省高寒区丰富的御寒经验，指导剑阁受灾群众搭火龙、围墙帘、裹塑布、敷墙泥等，并检查督促推进实施情况。援建前线指挥部组织黑龙江省社会各界开展为剑阁灾区“送温暖、献爱心”活动，先后捐赠帐篷、彩条布、棉被、服装、鞋、折叠床、充气床等用品和方便面、饮料、大米等食品及药品等，总价值1393.37万元。捐救护车18台，价值153万元。

黑龙江援建前线指挥部与剑阁县委、县政府一道，构建“六位一体”的帮建体系，抓受灾群众自建永久性住房。在图纸设计上，按照不同的地质结构，抗震等级按6.5级、7级设防，既考虑安全性和受灾群众的经济承受能力，又兼顾川北民居特点。黑龙江省住房和城乡建设厅派出24名建筑专家，组成自建房技术指导队，指导剑阁县农民自建房建设。2008年7月18日起进驻剑阁12个片区，指导农民灾后重建。动员当地农民组成互助小组，开展互帮互建，节约成本，节省时间，加快永久性住房建设进度。针对建筑用砖缺口过大、价格涨幅过快问题，恢复、新建砖厂77个，提高红砖生产能力，年产能力达到10亿块。对县内自产砖实行统购、统销、统运、统价的“四统”特供政策，有计划、分期分批地销售给重建户。同时组织外购，采用控面积、调结构、错高峰等办法，解决用砖供需矛盾，引导建材经销商到村到户预定，保证钢材水泥石灰墙砖等紧缺建材的供应。

农民自建永久性住房补助由黑龙江援建前线指挥部援助剑阁毁损农房重建资金支付，按每户3000元的标准补助44178户农村受灾群众建永久性住房，按每户600元的标准补助39570户农村受灾群众建过渡安置房。补助款全额及时拨付到位。个别特困户自建房有困难的，援建前线指挥部将特困户住房建设纳入援建范围，动员企业和个人实行“一帮一”援助，通过民主程序确定“一帮一”对象，对1051户进行重点援助。其中，建卡绝对贫困户698户，每户补助2万元，相对贫困户353户，每户补助1万元。

黑龙江省在房屋鉴定、就业援助、支警、支教、支医、财政评审等方面开展全方位援助。黑龙江省地震局派出27名房屋鉴定专家，冒着余震和烈日，开展房屋安全鉴定工作。走村串户，十多天完成全县学校、医院、机关单位和集中小区房屋鉴定409幢、57.52万平方米。用4天时间完成剑阁县地震受损房屋修复加固拆除工作方案（18个重灾区中第一个出台）。在援建项目中，把吸纳当地困难群众就业作为强制性附加条款写进施工合同，要求建筑企业使用当地农民工必须达到30%以上。配合全国总工会，黑龙江省人力资源和社会保障厅等多家单位在剑阁召开用工信息发布会，援助就业岗位1200多个。邀请黑龙江企业到剑阁培训人才，提供就业岗位。黑龙江省公安厅两次共派出支援警力225人，维护灾区社会稳定，服务当地百姓。黑龙江卫生厅先后三次选派医疗卫生技术人员91人赴剑实施医疗救助，开展较大、较难、较复杂的手术1600多台（次），接诊病员15300人次，义诊14100人次。派出医疗卫生救援队、医疗卫生防疫队支援剑阁，先后有黑龙江省人民医院，黑龙江中医药大学附属第一医院，齐齐哈尔市妇幼保健院、第一人民医院、第二人民医院、中医院，牡丹江市妇女儿童医院、疾病预防控制中心，牡丹江医学院红旗医院，哈尔滨市疾病预防控制中心、中医院，佳木斯市卫生执法监督所、中心医院、肿瘤结核医院、中医院、妇幼保健院，佳木斯大学附属第一医院，同江市人民医院，桦南县中医院、妇幼保健院，汤原县中医院，富锦市中心医院，桦川县妇幼保健院，大庆市疾病预防控制中心、卫生执法监督所、第五医院、龙南医院，大庆油田总医院，鸡西市疾病预防控制中心，鹤岗市人民医院、疾病预防控制中心、妇幼保健院等医疗卫生单位派出的91人组成医疗卫生救援队伍，到剑阁县医院、中医院、妇幼保健院、疾病预防控制中心、卫生执法监督所等医疗卫生机构开展救助工作。

7月28日，黑龙江省地震援建剑阁县房屋安全鉴定工作队一行27人，由中国地震局力学研究所孙柏涛副所长（研究员、博导）为领队，孙景江、戴军武（研究员、博导）、张令心（研究员）为副领队，开展为期16天的灾区房屋震损安全鉴定工作。共鉴定房屋409幢，建筑面积57.52万平方米，其中，学校77所、197幢，面积21.3万平方米；卫生系统医疗机构14个、20幢，面积0.82万平方米；机关事业单位及其派出机构112个、160幢，面积20.5万平方米；经济适用小区2个、住宅楼32幢、面积14.9万平方米。8月9日，房屋建筑的现场鉴定工作全部结束，出具房屋震损安全鉴定书201份，涉及单位107家和2个经济适用小区，房屋建筑207幢，建筑面积38.46万平方米。其中：中学33所，房屋69幢，建筑面积8.3万平方米；医院9所，房屋建筑14幢，建筑面积0.46万平方米；机关事业单位及其派出机构65个，房屋建筑92幢，建筑面积14.8万平方米；经济适用房小区2个，住宅楼32幢，建筑面积14.9万平方米。

黑龙江省教育厅三次选派38名教师到四川省剑阁职业高级中学（简称剑阁职中）支教，涵盖12个紧缺专业。2008年7月31日，黑龙江省选派首批13名中高职院校职教教师到达剑阁职中，进行为期半年的支教工作。在黑龙江省的支援下，剑阁职中在原有12个常设专业基础上，开设旅游与酒店管理、电子电器应用与维修等新专业。2009年2月12日至7月2日，黑龙江省教育厅派出第二批支教队15人赴剑阁职中支教。2009年9月13日，黑龙江省教育厅从各高校选出10名教师组成第三批支教队，到剑阁职中支教。前后三批，共38人教师，其中，数控专业5人、汽车运用与维修9人、电子技术8人、机械加工5人、计算机网络技术8人、旅游与酒店管理2人、建筑1人。年龄最大的53岁、最小的22岁。

黑龙江省教育厅根据学校教学特点，选派剑阁职中紧缺的汽车运用与维修、数控和机械加工、平面设计等专业教师，支教教师工作量重，周课时达10—20节。由于学校实习实训设备不足，有的专业没有设备，给教学带来很大困难。千方百计创新教法，让学生易学、易懂、易做。黑龙江农垦工业学校于孟忠、黑龙江林业职业学院卢德成利用休息时间将学校旧机床维修好，恢复机床实训课。数控专业的周洪伟、张光普，汽车运用与维修专业的王宝生等都采取分组教学，在学生中培养“小师傅”的方法，牺牲休息时间辅导学生轮流分组实训，保障学生实训效果。同组教师经常集体备课或研讨教学直至深夜。

带着东北老工业区职业教育先进理念和实践方法，支教老师积极参与剑阁职中专业建设与发展，在实验室建设的规划和实施设备的配备与采购上，凝聚了支教老师的大量心血。哈尔滨科学技术职业学院的郭智峰、哈工大华德应用技术学院的高辉老师全程参与网络机房的设计。为学校平面设计专业的建设与发展，哈尔滨轻工业学校的李佩新老师费尽心思，参与学校平面设计专业设备采购计划的制订、采购与设备安装，制订专业发展规划，对专业改革与继续发展提出许多创造性、可行性建议。黑龙江商业职业学院杜若明老师、农业工程职业学院王甲聚老师、旅游职业技术学院王传博老师对汽修专业建设呕心沥血。按“实用性、经济性、可操作性、可观赏性”的要求和标准建设教学平台，汽车整车、发动机等教学实训平台建设初具规模，学校汽修专业的实训条件得到改善。

黑龙江支教老师承担较重的教学与辅导任务，同时参与学校的招生宣传工作。旅游专业的刘宇、计算机与平面设计专业的高辉、郭智峰等与剑阁职中教师一起，到距学校最远、招生最困难的元山片区边远乡镇招生。支教老师克服高温酷暑、蚊虫叮咬、生活不便等诸多困难，面向考生、家长作了多场讲演，既宣传了龙江教师眼里的剑阁职中，更以自己的才华和人格魅力影响着学生，使这几个乡镇到剑阁职中就读的人数达到历年最高峰。

支教工作的最大价值体现在对剑阁职中专业教师的带动与指导，如何带动学校专业教师提高专业水平和实践能力，推动剑阁职中持续发展最能体现支教长远价值。支教老师对此十分清楚。根据剑阁职中专业教师严重匮乏的现状，结合支教队每名教师的专业能力，决定开展相关课题研究工作，探索出培养专业教师途径。在黑龙江省对四川支教结束之前，能够总结出有效的师资培养模式，提高专业教育教学能力和专业技能，加快剑阁职中专业教师队伍的建设步伐。2009年10月，在黑龙江省教育厅、黑龙江广播电视大学、黑龙江援建前线指挥部等单位领导的大力支持下，研究课题《基于援建校的职业高中专业课教师教学能力和实训技能培养的途径与方法研究》作为黑龙江省教育科学规划课题正式申请立项。黑龙江粮食职业学院教师刘二蕾被确定为课题主持人，负责课题的审核、总结和推进工作。各责任人根据摸底调查和培养方案，对剑阁职中所帮扶的专业教师进行培养，积极探索培养方法和技巧。通过结对子方式，帮扶相关专业教师进行专业知识学习，掌握专业课教学方法，详细讲授技术要点和操作要点及技巧，手把手传授实际操作技能，使其能独立操作专业设备，并能指导学生操作。

2008 年 10 月，在黑龙江援建前线指挥部和省教育厅领导的关怀下，剑阁职中派出 8 名专业教师赴黑龙江接受为期一年的免费培训。其中大庆市交通职业技术学校为该校培训 5 名汽修专业教师，海伦农机校为培训 2 名数控专业教师，哈尔滨市商务学校培训 1 名计算机网络技术专业教师。

2008 年 11 月 16 日，黑龙江省民营企业家红兴隆农垦守宝木业有限公司总经理王守宝运来 1000 套实木桌椅，捐赠给剑阁职中 700 套、公兴中学 300 套。

2009 年 3 月，剑阁职中派出美术设计专业和电气自动化专业教师各 1 人，到哈尔滨工业美术学校和黑龙江省农业工程职业技术学院接受专业培训。先后两批共派出 10 名专业教师到黑龙江高职院校接受免费培训。

2009 年 5 月 19 日，黑龙江省鸡西矿业集团与剑阁县政府签订《剑阁县职工教育培训中心援建项目协议书》，并转送企业职工捐赠资金 50 万元。

2009 年 6 月 17 日，黑龙江农业工程职业学院向剑阁职中捐赠价值 11 万余元的高档办公桌和联想电脑 20 套。2010 年 12 月，黑龙江农业工程职业学院向剑阁职中捐赠 3 套汽车变速器。

遵照多形式援教，将“对口援教机制”转变为“对口合作机制”，推动对口援教由三年支持向长期合作转变，由“输血帮扶”向“造血提升”转变。2010 年 1 月 18 日，黑龙江省在剑阁县支教结束，继续免费接收职中教师到黑龙江省培训。通过网络远程手段，开展对剑阁职中实时支教。

“5·12”地震黑龙江省对口支教剑阁职业高级中学人员情况表

表 2－1

姓　名	性别	原工作单位及职务	批　次
李佩新	女	黑龙江哈尔滨轻工业学校教师	第一批，支教队长
卢德成	男	黑龙江林业职业技术学院教师	第一批
于孟忠	男	黑龙江农垦工业学校教师	第一批
曹　迟	男	黑龙江农业经济职业学院教师	第一批
周洪伟	男	齐齐哈尔职业教育中心学校教师	第一批
王宝生	男	牡丹江市职业教育中心学校教师	第一批
张光普	男	黑龙江农业工程职业学院教师	第一批
姜瑞祺	男	哈尔滨华夏计算机职业技术学院教师	第一批
卢　翔	男	黑龙江省东亚集团职业高中教师	第一批
杨超博	男	齐齐哈尔农业机械化学校教师	第一批

续表2－1

姓　名	性别	原工作单位及职务	批　次
刘　伟	男	齐齐哈尔铁路工程学校教师	第一批
郝国良	男	黑龙江信息技术职业学院教师	第一批
李璎宏	男	中国一重技师学院教师	第一批
王作成	男	黑龙江建筑职业技术学院教师	第二批，支教队长
李洪涛	男	鹤岗职教中心教师	第二批
迟　亮	男	黑龙江省工商职业技术学院教师	第二批
李　彪	男	黑龙江省机电工程学校教师	第二批
刘　宇	女	哈尔滨市第二职业中学教师	第二批
郭智峰	男	哈尔滨科学技术职业学院教师	第二批
高　鹏	男	双鸭山市职业技术学校教师	第二批
张　宇	男	哈尔滨职业技术学院教师	第二批
吴谢思	男	佳木斯职业学院教师	第二批
郭喜春	男	哈尔滨铁道职业技术学院教师	第二批
刘　勇	男	黑龙江交通职业技术学院教师	第二批
高　辉	男	哈工大华德应用技术学院教师	第二批
焦永朋	男	大庆市大同区职教中心教师	第二批
尹　伊	男	黑龙江水利水电学校教师	第二批
周国忠	男	伊春技师学院教师	第二批
赵喜朋	男	哈尔滨科学技术职业学院高级讲师	第三批，支教队长
李鹏宇	男	哈尔滨铁道职业技术学院教师	第三批
栾　晨	男	黑龙江建筑职业技术学院教师	第三批
崔　明	男	黑龙江工商职业技术学院教师	第三批
王甲聚	男	黑龙江农业工程职业学院教师	第三批
张春龙	男	黑龙江生态工程职业学院教研室主任	第三批
刘二蕾	男	黑龙江粮食职业学院教师	第三批
王洪武	男	齐齐哈尔职业技术学院教师	第三批

续表2—1

姓　名	性别	原工作单位及职务	批　次
王传博	男	黑龙江旅游职业技术学院教师	第三批
杜若明	男	黑龙江商业职业学院教师	第三批

第二节　军警救援

公安救援　2008年6月2日，云南省公安厅50人运送总价值280万元的救灾物资抵达县公安局。救灾物资主要为仪器、办公设备等。捐赠仪式在县公安局操场举行，吴勇、云南省公安厅财装处处长王军、科长朱照山、剑阁县公安局党委全体成员及机关民警参加。王军、朱照山逐一慰问剑阁县公安局在地震灾害中抢险救灾受伤民警及因地震倒房受伤的民警家属，送发慰问金。

7月26日，黑龙江省公安厅派驻剑阁灾区的150名特警抵达剑阁公安局，捐赠帕拉丁越野车1辆，赛马公安用车6辆，金杯公安用车3辆，总价值76.7万元。当日下午，在县公安局操场举行欢迎仪式，吴勇、刘国会、黑龙江省公安厅政治部副主任王寅亮、县公安局党委书记、局长孙益科等出席欢迎仪式，党委副书记、政委李兆南主持仪式。

黑龙江省特警150名干警分为10个区队，建立党支部7个，援助灾后社会治安管理、交通安全管理。分别驻下寺、普安、剑门、武连、白龙、鹤龄等地，在剑期间共出动警力9786人次，执勤车辆2155辆次；执行大型活动保卫任务8次，警卫任务876人次，协助处理突发事件8起，参与统一清查行动61次；破获刑事案件29起，抓获违法犯罪嫌疑人58名，其中抓获网上逃犯9名。2008年8月14日，县刑警大队与黑龙江省特警分队紧密配合，将在普安镇作案10余起、盗窃摩托车10余辆、总价值4万余元的谢某等3名犯罪嫌疑人捉拿归案。25日，普安镇文峰中学内有人实施抢劫，黑龙江省特警火速出击，当场抓获犯罪嫌疑人。29日凌晨2时许，杨某等10人酒后入住蜀北宾馆挑衅伤人，打砸宾馆大堂设施，损失价值4000余元。普安派出所和黑龙江省特警联合出击，对涉嫌寻衅滋事嫌疑人实行刑拘。查办治安案件92起，处理民事纠纷141起，化解上访案件24起。挡获盗抢机动车46辆，收缴枪支29支、子弹150发、爆炸物品259千克、管制刀具55把。查纠交通违法6400余起，处理交通事故114起，疏通交通堵塞339次，清理违法占道315次，治理交通乱点70处，查获交通肇事逃逸案件5起，整理车辆积压档案8300份。参与火灾抢险7次，抗洪救灾2次，抢救遇险群众8人，营救轻生人员3人。走访当地党委政府、企事业单位、建设工地、居民安置点546个次，开展交通安全教育活动217次。为特困群众和学生捐助款物22700元，为灾区无偿献血5400毫升。

黑龙江特警队纪律严明，警队工作受到当地党委政府肯定，赢得剑阁县人民的爱戴，得到广元市公安局认可。国务委员、公安部长孟建柱，公安部副部长、公安部对口支援领导小组组长刘全国分别作出批示，要求全国援川警队要向黑龙江省警队学习。2008年11月，四川省委、省政府在成都召开抗震救灾总结表彰大会，授予黑龙江省援助剑阁县救灾警队队长兼政委王寅亮“四川省抗震救灾模范”荣誉称号。12 月 10 日，在剑阁县公安局操场举行黑龙江省公安厅特警离剑欢送仪式。黑龙江援建前线指挥部副指挥长高占国，广元市政法委副书记王建国，市公安局党委书记、局长余建及剑阁县有关领导参加欢送仪式。

军队救援 2008 年 7 月 8 日，济南军区“猛虎师”抵达剑阁；驻河南新乡某部队 1、2 中队，52 分队、64 分队、75 分队、71 分队、79 分队、3 中队、4 中队，56 分队、60 分队；驻河南辉县某部队 78 分队抵达剑阁。9 日，驻河南安阳某部队 88 分队抵达剑阁。24 日，驻云南昆明某部队 75 分队抵达剑阁。分别进驻指定地点。

部队自带运输车辆、铲车、挖掘机、装载机、铁锹及其他救灾抢险工具。主要工作任务是清理灾后废墟，排除危房险情，为灾后重建平场、搬运红砖等。

2008 年 7 月 24 日，88 分队奉命撤离剑阁。25 日，78 分队奉命撤离剑阁。26 日，河南新乡某部队 1、2 中队，52 分队，64 分队、75 分队，3、4 中队，56 分队、60 分队，奉命撤离剑阁。27 日，71 分队、79 分队奉命撤离剑阁。

8 月 14 日，根据省委、省政府指示，省军区决定，参加抗震救灾的部队和民兵于 8 月 16—19 日陆续撤离。

8 月 21 日，云南昆明某部队 75 分队奉命撤离剑阁县。

2008 年 12 月 20 日至 2009 年 1 月 21 日，成都军区铁骑团官兵为剑阁地震灾区搬运红砖。

第三节　社会救援

2008 年 5 月 25 日，中煤集团山西平朔公司抗震救灾救援队一行 43 人，从山西省平朔市出发，携带发电机、餐车、生活用品等，于 26 日抵达剑阁地震灾区。27 日，救援队领队田金泽、队长张现，深入 6 个灾情严重乡镇的中心卫生院、学校、村庄、居民点实地察看，调查了解灾情，确定救援重点，制定拆除、清理、倒运、平场等救援方案和措施。30 日，分两路奔赴救援前线，一路出动一台推土机、两台前装机，搬运沙溪小学 100 立方混凝土，平整沙溪中学 6100 平方米场地；在剑门工业园区拆除 200 余户、1.57 万平方米危房，清除建筑垃圾，平整场地；救援队帮助运送砂石 100 余车，清理和平整场地 3.22 万平方米，修筑道路 4000 米，拆除水泥柱和横梁 114 根；在上寺乡桅杆村、猫儿村拆除 30 余户、2000 平方米危房。在县粮食局，因地震灾害办公楼二楼一根 6 米高的混凝土立柱开裂，救援队出动一台吊车、挖机进行整体拆除。另一路带推土机、挖机、前装机、运载卡车到达毛坝乡元山村六组，新开凿道路 1 条，拆除 37 户 130 间危房，平整活动板房场地 4000 余平方米，拆除其他 6 个村 1000 多户村民的危房，平整新农村建设用地 4000 平方米。拆除毛坝小学教学楼、校大门危房，平整场地 3000 平方米，倒运建筑垃圾 200 多吨。在拆除前，队员们利用设备优势，对校园内的林木、花草进行移栽，在受损最为严重的教室内抢出 50 多套桌椅等教具；6 月 7 日，救援队由毛坝乡转向武连镇武五村，拆除该村 25 户、104 间危房，平整场地2000平方米。在武连场镇，经过几天的奋战，全部拆除中心医院的5000平方米危房，清理、倒运建筑垃圾，平整场地。拆除小学5000平方米的教学楼，武连职中2000平方米危房，清理场地3000平方米。拆除镇政府10间平房，10间二层楼房。拆除中街、后街118间危房。不到10天，拆除该场镇200多户、50000余平方米危房。在东宝镇拆除医院、学校及双华村等地危房，清除废墟，平整场地。21日，救援队两队汇合，集中在普安镇突击抢险，开辟出一条1000米长通往板房区建设工地的道路；拆除县职业中学600平方米的危房，平整板房区场地3000平方米；拆除剑州中学一幢4层楼房，约2000平方米；拆除百货公司3000平方米危房；平整罐头厂3000平方米场地，拆除危房800平方米；拆除城北镇危房130间；在凉山乡盐井村，救援队平整场地1600平方米。

中煤集团山西平朔公司救援队员战炎热，冒余震，起早贪黑，换人不换机，采用“白加黑”“5+2”的工作方式，历时一个多月，帮助上寺、下寺、毛坝、武连、东宝、普安6个乡镇拆除危房1492户、6290间、3.03万平方米。为11个行政事业企业单位拆除危房2.8万平方米。平整场地15.37万平方米，搬运建筑垃圾10000余吨。

中国麻风病防治协会眼科专家唐章和护理陈雷赴剑阁县麻风病防治医院开展“病人复明手术”。广元市精神病卫生中心派邓小豆、倪白薇2名主治医师对口支援剑阁。受农工民主党中央委派，由上海、北京、湖南等地医疗机构的7名专家组成的医疗救助队于2008年5月17日抵达剑阁，开展救援工作。18日，沈阳军区第201医院抗震救灾医疗队临时进下寺镇，开展医疗救助工作。22日，民建四川省委副主委王元勇、民建广元市委副主委郭平一行到剑，向下寺镇民政办捐赠衣物800件，捐隔热膜450米，总价值5万元。25日，国土资源部派遣20名地质专家到剑，深入各乡镇开展地质灾害排查避险和调查评估工作。6月2日，四川省百特尔心理咨询中心3名教授到剑，开展咨询援助活动。4日，新加坡慈援组织国际援助项目部主任谢辉勇、省扶贫基金会副科长邹青树一行到剑，考察学校受灾情况。6日，中国地震局力学研究所一行16人到剑调查了解灾情，专家们头顶烈日，奔赴下寺镇拐枣村察看现场，然后分4个组到基层实地调查，一组在开封镇友爱村、开封医院、学校及毛坝乡场镇、农村调查；二组在上寺乡场镇、桅杆村察看灾情；三组深入下寺镇修城社区、机关办公楼、沙溪中学教学楼、师生宿舍、沙溪三队实地调查；四组察看剑门关场镇、龙王潭水电站、英雄水库等险情。12日，国家地震局高级工程师、专家张剑玺、种谨，到沙溪中学、修城坝实地调查，听取板房需求数量、安装及基础建设等情况汇报；国家住房和城乡建设部领导到剑阁了解“5·12”地震后剑阁居民房屋损坏情况，实地察看县城及武连镇的灾情，调研灾后房屋损毁的赔偿、产权办证涉及的法律问题。6月30日，由中华全国总工会主办，省、市总工会承办的“全国工会就业帮扶爱心行动”大型招聘求职洽谈会在县行政中心广场举行。7月15日，黑龙江、辽宁、福建等省68名“西部计划”大学生志愿者赶赴剑阁，开展为期一年的志愿服务，分配在县级32个部门、乡镇开展抗震救灾专项服务。当日，举办“浙江省支教团灾后心理干预及教师专业化发展报告会”，文峰中学、普安中学共20余所中、小学的500余教师参加报告会。17日，湖南理工学院大学生暑期“三下乡”社会实践服务团一行8人抵达剑阁。这次活动是共青团中央与共青团四川省委联合组织的大学生服务团，赴四川地震灾区从事卫生防疫、心理援助、支教培训等服务工作。31日，省妇联干校副校长李林带领省妇联灾后重建情感关爱行动心理安抚小组一行7人，赴毛坝乡对妇女儿童进行现场心理辅导。

第四章　基础设施抢修和生产自救

第一节　交通邮政通信设施抢修

交通设施抢修　5月12日15时30分，县交通局组织对全县公路、桥梁、隧道、车站、码头进行全面排查，车站、码头及公路养护、运管部门迅速投入抢险救灾。紧急疏散车站人群，宣传余震防范，24小时值班。共运送中小学生15000人次，旅客5000人次。调派37辆客运车辆支援青川抗震救灾。市交通局纪检组长杜鹃一行到剑，慰问交通系统职工，实地察看公路、桥梁、港航受灾情况。12日晚7时，召开紧急会议，成立县交通局抗震救灾领导小组，下设运输应急分队、公路抢险应急分队、机关抢险应急分队。5月13日，应急分队各司其职，全面排查全县公路、桥梁、涵洞、隧道、渡口、码头、车站等，两天检查县乡道路3100千米、桥梁195座、涵洞9750道。组织工程队及时清除落石，修复破损路面，搬走桥头、路面落石，在险情路段、危桥、垮塌涵洞处设立警示标志。及时修复国道公路83.4千米，整治路基沉陷50处、8649立方米，整治其他公路路基沉陷处155处、2955立方米，护坡18处，8698立方米，边沟122千米；清理县道公路路基滑坡、塌方56处、3900立方米；清理涵洞20道、196米，确保灾后过往车辆安全通行。

5月13日起，县交通局应急抢险分队，在绵广高速金子山出入口昼夜值班，为过往救灾车辆免费维修、加水、加气服务。5月19日，调集客车125辆、火车车厢98节、各类机具11台（套），运送救灾物资2000余次，保障支援广元全市抗震救灾物资的运输畅通。

普安镇滨河路、剑门路、城北路震后城市道路断裂、塌方32千米，临山体、河流、危崖等道路受损尤其严重，经过维修、整治，于2008年11月前全面恢复正常通行。其余各乡镇维修、整治过境干道、断头路共74.9千米，其中上寺、武连、毛坝等乡镇在2008年12月底全面修复街区严重受损路面。

整治、维护下寺垮塌河堤4处，计2.24千米。沙溪坝、大仓坝等河堤多处塌陷、崩垮，由于多次余震，导致几次反复维修，才得以修复。普安镇滨河路河堤由于年久失修，地震造成5处、1006米护栏间断垮塌，倾斜7处、240米，经3个月的抢修维护，焕然一新。

邮政通信设施抢修　“5·12”地震发生后，县电信、移动、联通公司，邮政局安排专业人员抢修震损的机械、仪器设备，尽快恢复通讯联络信号。县电信公司第一时间向县政府抗震救灾指挥部提供1部无线电话。5月12日17时30分，开通两部应急固定电话。晚上8点35分，县电信公司在县抗震救灾指挥部临时设立办公室，开通县委、县政府临时帐篷办公电话，保障救灾抢险各项信息及时上传下达，各乡镇各部门能够及时上报灾情。当晚10时30分，普安、下寺大部分电话信号恢复。

县移动通信公司震后紧急安排专业技术人员对移动电话传输系统（台、塔）及时排查抢险，更换受损零部件及机械、仪器设备。13日凌晨1时许开通手机、移动电话信号，县抗震救灾指挥部与省、市委、政府及外界联络信号恢复。5月16日，剑阁移动通信公司开通“免费报平安”服务电话，全县通信基本恢复。震后72小时，机房出现险情的下寺、三江、正兴、柳沟，所有交换点恢复通信。截至2008年6月30日，下寺、三江、正兴、柳沟机房完成搬迁，搭建拐枣、开封两处活动营业厅，更换白龙、普安机房蓄电池，搬迁元山、汉阳可视电话会议厅，完成开封、下寺等5处信合项目搬迁。至6月30日，完成百货公司、剑门关索道等受损严重的14处小灵通基站的搬迁安装。完成信用社6个网点和农行沙溪营业部、剑门派出所、县人民银行的光纤及电缆迁改，电缆改道、检修45个（处）。其中，线路改道、电缆改道、杆路恢复23个。灾后恢复杆道13千米，电缆23.5皮长公里，电缆迁改35处，小区线路恢复7000户，解决活动板房通信18处。

13日10时，全县中心场镇基本恢复通信。13日下午13时，除因停电、缺柴油机和缺燃油的部分统包点外，全县通信恢复70%。

第二节　广播电视设施抢修

5月12日下午3点30分，县广播电视局成立抗震救灾领导小组，建立宣传报道组、后勤保障组、广电设备抢险维修组、安全播出组、灾情收集及受灾群众慰问组，有序开展工作。记者分5路奔赴下寺镇学校、医院、社区、火车站、供水站等地点，现场抢拍灾情镜头。在普安镇各中小学校、幼儿园、社区、医院、车站人群密集区现场采访，第一时间录制抗震救灾特别节目。在6辆警车上巡回播放县委、政府发出的《安民告示》《救灾抢险紧急通知》，宣传地震知识、救灾措施等，稳定人心，消除恐慌。

13日，县广播电视局工程技术人员，奔赴雷鸣谷，奋战13个小时，熔接4处光缆，下午7时接通光纤信号；下属广电网络分公司积极抢险，元山广电网络分公司抢险队奋战1天，恢复倒杆19处；城北广电站职工在尖山子处从巨石、乱石缝中抢出受损光缆；白龙、公兴广电网络分公司职工团结协作，在碑垭扶正倾斜电杆，接通光缆；鹤龄广电网络分公司在樵店抢通受损主干网络；下寺、普安广电网络分公司分别组织抢险队，排查受损严重的线路，重新布线和安装受损严重的用户线路。经过1天1夜的抢险维修，全县受损主干网络基本恢复信号。14日，全面抢修广电中心大楼机房震损设备，更换毁坏的零部件。将信号前端机转移到大楼前空地上，恢复广播电视节目的播出。当日县委、县委宣传部领导在临时播出点专题研究广电节目及时恢复播出。15日，县广电局组织专业技术人员带上材料设备赶赴基层抢险救灾，及早恢复重灾乡镇广播节目播出。盐店、武连、毛坝、闻溪、剑门关等乡镇播出机房、办公用房几乎全部垮塌。盐店镇广电站职工在瓦砾、砖石中掏出设备，及时维修、更换设备零部件。元山镇广电站机房门窗被压扁，墙角裂口变形，人员无法进入，只得从墙角一侧打洞进入机房抢出广电设备，全面检查维修后，恢复节目的播出。为尽快恢复郑家山（覆盖中央农村广播电视节目）信号，县广电局向省、市局汇报，争取支援。23 日，省广电厅调拨 1 套 100 瓦无线广播发射机。27 日，紧急调拨 2 套 300 瓦无线电视发射机，当天搭建起临时帐篷转播台，调试并恢复播出中央中 1 台广播节目和中央 1 台、7 台无线电视节目。29 日，国家广电总局财务司司长王效杰、科技司司长孟冬在市广电局局长韩跃明、副局长陈原祥的陪同下，调研剑阁广电设施地震受灾情况。6 月 1 日，省广电网络公司市场策划部经理陈晓鹏一行到剑，调研广电网络地震受灾情况。21—22 日，在中煤集团山西平朔公司救援队的协助下，起用大型吊车由房顶进入三楼机房内，把广播电视发射设备安全吊出，然后拆除了危房。

县广电局在较短时间内恢复全县广电信号传输系统，及时、准确、全面报道全县抗震救灾、普及防震知识、灾后防疫常识、疏散安置群众，抢险救灾、灾后重建典型等。从 5 月 14 日至 7 月 14 日，共播出抗震救灾新闻 1000 余条，播出公益广告、防震知识 200 多条，制作专题片 12 部。为中央、省、市台提供 300 多条新闻信息，其中，四川台播出新闻 47 条，黑龙江省、浙江省卫视台播出新闻 27 条，中央电视台播出新闻 14 条。

第三节　电力 水利设施抢修

电力设施抢修　“5·12”地震后半个小时，县经济和商务局、电力部门相关领导、工程技术人员分赴下寺镇、普安镇查灾抢险，更换变压器 5 台，扶正、更换倾斜倒损电杆 1860 根，接通热电线 2119 皮长公里，维修设备 17 台（套）。震后第 3 天，98% 的城乡居民、农户恢复供电。剑阁供电局下寺辖区职工昼夜加班作业，更换变压器，维修线路。修复下寺镇倒损路灯杆 198 根，扶正 130 根，接通电缆 760 余米。14 日 18 时 37 分，县供电局沙溪坝变电站 110 千伏轮沙线 165#、马沙线 163#、沙铁线 162#、1 号主变以及 10 千伏沙白线 912#、沙镇下 913#、沙下路 914 号#、沙城一路 722#、922#/恢复供电。15 日，县供电局和乐山市电业局、夹江县供电局抢险队共同抢修上寺乡 10 千伏 918#、下竹路 32#杆，下寺镇恢复供电。普安镇恢复倒损路灯杆 125 根，扶正倾斜路灯杆 176 根，接通电缆 1460 余米。其余各乡镇恢复倒损、倾斜路灯杆 246 根，恢复倒损、扶正倾斜电杆 1860 根，接通电缆 2000 皮长公里，修复更换部分配电设施设备。县供电局、电业局对震后变电设备、配网、农电线路进行安全隐患排查，发现并处理存在安全隐患的变电设备 35 处，更换严重锈蚀的横担 3 根，校正倾斜电杆 12 根，更换雷击绝缘子 7 片。共查处各类安全隐患 91 个，经电业局协调处理的 19 个，自行整改的 56 个。

水利设施抢修　全县水利系统干部职工震后第一时间准确掌握灾情，对次高危以上水库开闸放水，降低水位；对大坝裂缝、滑坡等险情水库采取封口、夯填等措施，全力组织抢险修复。至 15 日，全县 57 个乡镇、65 个场镇集中供水站恢复供水。下拨应急抢险资金 150 万元，组织机械、人力抢修危及人民群众生命财产安全的水库、供水工程。抢修集中供水工程 65 处，农村分散式供水工程 1520 处。完成3248处饮用水安全工程、8222口微水池、58个灌区、6处小水电站、面积1.38万平方米水土流失综合治理、1.5万平方米的办公和生活用房及水源监测的规划设计。

5月15日，国家水利部建管司司长孙继昌领队，由水利规划设计总院、中国水利水电科学研究院、四川省水利厅等单位专家组成的抗震救灾工作小组到剑，检查指导水利工程抗震抢险。是日午后，贾剑生、县水利局领导等，脱靴赤脚，踏着泥泞，沿剑门关镇后山到龙王潭水库（电站）大坝查看险情，制定“放水救坝”的应急方案，紧急撤离大坝下游（双旗村）住户。18日，武连镇武五村组织劳动力150人，对麻池，武五两座小二型水库排危加固，彻底清理大坝裂缝中的杂物、泥浆，填筑裂口，把水位降低到警戒线以下。对10口山湾塘、山坪塘进行排危，补裂口、填缝加固。20日，在姚家乡团结水库召开剑阁县水利设施抢险整治工作会议，水利部门及各乡镇有关人员参加会议。贾剑生主持，重点汇报、分析全县水利设施灾情，制定抢险整治方案和维修排险措施。会后各地集中力量整治抢救高危水库、塘堰、渠道、涵洞、过水天桥，抢修溃坝，避免出现溃坝、垮界、人畜伤亡、损害庄稼。在短时间内对全县5座小一型、17座小二型高危水库进行补漏、填缝、夯筑裂口，修复涵洞，抢修垮坝（界）、渡槽、涵洞及重点干渠，保证安全度汛。31日，田中文、贾剑生在汉阳镇灯煌水库现场指挥抢险，整治溃坝，慰问援助该水利抢险工程的黄河防总工程技术人员。6月2日，根据国家防汛抗旱总指挥部办公室副主任张志彤、长江处处长刘学峰、国家抗震救灾水利组组长、长江委江务局局长史光前和四川水利厅工程技术专家的集体意见，县委、县政府紧急紧急转移剑门关镇龙王潭水库下游群众。上午12时，水库下游222户、915人全部转移到安全地带，得到妥善安置。在专家的指导下，经11天昼夜加班抢修，采取放水救坝、切断进水渠道、整治裂缝等措施，于6月13日解除龙王潭水库溃坝警报。15日，黑龙江省水利厅副厅长胥信平及黑龙江省电视台记者一行，深入各乡镇查看水利设施受灾情况。

地震中，下寺工业园区已基本竣工的一期防洪堤坝主体混凝土护面板多段裂缝，沿浇筑接头处开裂，最宽处2厘米，长750米；清江河王家渡大桥处护面板（因堤身填筑体塌陷）底部出现弧形裂缝，长90米。在建的二期防洪河堤已开挖齿墙槽垮塌200米，施工材料被掩埋。2008年5月18日，下寺开发区与四川业邦建设工程有限公司协力配合，针对震后清江河汛期水情趋势，加筑围堰，强化排水工程保障措施。6个工程队、240名工人，24小时轮流作业。在保证质量、安全的前提下，赶工期，抢进度，于7月1日前完成二期河堤防洪齿墙493.5米高程以下的坝体、混凝土护面板浇筑施工任务，保证河堤工程在主汛期内发挥防洪作用。

第四节　民用生活设施抢修

城镇供水供气设施抢修　震后，县规划和建设局调供水车3辆为下寺镇3万居民运送生活用水，组织川投剑阁水务公司职工昼夜加班抢修震损管网，架设临时管线，租用发电机抽水。至5月15日基本恢复居民用水。

地震中，杨家坝水库向普安输送饮用水的渠道垮塌200多米，而备用的刘家河取水管道已于4月中旬因修建7500立方米沉淀池而临时拆除，老城普安面临着停水的严重危机。为保证尽快恢复普安镇近8万人的生活供水，川投集团剑阁水务公司抗震救灾指挥部于5月13日组织公司共产党员抢修突击队奔赴取水口，顶着风雨和余震，将几百千克重的钢管，用肩抬人扛的办法架设在临时管架上，想尽一切办法重新连通刘家河取水管。在14日凌晨6时30分接通管道，普安镇恢复供水。

下寺镇沙溪中学自备水源管道在地震中严重损毁，3000多名师生无水可用。5月17日，剑阁水务公司工程部人员按照规划设计，采购供水管道设备，开挖渠道铺设供水管。5月20日，通往沙溪中学的供水管道施工顺利结束，整个工程安装110毫米主管道224米，小管道300米。

剑阁水务公司共出动工程抢险车辆60余台次，组织共产党员和工会干部21人成立安装技术组，走街串巷巡视管道近40千米，排除险情180余处，保障管网畅通。

各乡镇26个抽水站不同程度受损。县水利局、各乡镇供水公司、各乡镇党政组织专业队伍抢修设备，铺设管网，清理水池。5月14日，白龙、江口等26个场镇恢复供水。

全县共有天然气企业6家，23个场镇使用天然气。震后主供管网断裂187处、24千米，全县大面积停气。县规划和建设局及时加强行业指导，督促抢险，检查落实，更换、热接供气管，堵塞封闭漏气点，检修阀门，排除安全隐患，铺设供气管网，短时间内恢复供气。广元至下寺段断裂管网23处、2.7千米，通过热接、换管，5月16日恢复供气。王河天然气公司修复主供管网断裂4.9千米。供气管网断裂最为严重的开封天然气公司，通过几天的紧急抢修，恢复供气；白龙、公兴天然气公司供气区金仙、公兴、鹤龄等地供气管网通过处理断裂，补漏密封，恢复31处、4.6千米。其余各乡镇因山体滑坡，地基沉陷等原因，天然气管网局部断裂、脱节，受损70多处、7.9千米。通过紧急抢修，5月底全县天然气公司和液化气企业恢复正常供气。

城镇环卫设施抢修 下寺镇垃圾场于2007年建成。地震中，进场道路塌方4千米，5间管理用房地基沉陷，挡土墙垮塌。经维修加固，排除塌方，填补裂缝，进场道路于2008年6月2日恢复使用。城区部分垃圾收集容器、果皮箱、垃圾站台、公厕等损毁严重，通过添置、维修，6月底前投入使用。普安镇垃圾场12千米进场道路、6间管理用房，城区8处公厕，12座垃圾房大门塌陷，房屋梁柱断裂，墙体、路面裂缝。经抢修、维修加固，8月底投入使用。

县环卫一所、二所在地震后统筹安排，突出重点部位、重点地段，对下寺城区市政公用地段实施不间断全日保洁（早5点至晚10点），落实背街僻巷的清理整治和路灯管理，全面维修震损的环卫设施、公厕、路灯。启动普安新建垃圾场的规划选址、建修，加快危旧公厕、垃圾中转台（站）的改造。紧急抢修路灯78盏，对三江路路灯进行整体改造，新安装路灯87盏。加强公共绿地日常管养，及时修枝剪叶、杀虫施肥，浇水锄草，新增、恢复绿地1.57万平方米，补植、栽种各类树木5213株。大力整治市容市貌，营造良好秩序，在城区划临时停车点12个，恢复普安镇滨河路临时停车场，设置残疾人占道摊位7个。

地震后对全县排污管网逐一排查，查明管网震损脱节、裂缝、堵塞严重。普安镇闻溪河8千米排污管道被震损，脱节、塌陷堵塞多处，影响排污。通过接头、补漏、疏通管道，恢复排污功能。各集镇排污管网被震损，通过复位、补漏、疏通处理，恢复震前面貌。

第五节　生产自救

农业　畜牧业自救　震灾发生在“双抢”季节。当年全县小春作物长势较好，丰收在望，因地震大部分未能及时收割。县农业部门、各乡镇政府要求村、社、农户“两手抓”，做到“两不误”，一手抓抗震救灾，一手抓小春作物抢收。要求尽力做到颗粒归仓，不耽误抢险救灾，不耽误抢收抢种。小春作物成熟一块，收获一块。收割后抢播大春水稻、玉米、红苕等作物，做到满栽满插，种满种尽，完成计划面积。发动农户由救灾防灾转向灾后重建，千方百计把灾害损失降到最低程度。组建助农小分队，协调无灾户帮有灾户，轻灾户帮重灾户，强劳户帮弱劳户，抢收小春粮油作物。抓紧水稻、玉米栽插，烤烟移栽，桑苗、海椒田管。农业部门、各乡镇政府及时指导农户抢栽抢管，推进科技入户，实现人员、科技、品种、物资（农肥、农药、种子）、信息“五入户”，扩大适用技术覆盖面。组织调运、储备化肥、农药、农膜、种子等农资，严把农资产品质量关。开展粮油高产创建活动，调整农业产业结构，发展畜牧、林业、烤烟三大优势产业和海椒、蚕桑、优质粮油三大特色产业，推进现代农（牧）业园区、现代烟叶示范园区、特色产业园区块（带）建设。检查沼气池损坏情况，结合民房重建配套沼气池建设，加快“一建三改”进度。

武连镇在“双抢”中组织青年突击队、团员排危队到全镇11个村帮助“空巢老人”“留守妇女”及“鳏、寡、孤、独”户收割小麦150多公顷、油菜140公顷，栽插水稻33.33公顷，刨烤烟地沟厢10公顷。参加病险水库坝、塘坝加固，整治地裂缝，清理溢洪道20处。跃进村老病号白某某，双目失明老人杨某某等“空巢老人”，震后一度失去生活信心。跃进村5名共产党员，不顾自己受灾，帮助二位老人抢收完小麦、油菜，并捐款480元。该村共青团员30多人，用一天时间，帮助四组何雪明、一组陈蓉等6户留守妇女抢收近2公顷小麦。

2008年5月13日，县农机局在普安镇设立农机购置补贴办公室，方便灾区农户正常办理农机补贴手续。至5月15日，全县共发农机补贴资金295万元；组织服务队检修收割机、耕整机、提灌设备共84台（件）；义务为白龙镇春风村四组农民高登峰机插秧0.27公顷；新培训农机驾驶员86人，经考试合格发放拖拉机驾驶证55个；进村入户检审拖拉机25台，新入户拖拉机170台；6—8月，4位农机干部冒着余震，连续在基层示范区，帮助农户机插秧13.67公顷；会同县经济和商务局、物价局、县石油公司等相关部门，协商在地震期间农用柴油、汽油价格问题，尽力让利于民；全县420台农用收割机抢收小麦4800余公顷，为受灾群众节省柴油费200余万元；深入升钟水库淹没区金土地项目开发区，指导完成27处电力提灌站勘测设计。

全县各级畜牧兽医部门强化疫病防控，确保大灾之后无大疫。5月13日，开展“消毒灭源，死亡畜禽无害化处理”工作。紧急调运各类消毒药品37吨，除县畜牧局储备5吨应急外，其余32吨分配到村组、大型养殖场（大户）。26日，县动物重大疫病防治指挥部下发《关于加强灾后病死畜禽无害化处理和环境消毒工作的紧急通知》，要求对全县畜禽圈舍及其环境进行一次全方位拉网式消毒。组织村干部、防疫员710人，对畜禽圈舍周边环境实施拉网式消毒；安排专人对养殖场、小区、大户坚持每天消毒；对因圈舍垮塌压死和病死畜禽进行无害化处理，对新增畜禽实施紧急免疫注射，加强畜禽疫病监测，严防动物疫情发生和蔓延；指导养殖场、大户、小区开展灭鼠工作，圈舍灭鼠35.89万平方米；配合卫生，公安部门全力做好狂犬病防治，免疫犬4.1万只，实行24小时值班制度。

加大增槽力度，力争人平增养一支禽、户平增养一头猪，弥补地震灾害造成的养殖总量不足。对受灾轻微的养殖户，及时排除安全隐患，修复圈舍，使之尽快恢复生产；对受灾较重的养殖户，结合恢复家园，要求人畜禽分离，建标准圈舍，在救灾资金发放和项目实施方面给予支持，鼓励继续从事畜禽生产；加快恢复种畜养殖规模，发动养殖户采取自筹资金与救灾资金配套的办法，在短期内恢复正常生产；“5·12”地震发生后，调运种公猪29头、“二杂”母猪300余头，加快畜牧小区、规模养殖场、养殖大户的建设速度。县畜牧食品局、片区、乡镇畜牧兽医站组建畜牧技术服务队伍，包乡、包村、包组、包场、包户，进行技术指导，编印《灾后重建生猪圈舍指南》10000册，免费发给畜牧兽医站、养殖场。

工业　商贸服务业自救　原食品公司罐头厂水塔塔体因地震造成裂口倾斜，随时有倒塌危险。5月18日，县委主要领导，副县长肖光林、杨正国等亲临现场指挥，责令有关职能部门、爆破公司，采取紧急措施，炸塔以解除安全隐患。29日，全县21户规模以上工业企业有19户恢复生产。7月21日，当天特大洪灾给桅杆煤矿造成严重安全隐患。肖光林带领煤管干部赴上寺乡桅杆村抢险排危，在市煤监局救援大队配合支援下，历时一天，解除险情。26日，再次到桅杆村煤矿，整治地震后暴雨造成的主井口山体滑坡，消除煤矿安全隐患。8月，县抗震救灾指挥部组织药品食品监督管理局、经济和商务局、安监局等相关部门在宏祥药业公司及大地石英砂厂对地震造成的危房进行排险处理。地震中，下寺镇青林沟、窑沟煤矿受到不同程度破坏，煤窑进口处裂口、垮塌，生活区房屋裂缝、倒塌，无法正常生产和生活。安监部门、镇政府下令停止生产，封闭煤井，疏散厂区人员，抢修煤井，维修加固生活区可用房，拆除危房，于8月恢复生产。

5月12日下午，县经济和商务局、县工商行政管理局、个私协会负责人及相关人员，奔赴下寺、剑门、普安、白龙、鹤龄、开封、元山等几个大型集贸市场，全面排查安全隐患，对垮塌及受损严重设施实施警戒。开辟安全交易场所，尽快恢复正常经营。全县建立12个“应急帐篷市场”，动员无经营场地经营户迁入，开展经营活动。转移受灾业主617户、13000余人，组织搭建临时帐篷1700余处，转移货物3000多吨。县经济和商务局救灾抢险小组组织协调，由石油公司从储备油库中调出部分石油，优先满足救护车、消防车、抢险工程车以及各地救援车辆用油。14日，县石油公司组织人员到各乡镇督促检查，两天内大部分加油站恢复营业。石油日销量由震前的50吨—60吨激增至100吨以上。针对灾后用油量增大的趋势，与省、市石油部门联系衔接，组织货源，最大限度地保障抗震救灾和市场用油的供应。15日，县工商联发出“致全县广大工商业者和民营企业家的一封信”，倡议开展“无灾救有灾，小灾救大灾”捐款献爱心活动。当天有22户企业捐款41586元，其中，波记畅饮公司3000元、兴博木业2000元、全友家私2000元、剑门关酒店5000元。16日，县地税局应急中心、两个办税服务厅、十五个税务所（稽查局）在各自临时服务点对外开展涉税咨询、税务登记、纳税申报、领购发票等便民活动。至7月30日，全县工商界人士捐款捐物、工商企业单位捐资、无偿派车救援共计折资132万元。

5月12日至6月2日，县工商局、个协慰问重灾个体商户1000余户，并送慰问金。县工商局严格执行地震期间《暂停收取市场管理费》等规定，广泛宣传政策，鼓励受灾经营户恢复生产经营，组织食品、日用品等应急商品。全县各工商所组织163户经营户，采购方便面、牛奶、矿泉水、青椒、土豆、黄瓜等食品755吨、彩条布1.5吨、帐篷880顶、成品油160吨、农药1.2吨，确保市场供应。6月8日，全面检查集贸市场恢复营业情况。实行24小时值班，防止余震次生灾害发生。为防止灾后哄抬物价，保障灾后食品卫生安全，出动执法人员检查687人次，查处违法案件139件。其中哄抬物价35件，处罚款17万元。此后，对集贸市场进行第二次检查，出动执法人员369人次，检查集贸市场56个，处理各类消费案件140件，为消费者挽回经济损失47万余元。在农户与商贸业主间推广“公司十农户十商标”的经营模式，帮助汉阳镇中心村、城北镇红双村340户果农注册“剑门”“红双”两大特色优质梨、葡萄商标；指导剑阁海椒协会等6家商贸企业注册“蜀门关”牌等8件商标。

县食品药品监督局成立药品应急指挥部，部署、指导药品市场的供应调拨和质量监控工作。地震期间出动执法人员对全县530个村卫生站，3个卫生所，64家乡镇以上（含乡镇）医疗机构接受来自全国各地捐赠的6220件药品、5261件医疗器械，4948件消杀用品进行专项检查。全县药品经营企业共组织采购药品680个品种、金额350万元，调拨药品790个品种、金额300万元。药品生产企业生产中药饮片73批次、数量4000千克，供应市场，缓解全县药品药械市场供需矛盾，稳定价格。

第五章　次生灾害防治

第一节　塌方 滑坡 泥石流 地裂缝防治

塌方防治　地震中上寺乡崩塌5处，受灾146户、993人。其中上寺乡场镇铁佛山广旺矿山崩塌，灾害类型为大型，受危害400人；三房村三组贾家山崩塌，灾害类型为中型，27户、86人受危害；桅杆村二组大柏林崩塌，灾害类型为中型，28户、114人受危害；四组张家沟崩塌，灾害类型为大型，33户、131人受危害。下寺乡党委、政府紧急处置，将重灾户统一安置在地势开阔地带，并及时报告上级。县委、县政府把外地捐赠的首批帐篷大部分划拨上寺乡，其中55顶分给桅杆村。乡、村、组建立应急队、巡逻队，协助受灾群众排危重建，巡查安全。

地震中下寺镇三江村背后直耸蓝天的“十三峰”水沉岩轰然垮塌，巨石向山下奔涌倾泻。下寺村一组响水沟“陷王山”两块各重数百吨的巨石从山顶滚落，将村民梁显生、梁显金兄弟住房砸得粉碎。下寺镇党委、政府第一时间实地查看灾情，疏散居民，救助受灾群众，将受灾群众紧急转移到农贸市场和翠云大道空地避险。各村组干部到户了解灾情，疏散群众，帮助排危除险，救治伤病员，搭建防震棚。

在“5·12”地震中，国道108线1946km+600m（天生桥）大面积塌方，一株皇柏大树倒下，横卧道路，阻断交通。有关部门迅速赶赴现场，组织民工清理排除。5月13日，落实人员，全面排查剑门、汉阳、凉山、江石、龙源等地古柏险情，组织民工砌石垒土，保护古柏。

剑青路姚家乡李家梁段滑坡、塌方阻断交通，省道302线、剑苍路、剑南路、小开路等路段路基多处塌方，影响车辆通行。落实人员对损坏严重的柳沟大桥、柘坝大桥实行24小时监控，限载限速，单边通行。交通等部门先后5次安排工程技术人员，聘请专家对全县桥梁、道路、码头、渡口进行全面检查，在危险处设置警示标志。统筹安排交通应急抢险资金50万元，短时间内清除塌方土石，确保道路畅通。

滑坡 泥石流防治　震后，县境内滑坡点132处，分布在全县44个乡镇。震后发生滑坡灾害最严重的有13处。其中，地震引发剑门关景区水井坡、石笋峰、磨石岩、天桥村、雷鸣谷等多处灾害隐患，崩塌、不稳定斜坡和滑坡影响面积达17.7万平方米，对景区内各景点、公路、桥梁、索道、步游道及游客造成影响，涉及120户、300人的人身安全。鹤鸣山文保护区石刻1号龛北面和剑州白塔东侧发生山体严重滑坡、沉陷。1号龛至重阳亭段及其他地方共垮塌保护墙（内外围墙）800米，其余各段墙基下沉，墙体倾斜并有不同程度裂缝、沉陷。地震当天，旅游部门成立抗震救灾领导小组，疏散景区游客，检查各点各段是否滞留游客及其安全情况。摸排登记景区资源、基础设施、服务设施、交通道路、景区居民及职工房屋受损情况、人员伤亡情况，及时上报灾情。调拨资金 31 万元，出动 100 余人，车辆 70 多台次，紧张有序地把当天在景区的 300 多名游客疏散到安全地带，安排食宿，部分要离开景区的安排车辆护送出境；与公安、交警、交通、建设、国土等部门联系沟通，协同巡查高危段、点，排查隐患，在垮塌、塌陷、滑坡点等地质灾害区设立警示标志、标牌，关闭有安全隐患景区、景点。与新闻媒体、签约旅行社联系，发出通知、通告，确保游客安全。

2008 年 5 月 20 日，姚家乡银溪村一组宁家岩山体发生滑坡裂缝，宁家岩海拔 690 米，倾斜角 30 度，在相对高度 60 米处，沿山坡出现地裂缝 500 米长，10 厘米宽。有 17 户、50 人处于滑坡地裂缝灾害地带，其中 8 户房屋全部倒塌。县乡干部实地查看，安抚、疏导、转移村民，紧急疏散 17 户、50 人，并向县申请调拨救灾帐篷。经乡镇和县级有关部门协调沟通，5 月 21 日落实 4 顶帐篷，当天分发到受灾群众手中。姚家乡团结村二组山体裂缝 300 米长、8 厘米宽、深 10 米。22 户人家受灾，搬迁 19 户、70 余人。上寺乡桅杆村发生长达 3000 余米的山体裂缝；三房村空木山出现长 5000 米、宽 5－20 厘米裂缝，形成大约 300 万立方米滑坡隐患体；下寺镇山体滑坡 19 处，不稳定斜坡 21 处（其中灾害类型为大型的 1 处、中型 4 处），受影响 247 户、1182 人；上寺乡滑坡 9 处（其中猫儿村南垭子滑坡灾害类型为中型），不稳定斜坡 4 处，受影响 36 户，165 人；北庙乡小学后山（孤玉山）右侧山体两处滑坡一处长 60 米、宽 15 米，共 900 平方米，摧毁皇柏大树 8 棵。另一处滑坡点 8 米长、5 米高，山体下滑致使学校厨房、食堂成为危房。姚家乡天字村紧急转移受影响群众 12 户、56 人，下寺镇共转移 247 户、1182 人，上寺乡共转移 36 户、165 人。组织干部、党员、团员成立抗震救灾突击队、团员排危队，为受灾群众搭建简易棚，从废墟中转运财物，排危加固，搬砖递瓦。发扬亲帮亲，邻班邻，无灾帮有灾，轻灾帮重灾精神，妥善安置受灾群众。组织力量逐家逐户排查核实灾情，对危房进行统一鉴定、统一排危，统一规划灾后重建。

剑门关镇志公村水井坡（剑门关口）出现裂口、崩塌、滑坡复合型地质灾害隐患，滑坡体达 6 万立方米，危及 108 线过往车辆和剑门关景区游人以及山下 177 人生命安全。县委、政府成立应急抢险队伍，落实专人进行 24 小时监控，要求按规定及时向县应急办、县政府以及省、市有关部门报告监测情况；在 108 线剑门关镇姜维广场和志公村志公寺豆腐干制作房等处统一设立剑门关口地质灾害隐患警示标志；全部撤离危险区农户 177 人，进行过渡安置和永久安置；县交警队实行交通管制，禁止在剑门关口地质灾害危险地段停放车辆或鸣号。

全县发生泥石流 1 处。上寺乡上寺村一组长江沟泥石流，灾害类型为大型，400 人受灾，部分搬迁。县委、县政府设立防治责任单位（上寺乡政府）、监测责任单位（下寺国土资源管理所），县领导挂联，落实监测责任人，24 小时监视观察。

第二节 安全隐患排查

2008 年 5 月，县抗震救灾指挥部下发《关于加强震后安全生产隐患排查治理工作的紧急通知》，规定排除安全隐患做到目标、经费、人员、时间、预案五落实，对安全隐患采取拉网式排查，严防煤矿和非煤矿山瓦斯爆炸、火灾、水害、冒顶等事故发生；严禁超能力、超强度、超定员组织生产；规范煤炭资源的开发，加强技改煤矿的安全监督；加强震后水陆交通隐患排查，落实道路交通“五整改、三加强”等措施和水上交通“救生衣”“防碰撞、防泄漏”安全专项整治，加强渔船和乡镇船舶的安全监管；检查游船、缆车、索道等旅游设备设施的安全，检查宾馆饭店、车站、码头、学校、商场、集贸市场等人员密集场所的消防安全，确保疏散通道、安全出口畅通，消防设备设施完备。

在震后安全生产隐患排查治理工作中，对不按时、不按要求落实安全措施，导致灾后次生事故发生，追究相关责任人责任；实行月报制，每月的第 3 个工作日各单位将排查治理结果报县安监局；将震后安全生产隐患排查治理工作纳入年终安全生产考核。

县抗震救灾指挥部决定在全县范围内排查安全隐患，拆除高危建筑，以防止次生灾害发生。组织专家鉴定危房，优先安排医院、学校、办公场所、居民住宅的鉴定，凡地基沉陷、地圈梁出现裂痕；承重墙体出现裂缝，各层圈梁出现裂痕；挑梁、梁柱出现裂痕；屋架出现断裂、脱节现象的房屋，暂时不允许入住。做到边鉴定，边制定排危整治方案，边实施，清除危险物体、构件，防止出现意外伤亡。各乡镇组织干部到村、居委会督促群众从危房中转移，劝阻群众不要返回受损严重的危房，防止因人员靠近、进入危房而发生意外伤亡事故。

在普安镇，原政协机关办公楼六楼在地震中严重受损，经建设和规划局现场查看，划出警示红线，张贴撤离通知，发出房屋险情鉴定书。由国资局国投公司落实专业队伍实施，拆除六楼楼层。先后拆除县职业中学 600 平方米厂房，剑州中学一幢四层楼房，县罐头厂楼房 800 平方米，县百货公司 3000 多平方米危楼，下寺工业园区危房 15700 平方米，毛坝小学 210 间 4500 平方米危房，武连镇中心医院 5000 平方米危楼，武连小学 5000 平方米危房，武连镇政府 10 间平房、10 间两层楼房，武连场镇中街、后街 118 间危房，武连镇武五村 13 间危房。

地震中，上寺乡铁佛水泥厂的高烟囱塔体倾斜，仓库裂缝。县领导组织查看，督导抢险维修，恢复正常生产。

第三节　环境污染防治

水环境污染防治　“5・12”地震后，县环保部门迅速启动环保突发事件应急预案，应对地震造成的环境问题，防止环境污染发生。县环保局成立剑阁县抗震救灾环境保护指挥部，从 5 月 13 日开始，全面检查灾情，紧急救援，严防环境污染事件发生。

县环保局将饮用水的监管、监测作为重点，切实加强饮用水源环境保护。5 月 13 日，派出工作组巡查下寺镇清江河、普安镇刘家河饮用水源。从 14 日起，县环保局派人每日采集下寺、普安、白龙、元山、武连等重点乡镇水样，送省环保局监测站化验。提取开封镇、武连镇、柳沟镇、普安镇饮用水源水样送广元市环境监测站化验。全县城乡居民饮用水安全，稳定达标。28 日上午，接县政府关于川投水务公司反映“刘家河水库发现高浊度饮用水源，普安镇 7 万余人饮用水不能保证供应”问题的批示。县环保局派出工作组赴刘家河水源地调查，取水样化验。上报县委、县政府，请求启动杨家坝水库备用水源，两处水源同时启用，解决普安城区供水不足问题。

大气环境污染防治　从5月13日开始，环境监察人员深入各企业单位巡查重点污染源，特别是对因地震可能引发泄漏的危化品仓库、化工企业进行环境安全隐患排查。要求各企业自身加大隐患排查力度，发现险情，立即上报。截至7月23日，共检查化工企业41次，垃圾填埋场46次，未发现环境污染事故。5月17日，禾丰乡一村民家中鼠洞有“异常气体”冒出，县环保局接到报告，派出专业技术人员赶赴现场，会同安监、农业部门有关人员实地检查，解除疑团，消除了恐慌。19日，省环保局环境安全隐患排查工作小组检查汇丰食品有限责任公司安全，发现冻库液氨阀门密封性能不好，液氨有泄漏现象。检查组要求企业立即停止使用冷冻库，转移库内存放的物资，回收液氨，采取措施排除隐患。26日，广元市环境监察支队组织调查剑阁国控、省控、市控重点工业企业灾后污染治理设施损坏及污染隐患排查等情况。检查发现，省控企业剑阁县汇丰食品有限责任公司液氨车间存有液氨10吨，无喷淋装置应急阀门，应急事故池围堰过低；广元友福化工有限公司存有硫酸100吨，应急处理池围堰过低，存在环境安全隐患。县环保局立即要求企业采取应急措施，派出执法人员现场督促整改。汇丰食品有限责任公司完成应急处置池建设，安装好液氨喷淋系统应急阀门，准备好用于应急堵漏和加固的沙袋。广元友福化工有限公司对5个贮存罐（共有100吨硫酸）地面进行防渗处理，在四周修建1.5米高的围墙进行保护隔离，确保安全。

县环保局实行环境安全24小时值班制，全县没有发生有毒有害气体泄漏事件。受地震灾害影响，大气环境污染主要为道路扬尘、粉尘、汽车尾气等污染，但空气质量不超标。

第六章 维护稳定与救援保障

第一节 维护灾区稳定

维护灾区秩序 地震发生后，全县政法系统密切关注抗震救灾期间的社会动态，对各种不稳定因素和矛盾纠纷进行拉网式排查，做到家底清、情况明。各级各部门对排查出的重点人员和重点问题，建立台账，明确稳控责任，细化稳控措施，规定化解时限，把问题发现在第一线，把隐患消除在基层。

“5·12”地震当日下午，县政法委召开政法系统领导干部会议，传达县委紧急会议精神，启动抗震救灾应急预案，专门部署维护灾区稳定和社会治安工作。县抗震救灾指挥部下设维稳安全组，由县公安局牵头，县法院、县检察院、县公安局、县司法局、县交通局、县工商局、县民政局、县规划和建设局等单位参与。维稳安全组下设情报信息、治安防控、违法犯罪侦破、交通秩序、机动应急、宣传报道、后勤通讯和灾区重点工作指导等 8 个工作组。

面对震后通信、广电中断的特殊情况，县委、县政府组织 6 辆宣传车分赴各地，宣传党和政府政策，利用移动通讯，向群众群发短信，县纪委、组织部通过短信，要求全县共产党员、干部发挥先锋模范作用，积极参与抗震自救。5 月 14 日，广电信号恢复，滚动播出全县灾情和抗灾情况、县委主要领导发表电视讲话，稳定全县人民情绪，增强抗震救灾信心。县政府印发《关于加强灾后维护稳定和社会治安工作的意见》，县政法委、县维稳办、县综合办联合印发《关于全力做好抗震救灾维稳工作的紧急通知》。把抗震救灾和维护灾后稳定作为头等大事和首要任务，组织干警投入抗震救灾，全力抢救受灾群众，妥善安置转移受灾群众，保障交通生命线。做好群众宣传、疏导和服务保障工作，消除恐慌心理，防止发生安全事故和其他意外。截至 6 月 2 日，政法系统共出干警 3239 人次，法医 40 人次，解救被困群众 6000 人次，护送伤员 78 人，为受灾群众搭建帐篷 1000 余顶。

“5·12”地震发生后，维稳战线迅速整合力量，成立灾后重建维护治安情报信息组，专门收集情报信息。针对受灾群众集中安置、受灾群众流动频繁、灾区面临内外敌对势力渗透破坏等严峻形势，县抗震救灾指挥部维稳组组长侯宏强调，围绕涉灾矛盾纠纷、救灾物资管理与分配、灾后政策措施落实、过渡安置房修建与分配、安置点治安安全及其他隐蔽斗争等 6 个重点问题进行深入调查研究，分析不稳定隐患及发展趋势，提出化解措施建议，为县抗震救灾指挥部科学决策提供依据。5 月 12 日至 12 月底，编写《维稳信息》8 期，《抗震救灾维稳专报》14 期，为指挥部提供客观真实的情报信息。

全县政法系统抽调干警组成夜间巡逻队，在城区、职工住宅小区、居民院落、避震篷点、救灾物资发放点巡逻；政法委领导每晚检查治安巡逻守护情况；重点守护震后危险房屋、危险地段，推行棚户点治安防范制度，分片包干集中避震棚点治安；车辆动态巡逻与静态守护相结合，加大巡逻密度；落实机关、学校、医院、企事业单位安全防范措施，防止避震期间入室盗窃案件、因不安全因素引发的次生灾害和群死群伤事故发生；开展政法系统干警下乡大接访活动，深入到各乡镇，面对面地倾听群众诉求，解决群众难题，全县信访量逐渐降低。对排查的突出问题，实行各级党政领导包案制度，按照属地管理，分级负责、谁主管，谁负责的原则，责任落实到人。针对重点问题实施倒查机制，将具体问题解决到实处。对重点稳控人员采取“一盯一、多盯一”的方法，控制不稳定因素。与各乡镇党委、学校、村组相互协作，完善留守老人、学生管理机制。根据各乡镇提供的数据，建立外出务工人员花名册，掌握外出务工人员情况。开通政法委书记信箱、政法委安保稳定热线，掌握全县稳定情况，对重点事件及时研判、解决。2008 年 5 月 19 日，县法院在防震篷内搭建立案庭、审判庭，成立四川地震灾区第一个“帐篷法庭”，当日审理案件 2 件，防止案件积压、矛盾激化；县检察院、司法局出动宣传车宣传法律知识、政策，加大舆论攻势，震慑违法犯罪，教育群众；司法局为外地回乡的务工人员办理公证业务；县公安局加大巡逻力度，整合交警、刑警、治安、派出所民警对重要地区、路段 24 小时巡逻守护，增强群众安全感。

处置突发事件　全县政法系统服务受灾群众，化解纠纷，分类设立警务室、临时警务工作站（点），统一避震棚间距，集中用电、用火区和灭火器材料配置。全县设立 13 个帐篷派出所、警务室（站）和农村安置点警务（点）。建立流动调解室。组织法制宣传队，深入灾区向群众宣传党中央、国务院和省委、省政府关于抗震救灾的指示、方针政策和有关法律法规，预防、排查、处理因地震灾害、灾后重建引发的各类矛盾纠纷。

县公安局从治安、经侦、刑警、武警等部门抽调 24 人，对金融机构金库、较大规模的油库、加油站、粮食（油）存储库等营业网点、学校、医院、救灾物资存放点、大型超市等重点单位、部门（目标）实行 24 小时值班守护。2008 年 5 月 16 日至 6 月 10 日，共出动警力 1230 人次，警车 150 台次，发放资料 2000 余份，张贴布告 50 余张，街面巡逻 60 多次，化解矛盾 15 起，查处案件 5 起。设立剑阁县公安局救灾物资发放执勤点，安排警力执勤，每天由一名领导带队，抽调各部门警力对救灾物资收发现场进行 24 小时安全守护。严格出入检查登记，严防别有用心的人趁浑水摸鱼，维护现场秩序，确保救灾物资有序发放。5 月 18 日，县委办、县政府办联合发出《关于进一步做好抗震救灾物资接收和发放工作的通知》，建立联络衔接组、物资接收组、物资发放组、市县物资供应督办组。县政府成立剑阁县救灾物资保障组，县委常委、常务副县长任组长，县委常委、县人武部政委彭廷明，县委常委、县委组织部部长夏思法，县人大常委会副主任母志双，县民政局局长任副组长，下设修城坝工作组、剑门关火车站工作组、联络衔接工作组、安全保卫工作组。在修城坝、火车站成立两个临时党支部。为使救灾物资接应、装卸运作有序，从 19 个县级部门抽调干部 151 人参与救灾物资接收装卸工作。实行 24 小时值班制度，做到及时接收查验、准时卸车、记账准确、堆放有序。

地震时，剑阁县看守所有在押人员 124 名，当时哭喊声震耳，情绪异常激动，现场混乱。县公安局、武警中队深入监室安抚在押人员，打开所有监室，落实包监责任。每个监室门口 2 名民警和 2 名武警。

2008 年 5 月 17 日，接市抗震救灾指挥部通知，剑阁县清江河上游，青川县的堰塞湖有溃堤危险，要求立即疏散两岸群众。县公安政法干警在清江河两岸紧急布防，耐心细致疏导劝解居住两岸群众，直到险情解除。少数不明真相的人谣传青川县堰塞湖溃坝，清江河剑阁段水位要上涨30米，一传十，十传百，惊魂未定的群众离开帐篷跨过宝成铁路复线，逃往宝龙山避难。县政法干警、铁路巡逻员连夜赶往宝龙山，向群众喊话作解释，受惊吓的群众弄清事实真相后纷纷下山。

5月17日深夜，一批军用救灾物资和大型机械要在沙溪坝火车站中转，但站台被百姓当做避灾场所，不肯搬离。强制执行有可能引发群体性事件。县政法委、公安局、下寺镇党委政府、下寺派出所一道逐个向帐篷里的群众做宣传解释工作，帮助收拾生活用具，与老百姓一起用肩膀将帐篷一顶顶抬到离站台100米以外的地方，安排公安干警在站台通宵执勤。军用专列准时到站，救灾物资顺利中转出去。

7月2日上午，县人大副主任王正金率领县纪检、民政、司法、法院、交通、建设、环保、信访等部门负责人在剑门关镇举行“5·12”地震大接访。5月12日至12月31日，全县政法系统及各级调解组织共调解民间各类纠纷2371件，排查各类重大疑难纠纷529件，防止群体性上访6件、122人次，制止群体性械斗16件，98人次，民间纠纷调解成功率达96%。

打击违法犯罪 全县政法系统广泛开展抗震救灾法制宣传活动，重点打击制造传播谣言、哄抬物价、借机寻衅滋事、盗抢财物等违法犯罪。2008年5月19日晚，有人以当志愿者为名，将县政府广场救灾物资收发点的部分救灾物资非法转移，造成现场秩序混乱。县公安局出动警力20余人赶赴现场维持秩序，调查处理，恢复救灾物资发放秩序。责成下寺派出所具体处理哄抢物资事件。30日13时许，县民政局殡仪馆职工赵某（男、32岁），在下寺镇装运救灾物资的过程中，强行将3顶帐篷、48件衣服据为己有，涉案财物价值4000余元。县公安局接到报案后，迅速派出警力组成专案组侦查，当日将犯罪嫌疑人刑拘，追回被强占的全部救灾物资。是日晚，县纪委常委会讨论决定，给予赵某开除党籍处分；县政府常务会决定，开除赵某公职。

县公安局配合县工商局处理群众投诉乱涨物价案件3起，投诉举报涉及塑料薄膜、篷布、汽油、砖瓦、矿泉水等。3件举报案中，柏垭加油站擅自提高汽油价格，处当事人罚金5万元；“七一”场镇商户擅自提高柴油价格，处罚金10万元；调查处理下寺镇矿泉水涨价事件。

加大打击邪教人员犯罪力度，破获“门徒会”“实际神”等邪教案件2起，处理2人；加强高考安全保卫措施。

为维护全县平安稳定，确保奥运会、残运会、改革开放三十周年庆典活动以及亚洲峰会的顺利举行，县委、县政府统一安排部署，开展“迎奥运、保稳定”专项活动。围绕“六个不发生”和“五个坚决防止”硬目标、硬任务、硬要求，各级各部门深入排查化解涉灾矛盾纠纷，立足抓早抓小抓苗头，把问题发现在基层，解决在当地。县公安局和黑龙江省援建特警在重点城镇和车站布控，及时劝导重点稳控人员，化解矛盾纠纷，制止跨市到省进京上访等行为发生，对诬告、乱告的，纪检信访部门严肃处理。其间，全县无一例违规上访情况发生，无暴力恐怖事件发生、无危害国家安全和社会稳定的重大政治事件发生，无大规模群体性事件发生，无严重刑事案件和重大安全事故发生。

第二节　抢险救灾保障

组织　人员保障　震后不到3分钟，县委启动抗震救灾应急预案，在行政中心广场召开四大班子紧急会议，成立剑阁县抗震救灾指挥部，县委主要领导任指挥长，县委副书记、县长田中文，县委常委、县纪委书记卢达昌等任副指挥长，县人大党组书记、副主任何德生，县政协主席王成书，县委常委、副县长肖光林，县委常委、政法委书记吴勇，县委常委、县武装部政委彭廷明，王湖益、副县长贾剑生、杨正国为成员。指挥部下设总值班室、维稳安全组、医疗保障组、交通保障组、通讯保障组、电力保障组、宣传报道组、食品保障、铁路运输组、秘书组。按照“救人第一、防震第一、查灾第一”抗灾抢险要求，组织起有1.3万人参加的60支抢险队，由县四大班子11名县级领导带队，分11路奔赴各乡镇抢救伤员、查看灾情。各级党组织迅速建立抗震救灾领导小组，全县成立抗震救灾指挥机构104个，其中县级1个，县级部门46个，乡镇57个。启动应急预案，组建抢险救灾、医疗救护、灾情统计、安全巡逻和灾情报道等工作小组，全力投入抗震救灾。县四大班子组织2000多名机关干部，计7000多人次参与8000多吨救灾物资的装卸，在24小时内及时把救灾物资转运发放到各地群众手中。通讯、电力、交通部门紧急行动，用一小时抢通被山石、树木阻断的108线1946千米段，24小时内恢复普安、下寺供电。14日，恢复互联网络。水利、国土部门组建紧急救援分队到各大水库和地质灾害隐患点排查，防止次生灾害发生。卫生部门组建防疫小分队618个，出动防疫人员83196人次，发放各类消杀药品，对恢复经营的餐饮单位、受灾群众集中安置点、集中供水单位、和医疗卫生结构实现监测全覆盖，确保大灾之后无疫情发生。县工商、物价部门加强市场监管，防止哄抬物价。民政部门加强灾情核实、申报。粮食部门调运粮油，保证受灾群众有饭吃。县供销社负责塑料薄膜、彩条布的货源组织。公安、民兵预备役人员组成60支治安巡查队，对社会治安巡查、整治，打击犯罪，维护社会稳定。县纪检、审计部门全面加强救灾物资、钱粮发放监督审计，组建5个检查组，对全县各乡镇救灾物资发放和中央政策兑现情况进行检查，及时查处和纠正违纪行为。

各乡镇政府负责在主要社区、医院设立定点帐篷，解决困难群众所需。动员群众自搭自建临时过渡房，集中安置生活困难户、老弱病残户，加大救助力度。组织549个钱粮发放组，及时将中央补助钱粮按政策发放到受灾群众手中。完成灾情普查核实、中央补助钱粮兑现、过渡安置房补助、重建住房补助对象审定。组织突击“双抢”，收割小麦24711公顷、油菜21350公顷，栽插17410公顷水稻、4555公顷红薯，种植16751公顷玉米、9832公顷花生，移栽2515公顷海椒。

为加强抗震救灾一线领导力量，县委把在抗灾救灾中表现突出的3名干部提拔充实到乡镇领导班子中。从县委组织部、县委政法委、县卫生局、县畜牧局等县级机关选派12名副科级干部到普安、下寺等11个重灾乡镇担任党委副书记。

全县268个村党支部，16个乡镇党委，23个县级部门，103个学校、医院、企业党组织党活动场所在地震中垮塌或成为危房。各部门、各乡镇、各单位第一时间在帐篷、简易防震棚设置临时办公地点，悬挂党组织标牌和党旗。全县组建应急抢险、救灾物资接收和发放、“黄丝带”志愿者、赴青川救援队、移（居）民集中安置点等86个临时党支部。在抗震救灾“火线”发展党员62人，做到“哪里有受灾群众，哪里就有党员，哪里有党员，哪里就有党的组织”。

面对地震灾难，党和全国人民给予剑阁极大关怀，省领导刘奇葆、蒋巨峰、陶武先、晏永和等多次深入剑阁县指导抗震救灾。全国各地志愿者700余人，迅速汇集剑门关前，组织灾区青年突击队3支、青年志愿者队伍44支，投入到抢险救灾中。解放军救援部队，在废墟中抢救无数生命和财产，仅驻河南某部的救灾部队官兵就达1765人。山西中煤平朔公司派遣43名救援队赴剑阁救灾。浙江宁波市组织700余人救援队，担负板房建设任务。黑龙江省卫生厅先后3次派遣医疗队91人，开展医疗救助，实施手术1600多台，接诊病人15300人次，义诊14100人次。黑龙江省教育厅3次选派38名教师到剑阁职业中学支教。共青团黑龙江省委选派110名大学生志愿者到剑阁县级部门和乡镇从事志愿者工作。黑龙江省公安厅派遣150名特警，参与剑阁灾后社会治安和交通安全管理。

物资　资金保障　自5月13日起，上级调拨和社会各界捐赠的救灾物资源源不断运抵剑阁。14日，省民政厅紧急调拨价值16万元的13车矿泉水、饼干、火腿肠、牛奶等食品运抵剑阁。当日，成都兴志商贸公司捐赠价值10万元的矿泉水、糖果、糕点等食品运抵剑阁。16日，省人大常委会机关捐赠药品2车（12箱）、矿泉水100件、饼干170件运抵剑阁。是日，省民政厅捐赠矿泉水100件，牛奶120件，衣物160包，口罩3箱，蚊香3箱。18日，县政府成立县抗震救灾物资保障组。从19个县级部门抽调干部151人参与救灾物资接收发放工作。6月4日，安徽省古井集团捐赠的4车100吨优质面粉抵剑。

至2008年年底，接收89节火车皮、586辆汽车的救灾物资。先后接收国际社会、中国香港世界宣明会、国内各省市政府、部门、企业、慈善机构红十字会、寺庙及社会人士捐赠的各类物资100余种、248批次。国家调拨救灾粮食1235吨、食用油5.92吨。

5月13日，县政府下拨救灾款100万元。14日，县抗震救灾指挥部筹措资金1500万元，用于安置转移学生、搭建医院急诊用房和安置失居受灾群众。15日，县委组织部成立县抗震救灾募捐工作领导小组。16日下午，四川省治权集团有限公司副总裁唐天学（剑阁籍）为家乡捐赠2万元，支持家乡抗震救灾。是日，剑阁县委宣传部原副部长、副县级宣传员李齐先为家乡捐赠10万元。19日，县政府筹措资金1500万元，用于民居房屋维修加固和交通、学校、医院等公益事业基础设施的恢复重建。27日，县财政紧急拨付3295.23万元，保障受灾群众生活。6月1日，香港世界宣明会向剑阁地震灾区捐助人民币1500万元，用于援助1500户受灾群众重建住房，每户享受援建救助资金1万元。11日，仁寿县县委常委、常务副县长黄劲松，副县长李丽一行专程赶赴剑阁，为支援剑阁抢险救灾捐赠人民币20万元。到6月30日，收到外地捐款1210.11万元，后全额划转县民政救灾专户。至12月25日，收到社会各界捐款3673.11万元。

截至2008年12月25日，剑阁县收到中央财政、省财政下拨资金71791.32万元（中央财政40283.19万元，省财政31508.13万元），特殊党费5250万元，黑龙江省援建资金48000万元。

第三篇　医疗防疫

灾情发生后，全县全力开展地震伤员大抢救。县卫生局抗震救灾指挥部迅速组织全县各医疗机构千余名医务人员全力救治伤员。地震当天，医疗卫生机构出动救护车 152 台次，在普安、下寺城区等人口密集居住地连续搜救 8 个多小时，抢救运送伤员 458 人，使其得到及时救治。42 个重灾乡镇医疗救援全覆盖。省、市、县领导亲临一线指挥，县医院、县中医院、县妇幼保健院及中心卫生院、乡镇卫生院搭建“帐篷医院”，快速转治伤病员。各医疗卫生机构和医疗救治站（点），严把质量关，严格执行操作规程，控制院内感染。省内、黑龙江省及军队等医疗卫生救援力量从四面八方奔赴剑阁，县内和外援队伍中的医疗专家组成危重伤员救治专家组，集中收治危重伤员，最大限度地降低死亡率与致残率。

灾后卫生防疫与医疗救治同步进行。全县启动卫生防疫Ⅰ级应急预案，全面展开卫生监督、饮用水监测、食品药品检测、消杀灭菌等工作。出动卫生防疫小分队 618 支，防疫人员 66308 人次，工作车辆 464 台次。发放使用各类消杀药品 76 吨，累计消杀面积 14609. 6 万平方米。向每个重灾乡镇派驻 2 至 3 名卫生防疫人员，重点防控易感人群。全县无传染病疫情暴发流行和重大突发公共卫生事件发生。

全县各医疗机构抓紧灾后医疗卫生服务功能的恢复，战胜房屋损毁、设备短缺等重重困难，不等不靠，自力更生，千方百计尽快恢复正常工作秩序。通过对口支援帮扶以及自身努力，2008 年 10 月 14 日，县、乡、村三级医疗服务体系及公共卫生服务体系的服务功能基本恢复。

第一章　组织领导

第一节　紧急部署

特大地震发生后，县委、县政府迅速成立剑阁县抗震救灾医疗卫生领导小组，由县委常委、县纪委书记、县“5・12”抗震救灾指挥部副指挥长卢达昌任组长，李作芳、蒋茂成任副组长。领导小组下设医疗救助组、卫生防疫组、城市卫生组、食品饮用水监督监测组、督查组和信息组。领导小组主要负责医疗救助、疫情防治，城区卫生工作的指挥、组织、协调，研究应对方案、工作措施；医疗抢救组主要负责地震后伤亡人员的医疗救援、伤病救治，危重病员会诊、转诊，组建医疗队伍支援重灾区的医疗救治；卫生防疫组主要负责灾后的疾病监测、消毒、杀虫，重大疾病防治等工作，每天对医院、学校、受灾群众集中点、垃圾集中点、垃圾处理场进行消、杀、灭；城市卫生组主要负责城市街道、居民聚集点的卫生清扫、环境整治、垃圾转运等工作，当天的垃圾必须转运至处理场所；食品饮用水监督监测组主要负责灾后食品、饮用水卫生监督、监测工作，确保灾区群众吃放心饭、饮安全水，防止食源性、介水疾病的发生；督查组主要负责对各工作组的工作情况进行督促检查，每天下午6点前收集所有情况向领导小组汇报；信息组主要负责收集各组工作情况、信息报送等工作，严明工作要求和工作纪律：（一）各组人员要增强责任感和使命感，把抗震救灾作为首要政治任务，严守工作纪律；（二）各组人员要坚守工作岗位，尽责履职，既要及时救治受伤病人，又要加强疫情防治、城市卫生工作，坚决防范震后疫情发生；（三）要加强对各乡镇、县级各部门、各医疗机构工作督促检查，其工作情况要纳入年度目标考核内容；（四）要严格执行责任追究。县纪委、县监察局将对工作失职、渎职人员进行责任追究。

2008年5月13日，县卫生局成立“5・12”抗震救灾指挥部，指挥部下设医疗救治小组、卫生防疫组、食品饮用水监督监测组、信息报送组、后勤保障组，分别由蒲剑秋、母映松、李世藩、张素蓉、何述雄负责。与此同时，全县各医疗卫生机构均成立抗震救灾领导小组，明确分工，落实任务职责，全面部署抗震救灾工作。县卫生局根据卫生部、省卫生厅、市卫生局有关精神，先后出台一系列医疗救治、卫生防疫工作的方案、预案和规定。

5月16日，局领导班子成员贯彻落实《关于下乡督导抗震救灾有关工作的通知》，分别带队到全县57个乡镇协调指挥抗灾自救、医疗救治和卫生防疫。19日发出《关于加强抗震救灾巡回医疗工作的通知》，部署组建巡回医疗队，到各乡镇场镇为地震伤员送医送药。同日，在《关于进一步加强地震灾区疾病防控工作的紧急通知》中，提出防控目标任务和工作方案。6月7日，出台《剑阁县

"5·12"地震灾区预防接种实施方案》，全县开展群众性预防接种和应急接种，防止灾区传染病暴发流行。7月14日发出通知，要求各医疗机构切实做好地震伤员康复治疗工作。16日，《剑阁县地震灾后生活饮用水污染突发事件应急预案（试行）》和《剑阁县地震灾后食物中毒事件应急预案（试行）》出台。28日起，实施扩大国家免疫规划方案，将计划内免费疫苗从5苗扩大到11苗，预防15种传染性疾病。

第二节　领导指挥

上级领导现场指挥　5月26日，四川省卫生厅副厅长王雪一行深入剑阁县重灾区武连、开封及县疾控中心、县卫监大队调查灾情，检查指导灾后疾病防治工作。王雪对剑阁卫生系统抗震救灾，特别是疾病防控工作给予充分肯定。指出加强疾病防控工作是卫生部门灾后重建的重要任务之一，目前正处在紧要关头。一定要高度重视，切实加强领导，统筹安排，坚持预防为主，在抓好灾后卫生防疫防止传染病暴发流行的同时，抓紧做好医疗卫生机构灾后重建规划等前期准备工作。

6月11日，卫生部疾控局、省卫生厅、省疾控中心、省卫生执法监督总队组成的联合督导组到剑阁县下寺、普安、武连、开封、姚家等乡镇及县医院、县疾控中心、县卫生执法监督大队等医疗卫生机构，看望和慰问战斗在抗震救灾一线医务工作者，检查督导灾后医疗救治及防疫防病工作。省、市卫生部门负责人及县政府分管领导全程陪同。县卫生局领导就抢险救灾实施情况作了详细汇报。督查组通过察看、寻访和听取情况介绍后，对剑阁县前期卫生防疫、卫生监督、医疗救治、灾后重建规划等工作给予充分肯定，对剑阁县医疗卫生不等不靠，自力更生，积极开展生产自救，迅速恢复正常医疗卫生秩序给予高度评价。督查组对下一步工作提出明确要求：一是进一步抓好卫生防疫工作各项措施的落实，重点做好饮用水的监测、食品卫生监督、传染病的监测与报告，确保大灾之后无大疫；二是积极动脑筋、想办法，出台医疗卫生便民利民政策，最大限度地满足受灾群众医疗卫生需求；三是积极开展爱国卫生运动和健康教育，努力提高广大人民群众自我防病意识；四是切实做好灾区预防接种，降低传染病发病率，保障人民群众身体健康；五是要抓紧灾后恢复重建，做到规划科学合理，高起点、高规格，使灾后剑阁县医疗卫生整体水平得到提高。

6月17日，四川省中医药管理局副局长冯兴奎、医政处处长李春在广元市中医院院长贾天贵陪同下，到剑阁县中医院了解地震损毁情况。当视察正在加固的门诊综合楼时，不无赞叹地说：你们灾后不等不靠，积极行动，排危加固，值得肯定。同时对剑阁县中医院房屋建设、维修提出指导意见。当得知县中医院至今仍在帐篷里开展医疗卫生业务时，嘱咐大家在这特殊时间、特殊条件下，更要严格遵守医疗制度，严把质量关，确保医疗安全，还要做好病员及医务人员防暑降温工作。

7月12日，四川省卫生厅厅长沈骥在广元市卫生局局长戚开和及县领导田中文、赵春学等的陪同下，到剑阁县医院亲切慰问黑龙江省对口支援医疗小分队队员。沈骥一行先后在下寺镇、剑门关镇、普安镇、柳沟镇、武连镇、开封镇等地的医疗卫生单位视察，与卫生院负责人、医务人员广泛沟通交流。针对察看和了解到的情况，沈骥就加强灾后重建、强化管理、培养人才、援建对接等方面的工作作出指示。

7月31日，卫生部领导、四川省卫生厅副厅长赵晓光一行到到剑阁，先后到下寺、普安、武连等乡镇察看恢复灾后医疗卫生业务情况，对剑阁县灾后医疗卫生防疫工作状况表示满意，并亲切慰问医务人员，嘱咐继续发扬拼搏奉献精神，切实保障好群众的健康。

8月25日，四川省中医药管理局副局长罗良娟一行在赵春学、广元市卫生局副局长钮富荣等陪同下，深入剑州中学、剑阁中学及县医院、县中医院等单位督查剑阁县灾后医疗卫生服务秩序恢复、过渡期临时医疗卫生服务点建设、受灾群众点爱国卫生和秋季开学前学校卫生准备等情况。

县级领导现场指挥　5月12日17时许，田中文、王湖益等一行10余人到县医院察看灾情，了解地震伤亡、救治情况，并提出6条要求：不惜一切代价救治伤病员；调动全院力量抗震救灾；随时作好外出急救准备，随时处于待命状态；认真排查，不留死角，不留下任何一个行动不方便伤员在室内；医院启动快速应急方案，保证上传下达及全院的统一指挥；对伤员作好准确记录，及时向上级汇报。

5月12日18时20分，卢达昌到下寺卫生院检查灾情，查看收治伤员情况，看望一线奋战的医务工作者。他指示：灾情就是命令，任何人不得以任何借口不参加救治抢救工作，党员干部应带头，身先士卒。医院要组织对职工住房、病区房屋统一检查，排除隐患。

5月13日凌晨1时，县政法委书记吴勇一行查看县医院、县中医院，了解灾情及救治伤员情况，安抚伤员。充分肯定目前医院的救治及安抚工作，要求继续努力，不惜代价，确保到医院医治的伤员不出现死亡。要求相关部门应尽快组织防雨布及帐篷。因地震后降雨增多，紧急调配给县医院2顶帐篷。

5月18日晚，县委主要领导在县委三楼会议室召开会议，部署安排抗震救灾救治伤员工作。划拨60顶帐篷解决震灾伤病员的住院急需。要求卫生局及早制定医疗卫生重建规划，加紧申报项目。

5月20日，贾小玲带领教育、卫生、公安和普安镇政府的相关人员奔赴剑阁中学、县医院、县中医院看望慰问正在备战高考的高三师生、医务工作者和在地震中受伤的群众。

6月9日，赵春学带领县卫生局负责人深入武连、开封、元山、剑门等地以及县医院检查灾后卫生防疫、防病措施落实情况。赵春学对县卫生部门在“5·12”地震后反应迅速、认真履职、积极主动、工作开展扎实而卓有成效表示满意。

6月13日，赵春学到剑阁县医院查看灾情，慰问受灾群众，详细了解医院职工的安置及生活情况。要求医院进一步搞好伤员的救治，切实保障医院职工的食宿；要加大宣传力度，强化群众的避险避灾意识。要求医院在保证安全的前提下尽快拆除因震受损的门诊楼、住院楼及办公楼，确保在拆除过程中无人员伤亡事件的发生。在临时医疗点，赵春学看望受伤群众，代表县政府慰问受灾群众，嘱咐受灾群众和病员保重身体。

第二章　救援力量

第一节　省内医疗卫生救援力量

地震发生后，县卫生局启动紧急医疗预案，从县级医疗单位抽调医务人员组成应急医疗救援队，奔赴重灾乡镇救治伤员。各级各类医疗机构，疾控、卫生监督机构共1000余人投入抗震救灾，开展紧急医疗救治和疫情监测处置及卫生执法监督。

6月18日，广元市精神病卫生中心派出2名医务人员对口支援剑阁，开展专业人员培训、心理危机干预、疾病筛查和健康教育。

9月29日至10月4日，四川省皮肤性病防治研究所专家随同中国麻风病防治协会眼科专家唐章等一行赴剑阁，为麻风病失明患者进行康复治疗。诊治18人次，做手术11台，使失明者重见光明。

第二节　黑龙江省医疗卫生救援力量

黑龙江省卫生厅按照卫生部、国家中医药管理局《关于医疗卫生对口支援地震灾区工作方案》的要求，组织全省卫生系统支援剑阁，成立由省卫生厅厅长李斌任组长的对口支援剑阁县领导小组，制定《黑龙江省卫生系统对口支援剑阁县实施办法》，先后派出两批医疗队，支援剑阁开展医疗、疾控和卫生监督。2008年6月30日，由省卫生厅应急办主任王春明为领队的首批黑龙江省对口支援医疗队26人赴剑阁，7月1日凌晨抵达。医疗队成员来自黑龙江省人民医院，黑龙江中医药大学附属第一医院，齐齐哈尔市第一人民医院、第二人民医院、妇幼保健院，牡丹江市妇女儿童医院等三甲医院，为医疗专家和业务骨干。医疗队分为3个小分队，分别到县医院、县中医院和县妇幼保健院开展救治。在剑开展88天的救援工作，9月28日离剑。10月9日，黑龙江省卫生厅从哈尔滨市疾病预防控制中心、佳木斯市卫生执法监督所选派24人组成第二批对口支援医疗队，由省卫生厅疾控处副处长张叶莉带队赴剑阁，分别到县疾控中心、县卫生执法监督所开展救治。12月25日离剑。2009年2月17日，佳木斯大学附属第一医院，佳木斯市中心医院、肿瘤结核医院、妇幼保健院、中医院，同江市人民医院，桦南县中医院，汤原县中医院，富锦市中心医院，桦川县妇幼保健院，大庆市第五医院、龙南医院、疾病预防控制中心、卫生执法监督所，大庆油田总医院，哈尔滨市中医院，鸡西市疾病预防控制中心，鹤岗市人民医院、疾病预防控制中心，齐齐哈尔市中医院，牡丹江市疾病预防控制中心，牡丹江医学院红旗医院41人组成第三批对口支援医疗队，由佳木斯市卫生局处长刘力学带队赴剑阁县，按专业分别到县医院、县中医院、县妇幼保健院、县疾控中心、县卫生执法监督所开展救治。

黑龙江省医疗队在剑阁县工作期间，着力培养全县中青年技术人才和学科带头人，提高医疗技术。推广新技术，在县医院开展新式腹膜外剖宫手术、宫外孕保守治疗新技术、手术后镇痛技术等。新医疗技术见效快、无副作用、医疗成本低，惠及广大患者，深受群众欢迎。重视传帮带，黑龙江省支援专家通过查房，对当地临床医生进行传帮带，提高医疗技术水平和技术操作能力。开通远程会诊，哈尔滨医科大学第一附属医院把剑阁县医院列为协作医院，开通远程会诊，剑阁患者通过网络享受到专家诊疗服务。举办临床医生技术讲座，学习现代医学知识，掌握新技术，提高专业技术素质和服务质量。办讲座68期、学员7000余人次。深入农村基层卫生院和村卫生所开展业务指导，医疗队员到乡村巡回医疗33次，义诊6688人次，义务咨询67207人次。协助和指导疾病防控，完善微生物实验室操作规程。培训县疾控人员和乡镇卫生院的防保医生39次，837人次。编写培训讲义2辑，印刷100册，录制光盘50张。开展手足口病等传染病的流行病学调查，规范监测方法，指导落实消毒、隔离防控措施。举办疾病预防控制讲座，提高卫生防病能力。卫生监督遍及全县57个乡镇，监督指导学校食堂89家、乡镇卫生院49家，疾病预防控制机构40家、生活饮用水集中式供水单位71户次、食品生产经营单位83家、受灾群众临时安置点41处、农家乐20户，提出卫生监督建议意见310次。出动监督车辆525台次。举办2期食品卫生饮用水监督管理知识培训班，发放资料4000份。执法处理3940人次，卫生监测31次，卫生检验2442件。规范全县孕产妇系统管理工作，协助制定《剑阁县孕产妇系统管理方案》和相关制度，保障妇女儿童的身体健康。

“5·12”地震黑龙江省对口支援剑阁医疗卫生人员情况表

表3

姓　名	性别	原工作单位及职称（职务）	对口支援单位及职务
第一批			
王春明	男	黑龙江省卫生厅应急办主任	领队
吴双全	男	黑龙江省人民医院主任医师	剑阁县人民医院，队长
周莉莉	女	黑龙江省人民医院主任医师	剑阁县人民医院，副队长
杨春凯	男	黑龙江省人民医院主任医师	剑阁县人民医院
刘延东	男	黑龙江省人民医院主任医师	剑阁县人民医院
付　波	男	黑龙江省人民医院副主任医师	剑阁县人民医院
李均辉	男	黑龙江省人民医院副主任医师	剑阁县人民医院
苏加强	男	黑龙江省人民医院副主任医师	剑阁县人民医院

续表3

姓　名	性别	原工作单位及职称（职务）	对口支援单位及职务
郑洪民	男	黑龙江省人民医院副主任医师	剑阁县人民医院
施中凯	男	黑龙江省人民医院医学检验医师	剑阁县人民医院
葛利丽	女	齐齐哈尔市妇幼保健院主任医师	剑阁县妇幼保健院
刘　霞	女	齐齐哈尔市第二人民医院副主任医师	剑阁县妇幼保健院
赵连春	男	齐齐哈尔市第一人民医院主任医师	剑阁县妇幼保健院
张贵才	男	牡丹江市妇女儿童医院副主任医师	剑阁县妇幼保健院
张湘峰	男	牡丹江市妇女儿童医院副主任医师	剑阁县妇幼保健院
左金福	男	牡丹江市妇女儿童医院副主任医师	剑阁县妇幼保健院
陈英男	女	齐齐哈尔市第二医院副主任医师	剑阁县妇幼保健院
张桂英	女	齐齐哈尔市妇幼保健院副主任医师	剑阁县妇幼保健院
朱　颖	女	齐齐哈尔市第二人民医院副主任医师	剑阁县妇幼保健院
林亚梅	女	齐齐哈尔市妇幼保健院副主任医师	剑阁县妇幼保健院
张景欣	男	黑龙江中医药大学附属第一医院副主任医师	剑阁县中医院
耿乃志	男	黑龙江中医药大学附属第一医院副主任医师	剑阁县中医院
程永志	男	黑龙江中医药大学附属第一医院副主任医师	剑阁县中医院
张重钢	男	黑龙江中医药大学附属第一医院副主任医师	剑阁县中医院
艾　民	男	黑龙江中医药大学附属第一医院副主任医师	剑阁县中医院
苑程鲲	女	黑龙江中医药大学附属第一医院副主任医师	剑阁县中医院
第二批			
张叶莉	女	黑龙江省卫生厅疾控处副处长	领队
王开利	男	黑龙江省卫生厅疾控中心副主任	剑阁县疾病预防控制中心
崔国权	男	哈尔滨市疾病预防控制中心主任	剑阁县疾病预防控制中心、队长
刘　彤	女	哈尔滨市疾病预防控制中心主任医师	剑阁县疾病预防控制中心
曹建滨	男	哈尔滨市疾病预防控制中心副主任医师	剑阁县疾病预防控制中心
句立言	男	哈尔滨市疾病预防控制中心副主任医师	剑阁县疾病预防控制中心

续表3

姓　名	性别	原工作单位及职称(职务)	对口支援单位及职务
李韶梅	女	哈尔滨市疾病预防控制中心主任医师	剑阁县疾病预防控制中心
高　霞	女	哈尔滨市疾病预防控制中心副主任医师	剑阁县疾病预防控制中心
高晓丽	女	哈尔滨市疾病预防控制中心主任医师副主任	剑阁县疾病预防控制中心、队长
赵晓梅	女	哈尔滨市疾病预防控制中心主任医师	剑阁县疾病预防控制中心
聂　晶	女	哈尔滨市疾病预防控制中心主任医师	剑阁县疾病预防控制中心
闫　海	男	哈尔滨市疾病预防控制中心主任医师	剑阁县疾病预防控制中心
张敬东	男	哈尔滨市疾病预防控制中心副主任医师	剑阁县疾病预防控制中心
颜洪海	男	哈尔滨市疾病预防控制中心副主任医师	剑阁县疾病预防控制中心
陶成佳	男	佳木斯市卫生执法监督所所长	剑阁县卫生执法监督大队、队长
张继山	男	佳木斯市卫生执法监督所	剑阁县卫生执法监督大队
刘臻鑫	男	佳木斯市卫生执法监督所	剑阁县卫生执法监督大队
任广勇	男	佳木斯市卫生执法监督所	剑阁县卫生执法监督大队
高云峰	男	佳木斯市卫生执法监督所	剑阁县卫生执法监督大队
关向民	男	佳木斯市卫生执法监督所副所长	剑阁县卫生执法监督大队、队长
于　强	男	佳木斯市卫生执法监督所	剑阁县卫生执法监督大队
王　强	男	佳木斯市卫生执法监督所	剑阁县卫生执法监督大队
孙长虹	男	佳木斯市卫生执法监督所	剑阁县卫生执法监督大队
刘力学	男	佳木斯市卫生局处长	领队
许传斌	男	佳木斯大学附属第一医院副主任医师	剑阁县人民医院
张　伟	男	佳木斯大学附属第一医院副主任医师	剑阁县人民医院
杜　薇	女	佳木斯市中心医院副主任医师	剑阁县人民医院
孙　侃	男	佳木斯市肿瘤结核医院副主任医师	剑阁县人民医院
尹芳革	女	佳木斯市妇幼保健院副主任医师	剑阁县人民医院
姜　咏	男	佳木斯市中医院副主任医师	剑阁县中医院
藤全礼	男	佳木斯市中医院副主任医师	剑阁县中医院

续表3

姓　名	性别	原工作单位及职称(职务)	对口支援单位及职务
颜凡霄	男	同江市人民医院主治医师	剑阁县中医院
尤文金	男	桦南县中医院主治医师	剑阁县中医院
闫　海	男	桦南县中医院主治医师	剑阁县中医院
张敬东	女	汤原县中医院主治医师	剑阁县中医院
邬　剑	男	佳木斯市妇幼保健院主管检验师	剑阁县妇幼保健院
冉会仁	男	佳木斯市妇幼保健院主治医师	剑阁县妇幼保健院
付金城	男	佳木斯市妇幼保健院主治医师	剑阁县妇幼保健院
赵金梅	女	桦南县妇幼保健院副主任医师	剑阁县妇幼保健院
舒　航	女	富锦市中心医院主治医师	剑阁县妇幼保健院
贾慧超	女	桦川县妇幼保健院副主任医师	剑阁县妇幼保健院
刘劲松	男	大庆市疾病预防控制中心主任医师	剑阁县疾病预防控制中心
唐煜辉	男	大庆市疾病预防控制中心副主任医师	剑阁县疾病预防控制中心
王　君	男	大庆市疾病预防控制中心副主任技师	剑阁县疾病预防控制中心
赵宏源	男	大庆市疾病预防控制中心主管检验技师	剑阁县疾病预防控制中心
李　伟	男	大庆市卫生执法监督所科长	剑阁县卫生执法监督大队
乐文庆	男	大庆市卫生执法监督所主任技师	剑阁县卫生执法监督大队
于大江	男	大庆市第五医院副主任医师	剑阁县人民医院
王　迪	男	大庆市龙南医院副主任医师	剑阁县人民医院
赵恒宇	男	大庆油田总医院主治医师	剑阁县人民医院
叶　田	男	哈尔滨市中医院主任医师	剑阁县人民医院
梁　强	女	鸡西市疾病预防控制中心副主任医师	剑阁县疾病预防控制中心
杜西浩	男	鸡西市疾病预防控制中心主管检验师	剑阁县疾病预防控制中心
杨刚志	男	鹤岗市人民医院副主任医师	剑阁县人民医院
王振山	男	鹤岗市妇幼保健院副主任医师	剑阁县人民医院
孟庆贵	男	齐齐哈尔市中医院副主任医师	剑阁县人民医院

续表3

姓　名	性别	原工作单位及职称（职务）	对口支援单位及职务
李　群	男	鹤岗市疾病预防控制中心副主任	剑阁县疾病预防控制中心
戴伟民	男	鹤岗市疾病预防控制中心副主任检验师	剑阁县疾病预防控制中心
李洪哲	男	牡丹江医学院红旗医院主任医师	剑阁县人民医院队长
孙钰伟	男	牡丹江医学院红旗医院副主任医师	剑阁县人民医院
王汝良	男	牡丹江医学院红旗医院	剑阁县人民医院
孙久菊	女	牡丹江市疾病预防控制中心主任医师	剑阁县人民医院
孙庆忠	男	牡丹江市疾病预防控制中心主任医师	剑阁县疾病预防控制中心、队长
李忠春	男	牡丹江市疾病预防控制中心副主任医师	剑阁县疾病预防控制中心

第三节　军队及其他医疗卫生救援力量

5 月 17 日，受中国农工民主党中央委派，由上海、北京、湖南等地医疗机构的 7 名专家组成的医疗救助队抵达剑阁。18 日、19 日，在市、县农工民主党、县委统战部、县医院等单位负责人陪同下，到江口、鹤龄、龙源、武连、江石等地，为 100 余名地震受伤人员提供医疗救助。

5 月 18 日，奉命进驻青川参加抗震救灾的沈阳军区第 201 医院医疗队，行至剑阁境内，因青川山体滑坡、道路中断，在等待道路疏通时，中校军医刘院长和他的战友们，临时进驻下寺镇中心卫生院进行医疗救助 3 小时。仅当天检查诊治伤病员 100 多人。针对重危病员，组织下寺卫生院业务人员会商讨论，对疑难问题进行讲解。

7 月 23 日，济南军区猛虎师高炮团医疗队进驻剑阁县柳沟镇中心卫生院。在 20 多天时间里，到毛坝乡开展义诊活动，为村民测体温、量血压、讲解健康生活常识，为受灾群众发放各种药物价值 2000 余元、宣传资料 500 份。

第三章　医疗救治

第一节　伤员县内救治

地震发生后，各医疗卫生机构紧急疏散医院病人，搭建帐篷医院，设立临时病床位收治地震伤员。至地震当日23时，全县医疗卫生机构共出动救护车152台次，在普安、下寺城区等人口密集居住地连续搜救8个多小时，运送伤员458人，使其得到及时救治。其中县医院共出动救护车3台15驾次，至13日12时，共收治伤员281人，其中住院治疗52人，在普安、下寺2个住院部外和职工篮球场设立救治站。县中医院、县妇幼保健院、县红十字医院分别在剑阁中学篮球场、普安小学操场、县实验学校操场设立救治站。县级医疗卫生机构及各中心卫生院、乡镇卫生院共设救治站51个、救治点170个。各救治站（点）由主管业务的副院长负责，参加救治的医护人员共645人，收治伤员1722人。镇中心卫生院紧急转运危重伤员至县级医院共10人，其中，武连6人、公兴2人、鹤龄2人。

各医疗卫生机构业务用房在特大地震中损毁严重，加之余震不断，医疗救治伤员主要在临时医疗场地进行。县政府解决医疗机构板房300平方米，帐篷56顶。在板房医院，参加伤员救治的医护人员132人，救治伤员538人，手术35台。在帐篷医院，参加伤员救治的医护人员367人，救治伤员3270人，手术385台。各级医疗卫生机构集中业务骨干救治伤员。现场伤员由急诊科前线搜救人员临时紧急处理救治，轻伤员在临时医疗救治点由普外科医生清创、缝合，危重伤员由骨伤科集中收治。县级医疗机构成立危重伤员救治专家组，实行专家会诊与巡诊相结合，发挥中医药在伤员救治中的作用，利用中医民间秘方、验方和传统骨伤科治疗技术，采用小夹板、中药熏敷、针灸推拿和中药内服等方法，治疗骨伤、扭伤病人。中西医结合的广泛应用，最大限度地降低死亡率和致残率。

第二节　转运伤员外地治疗

为落实卫生部将地震灾区重病伤员部分转移到外地治疗、以减轻灾区救治压力的指示，经广元市统一安排，县医院经过排查并征得病人同意，将部分重伤员转送外地治疗。2008年5月24日上午，由剑阁县派出救护车2辆（县医院1辆、保健院1辆），广元市卫生局派出2辆转运伤员车，将袁天早、尹顺秀、何国林、王明义4名重伤员送往广元火车站，为确保安全转移，县医院派出医务人员护送。

除王明义因伤情较重不宜长途转运被送往广元市中心医院治疗外，其余 3 人转至河南郑州治疗。5 月 26 日，第二批重伤员贾贵英、李登炳、昝小欢等 4 名，除昝小欢因大面积烧伤被留置广元市中心医院救治外，其余 3 人转至河北石家庄治疗。直接转送四川省骨科医院和贵阳医学院附属医院治疗的伤员各 1 名。在转运途中无一例死亡，均安全到达目的地。

城和镇新华村五组村民黎有林 5 月 24 日由县中医院转送至广元市人民医院，因伤情严重，经专家会诊后转至成都华西医疗治疗，病人腰椎爆裂性骨折，5 月 27 日转院到苏州市第三人民医院，转院时动用了军用直升机。经过 50 天左右的精心治病，7 月 17 日病愈出院回到剑阁。

第三节　康复治疗

根据卫生部印发的《地震伤员康复指导规范》，县卫生局部署伤员康复治疗工作。县医院、县中医院、县妇幼保健院、各乡镇卫生院成立地震伤员康复领导小组和技术指导小组，全面负责地震伤员康复工作，协调各个部门、科室相关工作及设备、后勤保障等工作。技术指导小组全面负责地震伤员康复治疗技术指导，组织会诊，制定具体康复治疗措施、方法。严格执行相关技术规范，对需要康复治疗的伤员制定康复治疗计划、建立康复治疗档案和登记上报资料。黑龙江省专家和县卫生局及直属医院外请专家办培训班培训康复医疗人员，共培训 180 余人次。直属医院下派康复医生到伤员较多的乡镇卫生院对康复医生进行现场康复技术培训。

伤员院内康复治疗方法，一是采用物理治疗，如运动治疗、理疗、水疗等。二是作业治疗，对肢体骨折的伤员进行肢体功能、日常生活活动和家务劳动训练，对感觉障碍者进行感觉训练。三是中医康复治疗，主要是推拿、按摩、针灸、拔罐、刮痧、食疗、药物、调摄情志、娱乐、传统保健体育、自然康复等方法，让伤病员逐步康复。住院伤病员 2137 人，普遍得到康复治疗。地震伤员康复治疗的资金，通过城镇职工基本医疗保险、城镇居民基本医疗保险、新型农村合作医疗、工伤保险报销。对特困患者通过大病统筹救助等渠道解决。对已康复出院的地震伤员进行回访。

第四节　心理危机干预

早期介入　2008 年 5 月 30 日，县卫生局印发《关于加强灾后心理危机干预工作的通知》，各医疗卫生机构切实加强灾后心理危机干预工作，与整体救灾防病工作相结合，使心理危机干预科学、规范有序地进行。心理干预机构以县疾病预防控制中心为主体组成，该中心 2 名负责人接受国家疾控中心业务培训 15 天，回县后指导心理危机干预工作。各中心卫生院心理干预人员分别接受县级培训 2 天、黑龙江省哈尔滨市疾控中心专家专业培训 1 天，参加培训人员共 147 人次。县疾控中心心理干预人员服务区域为下寺、普安城区，各镇中心卫生院心理干预人员负责所属片区场镇，开展心理干预“三进”（进病房、进灾区、进学校）。

心理危机干预　心理危机干预专业人员对患者采取行为治疗，促进沟通。心理志愿者开展24小时陪护，针对不同患者，运用心理学原理，改变患者情绪，促进早日康复。全县参与心理危机干预进病房的专业人员共212人，接受心理援救的患者4497人。

县疾控中心和各医疗卫生机构共派出心理干预专业人员190人，在重灾乡镇开展心理援救，举办心理卫生知识健康讲座52次，发放宣传资料1.3万份、宣传光碟485盘，接受心理援助的受灾群众132万人次。

地震对县内中小学校造成不同程度的损失，部分师生遭受心理创伤，出现恐惧、紧张、失眠、沉默等反应。县卫生局把中小学校学生作为心理危机干预的重点，在全县开展“心理危机干预进学校”系列活动。卫生部门调集心理医学工作者和红十字志愿工作者进入受灾学校，传授心理健康知识，进行心理疏导。县中医院成立以心理专业医师为主的心理危机干预组，于2008年5月20日至22日，分别在剑阁中学、剑州中学和普安小学举办心理卫生讲座，对重点对象进行心理晤谈。心理危机干预进学校活动周期长，覆盖面广。通过发放宣传品、团体讲座、个别访谈等多种方式，引导学生正视现实，珍爱生命，拥抱明天。参加活动的心理医生共154人，接受心理危机干预的学生11.08万人次。

灾区心理卫生状况调查及评估　为了解地震后受灾群众心理状况与需求，县卫生局组织灾后心理卫生状况调查，采取问卷调查与小组访谈相合的形式，对全县5个临时安置点的100名受灾群众进行定量、定性调查。分析结果显示，灾区居民心理卫生状况处于“轻、中、重”三类比例分别为22.8%、37.9%和39.3%。占80%以上受灾群众希望政府部门保证基本的生活需要，40%左右受灾群众希望收到心理方面的宣传资料、听到媒体对心理方面的报道和指导。在专业心理帮助中，倾向于选择“团体心理辅导”和“个体心理咨询”，处于“中、重”不同程度者的选择倾向明显。灾区居民希望获得心理方面的知识主要是常见心理反应及如何缓解，首选以聊天为主的人际传播途径，倾向于选择家人、朋友和心理咨询人员作为传播者；希望获得的宣传材料主要是书籍、小册子、传单和光盘。调查结果说明，在灾后心理危机干预中，除了针对不同心理卫生状况人群提供不同形式专业性心理帮助外，根据不同类型人群的需求，有针对性选择不同内容和形式，开展心理健康教育是非常必要的。

第四章　疫病防控

第一节　环境卫生管理

安置点卫生管理　县卫生局对受灾群众安置点卫生管理作出详细规定，并狠抓落实。按照属地管理原则，组织队伍，强化群众参与意识。每个安置点有饮水供应、卫生厕所及垃圾堆放处等设施，粪便无害化处理，垃圾消毒，日产日清，每日喷洒药物进行环境消毒，保持安置点洁净。2008 年 5 月 31 日，县爱卫会办公室、县卫生局、县规划和建设局联合下发《关于开展灾区群众临时安置点及周边环境卫生督查工作的通知》。6 月 2 日，组织 3 个督查组分片检查环境卫生，结果均合格。

环境消毒　地震造成房屋倒塌，废墟垃圾随处可见，蚊、蝇、鼠等数量剧增，严重危及灾区人民健康。县卫生部门组织消杀队伍，每日对受灾群众集中居住点、学校、医院、集贸市场、建筑废墟等重点区域进行预防性消毒和杀虫。全县统一行动，开展夏季集中灭鼠活动和环境卫生综合整治，使蚊、蝇、鼠密度大幅度下降，虫媒传染性疾病得到有效控制。灾后全县共组织防疫小分队 618 支，出动防疫人员 66308 人次、工作车 464 台次，使用和发放各类消杀药品 76 吨，累计消杀面积 14609.6 万平方米。

病媒生物防控　县疾控中心及时掌握灾区病媒生物种类、密度、动态，科学、合理、有效地控制病媒生物，切断传染病传播途径。在下寺、城北、普安、武连、公兴等 5 个重灾区安置点及周围环境进行蚊、蝇、鼠疫密度监测。连续监测 4 周，共监测安置点 32 个，目测法蚊密度年均 4.25 只/平方米，目测法蝇密度平均 1.4 只/平方米，鼠迹法鼠密度平均 3.2 处/2000 米。全县除蝇密度轻度超标（1 只/平方米）外，其余均低于规定指标，未达到病媒生物传播传染病的风险预警线。

第二节　食品和饮用水卫生监督监测

食品卫生监督监测　地震后，县卫生执法监督大队在县内开展食品安全大检查，共出动卫生执法人员 2440 人次、车辆 142 台次，发放宣传资料 8000 份，编印《卫生监督简报》33 期，出具卫生监督整改意见书 700 余份。全县共检查 71 个受灾群众安置点（含碗泉、公店、垂泉、北庙 4 乡的青川移民安置点），对其环境卫生、饮用水、食品卫生提出指导意见和要求，对个别不符合卫生要求的集中供餐安置点出具监督意见书。检查灾后陆续营业的餐饮店 1897 户次，检查超市食品部及副食品商店 538 户次。销毁过期变质食品 263 千克，发放餐饮具消毒药品（84 消毒液）2600 瓶。检查学校食堂 162 次，对灾后复课的学校食堂进行经常性巡回督查。同时监督检查发放的救灾食品。

2008 年 5 月至 10 月，县疾控中心共检测各类食品 125 种，合格 115 种，总合格率92%。其中方便面、面包等检测 46 种，合格 44 种，合格率 95.6%；酒类检测 21 种，合格 20 种，合格率 95.2%；食用油类检测 16 种，合格 15 种，合格率 93.8%；卤制品检测 42 种，合格 36 种，合格率 85.7%。

饮用水卫生监督监测　地震中供水设施受损严重。县卫生部门加强饮水安全管理，加大水源地保护力度，调查饮用水基本情况，会同有关部门对不安全因素逐一排查。全县集中式供水单位共 63 个，其中属建设部门主管的 2 个，属水利部门主管的 39 个，各乡镇和村承包给私人管理的 22 个。经规范处理的集中式供水单位有 36 个，其余 20 个供水站供水基本属于直排式供水，水质未经净化处理。县内大部分供水单位以二氧化氯（A 剂、B 剂）作为饮水消毒剂，少部分供水单位使用漂白粉或灭菌片消毒。全县除属建设部门主管的 2 家供水单位（下寺、普安）配备有水质检验室外，其余各供水单位均无水质检验人员和检验设备设施。县卫生部门全面调查核实后，向政府汇报，建议将饮用水项目列入民生工程统筹安排，加大资金投入，将所有供水单位纳入政府统一管理，禁止将供水单位承包给个体经营，以确保饮用水安全。

县卫生部门建立饮用水应急监测系统，强化饮用水监督检查。由县疾控中心和哈尔滨市疾控中心援建专业检测人员组成饮用水监测队伍，对普安和下寺城区供水管网检测。经查，管网未出现严重问题，制水设备运转基本正常，制水工艺及消毒处理符合规定，能够正常供水。灾后 1 至 2 周内，各重灾乡镇及乡镇供水公司管理的水厂恢复正常供水，应急检测未发现严重问题。县疾控中心为各乡镇分发饮用水消毒药品 3 吨，保证人口集中的场镇饮用水水质。县内农村自建临时应急供水点 440 处，水源大多为山泉水、池塘水、河水等，经检测水质未受严重污染。各级疾控机构向农村发放饮用水消毒药品共 4300 瓶，由卫生院防保人员指导消毒工作。抗震救灾期间未发生严重的水质卫生问题。

县卫生执法监督大队集中力量，对县内 63 个集中式供水单位进行 2 次以上检查，快速监测部分出厂水管网末梢水余氯、pH 值等，出具报告书 58 份，对全县所有集中式供水单位水源保护、管网维护、水质净化、消毒处理等各个环节进行常态化监督监测。加强对学校饮用水卫生监测，制订工作方案，派驻检测人员，确保学校用水安全。全县灾后饮用水水质监测共 2389 份，合格 2333 份，合格率 97.7%。

第三节　传染病和突发公共卫生事件防控

风险评估　县疾控中心及时掌握灾后疫情发展趋势，检验防控技术及措施的实际效果。与黑龙江省卫生防疫援建人员合作，开展“剑阁县灾后传染病和突发公共卫生事件风险评估”项目调查研究。调研报告显示：5 月 13 日至 7 月 4 日，重灾区重点关注的 20 种传染病中，剑阁县没有鼠疫、霍乱、出血热、乙脑、炭疽、伤寒（副伤寒）、钩体、狂犬病、疟疾、黑热病、流感、出血性结膜炎发病和死亡的报告，其余 7 种传染病多数呈下降趋势。全县传染病报告发病数比同期平均报告病例数减少。肠道传染病中的其他感染性腹泻、呼吸道传染病中的风疹分别增加 40% 和 66.7%，手足口病增加 90%。全县乡镇未发生突发公共卫生事件。

调查分析地震灾后风险因素为：城乡自来水厂（站）不同程度受损，水源受到污染，致使肠道传染病发病增多；全县板房安置区住入受灾群众4000余户、15000余人，各中小学都在板房教室上课，人口集中居住，空间较小，通风不畅，造成呼吸道传染病发生和流行；随着抗震救灾和灾后重建工作的推进，流动人口增多，环境卫生较差，增加了传染病滋生和传播的几率；社会综合服务系统遭受地震破坏后，功能未完全恢复，三级防保网传染病报告系统受到重创，给传染病及时处置造成困难。县内有33个单位的网络直报设备严重受损，部分乡镇通讯系统遭到破坏，传染病报告系统基本瘫痪。县直属医疗机构、各中心卫生院网络系统经全力抢修很快恢复，但乡镇卫生院恢复难度较大。至6月30日24时，全县只有33个单位能够通过网络系统报告传染病疫情，网络直报率45.9%。

地震发生后，剑阁县重点预防的传染病是：肠道传染病中的甲肝、细菌性痢疾、其他传染性腹泻，呼吸道传染病中的风疹、流行性腮腺炎，以密切接触为主要传播途径的多样急性出血性结膜炎、手足口病、水痘，自然疫源性疾病的乙脑、出血热等。

防控预案与技术方案　2008年5月19日至9月10日，县政府办、县卫生局相继制定《剑阁县地震灾害卫生防疫应急处置预案》《剑阁县地震灾区临时安置点卫生防病技术方案》《关于进一步做好青川移民及黄河防汛指挥部驻剑阁县汉阳镇防汛抢险人员医疗防疫工作的紧急通知》《剑阁县生活饮用水卫生专项整治方案》《剑阁县食品卫生安全专项整治工作方案》《剑阁县地震灾区预防接种实施方案》及《剑阁县疾病预防控制系统地震灾后3年恢复重建规划和实施方案》共10余个防控预案和方案，规范技术要求，明确任务职责。

监测与报告　法定传染病监测报告显示：2008年5月13日至8月31日，全县未发现鼠疫、霍乱、炭疽等重点传染病，无血吸虫病、黑热病、流行性出血热、伤寒（副伤寒）、钩体等传染病例发生，但有麻疹、腮腺炎、腹泻病人出现。据统计，共发生乙、丙类传染病14种608例，死亡1例（肺结核），发病率为90.7/10万，较历年同期大幅度下降。县内无传染病暴发流行，无重大突发公共卫生事件发生，无食源性疾病、介水疾病、虫媒传染病暴发和流行。

传染病疫情症状监测自5月14日启动，截至10月14日，共监测发热患者413人、腹泻132人、黄疸20人、皮疹23人。经县内医疗机构发热、腹泻门诊逐级筛查和医学观察，均排除传染病疫情。全县未出现结膜红肿病例，大灾之后无大疫。至10月，50个医疗机构网络直报基本恢复。

实验室检验　疾控中心工作人员冒着余震危险，夜以继日，建立应急实验室，在帐篷内抢修检测设备25台（件），调配计算机3台，购置玻璃检测器皿1300支，检测试剂46个品种共73瓶。接受省疾控中心支援检测试剂19个品种共23瓶，市疾控中心检测试剂16个品种45瓶。经过3天的紧张工作，建立起基本具备地震灾区饮用水及食品检测能力的实验室。随后购置检测设备17台（件），接受国家项目装备设备32台（件）。疾控中心实验楼经专业房屋鉴定机构鉴定安全可用，在帐篷实验室工作23天后重新搬回实验楼，恢复正常工作秩序。在抓好应急检测的同时，分批派出检测人员到省、市疾控中心接受短期业务培训共23人次。在哈尔滨疾控中心检测专家的指导下，进行实验质量控制、微生物检测、理化检测及设备保养维护等方面业务知识培训31课时，新启用检测设备49台。

预防接种　地震造成全县乡镇计划免疫接种门诊部36台冰箱损坏，其中28台报废。通过调剂、租借、购置等方式，每个接种门诊部有冰箱、冷藏包等必备设备，基本保证冷链系统正常运转。2008

年5月18日起，计划免疫接种门诊基本恢复常规服务。7月28日，举办为期2天70人参加的培训班，学习县卫生局制定的《剑阁县扩大国家免疫规划实施方案》，随后在县城和部分乡镇实施。免疫接种疫苗由5种扩大到14种。接种后未发现异常反应。

传染病处置　全县各医疗救治站（点）、受灾群众临时安置点建立专人联系制度，实行24小时值班，防控传染病疫情、突发公共卫生事件。建立防疫人员巡查制度，密切关注和排查发热、腹泻、皮疹等症状的疑似病例，及时发现和处置疫情。各级医疗、疾控机构通力协作，组织会诊，确定诊断和处置疑似病例，防止疫情扩散蔓延。

第四节　动物卫生防疫

2008年5月18日、6月9日，县动物重大疫病防治指挥部先后发出《剑阁县夏季动物重大疫病防控预案》和《关于切实搞好动物夏防和人畜共患传染病紧急免疫的通知》，成立县夏季重大动物疫病防控应急预备队，保障突发动物重大疫情时紧急防控和扑灭。应急预备队人员由县动物重大疫病防治指挥部成员单位相关人员组成，主要成员为畜牧兽医专业人员。负责突发动物重大疫情时的诊断、紧急免疫、紧急救治、紧急扑杀与无害化处理、消毒、社会稳定等工作。各乡镇亦成立夏季突发重大动物疫病应急预备队，负责本辖区突发重大动物疫情的应急防控和扑灭。县及各乡镇夏季动物重大疫病突发应急预备队伍在5月中旬组建完毕，随后进行技术培训和应急演练。

全县各级畜牧部门将动物防疫工作纳入抗震救灾、维护公共卫生安全的重要议事日程。加强防控物资的组织调运。配置各类消毒药品37吨，除贮备5吨应急外，其余32吨全部供应到村组和养殖场（大户），并严格物资发放管理，建立收发台账和出入库登记制度。及时对畜禽圈舍、环境实施拉网式消毒。组织村组干部、防疫人员710人，消毒垮塌圈舍60.5万平方米，对养殖场（大户）、小区落实专人每天消毒。对因圈舍震塌压死和病死动物全部进行无害化处理，对新增畜禽实施紧急免疫注射，切实加强动物疫病监测，严防重大动物疫情发生和蔓延。加强灭鼠和防治狂犬病。免疫犬只2.1万只。加强检疫监督，加派人员，实行24小时值班制度，全力做好畜禽定点屠宰场和上市畜产品的检疫工作，产地检疫、屠宰检疫及动物产品检疫率100%。

第五节　健康教育与爱国卫生运动

健康教育　地震后，全县各医疗卫生机构迅速开展卫生防疫健康教育。2008年5月15日，县疾病预防控制中心印发《地震后如何预防疫病流行》《手足口病防治知识》和灾后卫生防病宣传标语口号等宣传资料45万份，向医疗机构机关单位和居民发放。先后开设宣传专栏36期，重点宣传灾后卫生防疫、传染病防治、饮用水卫生、食物卫生等健康知识。各地采取广播电视、讲座、墙报、板报、标牌、宣传车、文艺演出等多种形式广泛宣传，使广大群众掌握灾后防病知识，增强自我保护意识，养成良好的卫生习惯。

爱国卫生运动 5月31日，县爱国卫生运动委员会办公室转发《广元市灾后传染病防控爱国卫生工作方案》。7月29日，县政府制定《关于深入开展爱国卫生运动的意见》，要求广泛发动群众，搞好环境卫生综合治理。全县各级健全爱国卫生运动组织，有领导分管，有专（兼）职工作人员，工作经费落实。爱卫工作有安排、有检查、有总结，日常工作有记录。卫生管理制度健全。门前“三包”、清扫保洁、消毒杀虫、检查评比等制度全部上墙。环境卫生有保洁清扫人员，每个安置点都有垃圾收集容器、垃圾堆放处，并及时消毒杀虫，控制苍蝇孳生，垃圾日产日清，填埋处理。安置点的污水排放规范，定点倾倒生活污水，并对污水倾倒地点作消毒杀虫处理。活动板房区设有公共卫生间，有专人管理，定期消杀、灭蚊蝇，粪便施加生石灰或漂白粉消毒。住户室内外环境整洁。有专人负责病媒生物防治和消杀，施药科学、规范，饮食行业设置纱门纱窗等防害设施。

第六节　预防保健工作

妇幼保健 地震发生后，县妇幼保健院、县医院、县中医院及各中心卫生院、乡镇卫生院，克服车辆和人员严重不足的困难，全面收集掌握妇女儿童伤亡情况，全力做好妇女儿童的医疗保健工作。县妇幼保健院组织人员到各级医院进行妇幼保健医疗技术培训和指导。各医疗机构派出妇幼保健医生下农村、进社区进行妇幼保健健康检查。截至2008年5月底，参加救治的工作人员452人次，为受灾妇女儿童诊治疾病3.3万人次，门诊累计发放药（物）品价值4.5万元。为临时安置点婴幼儿发放奶粉1.3万件，为妇女儿童发放卫生巾等母婴用品1.5万件。各级妇幼保健医生坚守在抗震救灾第一线，帮助妇女儿童尽快走出地震灾难的阴影。

放射防护 地震后，县卫生局对县内各医疗卫生单位的放射诊疗器械和活动进行摸底调查。按照分级管理的规定，现场审查开展放射诊疗活动的医疗机构、仪器设备、工作场所，审查从事放射工作人员资质及学历证明、医师执业证、专业职称证、工作经历等资料。6月2日至6日，县疾控中心监测人员专项监测全县17台医疗放射设备放射防护。正常运行的X光机13台，包括立位、卧位透视条件下患者防护监测及放射工作场所外环境防护未受地震影响，监测结果均合格。因县疾控中心工作场所系危房，暂停使用。武连、开封、元山因工作场所倒塌，X光机暂停使用。9月3日至4日，县疾控中心对武连、开封、元山3台重新投入使用的X光机进行监测，监测结果合格。

中医药防治 地震后，县卫生局要求各级医疗机构充分发挥中医药在防病治病中的积极作用，为地震灾区伤病员及易感人员提供中医药服务。各级医疗机构组织本院医务人员积极开展中医药防病治病工作。县中医院抽调中医药骨干人员到普安、下寺镇人口集中地点开展义诊活动，讲解中医药防治常见病的主要方法，发放《灾后常见病中医药防治办法》《小单方治大病》《民间传统疗法10问》等宣传资料7250份，接受群众咨询和义诊1320人次。为受灾群众熬制大锅预防药，派人送至各受灾群众集中安置点及县级各部门工作人员手中供其服用。5月25—29日，县红十字医院配备防治传染病的中药800副，在医院大门口为受灾群众免费发放，并为实验学校、较场坝社区等单位送预防灾后疾病的大锅药料，价值7800元。

灾后群众营养状况及保障 震灾发生后，受灾群众离家居住在临时帐篷、板房内，生活异常艰难。各级医疗卫生机构采取多种措施，通过发放宣传资料、张贴宣传画，设立固定宣传橱窗，开办营养知识讲座，组织营养医生定期到各临时安置点进行健康巡查，为儿童、妇女、老人等不同群体提供合理膳食营养食谱，普及灾区群众营养卫生知识，增强全民防病意识。卫生监督人员经常对集中供餐点食品卫生进行监督检查，对供水站、垃圾集中点严格监督，使灾区群众健康得到保障。

第五章　医疗卫生服务功能恢复

第一节　震前状况

卫生行政机构　县卫生局设置股室6个，人员23人。房屋建筑面积2300平方米，原值220万元；办公设备原值60万元。合计原值280万元。

医疗机构　震前，县医院、县中医院、县妇幼保健院及各乡镇卫生院等医疗机构设置科室532个，人员1368人，其中，医生640人，护士358人，行政后勤人员370名。住院部床位953个，房屋建筑面积10.95万平方米，原值8258.9万元。实验设备原值1194.1万元，办公设备原值1202.5万元。车辆15台，原值169.8万元。合计原值10825.3万元。

疾控和监督机构　县疾病预防控制中心设置科室7个，人员52人。其中，医生38人，护士2人，行政后勤人员12人。房屋建筑面积2109平方米，原值272.8万元，实验设备原值50.9万元，监测设备原值8万元，办公设备原值30万元。车辆2台，原值47万元。合计原值408.7万元。县卫生执法大队设置科室6个，行政人员35人。办公业务用房驻县卫生局，实验设备原值4.88万元，办公设备原值19.25万元。车辆1台，原值17.17万元。合计原值41.3万元。

第二节　对口支援

医疗对口支援　黑龙江省卫生厅于2008年6月30日、10月9日、2009年2月17日，分三批派出医疗救援队赴剑。来自黑龙江省人民医院、黑龙江中医药大学附属第一医院等医疗机构的专家、教授和医务人员，组成6个小分队，分别到剑阁县医院、县中医院、县妇幼保健院及重灾镇中心卫生院开展医疗救治。在剑期间，共接受门诊1.32万人次，会诊91人次，手术101例，抢救危重伤员154人，巡回医疗33次，义诊6688人次，义务咨询67207人次，办讲座68期、学员7000余人次。第一批医疗救援队由黑龙江省卫生厅应急办主任王春明带领的26人，于2008年9月28日离剑。第二批医疗救援队由黑龙江省卫生厅疾控处副处长张叶莉带领的24人，于2008年12月25日离剑。第三批由佳木斯卫生局长刘力学带队。

黑龙江省援助剑阁县的医用物资包括药品、医疗器械、医用车辆等。黑龙江省卫生局捐赠剑阁卫生系统救护车18辆，基本消灭县内急诊急救盲区，急救能力得到很大提升。黑龙江省民政厅、省卫生厅、省红十字会、哈尔滨医科大学附属第一医院及黑龙江省部分市、县为剑阁各医疗卫生机构购置医用设备共2505台（件），覆盖全县63个医疗卫生单位和100个行政村卫生站。配置或更新部分辅助检查设备，所有乡镇卫生院都能开展B超、X光、生化等检查项目，小病不出乡、大病不出县。医疗服务资源有效整合，服务功能全面恢复和提高。

卫生防疫对口支援 2008年7月6日，黑龙江省卫生厅派遣哈尔滨市疾控中心副主任崔国权一行6人抵剑，支援灾后卫生防疫工作。黑龙江省对口援建疾控小分队对剑阁疾控系统运行情况开展调研，协助县疾控中心制定《剑阁县疾病预防控制系统灾后恢复现状评估及阶段性工作方案》。参与疾病网络直报系统恢复工作，7天之内，使全县95%的乡镇恢复网络直报。检修校验疾病预防控制中心（CDC）实验室受损仪器，尽早恢复实验室常规检测能力，共检测水质样品142个、食品样品53个、其他样品17个。协助开展突发公共卫生事件应急处置。疾控小分队发挥技术优势，开展业务培训，先后举办医疗机构预防性消毒效果监测方法、实验室安全防护、地震灾区流行性疾病及公共卫生事件预防与控制、灾后乡镇疾病控制和卫生应急等专题培训班，参加培训人员553人次。

第三节 服务功能恢复

临时医疗卫生场所建设 各医疗机构房屋损毁，设备短缺，严重影响医疗卫生机构正常工作秩序，临时医疗卫生场所有极其重要的医疗救助作用。各医疗卫生机构在板房、帐篷和租用业务房内进行医疗救治。全县各医疗卫生机构活动板房建设规划为3754平方米，实建面积3137平方米。其中，业务用板房1027平方米，占32.7%；搭建帐篷272顶，其中业务用帐篷232顶，占85.3%；租用业务用房48间，1670平方米。临时医疗场所多数自行发电开展业务。

卫生服务体系恢复 全县各级党委、政府在抓好伤员救治和卫生防疫的同时，全力恢复和保障灾区基本医疗卫生服务。通过搭建帐篷、修建活动板房、临时租房和房屋维修加固，协调省内外医疗卫生对口支援力量，调配本地医务人员，增加公共卫生服务经费投入和物资供应等办法，场地、人员、经费、物资能基本满足救灾救人的需要。

各医疗卫生机构工作人员总人数，灾前1368人、灾后1484人。灾前各医疗各卫生机构药品价值为937万元，灾后药品价值为1186万元。各医疗卫生机构医疗设备灾前为2714台（件），灾后为2534台（件）。6个医疗卫生机构车辆灾前15台，灾后17台。各医疗卫生机构灾前业务用房9.84万平方米，灾后7.89万平方米。

截至2008年10月14日，通过对口支援帮扶及自身努力，县、乡、村三级医疗服务体系及公共卫生服务体系基本恢复。

第六章　医疗防疫保障

第一节　后勤保障

医用物资接收与调配　2008 年 5 月 17 日，县卫生局成立卫生系统抗震救灾物资接收和发放管理领导小组，下设药械、消杀灭药品、其他物资、红十字会物资 4 个接收分放和调配组。明确工作职责，建立抗震救灾医用物资接收、管理和调配制度。各医疗卫生机构在接收抗震救灾医用物资时按品名、规格、出厂厂家、注册证号、生产批号、有效期、单位、数量、单价逐一登记造册；实行专人、专账管理，日清月结；接收、入库、发放环节实行“双签”和“双联”共管；物资发放按监督领导小组集体制定的计划执行，一般物资由分管领导签字后发放，重要物资由领导小组成员集体签字后分发；实行救灾物资公示制，接收、发放的捐赠物资在 5 日内张榜公布，接受群众监督。

医用物资 资金监管　2008 年 5 月 20 日，县卫生局成立抗震救灾资金物资监督检查领导小组，严格规范抗震救灾资金物资的监管。全县各医疗卫生机构严格按照相关法规开设抗震救灾物资资金账户和制定登记、统计制度，规范程序，坚持专人负责，专款专用、账物相符、手续完备。在本单位内公布抗震救灾物资资金的管理、使用和分配情况，公开抗震救灾物资资金的来源、种类、数量、去向。县纪委、监察局和县卫生局党组、纪检组分别转发《四川省抗震救灾捐赠款物管理使用过错责任追究办法》《四川省卫生厅关于加强医疗卫生系统抗震救灾资金物资管理监督检查的通知》。6 月 14 日，县纪委、县卫生局一行 5 人到县中医院检查抗震救灾物资资金的使用情况。7 月初，县卫生局督查组对各医疗卫生机构展开拉网式检查。综合检查结果，各地在抗震救灾物资资金使用上有领导分管，专人负责，制度健全，监管到位。对检查中发现的问题，提出整改意见，使抗震救灾物资资金发挥最大效益。

第二节　安全保障

地震造成医疗卫生机构房屋、设备受损，紧急救治大多在现场、救治站或帐篷内进行。为保障医疗卫生救治安全，2008 年 5 月 14 日，县卫生局发出《关于切实加强抗震救灾医疗服务质量安全的通知》，同时印发抗震救灾医疗救治、医疗流程、医疗质量等规范性文件，对医疗服务质量安全提出明确要求和具体措施，严防院内感染，最大限度地降低伤员死亡率和致残率。县疾控中心开展系列活动，保障卫生防疫工作科学、安全、高效、有序运转。各地广泛发动群众，大力开展爱国卫生运动，启动灾区废墟、蚊蝇滋生场所等污染源的清理和消杀灭工作。建立医疗救治单位专人联系制度，加强对医疗单位周边环境消毒处理，对手术室、治疗室、产房等重点部位进行强化消毒。各医疗卫生机构严格执行医疗护理技术操作规程，放射科室对人员保护、机房屏蔽、受检者保护作出应急整改，基本实现安全投照。治疗科室加强个人职业防护意识，强化无菌操作观念，针对皮肤粘膜借助暴露、锐利器械刺伤暴露、手污染等重点环节制定详细预案，以保障医务人员的职业安全。各医疗卫生机构切实做好抗震救灾物资安全保障，加强值班和夜间巡逻。院际之间、科室之间相互协作，医疗卫生救援安全得到有效保障。

第四篇　赈　灾

“5·12”地震发生后，县“5·12”抗震救灾指挥部迅速召开新闻发布会，制作电视专题片，向省、市人民政府，对口支援省和社会各界通报剑阁地震灾情和抗震救灾情况。县委、县政府向全县发出捐赠号召，希望全县共产党员、共青团员等，人人为灾区献一份爱心，出一份力量，做一件好事，共渡难关，重建美好家园。县级各部门、各乡镇政府均成立捐赠管理机构，设立捐赠点，向社会公布有关单位的捐款接收账户和电话号码。县民政局、县财政局、县总工会、团县委、县妇联等单位积极争取县内外和系统内的捐赠。

为确保救灾物资接收发放工作高效有序进行，县“5·12”抗震救灾指挥部加强组织管理，制定政策措施，先后下发《关于进一步做好抗震救灾物资接收和发放工作的通知》《关于进一步加强救灾款物发放和管理工作的意见》等，成立联络衔接、救灾物资接收、救灾物资发放和市县物资供应督办四个工作组，各工作组切实履行职责。县民政局、县财政局抗震救灾领导小组，负责赈灾各项工作。县级其他各部门、各乡镇抗震救灾领导小组下设赈灾机构，负责受灾群众救助、物资资金接收分发和监管。对救灾款物的筹集、分配、拨付、发放、使用等环节严加管理，做到手续完备、专账管理、专人负责、专户储存、账目清楚。

从中央到省、市各级党和政府全力支援灾区，迅速下拨救灾资金。援建剑阁的黑龙江、浙江等省倾力相助。省内外机关、企事业单位和国内外爱心人士纷纷捐款捐物，支援剑阁灾区。

县委、县政府和乡（镇）抗震救灾指挥机构高效有序接受捐款捐物，加强赈灾款物使用与监管，优化工作流程，畅通发送渠道，做到早计划、早分配，将救灾物资准确及时发放到灾区乡镇、村组、社区，并及时张榜公布，接受社会监督。

全县上下同心协力，做好灾区生活救助与青川移民安置工作。全面落实生活救助措施，保障市场物资供应，确保灾区群众生活。设立临时安置和救助点，安置受灾严重的群众。对因灾无房、无生产资料和生活来源的困难群众及“三孤”（孤老、孤幼、孤残）人员按政策及时给予生活救助，组织开展遇难者家属及伤残人员的抚慰活动。县政府及时制定受灾群众安置政策，采取临时住处、过渡住房、永久性住房相结合的办法，有计划、分阶段、分类解决受灾群众住所。按照省、市政府安排，将青川县移民339户1280人分别安置在32个乡镇。

第一章 赈灾组织与政策

第一节 组织管理

地震发生后，县委、县政府立即召开四大班子领导紧急会议，迅速成立由县委主要领导任指挥长的剑阁县“5·12”抗震救灾指挥部，指挥部下设总值班室和维稳安全组、医疗保障组、交通保障组、通信保障组、电力保障组、救灾物资组、宣传报道组、食品保障组、铁路运输组、秘书组共10个工作组。2008年5月17日，县“5·12”抗震救灾指挥部下发《关于进一步做好抗震救灾物资接收和发放工作的通知》，成立联络衔接、救灾物资接收、救灾物资发放和市县物资供应督办4个工作组。各工作组切实履行职责，确保救灾物资接收发放工作高效有序进行，及时将各类物资落实到最困难乡镇。

5月29日，县“5·12”抗震救灾指挥部下发《关于调整充实物资保障组组成人员及明确职责任务的通知》，确保救灾物资收发工作高效有序和规范操作，调整充实物资保障组组成人员并明确职责任务。物资保障组下设修城坝、剑门关火车站、运力保障、联络衔接、安全保卫5个工作组。物资接收保管组的职责为：负责救灾物资的验收、登记；拟定物资分配方案；救灾物资的入库及保管；建立救灾物资接收入库台账；做好有关统计工作，按要求及时报送报表。物资发放组的职责是负责物资的分发登记；物资的出库、装卸和协助组织运力；建立救灾物资发放台账；做好统计工作，按要求报表。后勤保障及宣传报道组的职责是负责物资保障组内部及馈赠方、驾驶人员等的后勤保障；重要工作和捐赠活动的宣传报道。统计组负责有关资料的归档和保管；对救灾物资收发数据的搜集、汇总及上报。督查督办组的职责是负责对物资保障组各项工作进展情况进行督办；督查物资保障组工作落实情况；督查人员到岗履职情况；督查各乡镇、经济开发区救灾物资的发放；督查物资分配是否公平公正。运力保障组负责运输车辆及人员的组织；运输车辆在运输过程中费用的协调。联络衔接组负责与市物资保障部门的衔接联系、运输车辆的协调。安全保卫组负责物资接收与发放点的执勤巡逻；存放物资的安保；维持外来车辆及乡镇车辆的进出秩序。

第二节　政策措施

2008年5月21日，县“5·12”抗震救灾指挥部下发《关于迅速恢复生产重建家园促进经济发展的通知》，要求全县人民振奋精神、重建家园、促进经济发展。以住房恢复重建、卫生防疫为重点，抓好群众基本生活。对农村无房户、无粮户、城镇生活无来源户实行救助全覆盖。执行救助政策，由乡镇公示，分类汇总、审查、上报，民政部门复查，打卡到户。无房户搭建过渡房所需彩条布、塑料薄膜，统一标准调配或由民政局统一组织采购，乡镇发放到户。地质灾害严重的乡镇，由县统一调配帐篷，一户一蓬，10—15天完成搭建。对新建住房户，政策上倾斜，规费全免。对无房户补贴1000元；以学校、医院、行政单位办公秩序恢复为重点，加快恢复基础设施；以农村“双抢”为重点，加快农村经济发展步伐；以项目启动为重点，尽快开工上马；切实抓好安全生产和社会治安综合治理，调处矛盾，确保社会和谐稳定。

5月22日，县“5·12”抗震救灾指挥部下发《关于认真做好青川移民安置工作的紧急通知》，明确工作任务和具体要求。根据市政府统一部署，安置特重灾区青川县受灾移民，全县除亭子口水库、升钟水库、杨家坝水库、剑雄电站库区涉及乡镇和普安镇、下寺镇、上寺乡以外的其他30个乡镇，每个乡镇完成80人以上安置任务。青川受灾群众作为政策性移民全部进行农业安置，人均不少于0.07公顷耕地、0.03公顷林地。利用全家外出务工，已在外地安家就业户的闲置生产生活资料进行安置，利用集体闲置的生产生活资料安置，利用有复垦条件的撂荒地进行安置。对当地提供的房屋，由受灾群众自主选择；愿购房的，双方自行协商；要自主建房的，和剑阁因灾无房户享受同等待遇。

6月1日，县“5·12”抗震救灾指挥部下发《关于进一步加强救灾款物发放和管理工作的意见》，杜绝侵占、挪用、贪污、私分救灾款物等行为发生。对救灾款物的筹集、分配、拨付、发放、使用等环节严加管理，做到手续完备、专账管理、专人负责、专户储存、账目清楚。严格执行救灾款物发放“三公开”（公开受灾户、公开物资品种、公开款物数量）制度，在乡镇政府公开栏、各村（居委会）公开栏公示。对“领、管、发、用”关口实行全程监督，深入村、组、户了解实情。县纪委、监察局对失职渎职、疏于管理，导致严重后果的依纪依法从严、从快、从重处理。县公安局、检察院、法院等部门对违法行为加大侦办、查处、审判力度，从重从快严惩各种违法行为。

6月13日，县“5·12”抗震救灾指挥部下发《关于“5·12”地震灾害农村居民自建过渡期安置房享受补助有关问题的通知》，规定补助对象为因地震灾害造成房屋垮塌或严重受损，经鉴定无法居住必须撤除重建，自行修建过渡期安置房的农村居民；住房必须搬迁，自行修建过渡期安置房的农村居民；符合前两项，自动投亲靠友安置的，须与亲友签订安置协议，且在亲友处居住半年以上的农村居民。补助标准为每户2000元。规定自建过渡房人均7平方米左右、户均20平方米左右，层高2米以上。尽量使用钢架、竹木、油毛毡、玻纤瓦、彩条布、石棉瓦等材质，能够满足睡觉、做饭、储存粮食等基本需要，安全使用1年以上。审批发放程序：以户为单位提出申请，经村委会调查核实并张榜公示，乡镇审核，党委书记、乡镇长签字加盖政府印章，报县民政局审批。凡符合建设过渡期安置房规定要求和在较短时间动工修建永久性住房的对象，由政府给付200元前期启动资金；修建完工后，乡政府组织专门队伍验收合格后再付800元，启动永久性住房时再补1000元。投亲靠友的在签订协议后拨付1000元，启动永久性住房建设后再付1000元。剑阁县按照省“5·12”抗震救灾指挥部《关于做好地震灾区群众过渡安置工作的通知》要求，加快过渡安置房规划建设进度，做好集中过渡安置点综合管理，建立集中安置点基本服务体系，每个乡镇抓一个50户的集中安置示范点。

根据市府办《“5·12”地震灾区困难群众临时生活救助工作有关问题的通知》精神，妥善解决地震灾区困难群众基本生活保障问题，规范临时生活救助款物的发放程序，确定生活救助的对象为因地震灾害造成人员伤亡、房屋倒塌和房屋受损严重的家庭和人员；因地震灾害造成生产资料受到破坏，无法正常生产，无收入来源的困难群众；城镇居民因地震灾害造成人员伤亡，房屋倒塌和房屋受损严重，且无经济来源，生活困难的群众；因灾无房、无生产资料、无收入来源的困难群众——补助标准为每人每天现金10元、粮（贸易粮、大米、面条、面粉）0.5千克，补助期限3个月；“三孤”人员每人每天60元，补助期限3个月。口粮发放由粮食部门负责，生活补助由财政部门发放。由村（社区）对受灾困难群众进行调查、核实并登记造册，报乡（镇、社区）审核，在村（社区）公示。发放名册一式三份，村、乡、县各一份。

第二章 救济捐赠与志愿者赈灾

第一节 救济与捐赠

国家救济 地震发生后，从中央到省、市各级党和政府全力支援灾区，迅速下拨救灾资金，援建省倾力相助。据统计，至2008年12月25日，中央财政、省财政下拨救灾资金7.1791亿元（中央财政4.0283亿元，省财政3.1508亿元），特殊党费0.5250亿元。

捐赠 县委、县政府向全县发出捐赠号召，县级各部门、各乡镇政府均设立捐赠点。2008年5月14日，在县行政中心广场、普安镇中心广场、普安镇新街口等地设立捐赠点，并向社会公布有关单位的捐款接收账户和电话号码。是年6月，县民政局、慈善总会、红十字会、教育基金会，相继在县城行政中心广场、城镇主要街道、沙溪坝火车站、普安镇中心广场及各中小学设置捐赠箱、捐赠点，开展捐赠活动，接收捐赠资金物资。团县委、县妇联、县老干局、县委组织部分别发出倡议，号召全县共产党员、共青团员等，人人为灾区献一份爱心，出一份力量，做一件好事，共渡难关，重建美好家园。县民政局、财政局、总工会、团县委、妇联等单位积极争取县内外和系统内的捐赠。

县抗震救灾指挥部多次召开新闻发布会，制作电视专题片并向省、市政府、社会各界、对口救援的浙江省、黑龙江省等通报剑阁地震灾情和抗震救灾情况。至5月底，全县设立募捐点140个（县级单位78个，乡镇62个）。10月，县委、县政府号召县级各部门、企事业单位开展以“捐赠衣被、温暖送受灾群众”为主题的向灾区人民送温暖、献爱心活动。县委宣传部、县直机关工委、县民政局、县人武部等及时制定活动的具体方案和实施办法。县民政局负责捐赠物资的接收和发放工作；县直机关工委积极在县直机关各单位开展动员。

捐赠资金 地震发生后，从中央到地方各级党政机关、企事业单位、民主党派、人民团体、宗教团体、部队、社会组织、香港同胞、国际社会及人民群众伸出援助之手，共献爱心支援剑阁，5月13日至12月25日，剑阁县共接受社会捐款3675.9184万元。

县外党政机关、部门捐资669.715万元。其中，广元市政府外事侨务办、市人大常委会外事侨务办、市宗教局、四川省政府驻深圳办事处、省人大常委会机关工会、省司法厅、省农业厅、省林业厅机关工会、攀枝花市东区民政局、仁寿县财政局国库支付中心等省内10个单位共捐资83.5万元。浙江省政府帮扶办捐资500万元，浙江省对外贸易经济合作厅捐资50万元，海宁市民政局捐资29.555万元，宁波市民政局捐资4.955万元。黑龙江省民政厅捐资1.2万元。河南省宜阳县科协捐资0.505万元。

县外企业捐资274.46万元。其中，中国南方航空公司黑龙江分公司、大庆数字电视有限公司、绥芬河业之峰装饰工程公司等6家企业共捐资97.78万元。中国工商银行浙江分行捐资30万元，重庆市天桥建设招标代理有限公司捐资10万元，广东省东莞市澳迪亚时装有限公司捐资10万元，四川省成都市新财印务有限公司、成都新华发行集团、四川省广汉市华西水泥机械厂、成都驻美房地产开发公司、成都兴志商贸有限公司、广元包商贵民银行、广元玉溪河灌区管理局进口管理站、广元市城区鑫玉珠宝行、广元朋成拍卖有限公司等9家县外企业捐资126.68万元。

县外慈善机构捐资770万元。其中，浙江省慈善总会捐资500万元，黑龙江省慈善总会捐资200万元，重庆市慈善总会捐资50万元，重庆合川市慈善总会捐资20万元。

县外寺院捐资1万元。其中，江苏省扬州市旌忠寺捐资0.5万元，江苏省扬州市旌忠寺僧人捐资0.5万元。

县外个人捐款45.138万元。其中，浙江省台州市三门县妇联朱李莲捐款33.438万元，剑阁籍或在剑阁工作过的人士捐款11.7万元（剑阁县委宣传部原副部长、县委副县级宣传员李齐先10万元，寓居成都、贵阳等地的魏国民、宁资周、田定文、肖光林共捐款1.6万元，天津市静海县孙革捐款0.1万元）。

香港世界宣明会捐资1500万元。

国际社会（韩国AAAA工厂）捐资3.5万元。

县级部门接受外地捐资225.4683万元。其中，县档案局接受省档案局捐资5万元，县审计局接受国家审计署捐资10万元，县物价局接受国家物价总局捐资12万元，县人口计生局接受省人口计生委捐资30万元，县食品药品监督局接受黑龙江省食品药品监督局捐资7万元，县农业局接受广东省农业厅捐资5万元，县公安局接受云南省公安厅捐资150万元，县妇联接受省妇联、外地妇联捐赠6.4683万元。

县内党政机关、57个乡镇、企事业单位、社会团体、社会爱心人士捐赠善款186.6371万元。其中，县四大班子、县抗震救灾指挥部及县级22个局级单位（部门）捐资35.928万元，57个乡镇党委、政府及下属部门（含少数村、组）共捐资67.2162万元，企事业单位（含县级各医院、剑门关景区开发公司、天一房地产开发公司、百草园房地产开发公司、城乡规划建设和住房保障局下属企业、青林沟煤矿等18家企业）捐资60.104万元，社会团体（县老区建设促进会、县老年大学、县老年科技协会、县老年体育协会）筹捐资5.4万元，社会爱心人士捐资17.9889万元。

为加强对“特殊党费”的监管，县委办、县政府办联合发出《关于成立剑阁县抗震救灾“特殊党费”使用管理监督工作领导小组的通知》，县领导吴勇任组长，夏思法等任副组长，县纪委、县监察局、县委组织部、发展和改革局、民政局、财政局、教育局、规划和建设局、国土资源局、审计局、劳动和社会保障局等部门的主要负责人为成员。领导小组办公室设县财政局。资金管理工作小组由县财政局局长何秀萍任组长，县委组织部副部长罗国文、县监察局及审计局、发展和改革局、民政局、教育局等部门主要负责人为成员。资金管理工作小组办公室设在县财政局，负责对“特殊党费”项目资金使用、管理组织协调、资金分配及拨付、监督检查。

2009年9月2日，县抗震救灾“特殊党费”使用管理监督工作领导小组成员单位联席会议决定，全县“特殊党费”援建项目的组织实施由县民政局负总责，相关项目单位具体组织实施。其中武连职中重建项目由县民政局为业主单位，县教育局为实施责任单位。村级组织活动场所的重建及维修加固，由县民政局作为业主单位进行招投标，以乡镇为标段组织实施，乡镇为项目实施主体责任单位。建立项目建设进度台账、施工安全管理台账和监理工作台账，确保项目按时、保质完成建设任务。农村党员干部现代远程教育重建项目由县民政局和县政府采购中心按政府采购要求具体实施，县远程教育办协助做好相关采购准备。

捐赠物资　据不完全统计至2009年1月7日，全县接收各类捐赠物资12333.95万元。其中包括四川在内的23个省（市、自治区），中国扶贫基金会、审计署、国家广电总局、中国联合国采购促进会等4个国家部委级机关，世界宣明会2个国际组织，英国、泰国、荷兰、伊朗4个国家，通过慈善总会、红十字会渠道向剑阁捐赠粮食、食用油、肉类及肉制品、蔬菜、方便食品、水及饮料、药品、医疗器材、消毒药水、防护用具用品、棉被、帐篷、衣物、家用电器等救灾物资，合计价值10896.44万元。

县级部门接受县外捐赠救灾专用物资3212件，专用车辆51辆，专用摩托车40辆。价值人民币1387.26万元。县档案局、县体育局、县审计局、县物价局、县人口和计划生育局、县农业局、县司法局、县广播电视局、县公安局、县检察院等接受国家体育总局、国家物价局、最高人民检察院、黑龙江省审计厅、黑龙江省人口计生委、黑龙江省人民检察院、四川省人民检察院、四川省人口计生委、黑龙江省司法厅、广东省农业厅、国家广播电视总局、四川省广播电视厅、广元市人口计生委、广元市红十字会、广元市人民检察院、云南省公安厅、黑龙江省公安厅等捐赠各类业务专用救灾物资3212件（台、套），价值人民币842.14万元。县红十字会、县公安局、县疾控中心、县卫生局、县司法局、县广播电视局等接受广元红十字会、云南省公安厅、黑龙江省公安厅、广东惠氏制药有限公司、联合国儿童基金会驻中国办事处、黑龙江省红十字会、黑龙江省司法厅、四川省广播电视厅捐赠各类业务专用车辆51辆，价值人民币524.82万元。省畜牧食品局捐赠给县畜牧食品局业务专用摩托车30辆，价值人民币13.5万元。云南省公安厅捐赠给县公安局警用摩托车10辆，价值人民币6.8万元。

县卫生局系统、县公安局、县地税局、县工商局、县纪委、县人口和计生局、县科技局、县司法局、县经济和商务局等38个县级单位捐大米2吨，方便食品7000余件，矿泉水1050件，衣物、床单、棉被等10543件，价值人民币50.25万元。

“5·12”地震剑阁县接受单位捐款情况统计表

表4－1　　　　单位：万元

单位名称	金　额
浙江省人民政府帮扶办	500
浙江省对外贸易经济合作厅	50
浙江省海宁市民政局	29.555
浙江省宁波市民政局	4.955

续表4—1

单位名称	金 额
黑龙江省民政厅	1.2
河南省宜阳县科协	0.505
四川省政府驻深圳办事处	10
四川省人大常委会机关工会	0.5
四川省司法厅	20
四川省农业厅	5
四川省林业厅机关工会	5
攀枝花市东区民政局	20
乐山市仁寿县财政局国库支付中心	20
广元市市政府外事侨务办	1
广元市市人大常委会外事侨务办	1
广元市市宗教局	1
黑龙江省南航公司	1.95
黑龙江省南航分公司	70
黑龙江省大庆电视有限公司	2.3
黑龙江省大庆数字电视有限公司	16.54
黑龙江省农垦职业学校	6.76
黑龙江省绥芬河业之峰装饰工程公司	0.23
中国工商银行浙江分行	30
重庆市天桥建设工程招标代理有限公司	10
广东省东莞市澳迪亚时装有限公司	10
四川省成都市新财印务有限公司	50
四川省成都市新华发行集团	25.22
四川省广汉市华西水泥机械厂	20
四川省成都市驻美房地产公司	5
四川省广元市包商贵民银行	1
云南省玉溪河灌区管理局进口管理站	10

续表4—1

单位名称	金　额
成都市兴志商贸有限公司	0.157
四川省广元市城区鑫玉珠宝行	6.19
四川省广元市朋成拍卖有限公司	9.113

“5·12”地震剑阁县接受捐赠物资情况表（一）

表4－2（一）

		合计	四川	北京	天津	河北	山西	内蒙古	辽宁	吉林	黑龙江	上海	江苏	浙江	安徽
金额合计		10896.44	4612.26	341.84	9.55	67.77	138.79	73.50	8.10	40.71	1393.37	53.36	25.47	2613.25	25.00
粮　食	数量(吨)	1235.14	65.09	7.50	—	13.10	—	—	—	—	815.43	4.00	—	4.10	100.00
	金额(万元)	273.98	17.31	4.90	—	3.58	—	—	—	—	170.02	1.11	—	1.03	25.00
食用油	数量(吨)	5.92	1.52	—	—	—	—	—	—	—	—	—	—	3.00	—
	金额(万元)	8.60	2.28	—	—	—	—	—	—	—	—	—	—	4.50	—
肉类及肉制品	数量(吨)	176.49	122.82	—	—	—	3.60	—	—	—	0.65	5.55	—	—	—
	金额(万元)	281.40	233.53	—	—	—	0.72	—	—	—	1.04	19.46	—	—	—
蔬　菜	数量(吨)	95.80	23.00	—	—	—	—	—	—	—	—	—	—	—	—
	金额(万元)	16.19	4.60	—	—	—	—	—	—	—	—	—	—	—	—
方便食品	数量(吨)	279.86	100.50	6.95	25.15	8.82	20.18	2.18	8.10	—	8.92	2.07	—	7.08	—
	金额(万元)	282.03	101.01	6.80	7.75	8.97	19.88	2.18	8.10	—	42.02	2.01	—	5.96	—
水及饮料	数量(吨)	2024.67	679.60	42.55	9.00	38.60	137.41	1.50	—	203.59	54.50	8.81	—	100.41	—
	金额(万元)	517.12	143.88	20.23	1.80	25.24	35.48	0.54	—	40.71	12.26	1.80	—	20.08	—
其他食品	数量(吨)	175.14	65.40	—	—	—	—	—	—	—	0.75	—	—	5.89	—
	金额(万元)	16.56	5.46	—	—	—	—	—	—	—	0.30	—	—	1.33	—
药　品	数量(件)	8143	6219	240	—	15	244	—	—	—	711	—	—	111	—
	金额(万元)	222.64	175.67	4.80	—	0.45	7.77	—	—	—	14.45	—	—	3.33	—
医疗器材	数量(件)	5261	4691	—	—	23	—	—	—	—	1	214	—	—	—
	金额(万元)	149.40	141.01	—	—	0.69	—	—	—	—	0.02	1.27	—	—	—
消毒药水	数量(件)	8353	3948	774	—	50	2021	1240	—	—	—	—	—	220	—
	金额(万元)	213.41	82.66	23.22	—	1.50	60.63	37.20	—	—	—	—	—	6.20	—

续表4－2（一）

		合计	四川	北京	天津	河北	山西	内蒙古	辽宁	吉林	黑龙江	上海	江苏	浙江	安徽
防护用具用品（包括口罩、手套、雨靴）	数量（件）	2009	1477	—	—	—	—	—	—	—	8	—	—	29	—
	金额（万元）	27.85	16.13	—	—	—	—	—	—	—	1.06	—	—	0.13	—
棉被（包括毛毯、床垫、被褥）	数量（件）	241920	50323	22272	—	5006	1486	—	—	—	77182	1100	2819	60285	—
	金额（万元）	1487.82	526.18	111.36	—	26.26	7.44	—	—	—	404.12	5.55	25.20	274.74	—
帐　篷	数量（顶）	29822	11220	—	—	—	—	20	—	—	3405	14	—	8906	—
	金额（万元）	3127.80	1218.83	—	—	—	—	3.00	—	—	389.26	0.70	—	1038.36	—
棚布（包括彩条布、篷布、帆布、防水布）	数量（百平方米）	11765.14	3370.56	210.00	—	—	—	23.00	—	—	67.00	—	—	4392.58	—
	金额（万元）	568.03	148.30	10.50	—	—	—	1.15	—	—	3.35	—	—	219.63	—
衣物（包括服装、鞋袜）	数量（百件）	9127.57	4306.49	436.56	—	4.40	3.58	24.00	—	—	1347.99	14.59	—	2531.76	—
	金额（万元）	2246.90	953.98	130.31	—	0.02	1.07	0.48	—	—	294.49	13.62	—	818.98	—
专用机械	数量（吨）	3	—	—	—	—	—	—	—	—	—	—	—	3	—
	金额（万元）	1.50	—	—	—	—	—	—	—	—	—	—	—	1.50	—
发电机	数量（台）	148	29	9	—	—	—	—	—	—	—	70	—	—	—
	金额（万元）	9.89	2.33	0.54	—	—	—	—	—	—	—	4.20	—	—	—
家用电器	数量（件）	2769	306	—	—	—	—	—	—	—	—	—	—	1952	—
	金额（万元）	27.17	7.94	—	—	—	—	—	—	—	—	—	—	9.76	—
其　他	数量（件）	60221	22895	976	—	49	1371	965	—	—	6138	425	65	15705	—
	金额（万元）	1418.15	831.16	29.18	—	1.06	5.80	28.95	—	—	60.98	3.64	0.27	207.72	—

“5·12”地震剑阁县接受捐赠物资情况表（二）

表4－2（二）

		山东	河南	湖北	湖南	广东	广西	重庆	贵州	云南	陕西	香港	国家部委	国际组织	外国
金额合计		211.72	3.00	1.40	161.18	343.69	102.98	128.15	12.00	15.06	31.78	132.10	54.89	55.40	240.12
粮　食	数量（吨）	1.92	—	—	130.00	3.00	—	—	—	—	—	—	91.00	—	—
	金额（万元）	0.48	—	—	27.10	0.70	—	—	—	—	—	—	22.75	—	—
食用油	数量（吨）	—	—	—	—	1.40	—	—	—	—	—	—	—	—	—
	金额（万元）	—	—	—	—	1.82	—	—	—	—	—	—	—	—	—

续表4—2（二）

		山东	河南	湖北	湖南	广东	广西	重庆	贵州	云南	陕西	香港	国家部委	国际组织	外国
肉类及肉制品	数量(吨)	—	—	—	5.67	31.00	—	1.00	—	6.20	—	—	—	—	—
	金额(万元)	—	—	—	9.07	6.20	—	1.50	—	9.88	—	—	—	—	—
蔬　菜	数量(吨)	57.80	—	—	15.00	—	—	—	—	—	—	—	—	—	—
	金额(万元)	11.56	—	—	0.03	—	—	—	—	—	—	—	—	—	—
方便食品	数量(吨)	23.22	—	—	35.71	13.11	—	8.15	—	0.70	1.19	—	7.83	—	—
	金额(万元)	17.85	—	—	32.24	13.06	—	4.48	—	0.70	1.19	—	7.83	—	—
水及饮料	数量(吨)	226.10	—	6.98	116.04	282.23	—	39.10	60.00	7.00	—	—	11.25	—	—
	金额(万元)	45.23	—	1.40	41.18	91.97	—	15.18	12.00	2.51	—	—	5.63	—	—
其他食品	数量(吨)	1.50	—	—	—	101.60	—	—	—	—	—	—	—	—	—
	金额(万元)	0.75	—	—	—	8.72	—	—	—	—	—	—	—	—	—
药　品	数量(件)	190	—	—	200	135	—	78	—	—	—	—	—	—	—
	金额(万元)	5.70	—	—	4.00	4.13	—	2.34	—	—	—	—	—	—	—
医疗器材	数量(件)	331	—	—	—	—	—	1	—	—	—	—	—	—	—
	金额(万元)	6.31	—	—	—	—	—	0.10	—	—	—	—	—	—	—
消毒药水	数量(件)	—	—	—	—	100	—	—	—	—	—	—	—	—	—
	金额(万元)	—	—	—	—	2.00	—	—	—	—	—	—	—	—	—
防护用具用品（包括口罩、手套、雨靴）	数量(件)	457	—	—	—	—	—	38	—	—	—	—	—	—	—
	金额(万元)	9.75	—	—	—	—	—	0.78	—	—	—	—	—	—	—
棉被（包括毛毯、床垫、被褥）	数量(件)	5891	—	—	—	1080	195	161	—	—	3120	220	—	10780	—
	金额(万元)	29.18	—	—	—	5.40	0.98	0.81	—	—	15.60	1.10	—	53.90	—
帐　篷	数量(顶)	—	—	—	519	335	—	642	—	27	—	997	2	—	3735
	金额(万元)	—	—	—	47.26	9.11	—	64.29	—	1.97	—	114.70	0.20	—	240.12
棚布（包括彩条布、篷布、帆布、防水布）	数量（百平方米）	—	—	—	—	3000.00	—	600.00	—	—	102.00	—	—	—	—
	金额(万元)	—	—	—	—	150.00	—	30.00	—	—	5.10	—	—	—	—
衣物（包括服装、鞋袜）	数量(百件)	432.66	—	—	—	19.50	—	6.04	—	—	—	—	—	—	—
	金额(万元)	26.88	—	—	—	4.14	—	2.93	—	—	—	—	—	—	—

续表4 —2（二）

		山东	河南	湖北	湖南	广东	广西	重庆	贵州	云南	陕西	香港	国家部委	国际组织	外国
专用机械	数量(吨)	—	—	—	—	—	—	—	—	—	—	—	—	—	—
	金额(万元)	—	—	—	—	—	—	—	—	—	—	—	—	—	—
发电机	数量(台)	—	—	—	3	—	—	37	—	—	—	—	—	—	—
	金额(万元)	—	—	—	0.30	—	—	2.52	—	—	—	—	—	—	—
家用电器	数量(件)	3	—	—	—	180	—	—	—	—	—	—	328	—	—
	金额(万元)	0.23	—	—	—	7.60	—	—	—	—	—	—	1.64	—	—
其 他	数量(件)	2006	1	—	—	1392	3400	164	—	—	337	2167	665	1500	—
	金额(万元)	57.80	3.00	—	—	38.84	102.00	3.22	—	—	9.89	16.30	16.84	1.50	

说明：本表统计范围仅包括县慈善总会、县红十字会接收的捐赠物资；各级各地通过四川省内慈善总会、红十字会转赠的物资统计在四川省。

“5·12”地震剑阁县接受捐赠车辆情况表

表4－3 单位：台、万元

捐赠时间	捐赠单位	受捐单位	车辆名称	数量	价值
2008年7月	广元红十字会	县红十字会	福建东南救护车	1	8.5
2008年6月18日	云南省公安厅	县公安局	江淮瑞鹰	15	197
2008年6月18日	云南省公安厅	县公安局	金顺囚车	1	23.89
2008年10月	黑龙江省公安厅	县公安局	帕拉丁越野车	1	17.3
2008年10月	黑龙江省公安厅	县公安局	赛马车	6	34.9
2008年10月	黑龙江省公安厅	县公安局	金杯面包车	3	24.5
2009年3月	广东惠氏制药有限公司	县疾控中心	金杯面包车	1	9.6502
2009年3月	联合国儿童基金会驻中国办事处	县疾控中心	帕拉丁	1	7.2
2009年5月	黑龙江省红十字会	县红十字会	日产南骏	1	22
2009年12月9日	黑龙江省	县卫生局	救护车	18	153
2010年1月5日	黑龙江省	县人民政府	哈飞赛宝	1	6.5
2008年8月6日	黑龙江省司法厅	县司法局	帕拉丁越野车	1	20.38

续表4—3

捐赠时间	捐赠单位	受捐单位	车辆名称	数量	价值
2008年5月28日	四川省广播电视局	县广电局	采访越野车	1	
2008年6月2日	四川省畜牧食品局	县畜牧食品局	摩托车	30	13.5
2008年6月18日	云南省公安厅	县公安局	警用摩托车	10	6.8

第二节　志愿者赈灾

县内志愿者赈灾　地震后，通过电视台、通讯工具等发出倡议，采取公开招募、自愿报名的方式，向县内招募青年志愿者700余名。志愿者第一时间奔赴乡镇、学校，筹集救灾资金，搬运装卸救援物资，帮助受灾群众抗灾自救。5月25日至26日，青年志愿者冒雨为青川移民搭建帐篷，确保628名青川灾区移民入住，为这批移民提供热水和医疗服务。5月27日，县青少年宫、县实验学校志愿者冒着余震不断的危险到青川移民安置点看望慰问受灾群众，表演舞蹈、古筝、二胡、葫芦丝独奏等精彩节目。6月1日，团县委组织剑阁中学、剑州中学、剑阁职中、西部大学生志愿者及社会爱心志愿者100余人组成“支农小分队”，下乡抢种抢收。5月16日至6月1日，组织志愿者到沙溪坝火车站、剑门关汽车站搬运救灾物资1000余吨，到上寺乡李家坪安置小区，为受灾农户搬砖、运沙、搅拌水泥。

7月中旬，县内遭特大暴雨袭击，清江河水猛涨，洪水倒灌城区，严重影响人民群众生命财产安全。情况紧急，青年志愿者们冒雨前往河堤抢险救灾，帮助沿河板房住户抢运物资，组织危险地带群众撤离，紧急疏散河堤观望人群。县级机关、下寺镇、沙溪中学千余名青年志愿者在修城坝居民安置点、滨河路沿线、沙溪坝再就业市场周边积极开展清洁城乡活动。志愿者在“2009庆国庆人保财险杯”体育运动会期间，清扫比赛场地、为运动员呐喊助威、送毛巾和矿泉水等。10月2日，志愿者为广元市“庆新中国华诞、游剑门关蜀道”徒步游活动服务。在活动沿线各站点，志愿者佩戴“剑阁欢迎您”礼仪绶带，热情迎接参赛队员，送上矿泉水和热情鼓励，并清理沿途垃圾。12月22日，在剑阁县组织的“老区不会忘记——红军攻克剑门关纪念碑落成及纪念馆开馆仪式”活动中，志愿者为到剑的老红军及将帅亲属代表热情服务。

县外志愿者赈灾　剑阁县自2007年开始实施大学生志愿服务西部计划，先后有161名来自全国各地的大学生志愿者在教育、农业、法院、检察院等岗位完成1—3年的志愿服务工作，为剑阁的经济社会发展做出贡献。2007届西部计划的大学生志愿者16人中研究生2人、本科学历12人、中专学历2人。2008届西部计划的大学生志愿者77人，其中，博士研究生1人、硕士研究生7人、本科学历64人、中专学历5人。2009届西部计划的大学生志愿者68人，其中，博士研究生1人，硕士研究生7人，本科生56人，专科4人。

“5·12”地震发生当日 16∶00 至 20∶00，青年志愿者赶赴下寺镇沙溪中学帮助学生搬运物品，在操场搭建床铺，宣传避震防震知识，稳定学生情绪，缓解心理压力，确保师生人身安全。志愿者战斗在抗震救灾前线，满腔热情地帮助每一个需要帮助的受灾群众。他们顶烈日，冒酷暑，背上矿泉水、大米、干粮等生活必需品，步行两个多小时，到上寺乡桅杆村红岩窝，救援当地 50 多名被困群众。5 月 25 日，青年志愿者在普安镇海螺包驾校教练场为青川移民搭建临时帐篷 62 顶，晾晒被雨水淋湿的棉被 300 余床，与移民谈心、拉家常，进行“话疗”服务 100 余次。地震后，受灾群众忙于搭建住所，加之农村青年大量外出务工，剩余的老年劳动力几乎全部从事灾后重建，小麦收割进展缓慢。团县委组织剑阁中学、剑州中学、剑阁职中学生，西部计划志愿者及社会青年 100 余名前往北庙乡石桥村抢收小麦。

志愿者积极开展“校外青少年心理咨询”活动，将心理疏导送进乡村，向孩子们讲解地震及防震知识，针对问卷调查发现的问题进行集体或个别心理疏导以重树信心，帮助灾区孩子走出阴霾，打开心灵的“堰塞湖”。在剑门关景区开展“同植感恩之树，共建生态剑阁”义务植树活动中，志愿者为游人中心栽植 30 余棵景观树。在普安镇新街口广场举办的以“参与禁毒斗争、构建和谐社会”为主题的禁毒宣传活动，志愿者向群众发放《拒绝毒品　珍惜生命》《艾滋病防疫知识》等宣传资料，为前来咨询的人们耐心讲解防毒知识，使群众更深刻的了解和认识毒品危害和远离毒品的重要性。志愿者们分别在龙源镇、剑门关镇开展“法制赶场”活动，向群众宣传讲解《义务教育法》《未成年人保护法》《防震减灾法》等法律知识。在剑阁职中参与县司法局、县教育局、妇联举办的“法律进校园”赠书活动。

第三章　赈灾款物使用与监管

第一节　赈灾款物使用机制与调配

使用机制　2008年5月18日，县政府成立“剑阁县救灾物资保障组”，由县委常委、常务副县长任组长，县委常委、县人武部政委彭廷明，县委常委、县委组织部部长夏思法，县人大常委会副主任母志双，县民政局局长任副组长，下设修城坝、沙溪坝火车站、运力保障、联络衔接、安全保卫5个工作组，成立修城坝、沙溪坝火车站两个临时党支部。县救灾物资保障组从县委组织部、党校、畜牧、林业、城建、国土等19个县级部门抽调工作人员151人，实行24小时轮流值班制度，负责救灾资金、物资的接收和发放。

各乡镇、县级各部门对救灾款物的筹集、分配、拨付、发放、使用等环节严格管理，专人负责，手续完备，建立专账，专户储存，账目清楚，公开透明。赈灾资金使用坚持“公开、公正、公平”和“重灾重拨、轻灾轻拨、无灾不拨”的原则，突出重点，解决急需，严格执行国家规定的赈灾救助政策确定的范围、标准。在物资发放中严禁以权谋私、截留挪用、优亲厚友、错登漏登。优化工作流程，畅通发送渠道，做到早计划、早分配，将救灾物资准确及时发放到灾区乡镇、村组、社区。

物资发放　2008年6月，县抗震救灾指挥部印发《关于救灾物资发放有关规定的通知》。县救灾物资保障组下设救灾物资发放工作组，印放《物资发放工作制度》，开通热线电话，随时保持县抗震救灾指挥部与各乡镇、各部门的联系畅通。各乡镇、各部门实行“一把手”负责制，确保救灾物资及时发放到受灾群众手中。截至2009年6月9日，救灾物资的91%发放到各乡镇，5%发放到县级各部门，4%留存作紧急救助调节使用。

第二节　款物监管

资金监管　严格贯彻执行中央、省、市抗震救灾资金管理、使用政策规定。制定《剑阁县救灾资金管理、使用办法》，明确规定资金使用范围、申报、审批、公示、拨付及监督管理程序，严格按照农户申报、村级评议、乡镇审核、县上批准的四个环节，确定困难农户临时生活救助、永久性农房重建、过渡安置、农房维修加固对象，先由房屋受损户向所在村（社）、社区（居委会）提出申请；再由村民小组（居委会）组织群众代表按规定标准对农户（城镇居民）申请进行评议；村委会（社区）组织评议后，初步确定补助对象和补助标准，并在村务公开栏内公示；通过公示群众无异议后报乡镇政府审核；乡镇政府对各村（社区）报送的补助对象进行审定；县民政局汇总全县情况，报县政府核准，县财政局下拨资金到乡镇，由乡镇财政所按清册发放到户，领款人签字盖章。灾后临时生活救助，后续生活补助，维修加固资金，重建资金实行专人、专户、专账管理，赈灾资金和重建资金均通过专户归集和支出，封闭运行，确保灾后农户、城镇居民应得的补助款及时到手。

2008 年 6 月，县政府、县抗震救灾指挥部在县财政局设立救灾资金专户，专户储存，专账管理，专款专用。救灾资金使用纳入各级政府政务公开内容，定期张榜公示，接受群众监督。是年 7 月，县救灾资金监察审计小组对民政、财政管理的救灾资金进行季审年审。严肃处理违反财经纪律、挪作他用等违规违纪行为。县民政、县财政定期向县人大常委会报告救灾资金使用情况、使用效益，接受人大代表评议监督。是年 11 月、次年 3 月，县抗震救灾指挥部先后两次组织民政、财政、监察人员深入各乡镇跟踪核查赈灾资金的发放、管理使用情况，下发《关于对“5・12”灾后救灾粮、款平均发放或不按上报审批人员标准发放限期整改的通知》。县纪委、监察部门对部分乡镇暗箱操作、转移救灾资金用途等违规行为作出通报批评的严肃处理。个别乡镇领导、个别学校负责人和有关人员挪用、贪污救灾资金，转移资金用途，分别给予党内、行政纪律处分，有的被降职、免职，触犯刑律的，移送司法机关。

物资监管　救灾物资由县救灾物资保障组统一接收、发放。按照规定的工作流程运作，严把物资接收、物资管理、物资发放三个环节。物资接收由物资接收组签收，并建立物资接收台账，注明品种、数量、型号、价值、接收时间、发货单位，同时将清单移送救灾物资发放组。物资发放建立出库台账，准确记载发货时间、货物品种、数量、接收单位等相关事项，做到入库、出库账账相符。为确保救灾物资安全，县公安局在救灾物资保管、发放处设立执勤点，县法院、检察院、交警队等派执法人员配合，24 小时轮流值班，维护车辆、人员进出秩序，强化救灾物资安全管理，协调处理各类突发事件。

2008 年 5 月，县政府制定《剑阁县救灾物资收发管理几项规定》。6 月 10 日，县“5・12”抗震救灾指挥部下设抗震救灾资金物资监督检查领导小组，卢达昌任组长。是年 8 月，领导小组组织纪检、监察、财政、民政、审计等部门对全县 57 个乡镇救灾物资管理使用情况进行跟踪督查。对群众反映救灾物资发放中出现的问题，迅速派出民政、纪检、监察人员及时查办，严肃处理。各乡镇政府把救灾物资接收、发放纳入政务公开内容，做到接收物资记载准确，发放物资账目清楚，并及时张榜公布，接受社会监督。

第四章　灾区生活救助与青川移民安置

第一节　灾区生活救助

应急期救助　“5·12”地震发生后，县委、县政府立即召开抗震救灾紧急会议，组织县级各部门干部、公安干警、武警中队官兵，由四大班子领导分别带队，奔赴普安和下寺城区、重灾乡镇查看灾情，转移安置受灾群众。在震后20分钟，全县80%以上受灾群众在惶恐中自发转移到空旷安全地带，“三孤”（孤老、孤幼、孤残）人员及空巢老人在村、组干部、共产党员及乡亲邻里的协助下紧急疏散转移。震后1小时，全县67.5万受灾群众安全转移。

地震发生的当天下午，县级机关、各乡镇干部用彩条布，塑料薄膜搭建简易帐篷1000余顶，安置转移特困受灾群众和老弱病残人员，帮助群众搭建帐篷、草棚、简易木屋避险。5月12日晚10点，县抗震救灾指挥部责成县交通部门组织运力，全力以赴确保13日上午全部疏散滞留普安镇的万余名学生。县委主要领导不顾疲劳和道路塌方危险，护送一车蔬菜到剑阁中学，指挥转移学生，搭建临时避难棚。5月13日，县政府紧急下拨救灾款100万元，解决救灾应急需要。5月14日，县抗震救灾指挥部通过县财政、民政、教育、城建、卫生等单位紧急筹措资金，疏散转移学生、紧急搭建医院急诊用房和失居受灾群众转移安置。

震后第四天，县委、县政府组织县级挂联单位的领导干部和民政、财政、城建、安监等单位相关人员再次深入灾区查看灾情，鉴定核实房产、财产损失情况。

过渡期救助　2008年5月下旬，县民政部门陆续向倒房户、特困户、灾区群众及学校、医院提供救灾帐篷32361顶。6月上旬，动员房屋轻微受损农户（房屋主体结构未严重损坏）对房屋翻盖补漏。不到一周时间，全县翻盖瓦房60万间。房屋严重受损农户通过投亲靠友寄住、购农村富余房、租房和建集中安置点、建过渡性安置房等形式安置转移受灾群众3.5万余人。

12月，为加快全县受灾群众转移安置速度，县财政对自建过渡房的36798户农户，按每户0.2万元标准，拨付自建过渡房补助金7359.60万元。分别在普安镇、下寺镇、白龙、公店、北庙、上寺等地设立受灾群众安置点80个，搭建活动板房4956间，安置重灾户4000余户、15000余人。农民自建过渡房要求结实坚固，通风透光、避寒防潮。活动板房做到电通、水通、气通、电视通，安全可靠，交通便捷，无事故发生，就医方便，报警通畅。

县政府下发《关于变更我县“5·12”地震损坏农房维修加固资金补助标准的通知》，加大特困户、地震重灾户、青川移民户的安置帮扶力度。为准确掌握农房维修加固的补助对象、范围，2008年

7月、8月，县抗震救灾指挥部先后两次派出民政、财政、城建、安监等相关部门的技术人员到村组逐户调查摸底，分门别类，登记造册，建立台账。按照“农户申请，群众评议，村组公示，专家鉴定，乡镇审核，县级审批”的程序，确认全县农村受损农房需维修加固127254户。其中，轻微损坏13444户，中度破坏50594户，严重破坏63216户。11月，县财政部门根据剑府发〔2008〕48号《关于农村受损房屋维修加固补助的补充通知》规定，按照轻度损坏每户445元、中度破坏每户975元、重度破坏每户1253元的标准，拨付农房维修加固资金1.35亿元。县、乡（镇）各级政府切实加强领导，督促检查，确保房屋维修做到加固墙体，修复破损，排除险情，粉刷墙面，硬化地面。维修加固资金专款专用，乡镇出台优惠政策予以扶助。至2008年年末，全面完成农房维修加固任务，近10万农户、30余万人住上放心房。县民政部门在白龙、演圣、下寺、剑门投资120余万元，新建敬老院4所，新增床位400张，安置“5·12”地震后散居五保户和“三孤”人员入住。拨付71万元，解决特困人口生活和住房困难。安排351.9万元救助地震中失学儿童复学。

冬令期生活救助 2008年9月，县政府制定《关于确保“5·12”受灾群众安全过冬的实施意见》，成立剑阁县受灾群众安全过冬安置领导小组，负责解决受灾群众冬令期吃、住、穿问题，确保受灾群众安全过冬。是年10月15日，县长田中文主持召开受灾群众安全过冬紧急会议，与全县57个乡镇的乡镇长签订受灾群众安全过冬目标责任书。会后，县抗震救灾指挥部组织50余人的宣传队伍，出动宣传车10多辆，印发宣传资料4万份，在普安镇、下寺镇和各大集镇广泛宣传国家有关农房维修加固、农民自建过渡房、灾后紧急救助政策，并在重灾区召开村民大会，动员和引导受灾群众自主落实安全过冬措施，鼓励群众自力更生、主动做好安全过冬的各项准备。10月下旬，县人大常委会和57个县级部门，根据县委办公室《关于县级部门定点督办乡镇确保地震受灾群众安全过冬工作落实情况的通知》精神，组织工作人员深入57个乡镇指导、督办受灾群众安全过冬工作。各乡镇切实加强领导，落实责任，全县需过冬安置的36326户得到妥善安置。至12月，搬进新居3880户，集镇购房入住86户，购农村富余房入住1623户，投亲靠友12480户，租借房17681户，住活动板房576户。期间，县民政部门发放棉被、棉絮7.5万床，衣裤29.5万套（件），救灾粮食6100吨，菜油120吨。在普安镇、下寺镇储备棉被2万床，衣裤1万套；元山、白龙等10个中心集镇储备棉被3万床，衣裤1.5万套；龙源、北庙等47个乡镇储备棉被4.7万床，衣裤13.8万套。县粮食部门储备粮食1500吨，菜油160吨。县财政拨付资金120余万元给385户青川移民，每户供应一套厨具，一套简易家具，一个电烤炉；给5223户特困家庭和五保户每户购买一床电热毯；为敬老院和集中安置点买燃煤烤炉160个，并按每天每个炉10千克燃煤补贴两个月费用。县城建局、安监局、气象局、供电公司对全县4956套活动板房的防震、防雨、防潮、防火、防雷和通电、通水、通气情况进行全面检查，排除安全隐患。县卫生、防疫部门出动防疫人员66308人次，使用消毒杀菌药品76吨，对人居公共场所，受灾群众安置点全面消毒，累计消杀面积14609.6万平方米。各乡镇政府组织驻村干部指导受灾群众自建过渡安置房。县委、县政府强化受灾群众安全过冬督查，建立首问责任制和责任追究机制，对因工作不到位、不作为、不得力而造成恶劣影响地做出及时处理。确保全县受灾群众安全过冬。

县政府贯彻落实民政部《关于地震灾区困难群众实施临时救助有关问题的通知》（民发〔2008〕58号）和省民政厅《关于落实“5·12”地震受灾困难群众和遇难家属抚慰金发放有关问题的补充通

知》（川民电〔2008〕75号）精神，将救助对象定为“三无”“三孤”，因地震灾害造成人员伤亡、房屋倒塌和严重受损，且无生活来源，生产资料又遭严重破坏的城乡居民。做到普查细致，对象准确，救助标准到位，发放资金落实。按照国家赈灾政策规定及时给予临时生活救助，每人每天10元钱和0.5千克粮。

2008年5月至2009年2月，全县累计发放临时生活救助金19713.3万元，其中2008年发放临时生活补助金12887.46万元，困难群众后续生活补助金1248.32万元，2009年1月发放困难群众三个月后续生活补助金5577.52万元；发放粮食1.18万吨，菜油40吨。

2008年5月至2009年9月，城市受灾群众纳入低保12905户、23824人，发放低保金3011.14万元；农村受灾群众纳入低保21411户、66690人，发放低保补助金3035.94万元；城市受灾群众享受医疗救助1296人，发放医疗救助金190.876万元；农村受灾群众享受医疗救助2907人，发放医疗救助金416.96万元。为“三红”“三属”和复员退役残废军人10349人发放医疗临时救助金、安身工程款、受灾群众各类优待金1507.6万元。为受灾群众提供饮用水及饮料1800余吨，方便食品679吨。

第二节　青川移民安置

2008年5月24日，县政府根据省、市政府关于接收极重灾区县移民安置任务的通知精神，成立青川震灾移民安置工作领导小组，由田中文任组长，贾剑生任副组长，县政府办、移民局、国土局、交通局、财政局、规划和建设局、公安局、民政局、农业局、林业局、卫生局、教育局、水利局及有移民安置任务的乡镇为成员。领导小组下设办公室。5月28日，首批青川移民215户、715人赴剑，分别安置到柳沟、摇铃、高观等15个乡镇。30日，第二批5户青川移民在武连镇落户。此后，青川县移民分批次陆续到达剑阁，前后共安置385户1482人，分别落户在县内32个乡镇。安置后，少数移民或由于水土不服，或生活习惯不适应等原因，又返回原籍。截至2009年11月20日，32个安置乡镇实际有青川移民339户、1280人。其中，统一安置的244户、943人，自行联系投亲靠友安置的95户、337人（自行解决生产、生活资料26户、82人）。青川移民在剑阁自力更生，改变居住、生产条件，或经商办企业，或务农务工。

县政府确保青川移民“安得下、稳得住、能致富”，妥善解决具体问题。对于移民中的“三无”人员，由县民政局解决生活急需，每户发给12平方米帐篷1顶，1套厨具、餐具，1包衣服。每人发给1床被套、棉絮，解决方便食品、饮料等生活用品。所有移民前三个月（2008年6、7、8月）每人每天10元补助金和1斤粮食（贸易粮、大米、面条或面粉）。后三个月（2008年9、10、11月）的生活，仍按原标准不变。2008年12月始，根据省政府有关规定，县财政局按每人每月补助生活费200元的标准，拨款到有青川移民户的乡镇，按月发放到户，直至次年夏粮产出为止。2009年，县政府继续执行省、市有关规定，震灾移民安置费用按餐厨具等生活用具4人及4人以下户每月280元，4人以上户每月320元；常规生产农具、种子化肥每户1000元；调整耕地、林地及水、电、路灯基础设施建设每人10000元的标准，由县移民局对青川移民登记造册、审核把关，县财政局拨付到有青川移民户的乡镇，乡镇按户发放，移民户主签字领取。至2008年年末，全县累计拨付青川震灾移民安置费1265.81万元（不包括移民住房建设及临时生活费补助）。

“5·12”地震剑阁县安置青川移民情况表

表4-4　　　　单位：户、人

迁入乡镇	接收移民安置		其　中			
	户　数	人　口	政府统一安置		自行联系投亲靠友安置	
			户数	人口	户数	人口
下寺镇	1	2	—	—	1	2
普安镇	26	98	—	—	26	98
城北镇	7	26	—	—	7	26
柳沟镇	25	91	25	91	—	—
武连镇	28	111	28	111	—	—
开封镇	3	11	2	10	1	1
元山镇	7	29	5	21	2	8
王河镇	8	44	6	33	2	11
公兴镇	10	34	8	29	2	5
鹤龄镇	2	7	—	—	2	7
羊岭镇	8	35	8	35	—	—
江石乡	23	71	8	30	15	41
北庙乡	23	85	23	85	—	—
姚家乡	8	30	4	16	4	14
毛坝乡	3	12	3	12	—	—
凉山乡	11	47	8	35	3	12
垂泉乡	5	19	4	15	1	4
西庙乡	3	10	3	10	—	—
秀钟乡	2	5	1	4	1	1
正兴乡	1	6	1	6	—	—
马灯乡	7	34	5	24	2	10
国光乡	7	30	6	24	1	6
碗泉乡	13	47	10	36	3	11

续表4—4

迁入乡镇	接收移民安置		其中			
	户数	人口	政府统一安置		自行联系投亲靠友安置	
			户数	人口	户数	人口
高池乡	1	4	1	4	—	—
公店乡	58	209	39	140	19	69
长岭乡	1	4	—	—	1	4
圈龙乡	13	48	13	48	—	—
碑垭乡	2	6	1	4	1	2
禾丰乡	8	31	7	26	1	5
摇铃乡	9	32	9	32	—	—
锦屏乡	9	37	9	37	—	—
高观乡	7	25	7	25	—	—
合计	339	1280	244	943	95	337

说明：截止时间为2009年11月20日

“5·12”地震剑阁县安置青川移民补偿情况表

表4－5

单位：元

迁入乡镇	餐厨具及生活用品补助	常规生产工具、种子、肥料补助	调整山林、耕地及水电路设施补助	合计
普安镇	6360	22000	920000	948360
城北镇	1960	7000	120000	128960
柳沟镇	8200	24000	890000	922200
武连镇	8120	28000	1090000	1126120
开封镇	960	3000	110000	113960
元山镇	3480	7000	290000	300480
王河镇	4920	8000	440000	452920
公兴镇	4000	10000	290000	304000
鹤龄镇	560	2000	70000	72560
羊岭镇	2360	8000	350000	360360
江石乡	6560	17000	610000	633560
北庙乡	6840	23000	850000	879840

续表4—5

迁入乡镇	餐厨具及生活用品补助	常规生产工具、种子、肥料补助	调整山林、耕地及水电路设施补助	合 计
姚家乡	1520	7000	220000	228520
毛坝乡	2880	3000	120000	125880
凉山乡	3880	10000	470000	483880
垂泉乡	4160	5000	190000	199160
西庙乡	3640	3000	100000	106640
秀钟乡	640	2000	50000	52640
正兴乡	320	1000	50000	51320
马灯乡	2200	7000	340000	349200
国光乡	2200	7000	300000	309200
碗泉乡	3900	13000	410000	426900
高池乡	320	1000	40000	41320
公店乡	17400	58000	2070000	2145400
长岭乡	320	1000	40000	41320
圈龙乡	4040	12000	480000	496040
碑垭乡	640	2000	60000	62640
禾丰乡	2520	8000	310000	320520
摇铃乡	3120	9000	320000	332120
锦屏乡	3160	9000	370000	382160
高观乡	2920	7000	250000	259920
合 计	114100	324000	12220000	12658100

说明：①截止时间为2009年11月15日；②下寺镇及城北、姚家、江石等乡镇的部分移民自行解决生产资料，未享受调整山林、耕地及水电路设施补助

第五篇　灾后重建

2008年5月22日，剑阁县委、县政府在抓救灾抢险的同时，安排部署编制申报《剑阁县“5·12地震”灾后恢复重建实施规划》，《规划》优先安排城乡住房、学校、医院等民生工程的恢复重建。12月23日，县委、县政府组建剑阁县“5·12”地震灾后恢复重建委员会，制订《关于加快推进灾后恢复重建项目实施意见》。2009年1月，召开全县灾后恢复重建实施大会，明确“三年项目，两年实施”的工作目标，坚持“以人为本、民生优先、尊重科学、统筹兼顾、突出重点、彰显特色、创新机制、协作共建”的原则，号召全县干部、群众弘扬伟大抗震救灾精神，树立攻坚克难的必胜信念，妥善处理功能恢复与跨越式发展的关系，着力抓好城乡住房、城镇体系、农村建设，公共服务设施、基础设施建设及生产力布局和产业调整、防灾减灾、生态修复、家园重建九大项目。全县规划灾后重建项目1201个，其中黑龙江省援建项目146个。概算总投资185.44亿元，其中，中央灾后重建基金包干数48.45亿元，地方财政5.32亿元，黑龙江省对口支建12.19亿元，银行贷款21.45亿元，自筹74.59亿元，其他渠道资金23.44亿元；用于重建、新建、维修加固城乡住房47.64亿元，市政设施、风景名胜区、历史文化名镇名村恢复重建的城镇体系建设33.85亿元，农业生产生活设施、以工代赈及贫困村恢复重建的农村建设15.89亿元，教育、医疗卫生、文化体育、文化遗产、就业和社会保障、社会管理等恢复重建的公共服务设施28.64亿元，交通、能源、水利等恢复重建的基础设施25.06亿元，工业、旅游、文化、商贸服务和粮食流通设施、金融服务、创新融资等恢复重建的生产力布局和产业调整29.27亿元，灾害风险评估治理、应急指挥和救援救助、综合减灾等防灾减灾项目1.52亿元，生态修复和环境整治3.52亿元，精神家园建设0.05亿元。截至2010年12月，除清江河壅水工程、普安汽车站搬迁、少量文物古迹保护项目未完成，亭子口电站剑阁淹没区乡镇灾后重建步进入扫尾阶段外，其余项目全部竣工。实际竣工项目1159个，完成投资150.97亿元，其中，中央灾后重建基金投入45.60亿元，黑龙江省援建资金投入12.10亿元，特殊党费2.02亿元，社团捐建1.45亿元，地方财政4.81亿元，银行贷款、自筹及其他渠道资金84.99亿元。三年重建期，城镇住房重建1712户、15.408万平方米，加固维修2.565万户、230.85万平方米，农村住房新建4.4178万户，加固12.7254万户；升级改造国、省、县道公路182千米，新铺县、乡、村油路577千米（含砼混路），新建和维修加固桥梁18座；水库除险加固221座，恢复重建乡镇集中供水站52座，新建中心村供水站9座、农村分散式供水网点2000余处；铺筑城镇道路88.6千米，铺设城镇供水，供气管网48.1千米，城区、景区绿化51.5万平方米；修复农田6194公顷，恢复森林植被5301公顷；筑防洪河堤9.1千米。通过灾后重建项目实施，全县规划建设整体水平提高，民生事业突破性变化，基础设施得到很大改善，产业发展再生性增强。

第一章　决策部署与保障机制

第一节　决策部署

工作机构　12 月 23 日，县委、县政府根据全县抗震救灾取得阶段性胜利，应急抢险、过渡安置基本完成，撤销剑阁县“5·12”抗震救灾指挥部，同时建立剑阁县“5·12”地震灾后恢复重建委员会，冯安富、田中文任重建委员会主任，陈勇任常务副主任，王成书、何德生等任副主任。委员会下设办公室和规划实施、城镇灾后重建、农村灾后重建、农业、工业商贸灾后重建、文化旅游灾后重建、教育卫生计划生育重建、水利电力交通重建及灾后重建受援、金融支持、维护稳定、宣传报道、督查督导 13 个工作组。

剑阁县“5·12”地震灾后恢复重建委员会负责贯彻落实中央、省、市、县“5·12”地震灾后恢复重建的重大部署；研究制定剑阁灾后恢复重建政策措施；统一领导、组织协调和督促检查灾后恢复重建；加强与黑龙江省的沟通衔接，协调解决对口支援中的突出问题。

2009 年 1 月始，城建、国土、民政、交通、农业、水务、林业、畜牧、教育、卫生等 23 个县级机关单位，普安、下寺等 47 乡镇均建立相应的灾后恢复重建领导小组。县级机关单位主要领导，乡镇党委书记、乡镇长和分管项目的领导分别任领导小组正副组长。领导小组负责辖区、地域灾后恢复重建总体规划方案的编修、工程项目启动实施、灾后重建的决策部署。3 月，启动灾后重建重点工程项目，先后建立剑门关景区开发建设指挥部、剑阁县公共服务中心（剑门大厦）重建指挥部、鹤鸣山公园灾后重建工作领导小组等。至 2010 年 10 月，全县共建有灾后恢复重建工作机构 90 个，其中，县级领导机构 1 个，县级单位 21 个，乡镇 57 个，重点项目 11 个。

2010 年 12 月 31 日后，剑阁县“5·12”地震灾后恢复重建委员会继续发挥职能作用，负责落实中央、省、市、县“5·12”地震灾后恢复重建的有关方针政策；负责灾后重建竣工项目的交验检查，在建工程的收尾工作；负责灾后重建运作状况的总结评估，信息通报和善后问题处理。

决策部署　2008 年 5 月 14 日，剑阁县抗震救灾指挥部召开紧急会议部署村镇震后受损房屋安全鉴定、排危除险和房屋重建的质量管理，印发《关于加强村镇受损房屋震后重建工作的紧急通知》。5 月 15 日，抗震救灾指挥部召开紧急会议，讨论县级部门定点帮扶乡镇，强化抗震救灾重建家园工作，确定 29 个县级领导干部、57 个县级单位定点帮扶 57 个乡镇。5 月 19 日，县政府召开县长办公会议，安排县财政紧急筹措资金，启动灾后重建，确定资金优先用于居民住房排危除险、交通、学校、医院等公共事业基础设施重建的投放原则。5 月 21 日，县委、县政府根据四川省“5·12”抗震救灾指挥部《关于组织发动群众开展生产自救重建家园的通知》精神，召开抗震救灾重建家园动员会。要求全县抗震救灾的重心自即日起从防灾查灾转向灾后重建，决定突出抓好城乡住房维修加固、卫生防疫、解决群众生活问题；抓好学校、医院，行政机关办公环境建设，迅速恢复工作秩序；抓好农村“双抢”，促进农村经济发展，增强抗震救灾能力。6月20日，县政府制定《关于加快农村灾后重建若干优惠政策意见》，制定农村灾后重建财政金融、土地使用、产业发展和灾损房屋补助等方面的政策，加快灾后重建进程。7月5日，县委、县政府、黑龙江省支援四川省剑阁县灾后重建前线指挥部（以下简称黑龙江援建前线指挥部）召开联席会议，县委、县政府主要领导及刘国会参加，讨论审查《剑阁县“5·12”灾后恢复重建规划》和城镇、农村灾后重建，基础设施灾后重建，社会事业灾后重建，地质灾害与生态环境保护灾后重建等7个专项规划，确定黑龙江省第一批对口援建项目7大类40个，制定黑龙江省援建项目实施时间表。7月17日、9月9日、12月30日，县政府先后三次召开政府办公会议，安排部署城乡居民灾损房屋维修加固和重建工作，制订城乡居民住房维修加固与重建的申报，审批程序范围、补助标准，印发《关于印发剑阁县“5·12”地震损坏农房维修加固工作方案的通知》《关于“5·12”地震灾后城镇住房恢复重建工作实施意见》等文件。2009年1月5日，县委、县政府、黑龙江省援建前线指挥部召开联席会议，冯安富、田中文、刘国会参加。会议研究确定剑阁县灾后恢复重建实施项目为城乡住房、城镇体系、农村建设、公共服务、基础设施、生产力布局、市场服务体系、产业重建、防灾减灾、生态修复、土地利用等10类、1575个，项目总投资209.89亿元，其中中央财政资金91.51亿元。下达黑龙江省第二批对口援项目9类、106个，制定《关于加快推进灾后重建项目实施意见》《关于加快实施黑龙江省第二批援建项目工作的通知》。会议要求认真贯彻落实国务院《汶川特大地震灾后恢复重建条例》，坚持灾后重建及早谋划、科学规划、突出重点、围绕时间节点抓紧实施。3月15日，县委、县政府、黑龙江省援建前线指挥部印发《关于“5·12”地震灾后重建黑龙江援建决战年工作方案的通知》《关于加快农村灾后重建促进农民增收工作意见》。拟订灾后重建工作目标，坚持“三年项目、两年实施”项目实施原则，坚持以人为本，尊重规律，统筹兼顾，科学重建；坚持灾后重建与城乡统筹结合，与全面建设小康社会结合。项目建设重点突出民生工程、基础设施建设、产业发展、资源转化、可持续发展项目。项目管理严格执行项目合同制、法人负责制、工程监理制、招投标制四项制度。6月1日，县委、县政府，黑龙江省援建前线指挥部召开联席会议，研究决策灾后重建重点工程项目实施意见。决定剑门关景区、龙江大道、剑门工业园区、鹤鸣山文化公园，剑阁职中、体育中心等重建重点工程由县级四大班子领导负责，建立项目实施机构，项目建设内容分解到相关单位和乡镇，定人定责，限期完成。对重点项目的主管领导和建设单位执行“一票否决权”。9月17日和11月3日，县政府两次召开政府常务会议，督查全县灾后重建项目实施情况，调整未开工项目的责任领导，确定开工时间。建立“白+黑”（白天+黑夜）“5+2”（五个工作日+双休日）工作机制。2010年1月17日，县委召开常委（扩大）会议，专题研究剑门关景区、龙江大道、体育中心、剑门大厦等重点工程建设，讨论制订2010年灾后重建决胜年工作方案。3月25日，县委办、县政府办召开会议，研究部署城区、景区灾后重建项目及生态环境修复，限定剑门关景区建设工程、国道108线下寺至剑门关镇路面摊铺、龙江大道工程建设、清江河大桥维修加固和县医院医技楼、县残疾人康复中心工程建设于4月底完工。城区公共绿化、单位绿化、铁路沿线绿化，百草园、明珠花园等小区道路改造于5月上旬交验。5月20日，县委、县政府、黑龙江省援建前线指挥部召开联席会议，作出清理整顿财务、加强灾区项目资金管理的决定，印发《关于进一步加强灾后恢复重建项目资金监督管理的通知》，组织监察、财政、审计开展灾后重建资金使用情况大清理、大审计。规定灾后重建项目严格基本建设程序，严格招标投标制度，严格项目规模和工程质量，灾后重建项目资金严格预算管理，严格申报和拨付、严格决算审计，严禁贪污挪用和改变资金使用范围和用途。7 月 15 日，县政府根据省加强中央财政恢复重建基金管理工作会议精神和四川省政府《关于汶川特大地震灾后恢复重建规划项目实施再评估的紧急通知》，召开政府办公会议，调整优化灾后恢复重建实施规划项目，确定剑阁县灾后恢复重建实施项目为城乡住房建设、城镇体系建设、农村建设、公共服务设施及基础设施建设、生产力布局与产业调整、防灾减灾、生态修复、精神家园共九大类 1201 个项目，项目总投资 185. 44 亿元。其中中央灾后重建基金包干数 48. 45 亿元。9 月 3 日，县委、县政府、黑龙江省援建前线指挥部召开联席会议，研究灾后恢复重建收尾工作，落实黑龙江省支援剑阁县灾后重建领导小组办公室《关于做好完工援建项目竣工验收和决算审计工作的报告》，提出“大力推进灾后重建、大力推进经济结构转型，统筹发展城镇农村、统筹发展普安、下寺”的灾后重建工作的指导思想，组织督导工作组开展竣工项目的评估交验和在建项目的收尾监督工作。

12 月 21 日，县委召开常委（扩大）会议，决定召开黑龙江省对口支援剑阁县灾后重建工作总结表彰大会，研究援建工作结束后，继续扩大交流与合作领域、挖掘合作潜力，制订两地双赢的办法与措施。

第二节　保障机制

政策保障　2008 年 6 月，县委、县政府根据国务院《关于支持 5 · 12 汶川特大地震灾后恢复重建政策措施的意见》，制定灾后重建政策，制定《关于加快农村灾后重建若干优惠政策的意见》《关于“5 · 12”地震灾后恢复重建项目实施意见》等系列文件，通过争取国家投入，运用财税、金融、产业、土地、对口支援等政策，调动全社会力量参与、支持灾后重建，推动灾区经济社会恢复与振兴。

财政金融政策　中央财政建立地震灾后恢复重建专项基金，支持地方灾后重建。重建期减免部分行政基金收费和行政事业性收费，实行税收返还政策和增大地方留成比例。根据中央财政投入政策，县建立部门预算、政府采购、国库集中收付，收支两条线管理和乡财县管乡用制度；取消向农村集体和农民的各种不合理收费项目，实行惠农补贴“一卡通”，切实兑现粮食直补、良种补贴、农机具购置补贴、农资综合补贴；调整财政支出结构，扩大专项建设和专项资金的安排比例，并向受灾行业、受灾贫困乡镇、重点产业、城乡基础设施建设、农村社会事业倾斜。鼓励社会资金和国内、国际金融组织贷款参与灾区恢复重建。

明确规定三年灾后重建期，县域各金融部门建立灾后重建特事特办、支持金融信贷绿色通道，拓宽信贷渠道和信贷品种，降低信贷条件，改变抵押方式，优化信贷业务流程。支持利用银行贷款、国际金融组织提供的灾后重建紧急贷款资金与中央灾后重建基金配合使用。实施倾斜和优惠的信贷政策，增加扶贫贴息贷款投放规模。对城镇住房建设（城镇廉租房和经济适用住房建设）给予贷款优惠；对因资金紧缺需要贷款的农房重建户，给予贷款支持，取消住房建设贷款担保；对受灾地区居民购置自用房提供优惠贷款，降低首付比例。构建银企合作平台，引导金融机构为全县重大项目、重点企业和中小企业提供优质金融服务。鼓励金融机构参与生态环境建设。

土地政策　调整用地计划。根据灾区恢复重建的实际需要，确定灾区新增用地总规模，并申报国务院核准，专项下达。保障灾区重建用地，对恢复重建项目，先行安排土地，可边建设、边按有关规定办理用地手续。廉租房和政府组织的安居住房建设用地以划拨方式供应。灾损重建户住房建设用地按人均20至30平方米标准执行，特殊情况也不准超过震前规定的农房建设用地标准。灾后重建所需林地，坚持从严控制，采取先占后征方式进行。城镇和农村居民点基础设施、公共服务设施以及重点产业项目新增建设用地可在土地利用年度用地计划中优先安排。依法保护耕地，支持土地整理复垦，允许动用国家留给地方的新增建设用地有偿使用费、土地出让金整理复垦异地重建户旧宅基地、地震中灭毁的耕地和废弃工矿用地恢复为耕地。合理配置各项基础设施与产业用地，坚持工业集中布局、农村重建户集中安置、公共服务设施共建共享的原则，提高土地利用率。

产业开发政策　扶持农业，建立“三农”投入稳定增长机制。2009年3月，县委常委（扩大）会议决定，县本级财政每年预算支农资金按一定比例用于扶持发展现代农业示范园区、农业产业化龙头企业、特色农业和规模化养殖业。准许农村土地合理流转，适当集中成规模，走园区化、集约化经营道路。发展农业合作组织，鼓励各类学会、协会、农业科技人员创办经济实体，增强灾区抗灾能力。增加灾区农业补贴，规定运往灾区鲜活农产品的车辆免收过路、过桥通车费；对首先恢复的重建产业、优势特色产业和资源综合利用项目给予资金补贴或贷款贴息。扶助工业，提供优惠条件吸引知名企业、大型企业集团落户剑阁。建立激励机制，扶持发展工业原料基地。依托基地优势，投资发展农产品加工企业。实行“三优先”（优先申报国家和省技改项目计划，优先享受贷款贴息和各项专项资金补助、优先协调配置生产要素）政策，扶优助强龙头企业、骨干企业。发展商贸，对毁损粮库的抢修重建优先安排中央财政资金扶持；对农产品批发市场、农贸市场、物流配送中心、民间贸易网点建设及重要商品储备设施的恢复重建采取以中央财政基金为主、对口支援为辅的资金使用政策。振兴旅游，制订旅游业建设规划，从优安排恢复重建资金用于旅游基础设施建设和景点修复。鼓励各类投资者参与旅游产业开发，支持发展文化旅游、观光旅游和乡村旅游。

对口支援政策　对口支援的灾后重建总体规划和专项规划，实行统筹安排。援助灾区的项目和外地在灾区投资项目，均享受国家和四川省出台的恢复重建优惠政策。为对口援建工作人员创造宽松环境，提供便利条件，尽快融入灾区，成为灾区建设的组织者、领导者。精心组织并紧密配合助推援建项目建设，提倡采取以工代赈方式组织实施对口援建项目，鼓励金融机构向县内对口支援的企业提供优惠贷款。

特殊人群救助政策　优先安排重建资金支持社会福利院、社会救助站、康复院等机构的基础设施建设。规定新建公共服务场所必须配置残疾人专用设施。鼓励企业、社会团体和个人为孤残人员提供扶助。对因灾就业困难人员提供优惠条件，确保每个受灾家庭至少有一人就业。对县内招用因灾失业城镇职工的企业、因灾失业城镇职工从事个体经营人员给予税收减免优惠和按规定降低县内企业失业保险费率。采取社会保险补贴、小额担保贷款等措施促进就业。将因灾返贫的困难群众纳入城市、农村低保范围，提供社会保障。从优安排灾后重建资金，确保贫困村恢复重建。允许因灾停产企业缓缴社会保险费，破产企业清偿后仍欠缴的养老保险费经批准予以核销。发放失业保险金，实施临时生活救助，保障受灾群众的正常生活。

灾损住房补助政策　2008年9月，县委、县政府贯彻四川省政府《关于四川省汶川特大地震灾后城镇住房重建工作方案的通知》和广元市政府《关于"5·12"地震灾后农房重建工作意见》，制订《剑阁县"5·12"地震灾损房屋维修加固、恢复重建工作方案》，规定城乡住房恢复重建遵循"统一规划、分类实施、政府组织、个户自建、因地制宜、统筹兼顾"的原则，对维修加固和重建永久性住房，政府按政策给予资金补助，其标准为视其房屋受损程度分档补助。受损程度按《剑阁县农村房屋地震破坏程度判断导则》，划分为轻微损坏、中等破坏、严重破坏三档。其中，城镇住房分别按每户0.2万元、0.5万元、0.8万元标准补助，农村住房分别按每户445元、975元、1255元标准补助。根据住房重建户的家庭收入水平和人口规模，对已建卡的绝对贫困家庭和低收入家庭给予适当照顾，将城镇重建户分为最低收入户、低收入户、一般收入户、高收入户4类和1人户、2人户、3人户、4人户、5人及以上户5档，农村重建户分为一般户、困难户2类和1—3人户、4—5人户、6人及以上户3档，按照不同类别和档次进行补助。

2009年12月，县委、县政府制定廉租房使用政策，廉租房分配优先解决孤老、残、幼及因灾无力重建住房家庭。配租廉租房对象必须符合保障条件，并遵循公开、公平、公正原则，按程序进行审批，在县纪委、监察，县民政局、公安局以及乡镇、社区干部、公证人员和群众代表的全程监督下，通过公开抽签确定，张榜公布无异议后实施。

资金物资保障　灾后重建项目坚持"政府主导、社会参与、国家支持、自力更生"的原则，其资金安排以国家扶持为辅，项目建设单位自筹为主。2008年6月，县委、县政府根据剑阁受灾严重、重建资金需求量大等实际情况，坚持科学规划，充分论证，准确及时申报灾后恢复重建项目。2009年1月，灾后重建工作全面启动，剑阁创新项目实施机制，推行合资、合作、联营、股份制吸引社会游资。恢复旅游产业，推行将资源整体招商或部分出让招商引资。恢复重建基础设施。建立工业用地地价补贴机制、城镇建设配套费留成全额返还机制。恢复灾损工业，完善市政设施，调整财政支出结构，增加专项资金投入。激发单位、部门及地方政府的积极性，千方百计增加灾后恢复重建的投入。拓展融资渠道，准确把握国家投资方向，及时申报项目资金；用好、用足金融政策，争取国家信贷投入；降低公共服务设施建设投资准入"门槛"，吸引民间资本投入。至2010年12月，三年灾后重建期，累计实施恢复重建项目1201个，其中黑龙江省援建项目146个。争取中央灾后重建基金投入45.60亿元，黑龙江省援建资金投入12.10亿元，特殊党费2.02亿元，社团捐建1.45亿元，地方财政4.81亿元，银行贷款、自筹及其他渠道资金84.99亿元。

灾后重建物资供应坚持"统购、统销、统价"和"特供"原则。2009年10月，县政府印发《关于灾后农房重建砂石特供有关问题的通知》。出台优惠政策，鼓励农户自办砖厂，支持建筑建材生产企业扩大生产规模，增加建筑建材供应总量。规定三年重建期，钢材、水泥、砖瓦、砂石由乡镇统管、县调配，建筑建材供应实行计划调节，价格干预。县成立特供协调办公室，乡镇建立建材特供站，村组设置特供统筹组，负责保障灾后重建物资的计划安排、采购、调运、供应及运输管理、价格调控。

保障措施　2008年10月，县委、县政府根据《汶川特大地震灾后恢复重建条例》，立足灾后重建，兼顾发展提高，建立重建项目资金管理、重建物资价格调控、重建规划修订评估与实施机制。先后印发《关于剑阁县灾后重建工作运行机制和管理办法》《关于加强灾后恢复重建项目资金监管的通知》，确保灾后重建工作运行有序，项目建设任务如期完成，规划修订目标圆满实现。

规划管理　加大规划的宣传力度，利用媒体、报刊、会议等形式宣传规划，增强规划的权威性和社会认同感，把规划作为灾后重建行动准则。严格规划管理，坚持执行规划不走样，规划实施不变样。如因国家、省、市政策调整，或县内外环境发生重大变化，导致实际运行与规划目标出现严重偏离须修订调整规划时，规定调整方案必须报请县人大常委会审议批准后执行。建立规划实施效果评估机制，不断补充完善规划，确保规划顺利施行。

项目管理　严格基本建设程序。坚持按规划、先勘察、后设计、再施工的原则，做好项目立项、报建、招投标、施工管理、竣工验收和成效评估工作。严格项目建设规模，按照项目批复的建设规模、内容、标准建设，不准擅自增减建设规模、升降建设标准、突破投资计划。采取倒排工期、挂牌销号等办法，加快项目实施进度。按照国家建筑工程建设标准和抗震设防分类标准实施项目工程，确保重建工程质量。执行项目合同制、法人负责制、工程招标投标制、监理制四项制度，确保灾后重建项目按计划有序推进。

督查问责　做到专人专职专责负责重建工程的现场督查，全程监督，确保重建项目质量，做到工程无漏项，资金无缺口，安全无事故。定期组织民政、财政、审计、建设等部门深入项目建设单位对重点工程的实施进度、建设质量及资金使用情况进行监督检查和专项审计。加大督查问责力度，对灾后重建工作履职不到位，发生质量安全隐患，安全事故，或出现挪用重建资金，虚报工程量或超计划投资等问题及时查处，公开曝光，严肃追究查处有关当事人的责任。

援建协调　2008 年 5 月 15 日和 6 月 17 日，县委、县政府为确保对口援建工作有力有序有效进行，做到无缝隙对接，无障碍合作，先后成立剑阁县接受浙江省、黑龙江省支援抗震救灾、灾后重建工作领导小组，负责受援工作的组织、领导、协调与督查。领导小组下设县受援办和规划编修，项目实施，维护稳定，宣传报道，后勤保障等 6 个工作组。12 月 17 日，印发《剑阁县接受黑龙江省支援剑阁灾后重建工作运行机制和管理办法》，同时建立领导小组会议制度、一办六组联席会议制度、重大问题协调处理和联络沟通制度。领导小组及时理顺援建、重建项目合并实施的关系，协调解决援建项目建设中所需的资金、物资、土地等要素，监督施工单位严格工程管理，规范项目建设程序，确保援建工作顺利开展。

2009 年 1 月，全县灾后重建工作全面启动。县委、县政府先后制订“完善用好政策”“促进部门联动”“注重宣传报道”“维护灾区稳定”等保障措施，确保灾后重建项目实施进度和质量。至 2010 年 12 月，灾后重建项目竣工 1159 个，其中援建项目 146 个。

第二章　规划编制与实施

第一节　规划编制

2008 年 5 月 28 日，剑阁县“5・12”抗震救灾指挥部建立剑阁县“5・12”地震灾后恢复重建规划编制工作领导小组，县长田中文、常务副县长分别兼任正副组长。领导小组负责“5・12”地震灾后恢复重建规划编制的组织领导和协调，确定灾后恢复重建规划由一个总体规划和城镇、农村住房灾后恢复重建、基础设施灾后恢复重建、社会事业灾后恢复重建、农业生产设施灾后恢复重建、工矿企业及商贸服务业灾后恢复重建、地质灾害与生态环保灾后恢复重建七个专项规划组成。6 月 1 日，县“5・12”抗震救灾指挥部印发《剑阁县“5・12”地震灾后重建规划编制工作实施方案》，确定规划编制的指导思想、基本原则、主要目标、总体布局，重点和任务，政策和措施。要求规划编制坚持以人为本，优先恢复重建受灾群众基本生活设施和公共服务设施；坚持尊重科学，尊重自然，充分考虑资源环境承受能力；坚持统筹兼顾，将规划与推进工业化、城镇化和新农村建设结合；与主体功能区建设和产业结构优化升级结合；与统筹城乡发展、承接产业转移、保护和弘扬地方特色文化结合。强调规划编制工作要在深入论证、科学规划的同时，尽可能加快工作进度。在重建物质生活家园的同时，注重精神家园重建。在重建生产设施的同时，注重生态环境修复。规划分为近三年（2008—2010 年）和后五年（2011—2015 年）两个阶段。2008 年 10 月 10 日，完成七个专项规划的编制工作。12 月，编制出《剑阁县“5・12”地震灾后恢复重建实施规划》并上报广元市政府批准执行。

指导思想　贯彻以人为本、民生优先，尊重规律、科学重建的建设方针。坚持统一规划、分步实施，突出重点、彰显特色、政府主导、社会参与、国家支持、自力更生、创新思路、协作共建、明确职责、分级落实的重建原则，将经济社会恢复重建与精神重建相结合，激励剑阁人民百折不挠、自强不息的拼博精神。将灾后重建与全县长期发展相结合，加大投资力度，加快重建速度，迅速恢复经济活力，增强发展动力，提高全县总体经济水平。

总体思路　根据重建指导思想和建设原则，先期调集力量深入基层了解核实灾情，组织有资质的单位对全县受灾情况进行鉴定和损失评估，确认各行业、各部门人员伤亡、财产损失、设备设施破坏状况。根据受损程度拟定重建方案。同时如实向上反映灾情，多渠道、多领域筹措重建资金，组织救灾物资，掀起生产自救重建家园的热潮。合理布局项目，有序开展工程建设。在建设顺序上，按城乡住房建设、公益设施（设备）建设、基础设施建设、产业重建、生态修复的顺序安排。对各领域的具体项目按照“先急后缓、先重后轻”的原则安排。按农房重建，城乡道路建设，学校、医院建设，市政供水供气建设、广播电视设施建设顺序安排先行启动项目。

区域布局 全县经济发展规划为“一城、两带、三区”。一城即以县城为中心，创建国家优秀旅游城市，形成增长极。两带即以国道108线为轴线的旅游经济发展带；以剑南路、省道302为轴线的小城镇经济发展带。三区为县南长岭、金仙、演圣、柘坝等22个乡镇蚕桑、畜禽为主的生态农业示范区；县北木马、高观、剑门关、普安、城北等35个乡镇的烟叶特色产业示范区；以剑门园、普安园为主形成剑门工业集中发展区。城镇建设规划重点为“一城八镇”，即县城和剑门关、普安、白龙、公兴、元山、鹤龄、武连、开封八镇。交通建设规划“四纵三横”。“四纵”即：国道108线、省道302线、剑南路、剑苍路。“三横”即：小开路、喻马路、鹤八路。旅游开发规划为“一线两城一圈”一线即沿剑门蜀道打造剑门关天赐温泉—剑门关—翠云廊—拦马墙—觉苑寺；两城即沿国道108线升级改造下寺及剑州古城；一圈为茶园沟—马耳山—五指山—拱石坝—翠云湖—西灵寺—鹤鸣山。

重建目标 通过三年重建，到2010年，灾后重建工作全面完成。生产力布局更趋合理，经济结构得到优化，发展方式明显改变，城镇体系基本形成，特色产业初具规模，人民生活显著提高，新农村建设取得重大进展。其具体目标达到“六有”：居有定所，受灾群众住上安全、经济、实用、省地的住房。业有保障，每个家庭至少有一人能稳定就业，城乡居民人均可支配收入和纯收入超过震前水平。人有所靠，城乡居民普遍享有基本生活保障，享有义务教育、公共卫生和基本医疗、公共文化、体育、社会福利等公共服务。设施有提高，交通、通讯、能源、水利、市政等基础设施功能全面恢复，保障能力超过震前水平。生态有改善，生态功能恢复，环境质量提高，防灾减灾能力增强。经济有发展，到2010年，全县国内生产总值达到54亿元，实现GDP和地方财政一般预算收入分别较2006年翻一番。

重建重点与任务 灾后重建总体规划以项目为载体，规划内容包括城乡住房、城镇体系、农村建设、公共服务设施、基础设施、市场服务体系、生产力布局和产业重建、防灾减灾、生态修复、土地利用共10大类、1575个项目，计划总投资209.89亿元。其中，争取中央财政资金91.51亿元，地方财政投入3.66亿元，银行贷款29.35亿元，社会捐赠0.23亿元，对口省援建17.59亿元，自筹67.55亿元。援建资金17.59亿元中，黑龙江省对口援建项目149个，涉及教育、卫生、文化、广播、体育、交通、旅游、产业和相关补助费用。建设重点主要包括基础设施重建，社会公益事业、农房和产业恢复。2010年7月15日，最终调整为9类1201个项目，概算总投资185.44亿元，其中黑龙江省对口支援项目146个，概算总投资12.19亿元。

项目规划中，城乡住房建设项目2个，概算总投资47.64亿元。其中，中央灾后重建基金包干数10.73亿元，地方财政4.93亿元，对口支援2.01亿元，银行贷款3.36亿元，自筹25.38亿元，其他渠道资金1.23亿元。城镇住房重建1712户、15.408万平方米，加固维修2.565万户、230.85万平方米，农村住房新建4.4178万户、加固12.7254万户。

城镇体系建设项目32个，概算总投资33.85亿元。包括中央灾后重建基金包干数8.88亿元，对口支援3.25亿元，银行贷款1.83亿元，自筹12.41亿元，其他渠道资金7.49亿元。包括市政设施项目30个，包括新建城市道路11千米、公交站台16座、污水处理厂1座，恢复重建建城市桥梁2座、道路9千米、河堤5.4千米，修复城市道路10千米、日处理100吨垃圾处理厂1座，维修城市桥梁2座，普安镇污水处理厂、垃圾处理场各1座、城市道路及配套管网、沟渠整治及附属设施设备、绿化，以及其他55个乡镇的恢复重建街道、下水道及绿化、路灯、水电通信网络等配套附属工程和环境卫生配套设施等；风景名胜区项目1个，对剑门关古镇、剑门关风景名胜区实施风貌改造；历史文化名镇名村项目1个，为普安古城等恢复重建和保护。

农村建设项目4个，概算总投资15.89亿元。其中，中央灾后重建基金包干数3.83亿元，对口支援0.18亿元，银行贷款0.05亿元，自筹9.78亿元，其他渠道资金2.06亿元。农业生产生活设施项目3个，其中，园艺场恢复项目1个，包括重建房屋160平方米、修缮房屋3660平方米、恢复农田1.33公顷；农业生产设施项目1个，包括建县农业技术推广中心、县农产品检验检测中心、57个乡镇农业服务中心业务用房17400平方米、恢复重建乡镇畜牧兽医站42个、维修加固8个并配置培训设备，整治农田2907公顷、排灌沟渠196.6千米、蓄水池2036口、山坪塘188口、田地埂116.8万平方米、田间作业道124千米，维修加固46个种烟乡镇微水池989口，建电力提灌站73个，重建畜禽养殖圈舍4万平方米；农村基础设施项目1个，包括乡村桥涵1513个，道路1210千米，恢复重建21个镇集中供水工程、31个乡集中供水工程，9个中心村集中供水站，47个乡镇192个村2000处农村分散式供水工程，解决30.96万人安全饮用水问题；以工代赈及贫困村项目1个，包括乡村公路745千米，桥梁（涵洞）313座5222延米；塘（库、堰）32座30万立方米，灌溉渠66千米，蓄水池550口11万立方米；集中供水站125座，饮水管道99千米，水井123口；清理废墟7.4万立方米，民居改造2万户。

公共服务设施项目696个，概算总投资28.64亿元。其中，中央灾后重建基金包干数12.44亿元，地方财政0.37亿元，对口支援4.72亿元，自筹8.19亿元，其他渠道资金2.91亿元。教育项目93个，包括41所小学、15所初中、28所九年一贯制学校、4所完中、1所高中、3所中职、1所幼儿园建校舍55.31万平方米、维修加固校舍19.78万平方米；医疗卫生项目124个，包括县医院、县中医院、县妇幼保健院、县疾病预防控制中心、县卫生监督大队、县卫校、县残疾人康复中心、渡口社区卫生服务中心和57乡镇卫生院、100个村卫生站的医疗用房新建9.59万平方米、维修加固5.5万平方米、医疗设备购置3327台（件）以及卫生人员培训，57个计划生育服务站新建业务用房2.18万平方米、加固1.18万平方米、购置设备；文化体育项目274个，包括文化馆、图书馆、剧团、剧场、乡镇综合文化站、非物质文化遗产博物馆等业务用房的恢复重建5.3万平方米、维修加固1.91万平方米，恢复重建12个电影院1.17万平方米、48个广播电视站0.48万平方米，重建新闻出版业务用房5700平方米及配套出版物及报刊；文化遗产（文物）项目7个，包括馆藏文物、博物馆、文物管理所修复，不可移动文物保护单位的抢险、维修、保护等；就业和社会保障项目190个，包括恢复重建县级就业和社会保障服务中心各类业务用房和57个基层就业和社会保障服务中心（社区），建设信息网络并配套电脑、电视和办公桌椅等设备，社会福利、社会救助和优抚安置服务设施的恢复重建；社会管理项目8个，包括党政机关、政法机关、部队、乡镇周转住房、村级公共服务设施及监管机构业务用房建设。

基础设施项目16个，概算总投资25.06亿元，其中，中央灾后重建基金包干数5.64亿元，对口支援0.65亿元，银行贷款0.04亿元，自筹11.08亿元，其他渠道资金7.65亿元。交通项目2个，包括修复县道公路615.11千米、乡道公路235.4千米、村道路公路538千米，1个县级客运站、16个乡镇客运站维修加固；能源项目12个，包括8个电站恢复发电能力0.408万千瓦，年产9万吨原煤生产线改造恢复生产，修复或重建加油站5座；水利项目2个，包括恢复重建防洪河堤12.2千米、自动雨量站8个、人工雨量站42个、水文站4个、水资源监测点22个，除险加固201座水库的大坝、溢洪道、放水设施等，恢复10个灌区工程、渠道120千米、灌面2800公顷，修复普安镇引水管道16千米，恢复重建水保工程2.8平方千米，新建清江河雍水工程1处，配套建设杨家坝水库渠系26千米。

生产力布局和产业调整项目442个，概算总投资29.27亿元。其中，中央灾后重建基金包干数4亿元，对口支援1.31亿元，银行贷款16.17亿元，自筹6.84亿元，其他渠道资金0.94亿元。工业项目76个，主要用于重灾工业企业生产线改造恢复生产；旅游项目3个，包括剑昭蜀道乡村旅游带、城镇旅游公共服务设施、景区旅游公共服务设施项目；文化项目137个，包括文化产业园区及设施、艺术教育培训机构、文化市场、非物质文化遗产等；商贸服务和粮食流通项目225个，包括商贸服务设施的维修加固、粮食流通设施的维修和重建；金融服务业项目1个，包括县人民银行、县农业发展银行、县信用联社系统的服务功能恢复和支持创新融资。

防灾减灾项目4个，概算总投资1.52亿元，其中，中央灾后重建基金包干数1.29亿元，地方财政0.02亿元，对口支援0.07亿元，自筹0.04亿元，其他渠道资金0.11亿元。其中，灾害风险治理1个，包括滑坡、崩塌、泥石流等地质灾害隐患点的监测、搬迁、治理和县级地质灾害防治能力建设、气象站设施设备配套及自然灾害天气应急气象会商系统建设；应急指挥和救援救助项目2个，包括建设指挥办公室、指挥中心机房，配置指挥软件、服务器和网络、安全、存储、备份等相关设备，以及通讯设备，购置计算机、网络设备、手持机、4G电话，地震台业务用房维修及到台应急公路，重建三大基础支撑体系和四大应用系统等；综合减灾项目1个，包括依托学校、公园、社区阵地、体育场馆、社会福利设施等，配置管理人员办公室、避灾区、临时医务室、物资储备仓库、食堂、浴室、活动室等建设避难场所（地），备置备用电源、水源、食物等，恢复天网工程等。

生态恢复项目4个，概算总投资3.52亿元，其中，中央灾后重建基金包干数1.59亿元，自筹0.89亿元，其他渠道资金1.04亿元。生态修复和环境整治项目3个，包括林草植被恢复5870公顷、林木种苗生产基地50.87公顷、林区业务用房3.4万平方米、翠云廊古柏自然保护区恢复重建、恢复重建林区道路83千米、供水管道52.4千米和森林防火、病虫害防治等基础设施、生物多样性保护设施恢复重建，恢复重建饮用水源地污染防治、危险废物和医疗废物处理、土壤污染治理、重要生态功能区生态功能恢复示范等；土地整理复垦项目1个，整理演圣镇、碑垭乡、圈龙乡、汉阳镇、广坪乡的损毁耕地、废弃居民点等。

精神家园项目1个，概算总投资0.05亿元，全部由中央灾后重建基金包干数支付。重建皮影专题博物馆业务用房2000平方米，抢救保护皮影等非物质文化遗产。

投资计划与实施步骤　为确保灾后恢复重建项目有效、顺利实施，坚持“突出重点，分步实施”的原则。根据上级要求，结合本县实际，分三个阶段进行。第一阶段为2008年6月1日至2009年5月31日。按照“保民生，强基础”的要求，启动灾后重建前期准备和项目建设实施工作，开展受损房屋鉴定和灾害损失评估工作，拟定城乡住房恢复重建实施方案，解决受灾群众临时住所。动员组织群众重建家园，迅速恢复供水供电供气及交通、水利、通讯、市政等基础设施功能。突出城乡受损住房恢复重建，优先启动学校、医院等社会事业项目和政权设施项目建设，确保受灾群众居有定所，党政机关、医疗机构、教育部门工作正常运转。第二阶段为2009年6月1日至2010年5月31日。按照“三年项目，两年实施”的要求，重点突出重大基础设施项目，重大产业项目，重大民生及社会事业项目建设，继续实施居民永久性住房建设，加速推进教育、卫生、水利、交通等项目的实施进度。落实“旅游兴县”战略，全面启动剑门关景区建设。规划本阶段全面完成居民永久性住房，学校、医院、文化体育建设项目。重点工程项目和政权设施项目实施进度分别达到80%和90%，工业企业全面恢复生产。第三阶段为2010年6月1日至12月31日。按照“不留死角，全面恢复”的要求，开展竣工项目的验收评估和在建工程项目的收尾工作。全县所有灾后重建项目除亭子口电站淹没区、剑门工业园区、清江河壅水工程建设项目待结尾之外，其余项目全面完成，并交验合格。

第二节 规划实施

2008年12月18日，广元市政府批复同意《剑阁县灾后恢复重建实施规划》。2010年7月10日，县政府根据四川省政府中调方案和省政府办公厅《关于汶川特大地震灾后恢复重建规划项目实施再评估的紧急通知》精神，结合剑阁县灾后重建实际，制定《广元市剑阁县“5·12”地震灾后恢复重建项目7.15中央基金调整项目修订方案》（以下简称7.15中调方案），并上报省、市《关于调整优化灾后恢复重建实施规划项目资金方案情况的函》。7.15中调方案为剑阁县“5·12”地震灾后恢复重建规划实施的终极方案。其《方案》将原规划的10类、1575个项目，总投资209.89亿元，其中争取中央财政资金投入91.51亿元，对口援建项目140个，总投资17.59亿元，调整优化为9类1201个项目，总投资185.44亿元。其中中央灾后重建基金包干数48.45亿元，黑龙江省对口援建项目146个，总投资12.19亿元。

2008年5月21日，县发改局下达规划实施项目预安排计划。按照“保民生、强基础”的要求，率先启动学校校舍与医院医疗用房排危除险和维修加固，同步实施城乡住房维修加固项目工程。12月18日，第一批灾后重建中央基金下达剑阁，基础设施及县级部门、乡镇党政机关办公业务用房维修加固列入灾后重建内容。至年末，累计完成灾损房屋维修加固1287.47万平方米。其中学校91所，维修加固校舍19.7万平方米；医疗卫生机构57所，维修加固医疗用房5.07万平方米；农村居民9.67万户，维修加固住房1262.7万平方米。是年，灾后重建累计完成投资15.24亿元。

2009年1月19日，县委、县政府召开全县灾后恢复重建动员大会，印发《关于加快推进灾后恢复重建项目实施的意见》，全县灾后重建全面启动。剑阁灾后重建严格执行重建规划实施方案，按照“程序不减、周期缩短、加快推进、严格监管”的要求，强力推进民生工程项目重建，开展城乡居民住房重建春风行动、夏季战役、秋季决战。督促教育、卫生、计生、文化、广电重建项目快速上马。至4月末，上述5个系统的重建项目开工率分别达到91.4%、98.5%、94.7%、71%和95.5%。5月，全面启动，重点突出基础设施重建、产业重建和生态修复。交通、水利、市政设施重建项目，其开工率达到90%。6月，县政府加大灾后恢复重建规划实施力度，提出“一年全部实施，两年基本完成，三年完善提高”的总目标。项目建设坚持“5+2”（五天工作日加双休）、白+黑（白天加晚上）的工作制度，项目实施进度采取“一周一督查、半月一通报”，倒排工期、挂牌消号等措施。实行“一票否决”制度，确保工程质量。

至6月30日，公兴、武连、公店等乡镇的278户青川移民住房竣工。9月30日，完成42700户农村居民重建任务。至年末，完成1712户城镇居民住房重建、221座水库除险加固，完成76户工业企业灾损厂房维修加固和生产性用房重建。完成学校、医院、剑门关景区等社会设施建设主体工程。全县灾后重建累计开工项目996个，竣工项目683个，全年累计完成投资73.07亿元。

2010年1月始，强力推进灾后重建项目的实施进度和质量，坚持"三年任务，两年基本完成"的重建目标不动摇，制订统筹各方力量、强化群众主体、做好援建保障等具体措施，确保规划目标圆满实现。5月，县委、县政府先后印发《关于强力推进城区景区灾后重建项目和环境综合治理工作的紧急通知》《关于进一步加强灾后恢复重建项目资金监督管理的通知》，确定灾后重建突出城区、景区治理，工业、农业园区建设，生态环境修复和重点工程项目建设。规范项目管理，进一步加大规划实施力度。规定项目建设必须严格基本建设程序，严格控制规模，严格招投标。建立规划实施进度督查、质量问题督办，资金使用督监和工程决算审计和竣工验收评估制度。8月，剑门关景区恢复重建全部完工，开关迎客。9月30日，黑龙江省援建的146个项目，含龙江大道，国、省、县道等重大基础设施项目和党政机关事业单位设施设备恢复重建如期竣工。至年末，灾后恢复重建竣工项目482个，当年完成投资62.66亿元。

至2010年12月31日，1201个灾后重建项目已全部全部开工，竣工项目1159个，累计完成投资150.97亿元。完工项目和实现投资均超过省发改委下达的年度计划。

"5·12"地震剑阁县灾后恢复重建项目情况表

表5－1　　单位：万元

项目名称	项目个数	重建任务（建设规模及主要内容）	概算总投资	中央灾后重建基金包干数	其他资金				
					地方财政	对口支援	银行贷款	自筹	其他渠道资金
总　计	1201		1854428	484494	53181	121854	214526	745939	234435
一、城乡住房建设	2		476390	107293	49261	20098	33640	253775	12323
(一)城镇住房	1	重建1712户,15.408万平方米,加固维修2.565万户,230.85万平方米	210249	14743	8410	2320	33640	151136	—
(二)农村住房	1	新建4.4178万户,加固12.7254万户	266141	92550	40851	17778	—	102639	12323
二、城镇体系建设	32	包括市政设施、风景名胜区及历史文化名城名镇名村恢复重建	338500	88800	—	32450	18324	124050	74876
(一)市政设施	30	恢复重建城镇道路、桥梁、公交场站;供水设施:供水能力4.5万吨/日,供水管网;供气设施:供气站4座、供气管网;污水处理:2.6万吨/日、管网;垃圾处理:200吨/日及转运系统,环卫设施等	184000	55400	—	19000	—	97400	12200
(二)风景名胜区	1	—	134500	28300	—	13200	18324	12000	62676
(三)历史文化名镇名村	1	普安古城等恢复重建和保护	20000	5100	—	250	—	14650	—
三、农村建设	4	包括农业生产生活设施、以工代赈及贫困村恢复重建	158934	38258	—	1838	460	97768	20610
(一)农业生产生活设施	3	恢复重建农业生产设施、农村基础设施和农业产业	125960	29268	—	1838	460	76394	18000

续表5—1

项目名称	项目个数	重建任务（建设规模及主要内容）	概算总投资	中央灾后重建基金包干数	其他资金				
					地方财政	对口支援	银行贷款	自筹	其他渠道资金
1. 农业生产设施	2	恢复重建农业生产设施、农村基础设施和农业产业	43261	11418	—	500	460	30883	
2. 农村基础设施	1	乡村桥涵1513个、道路1210千米、农村供水、沼气	82699	17850	—	1338	—	45511	18000
（二）以工代赈及贫困村	1	乡村公路745千米，桥梁（涵洞）313座5222延米；塘（库、堰）32座30万立方米，灌溉渠66千米，蓄水池550口11万立方米；集中供水站125座，饮水管道99千米，水井123口；清理废墟7.4万立方米，民居改造2万户	32974	8990	—	—	—	21374	2610
1. 以工代赈及贫困村灾后恢复重建项目	1	乡村公路432千米，桥涵180座3070延米，塘（库、堰）24座24.5万立方米，灌溉渠系71千米，蓄水池340口6.8万立方米，供水站36座，饮水管28千米，水井34口，清理废墟6.4万立方米。	22698	4000	—	—	—	18698	—
2. 贫困村扶贫开发合计		乡村公路300千米。建蓄水池200口。整治山坪塘520口。民居改造20000户	10276	4990	—	—	—	2676	2610
四、公共服务设施	696	包括教育、医疗卫生、文化、体育、文化遗产、就业和社会保障以及社会管理等恢复重建	286392	124407	3714	47229	—	81904	29138
（一）教育	93	小学41所，初中15所，九年一贯制28所，完中4所，高中1所，中职3所，幼儿园1所。新建校舍553130平方米，维修加固校舍197787平方米	134433	41189	—	30000	—	52531	10713
（二）医疗卫生	124	包括医疗卫生、食品药品监管和计划生育设施的恢复重建	36702	16049	—	9485	—	7416	3752
1. 医疗合计	67	医疗卫生设施的恢复重建	29085	14049		8335	—	4149	2552
2. 计划生育	57	计划生育服务机构基础建设及设备购置，新建21800平方米，加固11739平方米	7617	2000	—	1150	—	3267	1200
（三）文化体育	274	—	36326	19306	1203	3354	—	10463	2000
1. 文化	62	恢复重建文化馆、图书馆、剧团、剧场、乡镇综合文化站、非物质文化遗产博物馆等公共文化基础设施建设	8818	4922	—	1114	—	782	2000
2. 体育	2	建体育馆1个、室内全民健身中心1个	5400	3057	1203	1140	—	—	—
3. 广播电视	6	重建电视台、无线台站、有线网络等设备设施	8882	7782		1100	—	—	—
4. 电影	60	重建电影院基础设施，流动电影车配置	11166	3503	—	—	—	7663	—
5. 新闻出版	144	重建业务用房5700平方米及配套出版物及报刊。其中：普安镇、下寺镇公共阅报栏	2060	42	—	—	—	2018	—
（四）文化遗产（文物）	7	馆藏文物修复；博物馆修复；文物管理所修复；配置设施设备；不可移动文物保护单位抢险、维修、保护；宗教活动场所	12812	6764	—	—	—	—	6048
（五）就业和社会保障	190	就业和社会保障、技工学校、社会福利、社会救助和优抚安置服务设施恢复重建	23625	10067	2363	2250	—	7570	1375
1. 就业和社会保障	116	建筑面积15980平方米，设施设备3608台套	7104	4919	—	—	—	1270	915
2. 就业和社会保险（社会福利）	74	社会福利、社会救助和优抚安置服务设施恢复重建	16521	5148	2363	2250	—	6300	460

续表5—1

项目名称	项目个数	重建任务（建设规模及主要内容）	概算总投资	中央灾后重建基金包干数	其他资金				
					地方财政	对口支援	银行贷款	自筹	其他渠道资金
（六）社会管理	8	党政机关、政法机关、部队、乡镇周转住房、村级公共服务设施等监管机构的业务用房	42494	31032	148	2140	—	3924	5250
1. 基层政权	7	党政机关、政法机关、部队、乡镇周转住房、村级公共服务设施机构的业务用房	41773	30770	—	2140	—	3613	5250
2. 监管机构用房	1	—	721	262	148	—	—	311	—
五、基础设施	16	包括公路、交通和能源、通讯、水利基础设施的恢复重建	250635	56437	—	6450	430	110778	76540
（一）交通	2	公路、桥隧	187672	17500	—	5250	—	94402	70520
（二）能源	12	主要用于电路改造，不到具体企业	3439	270	—	—	430	2739	—
1. 电力	8	恢复发电能力0.408万千瓦	1139	—	—	—	—	1139	—
2. 煤炭	3	恢复煤矿生产能力9万吨/年	1900	—	—	—	430	1470	—
3. 油气	1	加油站修复和重建5座	400	—	—	—	—	400	—
4. 经商局融资平台		中央基金收回集中下达到县经济和商务局，设立融资平台，用于为重灾企业融资贴息和担保等	—	270	—	—	—	—	—
（三）水利	2	重点用于震损水库的除险加固、震损堤防、灌区震损工程	59524	38667	—	1200	—	13637	6020
六、生产力布局和产业调整	442	包括工业、旅游、文化、商贸服务和粮食流通设施、金融服务等设施恢复重建	292667	40035	—	13119	161672	68422	9419
（一）工业	76	除第一批安排的中央基金816万元到企业外，其余1637万元用于为重灾企业等设施恢复重建搭建融资平台，不到具体企业	173602	816	—	—	129770	37916	5100
（二）旅游	3	—	11620	465	—	—	8300	2855	—
（三）文化	137	文化产业园区及设施、艺术教育培训机构、文化市场、非物质文化遗产保护设施、国家级羌族文化生态保护实验区规划项目等	7501	—	—	—	6290	308	903
1. 文化产业园区	3	—	6560	—	—	—	5349	308	903
2. 文化市场	134	网吧、音像、娱乐场所维修加固	941	—	—	—	941	—	—
（四）商贸服务和粮食流通	225	—	41687	4235	—	610	17312	16114	3416
1、商贸服务设施项目	206	除第一批安排的中央基金590万元到企业外，其余1498万元用于为重灾企业等设施恢复重建搭建融资平台，不到具体企业	35162	590	—	—	17312	13844	3416
2、粮食流通设施项目	19	粮库、军供、购销网点、应急供应、批发市场、应急加工、质监网点等19个粮食流通设施	6525	3645	—	610	—	2270	—
（五）金融服务业	1	银行业项目数79个、保险业项目数3个、一行三局项目数2个	11613	384	—	—	—	11229	—
（六）创新融资	—	支持创新融资	46644	34135	—	12509	—	—	—

续表5－1

项目名称	项目个数	重建任务（建设规模及主要内容）	概算总投资	中央灾后重建基金包干数	其他资金				
					地方财政	对口支援	银行贷款	自筹	其他渠道资金
七、防灾减灾	4	重点用于滑坡、崩塌、泥石流等地质灾害、次生灾害隐患点的排查、监测和治理，加强紧急救援救助能力建设等	15197	12852	206	670	—	369	1100
（一）灾害风险治理	1	滑坡、崩塌、泥石流等地质灾害隐患点的监测、搬迁、治理和县级地质灾害防治能力建设、气象站设施设备配套及自然灾害天气应急气象会商系统建设	13654	12219	—	—	—	335	1100
（二）应急指挥和救援救助	2	—	1317	427	206	670	—	14	—
（三）综合减灾	1	—	226	206	—	—	—	20	—
避难场所（地）	1	依托学校、公园、社区阵地、体育场馆、社会福利设施等，配置管理人员办公室、避灾区、临时医务室、物资储备仓库、食堂、浴室、活动室等，备置备用电源、水源、食物等	226	206	—	—	—	20	—
八、生态恢复	4	包括生态修复和环境整治	35213	15911	—	—	—	8873	10429
（一）生态修复和环境整治	3	生态修复和环境整治、环境整治及其他生态环境恢复重建	25113	8711	—	—	—	5973	10429
1. 生态修复	1	林草植被恢复5780公顷，林木种苗生产基地50.87公顷、林区业务用房3.4万平方米、翠云廊古柏自然保护区恢复重建、恢复重建林区道路83千米、给水管道52.4千米以及森林防火、病虫害防治等基础设施、生物多样性保护设施恢复重建以及技术培训	24713	8531	—	—	—	5753	10429
2. 环境整治	2	恢复重建饮用水源地污染防治、危险废物和医疗废物处理、土壤污染治理、重要生态功能区生态功能恢复示范等	400	180	—	—	—	220	—
（二）土地整理复垦	1	整理损毁耕地、废弃居民点等	10100	7200	—	—	—	2900	—
土地整理复垦	1	整理损毁耕地、废弃居民点等	10100	7200	—	—	—	2900	—
九、精神家园	1	—	500	500	—	—	—	—	—

说明：①农村住房对口支援含13个居民安置点650万元，其他渠道资金含特殊党费12692万元、社会捐助281万元；②教育其他渠道资金含融资平台附属设施资金6459万元、特殊党费2019万元、社会捐助2235万元；③医疗卫生其他渠道资金含港澳援建1600万元、社会捐赠320万元；④基层政权其他渠道资金为特殊党费5250万元；⑤生态修复其他渠道资金含国外优惠紧急贷款2318万元

第三章　住房建设

第一节　住房维修加固

城镇住房加固　县规划和建设局根据剑阁县抗震救灾指挥部《关于震后建筑物隐患排查的通告》，于2008年5月20日组织40名专业技术人员分赴下寺、普安、剑门关等23镇。对全县城镇住房进行安全鉴定，发出应急性评估报告544份，房屋安全鉴定报告1896份。10月，县政府根据广元市抗震救灾指挥部《关于“5·12”震后城镇房屋鉴定、拆除及建筑维修加固的指导意见》，制订《剑阁县城镇地震受损房屋安全鉴定及修复加固方案》，确定剑阁县城镇住房维修加固工作于2008年10月启动，县规划和建设局负责城镇住房维修加固的规划设计和技术指导，各乡镇、城镇居委会、物业管理委员会负责地域辖区内小区住房、居民住房维修加固的组织和实施。

城镇居民受损住房维修加固坚持严格的申报登记制度，规定申报时间为2008年10月15日至11月30日。申报对象指凡在剑阁县城镇拥有自有产权住房，因“5·12”地震轻度损坏，经维修加固可入住的城镇受灾家庭；户口不在居住地，但长期在剑阁生活工作并拥有自有房屋产权住房的城镇居民。凡申报住房维修加固的城镇居民需交验房屋所有权人申请书、户口簿、身份证复印件、国有土地使用证、房产所有权证明、“5·12”地震房屋安全鉴定报告或房屋隐患排查告知书、最低收入家庭证明。申报登记程序，需经受灾居民申请、群众评议、社区居委会公示初查、乡镇复核、县政府审批等程序。经鉴定，需重建1888户、维修加固25650户。是年12月，县政府加速推进城镇住房维修加固工作，在普安、下寺先行试点，并印发《关于“5·12”地震灾后城镇居民住房恢复重建工作实施意见》，规定城镇居民住房维修加固指经鉴定确认可以修复加固使用的受损住房。受损住房分轻微损坏，中等破坏、严重破坏三个等次，按确定的等次每户分别发放0.2万元、0.5万元、0.8万元补助维修加固费用。2009年9月，全县城镇住房维修加固工作结束。累计维修加固城镇住房25650户、230.85万平方米，补助维修资金0.84亿元。是年末，县灾后恢复重建委员会派员检查验收，县政府拨付中央灾后恢复重建基金1.47亿元。

农村住房维修　5月14日，剑阁县“5·12”抗震救灾指挥部印发《关于加强村镇受损房屋震后重建工作的紧急通知》，制订《“5·12”震后村镇房屋损害鉴定技术标准》。6月4日，县规划和建设局派出干部及农房鉴定专业技术人员深入乡镇摸排农房受损情况，协助受灾群众排除安全隐患，对维修加固房屋提供技术指导。9月9日，县政府推进农房维修加固工作进程，印发《剑阁县“5·12”地震损坏农房维修加固工作方案》，确定维修加固对象指因地震及次生灾害造成房屋受损，但不构成危房，经维修加固后能够安全居住的农民住房。确定农村住房维修加固补助标准，即轻微损坏每户补助445元，中度破坏每户补助975元，严重破坏每户补助1253元（根据剑府发〔2008〕48号）。农房维修加固坚持受灾群众申请、群众评议、村组公示、乡镇审查，民政部门核准等审批程序，农房维修加固采取“一把手”负责制，一级抓一级，乡镇政府是辖区农房维修加固的工作主体和责任主体，县规划和建设局负责规划设计和技术指导，县民政部门负责质量验收，进度督查，信息反馈，县级各单位、部门协助挂联乡镇解决农房维修加固中的各项具体问题。

2008年10月，县抗震救灾指挥部深入剑门关镇剑雄村、汉阳镇天桥村、北庙乡孤玉村、城北镇民主村开展农房维修加固试点工作，针对房屋损失程度，或添瓦补漏、或换檩更杦、或排危除险。试点结束后，在全县全面展开。城建、国土资源、安检、扶贫开发等单位抽调技术力量开展农房安全鉴定，分门别类登记造册，归卷建卡，建立农房档案。县督查办、民政、财政、审计、监察等部门深入村组农户督查施工，兑现资金，通报进度。至年末，全县受损农房维修加固工作告竣，累计完成农房维修加固127254户、1577.17万平方米。2009年5月，经县政府派员检查验收合格。

第二节　城镇住房重建

2008年6月，县抗震救灾指挥部印发《关于震后危房鉴定和拆除有关问题的紧急通知》，组织县规划和建设局、安监局相关人员开展城镇住房安全鉴定和排危工作，城镇居民住房重建进入前期运作阶段。10月13日，城镇住房重建纳入县委、县政府工作日程，成立剑阁县城镇住房重建领导小组，县长、常务副县长分别任重建小组正副组长，负责城镇居民危房拆除及住房重建的技术指导、质量监管、资金划拨、建筑材料调控等。9月13日，县政府印发《关于“5·12”地震灾后城镇住房恢复重建工作实施意见》，加大城镇住房恢复重建力度，规定城镇住房重建对象指拥有自主产权住房毁损（即住房垮塌，严重破坏不可维修，因地质灾害不可避让），导致无房可住的城镇居民受灾家庭。提出城镇住房重建达到国家规定的地震设防标准，安全可靠、经济适用、功能齐全、设施配套、环境优美，实现“家家有房住”的要求。将城镇重建户分为最低收入户（基本没有收入来源的低保困难户）、低收入户（人均收入水平符合廉租住房保障条件的户）、一般收入户（人均收入介于低收入户和高收入户之间）、高收入户（2007年人均可支配收入为全县平均水平8131元的3倍或以上）4类和1人户、2人户、3人户、4人户、5人及以上户5档。补助标准以住房毁损家庭实际收入水平和家庭人口（2008年5月11日户籍人口）为依据。1人户分别补助2.7万元、2.4万元、2.1万元、0.5万元；2人户分别补助2.9万元、2.6万元、2.3万元、0.6万元；3人户分别补助3.1万元、2.8万元、2.6万元、0.8万元；4人户分别补助3.3万元、3.0万元、2.7万元、0.9万元；5人及以上户分别补助3.5万元、3.2万元、2.9万元、1.0万元。

2009年1月，城镇居民住房重建全面启动。县级单位、部门和各乡镇政府分别负责本系统、本辖区内城镇居民住房重建的组织实施。城镇居民住房重建坚持科学规划、分步实施、统一政策、分类指导、因地制宜、分级负责的原则。9月，省委组织部下达剑阁336户城镇低保家庭，其住房倒损恢复重建享受“特殊党费”补贴，其标准为户0.6万元/平方米。至年末，全县完成城镇居民住房重建501户，其中，原地重建325户，购买商品房176户。2010年1月起，严格城镇居民住房重建质量监督，毁损住房的所有权人无论原地或异地重建必须符合地质安全、生态环境、重建规划、抗震设防要求。集中建设的住宅区须进行地质适宜性评估。为加快重建进度，规定县城和普安镇城区内毁损住房的所有权人，凡原单位出售的房改房、或经济适用房、集资建房均引进房地产开发企业原址重建。因乡镇规划调整或地质灾害须避让，不能原址重建的住房，乡镇政府通过土地置换方式实施重建。至年末，全县完成城镇居民住房重建1398户。

2009—2010年，累计完成城镇居民住房重建1712户，其中购置商品房176户，共建住房15.41万平方米。

第三节　农村住房重建

2008年5月14日，县“5·12”抗震救灾指挥部印发《关于加强村镇受损房屋震后重建工作的紧急通知》，成立县房屋安全鉴定办公室，拟定《“5·12”震后村镇房屋损害鉴定技术标准》，组织建筑专业技术人员对县域农村居民住房损害程度进行安全鉴定评估。至6月末，确认全县农房重建户44178户。其中，房屋倒塌户23722户，受损严重20456户。7月11日，县抗震救灾指挥部组建剑阁县农村建设规划编制组，根据《国家汶川特大地震灾后恢复重建规划》，结合剑阁灾情实际，编制《剑阁县农村建设规划》。培训农村“五匠”人员3560人。设计单位设计制作农村永久性住房规划图纸20套、2600张。2008年12月15日，县政府根据广元市政府《关于“5·12”地震灾后农房重建工作的意见》，发出《关于进一步加强城乡居民灾后永久性住房建设管理工作的通知》，规定农村住房重建坚持属地管理原则，乡镇政府是灾后城乡居民永久性住房重建管理的责任主体。农房重建对象必须是因地震灾害造成房屋倒塌或严重破坏，或因地质灾害必须避让搬迁的受灾农户。农房重建补助标准以受灾户人口数量和农户经济状况为依据，分2类3档。补助标准为：一般户：1至3人户1.6万元，4至5人户1.9万元，6人及以上户2.2万元；困难户：1至3人户2万元，4至5人户2.3万元，6人及以上户2.6万元。

剑阁县农房重建首先在城北镇民主村试点，然后在下寺镇拐枣、剑门关镇剑雄、北庙乡孤玉、武连镇武侯、柳沟镇新民等10个村建集中居民点。农房建设质量按抗震规范（G1350011－2001）要求，7度设防。至年末，全县完成农房重建1985户。2009年1月，乡镇村层层建立“5·12”地震灾后农房重建领导小组，继续组织实施农村居民住房重建。农村居民住房重建遵循自力更生、统筹兼顾，政府组织、重点推进，受灾群众自建、社会支持，宜散则散、宜聚则聚，特色鲜明、功能完善的原则，达到经济适用、安全、省地目标。2月8日，县政府发文规定，为确保农房重建进度和质量，建设部门无偿为灾后重建户建房提供修建图集，城建、林业、国土等相关职能单位免收所有费用，同时允许重建户先修建后补办手续。若在居民点统一建房，其水、电、路、气等基础设施建设，国家给予50%的配套补助资金。灾后农房重建期，建筑材料实行特供政策，钢材、水泥由县统筹，市协调。沙石、砖瓦由乡镇统筹、县协调。特供生产企业优先保证特供计划完成，银行、交通、国土、安监、煤管、水电等为特供企业提供融资方便。2009 年 8 月，县委、县政府加速推进农村住房建设进度，支付“特殊党费”援助农房重建一般户和建卡贫困户 33763 户、农村低保户 2563 户，其每户补助标准分别为 0.3 万元、1.0 万元。2010 年 3 月，县“5·12”地震灾后重建委员会组织城建、国土、财政、质监等单位检查验收农村住房重建和组织实施异地重建户旧宅基地复耕，全力推进农房重建进程。至 8 月，农村永久性住房重建全面结束。受灾群众入住新居 9725 户，旧宅基地复耕 528 公顷。

2008 年 6 月 19 日，县委常委会议决定在北庙乡孤玉村、城北镇柳垭村、汉阳镇中心村、武连镇武五村、开封镇友爱村、毛坝乡元山村、柳沟镇长安村、上寺乡桅杆村、白龙镇石滩村、凉山乡盐井村建 10 个居民小区，集中安置“5·12”地震受灾及因地质灾害隐患需避让建房的受灾群众。6 月 20 日，县政府印发《关于加快农村灾后重建若干优惠政策的意见》，规定集中选址在居民小区建房的农户，免交所有规费，水、电、路、气等公共设施建设，国家按 50% 解决配套费用。7 月 15 日，县抗震救灾指挥部分解居民小区公共服务设施建设任务，确定县级四大班子领导挂点示范，县规划和建设局负责规划设计，辖区乡镇现场施工。小区公共设施建设坚持与主体工程同时设计，优先施工。项目建设中突出道路整治、管网铺设、雨污排泄等公益设施的建设。2009 年 10 月，居民小区主体工程建设竣工，累计房屋建筑 71434 平方米。2010 年 7 月，公共设施建设完成，共铺筑道路 5100 米，铺设管网 8100 米，建设园林绿化带 14260 平方米，安装专用变压器 3 座。项目总投资 5591.5 万元，其中国家拨付公共设施建设配套补助费 1250 万元。2010 年 12 月，居民小区建设全部完工，有 501 户居民入住新居。

2008 年 6 月至 2010 年 12 月，全县累计完成农房重建户 44178 户。其中，原址重建 20113 户，避让异地重建 24065 户，共建住房 464.1 万平方米。

“5·12”地震剑阁县城乡住房重建补助标准表

表 5－2

城镇住房重建（万元）						农村住房重建（万元）			
户型类别	1 人户	2 人户	3 人户	4 人户	5 人及以上户	户型类别	1 至 3 人户	4 至 5 人户	6 人及以上户
最低收入户	2.7	2.9	3.1	3.3	3.5	一般户	1.6	1.9	2.2
低收入户	2.4	2.6	2.8	3.0	3.2	困难户	2.0	2.3	2.6
一般收入户	2.1	2.3	2.6	2.7	2.9				
高收入户	0.5	0.6	0.8	0.9	1.0				

第四章　基础设施重建

第一节　交通运输设施重建

汶川特大地震使剑阁交通设施遭受严重破坏，毁坏公路、桥梁、隧道、客货站房。2008 年 6 月，县交通主管部门根据县抗震救灾指挥部《关于印发〈剑阁县“5・12”地震灾后重建规划编制工作实施方案〉的通知》《关于扎实做好灾后重建项目申报工作的通知》，组织专业人员编制申报交通灾后重建规划，积极向上争取交通建设项目资金。至 12 月，《剑阁县交通灾后重建规划方案》草成，拟定灾后重建主项目 2 个，概算投资 18.77 亿元。2009 年，县委、县政府建立剑阁县交通灾后重建领导小组，县委、县政府分管交通的副书记、副县长及黑龙江省援建前线指挥部副指挥长分别兼任正副组长。设置交通重点建设项目专门指挥机构，全力推进交通灾后恢复重建。是年 2 月起，县交通灾后重建项目按公路建设、桥涵、隧道建设、乡村道路建设梯次下达年度计划。交通项目坚持目标到岗、责任到人、分级管理、定期考核，建立月进度统计报告制度、项目运作程序督查制度、责任事故终身追究制度。至 2010 年末，全县累计实施交通灾后重建主项目总投资 9.99 亿元（公路建设 4.93 亿元，桥涵、隧道建设 1.98 亿元，客货运站码头建设 0.11 亿元，机耕道、便民道建设 2.97 亿元）。三年重建期，公路升级改造 182 千米，排除路障 1571 处，铺筑油路、水泥路 577 千米，新建桥梁 12 座，维修加固 6 座，隧道续修和维修加固各 1 座，整修农村道路 235.4 千米，铺油路 227 千米，修机耕道、便民道 450 千米。

公路　2008 年 8 月，升级改造省道 302 线剑阁段凉山乡厚子铺至元山镇出境印合嘴，全长 61 千米，县道剑南路剑阁段普安镇至吼狮乡马家崙，全长 62.9 千米，白鹤路白龙镇至鹤龄镇全长 27 千米，恢复重建柏垭乡至店子乡、元山镇张家垭至黑土坝、凉山乡场至甘水村等 7 条乡村断头路。公路建设以清除塌方、整治病害、加固路基、铺筑路面为内容。至年末，完成公路升级改造 88 千米，通乡油路、水泥路 182 千米。项目总投资 0.85 亿元。2009 年 1 月起，升级改造国道 108 线剑阁县城至普安城区 37 千米，投资 0.57 亿元，省道 302 线建设竣工，投资 2.21 亿元（长岭大桥投资除外）。维修整治剑苍路剑阁段普安镇至鹤龄镇石垭山，全长 54.3 千米；喻马路白龙镇至鹤龄镇段、广坪乡至开封镇段、碗泉乡至梓潼县马鸣乡段；竹下路下寺镇至青川县竹园镇；高江路高观乡至江口镇；剑金路普安镇至青川县金子山乡等 12 条，178 千米。是年，突出剑昭路（剑阁境内为元坝区大朝乡与剑门关镇高峰村交界处至剑门关镇志公村接国道 108 线）建设。剑昭路剑阁段全长 10.8 千米，总投资 0.5 亿元，工期一年，建成山岭重丘四级公路。至年末，全县累计维修和升级改造国、省道公路 75 千米，县乡道公路 363 千米。全年完成重建项目总投资 2.15 亿元。2010 年，继续推进项目建设进度，坚持专业队施工与群众突击结合，采取细化责任、量化指标、建立进度督查、质量问责、终身追究制等措施，是年10月，国、省道和县道剑苍路、剑金路、喻马路、剑昭路灾后恢复重建任务全部完成，并新开工整治塔山路、剑盐路、翠云廊改线工程和垂秀路、柳毛路、分锦路（分水岭至锦屏）等10条公路的油面铺筑。至年末，全县完成公路维修整治182.5千米，铺筑油面146.3千米，新建泥碎路115千米。全年累计投入灾后重建资金1.93亿元。

桥梁　柘坝大桥，位于西河中上游柘坝乡。“5·12”地震造成T梁开裂，2008年7月，地震灾害损失评估鉴定为危桥。12月，列入黑龙江省援建项目，更换T梁，恢复桥面铺筑，安装防撞护栏。2009年12月竣工，累计投资400万元。

文峰大桥为城市联网桥。“5·12”地震造成桥面毁损，局部裂缝，码头变形。12月，列入维修整治项目，加固码头，补修桥面，装饰护栏，总投资150万元。

桥边河桥系剑南路公路桥。“5·12”地震造成拱圈、侧梁变形。7月，地震灾害损失评估鉴定为危桥。2009年1月，列入黑龙江省援建项目，次月动工建修。建成长50米、宽8.5米新桥1座，项目总投资400万元。

西河中桥，位于西河上游东宝镇。2009年4月，列入黑龙江省援建项目。6月开工新建。桥长75米，宽7.2米，总投资250万元。

塔山大桥（城市联网桥），位于普安镇公园坝，跨闻溪河。2009年1月列入黑龙江省援建项目，6月动工修建。桥长110米，宽8.5米，总投资600万元。

长岭大桥，位于长岭乡场镇，跨升中湖，北枕长岭乡玉溪村，南依长岭乡红岩村。2009年8月动工修建，2010年12月完成大桥基础工程建设任务，项目总投资4500万元，完成投资2280万元。

龙江渡口大桥，位于下寺修城坝，跨清江河，总长597米（其中引桥315米）、宽19米。龙江沙溪大桥，位于下寺沙溪坝，跨清江河。总长528米（其中引桥291米）宽19米。两桥于2009年9月列入黑龙江省援建项目——龙江大道子项目。10月启动，项目总投资7000万元。

2010年1月始，剑门关景区桥梁建设列入灾后重建项目。投资恢复明代剑溪桥，新建志公寺景观桥，金牛峡人行石桥，剑门关集镇人行天桥。至2010年10月，累计投资1268万元，景区8座桥梁竣工。12月，经县地名办批准命名，景区桥梁自剑昭路连接G108线处起，沿大剑溪而上依次名为剑昭桥、志公桥、望关桥、诗仙桥、立关桥、过关桥、守关桥、金牛桥。

隧道　金子山隧道，位于姚家乡金子山境，全长1705米。2008年5月12日，汶川特大地震造成280米边墙开裂，拱圈横向断裂。10月，列入灾后恢复重建项目，重建边墙开裂部分，压浆处理拱部横向断裂。2009年10月竣工，总投资250万元。

剑门关隧道，位于剑门关隘口西侧，横穿剑山岩壁，总长1350米。2008年5月12日，汶川特大地震造成正在施工的剑门关隧道孔洞多处垮塌，初期支护开裂，工字钢变形，二衬横向裂缝。11月，列入灾后重建项目，继续施工，清理塌方，恢复初期支护及回填，拱部横向裂缝采取压浆处理。2009年3月6日工程竣工，总投资5000万元，其中黑龙江省援建资金2000万元。

运输网点建设　2009年1月始，县政府把建设农村客运站、农村小码头纳入灾后重建项目，重建公兴、鹤龄、剑门关、开封、木马、元山客运站，加固金仙、涂山、迎水、柘坝、武连客运站。维修改造长岭、柘坝、杨家坝等水运码头，筹备普安车站搬迁项目。至2010年12月，新建农村客运站3座、维修加固8座，新建农村小码头3处，普安至下寺公交车站22组、44个，项目总投资1120万元。

乡村道路建设 2008年6月，制订剑阁农村道路建设规划并分批下达中央资金和恢复重建任务。2009年1月，县政府为加快工程项目建设进度，采取群众负责路基开挖、国家承担路面铺筑等办法整修农村道路。至年末全县新建通组泥碎路151千米，农田作业道114千米，摊铺油路（砼混路）105千米。涂山乡9村79组，全年完成通村油路4条，17千米；江口镇完成长江村至新庄村、清明村至高堂村，春雷村至灌林村3条、27千米通村油路，成为广元市首批村村道路黑色化乡镇。2010年1月，农村机耕道、便民道建设列入灾后重建项目。项目突出实施普安剑坪、城北民主、凉山甘水、武连武五、开封鞍山、公兴大凉、白龙春风、鹤龄化林、汉阳壮山、下寺友于等99村机耕道、便民道建设。龙源镇将农村道路建设纳入镇、村、组干部目标考核内容。全年完成龙源场镇至登云、兴泉、普湾、宝泉、文笔、演正等村6条公路建设任务，铺油13千米，修泥碎路21公，建便民道97千米，机耕道27千米。至2010年12月，全县累计完成铺筑通村油路（含砼混路）122千米，修机耕道250千米，便民道201千米。

2008年至2010年累计实施农村道路建设项目总投资2.97亿元。其中，中央灾后重建资金包干数0.08亿元，黑龙江省对口援建资金0.06亿元，社团捐赠0.55亿元，项目单位自筹2.28亿元。

第二节　水利设施重建

2008年6月，县水利主管部门从查灾救灾转入灾后重建，组织编制申报水利灾后恢复重建规划方案，12月，批准下达水利灾后恢复重建项目。

水库除险加固 2008年7月，剑阁病险水库列为全国灾后重建专项规划。8月，灾损水库除险加固纳入灾后重建内容。项目建设坚持分批设计、分段下达计划，统一招投标，由中标单位专业队伍施工、项目主管和监理单位全程监督检查和统一验收。至12月，完成普安光荣、城北民主、柳沟光明等17座震损水库除险加固。2009年继续加大震损水库应急除险力度，将责任落实到各级政府，实行目标考核，全年整治水库178座。2010年1月，江石天堂、秀钟兴盛、长岭双桥等21座小（二）型震损水库列入四川省水利工程灾后重建项目规划，水库整治围绕“进度、质量、安全”的标准制定措施，谋划方案。至12月水库除险加固全部竣工，全县累计实施地震损毁水库除险加固和水库标准化建设221座。

剑阁县水利工程灾后重建重点工程建设项目为清江河壅水工程，杨家坝水库灾后重建和龙王潭水库除险加固。

清江河壅水工程灾后重建 清江河壅水工程位于下寺拐枣坝河段，锁清江河，集城市供水、防洪、景观、发电、郊区灌溉于一体。2009年9月，县政府就清江河水碾碥闸坝经2008年“5·12”地震袭击和2009年“7.16”特大洪水冲刷，基本丧失蓄水功能的情况向市政府呈送《关于恳请增补清江河壅水工程调减人饮工程规模的函》（剑府函〔2009〕92号），并启动项目的规划设计和申报程序。2010年4月，四川省水利厅批准立项，并印发《关于剑阁县清江河壅水工程灾后重建实施方案审查意见的函》。9月，县政府举行清江河壅水工程开工典礼。工程由四川省水利水电勘测设计院勘测设计，河南中原水利水电

工程集团有限公司负责施工修建，四川腾越建设监理有限公司承担工程监理。2010年12月，大坝基础工程竣工，完成投资5446.5万元。

杨家坝水库灾后重建　“5·12”地震致杨家坝水库溢洪道变形，大坝北端码头山体滑坡、灌溉渠系垮塌淤塞。2008年7月，列入国家应急除险项目，拨付资金200万元，完成溢洪道整治，大坝危岩体支撑，干渠整治，人饮工程恢复。2009年5月列入灾后重建项目，对大坝北端危岩体锚杆加固，取水隧洞裂缝灌浆，维修管理用房，至2010年8月，主体工程除险加固完工。9月，灌区灾后重建启动，实施人饮供水工程改造，升级整治库区枢纽工程，改善灌区环境。

龙王潭水库除险加固　2008年5月12日，汶川特大地震造成水库坝体裂缝，库区周围山体滑坡，严重影响水库周边及下游人民生命财产安全。2009年8月，批准列入灾后重建项目，投资疏散安置群众，排除险情。2010年2月，项目启动。除险加固工程包括大坝主体迎水面灌浆、喷锚、重力墩边坡人工削坡，喷锚挂网、坝肩帷幕灌浆、溢洪道加宽加长。

小微水利工程建设　2008年12月，小型水利列入灾后恢复重建项目，规划恢复灾区灌面3733公顷，新增蓄水25万立方米。2009年1月，采取干部统用、劳力统调、项目统施、资金统管、群众投劳、政府补助的办法，推进小微水利工程建设进度。在升钟水库淹没区长岭乡玉溪村、金仙镇西河村、涂山乡太和村、吼狮乡龙座村及柘坝、迎水等9乡镇39村实施小型水利建设。演圣镇人平集资200元，投劳100天，突出夏修冬修水利，新修山坪塘30口，建微水池151个。至年末，全县累计维修加固山坪塘941口，石河堰121道，微水池1514个，疏通排灌水渠21千米。2010年1月，在剑门关、汉阳、高观、江口、木马、普安等46个种烟乡镇实施烟水配套工程，整治山坪塘1880口，建微水池2038口，疏通排灌水渠12.1千米。7月，实施中央财政“小农水”项目，在下寺镇冠京村、剑门关镇桂花村、汉阳镇中心村等5乡镇41村升级改造山坪塘148口，建微水池145个，疏理排灌水系9条、21千米，建斗农渠487千米。10月，实施集雨节灌工程项目。店子乡修防渗水渠11千米，整治石河堰25道，建微水池250口。碗泉乡红层找水，打机井500眼。至年末，全县累计维修加固和新建山坪塘2660口，建微水池2770个。疏通水系，建排灌水渠、斗农渠、末级渠系工程642千米。

防洪河堤及山洪预警系统建设　2008年12月，县防洪抗旱指挥部，县水利主管部门编制出山洪预警、水资源监测、城市防洪河堤灾后重建规划。为保障城镇汛期安全，2009年1月，新建普安、下寺城市泄洪渠4300米，重建和维修加固清江河下寺镇拐枣坝段城市防洪河堤3300米。9月，白龙河公兴、白龙段场镇堤防工程动工。2010年3月，防洪预警、水资源监测系统建设项目启动。至年末，全县新建城镇防洪河堤5800米，城镇泄洪渠2600米，建雨量监测站60个（其中自动雨量监测站18个，人工雨量监测站42个），自动水位监测站5个。建水资源监测点20个，其中，社会取水点、取水户监测点14个，河道、水源地监测点各2个，水质监测、发电站监测点各1个。

2008年至2010年，共建城镇防洪河堤9100米，泄洪水渠6900米，共建雨量监测站、水位监测站、水资源监测站85个，购配各类监测设备250台（件、套）。

人饮工程建设　2008年9月，乡镇集镇供水，农村人口饮用水规划列入灾后重建项目。11月，启动实施黑龙江省对口援建项目和中央扩大内需农村饮水安全项目，恢复重建剑门关、白龙、木马、武连、东宝、香沉、毛坝、圈龙、秀钟、羊岭、西庙11个集镇自来水站。新建下寺冠京、硝厂、空木，上寺梳杆、猫儿等2乡镇5村农村居民集中供水站。2009年，采取国家投资，群众集资等办法加快人饮工程建设速度。7月，启动元山、开封、柳沟、龙源、王河、公兴、鹤龄、城北8个万人规模乡镇集中供水工程重建。11月，启动北庙、盐店、演圣、金仙、江口、姚家、义兴、江石、上寺等16个乡镇集中供水站灾后恢复改造项目。2010年，灾后重建突出农村分散供水工程和小集镇供水点建设，利用中央灾后重建基金和中央扩大内需农村饮水安全项目资金，在汉阳小剑、城北柳垭、元山时古、涂山厚子铺、羊岭石城、剑门关青树、普安鹤鸣等9个小集镇和剑门关志公、汉阳中心、下寺石瓮等3乡镇10村实施灾后重建农村饮用水安全工程。

2008年至2010年12月31日，全县累建城镇集中供水工程21座，乡集镇集中供水工程31座，中心村集中供水站9座，农村分散式供水工程2000余处。

第三节　电力设施重建

2008年8月，电力设施灾后重建工程项目启动。完成升钟水库淹没区农网改造，10千伏配电大修，新装变压器46台。迁龙江大道10千伏配电线路2500米，铺设电缆700米。2009年批准下达电力设施灾后重建项目3个。维修加固凉水沟、龙王潭、水碾碥、大吊岩、新店子等小型水力发电站8座。新建及改造10千伏线路5条、31.7千米，35千伏变电站8座及延伸线路233.3千米。配电控台区4400千伏A/59个。2010年，完成灾后重建电表改工程两批26组3911户。完成用电户电能计量设备设施恢复重建和供电设施完善配套。推广费控智能表6050户。

2008年至2010年12月31日，改造供电站8座，维修小型水力发电站8座，电路改造296.7千米，新装变压器51台。县城区电路改造，实现分区双电源供电。

第四节　市政公用设施重建

城镇道路建设　2008年9月，县政府将城镇道路建设纳入地震灾后恢复重建重要内容。投入资金469万元，支持下寺镇修建沙溪、大仓坝562米河堤路基，2135米道路建设，扶助普安镇完成城区破损道路、断头路改造和学街、外西街、河东街道路修复共2510米。投资120万元，新建横贯三江苗圃区至剑州中学进校干道297米。新辟老城区新民巷道路290米。各乡镇及单位、部门纷纷筹措资金修复集镇毁损道路。白龙镇整治临津路、鱼池街道路1100米；柳沟镇利用中央灾后重建资金包干数200万元，硬化街道1000米，铺设人行道地砖1500米，维修地震破损道路500米；鹤龄、开封改造老街，盐店、北庙、东宝等乡镇实施街道复修工程。至年末，全县累计恢复集镇道路215千米。2009年4月，黑龙江省援建的县城龙江大道工程项目开工。建设内容和规模为：龙江大道翠云路3900米，宽24米；龙江大道之江路2507

米，宽15米，高10米重力式墩河堤；两段均配套市政管网、路灯、绿化；龙江大道滨河路1948米，宽15米；大仓河堤1984米，宽15米，高10米重力式墩河堤。龙江大道连接桥沙溪大桥，长237米，宽19米，桥梁两端引道291米；渡口大桥282米，宽19米，桥梁两端引道315米。沿途均配套绿化景观工程。龙江大道工程实施共分三期、14个标段。至年末，龙江大道一期、3个标段建成投入使用。二期5个标段已完工4个。普安城区完成城北路、国道108线城区段道路改造，文峰大桥维修加固竣工，塔山大桥动工建修。开通城区5条公交线路，5对10辆公交车开始营运。乡镇集镇恢复重建进度加快，全年维修整治震毁街道26.1千米，新辟集镇道路9590米。元山镇开工建设千米长街；公兴镇升级改造剑南街、大桥街、卫星街、九龙街道路2850米；义兴乡硬化街道1300米；迎水乡将迎水河场镇段整体风貌打造成景观河。2010年4月30日，黑龙江省援建的县城龙江大道一、二期8个标段全面完工。清江河沙溪大桥、渡口大桥建成通车。大仓干道、沙溪河堤、沙溪小学、剑门关中学进出口通道建设进入收尾阶段。普安镇升级改造滨河路、烟街、南街、普安巷等3500余米。剑门关镇利用黑龙江省援建资金近亿元，打造古镇风貌，选用青石板铺筑街道1500米。金仙镇使用中央灾后重建资金包干数硬化交通路，采用石作工程，恢复古街原貌700米。至年末，全县累计整修城镇道路32.5千米。其中，下寺镇9500米，普安镇3500米，其余乡镇19500米。

2008年至2010年12月31日，累计路新城镇道建8590米，升级改造80.1千米。新建城镇联网桥3座，排危加固5座。

水电气配套设施建设　2008年，全县累计更换自来水管8500米，铺设天然气管网7500米。规范城镇电力管理和集约化经营，完善SG186系统，加速ERP系统建设进度。2009年，城镇水、电、气配套设施建设纳入各级政府和相关单位目标考核内容，实行现场督查，信息通报。下寺镇于9月新建剑门工业园区供水管网2500米，修复城镇供水、供气管网12千米。11月，普安镇全面完成城区供水管网的修复，配合杨家坝水库恢复重建，整治柳剑支渠，砼埋25.4千米PE人饮管至普安城区，缓减城区8万余人饮用水之急。2010年，突出城镇供气站、制水厂重建，更新设备，扩大规模，增加供给能力。更换城镇灾损变压器24台，新装专电21台，改电流计量手工抄表为抄表器录入。

2008年至2010年，恢复重建城镇供水管网36.4千米，天然气管网12千米，新建气门站4座，重建和新铺电缆线350皮长公里。

城镇环卫设施重建　2008年6月，编制上报《城镇体系恢复重建规划（环卫设施规划）》。12月，批准下达下寺镇、普安镇垃圾处理场、污水处理场等城镇环卫灾后重建项目。2009年，启动城镇环境卫生灾后重建项目，恢复重建下寺垃圾处理场，修复进场公路，升级改造消毒池、污水处理池。普安镇原垃圾处理场（普安镇风光村沙帽石）因地震灾害破坏，地基沉陷，设施损毁，丧失垃圾处理功能。5月，择址普安镇剑坪村六组新建，日处理垃圾100吨。9月，下寺、普安污水处理场开工建设。下寺城区污水处理场选址于下寺拐枣坝清江河段矮子桥，建设规模日处污水1.5万吨；普安城区污水处理场择址普安镇文峰大桥下，占地2.7公顷，建设规模日处理污水1.5万吨。12月，县政府制订《市政基础设施（环卫）灾后重建第一批项目实施方案》，规划元山、开封、白龙、公兴、剑门关、武连、鹤龄7个二级中心镇各建3座公厕；一般建制镇，每镇各建2座；其他乡场镇至少建1座公厕。垃圾收集房建设与公厕建设规划同步实施并两者合建。2010年，乡镇环卫设施建设项目启动，工程严格执行《市政基础设施》（环卫）

灾后恢复重建规划方案，坚持项目不变、规模不减、工期不后延。至是年10月，全县共建集镇公厕68座、3880平方米，垃圾处理场57座，垃圾收集房69座、2740平方米。至年末，普安垃圾处理场竣工，工程建设内容含场地硬化，车辆消毒池，污水处理池、进场公路建设等。垃圾处理采用全卫生填埋，建设库容64.5万立方米。普安、下寺污水处理场主体工程建设完工。

2008年至2010年12月31日，累计恢复重建垃圾处理场59座，公厕83座，污水处理场2座，添置垃圾箱160个，购环卫车54台，铺雨污排泄管网43.2千米。

公共绿化建设 2008年6月，县城建、林业部门编制申报城镇绿地恢复重建规划。9月，开展秋季植树造林活动，组织机关、学校、厂矿企业单位绿化、城镇绿化。要求城镇建设严格执行建设项目与绿化“三同时”（同时设计、同时实施、同时验收）制度，加速城镇绿化进程。11月，县城各单位开展“森林城市”创建活动，提出“城在林中、人在绿中”的城市建设目标。至年末，累计恢复绿地8.78万平方米，补种城市景观树9088株，景观绿化29万平方米。2009年，城镇绿化重点为普安镇，恢复绿地2.41万平方米，补植园林树种5006株。2010年，城镇绿化突出景点绿化，立体绿化和空间布局，最大限度增加城镇绿地。是年3月，县城实施世纪广场、龙江大道及各单位小岛景观绿化项目；剑门关镇突出集镇及剑门关景区绿化；元山、开封、白龙、公兴、剑门关、武连、鹤龄7个二级中心镇和盐店、汉阳、江口、柳沟等13个三级中心镇开展争创“园林式”集镇活动。全年改造绿地13.5万平方米，补植园林树木8.4万株。

第五节　农村环境与村（居）委活动场所建设

农村环境建设 2008年6月25日，根据《农村建设规划》要求，编制村政环境建设实施规划。12月，下达人居环境改善恢复重建项目。2009年1月，治理人居环境，在下寺镇拐枣、上寺乡猫儿、剑门关镇志公等22村清除废墟6.4万立方米，沿国道108线普安至下寺段改造民居2万户。8月，实施村政环境卫生项目，在柳沟镇长安村、汉阳镇中心村、城北镇民主村、普安镇鹤鸣村、下寺镇石瓮村、涂山乡苏维村（厚子铺）、羊岭镇桥河村（石城）等19个村人口聚居点建垃圾集运站19座，垃圾收集点31个。2010年3月，在城北镇柳垭村、剑门关镇青树村、武连镇武侯村、白龙镇青风村、公兴镇九龙村等56村建垃圾收集点64个。9月，将武连镇武侯、柳沟镇新民、店子乡大河等11个乡镇的36个“7·23”洪灾受损村列入全省第二轮村环境建设规划，恢复受损农田1007公顷。

村（居）委会活动场所建设 至2008年年末，全县318个村完成村集体用房维修加固3.16万平方米。2009年1月，场镇居委会办公用房建设列入灾后重建项目，先后维修加固龙源镇龙源寺、盐店镇红旗、姚家乡向阳等15个社区居委会活动场所3104平方米，添置设备765台（件）。新建白龙镇龙洞、鲁班，开封镇文庙，武连镇武侯，公兴镇大桥，江口镇闻江等10个社区居委会活动场地5100平方米，添置设备816台件。7月，四川省委组织部下达剑阁县“特殊党费”援建项目资金2.08亿元。9月，县委办印发《关于成立剑阁县抗震救灾“特殊党费”使用管理监督工作领导小组的通知》，确定村（居）委活动场所、城乡居民倒损住房重建、教育基础设施建设列入“特殊党费”援建内容。2010 年 6 月，确定村级活动场所建设由县委组织部规划，县民政局及辖区乡镇党委、政府负责实施。规定村级活动场所（含党员活动室，村务办公室、文化站等）面积达到 200 平方米至 300 平方米。各乡镇政府坚持文件精神不走样，规划设计方案不变样。采取领导定点，专人督阵，专业队施工，层层落实责任。至年末，全县升级改造村级活动场所 316 个，扩建村（居）委会集体用房 1.31 万平方米。新建普安镇剑坪、中坪，城北镇民主、剑公，柳沟镇新民、三清，柘坝乡银河、龙柏，金仙镇双河、大顺，下寺镇友于、冠京等 57 乡镇 226 个村级活动场所 67800 平方米。项目突出党员干部现代远程教育终端建设，村（居）委办公环境改善。建党员、干部远程教育终端点 307 个，添置设备 770 台（件）。

2008 年至 2010 年，新扩改建村（居）委会活动用房 12.07 万平方米，建党员干部远程教育终端点 367 个，更新设备 2351 台（件）。

第五章　公共服务设施重建

第一节　教育设施重建

2008年8月，县教育主管部门落实《剑阁县“5·12”地震灾后重建规划编制工作实施方案》，开展地震灾情损失评估，编制上报教育系统灾后恢复重建规划。规划编制以科学、实用、安全为原则，坚持以把灾后学校建成西部农村教育发展典范为目标，确定灾后重建项目。12月，批准下达黑龙江省对口援建剑阁职中、沙溪中学和元山、开封、剑门关、公兴等11所中学，毛坝、东宝、南禅寺等37所小学等教育项目。2009年1月，教育系统灾后重建项目全面启动，建立剑阁县教育灾后恢复重建领导小组，县委、县政府分管教育的副书记、副县长，黑龙江省援建前线指挥部副指挥长分别任正副组长。领导小组负责项目规划设计，立项招标，工程管理，资金保障，效能督察。项目建设创新机制，建立监管单位、项目业主、所在乡镇“三位一体”责任制，项目实施坚持一日一报告、一周一小结、半月一检查、一月一考核的“四个一”制度。6月，县教育主管部门强化项目督查，发出质量问题通知书10份，安全隐患警示单21份，签订施工安全合同书71份，印发《安全文明施工手册》，建立重大责任事故追究制。至年末，全县93个灾后重建项目，开工85个，竣工71个。剑阁中学实施灾后重建项目新建校舍6847平方米，维修加固校舍10626平方米，购置教学仪器、设备99258台（件、套），图书67500册。武连职中实施“特殊党费”援建教育基础设施建设项目，新建校舍6884平方米，维修加固校舍2140平方米，购图书35000册，教学设备、仪器15235台（件）。2010年灾后重建突出“提速推进、又好又快”的主基调，开展“告别板房”“百日会战”行动，采取特事特办、倒排工期、抓点包片等措施，抓紧工作日，淡化节假日，放弃双休日，加速灾后重建项目实施进度。至年末，全县灾后重建工程除亭子口水库淹没区的店子、闻溪、江口、张王4所学校外，竣工89所。累计新建校舍55.31万平方米，维修加固校舍19.78万平方米。新建的剑阁县职业中学位于下寺镇拐枣坝，工程于2009年9月开工，新建校舍51132平方米，购置仪器设备16589台（套、件），购图书11.55万册。

第二节　卫生 计划生育服务设施重建

医疗卫生设施　2008年5月30日，县医疗卫生主管部门制发《关于切实加强灾后重建项目申报工作的通知》，坚持“抓项目、攻重点、强管理、求突破”工作思路，积极争取项目，引进资金，增强灾后恢复重建后劲。至7月，先后通过对台办、省工商联、中国红十字总会的帮助，争取台胞、香港等地区捐建资金365万元，在公兴、鹤龄两所中心卫生院和杨村、田家、江石、广坪、抄手5所卫生院（所）实施灾后重建项目，新建医疗业务用房10300平方米。8月，根据《剑阁县“5·12”地震灾后重建规划编制实施方案》，编制《剑阁县卫生系统灾后恢复重建规划实施方案》。规划恢复重建医疗卫生单位业务用房15.09万平方米，生活用房1.2万平方米，排危改建、重建县直属卫生机构及乡镇卫生院65个，新建村卫生站530个。2008年9至10月，黑龙江省对口援建办先后下达县卫生系统第一批建设项目，包括县医院和元山、开封、武连、高池5家乡镇卫生院；第二批建设项目包括公兴、白龙、东宝、高观、汉阳、演圣、香沉、龙源、柳沟、北庙、剑门关、盐店等39个乡镇卫生院以及下寺镇渡口社区，普安镇剑坪、江石乡明镜、田家乡田庙、城北镇柳垭、姚家乡团结等100个社区、村卫生站。2008年11月，成立县卫生灾后恢复重建领导小组，县委、县政府分管卫生的副书记、副县长及黑龙江省援建前线指挥部副指挥长分别担任正副组长。县卫生主管部门建立相应机构，确保项目实施进度与质量。项目建设坚持“三早三抓”即：早启动、早开工、早实施；抓进度、抓质量、抓安全。2009年1月，根据县委、县政府《关于加快推进灾后恢复重建项目实施的意见》“三年项目，两年实施”的精神，县卫生系统加快项目实施进度，建立项目竞标和奖惩制度，规定凡投资20万元以上工程一律进行比选；凡投资200万元以上工程全部采取招投标。凡中标单位必须签订工程项目合同书，明确项目建设规模、质量要求、安全责任、竣工时间、奖惩办法。5月，县卫生重建领导小组聘请工程专业管理人员深入项目建设单位现场督导，强力推进灾后重建项目实施进度和质量，发现质量问题20处，安全隐患10处，发出限改通知书100份。全年重建、新建医疗业务用房4.81万平方米，购置医疗器械2505台（件）。村级卫生站建设投资1300万元，完成普安镇中坪、剑门关镇剑雄、汉阳镇中心等100个村级卫生站站房标准化建设。2010年，继续加快推进灾后重建项目实施进度，突出重点工程、重点项目及卫生机构标准化建设，注重医疗单位附属设施、配套设施建设和医疗环境改造。采取领导挂联，倒排工期，“白+黑”“5+2”（白天加黑夜，工作日加双休日）等措施，确保项目建设进度和质量。

剑阁县卫生重建重点工程——剑阁县医院医技楼，位于下寺镇三江村，占地3280平方米，项目按国家二级甲等综合医院设计。2008年9月4日开工，2010年10月竣工。总建筑面积6200平方米。剑阁县中医院县城业务综合楼位于下寺镇修城坝，占地3500平方米。2009年5月开工，次年10月竣工，建医疗用房9500平方米。剑阁县妇幼保健院县城业务综合楼位于下寺镇拐枣坝，占地2100平方米。2009年5月开工，2010年9月竣工。建医疗业务用房4200平方米。台胞捐建的公兴中心卫生院住院楼，香港世贸集团捐建的鹤龄中心卫生院住院楼，香港特区政府捐建的剑阁县残疾人康复中心等重点建设项目均在年内陆续完工。至年末，县卫生系统实施的灾后重建项目除亭子口水库淹没区的江口中心卫生院正在建修外，其余全部完工。

2008年至2010年12月31日，全县累计维修加固医疗业务用房5.50万平方米，重建新建9.59万平方米，购置设备3181台（件）。

计划生育设施　2008年6月15日，建立剑阁县人口和计划生育重建领导小组，编制上报计划生育灾后重建规划，维修加固受损房屋。12月，县计划生育服务站和公兴、白龙、武连、元山、汉阳等6个乡镇计划生育服务站列入黑龙江省援建项目，对震损房屋进行维修加固和升级改造。2009年1月起，县计划生育主管部门坚持“三年项目，两年实施”的决心不动摇，采取一个领导包一个项目，一个干部联络一个工程，人盯人，人跟人办法赶进度、卡质量，加快实施进度。全年维修加固业务用房11739平方米，购配置各类医疗器械242台（件）。2010年，落实责任制，强化目标意识；落实督办制，强化过程管理；落实奖惩制，强化考核机制。加快灾后重建项目实施进度。全新建县计生服务站业务用房2200平方米，恢复重建柳沟、武连、东宝等16个乡镇计生服务站业务用房1.6万平方米。

2008年至2010年12月31日，新建县、乡（镇）计生服务站36个、21800平方米，维修加固计生服务站21个、11739平方米。

第三节　文化体育设施重建

文化设施重建　2008年6月，县文化系统开展受损房屋排查登记，文物古迹灾损程度鉴定，全面启动灾后重建项目前期准备工作。8月，组织专业人员编制申报剑阁县文化产业灾后重建规划。至12月，县文化馆、图书馆及城北、普安、高观、武连等15个乡镇文化站累计维修加固业务用房6200平方米。2009年，县委、县政府突出公共文化服务设施建设，建立剑阁县文化产业灾后重建领导小组，分管文化的县委副书记、副县长、黑龙江省援建前线指挥部副指挥长分别任正副组长。规定公共文化活动场所要有多功能活动厅，公共阅报栏，书刊发行网点，图书（电子）阅览室，并配备电脑、空调、课桌椅，免费向群众开放。项目建设坚持突出重点，攻破难点，打造亮点。至12月，升级改造乡镇文化站42个，维修加固房屋2300平方米，重建3700平方米。2010年，继续强化公共文化设施建设，重建1000座规模的剧场1个，新建非物质文化遗产博物馆3000平方米，维修加固和升级改造剑阁文化活动中心、图书馆、文化馆、青少年活动中心、职工活动场所11950平方米。由政府统一采购配置业务专用设备1584台套，图书2.8万册。

2008年至2010年12月31日，全县共建乡镇综合文化站57个，农家书屋150个，公共阅报栏87个，累计维修加固与重建公共文化设施用房7.21万平方米。

文化遗产保护　2008年8月，聘请国家、省、市文物保护专业技术人员、专家、学者编制损毁文物修复规划设计方案。2009年1月，剑阁文化灾后重建重心转入文化遗产保护项目建设，先后实施觉苑寺文物与剑门蜀道遗址保护、鹤鸣山道教造像与钟鼓楼古建筑区修缮、剑阁白塔及馆藏文物修复、宗教活动场所建设等工程项目。县委、县政府把文物古迹保护项目列入灾后重建重点工程，建立鹤鸣山道教文化公园、觉苑寺文化旅游园、剑门蜀道文化旅游区灾后重建领导小组，县级四大班子主要领导定点抓文化产业灾后重建。项目运作坚持高水平规划，高强度投入，高质量建设，高品质开发。文物古迹修复坚持“修旧如旧”原则，恢复原貌。至2010年年末，维修加固房屋0.96万平方米，新建1.98万平方米，文化遗产本体保护7座（处）。

剑阁白塔　剑州白塔位于普安镇城东鹤鸣山，省级文物保护单位。“5·12”地震造成塔基裂缝，3至6层倾覆。2009年7月列入灾后重建项目。2010年1月13日开工修建，期年竣工。工程由四川省文物考古研究院设计，甘肃省中铁地质灾害防治技术有限公司施工，白塔建设采用现代文物保护新工艺，坚持“修旧如旧”原则，加固塔基，修复塔体，装饰塔身外貌。

鹤鸣山文化公园　鹤鸣山文化公园位于普安镇城东鹤鸣山。山中有唐代李商隐撰《重阳亭铭》碑；有宋代翻刻的唐代大书法家颜真卿书、元结撰文的《大唐中兴颂》摩崖石刻；有唐代摩崖道教造像群；有清代乾隆三十五年修建的六级八角白塔等，均为省级文物保护单位。“5·12”地震造成园区道路破坏，文物保护设施毁损。因山体滑坡，致使文物本体变形。2009 年 7 月，鹤鸣山公园列入灾后重建规划项目。10 月 26 日，成立鹤鸣山公园灾后重建工作领导小组，县政协主席，县委常委、宣传部长分别任领导小组正副组长，组织人员进行地质踏勘，规划设计，解决有关具体问题。累计征地 4.67 公顷，迁坟 72 座。2010 年 10 月，鹤鸣山公园开工修建。工程建设坚持周边建设服从文物保护总体规划，建设项目以道教文化和公益性休闲为主，坚持高标准、高起点、高规格、高品位、高质量，建设内容为游道、文化广场、道教文化长廊，普安镇文化站、文物保护工程，环境整治工程。项目由四川省文物考古研究院设计，四川广汇有限公司和青海广厦建设有限责任公司施工，剑阁县文化局承建。至年末，建设游道 2500 米。

钟鼓楼　位于普安镇城区中央，省级文物保护单位。“5·12”地震造成钟楼和箭楼木柱倾斜，屋脊变形，门窗损毁，房瓦脱落。2010 年 5 月，列入灾后重建维修加固项目，项目由四川省文物考古研究院设计，宜宾师来山文化产业有限公司施工。项目建设内容含排除险情，恢复钟鼓楼、箭楼原貌，加固南门城墙，保护镌刻于古城墙上的“中国共产党十大政纲”。当年完成排危除险、城墙加固、箭楼做脊、钟楼换檩、钟楼和箭楼延伸的四面古建筑群屋面处漏翻新。

觉苑寺　位于武连镇，剑门蜀道西部，国家级文物保护单位。“5·12”地震造成大雄宝殿及两侧厢房墙体开裂，主体结构局部移位，佛传壁画破损。2010 年 5 月列入灾后重建维修加固项目，次月动工。该工程由四川省文物考古研究院设计，宜宾师来山文化产业有限公司施工。项目建设分三期，当年完成天王殿、大雄宝殿、观音殿、东西配殿的维修加固。采用文物保护新技术、抢救殿内佛像、佛传壁画。2010 年 9 月 2 日，受国家文物局委托，四川省文物局在文物专家库抽取 3 名专家组成觉苑寺古建筑维修工程专家验收组，对觉苑寺古建筑维修工程进行检查和验收。经过综合评议，专家一致认为觉苑寺古建筑维修工程达到设计标准，同意通过验收。

2009 年 1 月始，宗教、祭祀活动场所纳入灾后重建内容。至 2010 年年末，先后完成志公寺、梁山寺、剑州文庙、鹤鸣山道观等宗教活动场所 11 处建设维修任务。

体育设施重建　2008 年 9 月 4 日，剑阁县产业重建前期工作组赴黑龙江考察学习，拟定龙剑合作产业援建项目时，将剑阁县体育中心纳入灾后重建重点项目。10 月，县体育局根据《关于印发汶川特大地震灾后公共体育设施恢复重建规定项目的通知》，进行体育设施项目的可行性研究和申报工作。2009 年 9 月，县发改委印发《关于对县体育中心建设项目可行性研究报告的批复》，批准立项，10 月 22 日动工。剑阁县体育中心位于县城大仓坝，由体育场、体育馆、全民健身中心组成，占地 3.73 公顷。工程项目由广元市向纬勘察研究院作地质勘察，重庆大学建筑设计院规划设计，华北建设集团有限公司、广安智丰建设有限公司现场施工，2010 年 10 月 24 日竣工。建体育馆 10500 平方米，健身中心 4836 平方米，购置体育设备 120 台（件、套）。

第四节　广播影视新闻媒体设施重建

广播电视　2008年6月，完成普木(普安至木马)、柳西(柳沟至西庙)线光纤联网和盐店镇五指、拱石“村村通”工程，秀钟、毛坝、下寺等13乡镇广播站排危除险。累计维修加固业务用房3300平方米，重建2800平方米。9月，编制申报广播电视灾后重建规划实施方案。2009年1月，成立剑阁县广播电视灾后重建领导小组，广播电视灾后重建工程项目全面启动。项目建设重点为广播电视台、乡镇广播电视站、“村村通”工程和无线数字电视设施设备的恢复与重建。项目实施坚持一个项目、一名领导、一套班子、一抓到底。全年恢复重建有线电视公共骨干网930千米，升级改造媒资系统、播出系统，声光学系统和监控系统；新建演播室、节目制作室、录音室；重建无线电视台、郑家山调频台机房。购置采编制播设备7878台（套），直播车1台，无线数字设备3400台（套），有线电视前端设备900台（套）。2010年，乡镇广播电视站设施设备建设、农村广播“村村通”列入灾后重建二期工程建设，项目实施以村为片、定向定点、整体推进。全年完成612个点、14182套直播卫星设备安装，恢复“村村通”207个。

2008年至2010年12月31日，恢复光缆349.8皮长公里，“村村通”工程297个，配置采编、音播设备1.22万台（套）。

新闻影视　2008年9月，规划电影灾后重建项目。2009年，电影灾后重建项目启动，重建下寺城区修城坝、新建普安城区电影院3650平方米；升级改造城北、剑门关、江口、白龙、公兴、柳沟、鹤龄、武连、开封、元山10个中心镇电影院，建筑面积4800平方米；恢复重建羊岭、张王、北庙、龙源等37个乡镇电影院，建筑面积4600平方米。2010年影视设备更新、新闻出版建设纳入灾后重建内容。全年维修加固新闻机构业务用房5700平方米，重建县级以下新华书店58个，印刷厂10户，农家书屋50个，爱心书屋30个，公共阅报栏87个。购置流动电影放映设备57套，数字电影放映设备12套，皮卡车4辆，三轮车18辆。至年末，新闻出版、电影系统灾后重建任务全部完成。

2008年至2010年12月31日，建新闻出版发行网点57个。维修加固及新建县、乡镇影剧院49座，添置设备91台（套、件）。

第五节　公共管理机构设施重建

党政机关设施重建　2008年6月12日，县委印发《关于震后危房鉴定和拆除有关问题的紧急通知》，县政府委托具有建筑工程设计丙级以上（含丙级）资质的设计单位对全县党、政、群机关办公用房进行地震影响鉴定，发出危房拆除通知书11份。9月，县、乡镇党政机关编制和申报单位灾后恢复重建规划。2009年1月始，党政机关单位基础设施重建全面启动。县政府根据单位房屋毁损程度，核定下拨中央灾后重建资金包干数。在项目实施过程中，各单位、部门始终坚持按设计图纸施工，狠抓主体工程修缮质量，重视设施配套和环境改造。至9月，全县党政群机关92户，维修加固办公用房70户、141137平方米。其中，县委机关8个7591平方米，县政府工作部门22个65764平方米，群团组织5个4591平方米。普安、龙源、柳沟、开封、王河、长岭、鹤龄、木马、下寺等35个乡镇63191平方米。

2010年4月，县委办印发《关于强力推进城区景区灾后重建项目和环境综合治理工作的紧急通知》，党政机关灾后重建重点转入环境改造、设备更新及附属工程建设。全年累计维修加固办公用房12021平方米；恢复重建田家、武连、剑门关、元山、公兴等22乡镇办公用房10540平方米，机关环境绿化2.9万平方米。更新设备6570台（件、套），其中采购电脑1196台，空调1012台，打印、复印机108台，添置办公桌椅3681套。

2010年，新建旅游局办公用房与剑门关旅游人才培训中心业务用房2000平方米。

2008年至2010年12月31日，党政群机关累计维修加固房屋15.32万平方米，新建1.3万平方米，设备更新7591台（件）。

政法系统设施重建　2008年9月，县政法委组织公安、检察、法院、司法机关专业人员编制申报政法系统灾后重建规划方案。12月，批准政法机关基础设施重建项目，2009年1月始，制订《政法机关灾后恢复重建工作实施方案》，成立灾后重建领导小组，采取领导定点、项目定人、进度定期、质量定级的“四定”责任制，整体推进灾后重建项目的实施进度与质量。至年末，政法系统维修加固办公用房43837平方米。其中，公安机关办公用房6900平方米，城北、柳沟、武连、开封、元山、普安等18个派出所20376平方米；检察机关办公用房1204平方米，办案及专业技术用房2049平方米；审判机关办公用房7958平方米，第一（普安）、第二（城北）、第三（开封）、第四（白龙）法庭1790平方米；司法机关办公用房2000平方米，下寺、元山、鹤龄、白龙、开封、武连等8个司法所1560平方米。2010年，加速森林公安局办案用房、武警中队营房、监狱管理房工程建设实施进度，突出基层法庭、司法所公用设施建设。项目建设严格工程运作程序，坚持安全第一、质量为本，对工程招投标、规划图纸、场地平整、主体建设、材料采购、设施安装实行全程跟踪监督。至年末，78个项目全面完工。重建义兴、木马、杨村、汉阳、香沉等31个派出所，面积14570平方米。重建北庙、盐店、凉山、秀中等49个司法所面积5591平方米。新建县森林公安局（含剑门林区派出所）902平方米；择址下寺镇窑沟村新建武警中队营房，看守所、拘留所管理房8647平方米；新建剑门关、元山、公兴、鹤岭、江口法庭3200平方米；柳沟、武连法庭通过产权转移购置2500平方米。

2008年至2010年12月31日，共计维修加固房屋4.39万平方米，恢复重建3.54万平方米，更新设备703台（件）。期间云南省公安厅、黑龙江省公安厅为剑阁县公安系统，捐赠警车26辆，警用摩托车10辆，刑侦设备21台（套），单警装备150套。灾后重建资金采购电脑194台，打印复印机34台，电视机24台，办公桌椅201套，空调61台，音响设备4套。建附属工程1574平方米，实施网络工程建设和水电配套工程。

事业单位设施重建　6月，组织编制和申报县级机关事业单位灾后恢复重建规划方案。2008年10月、2009年1月，县发改局两次行文批准下达机关事业单位恢复重项目。3月，采取倒排工期，竣工消号，加速灾后恢复重建项目实施进度。项目管理严格遵守工程运作程序，逗硬坚持跟踪问责。至2010年年末，累计维修加固业务用房42325平方米，配套附属工程2050平方米，栽植各类园林绿化树1041株，更新办公设备1421台（件），其中电脑261台，空调27台，办公桌椅807套，打印复印机16台。

城镇机关事业单位基础设施重建以“剑阁县公共服务中心”（剑门大厦）为重点。2009年6月10日，县委、县政府决定按照“整合项目、保障功能、资金包干、产权明晰、统规统建、共建共享”的原则，将准备分散重建的县档案局、县委党校、县发改局等20个县级部门项目由县国资局做业主，采取分别立项，集中打捆建设，取名为剑阁县公共服务中心（剑门大厦）。7月15日成立剑阁县公共服务中心重建指挥部，由县政府主要领导和分管领导分别担任正副指挥长。11月30日，剑阁县公共服务中心正式开工，2010年11月26日实现大楼主体封顶。

剑阁县公共服务中心位于下寺镇龙江大道北侧，项目主管单位为剑阁县国资局。由四川省商业建筑设计院有限公司规划设计，核工业西南建设集团有限公司施工，四川省城市建设工程监理有限公司作工程监理。项目用地1.34公顷，总建筑面积25677.98平方米。由裙楼和主楼组成，裙楼4层，主楼群地下1层，地上21层，建筑高程80.4米。结构类型为框架剪力墙，基础采用人工挖孔桩，结构抗震等级为一级，抗震设防7度。计划入驻政务中心、人民银行、档案局、发改局、团县委、县妇联、旅游局、总工会、县科协、统计局等20个单位。

2008年至2010年12月31日，事业单位共维修加固房屋5.1万平方米，新建房屋2.57万平方米，设备更新2767台（件）。

其他单位设施重建　“5·12”地震损坏目标办、接待办、应急办、惠民帮扶中心等21个单位业务用房13171平方米，损毁各类设备1176台（件）。2008年12月，批准上述单位基础设施建设列入灾后重建项目，改造业务用房，更新设备。至2009年年末，累计维修加固业务用房8150平方米，新建配套房2210平方米，添置各类设施设备1341台（件、套），其中电脑263台，空调231台，办公桌椅801套。

2010年1月，乡镇公职人员周转住房列入灾后重建项目，并抓紧实施。至年末，新建闻溪、北庙、义兴、东宝、开封、柘坝、剑门关、上寺等27个乡镇政府公职人员周转住房8100平方米，维修加固普安、城北、毛坝、国光、公兴、白龙等15个乡镇政府公职人员周转住房9000平方米。

第六节　社会公益事业设施重建

社会服务体系建设　2008年6月，县政府启动劳动就业、劳动保障、劳动维权与便民服务体系建设。先后投资82万元，维修加固和升级改造县就业和劳动保障服务用房4920平方米。添置设备320台（套）。2009年1月，批准县就业和劳动保障服务体系灾后重建项目，建设内容包括建立县就业和劳动保障服务中心，并延伸至乡镇设点。县劳动保障服务中心由劳动技能鉴定服务中心、劳动维权服务中心、劳动技能培训中心构成。劳动技能鉴定服务中心与劳动维权服务中心合建于剑门大厦内，劳动技能培训中心分建于北庙乡五星村二组。在全县57个乡镇各建一处劳动就业和社会保障服务、社会公共信息服务点。5月，为方便普安、城北两镇居民办理有关劳动事务，将原农业局办公大楼二楼240平方米并改造为普安便民服务大厅。10月，新建婚姻登记处57所。2010年3月，县就业和劳动保障体系建设项目竣工，建业务用房8000平方米，配套各类办公设备1556台（套）。在乡镇建就业和劳动保障服务网点57个，就业和社会公共信息服务网点57个，建业务用房7980平方米，配套各类设备2052台（件）。2010年6月，普安城区钟鼓楼、小玲珑、较场坝、卧龙，下寺城区沙溪坝、修城坝、雷鸣谷、渡口8个社区服务场地建设列入灾后重建项目。至年末，维修加固社区服务用房290平方米，新建社区服务用房2700平方米，添置各类设备1200台（套）。

社会救助体系建设　2008年6月，社会救助体系列入灾后重建项目，启动社会福利院（含儿童福利院）、救助管理站（含流浪未成年人救助中心）、敬老院、残疾人康复中心建设。至年末，累计维修加固剑门关、北庙、公兴、盐店等15个敬老院房屋14100平方米，剑门康复院房屋1850平方米。2009年9月，批准救助管理站、社会福利院，义兴、演圣、普安、柳沟、武连、木马、鹤龄7个敬老院，残疾人康复中心列入灾后重建项目。次月，社会救助体系建设项目全面启动，县残联，县民政局为项目第一责任单位。项目建设实行招投标制、监理制、单位法人代表负责制、质量责任终身追究制。2010年年末，项目建成。新建救助管理站（含流浪未成年救助中心）1560平方米，配套设备156台（件），其中救助车2台、救助床位56张。新建残疾人综合服务大楼1500平方米，配套设备80台（件）．新建木马、鹤龄，重建普安、柳沟、武连，维修加固演圣、义兴共8个敬老院的房屋18035平方米，配套各类设施700台（件）。

社会福利院位于下寺镇沙溪坝，建筑面积1050平方米，其中维修加固生活用房750平方米，升级改造管理房250平方米，添置床位、厨具、文化娱乐设施等121台（件）；康复院设剑门关镇高峰村，建筑面积4500平方米，其中维修加固生活用房2500平方米，升级改造医疗用房1700平方米，添置医疗设备15台（件）。

社会公共事业设施建设　2008年9月，社会公共事业列入灾后重建项目，排危加固殡仪馆房屋3600平方米，配购设备300台（件）。鹤鸣山公墓砌扎保坎，修复大门，添置设备100台（套）。2009年1月，批准下达军休所、老年活动中心、火葬场、烈士陵园等社会公共事业灾后重建项目。至2010年年末，累计实施项目57个，竣工项目56个。项目总投资5250万元，其中中央灾后重建资金包干数3017万元，地方财政553万元。

老年活动中心　恢复重建19所，其中下寺老年活动中心合建于剑门大厦，工程竣工获产权1000平方米。普安老年活动中心通过升级改造原县体育活动中心，经国有资产划拨取得，金仙、白龙、武连、北庙等乡镇老年活动中心通过排危除险、维修加固划拨闲置国有资产解决；江口、闻溪等亭子口水库淹没区乡镇老年活动中心在修建乡镇办公用户时同步重建，至2010年12月，全县累计维修加固老年活动中心用房25400平方米，重建3544平方米，添置健身器材、文体活动道具359台（件、套）。

革命烈士陵园　2008年9月始，原址重建鹤鸣山烈士陵园，增规模、建堡坎、保护围栏、墓园绿化，修复毁损墓碑、墓穴21座，面积13500平方米。2009年8月，县发改局批准立项新建元山、江

口、鹤龄革命烈士陵园，由县民政局统一规划设计、项目选址，所属乡镇负责实施，其建设内容突出环境保护、墓园绿化、墓碑、墓穴构建，至2010年10月，工程竣工。三个陵园建设规模分别达到1540平方米、1260平方米、1119平方米。

鹤鸣山公墓　占地1.37公顷，2007年年末有墓穴2128座。2008年9月，对地震损毁部分除险加固。2009年4月，列入灾后重建项目，拓展墓园，新建绿化面积5300平方米，砌扎台阶110米，扶正墓碑、墓穴67座，墓园面积扩至32100平方米。

剑阁殡仪馆　占地3660平方米。地震造成殡仪馆房屋地基沉陷，墙体开裂、设备设施损坏，护墙保坎垮塌。震后立即排除险情，清洁场地，添置设备，迅速恢复正常工作秩序。2008年9月，批准列入灾后重建项目，升级改造营业场所、悼念大厅、加固堡坎、维修遗体安放室和殡葬人员管理房、环境绿化、添置冷冻设备等。

第六章 剑门关景区建设

第一节 决策规划

决策 2008 年 12 月 8 日，县委、县政府召开剑门关景区开发建设动员大会。为化解剑门关景区长期以来有景无区，优势资源没有形成优势产业的困局，制订资源转化战略，从剑阁县是“5・12”地震重灾县和总体上的传统农业县两大基本县情出发，推进灾后重建，推进经济结构大转型，变总体上的传统农业县为旅游县、工业县、现代农业县，着眼发展抓重建。确定剑门关景区开发目标、主题和原则，明确主要任务。成立剑门关景区开发指挥部，县委书记冯安富任第一指挥长，县长田中文任指挥长，县委常委、常务副县长任常务副指挥长，县级部门和乡镇主要负责人为成员。设立办公室、规划技术组、工程建设组、拆迁安置组、景区绿化组、文化策划组、招商引资组、资金保障组、监督审计组、维稳安全组、作风保障组，各项工作分解到相关组（室）。2009 年 2 月 26 日，举行剑门关主景区项目开工仪式。景区开发突出“三国蜀道雄关”主题，挖掘和展示“三国文化”“蜀道文化”“关隘文化”“红军文化”等文化资源。2010 年 4 月 29 日，剑门关景区开发重建工程竣工，对外开放，并举办“中国蜀道．剑门关文化旅游节”。

规划 2008 年 11 月 7 日，召开剑门关景区灾后恢复重建规划评审会，原则上通过。11 月 24 日，县四大班子主要领导和县级相关部门主要负责人对剑门关关前区主游线、关楼片区、姜维祠片区现场调研；召开常委会，决定原实施的剑门关前主游道建设工程停工，按新线路重新制作规划方案；平襄侯祠、古镇停车场和红军纪念广场片区除平襄侯祠继续施工，其他工程停工，完善规划设计方案。剑门关景区开发建设指挥部抢抓灾后重建进度，深入实际，推进景区开发步伐，同时开发剑阁历史文化积淀，依靠专家把关，加紧规划设计，完成《剑门关旅游区总体规划》编制，2010 年 3 月 22 日在成都通过评审。总体规划目标是“保四争五”，即确保 2010 年建成国家 AAAA 级旅游景区，力争早日建成 AAAAA 级旅游景区。做好“一关一道一人”三个一工程。“一关”即剑门关关楼，“一道”即剑门关景区主游道，“一人”指姜维。完成规划、拆乱、关楼重建、道路建设、景点建设、配套设施建设等八大类工程，体现剑门关“雄”“难”“幽”“深”的文化内涵，按吃、住、行、游、购、娱多要素配套建设。

第二节 景点建设

剑门关景区建设是一项庞大的系统工程，涉及自然、文化、历史及大量群众工作。搬迁居民和经营商户84家、286人，拆除房屋总面积2.2万平方米。共组建项目部70多个，牵头负责单位24个，参与施工队80多个，施工人员3000余人。通过招商引资，吸引社会资金投资建设（改造）宾馆、餐厅等经营性配套设施，形成多元化投资建设格局。制定剑门关景区开发专项资金管理办法，统筹安排、专户管理、一支笔审批，实行财政评审、审计结算，监察、审计、物价等部门全程介入监督，大宗材料实行政府采购，人工费用实行政府指导最高限价。通过14个月的艰苦施工，2010年4月剑阁县全面完成剑门关景区开发重建任务并对外开放，创造了又好又快的“剑门关速度”，剑门关景区创建成为国家AAAA级旅游景区，荣获“国家自然与文化双遗产”“中国知名旅游目的地”“四川省文化产业示范基地”称号，剑门关关楼荣获“天府杯”金奖。2010年5月29日，广元市委、市政府授予剑阁县委、县政府灾后重建特殊贡献奖。

关楼 1935年修建川陕公路时，将建于明正德年间的关楼拆毁。1992年，重建关楼。2008年“5·12”汶川特大地震中关楼严重受损，次年拆除，在原明代关楼遗址方位恢复重建剑门关关楼。

2009年1月19日，省专家对重建关楼选址方案进行论证，原则上通过绵阳创艺设计院提出的初步方案，以1935年前关楼为历史依据，关楼飞檐三重，楼高19.34米、基座长18.16米、宽13.6米，主要由基础主体工程、青条石砌体和木结构组成，檐柱、角柱采用侧脚和生起等明代传统手法。坚持“修新如旧”的原则，展示雄关本色。9月18日，关楼重建工程开工。关楼基础采用压浆处理，对山体进行边坡处理，木材作防火、防虫、防腐处理，钢筋等送省检测检验中心鉴定。关楼工程共用条石340立方米，麻石1500立方米，木材317方，钢材220吨，水泥930吨，瓦3.8万匹。主体钢结构用工2000个，石工3600个，木工3500个，杂工12000个。建设工期205天，主体工程于2010年4月10日竣工。4月29日，举行剑门关景区灾后重建关楼落成暨2010中国蜀道·剑门关文化旅游节开幕式，并举行剑门关“中国知名旅游目的地”“四川省文化产业示范基地”，以及剑门蜀道风景名胜区“国家自然与文化双遗产”等授牌仪式，黑龙江省副省长于莎燕及市县领导出席。

栈道 金牛峡栈道、天梯峡栈道由冯安富、田中文等实地踏勘线路，现场办公，确定线路走向，先后考察朝天明月峡栈道、汉中褒斜栈道后，经反复研究论证，县规划和建设局组织完成线路测绘，县设计所制定建修方案。2009年5月22日，金牛峡栈道建设工程启动，县规划和建设局与重庆皇华建设（集团）有限公司的工程技术人员对线路定点放线，确定施工办法，严密把控绝壁悬崖上钻孔的深度、尺寸，不断改进工艺，提高工效、质量。栈道所用的钢筋、混凝土、模板、钢管、卡扣等材料及施工用水都由专人称重，人工背运，以量计酬。现场监理人员对民工进行技术培训，每天检查安全设施。10月27日，一条宽2米、长1206米的金牛峡栈道全线贯通。

2009年9月16日，天梯峡左右栈道开工建设，沿线山势险峻，多处为垂直悬崖，落差高达157

米，施工难度大。工人系着保险带从山顶滑到半山腰，手持风枪悬空作业，在坚硬的砾岩上钻350毫米深的孔，插入22毫米的螺纹钢，固定后焊接柱子、栏杆，钢管用绳子系着由山顶一根一根往下放。工地使用的所有材料全用民工背运。历经7个多月时间，2010年4月28日，天梯峡左右栈道的主体结构、木栏杆立柱、人行道木板的铺设安装全面竣工，建成全长760米，宽2米的两条栈道。

文化长廊　从游客接待中心至剑门关古镇是景区的主游道，在主游道修建若干人文景观，反映剑门关厚重历史文化。2008年12月8日，县委、县政府成立剑门关景区开发文化策划组，由贾小玲任组长，分管副县长任副组长。从志公寺游人中心到剑门关镇，沿途依次设置“诸葛亮北伐线路图”“蜀道难壁题”“细雨廊及浮雕”“剑门关地质博物馆”“五丁坪雕像”“李白杜甫雕像”“叹关台诗词走廊”，“剑阁”“剑门驿”“闻铃”3座牌坊，形成一条文化长廊，挖掘和展示“诗仙叹关”“五丁开关”“刘备过关”“孔明立关”“姜维守关”等历史文化积淀。国内著名雕塑家赵树同制作出刘备、诸葛亮、姜维以及五丁开关等泥稿，用花岗岩雕刻而成。由县委宣传部副部长、县社科联主席杨仕甫搜集的40余个与剑门关相关的战争事件和30余位到过剑门关的帝王、文人以及现代党和国家领导人、大师级的文化名人史料，提交文化策划组讨论，确定9个最具代表性的战争历史事件和10位过关名人。9个战争历史事件分别是“司马错败蜀王入关”“姜维守关震三国”“姚苌诈降巧夺关”“王建闭关谋帝业”“后唐军风云雄关”“王全斌剑门之战”“失险关李顺折翅”“三忠烈魂断剑门”，浮雕由赵树同教授创作。10位历史名人分别是霍峻、张飞、张载、李白、杜甫、李隆基、王安石、陆游、黄裳、徐向前，浮雕由叶毓山教授制作。

蜀道难题壁，细雨廊，叹关台诗词走廊，楹联、匾额四个项目由县文化局负责实施。2009年6月，指挥部决定在主游道入口将唐代诗人李白的《蜀道难》制作成大型花岗岩题壁，石壁用200吨9块红花岗石构成，高7米，宽9米，用青石板铺设约200平方米地面，2010年3月底，由何应辉创作完成。2009年7月底，细雨廊施工图审定通过。8月下旬，施工方购回俄罗斯落叶松木，聘请绵阳木工制作，陆游浮雕造像采用组装干挂的方式安装，用草书刻制完成《剑门道中遇微雨》。叹关台诗词文化走廊根据内容和地形，制作李白、杜甫雕像，精选李白、杜甫、李商隐、骆宾王、李隆基、王安石、果亲王、郭沫若等人名作19篇镌刻于红花岗石上，修青石板道路200平方米，青石板广场1000平方米。

平襄侯祠　2007年6月，启动平襄侯祠项目。在剑门关原钵盂寺旧址上建平襄侯祠，将姜维墓迁至祠堂之后，建设姜维祠544平方米、金兰殿95平方米，抗7度地震设防。仿汉代建筑装饰，配套姜维墓、姜维广场、管理用房、厕所、游山道等子项目。工期6个月，总投资941万元。2008年7月工程开工建设。2008年11月，冯安富对正在建设中的平襄侯祠工程作出调整，在主殿和厢房配备“姜维坐像、孔明授书、归附蜀汉、表奏固关、倚险坚守、离关勤主、诈降钟会、完节尽忠”等8组铸铜雕塑，由成都盛国雕塑艺术工程有限公司设计、制作、安装。姜维墓为8米见方切四角的造型，占地面积63平方米，寓意姜维终年63岁。在墓前设神道，两旁安放石兽、汉阙。按照民间传统风俗，动迁历史人物的坟墓，要有家乡的水土、五谷。2009年9月，到姜维故乡—甘肃省天水市甘谷县取回所需之物，举行装葬封墓仪式。授略堂、平襄侯祠、姜维墓依次安排在同一中轴线上。根据姜维与母亲“当归、远志”的故事，农业局从省外购回远志种，栽植在姜维墓上。

古炮台　古炮购置和古炮台建设项目由县人武部负责。10月到福建省泉州市订购古炮，12月购回两门高 1.5 米，长 2.1 米，炮筒内径 6 厘米，外径 18 厘米仿古移动式双轮小钢炮。炮身有三层套箍，有炮耳、门眼、炮尾、炮架和电子点火系统，炮重 700 千克。2010 年 3 月中旬，剑门关景区古炮台工程竣工，通过验收。4 月中旬顺利安装调试。剑门关自古为兵家必争之地，曾发生过无数战争，县委、县政府决定在古炮台景点 50 米处的一片空地修建射箭场，用青石板铺设长 20 米，宽 10 米地面。

高空滑索 2009 年 4 月 20 日，县委、县政府启动高空滑索项目。索道架设在天梯峡，峡谷高达 60 米，横向距离 150 米。由北京起重运输机械研究所承建，承担滑索设计、地勘、测绘、采购等项工作。11 月 6 日，滑索基础建设开工，浇铸混凝土基础，增加地面垫层。2010 年 1 月，附属工程开工。建成两条滑索，一条由姜维城方至梁山亭方，索长 157 米，一条由梁山亭方至姜维城方，索长 152 米。其中姜维城方设两个站点，一个为起点，一个为终点，两点之间落差为 16 米；梁山亭站点设一个站点，为来去的终点和起点。滑索项目总投资 0.35 亿元。4 月 25 日，省质检局特种设备质检中心一行到现场检测。8 月 8 日，工程竣工。县质安站、施工、设计、监理、建设单位对工程验收试运行。

红军攻克剑门关纪念馆 红军血战剑门关遗址是全国爱国主义教育基地和红色旅游经典景区。2008 年 6 月 30 日,剑门关红军纪念碑建设项目开工,委托四川省美术学院龙德辉教授设计制作徐向前、王树声等雕塑。纪念碑为八方九台四面梯步,八方浮雕基座,碑体为四面红色立柱体,寓意红四方面军,碑高 19.35 米,座高 4.2 米,寓意 1935 年 4 月 2 日红军攻克剑门关。四面基座上镌刻剑阁籍红军英名录，八方基座以汉白玉浮雕反映红军在剑阁的重大事件，即：剑门关大捷、强渡嘉陵江、浴血火烧寺、血战剑门关、剑门女红军、剑阁会议、军民鱼水情、苏维埃政权，基座正面是一组红军战士青铜浮雕。

红军攻克剑门关纪念馆项目由贾小玲负责，县文化局为业主单位具体实施。2009 年 11 月 1 日，工程开工。纪念馆主题为红军攻克剑门关，纪念馆分多媒体室、大厅、展厅三部分，展示红四方面军血战剑门关的战斗史实。12 月 22 日，举行红军攻克剑门关纪念碑揭碑及纪念馆开馆仪式，省军区、市委、市政府有关领导应邀出席，王树声将军之女王永红和健在的剑阁老红军参加。

第三节 景区道路建设

剑门关隧道 2006 年，县委、县政府决定修建剑门关隧道。当年 12 月 10 日开工。“5·12”地震后，剑门关隧道工程停工。震后三个月，黑龙江省对口援助剑阁县，隧道建设复工。剑门关隧道工程路线全长 1350 米，其中隧道长 1145 米，采用二级公路标准，设计时速 40 千米/小时，混凝土路面。工程由中铁二十四局承建，上海华申工程建设监理咨询有限公司监理。2009 年 3 月 6 日，剑门关隧道正式竣工通车。

剑昭公路 2009 年 1 月 1 日，广元市剑门关蜀道旅游年会在昭化召开，罗强指出要尽快打通剑门关到昭化的通道。县委、县政府成立剑昭公路建设指挥部，由陈勇任指挥长，县交通局局长任副指挥长。1 月 12 日，县委、县政府召开剑昭公路建设协调会。公路招投标，沿线房屋拆迁、征地、林木、青苗补偿同时进行。黑龙江省把剑昭公路建设列入援建项目。16 日，剑昭公路开工建设。剑昭公路剑阁段10.8千米。沿途山高峰险，所过之处裁岩6处，放炮2.7万眼，挪动土石方7.5万立方米。在高峰村六组陡岩子挖方高17米，填方深20米。全线挖石方90375立方米，土方48124立方米，修建挡土墙5380立方米，涵洞41道，40米两孔石拱桥1座。安装示警桩400根，护栏索3400米，警示牌29块，指示牌9块。工期恰逢气候闷热潮湿的夏季，雨水多，降雨70多天，雨量达450毫米，造成山体滑坡，多处已建成的路段被山洪冲毁，近万立方米的沙砾损失殆尽。在最后的一个月，工人每天工作16小时以上，有人4天时间连续作业96小时。工地用工建立台账，全线日均用工200人，最大用工300多人，累计用工3万余人。2010年9月30日，剑昭公路全线通车。10月1日举行通车典礼。

桥梁　游客接待中心至“剑阁”牌坊段新建8座石拱桥。2009年2月8日，8座石拱桥项目启动。从游客接待中心入口至剑门关镇，依次有剑昭桥、志公桥、望关桥、诗仙桥、立关桥、过关桥、守关桥、金牛桥。八座桥共13孔，总长196米，投资600万元。石料一律为青色，石料要求“清安”，即前口不允许露砂浆，内部要求结实。该用钢筋混凝土的要用足。2009年12月，八座石拱桥建设全面完成。

2009年2月12日，县发改局批准子规、五丁、雷鸣3座索桥立项。子规桥长36米，宽2.1米；五丁桥长40米，宽2.1米；雷鸣桥长60米，宽2.1米。2月25日，召开景区开发指挥部成员会议，初步评审3座索桥的设计方案。3月19日，县财政投资评审中心核定3座索桥工程标的。4月8日正式开工建设。景区地形复杂，山高坡陡，沙石、水泥、钢材等材料都采取人拉、马驮方式。暴雨季节，洪水导致成型基坑多次进水垮塌。施工单位克服重重困难，加快进度。8月31日，完成子规桥、五丁桥桥墩浇筑工作，进入安装阶段。10月30日，雷鸣桥主体工程完工。2010年2月27日，3座索桥竣工，通过验收。

2009年5月，县城乡规划建筑设计所完成剑门天桥施工图设计，采用前后子母双汉阙方案，钢结构梁，设计和建设费用120余万元。6月22日，工程启动。在桩基础下挖至8米多时，遇流沙层，出现垮孔，护壁混凝土下沉，影响井下工人安全。采用钻孔注浆施工方案，提升基础强度。为使整个建筑的石质和颜色一致，采用抄手的石料，汉阙墙面由异形石组成，按麻面风格制作。2010年4月25日，完成剑门天桥建设。

游山道　剑门关主游道建设工程项目从游客中心过剑门关楼至剑门关镇，主游线走向与历史上的金牛道基本一致。2009年2月26日至5月1日，完成路面铺设。4处小木桥每个宽1.8米，使用本地柏圆木铺成，两边设置栏杆，基础和挑梁用钢筋混凝土浇铸。主游道工程于2009年12月20日竣工。

2009年5月11日，设计建设滚木坡上关楼的步游道，路面铺石板，条石砌梯步，梯步踏面长2.2米，宽0.4米，高0.15米。5月28日，滚木坡步游道开工建设，借鉴古驿道拦马墙的做法，用麻石垒砌，选用大石头，使砌体坚固平稳。不动景区内的石头，保持自然生态。2009年12月15日，滚木坡步游道竣工。

关楼至剑门关镇剑阁天桥的道路原为108国道，打通剑门关隧道后，车辆不再经过此路段，景区开发建设指挥部将旧公路改造为青石板步游道。2009年9月28日，该项目开工建设，分3个作业组同时铺设石板，两个作业组开挖整理路沿两边绿化带。步游道总面积达5611平方米，机动车行道1140平方米，机动车道两侧各2.5米绿化带。2010年3月25日工程竣工，验收认定为优质工程。

2009年2月8日，启动金牛道改线工程。县委、县政府成立金牛道改线工程建设指挥部，由副县长邓益平任指挥长，县交通局组织实施。该改线工程处于“5·12”地震重大地质灾害路段，全线以风化泥质页岩为主，土质差、地基软、膨胀土，时常出现塌方。开工后所建工程3次被毁，3度重建。加之车流量大，经常堵车，改线建设工程只能半幅施工，逐段推进。改线工程完成路基、滑坡体土石方开挖26832多立方米，三灰路面铺筑，2009年9月30日工程竣工。

第四节　配套设施建设

游客中心工程由生态停车场建设、游客中心广场打造、游客中心风貌改造、室内装饰装修4个项目组成。2009年2月26日工程启动，完成剑溪桥与108国道之间民房拆迁、1200平方米土地的征用。

游客接待中心　剑门关游客中心，仿汉古建风格，建筑面积1500平方米。2009年6月11日签订施工同合进场施工，合同价95.7万元。风貌改造工程于2009年12月30日完工。游客中心在主体工程完工后进行室内装修，室内装修面积1500平方米。2009年10月8日，施工单位进场施工。2010年1月28日，项目竣工验收。游客中心广场雕刻诸葛亮北伐线路图，占地面积217.6平方米，铺装石板2132.7平方米，石梯步13.78立方米，青绿石4.18立方米，风包石挡土墙29.5立方米。游客中心广场分为上下两个广场，下层为大广场，七级梯步；上层为小广场，五级梯步，呈倒梯形结构。2009年10月3日，竣工验收。广场管理用房面积34平方米，全木结构，蜀汉风格，建成景观灯、消防、监控、收发和排水系统。绿化面积2900平方米。

停车场　停车场项目由县政协副主席何孝明牵头，县财政局为业主负责组织实施。2009年6月14日开工建设。采用无梁柱板立交互通双层式结构，楼面现浇混凝土面积2700平方米。建成256个车位的停车场。施工面临很多困难，天上有电线，地下有情况不明的电缆，搬迁姜维衣冠冢，要经省级有关部门批准。县财政局支付2300元，解决农民的青苗补偿。工作人员在汉阳镇7个村找石料，从县内外找到6名石工，每天上工50多人，620方混凝土从广元运来。浇注任务提前48小时完成。对停车场的内外部进行仿石仿木装饰，并在内部及周边配以青石板加仿木纹花槽。

仙云客栈　仙云客栈项目，总建筑面积1800平方米。2009年8月5日，项目开工建设。购买900立方米直径38厘米以上的俄罗斯优质落叶松，体现汉代风格的瓦脊及镌刻仙云人家字样的檐口在陕西法门寺烧制。房屋四周及天井阶沿石、梯步石长500米，5个石院坝面积1000平方米。2010年4月10日，完成门窗装修、实木地板铺设。4月25日仙云客栈挂匾营业。

八卦乐园　八卦乐园项目由贾小玲牵头，团县委负责实施。2010年2月10日开工建设。儿童游乐项目定名为八卦乐园，仿八卦阵图布局，以密植的竹子隔成通道形成迷宫，将秋千、树筒滑梯、攀爬网、攀爬坡、五彩沙地、梅花桩、华容道拼图、独木桥、跷跷板、翻墙障碍等娱乐项目融入其中。该项目属于剑门关4D影院附属工程，占地面积1000平方米。4月25日，八卦乐园工程完工，对外开放。

景区绿化　2008年12月3日，勘察设计组8名工程技术人员进行景区绿化及生态植被修复工程勘察设计，编制《剑门关景区绿化方案》（初稿），成立以县政协副主席李伯伟任组长，林业局局长何建明为副组长的景区绿化及生态植被修复工程工作组，工程技术人员18人分成规划设计、绿化苗木采购、绿化用地及现场问题调处等6个工作小组。移栽树木，要求大树土球直径2.5米以上，厚度1.5米以上。景区绿化从苗木采购、运输、检疫、栽植、管护等各道程序均有专人负责。依据剑门关的山体、景点、河流栽植各类树木80余万株，草10余万千克，荆竹34.29万株，栽植火棘、刺梨、蔷薇苗木31.7万株，麦冬草1.1万平方米。

引水工程　2009年12月，启动景区水景观工程，将天梯峡四季不断的清澈流水引经桂花园、梅花园、4D电影院、仙云客栈、叹关台至五丁坪，作为五丁坪水车的动力。该项目由县委政法委书记侯宏牵头，县水务局负责实施。建设拦水低坝一座，铺设管道1270米，建蓄水池1口，明渠150米，输水木槽40余米。2010年4月7日，水景观工程竣工。

污水治理　2008年4月，剑溪河污水治理工程开工建设。广元市第一建筑有限公司中标排水管网老街区C标段，广安力磊市政建设有限公司中标排水管网新街区D标段，广安力磊市政建设有限公司中标污水处理站B标段。2009年9月30日，剑门关污水处理站（一期）工程竣工，配套设施建设完成，污水处理站调试运行，采用“水解酸化+生物接触氧化+过滤+紫外线消毒”处理工艺，水质符合国家一级A标排放标准。2009年8月27日，二期工程项目由广元市第二建筑有限公司中标。9月3日开工建设，12月30日完工。原污水处理站规模小，处理能力低，不能满足剑门关镇和剑门关景区治污要求。县委、县政府另行选址建设处理能力为每天2000吨的污水处理厂。

第七章　产业设施恢复

第一节　农业产业设施恢复

种植业　地震发生后，县委、县政府迅速组织受灾群众恢复生产。农业部门调集种子、农药、化肥，抽调技术人员深入乡镇村组指导农民抢种抢收、生产自救。6月1日始，农业产业重建规划组根据灾后重建工作要求，组织专业队伍编制上报《剑阁县“5·12”地震灾后恢复重建规划（农业部份）》。2009年1月，实施食用菌棚、蔬菜大棚、小蚕共育室、省力化养蚕大棚建设和恢复受损农田等项目。在白龙镇三湾、寨门，公兴镇新生、九龙，汉阳镇新场、云丰、天桥等村先行试点示范。在白龙镇为敖志坚等28户建小蚕共育室5021平方米；在公兴灵芝寺、九龙包等8处新建钢架结构蔬菜大棚60160平方米；在汉阳镇云丰、中心、新场等8村砌扎田地埂，疏通排灌渠，建设田间作业道，挖蓄水池，培修农村沼气池等。5月，实施复垦毁损耕地项目，内容包括耕地整理、复垦，弃荒地种草，坡地调型，废弃宅基地复耕等，在金仙、王河、演圣、碑垭、圈龙、广坪、汉阳等12个乡镇实施。11月，扩大灾后重建规划实施范围，农业生产大棚建设、良繁体系建设、良种场恢复重建、农村沼气建设列入重建规划。继续加大耕地保护力度，先后在木马镇松木、田家乡响水、公兴镇九龙等21村和香沉、王河、锦屏、金仙、汉阳、公店等13乡镇建设高产稳产基本农田，采取坡耕地调型做梯，挖沉沙凼，建截洪渠等提高土壤保墒能力。至年末，累计治理坡耕地10000公顷，复垦弃耕地753公顷。2010年1月3日，启动57个乡镇农业服务体系、农业技术推广中心、农村沼气及良种繁育基地建设。项目严格按照建设内容、质量标准、技术规程施工，派专人专职现场施工。共建沼气池1700个，良种繁殖基地4处，250公顷。5月，进一步加大耕地整理垦复、农业基础设施、灾损农田修复、农业综合开发力度。农业基础设施项目重点为食用菌棚、蔬菜大棚、小蚕共育房的维修和新建；灾损农田恢复、田地埂加固，排灌沟渠衬砌，田间作业道、蓄水池建设。农业综合开发突出荒草坪开发、旱地坡改梯、废弃宅基地复耕。全面开展山、水、田、林、路综合治理。至年末，整治灾损农田2100公顷，建农业生产大棚21.5万平方米，恢复重建农业技术综合服务站、农产品质量检测用房1500平方米，建乡镇农技服务站业务用房2.1万平方米，购监测检测设备122台（件）。

2008年至2010年12月31日，共建农业生产大棚72万平方米，整理复垦灾毁农田3287公顷，建沼气池11280口、良种繁殖基地200公顷。突出生产力布局调整，在东宝、武连、白龙、禾丰、鹤龄、杨村、柘坝、元山、长岭等乡镇建优质水稻基地1333公顷、饲料玉米基地1333公顷，优质油菜基地667公顷、蚕桑基地400公顷。修复排灌水渠12.8千米、农田作业道321千米、建蓄水池130口，改善农业生产条件。完善农业服务体系，恢复重建农业技术推广中心、农业产品质量检测中心、农业有害生物预警与控制区域站各1座，乡镇农技服务站57个，共恢复重建和新修业务用房15.6万平方米。

养殖业　2008年5月15日，紧急调运消毒药品37吨，对全县大型养猪场圈舍及环境采取消杀措施。组织畜牧技术人员深入乡镇，落实防控措施，宣传防疫知识，处理地震死亡禽畜，注射各类疫苗298.1万只（头）。6月15日，县畜牧主管部门组织专业技术人员编制上报《剑阁县"5·12"地震灾后畜牧养殖恢复重建规划》。2009年1月，畜牧养殖基础设施、畜牧技术推广服务体系建设项目启动。在汉阳中心村、普安剑坪村、白龙青锋村先行试点，建洋二元杂交母猪圈舍、肉牛隔离防疫设施1.51万平方米。全县畜牧养殖基础设施建设重点为畜禽圈舍恢复重建。农户自建为主，国家适当补助。畜牧技术推广服务体系建设突出基层畜牧兽医站站房建设和设备更新。6月，县畜牧兽医技术推广中心纳入灾后重建重点工程建设。至年末，完成禽畜圈舍升级改造与重建53.57万平方米。维修加固13个、重建44个乡镇畜牧兽医站业务用房16400平方米。2010年采取倒排工期、挂牌消号，强力推进畜牧良繁体系、畜牧小区、草场建设进度。在下寺镇建县畜牧兽医技术推广中心1200平方米；建鹤龄、盐店、柳沟、公兴、元山5个二杂母猪扩繁场，建圈舍12500平方米；采购产床168组，限位栏258套，保育栏60组；采购祖代母猪600头、祖代种公猪18头；建成公兴现代畜牧示范园区和城北镇民主村、上寺乡三房村、木马镇威灵、华峰、前坪等8村生猪、土鸡、肉羊养殖小区10个。至12月，全县累计重建畜牧小区25个，发展畜禽养殖专业大户491户，建圈舍14000平方米，添置设备514台（套），采购种猪种牛1021头。

至2010年12月31日，灾后重建共改造新建畜禽圈舍56.71万平方米，建现代化畜牧小区25个，畜禽良种繁殖场5座，畜牧技术推广业务用房1.76万平方米。

渔业　2008年6月20日，县水利主管部门编制上报《剑阁县"5·12"地震灾后水产养殖恢复重建规划》，规划全县新建水产苗种场2座，修复渔业池塘400公顷，重建53.3公顷。7月，转入灾后重建，购30吨级渔政船1艘，给受灾水产养殖户直补良种鱼苗24.5吨，水体消毒610.38万平方米。2009年1月，强力推进渔业灾后重建项目实施进度，突出灾损工程恢复、渔业生产条件改善和水产养殖专业大户的扶持。至年末，全县维修加固渔业管理房（渔业技术推广站）12个、720平方米，培修鱼池20.5公顷，建水产养殖基地4处，13.5公顷，发展水产养殖大户25户。2010年，渔业灾后重建纳入各级政府目标管理和政绩考核内容，渔业发展坚持特色养殖和健康生态养殖。至12月，重建渔业池塘33.2公顷，恢复养鱼水面400公顷。扶持升中水库、杨家坝水库、唐家坪（普安）、团结（姚家）、云顶（柏垭）、群英（香沉）、龙洞（白龙）等水库渔场设备更新。全年投放水花鱼苗1.2亿尾，添置设备121件（套）。年末，全县水产品总量1.05万吨，渔业养殖面积2363.8公顷。

至2010年12月31日，全县恢复重建渔业池塘53.7公顷，恢复养鱼水面400公顷，建大鲵养殖基地13.3公顷。

林业　2008年6月，林业工程技术人员编制申报《剑阁县"5·12"地震灾后林业恢复重建规划》。至年末，累计维修加固乡镇林业站办公用房、国营苗圃业务用房、护林防火专业队营房3.01万平方米。组织社会造林，恢复下寺至汉阳一线林草植被1320公顷。全年完成投资1.28亿元。2009年2月，开展督查督办，强化目标管理，推进灾后重建项目实施进度。森林植被修复项目突出剑门关景区森林植被恢复，鹤鸣山、翠云廊景点绿化，下寺、城北、毛坝等7乡镇林业产业园区绿化。森林保护项目重点为古柏保护、森林病虫防治体系、护林防火体系建设。6月，落实广元市政府共建森林城市目标，完成城区绿化。绿化乡镇街道。至年末，累计恢复森林植被1800公顷，其中人工植苗造林1200公顷，重建护林防火瞭望塔4座、防火物资储备库460平方米，补充森林病虫防治药械121件（套），恢复重建森林病虫防治监测样地10个。2010年，进一步加大剑门关景区森林植被恢复和古柏保护力度。实施砌石垒土和白蚁防治工程保护古柏；景区植被恢复一律采用大苗（幼树）移栽。3月，启动林木种苗基地建设、翠云廊古柏自然保护区管理用房建设、森林公安局办公场地建设项目。合并实施灾后重建项目与林业重点工程建设项目，规划统一编制，资金打捆安排。至年末，累建塑料育苗大棚2000平方米，修林区公路131千米。种苗基地标准化建设8.1公顷，古柏砌石垒土1137株，重建和新建护林站、古柏自然保护区、森林公安局管理用房3190平方米。

至2010年12月31日，灾后重建共恢复森林植被5301公顷，新建、重建和维修修加固业务用房3.42万平方米，建种苗基地188公顷。

农机　2008年5月13日起，县委、县政府采取发放农机补贴资金、调控农用柴油价格、降低农机作业收费标准等措施，弥补地震灾害损失。至6月3日，全县发放农机购买补贴资金296万元，组织420台收割机协助灾区收割小麦5280公顷，组织插秧机250台、提灌设备84台（件），帮助灾区插秧207公顷。7月，编制申报《“5·12”地震灾后农机恢复重建规划》。重新开办拖拉机、农用车驾驶员培训班，为地震灾区输送合格机手。11月始，实施灾损农机推广站、农机校房屋、农机车棚维修加固工程。至年末，累计维修加固农机生产业务性用房2200平方米。

2009年3月17日，县农机主管部门成立县农机灾后重建项目工作领导小组，负责农机灾后重建项目的现场施工、工程管理、竣工验收，效益评估。4月8日，电力提灌站灾后重建项目启动。工程内容为公兴镇九龙、新生，金仙镇双河、柏垭、井峰、西河，长岭乡玉溪、金象、红岩，王河镇南华、新电，国光乡五爱等5乡镇13村55组的27座电灌站，维修加固泵房、架设管线，维修更新进出水池和提水设备。10月，现代农业园区节水灌溉灾后重建项目在汉阳镇中心村，锦屏乡白水村，杨村镇三合村开工。在项目区配套农田节水灌溉设施设备，铺筑机耕道，修建机电提灌站。2010年，按照“三年项目、两年实施”要求，强化监督检查，严格目标考核，加速推进农机服务体系、农机基础设施灾后恢复重建项目实施进度。3月，完成剑阁县电力提灌站灾后重建任务，恢复重建电力提灌站27座，总装机容量1353千瓦。5月，现代农业园区节水灌溉灾后重建工程竣工，新建电灌站2座，装机容量70千瓦，节水灌溉面积4公顷，机耕道3.6千米。项目总投资130万元。9月，公兴镇大桥社区、城北镇新华村、吼狮乡人马垭村等24乡镇34村41座电力提灌站恢复重建项目开工，年底竣工，项目总投资1092万元，装机容量2141千瓦。

至2010年12月31日，灾后重建累计新建电灌站2座，恢复重建电灌站69座，建设灌溉面积30.1公顷的节水设施，建机耕道3.6千米（未包括交通局统一安排实施的机耕道）。

第二节　工业产业设施恢复

工业园区建设　8月，剑阁县产业重建工作组赴黑龙江省进行龙剑两地经济合作考察，决定在剑门工业园区建设的基础上共建龙剑产业合作园，把园区建成具有市场竞争力的重要工业基地。确定园区建设突出工业基础设施重建和环境治理，搭建投资创业平台，变给工业"输血"为"造血"的思路。9月，编制上报剑门工业园区重建规划。建设内容为剑门工业园、普安工业园基础设施建设，标准化厂房一、二、三、四期工程项目和园区道路、管网一、二期工程。规划建标准化厂房10万平方米，园区道路6000米，配套泄洪排污管网12千米。启动普安工业园区灾损道路改造与水电维修；剑门工业园土地征收，场地平整。2009年1月，县政府将园区建设纳入灾后重建重点工程，建立机构，布局功能区，撤除障碍物，平整场地。3月，启动园区道路、污水处理、清江河堤建设，加快园区建设速度；县供电局、川投水务公司入园铺设供电主网、自来水主管道。至年末，累计完成投资0.71亿元，建园区道路6000米，架设电力、自来水管网12千米，园区建设规模达到0.6平方千米。2010年，灾后重建以延伸园区项目产业链为重点，突出第三、四期标准化厂房、二期河堤建设，加快整修厂房、加固河堤、安装自来水、配套电力设施、硬化道路、绿化等工程的进度。至年末，累计完成投资1.10亿元，建设标准化厂房6.6万平方米，园区市政道路及配套管网建设5180米。

2008年至2010年12月31日，共建园区标准化厂房8万平方米，铺筑道路8500米，安装水电管网12.1千米，铺设雨污排泄管道5100米，修筑河堤1100米，实施绿化工程1.51万平方米。园区建设规模达到1.18平方千米。

至2010年末，新力电池有限公司、柏吉木业、四川震宇电力设备有限公司等21家企业入驻剑门工业园区，其中规模以上工业企业10家。

工业生产恢复　地震发生后，县委、县政府主要领导亲临四川星王巾被有限公司、广元友福化工有限公司、剑阁县银海水泥有限公司等企业查看灾情，组织力量对剑阁县食品加工厂水塔排危爆破。2008年5月21日，县委、县政府号召"一手抓抢险救灾、一手抓生产自救"，变灾害为机遇，变重建为发展。扶助企业排除险情、加固厂房、更新设备、配套水电、改造道路。盘活闲置土地资产5万平方米。10月，编制申报《剑阁县工业灾后恢复重建规划》。工业重建以技术集成、产业聚集为主线，以企业为主体、园区为载体，项目为支撑。充分发挥煤炭、石英砂矿、膨润土、林木、禽畜等资源优势，加速采掘业、化工、农产品、低碳产业发展。至年末，县域177户受灾工业企业全部恢复生产。累计维修加固生产用房5.70万平方米，添置设备1516件套。

2009年1月，第一批灾后恢复重建中央资金下达，启动剑门关中药饮片厂、剑阁县林源香料公司、剑阁县石英砂有限公司、剑阁县汇丰食品有限公司、四川星王巾被有限公司、剑阁县东山米业有限公司等16家企业灾后重建项目，要求分别达到年加工1万吨中药材、年产2000吨柏木油系列产品、年产10万吨石英砂、年分割60万头生猪、年生产2000万张毛巾、年加工5万吨精制大米的能力。5

月，新五房沟、青林沟等5座小煤窑改造及生产恢复项目开工，同时加速推进剑门木业、剑阁县雄关机械制造公司、剑门火腿有限公司等21家企业技术改造与产品更新换代。11月，剑阁县被四川省政府批准为全省第四批小型企业创业基地。至年末，累计恢复重建厂房6.56万平方米，更新设备898台（套）。全年实现工业产值32.98亿元，增长40.3%。

2010年为灾后重建“三年任务，两年基本完成”的决胜之年。剑阁工业灾后重建围绕资源和禀赋优势，扩大经济总量和加工企业数量、规模为目标，优化资源配置和工业布局，异地重建年产60万吨水泥粉磨站、年产6万吨膨润土深加工厂、年产3万吨剑门关矿泉水公司和剑阁县嘉欣包装有限公司等9户企业。7月15日，省政府办公厅印发《关于汶川特大地震灾后重建规划项目实施再评估的紧急通知》，剑阁县灾后重建委员会调整《剑阁县灾后重建实施规划》，将投入到工业企业的中央灾后重建资金包干数，改直接发放到企业为企业融资担保，对企业恢复重建或技术改造贷款承担贷款担保与贴息补助。使企业由被动式接受恢复重建向主动性发展生产转变。至年末，累计技改企业13户，重建新建工业企业10户。

2008年至2010年12月31日，累计原址恢复重建企业16户，异地新建企业10户，技改企业34户，规范治理小煤窑5座。维修加固厂房5.70万平方米，添置设备3986台（套）。2010年全年实现工业总产值46.62亿元，增长41.4%。

第三节　其他产业设施恢复

商贸服务业　地震发生后，县经济贸易局、工商行政管理局、县个协等单位即速组织专门力量赶赴下寺、普安、剑门、白龙等13个大型集贸市场查看灾情，排除险情，采取措施尽快恢复市场正常运营。10月，编制申报《剑阁县商贸企业灾后恢复重建规划》。12月18日，第一批灾后重建中央资金下达，用于完善乡镇商业功能区，恢复重建农村商业网点，加快城区零售商业发展，先后投资恢复下寺供销社红升超市、白龙供销社飞龙超市、鹤龄供销社凤凰超市，剑阁县日杂公司日用品超市、剑阁县兴农公司农资超市。采取国家补助和项目单位自筹方式，重建剑阁县远东超市、大唐门超市。至2009年3月，累计恢复重建商品营销专卖店、连锁店、超市475家，维修加固营业用房5.15万平方米，重建3.21万平方米。2009年4月，县政府组织供销、经济贸易、工商行政、食品药品监督等单位下基层，督察第二批灾后重建中央基金项目实施进度与质量，加快灾后重建进度。剑阁县商贸重建突出市场体系建设，恢复重建柳沟、下寺、元山、公兴、鹤龄、江口农贸市场，升级改造剑门关、普安、武连、白龙小商品批发市场。加快废旧物品回收市场、农资供销市场及“万村千乡”农家店工程实施进度，投资兴建物流配送中心、重要商品储备库与屠宰加工厂。至年末，全县建成综合市场、屠宰场、“万村千乡”市场206家。共建营业生产用房5.78万平方米。2010年突出宾馆旅舍、石油加油站、餐饮娱乐场所建设。投资新扩建剑阁县修城坝美食城、剑门关酒店、剑阁宾馆、剑阁汇丰食品公司冷库、剑阁邮物配送中心，三江口（普安）、修城坝加油站等。全年建成1000吨冷库1座，餐饮娱乐、宾馆等营业用房1.33万平方米。

2008年至2010年12月31日，通过恢复重建，全县农贸市场营业用房面积增加3%，营业环境条件得到改善，达到四川省农贸市场建设标准。剑阁宾馆、剑门关酒店由震前的二星级升格为三星级，接待能力提高20%。重点乡镇生猪屠宰行业均达到国家B级标准。其中新建的日用品配送中心占地0.47公顷，建成标准化仓库4000平方米。

粮食流通业　地震发生后，县粮食主管部门争取省财政灾后应急资金290万元，维修仓容和仓储排险。10月，县产业重建组编制申报《剑阁粮食流通业灾后恢复重建规划》。2009年1月，启动粮油业灾后重建。项目建设坚持招投标，严格按图纸规划设计施工。先后维修加固元山、鹤龄、武连，重建开封、公兴、白龙、下寺、剑门关共8个粮油收储站。至10月，累计维修加固4.52万平方米，仓罐容3.8万吨。重建仓储1.19万平方米，仓罐容2.73万吨。2009年11月始，粮食系统实施国家粮库建设项目，维修仓容3.1万吨，仓储1.68万平方米。新建仓容1万吨，仓储1500平方米。升级改造城关粮油收储站，重建仓容1万吨，仓储2100平方米。采购安装监测设备15件（台）。2010年7月15日，优化调整《剑阁县灾后恢复重建实施规划》，粮食销售网点、军供，应急供应网点纳入灾后重建内容，择址剑门工业园区新建年产6万吨面粉厂生产线。至年末，共建粮供网点7个，维修加固营业用房1500平方米，采购各类检测设备75台（件）。

2008年至2010年12月31日，维修加固仓罐容7.9万吨，仓储6.35万平方米；重建仓罐容4.73万吨，仓储1.55万平方米。

金融保险业　地震发生后，银行主管部门多次召开行长办公会、行务会、金融机构联席会制订抗震救灾方案，派出工作人员下基层查看灾情，安抚受灾群众，组织开展家园重建。至年末，累计维修加固办公及业务用房7100平方米，添置各类设备73台（件）。2009年1月，批准下达金融保险机构灾后恢复重建项目。项目建设内容为金融机构办公场地、营业网点建设，保险业务灾损房屋修复，工作环境改善。2009年2月，金融保险灾后恢复重建工作全面启动。

中国邮政储蓄银行剑阁支行、人保财险剑阁支公司投资维修加固营业部；中国人民银行剑阁支行、农业发展银行剑阁县支行投资兴建办公大楼；中国农业银行剑阁支行、剑阁县农村信用联社分别投资升级改造营业所及乡镇信用社。至2010年末，保险机构维修加固办公营业用房450平方米，新建950平方米。采购各类办公设备107台（件），金融机构维修加固办公及营业用房3.01万平方米，新建3.53万平方米，添置办公设备404件（套），监控设施21台。

能源　能源行业灾后重建包括凉水沟电站、翠云湖小水电等8座电厂，青林沟、桅杆煤矿等3座小型煤炭生产企业及三江口等5座加油站。中央灾后重建资金包干数不具体安排到企业，主要用于电路改造，其余纳入县中小企业融资平台管理，实行恢复重建融资贴息或贷款担保模式，鼓励企业自主恢复重建。各能源企业采取自筹资金或申请银行贷款等方式，于2009年6月30日前全部完成灾后重建任务。

第六篇　黑龙江援建

2008年6月13日，中央工作会议确定黑龙江省对口支援四川省剑阁县。黑龙江省委、省政府遵照中央统一部署，立即派出工作组赴剑，调查了解剑阁灾区县情、灾情，组织援建机构，决心举全省之力支援灾区抗震救灾，灾后重建倾其财力、物力、人力和智力。决定自2008年起，连续三年，每年对口支援灾区的实物工作量不低于省、市上年度地方财政收入的1%。支援灾区首年突出抢险救灾，坚持“以人为本，民生至上，救灾救急”的原则。至年末，投入灾区支教、支医和房屋排危除险人员达404人；帮助剑阁处理突发事件19起，侦破刑事、治安案件146件；开展诊疗服务21374人次，排除危房险情56.7万平方米。2009年1月，黑龙江省制定《关于切实做好对口支援四川省剑阁县灾后重建工作实施意见》，提出灾后重建以科学发展观为指针，以国务院《汶川特大地震灾后恢复重建总体规划》《剑阁县灾后恢复重建实施规划》为依据，以项目为载体，坚持一切从实际出发，“硬件与软件”相结合，“输血与造血”结合，“当前与长远”相结合，突出受灾群众住房、公共服务设施、基础设施重建与旅游产业开发。黑龙江省安排援建剑阁灾后重建资金15.5亿元，其中，规划建设的146个项目援建资金12.18亿元，黑龙江省党员特殊党费用于剑阁灾后重建的2.20亿元，黑龙江省各援建队伍工作经费支出0.28亿元，援建预留金0.84亿元。

经双方2010年9月25日确认，黑龙江党员特殊党费用于剑阁灾后重建的部分已由中央组织部下达并拨付到县，由县级有关部门负责项目实施；已发生并支付的前线指挥部工作经费及到剑阁的各援建队伍（支医、支教、支警、危房鉴定、农房重建指导、财政评审）的工作经费0.28亿元（指挥部工作经费以最终审计金额为准，结余资金划转县财政局）；规划建设的146个项目援建资金12.18亿元和援建预留资金0.84亿元，已支出9.62亿元，还有援建项目尾款2.65亿元和预留尾款0.75亿元未支付。

鉴于黑龙江省采取的是“交支票+全过程参与和监督+全方位援助”的援建模式，虽然146个援建项目已完成并交付使用，但由于项目的援建资金是按工程进度拨付的（每个项目只拨付中标价85%的工程款），而当时大部分项目的竣工审计、竣工决算还没有完成，项目的变更审查也在进行中，很多援建项目的尾款还没有拨付。因此，双方共同意见是将未拨付的援建项目尾款和预留尾款3.40亿统一划拨到县财政局的专户，由县财政局按国家有关规定和双方约定，待援建项目的竣工审计决算后，将尾款拨付到项目建设单位；项目变更的调整款，按县重建委意见，将变更拨款到项目建设单位，结余的援建资金，继续用于黑龙江省援建项目的完善设施和黑龙江省与剑阁县三个长期合作协议在实施过程中的资金保障。

第一章　决策与组织

第一节　援建决策

中央援建决策　2008年5月12日，四川汶川发生特大地震。5月26日，党中央、国务院根据地震灾害造成的严重破坏和重大损失，作出关于对口援建的决定，举全国之力推进灾后恢复重建。6月11日，国务院办公厅为确保灾后恢复重建工作有力有序进行，印发《汶川特大地震灾后恢复重建对口支援方案》，明确灾后恢复重建对口支援的基本原则为“坚持一方有难、八方支援、自力更生、艰苦奋斗”。要求承担对口支援任务的省（市）要全心为灾区倾其财力、人力、物力和智力；要求受援地区树立地方为主的思想，充分发挥干部群众的积极性，互帮互助、苦干实干、生产自救、重建家园。确定对口支援的期限和投资比例，国务院规定对口支援的期限为三年，各支援省（市）每年对口支援的实物工作量不得低于本省市上年度地方财政收入的1%。在国家的支持下，集各方之力，基本实现灾后恢复重建规划的目标。决定支援、受援两方责任主体，根据支援方经济实力和受援方地震灾害损失情况，兼顾安置受灾群众已形成的对口援建格局，国务院决定东部、中部广东、江苏、山东等19个省（市）为对口援建支援方；根据国家地震局提供的地震烈度区划和省（市）上报的受援方地震灾害破坏程度，国务院确定北川县、汶川县、青川县等四川省辖的18个县（市）及甘肃、陕西省受灾严重地区为受援方。依“5·12”地震烈度区划与地震灾害毁损程度，剑阁列入四川18个重灾县。6月13日中央工作会议确定黑龙江省对口支援四川省剑阁县。

中央决策对口援建方式坚持“软件”和“硬件”结合、“输血”和“造血”结合、当前和长远结合，最大限度调动人力、物力、财力、智力等多种力量，优先解决灾区群众基本生活条件。中央锁定对口援建单位任务为协助编制灾后恢复重建规划，工程建设方案；提供专家咨询，机械设备，器材工具、建筑材料等支持；选派师资、科技、医务、警务人员为灾区助教、就诊、排危除险，培训人才、劳务输出、农业科技服务；负责建设修复城乡住房；负责建设修复学校、医院、广播电视、文化体育、社会福利等公共服务设施；负责建设修复城乡道路、市政供水、供气、污水和垃圾处理场、水利、电力等基础设施；按照市场化运作方式，恢复和发展灾区工业、农业、商贸流通企业。基层政权建设不列入对口援建范围，其恢复重建任务由中央和地方财政安排资金解决。支援方承担对口援建双方协商的其他内容。

黑龙江省对口援建决策　2008年6月13日中央工作会议确定黑龙江省对口支援剑阁后，黑龙江省委、省政府立即派出人员赶赴剑阁灾区考察，掌握第一手资料。召开省委常委会、省政府办公会议，专题研究对口援建决策，于7月2日、10月31日分别印发《关于加强黑龙江省支援四川省剑阁县灾后恢复重建工作意见》《关于黑龙江省对口支援四川省剑阁县灾后恢复重建项目管理办法》。两文件确立黑龙江省对口援建的总体思路为坚持以科学发展观为指导，以国务院《汶川特大地震灾后恢复重建总体规划》和《剑阁县灾后恢复重建实施规划》（以下简称重建规划）为依据，充分尊重受援方意愿，采取“政府主导、依靠当地、面向市场”的援建方式，调动全省力量支持援建；科学规划、周密组织、精心实施，重点帮助恢复重建灾区群众的基本生活条件和公共服务设施，合理援建恢复生产发展项目，让受灾群众满意，确保灾区稳定；帮助剑阁县重建美好家园，扶持受灾群众建永久性住房，结合抗灾实际和当地发展的长远规划，建设现代、实用的学校、医院、敬老院。确定黑龙江省对口援建的基本原则，援建工作突出“办快、办实、办好”，做到“务实、求实、做实”。坚持在当地的统一领导下开展援建工作的原则，服从当地党委、政府的领导，按照受援方的总体安排部署，开展援建工作；坚持统一规划的原则，所有援建项目一律在国家、四川省、广元市、剑阁县的灾后恢复重建规划指导下实施；坚持协商协调原则，充分发挥黑龙江省援建队伍的作用，加强与受援方沟通，密切配合，共同做好援建工作；坚持节约、适用安全原则，一切从实际出发，坚持当前与长远结合，坚持“输血”与“造血”结合，不铺张浪费、不搞形象工程，杜绝“豆腐渣”工程，把援建工作好事办实，实事办好。

2009年1月5日，黑龙江省委、省政府贯彻落实《国务院关于做好汶川特大地震灾后恢复重建工作的指导意见》，印发《关于切实做好对口支援四川省剑阁县灾后恢复重建工作的实施意见》（以下简称《实施意见》）。对灾区住房、公共服务设施、基础设施和产业重建提出明确意见。

受灾群众住房建设　把重建受灾群众永久性住房放在首位，优先解决灾区群众居住问题。选派专业技术人员对地震中受损的城乡公共建筑和受灾群众住房进行查验鉴定。尊重农民意愿，采取农户自建、政府补助和社会帮扶相结合的方式，建立农村受灾群众自建房体系。协助剑阁科学选址，集约用地，合理确定抗震设防标准，建设受灾群众集中安置小区，确保城乡居民住上安全、经济、适用、省地的住房。

公共服务设施建设　整合资源，优化布局，推进标准化建设，提高抗震设防标准和建筑质量。优先安排学校、医院等损毁公共服务设施援建，执行强制性建设标准，将其建成安全、牢固、群众放心的建筑。确保援建教育项目重点保证初中、小学恢复重建项目的建设，满足教学基本需要。重点恢复重建县乡两级医疗卫生机构和计划生育机构，恢复重建县乡村基本医疗和公共卫生服务体系。加强基层计划生育、妇幼保健机构的整合建设。抓好县级文化体育设施、广播电视设施的恢复重建，加强资源共享。帮助恢复重建社会福利、社会救助、优抚安置和残疾人服务等设施。

基础设施建设　把帮助恢复各类基础设施的功能放在援建工作的重要位置，并与剑阁经济社会发展规划、城乡建设规划、土地利用规划相衔接，远近相结合。确定恢复重建建设标准，增强安全保障能力。交通设施恢复重建，重点恢复重建干线公路、重要旅游景区周边交通干道；水利设施恢复重建，统筹考虑防洪安全、饮水安全、恢复生产等需要，重点抓好水库工程除险加固；市政公用设施恢复重建，重点恢复重建乡村供水，城镇垃圾处理场等设施。

产业援助　集中帮建产业园区基础设施和标准化厂房建设，鼓励各类企业适度集中布局。协助灾

区做好招商引资，运用市场机制，搞好“龙剑”两地产业对接。鼓励省内各类企业到灾区投资兴业，逐步建立长效发展机制，实现两地优势互补，形成共赢发展的良好局面。加大旅游业对口支援力度，充分发挥旅游业带动就业、拉动消费和增加收入的重大作用，重点恢复重翠云廊、剑门关等重要旅游景区景点和旅游基础设施设建设。

2009 年 3 月 4 日，黑龙江省召开省长办公会议，决策对口援建实施步骤和保障措施。对口援建期三年（2008 年至 2010 年），按受灾群众住房重建、公共服务设施重建、基础设施建设、产业援助等内容，分阶段按步骤有序进行。为确保援建项目如期完成，坚持规划先行。对于确定的援建项目，黑龙江省负责资金筹措，全过程参与，全方位监督。从 2008 年开始，连续 3 年，每年对口支援剑阁县实物工作量不低于全省上年地方财政收入的 1%。

2009 年 4 月至 2010 年 8 月，黑龙江省委、省政府先后印发《关于 2009 年龙江决战年工作推进方案的通知》《关于 2010 年龙江决胜年工作推进方案的通知》《关于援建工作结束前相关工作的安排意见》等系列文件，分阶段有步骤的指导和决策对口援建工作。

剑阁县接受黑龙江援建安排　2008 年 6 月 20 日始，根据中央工作会议对口援建精神，剑阁县委、县政府先后成立剑阁县接受黑龙江省支援抗震救灾工作领导小组、剑阁县接受黑龙江省支援灾后重建领导小组，拟定“无缝隙对接、无障碍合作”的受援方案，建立县委、县政府、黑龙江省援建剑阁县前线指挥部三方负责人定期召开联席会议制度，确保援建工作有序开展。10 月 9 日，剑阁县党政主要领导赴黑龙江省哈尔滨市，黑龙江省委、省政府领导接见并研究受灾群众安全过冬和受灾群众永久性住房建设。2008 年 12 月，县接受黑龙江支援灾后重建领导小组制订的《关于黑龙江省对口援建项目建议方案》，集中安置小区建设，学校灾后恢复重建，卫生、交通基础设施建设，病险水库除险加固，乡镇供水工程恢复重建列入对口援建规划内容。2009 年 3 月，县委、县政府印发《关于我县接受黑龙江省支援灾后重建有关问题的通知》，确认剑阁县政府为对口援建工作的责任主体和实施主体，坚持及时、主动与黑龙江省沟通衔接，随时了解对口援建工作的进展情况，主动提出解决问题的思路和办法，做到“无缝隙对接，无障碍合作”。其后，剑阁县委、县政府与黑龙江省援建前线指挥部三方领导人多次召开联席会议，制订对口援建政策，专题研究对口援建工作中的规划编修、项目建设、物资保障、资金筹措等重大问题，有力保证援建项目实施进度与质量。2010 年 9 月，黑龙江省对口援建工作完成，县委、县政府研究制订竣工项目的验收和效益评估办法，制订援建工作结束后龙剑两地继续交流合作，实现互惠双赢举措。

第二节　组织机构

黑龙江省援助四川省剑阁县灾后重建领导小组　2008 年 5 月 30 日，黑龙江省委、省政府根据党中央、国务院建立对口支援机制的决定精神，成立黑龙江省支援四川省汶川等地抗震救灾和灾后重建领导小组，省委书记、省人大常委会主任吉炳轩为组长，省委副书记、省长栗战书，省委常委、常务副省长杜家毫为副组长，省委办公厅、省政府办公厅、省发展和改革委员会（简称发改委）、省民政厅、省财政厅等相关部门主要负责人为领导小组成员。在省民政厅设办公室，办公室主任由杨喜军兼任，负责援助四川省汶川特大地震的抢险救灾、救灾资金筹措，救灾物资组织调运。6月17日，贯彻落实国务院《汶川特大地震对口支援方案》，成立“黑龙江省援助四川省剑阁县灾后重建工作领导小组”（以下简称黑龙江援建领导小组），在省发改委设办公室，办公室主任由省发改委主任唐修亭兼任，全面负责协调指挥黑龙江省对口支援剑阁县的灾后重建工作。其机构与职能延续至2010年12月。

黑龙江省支援四川省剑阁县灾后重建前线指挥部 2008年6月23日，黑龙江省委、省政府为全面落实中央对口援建的各项方针政策，有力有序有效推进对口援建工作，把事做好办实，根据前方工作需要，成立黑龙江省支援四川省剑阁县灾后重建前线指挥部（以下简称黑龙江省援建前线指挥部），由14人组成，刘国会任指挥长，省发改委就业和收入分配处处长高占国、省民政厅救灾处副处长王广焱、省住房和城乡建设厅建筑管理处副处长刘双分别兼任指挥部副指挥长。指挥部内设联络宣传组、工程建设组、综合计划组、办公室三组一室。12月28日，黑龙江省援建前线指挥部第二批队员抵达剑阁，第一批队员奉命撤回。指挥部仍由14人组成，刘国会任指挥长，省发改委稽查特派员肖兴民、省住房和城乡建设厅勘察设计处副处长高启生、省住房和建设厅安检总站书记夏忠玉、省民政厅调研员杨渊沛为副指挥长，指挥部内设联络宣传组、工程建设组、综合计划组、办公室三组一室。

黑龙江省援建前线指挥部为黑龙江省援建工作领导小组对口援建工作的前沿阵地和现场指挥机构，由省委、省政府授权代行履职，负责贯彻落实党中央、国务院及黑龙江省委、省政府有关对口援建的方针政策、工作部署、重大决策；负责对外宣传，联络沟通，政策调研，信息发布，新闻报道；负责规划编修，投资计划管控，重大援建项目评估、安排；负责援建工程项目施工图纸审核，全过程参与，全方位监督项目招投标、竣工项目验收评估。2009年后，黑龙江省援建前线指挥部根据工作需要多次充实力量，填补缺额。至2010年9月，有工作人员18人，继续代行黑龙江省援建工作领导小组职能，忠实执行对口援建任务。9月27日，黑龙江省援建剑阁县灾后恢复重建任务圆满完成，黑龙江省援建前线指挥部成员载誉返回。

剑阁县接受黑龙江省支援抗震救灾工作领导小组 2008年6月20日，剑阁县委、县政府研究决定成立剑阁县接受黑龙江省支援剑阁抗震救灾工作领导小组（以下简称县受援抗震救灾领导小组），县党政主要领导分别任组长、副组长，县发展和改革局、县规划和建设局、县民政局等相关部门负责人为成员。领导小组下设一室（办公室）五组（综合协调组、产业协作组、项目实施组、宣传报道组、对外联络组）。办公室负责处理日常事务，公文传递，信息通报；综合协调组负责援建综合服务、信息沟通，规划编修、援建协调；产业协作组负责产业项目推荐，产业对接、合作；项目实施组负责援建项目实施、监督检查与督办督查；宣传报道组负责援建宣传，新闻报道；对外联络组负责对外联络，援建项目对接，为援建人员服务及援建物资接收。

剑阁县接受黑龙江省支援灾后重建领导小组 2008年12月8日，剑阁抗震救灾取得阶段性胜利，应急抢险、过渡安置任务基本完成，工作重心转入灾后重建。为确保黑龙江省对口援建剑阁灾后重建工作的统筹协调，督察指导，县委、政府印发《关于成立剑阁县接受黑龙江省支援灾后重建领导小组》的通知，建立剑阁县接受黑龙江省支援灾后重建领导小组（以下简称县受援灾后重建小组），冯安富为第一组长，田中文为组长，陈勇为常务副组长，王成书等22名县级领导为副组长，县委办、县政府办、县民政局、县财政局、县发改局等县级相关部门负责人为成员。领导小组下设工作机构为“一办六组”即受援办公室、项目工作组、工程管理组、资金保障组、监察审计组、维稳安全组、效能督办组。受援领导小组工作机构负责与黑龙江省援建前线指挥部的沟通联络，协调会议筹备、有关领导赴剑考察衔接安排，对口援建公文办理，援建项目综合管理，援建工作考评考核，援建资金、物资监管。

2009年1月，专设龙剑联合临时党总支和卫生支队、教育支队与受援办联合建立两个临时党支部，以强化党组织战斗堡垒作用和党员先锋模范作用。

2009年11月，县委、县政府强化援建重点工程项目实施进度督查和质量监管，与黑龙江省援建前线指挥部召开联席会议，决定成立灾后重建重点工程项目建设指挥部。会后，根据工程建设需求，援受两方联合建立剑门大厦、龙江大道、剑阁职中、沙溪中学、渡口大桥、普安垃圾处理场、剑门关关楼、县体育中心建设指挥部，县领导陈勇、卢达昌，杨政国、杨明学、邓益平分别兼任各重点援建工程项目指挥长，黑龙江援建前线指挥部肖兴民、夏忠玉分别兼任各援建重点工程副指挥长。

2010年12月29日，黑龙江省委、省政府举行对口支援剑阁县灾后重建总结表彰大会。对口援建剑阁抗震救灾、灾后重建任务完成，其机构自行撤销。

“5·12”地震黑龙江省支援剑阁县灾后重建前线指挥部成员名录

表6－1

姓　名	指挥部职务	黑龙江省职务	批　次
刘国会	总指挥	省发改委党组成员、副主任	第一批
高占国	副总指挥兼联宣组组长	省发改委就业和收入分配处处长	第一批
王广焱	副总指挥	省民政厅救灾处副处长	第一批
刘　双	副总指挥兼工程组组长	省住房和城乡建设厅建筑管理处副处长	第一批
肖兴民	综合计划组组长	省发改委社会事业处副处长	第一批
王　君	办公室主任	省发改委就业处副处长	第一批
周树奎	成员	省水利工程造价管理中心副主任	第一批
于　文	成员	省交通厅公路局总工办主任	第一批
杨　臣	成员	省教育厅发展规划处副处长	第一批
洪友会	成员	省卫生厅计划财务处副处长	第一批
陈卫东	成员	省发改委稽查办副主任	第一批
陈　霖	成员	省发改委投资处副主任科员	第一批

续表6—1

姓　名	指挥部职务	黑龙江省职务	批　次
金永立	成员	省民政厅救灾处副处长	第一批
尹平亮	成员	省发改委投资处副调研员	第一批
刘国会	总指挥	省发改委党组成员、巡视员	第二批
肖兴民	副总指挥	省发改委稽查特派员	第二批
高启生	副总指挥	省住房和城乡建设厅勘察设计处副处长	第二批
夏忠玉	副总指挥	省住房和城乡建设厅安检总站书记	第二批
杨渊沛	副总指挥	省民政厅调研员	第二批
张焕昭	联络宣传组长、工程组成员	省发改委农经处副处长	第二批
侯继周	办公室主任、综合计划组成员	省发改委哈大齐协调处副处长	第二批
王林生	工程组成员、监督办主任	省建筑职业技术学院副院长	第二批
张宝武	工程组、联络宣传组成员	省住房和城乡建设厅城市规划处副处长	第二批
杨伟杰	工程组、联络宣传组成员	省八达路桥建设有限公司副董事长、副总经理	第二批
苑维春	工程组、联络宣传组成员	省卫生厅副调研员	第二批
张润林	工程组、办公室组成员	省财政厅财审处副处长	第二批
陈方斌	工程组、办公室、宣传组成员	省广播电视大学办公室副主任	第二批
马金龙	工程组成员	省水利厅泥河水库管理处副处长	第二批

第二章　规划与部署

第一节　援建整体规划

2008 年 12 月 10 日，县受援灾后恢复重建小组向黑龙江省援建剑阁前线指挥部呈送《关于黑龙江省对口援建项目建设方案》，组织专业技术人员配合黑龙江省援建前线指挥部综合计划组着手编制《黑龙江省支援四川省剑阁县灾后重建三年实施规划》。规划以国务院《汶川特大地震灾后恢复重建对口支援方案》为指针，以剑阁县《关于黑龙江省对口援建项目建设方案》为依据，联系剑阁灾情县情实际，于 2009 年 1 月，编制出《黑龙江省支援四川省剑阁县灾后重建三年实施规划》。

指导思想　坚持科学发展观，一切从灾情出发，充分尊重剑阁意愿。坚持以人为本，尊重自然，统筹兼顾，科学重建。重点恢复灾区群众的基本生活条件和公共服务设施；合理援建生产发展项目。采取“政府主导、依靠当地、面向市场”的援建方式，充分调动黑龙江省全社会力量，倾其人力、财力、智力、物力，精心组织，用心实施，让受灾群众满意，确保灾区稳定，又快又好地帮助剑阁重建家园。

基本原则　坚持民生优先，把保障民生作为恢复重建基本出发点，突出解决受灾群众住房、上学、就医问题；优先安排受灾群众自建房、教育、卫生等项目，把修复城乡居民住房放在首位；坚持公益优先，尽快恢复公共服务设施和基础设施；建设和修复广播电视、文化体育、社会福利等公共设施，建设和修复城乡道路、垃圾处理场等城镇基础设施。坚持统筹兼顾，着眼长远，充分尊重剑阁县委、县政府增强“造血”功能的需求，积极推动结构调整和发展方式转变，帮助灾区改善产业发展环境，适度超前考虑农业、工业、商贸生产设施设备项目。坚持机制创新、协作共建。充分依靠剑阁县委、县政府和广大人民群众力量，互相信任，精诚合作，建立政府、企业、社会组织和个人参与，责任明确、公开透明、监督有力、多渠道投资的重建机制。保证质量，严格执行抗震设防要求和国家建设标准及技术规范，严把设计、施工、材料质量关。坚持安全第一，文明施工、杜绝安全事故发生。坚持因地制宜，分步实施，根据剑阁实际情况制订规划，充分考虑经济、社会、文化及自然承载能力。规划实施坚持统筹安排，保证重点，兼顾一般，按民生工程、基础设施、产业修复的顺序有计划分步进行。规划期限三年，2008 年为黑龙江救灾、赈灾、援建项目实施启动年；2009 年为黑龙江对口援建项目实施决战年；2010 年为黑龙江对口援建项目实施决胜年。

建设目标　帮助剑阁县实现基本生活条件和经济社会发展水平达到和超过灾前水平的建设目标，确保灾区群众住上安全、经济、实用的住房；普遍享有基本生活保障、义务教育、公共卫生和基本医疗；公共文化体育、社会福利事业等基本公共服务体系得到恢复与提高；交通、通信、能源、水利等基础设施功能全面恢复。努力建成一个安居乐业、生态文明、安全和谐新家园。

规划内容　规划以项目为载体，编制内容包括救灾救民、教育、卫生、公益、城市基础建设、交通、产业扶持、旅游恢复重建、市场服务体系、震损水库除险加固、乡镇供水工程恢复重建、其他补助，12类146个项目，援建金额12.18亿元。

救灾救民类项目4个，为农村受灾群众39570户自建过渡安置房、44178户自建永久性住房，每户分别政策性补助600元、3000元；14个受灾群众集中安置点道路、排污设施建设；民政救灾物资存储库2770平方米、配套的停车场2500平方米及装卸设备等。援建金额1.69亿元。

教育项目53个，48所中小学和普安幼儿园的教学楼61392平方米、综合楼（办公楼、后勤楼）20031平方米、学生宿舍64013平方米、食堂17939平方米、教师工作周转房4000平方米、厕所970平方米等恢复重建；沙溪中学、县职业中学、元山中学的校园绿化、道路硬化等附属工程及课桌椅、讲台、学生床购置。援建金额3亿元。

卫生项目41个，县医院住院楼6200平方米，县妇幼保健院门诊综合楼2800平方米，37个乡镇卫生院门诊楼、住院楼等业务用房27950平方米、2个卫生所业务综合楼950平方米、100个卫生站6000平方米、1个社区服务中心业务综合楼1400平方米的恢复重建及附属排污工程；县级卫生机构及55个乡镇卫生院损毁医疗设备购置。援建金额0.85亿元。

公益项目15个，恢复重建2个敬老院4000平方米、6个计生服务站4800平方米、1个残疾人综合服务中心1500平方米，新建3个敬老院7343平方米、1个体育活动中心15336平方米、1个文化活动中心（含档案馆、图书馆、文化馆、青少年活动中心、职工活动阵地、妇女儿童活动中心、政务服务中心）11800平方米并配套相关设备设施，广播电视采录设备及部分骨干网建设。援建金额0.91亿元。

城市基础建设项目2个，恢复重建龙江大道（路长3000米，宽40米）、哈尔滨路（路长2000米，宽24米）、大庆路（路长625米，宽30米）、配套市政管网、路灯、龙江沙溪大桥（长237米，宽19米，桥梁两端引道291米）、龙江渡口大桥（长282米，宽19米，两端引道315米），河堤7000米，配套绿化景观，普安日处理100吨垃圾处理场1座。援建金额1.90亿元。

交通项目8个，新建剑门关隧道、翠云廊改线，改建剑南公路、剑昭公路、塔子山公路，恢复重建桥边河大桥，维修柘坝大桥、东宝镇西河中桥。援建金额0.87亿元。

产业扶持项目3个，新建农产品检验检测中心业务用房1500平方米、剑门工业园区10万平方米标准化厂房及园区管网、道路。援建金额1.15亿元。

旅游恢复重建项目2个，恢复重建剑门关古镇基础设施、剑门关关楼景点。援建金额1亿元。

市场服务体系项目1个，普安城关粮食收储站恢复重建仓容6800吨仓库、1800平方米营业综合用房及绿化排污等附属配套设施。援建金额0.06亿元。

震损水库除险加固项目3个，团结水库、英雄水库、战备水库震损除险加固。援建金额0.12亿元。

乡镇供水工程恢复重建项目11个，剑门、白龙、木马、武连、香沉、东宝、羊岭、毛坝、西庙、圈龙、秀钟等11个乡镇供水站恢复重建。援建金额0.13亿元。

其他补助3个，县城、乡镇及中心村编制规划费，灾后农房重建贷款基金，廉租房建设地方配套资金。援建金额0.50亿元。

第二节　工作规划

援建投资方案　黑龙江省支援剑阁灾后重建，立足剑阁基本县情，地震灾情，积极展开项目援助、物质援助、智力援助、就业帮扶和产业对接等全方位对口援建工作，用三年左右时间完成对口援建任务。从2008年开始，连续三年，每年对口支援剑阁县实物工作量不低于上年地方财政收入的1%。黑龙江对口援助剑阁灾后重建资金项目146个，援建金额12.18亿元。除项目援助外，黑龙江省还创新援建机制，通过支教和医疗救助等多种援建形式，帮助剑阁灾区提升教育质量和水平，促进剑阁县医疗卫生事业的恢复和发展。

援建工作实施规划　黑龙江省援建前线指挥部入驻剑阁灾区后，强力推进项目工作，并就各项目工程竣工时间节点作出全面规划。项目建设分五个阶段推进，第一阶段（2009年2月1日—5月12日）竣工30个项目，援建金额1.76亿元；第二阶段（2009年9月1日前）竣工49个项目，援建金额2.49亿元；第三阶段（2009年10月1日前）竣工42个项目，援建金额1.23亿元；第四阶段（2009年10—12月）竣工16个，援建金额3.15亿元；第五阶段（2010年1—9月）竣工项目9个，援建金额3.55亿元。

第三节　工作部署

黑龙江省支援四川省剑阁县灾后重建前线指挥部工作部署　2008年6月25日，黑龙江省委、省政府、省直机关向剑阁县选派优秀干部，派驻黑龙江省支援四川省剑阁县灾后恢复重建前线指挥部。履行援建项目总体规划编制、资金管理、工程管理、政策制定、目标考核、信息综合反馈等职责。黑龙江省政府确定7大类40个首批支援项目正式实施。2009年1月，黑龙江省援建前线指挥部根据剑阁县灾后恢复重建的实际需要和有关规划，充分尊重剑阁县委、县政府恢复重建发展意愿，采取“政府主导、依靠当地，面向市场”援建模式，确定第二批支援项目106个。援建内容包括救灾救民、教育、卫生、公益事业、基础设施和产业发展等，前后两批援建项目146个，并制定出各项目建设任务完成时间表。

援建项目实行项目法人责任制、招标投标制、监理制、合同制，严格履行基本建设程序，依法实施建设管理。项目法人单位要择优确定具有相应资质的设计单位进行工程设计，加强对工程变更和概算调整的审批和管理。对确需变更或调整的项目，须经评估审查并履行报批手续后方可组织实施。加强工程安全质量管理，有关工程质量安全监督管理部门要对项目建设现场，逐工序、逐环节开展质量安全检查评估和认证，强化质量备案工作，确保工程质量，强化援建项目竣工验收。剑阁县政府有关部门应及时对环保、消防、质量安全等进行专项验收，援建前线指挥机构配合剑阁县政府组织或委托行业主管部门进行项目竣工验收。

严格项目资金使用和拨付程序，援建前线指挥机构建立援建项目资金账户，对援建资金实行统一管理，专户存储，专款专用。援建资金筹集拨付、管理和使用等环节由审计部门按照有关规定进行跟踪审计，由纪检监察机关负责全程监督。

2010 年 3 月，黑龙江省援建前线指挥部按照党中央、国务院和黑龙江省委、省政府的部署，将 2010 年确定为龙江援建决胜年，加大援建工作推进力度，确保三年任务两年全面完成。围绕“2 + 4”强力推进项目建设，以“5・12”（2010 年 5 月 12 日）、9 月底（2010 年 9 月底）为两大时间节点，以创建“天府杯”“利州杯”“剑门杯”“四川省标准化工地”为竞赛活动载体，坚持“白 + 黑”（白天 + 晚上）“5 + 2”（工作日 + 双休日），在保证质量安全的前提下能快则快、又好又快，以保证“两大节点”援建项目全部完工并投入使用。

剑阁县接受援建工作部署 2008 年 6 月 14 日，黑龙江省支援剑阁工作对接组抵达剑阁。15 日，剑阁县委、县政府向对接组汇报灾情，与对接组一行 22 人分 8 路，深入乡镇、社区、学校、医院调研，为对口援建准备基础资料。剑阁县提出围绕“项目对接、经济协作，智力支持，机制创新”灾后重建思路，积极对接黑龙江省对口支援。经双方协商达成首批援建项目 40 个，项目涵盖受灾群众集中安置点道路建设、学校灾后恢复重建、卫生基础设施建设、敬老院建设恢复重建、交通基础设施灾后重建和震损水库除险加固等。2008 年 8 月 27 日，双方从剑阁灾后重建实际情况出发，立足长远发展，经充分协商、反复研究，达成第二批援建项目 106 个，项目包括救灾救民、教育、卫生、公益、城市基础设施建设、交通、产业扶持和旅游恢复重建等领域。

2009 年 8 月，中央要求三年重建任务两年完成，剑阁县委、县政府、黑龙江省援建前线指挥部共同制定《中共剑阁县委、剑阁县人民政府、黑龙江省支援剑阁灾后重建前线指挥部关于又好又快推进灾后重建建设项目开工前期工作的意见》，对灾后重建项目确定、立项、设计评审、招投标方式和工程管理等作出全面严格规定，认真落实项目工作“程序不减、时间缩短、加强监管”的要求。

剑阁县政府认真履行对口支援工作责任主体和实施主体职能，深度参与黑龙江 2009 年龙江援建决战年、2010 年龙江援建决胜年行动。决战年紧抓四个关键时间节点“百日会战”（5・12 地震一周年纪念日）、告别板房（9 月 1 日中小学新学期开学）、“国庆献礼”（10 月 1 日建国 60 周年纪念日）和“全面完成”（2010 年 9 月），坚持援建项目考核“一票否决”制，坚持援建项目“24 小时施工”制，在援建工作中进一步扩大无缝隙对接、无障碍合作成果。在决胜年，进一步优化对口援建“12345”工作措施（一个目标：三年援建任务两年提前完成；抓住两大节点：“5・12”地震两周年援建项目基本完成、9 月底援建任务全面完成；严把三道关口：严把援建工程的进度关、质量关、安全关；坚持四个到位：较大项目实行领导责任制到位、政策服务到位、监督措施到位、激励奖惩到位；抓好五项工作：以“天府杯”“利州杯”“剑门杯”“四川省标准化工地”竞赛活动为载体，强力推进项目建设，同步展开项目决算审计和竣工验收工作，强化援建物质成果、精神成果宣传，探索建立援建长效机制），加强项目进度、质量管理，建一流工程，塑造援建品牌。

第三章　项目与实施

第一节　援建项目

2008年6月15日，黑龙江省支援剑阁工作对接组深入乡镇、学校、医院考查调研，根据剑阁地震灾害情况，确定首批援建项目40个，涵盖集中安置小区建设、学校恢复重建、卫生基础设施建设、敬老院、交通建设及病险水库整治。8月27日，剑阁县委、县政府，黑龙江省援建前线指挥部召开联席会议，本着从实际出发，着眼当前，立足长远，经协商确定黑龙江省第二批援建项目106个，囊括救灾救民、教育、卫生、公益、城市基础设施、交通、产业扶持、旅游等领域。2009年1月，县受援领导小组与黑龙江省援建前线指挥部组织专业技术力量编制《黑龙江省支援四川省剑阁县灾后重建三年实施规划》，规划编制对口援建项目12类146个，其中，救灾救民项目4个，教育项目53个，卫生项目41个，公益项目15个，城市基础建设项目2个，交通项目8个，产业扶持项目3个，旅游恢复重建项目2个，市场服务体系项目1个，震损水库除险加固项目3个，乡镇供水工程恢复重建项目11个，其他补助3个。对口援建资金12.18亿。至2010年9月，146个项目全部竣工并交付使用。

救灾救民项目　农村受灾群众自建过渡安置房政策补助项目1个，按每户600元标准。给39570户受灾群众住房政策补助2374.2万元；农村受灾群众自建永久性住房政策补助项目1个，按每户3000元标准，给44178户受灾群众住房政策补助13254.4万元。12个农村受灾群众集中安置点道路建设项目1个，为上寺乡桅杆村、汉阳镇中心村、城北镇柳垭村、城北镇民主村、凉山乡盐井村、柳沟镇长安村、毛坝乡元山村、开封镇友爱村、武连镇五武村、白龙镇石滩村、北庙乡孤玉村、下寺镇三江村三组、姚家乡天字村、江口镇太平场、下寺镇三江村四组等14个受灾群众集中安置点道路、排污建设，援建金额600万元。民政救灾物资存储库项目1个，770平方米、2500平方米配套的停车场及配套的装卸设备等，援建金额670万元。

教育项目　48所中小学、普安幼儿园的教学楼61392平方米、综合楼（办公楼、后勤楼）20031平方米、学生宿舍64013平方米、食堂17939平方米、教师工作周转房4000平方米、厕所970平方米等恢复重建；沙溪中学、县职业中学、元山中学的校园绿化、道路硬化等附属工程及课桌椅、讲台、学生床购置。援建金额3亿元。

卫生项目　县医院住院楼6200平方米，县妇幼保健院门诊综合楼2800平方米，37个乡镇卫生院门诊楼、住院楼等业务用房27950平方米、2个卫生所业务综合楼950平方米、100个卫生站6000平方米、1个社区服务中心业务综合楼1400平方米的恢复重建及附属排污工程；县级卫生机构及55个乡镇卫生院损毁医疗设备购置。援建金额8475万元。

公益项目 恢复重建2个敬老院4000平方米、6个计生服务站4800平方米、1个残疾人综合服务中心1500平方米；新建3个敬老院7343平方米、1个体育活动中心15336平方米、1个文化活动中心（含档案馆、图书馆、文化馆、青少年活动中心、职工活动阵地、妇女儿童活动中心、政务服务中心）11800平方米并配套相关设备设施；广播电视采录设备及部分骨干网建设。援建金额9110万元。

城市基础建设项目 恢复重建龙江大道（路长3000米，宽40米）、哈尔滨路（路长2000米，宽24米）、大庆路（路长625米，宽30米），配套市政管网、路灯；龙江沙溪大桥（长237米，宽19米，桥梁两端引道291米）、龙江渡口大桥（长282米，宽19米，两端引道315米），河堤7000米，配套绿化景观；普安日处理100吨垃圾处理场1座。援建金额1.9亿元。

交通项目 新建剑门关隧道、翠云廊改线，改建剑南公路、剑昭公路、塔子山公路，恢复重建桥边河大桥，维修柘坝大桥、东宝镇西河中桥。援建金额8700万元。

产业扶持项目 新建农产品检验检测中心业务用房1500平方米、剑门工业园区10万平方米标准化厂房及配套园区管网、道路。援建金额1.15亿元。

旅游恢复重建项目 剑门关古镇基础设施灾后重建项目1个，危险建筑物拆除重建，街道，供排水管网、电力、通讯等设施改造，援建金额6000万元。剑门关关楼景点恢复重建项目1个，关楼主体工程恢复重建，配套南北大门、三国尉所、步行道、危岩整治建设，援建金额4000万元。

市场服务体系项目 普安城关粮食收储站恢复重建仓容6800吨仓库、1800平方米营业综合用房及绿化排污等附属配套设施。援建金额610万元。

震损水库除险加固项目 团结水库、英雄水库、战备水库震损除险加固。援建金额1200万元。

乡镇供水工程恢复重建项目 11个乡镇供水站恢复重建。援建金额1338万元。

其他补助 县城、乡镇及中心村编制规划费补助项目1个，编制剑阁县《县城村镇体系规划》、15个镇、31个乡的《总体规划》、21个镇的《控制性详细规划》及42个中心村的《村庄规划》，并进行规划所需的地形图测绘工作，援建金额1153万元。灾后农房重建贷款基金补助项目1个，为重建户提供建房贷款担保，援建金额1500万元。廉租房建设地方配套资金补助项目1个，廉租房580套、29000平方米（中央财政每平方米补助400元，其余800元配套资金由地方负责），援建金额2320万元。

第二节 项目实施

2008年6月25日，黑龙江省援建前线指挥部全体成员进驻剑阁，万里驰援拉开大幕。7月2日，黑龙江省委、省政府召开对口支援四川省剑阁县相关单位协调会，制定《关于切实做好黑龙江省对口支援四川省剑阁县灾后恢复重建工作意见》《黑龙江省对口支援四川省剑阁县灾后恢复重建实施方案》，动员凝聚社会力量，统筹财力、人力、物力、智力，开展全方位援建。要求龙剑相对应单位实行

“一帮一”，无缝对接。黑龙江省委、省政府援建工作坚持以人为本、民生至上的方针，救灾、救急、救民的原则，先后派出特警150名、医务工作者91名、教师38名、西部大学生志愿者135名、房屋鉴定专家26名、农房重建技术指导员24名赴剑，深入农村及医院、学校开展排危除险、医疗救助、智力援助和建筑物地震安全隐患排查鉴定。至8月，累计协助灾区处理群体性事件19起，破获刑案47件，治安案件99件，处理交通事故47起；诊疗服务21374人次，门诊19877人次，手术982台次，抢救危重伤员135人次；排查安全隐患，鉴定房屋408幢、56.7万平方米，出据房屋安全鉴定书201份，培训工匠7100人。

2008年9月4日，全县对口支援工作重点由抢险救灾转入援建项目建设，组织编制《黑龙江省支援四川省剑阁县灾后重建三年规划》，规划突出公共服务设施重建、交通运输重建、过渡安置房建设。县委、县政府、黑龙江省援建前线指挥部强力督查援建项目开工率，在剑门关镇举行剑门古镇改造示范工程开工仪式，在城北镇碑梁村、民主村，北庙乡孤玉村，姚家乡银溪村，普安镇剑坪村等发放受灾群众永久性住房重建补助金0.41亿元。至年末，累计开工项目15个，竣工项目3个，升级改造公路62.9千米，完成受灾群众过渡安置房建设39570户，购配各类课桌椅38140套、黑板讲台703套、学生床9570张。

2009年1月4日，黑龙江省政府召开常务会议，讨论通过支援剑阁县第二批援建项目共9类106个。1月6日，县委、县政府、黑龙江省援建前线指挥部联合召开黑龙江第二批援建项目启动会，确定2009年为黑龙江省援建决战年，并制订《2009年黑龙江援建决战年工作推进方案》。援建项目坚持法人负责制、项目合同制、工程招投标制、质量监理制。工程建设进度严守“5·12”地震一周年纪念日“百日会战”；9月1日，中小学学生新学年开学“告别板房”；10月1日，60周年“国庆献礼”和2009年年末基本完成等“四个节点”。3月2日，县委、县政府、黑龙江省援建前线指挥部召开联席会议，限定未开工项目动工时间，确定剑阁县职中、沙溪中学、文化中心、体育中心、龙江大道建设项目迅速上马。项目建设增加资金投入，保证建材供应，规范施工管理，采取倒排工期、挂牌消号，执行援建项目考核“一票否决”制。至年末，当年开工项目131个，累计开工项目146个；当年竣工项目105个，累计竣工项目108个。竣工教育项目36个，建校舍9.24万平方米；竣工医疗卫生项目31个，恢复重建卫生院29所，建医卫用房2.11万平方米，建村卫生站100个，累计配购各类医疗器械176件（套）；竣工水利建设项目14个，完成水库除险加固3座；竣工计划生育项目5个，改造乡镇计生服务站业务用房3000平方米；竣工交通项目7个，建桥梁3座、隧道1孔，公路改线2.9千米，升级改造5.2千米；公共文化体系建设，广电设施设备更新改造工程待收尾交验。累建活动用房1800平方米，建光纤骨干网253千米，配购广电设备457件（套）。建敬老院4座，8500平方米。全年竣工受灾群众永久性住房重建19215户、195.7万平方米。

2010年1月4日，黑龙江省委常委、常务副省长杜家豪赴剑参加剑昭公路通车典礼、剑门关古镇一期工程竣工剪彩，视察剑门关景区、龙江大道、县体育中心、沙溪中学、剑阁县职中建设施工现场。确定援建项目“三年任务、两年完成”的目标，2010年为援建项目“决胜年”。3月2日，县委、县政府、黑龙江省援建前线指挥部召开联席会议，制订《2010年黑龙江省援建决胜年工作推进方案》，坚持项目建设瞄准一个目标，“三年援建任务、两年提前完成”；抓住两大节点，“5·12”地震两周年基本完成，9月底全部完成，交验合格；严把“三关”即援建工作进度关、质量关、安全关；做到“四到位”，领导责任、援建资金、建筑材料供应，监管力度措施、激励奖惩机制到位。项目实施突出重点工程建设，坚持精心组织、精心施工、精心管理，建立责任事故终身追究制、未竣工项目进度日报制、现场指导跟踪督查督办制三项制度。8月，剑门关关楼、剑门关索道建成，开关迎客。至9月，146个援建项目全部竣工并交付使用。建校舍7.95万平方米，医疗用房0.64万平方米，计生服务站业务用房1800平方米，建敬老院1座2500平方米。恢复重建永久性住房24963户、268.4万平方米，建设廉租住房580套2.9万平方米。当年8月，剑门关关楼、剑门关索道建成，开关迎客；11月，当年入驻剑门工业园区企业21户。

2010年1月3日，在黑龙江省委宣传部、省文明办等联合主办的“2009年感动龙江年度人物（团队）评选”颁奖盛典上，黑龙江省援建前线指挥部获得2009年感动龙江年度群体荣誉称号；2月12日，中央电视台《新闻30分》栏目以《东北汉子、铁人精神》，报道刘国会援建感人事迹；中央电视台《朝闻天下》栏目以《抓住关键环节、监督无缝隙》，播送黑龙江援建项目资金管理出实招；中央电视台《东方时空》栏目以《剑门关古镇里的新生活》，展播黑龙江援建见实效，灾区出现新气息、新变化；9月30日，黑龙江省援建前线指挥部获“全国五一劳动奖励奖状”。

“5·12”地震黑龙江省对口支援剑阁县灾后重建项目情况表

表6-2

单位：个、万元

	项目个数	援建金额	主要建设内容及规模
合计	146	121804	
救灾救民项目	4	16898	农村受灾群众39570户自建过渡安置房、44178户自建永久性住房，每户分别政策性补助600元、3000元；14个受灾群众集中安置点道路、排污建设；民政救灾物资存储库2770平方米、配套的停车场2500平方米以及装卸设备等。
教育项目	53	30000	48所中小学和普安幼儿园的教学楼61392平方米、综合楼（或办公楼、后勤楼）20031平方米、学生宿舍64013平方米、食堂17939平方米、教师工作周转房4000平方米、厕所970平方米等恢复重建；沙溪中学、县职业中学、元山中学的校园绿化、道路硬化等附属工程及课桌椅、讲台、学生床购置。
卫生项目	41	8475	县医院住院楼6200平方米，县妇幼保健院门诊综合楼2800平方米，37个乡镇卫生院门诊楼、住院楼等业务用房27950平方米、2个卫生所业务综合楼950平方米、100个卫生站6000平方米、1个社区服务中心业务综合楼1400平方米的恢复重建及附属排污工程；县级卫生机构及55个乡镇卫生院损毁医疗设备购置。
公益项目	15	9110	恢复重建2个敬老院4000平方米、6个计生服务站4800平方米、1个残疾人综合服务中心1500平方米；新建3个敬老院7343平方米、1个体育活动中心15336平方米、1个文化活动中心（含档案馆、图书馆、文化馆、青少年活动中心、职工活动阵地、妇女儿童活动中心、政务服务中心）11800平方米并配套相关设备设施；广播电视采录设备及部分骨干网建设。

续表6—2

	项目个数	援建金额	主要建设内容及规模
城市基础建设项目	2	19000	恢复重建龙江大道(路长3000米,宽40米)、哈尔滨路(路长2000米,宽24米)、大庆路(路长625米,宽30米),配套市政管网、路灯,龙江沙溪大桥(长237米,宽19米,桥梁两端引道291米)、龙江渡口大桥(长282米,宽19米,两端引道315米),河堤7000米,配套绿化景观;普安日处理100吨垃圾处理场1座。
交通项目	8	8700	新建剑门关隧道、翠云廊改线,改建剑南公路、剑昭公路、塔子山公路,恢复重建桥边河大桥,维修柘坝大桥、东宝镇西河中桥。
产业扶持项目	3	11500	新建农产品检验检测中心业务用房1500平方米、剑门工业园区10万平方米标准化厂房及配套园区管网、道路。
旅游恢复重建项目	2	10000	恢复重建剑门关古镇基础设施、剑门关关楼景点。
市场服务体系项目	1	610	普安城关粮食收储站恢复重建仓容6800吨仓库、1800平方米营业综合用房及绿化排污等附属配套设施。
震损水库除险加固项目	3	1200	团结水库、英雄水库、战备水库震损除险加固。
乡镇供水工程恢复重建项目	11	1338	11个乡镇供水站恢复重建。
其他补助	3	4973	县城、乡镇及中心村编制规划费,灾后农房重建贷款基金,廉租房建设地方配套资金。

附：黑龙江援建重点工程

剑门关古镇基础设施灾后重建　剑门关古镇位于县境北偏东，处剑门蜀道核心地段。三国时蜀相诸葛亮至剑门在此立关设尉，其后历史上曾为剑门县治所。2008年“5·12”地震致使街道破损，房屋倒毁，通信、水电中断。6月12日，剑门关古镇基础设施灾后重建列入黑龙江省对口援建项目，聘请四川省城乡规划设计院制作古镇改造规划设计方案。6月23日项目启动，由成都永安建筑公司施工。项目运作中，冯安富将古镇作为灾后恢复重建示范工程现场指挥，杜家毫亲临实地调研。2010年2月，剑门关古镇改造项目竣工，累计整治道路1220米、街道清石铺面1000米，铺设地下排污管网8430米，规范水电、通信管网3600米。临街243户、576间街面房整体风貌打造，装饰门面、安装仿古门、仿古窗、立木柱、梁、枋、檩、椽，铺街石板，砌条石梯步，门面装饰。沿街道实施绿化、光亮工程，恢复古街广场、戏楼、驿站、牌坊、古桥、衙门等。项目总投资9100万元，其中黑龙江省援建6000万元。

龙江大道　绕剑阁县城，连接修城、沙溪、大仓、拐枣四坝。2008年8月17日，经黑龙江省政府常务会讨论批准，将龙江大道列入黑龙江省对口支援剑阁县第二批援建项目。其工程由三路两桥一堤构成，包括龙江大道（路长3000米，宽40米）、哈尔滨路（路长2000米，宽24米）、大庆路（路长625米，宽30米）、配套市政管网、路灯、龙江沙溪大桥（长237米，宽19米，桥梁两端引道291米）、龙江渡口大桥（长282米，宽19米，两端引道315米），河堤7000米，配套绿化景观，沿线配套市政管网、绿化、光亮工程。项目实施分三期、14个标段。一期工程于2009年4月动工，二期工程

2009年11月开工，三期工程2010年5月开工，由绵阳西南科技大学城市园林设计有限公司编制总规实施方案。项目采取招投标，分工段实施。四川通业建设有限公司、四川华蓥建设工程公司、四川红叶建设工程有限公司、成都市市政工程（集团）有限公司等建筑单位进场施工，四川省城市建设工程监理公司负责项目监理。工程严格按照国家基本建设程序运行，县政府县长，分管交通、城建的副县长，黑龙江省援建前线指挥部指挥长亲临现场督阵施工。2010年9月，工程竣工。建城市道路8335米，桥梁2座1125延米（含引桥），重力式墩河堤1984米，景观绿化10万平方米，植乔木1.07万株。项目总投资1.7亿元，由黑龙江省援建资金全额支付。

县职业中学　原址普安镇唐家坪，“5·12”地震毁损校舍、实验场地、校区进出口通道。2008年12月，县职业中学列入黑龙江对口援建项目，择址下寺镇拐枣村何家沟新建，工程占地12.8公顷。由哈尔滨理工大学建筑设计研究院规划设计，四川永通建设工程公司、北京华体体育场馆建设有限公司负责施工，四川省城市建设工程监理公司作项目监理。2009年9月开工。建教学楼11410平方米，实训楼8480平方米，学生宿舍15277平方米，教师工作周转房4000平方米，食堂3200平方米，后勤楼1000平方米，公厕390平方米，购配教学教研设备16589台（件）、图书2.4万册，校园绿化、硬化1.81万平方米。项目总投资1.46亿元，其中黑龙江省援建资金0.74亿元。2011年9月6日，举行重建的职业中学校新校区竣工暨开校庆典礼。

沙溪中学　位于下寺镇沙溪坝社区，占地5.33公顷。2008年9月4日，列入黑龙江省对口援建项目。由哈尔滨理工大学建筑设计院规划设计，九江市第一建筑工程公司、陕西康大体育设施有限公司分别施工，四川国正建设管理公司监理。项目增扩建设用地4.27公顷。2009年3月征地拆迁，平整场地，7月动工。2010年9月竣工。建教学综合楼8157平方米，实验综合楼4281平方米，学生宿舍15277平方米，400米标准化运动场18000平方米。项目总投资8970万元，其中黑龙江省援建5470万元。2010年11月，沙溪中学更名为剑门关高级中学。

体育活动中心　2003年9月，县政府驻地迁址下寺镇，县城建设规模不断扩大，城市功能逐渐完善，体育活动场地仅有规划，未能落地生根，不能满足城市人口需求。2008年9月4日，剑阁县产业重建前期工作组赴黑龙江省考察学习，拟定龙剑合作产业援建项目，将剑阁县体育中心纳入灾后重建重点项目。2008年12月，经黑龙江省政府核准，列入对口援建规划。工程进入办理征地手续，平整场地，地质勘察等前期准备阶段。工程选址下寺镇大仓坝三叉河畔，占地3.73公顷，由重庆大学建筑工程设计院设计，四川华建建设工程监理有限公司监理，华北建设集团有限公司、广安智丰建设有限公司分别施工。2009年10月开工，2010年9月竣工。总面积15336平方米，体育馆10500平方米2500座，室内全民健身中心4836平方米，配套设施。项目总投资4197万元，其中黑龙江省援建1140万元。

县医院住院楼　2008年8月，将县医院住院楼列入援建项目，择址下寺镇三江村，建筑占地0.33公顷。工程按国家二级甲等医院设计。2008年9月4日举行开工典礼，栗战书亲临现场奠基。建住院楼6200平方米，配套绿化、道路、水电等设施，配购医疗器械、检测仪器。项目总投资1575万元，其中黑龙江省援建资金1325万元。

剑门工业园区建设　2008年9月，杜家毫亲临视察，确定将援建工作由“输血”变为“造血”。

将剑门工业园区的基础设施工程、标准化厂房作为两个对口援建项目，并签署《黑龙江省人民政府支持剑门工业园区建设备忘录》。园区基础设施工程建设于2008年11月开工，由绵阳市规划设计院设计，四川华海建设工程有限公司施工，广元鑫森建设工程监理公司监理；标准化厂房建设于2009年1月开工，由广元市〇八一地质勘察设计院作建筑地质勘察，重庆轻工设计院负责设计，四川万能建设工程有限公司、重庆天佑建设工程有限公司、四川鹏翔建筑工程有限公司等分别承建。共铺筑道路8500米，安装水电管网12.1千米，建排污管道5100米，建大跨度、大空间、钢结构厂房8万平方米。项目总投资4.06亿元，其中黑龙江省援建1.1亿万元。

剑门关关楼景点恢复重建　剑门关关楼位于剑门关隘口，始建于东汉末年，明正德年间重修。1935年建川陕公路毁，1992年重建。“5·12”地震使关楼地基沉陷，屋顶筒瓦脱落，主体结构局部移位，售票房裂缝，关楼建筑群56处标志标牌、15处安全防护设施损毁。2009年3月，县委、县政府、黑龙江省援建前线指挥部召开联席会议确定剑门关关楼景点恢复重建列入对口援建重点工程项目。项目由绵阳创艺设计院设计，四川东嘉建设工程有限责任公司承建，四川科力建设咨询有限公司监理。关楼建设坚持“修新如旧”原则，拆除残楼，移建明代原址，恢复明代原貌。2009年9月18日开工，2010年4月10日竣工。建楼597平方米，关楼由青条石砌体和木结构组成，楼高19.34米，基座长19.16米，宽13.6米，檐柱、角柱采用明代仿古手法，关楼维护墙采用明砖砌筑，椽、柱、桷一律使用红松实木，盖明式灰陶筒瓦，内装修整体以古朴色调为主，地板采用石板或仿古青砖铺成，优质桐油石灰浆抹绘。建陪衬景点及附属设施931平方米。工程于2010年9月获四川省优质工程“天府杯”金奖。剑门关索道（高空滑索）位于剑门关隘口下，东枕石笋峰，西邻原国道108线。2008年“5·12”地震造成塔架基础沉陷，塔体多处裂纹，上下站房墙体裂缝，经鉴定为高危建筑，禁止运营。2009年3月，列入黑龙江省对口援建项目，因其站址地处龙门山前陆隐伏断裂带、地质灾害高危区，择址新建于钟会故垒依山峰崖壁。工程由北京起重运输机械设计研究院设计，北京北辰方正发展有限公司承建，四川城市建设监理有限公司监理。2009年11月6日开工，2010年8月8日竣工。索道采用国产与进口设备优化组合，系脱挂抱索器索道，两级长1100米。黑龙江省援建4000万元。

第三节　监管机制

援建方监管　黑龙江省援建前线指挥部实行“交支票+全方位参与+全过程监督”的援建方式，建立前线指挥部与剑阁县联合监督协调机构，负责对援建项目监管工作的协调沟通，共同参与援建项目的立项、招标、建设、验收和资金拨付环节的监控等。建立联席会议制度，每月定期召开专项工作会议，通报援建项目安全管理、施工质量、施工进度等情况，协商解决项目建设中出现的问题。

印发《黑龙江省支援剑阁县灾后重建项目招投标监管工作的通知》，规范援建项目招投标、施工、工程监理、价款结算、资金管理、安全质量、监督检查等环节，把援建资金纳入财政专户管理，援建资金专户储存、封闭运行。建设单位统一在剑阁县财政支付中心开设专户。援建前线指挥部和县受援领导小组共同制定《黑龙江省支援剑阁县灾后重建项目工程款拨付暂行办法》，规范工程预付款和工程进度款拨付的程序、要求及所需提供的资料，规定工程价款结算的方式和结算要求，明确施工、监理、业主、项目主管部门及援建前线指挥部五方在工程进度确认和工程价款结算中的职责，建立援建资金申请、审核、决定、拨付、审计、监管“六位一体”工作机制。按照“谁主管、谁负责”的原则，防止招投标活动中可能发生的违法违规行为，保护招投标人的合法权益，加大援建工作的效能问责。各相关部门按照职责分工，加强内部管理，严格实行责任制，实行集体领导与分工负责相结合，目标任务分解落实到人，做到任务明确，责任落实。援建工作公开透明，严格执行物资采购、工程建设等方面规定。严肃查处违纪违法行为。对贪污私分、截留克扣、挤占挪用资金、违规插手招投标及失职渎职造成严重后果的，严肃处理有关责任人，追究“一把手”和审批者的责任。重视群众信访举报工作，从社会热议和媒体关注的问题中发现违纪违法线索，认真排查核实。

黑龙江省援建前线指挥部和剑阁县受援领导小组联合印发《关于进一步加强黑龙江省支援剑阁县灾后重建项目招投标监管的意见》《关于进一步加强黑龙江省支援剑阁县灾后重建项目监督管理的补充通知》，调整招投标报名点，加大对招标文件审核力度，实行异地开标评标、对中标候选人申报的业绩进行核实，实行即时压证制度等具体措施。在县受援办公室增设一处报名窗口，实行援建项目招投标报名两地同时进行。在招标文件备案之前，由援建前线指挥部对招标文件中的各项条件逐条审查，凡不符合法律法规的限制性条款或有“量身定做”嫌疑的条款一律予以纠正和取消，为投标人创造公平竞争环境，减少人为因素干扰。将较大规模援建项目的开标、评标地点放在四川省政府服务中心进行。针对个别招标代理机构评选后违规退还职业资格证书，造成施工企业中标以后另行投标的问题，实行即时压证制度。在评标结束后，立即将项目经理、技术负责人等项目班子成员的职业资格证书原件由招投标监管部门暂存，交有关主管部门压证办理施工许可手续，工程主体完工或竣工后退还，防止出现工程转包、违法分包或再投其他标的行为。

受援方监管 县委、县政府高度重视援建资金项目监管工作，成立由县纪委书记任组长，监察、发改、审计、财政等部门为成员的援建监察审计组，主要负责工程招投标监管、项目资金使用监管、项目实施中的违法查处及工程决算审计等工作；建立援建监管协调机制，由县纪委书记牵头，县监察局及黑龙江省援建前线指挥部有关同志共同参与，对援建项目实施工程跟踪，共同监督。县级各部门、乡镇成立监督检查领导小组，实行“一把手”负责制。县监察审计组整合力量，完善对口衔接机制，建立常态工作机制，开展经常性地联系沟通，对援建项目实行动态管理，强化协作配合，增强监管合力。

建立对口支援监督检查工作联席会议制度，会议组成人员为县纪委、县监察局、黑龙江省援建前线指挥部及项目主管部门的领导人。每月定期召开一次会议，通报援建工作开展情况，加强工作会商，及时研究解决援建项目监督检查中发现的问题，为项目建设提供良好的环境保障。按照公开、公平、公正和诚实守信的原则，研究制定《援建项目招投标监督管理办法》《剑阁县灾后重建工作监察方案》，进一步规范程序、明确责任、强化监管。

黑龙江援建项目资金按项目建设进度拨付，监管重点主要是对援建项目的监督检查。包括项目立项、招标核准、代理机构确定、招标文件审查、公告发布、专家抽取、评标过程、合同签订、工程质量检查、工程验收等环节。综合运用专项检查、一般检查和个别抽查等方式，对援建项目实行有效全程监督。规范运作项目核准程序、信息公告发布工作程序与开标、评标、定标的工作程序，严格执行公开招投标、厉行节约等规定，防止假借“应急”之名规避招投标、违规干预和插手招投标等行为。

加强灾后恢复重建项目竣工决算审计。审计事中介入，各项目业主单位积极配合、主动接受审计，定期向审计部门报送资金拨付及项目进度情况。被确定的跟踪审计业主单位在初步设计、招投标、合同签订、重大设计变更等工作程序完成后 3 个工作日内将资料报送审计机关。基础工程、主体工程等阶段初验前 5 个工作日，书面通知审计机关到场监督验收。所有灾后重建项目按时办理竣工决算业务，各项目实施单位在工程完工 30 个工作日内完成决算编制，报县审计局审计，再由县财政局批复。审计部门按照《审计署办公厅关于开展汶川特大地震灾后恢复重建项目竣工决算审计的意见》（审办投发〔2010〕72 号）要求，整合力量，做好恢复重建项目竣工决算审计工作。项目竣工决算审计结束后，审计部门全面、客观、公正地披露审计发现的问题和情况。审计过程中发现的问题，相关单位和部门要及时整改。建立健全审计信息沟通、案件线索移送机制。

第七篇　先进名录及人物

在“5·12”地震抗震救灾、灾后重建过程中，涌现出一大批可歌可泣、催人奋进的英雄事迹和英雄人物。据不完全统计，至2010年12月，受到市委、市政府以上表彰的抗震救灾先进集体29个次、先进个人158人次，其中，受到中共中央、国务院、中央军委的表彰抗震救灾先进集体2个、先进个人2人，受到国家部委、民主党派中央表彰的抗震救灾先进集体1个、先进个人27人次，受到省委、省政府表彰的抗震救灾先进集体2个、先进个人17人次，受到市委、市政府表彰的抗震救灾先进集体24个、先进个人112人次。

第一章　先进名录

第一节　先进集体

全国抗震救灾先进集体　2008年10月7日，中共中央、国务院、中央军委印发《关于表彰全国抗震救灾英雄集体和抗震救灾模范的决定》。10月8日，中共中央、国务院、中央军委在人民大会堂隆重举行全国抗震救灾总结表彰大会。中共剑阁县委员会获“全国抗震救灾英雄集体”荣誉称号，中共剑阁县上寺乡桅杆村支部委员会获“全国抗震救灾先进集体”称号。

中共剑阁县委员会　汶川特大地震，使与北川、青川同处龙门山脉地震带的剑阁县惨遭重创。全县57个乡（镇）、544个村、67.5万人受灾。因灾死亡21人，受伤5580人，5.2万户、17.39万人无家可归。震后不到3分钟，中共剑阁县委就召开紧急会议，启动应急预案。按照“救人第一、防震第一、查灾第一”的抗震抢险要求，由剑阁县委、县政府的11名领导干部带队，分赴各地搜救受灾人员，抢救地震伤员，察看灾情；通知供电、天然气、加油站等企业关闭开关和闸门，立即抢险抢修，防止火灾发生；组织县水务局、县国土资源局紧急救援分队到各大水库和地质灾害隐患区排查险情，防止发生次生灾害；紧急抢修通讯、电力、交通设备设施。县委主要领导即时赶赴学校和医院，指挥搜救、抢救伤员，并要求公安、卫生、工商等部门，全力以赴开展人员搜救和抢救。县委副书记、县长田中文带队紧急奔赴普安镇受灾现场，组织机关干部、公安干警、民兵预备役人员到剑阁中学、县医院、县中医院、倒塌民舍搜索救援受伤人员，全力抢救伤员。县委常委、县委办主任王湖益紧急赶赴市委汇报灾情。其余常委奔赴各地现场指挥，带领抢险队、突击队到学校、医院及人员集中的居民区抢险救灾。全县在短时间内救助遇险群众4.7万人，紧急转移受灾群众21万余人，其中包括安全转移的10多万学生。

剑阁县委在地震灾难来临时，想群众之所想，急群众之所急，解群众之所难，及时组织食品、饮料到学校、医院等单位，要求所有救灾物资24小时内转送到乡镇，及时将中央补助钱粮发放到13万多名补助对象手中，解决受灾群众的燃眉之急。

震后第三天，剑阁县委在全县范围内开展房屋安全隐患评估，评估各类建筑1300余幢，对危险建筑物进行拆除或设立警示标志。全面启动灾后恢复重建规划纲要编制工作，科学开展恢复重建。筹措灾后重建资金1500万元，紧急启动校舍、医院用房建设和无房户临时安置点、受灾群众住房重建。截至9月底，剑阁县39993户受灾农户中购买商品房的1438户，动工在建的22783户，460多户基本建成。剑阁县委主动争取对口支援的黑龙江省支持，重点做好学校和医院重建、城乡困难居民住宅及交通、水利等基础设施恢复重建。

剑阁县委在抓好抢险救灾的同时，抓好生产自救、恢复重建等工作。对重建家园进行再部署和再落实；全力组织抢收抢种农作物，大力发展烤烟、蚕桑、林果、工业原料和生猪、家禽等产业；禹鑫化工、剑门木业、广旺水泥等工业企业开工建设；剑门关景区旅游开发加快，交通、水利工程整治和学校、医院重建等项目陆续开工建设；村镇包商银行在剑阁挂牌开业，支持灾后恢复重建。

2008年10月7日，中共剑阁县委员会获中共中央、国务院、中央军委授予的“全国抗震救灾英雄集体”称号。

中共剑阁县上寺乡桅杆村支部委员会　汶川特大地震发生后，四川省剑阁县上寺乡桅杆村支部书记何茂生带领村支部、村委会一班人紧急行动，立即投入到抢救伤员、安置群众等抗震救灾工作。村民赵金成双腿被砸伤血流不止，何茂生及时赶到，并掏出随身带的500元钱，迅速安排人员护送他去医院。村道公路被堵塞，30余名受伤村民急需救治。何茂生马上联系装载机，组织群众疏通公路，确保受伤人员能迅速送到医院救治。

5月12日15时，何茂生和全村12名党员，面对党旗宣誓“不等不靠，全力抗灾”。何茂生带领共产党员、村组干部以组为单位抗震救灾，全村实行“统一点名、统一食宿、统一行动、统一消毒、统一看电视”管理，重点照顾老弱病残户。九组最偏远，在海拔1000米以上的山区。5月13日，何茂生冒着余震危险爬上高山，九组已是一片废墟，村民们感动地说“我们以为没得指望，要死在垮塌的房子里，没想到有干部来管我们。”

5月20日至6月18日，何茂生组织群众搭建过渡房310间，解决了村民临时居住问题。在灾后重建工作中，何茂生在八组统一安置小区建设，成立业主委员会。他主动外出联系购买大批建筑材料。截至10月，桅杆村永久性住房动工141户，购房1户。

地震后，在十分困难的情况下，何茂生还组织领导全村共产党干部及村民出资120余万元，出动劳动力1700个，于8月30日前完成桅杆村5.1千米通村公路的铺油建设任务；出资2万元，出劳动力200个完成桅杆村铁路沿线公路的硬化。

2008年10月7日，上寺乡桅杆村获中共中央、国务院、中央军委授予的“全国抗震救灾先进集体”称号。

中共四川省委 省政府表彰抗震救灾先进集体 2008年6月29日，中共四川省委印发《关于表彰抗震救灾先进基层党组织和优秀共产党员、优秀党员干部的决定》，中共剑阁县下寺乡桅杆村支部委员会获“四川省抗震救灾先进基层党组织”荣誉称号。

2008年10月21日，中共四川省委、四川省人民政府隆重召开全省“5·12”地震抗震救灾总结表彰大会。剑阁县卫生局获“四川省抗震救灾模范集体”荣誉称号。

2010年5月29日，中共广元市委、市政府印发《关于授予剑阁县委县人民政府灾后重建特殊贡献奖的决定》，授予中共剑阁县委、县人民政府灾后重建特殊贡献奖。

中共广元市委市人民政府以上表彰的剑阁抗震救灾先进集体名录

表7－1

获奖单位	颁奖单位	获奖名称
中共剑阁县委员会	中共中央、国务院、中央军委	全国抗震救灾英雄集体
中共剑阁县下寺乡桅杆村支部委员会	中共中央、国务院、中央军委	全国抗震救灾先进集体
黑龙江省对口支援剑阁县灾后重建前线指挥部	中华全国总工会	全国五一劳动奖状
中共剑阁县下寺乡桅杆村支部委员会	中共四川省委、四川省人民政府	四川省抗震救灾先进基层党组织
剑阁县卫生局	中共四川省委、四川省人民政府	四川省抗震救灾模范集体
中共剑阁县委员会	中共广元市委、广元市人民政府	广元市抗震救灾先进集体
中共剑阁县下寺乡桅杆村党支部	中共广元市委、广元市人民政府	广元市抗震救灾先进集体
中共剑阁县毛坝乡小学党支部	中共广元市委、广元市人民政府	广元市抗震救灾先进集体
中共剑阁县人民医院党支部	中共广元市委、广元市人民政府	广元市抗震救灾先进集体
中共剑阁县毛坝乡党委	中共广元市委、广元市人民政府	广元市抗震救灾先进集体
中共剑阁县规划和建设局机关党委	中共广元市委、广元市人民政府	广元市抗震救灾先进集体

续表7－1

获奖单位	颁奖单位	获奖名称
中共剑阁县教育局机关党委	中共广元市委、广元市人民政府	广元市抗震救灾先进集体
中共剑阁县公店乡新农村党支部	中共广元市委、广元市人民政府	广元市抗震救灾先进集体
中共剑阁县公安局剑门派出所党支部	中共广元市委、广元市人民政府	广元市抗震救灾先进集体
中共剑阁县武连镇党委	中共广元市委、广元市人民政府	广元市抗震救灾先进集体
广元移动公司剑分公司党支部	中共广元市委、广元市人民政府	广元市抗震救灾先进集体
中共剑阁县卫生局机关党委	中共广元市委、广元市人民政府	广元市抗震救灾先进集体
中共剑阁县水利局机关党委	中共广元市委、广元市人民政府	广元市抗震救灾先进集体
中共剑阁县广播电视局党总支	中共广元市委、广元市人民政府	广元市抗震救灾先进集体
中共剑阁县林业局机关党委	中共广元市委、广元市人民政府	广元市抗震救灾先进集体
中共剑阁县垂泉乡春光村党支部	中共广元市委、广元市人民政府	广元市抗震救灾先进集体
中共剑阁县交通局机关党委	中共广元市委、广元市人民政府	广元市抗震救灾先进集体
中共剑阁县司法局机关党委	中共广元市委、广元市人民政府	广元市抗震救灾先进集体
中共剑阁县凉山乡盐井村党支部	中共广元市委、广元市人民政府	广元市抗震救灾先进集体
中共剑阁县下寺镇中心医院党支部	中共广元市委、广元市人民政府	广元市抗震救灾先进集体
中共四川省剑阁县国家粮食储备库党支部	中共广元市委、广元市人民政府	广元市抗震救灾先进集体
中共浙江宁波建设集团临时党支部	中共广元市委、广元市人民政府	广元市抗震救灾先进集体
中共中煤集团山西平朔四川救援队临时党支部	中共广元市委、广元市人民政府	广元市抗震救灾先进集体
中共四川省冶金地质勘查局604大队赴剑阁救援队临时党支部	中共广元市委、广元市人民政府	广元市抗震救灾先进集体

第二节　先进个人

“5·12”地震发生后，全县人民奋力抢险救灾，生产自救。在浙江省、黑龙江省和社会各界的支援下，历经抢险救灾、赈灾、卫生防疫和灾后重建，全县涌现出大批先进人物，受到市委、市政府以上表彰。

中共广元市委市人民政府以上表彰的剑阁抗震救灾先进个人名录

表7－2

姓　名	单位及职务	颁奖单位	获奖名称
何茂生	剑阁县上寺乡桅杆村党支部书记	中共中央、国务院、中央军委	全国抗震救灾模范
张庚杰	剑阁县下寺小学学生	中央文明办、教育部、团中央、全国妇联	抗震救灾优秀少年
		教育部	抗震救灾优秀学生
李正有	剑阁县沙溪中学教师	教育部	全国教育系统抗震救灾先进个人
何晓明	剑阁县审计局基建外资审计股股长	审计署	汶川特大地震抗震救灾和资金物资审计先进个人
王天松	剑阁县计划生育服务站干部	国家计划生育委员会	全国人口计生系统抗震救灾先进个人
陈烨平	剑阁县公安局下寺派出所民警	公安部	全国公安系统抗震救灾先进个人
陆洪辉	共青团剑阁县委副书记	共青团中央	全国抗震救灾优秀团干部
何文秀	剑阁县民政局救济股股长	民政部	全国民政系统抗震救灾先进个人
李元宝	剑阁县人民医院主治医师	中国农工民主党中央	农工党全国参加抗震救灾优秀委员
王德良	剑阁县人民医院副院长	中国农工民主党中央	农工党全国参加抗震救灾优秀委员
伏子强	剑阁县中医院主任医师	中国农工民主党中央	农工党全国参加抗震救灾优秀委员

续表7—2

姓　名	单位及职务	颁奖单位	获奖名称
高　萍	剑阁县妇幼保健院主治医师	中国农工民主党中央	农工党全国参加抗震救灾优秀委员
郭建军	剑阁县卫生局局长	卫生部、国家食品药品监督管理局、国家中医药管理局、解放军总后勤部卫生部	全国医药卫生系统抗震救灾先进个人
孙在茂	剑阁县人民医院主治医师	卫生部、国家食品药品监督管理局、国家中医药管理局、解放军总后勤部卫生部	全国医药卫生系统抗震救灾先进个人
杨萌生	剑阁县国家税务局信息中心主任	国家税务总局	全国税务系统抗震救灾表现突出先进个人
张述昌	剑阁县国家税务局稽查局主任科员	国家税务总局	全国税务系统抗震救灾表现突出先进个人
高林青	剑阁县国家税务局武连分局副局长	国家税务总局	全国税务系统抗震救灾表现突出先进个人
税　伟	剑阁县国家税务局局长	国家税务总局	全国税务系统抗震救灾表现突出先进个人
杜会洲	剑阁县扶贫开发办公室党组书记、主任	国务院扶贫开发领导小组办公室	全国扶贫系统抗震救灾先进个人
李荣健	剑阁县城乡规划建设和住房保障局局长	国家发改委、人社部、解放军总政治部	汶川特大地震灾后恢复重建先进个人
于　广	黑龙江省公安厅科员，黑龙江省公安机关赴剑阁抗震救灾支援队成员	国家发改委、人社部、解放军总政治部	汶川特大地震灾后恢复重建先进个人
夏忠玉	黑龙江省住房和城乡建设厅安全监督总站党总支书记，黑龙江省对口支援剑阁县灾后重建前线指挥部副总指挥兼工程组组长	国家发改委、人社部、解放军总政治部	汶川特大地震灾后恢复重建先进个人
杨渊沛	黑龙江省民政厅调研员，对口支援剑阁县灾后重建前线指挥部副总指挥	国家发改委、人社部、解放军总政治部	汶川特大地震灾后恢复重建先进个人
陈　霖	黑龙江省发改委投资处主任科员，黑龙江省对口支援剑阁县灾后重建前线指挥部综合计划组成员	国家发改委、人社部、解放军总政治部	汶川特大地震灾后恢复重建先进个人
冯安富	中共剑阁县委书记	中共四川省委、四川省人民政府	四川省灾后恢复重建先进个人
王述培	剑阁县盐店镇红花村三组组长	中共四川省委、四川省人民政府	四川省抗震救灾模范
徐怀锋	剑阁县城北镇党委书记	中共四川省委、四川省人民政府	四川省抗震救灾模范

续表7—2

姓　名	单位及职务	颁奖单位	获奖名称
李　轩	剑阁县普安镇较场坝社区	中共四川省委、四川省人民政府	四川省抗震救灾模范
肖兴民	黑龙江省发改委社会发展处副处长、稽查特派员，黑龙江省对口支援剑阁县灾后重建前线指挥部副总指挥兼综合计划组组长	中共四川省委、四川省人民政府	四川省抗震救灾模范
王寅亮	黑龙江省公安厅政治部副主任兼人事训练处处长，黑龙江省公安机关赴剑阁抗震救灾支援队临时党委书记、队长兼政委	中共四川省委、四川省人民政府	四川省抗震救灾模范
李佩新	黑龙江省哈尔滨轻工业学校教研室副主任，黑龙江省援建剑阁职业中学支教队队长	中共四川省委、四川省人民政府	四川省抗震救灾模范
刘国会	黑龙江省发改委副主任，黑龙江省对口支援剑阁县灾后重建前线指挥部总指挥	中共四川省委、四川省人民政府	四川省灾后恢复重建先进个人
王林生	黑龙江省建筑职业技术学院副院长，黑龙江省对口支援剑阁县灾后重建前线指挥部监督办公室主任	中共四川省委、四川省人民政府	四川省灾后恢复重建先进个人
高启生	黑龙江省住房和城乡建设厅干部，黑龙江省对口支援剑阁县灾后重建前线指挥部副总指挥	中共四川省委、四川省人民政府	四川省灾后恢复重建先进个人
张焕昭	黑龙江省发改委农经处副处长，黑龙江省对口支援剑阁县灾后重建前线指挥部联络宣传组组长	中共四川省委、四川省人民政府	四川省灾后恢复重建先进个人
侯继周	黑龙江省发改委哈大齐协调处副处长，黑龙江省对口支援剑阁县灾后重建前线指挥部办公室主任	中共四川省委、四川省人民政府	四川省灾后恢复重建先进个人
张宝武	黑龙江省住房和城乡建设厅副处长，黑龙江省对口支援剑阁县灾后重建前线指挥部成员	中共四川省委、四川省人民政府	四川省灾后恢复重建先进个人
杨伟杰	黑龙江省八达路桥建设有限公司副董事长、副总经理，黑龙江省对口支援剑阁县灾后重建前线指挥部成员	中共四川省委、四川省人民政府	四川省灾后恢复重建先进个人
苑维春	黑龙江省卫生厅副调研员，黑龙江省对口支援剑阁县灾后重建前线指挥部工程组卫生项目负责人	中共四川省委、四川省人民政府	四川省灾后恢复重建先进个人
陈方斌	黑龙江省广播电视大学办公室副主任，黑龙江省对口支援剑阁县灾后重建前线指挥部成员	中共四川省委、四川省人民政府	四川省灾后恢复重建先进个人

续表7—2

姓　名	单位及职务	颁奖单位	获奖名称
王述培	剑阁县盐店镇红花村五组组长	中共广元市委、广元市人民政府	广元市抗震救灾先进个人
王虎生	剑阁县下寺镇中心医院院长	中共广元市委、广元市人民政府	广元市抗震救灾先进个人
孙正安	中共县政法委常务副书记	中共广元市委、广元市人民政府	广元市抗震救灾先进个人
李茂凡	剑阁县普安镇卧龙社区原主任	中共广元市委、广元市人民政府	广元市抗震救灾先进个人
沈继红	剑阁县上寺乡党委书记、人大主席	中共广元市委、广元市人民政府	广元市抗震救灾先进个人
张秀明	剑阁县张王乡党委书记、乡长	中共广元市委、广元市人民政府	广元市抗震救灾先进个人
张清义	剑阁县张王乡大柏村支部书记	中共广元市委、广元市人民政府	广元市抗震救灾先进个人
张国华	剑阁县环卫一所所长	中共广元市委、广元市人民政府	广元市抗震救灾先进个人
张云伟	剑阁县人民政府办公室副主任	中共广元市委、广元市人民政府	广元市抗震救灾先进个人
吴忠敏	中共县委组织部副部长、中共县直机关工委书记	中共广元市委、广元市人民政府	广元市抗震救灾先进个人
杜中贵	剑阁县教育局党组书记、局长	中共广元市委、广元市人民政府	广元市抗震救灾先进个人
杜俊才	共青团剑阁县委西部计划大学生志愿者	中共广元市委、广元市人民政府	广元市抗震救灾先进个人
何茂生	剑阁县上寺乡桅杆村支部书记	中共广元市委、广元市人民政府	广元市抗震救灾先进个人
何金生	剑阁县毛坝乡政府退休干部	中共广元市委、广元市人民政府	广元市抗震救灾先进个人
陈　君	剑阁县公店乡党委书记、人大主席	中共广元市委、广元市人民政府	广元市抗震救灾先进个人
陈晶晶	剑阁县规划和建设局城建股股长	中共广元市委、广元市人民政府	广元市抗震救灾先进个人
陈继清	剑阁县公安局政工监督室副主任	中共广元市委、广元市人民政府	广元市抗震救灾先进个人
陆洪辉	共青团剑阁县委副书记	中共广元市委、广元市人民政府	广元市抗震救灾先进个人

续表7—2

姓　名	单位及职务	颁奖单位	获奖名称
杨明亮	剑阁县剑门木业公司经理	中共广元市委、广元市人民政府	广元市抗震救灾先进个人
杨伯河	剑阁县人民法院第四法庭庭长	中共广元市委、广元市人民政府	广元市抗震救灾先进个人
贾益秀	剑阁县毛坝乡党委书记、人大主席	中共广元市委、广元市人民政府	广元市抗震救灾先进个人
徐　涛	剑阁县汉阳华玉床垫厂厂长	中共广元市委、广元市人民政府	广元市抗震救灾先进个人
徐泽海	剑阁县机要局副局长	中共广元市委、广元市人民政府	广元市抗震救灾先进个人
徐绍龙	剑阁县精达商贸有限公司下岗工人	中共广元市委、广元市人民政府	广元市抗震救灾先进个人
郭建军	剑阁县卫生局党组书记、局长	中共广元市委、广元市人民政府	广元市抗震救灾先进个人
敬明洋	中共剑阁县委宣传部副部长	中共广元市委、广元市人民政府	广元市抗震救灾先进个人
鄢家华	剑阁县白龙镇党委书记、人大主席	中共广元市委、广元市人民政府	广元市抗震救灾先进个人
王　龙	剑阁县受援办常务副主任、粮食局副局长	中共广元市委、广元市人民政府	广元市灾后恢复重建先进个人
王成书	剑阁县政协主席	中共广元市委、广元市人民政府	广元市灾后恢复重建先进个人
王显明	剑阁县审计局局长	中共广元市委、广元市人民政府	广元市灾后恢复重建先进个人
王锡华	剑阁县广播电视局局长	中共广元市委、广元市人民政府	广元市灾后恢复重建先进个人
王精明	剑阁县经济和商务局局长	中共广元市委、广元市人民政府	广元市灾后恢复重建先进个人
王显锋	剑门关景区开发建设管委会副主任	中共广元市委、广元市人民政府	广元市灾后恢复重建先进个人
田中文	中共剑阁县委副书记、县长	中共广元市委、广元市人民政府	广元市灾后恢复重建先进个人
卢达昌	中共剑阁县委常委、纪委书记	中共广元市委、广元市人民政府	广元市灾后恢复重建先进个人

续表7—2

姓　名	单位及职务	颁奖单位	获奖名称
母大明	剑阁县文化局局长	中共广元市委、广元市人民政府	广元市灾后恢复重建先进个人
孙元泰	剑阁县发展和改革局局长	中共广元市委、广元市人民政府	广元市灾后恢复重建先进个人
孙正安	剑阁县委政法委常务副书记	中共广元市委、广元市人民政府	广元市灾后恢复重建先进个人
刘朝健	剑阁县普安镇人民政府镇长	中共广元市委、广元市人民政府	广元市灾后恢复重建先进个人
吴　勇	中共剑阁县委常委、常务副县长	中共广元市委、广元市人民政府	广元市灾后恢复重建先进个人
肖光林	中共剑阁县委常委、副县长	中共广元市委、广元市人民政府	广元市灾后恢复重建先进个人
吴忠敏	中共剑阁县委组织部副部长、县直机关工委书记	中共广元市委、广元市人民政府	广元市灾后恢复重建先进个人
李国强	中共剑阁县委办公室副主任	中共广元市委、广元市人民政府	广元市灾后恢复重建先进个人
何秀萍	剑阁县财政局局长	中共广元市委、广元市人民政府	广元市灾后恢复重建先进个人
李荣建	剑阁县规划和建设局局长	中共广元市委、广元市人民政府	广元市灾后恢复重建先进个人
何建明	剑阁县林业局局长	中共广元市委、广元市人民政府	广元市灾后恢复重建先进个人
李　甫	剑阁县武连镇党委书记	中共广元市委、广元市人民政府	广元市灾后恢复重建先进个人
何　峰	剑阁县白龙镇党委书记	中共广元市委、广元市人民政府	广元市灾后恢复重建先进个人
陈　勇	中共剑阁县委副书记	中共广元市委、广元市人民政府	广元市灾后恢复重建先进个人
杨政国	剑阁县人民政府副县长	中共广元市委、广元市人民政府	广元市灾后恢复重建先进个人
杨久国	剑阁县人民政府办公室副主任、县重建办主任	中共广元市委、广元市人民政府	广元市灾后恢复重建先进个人
陈　君	剑阁县公店乡党委书记	中共广元市委、广元市人民政府	广元市灾后恢复重建先进个人

续表7—2

姓　名	单位及职务	颁奖单位	获奖名称
杨光辉	剑阁县木马镇党委书记	中共广元市委、广元市人民政府	广元市灾后恢复重建先进个人
郑锐方	剑阁县人大常委会副主任	中共广元市委、广元市人民政府	广元市灾后恢复重建先进个人
唐礼元	剑阁县国土资源管理局局长	中共广元市委、广元市人民政府	广元市灾后恢复重建先进个人
郭建军	剑阁县卫生局局长	中共广元市委、广元市人民政府	广元市灾后恢复重建先进个人
敬明洋	中共剑阁县委宣传部副部长	中共广元市委、广元市人民政府	广元市灾后恢复重建先进个人
魏仲文	剑阁县劳动和社会保障局副局长	中共广元市委、广元市人民政府	广元市灾后恢复重建先进个人
王仕慧	剑阁县元山镇凉泉路个体户	中共广元市委、广元市人民政府	广元市抗震救灾重建家园模范公民
廖　锋	移动剑阁分公司网络维护人员	中共广元市委、广元市人民政府	广元市抗震救灾重建家园优秀公民
唐建国	广运集团剑阁公司驾驶员	中共广元市委、广元市人民政府	广元市抗震救灾重建家园优秀公民
李德军	剑阁县柳沟粮食收储站站长	中共广元市委、广元市人民政府	广元市抗震救灾重建家园优秀公民
毛游亮	四川省剑阁中学校医	中共广元市委、广元市人民政府	广元市抗震救灾重建家园优秀公民
张玉珍	剑阁县疾病预防控制中心主管技师	中共广元市委、广元市人民政府	广元市抗震救灾重建家园优秀公民
张三宝	剑阁县武连小学教师	中共广元市委、广元市人民政府	广元市抗震救灾重建家园优秀公民
张正剑	剑阁县高观乡禾丰村三组个体户	中共广元市委、广元市人民政府	广元市抗震救灾重建家园优秀公民
何金生	剑阁县毛坝乡退休干部	中共广元市委、广元市人民政府	广元市抗震救灾重建家园优秀公民
伏生武	剑阁县涂山乡苏维村村主任	中共广元市委、广元市人民政府	广元市抗震救灾重建家园优秀公民
唐荣生	剑阁县凉山乡甘水村村支部书记	中共广元市委、广元市人民政府	广元市抗震救灾重建家园优秀公民

续表7—2

姓　名	单位及职务	颁奖单位	获奖名称
罗　辉	剑阁县白龙镇干部	中共广元市委、广元市人民政府	广元市抗震救灾重建家园优秀公民
刘子波	剑阁县下寺镇修城坝新世纪理发师	中共广元市委、广元市人民政府	广元市抗震救灾重建家园优秀公民
王天松	剑阁县计生服务站驾驶员	中共广元市委、广元市人民政府	广元市抗震救灾重建家园优秀公民
张义昌	剑阁县人民法院驾驶员	中共广元市委、广元市人民政府	广元市抗震救灾重建家园优秀公民
刘　玉	剑阁县畜牧食品局驾驶员	中共广元市委、广元市人民政府	广元市抗震救灾重建家园优秀公民
母春芳	剑阁县妇联发展部部长	中共广元市委、广元市人民政府	广元市抗震救灾重建家园优秀公民
何涌泉	剑阁县迎水小学校教师	中共广元市委、广元市人民政府	广元市抗震救灾重建家园优秀公民
伏　勇	剑阁县东宝小学教师、政教主任	中共广元市委、广元市人民政府	广元市抗震救灾重建家园优秀公民
何映江	剑阁县东宝镇新建村七组农民	中共广元市委、广元市人民政府	广元市抗震救灾重建家园优秀公民
梁云帮	剑阁县公兴镇人民政府综治办主任	中共广元市委、广元市人民政府	广元市抗震救灾重建家园优秀公民
王文英	剑阁县城北镇村建环卫中心主任	中共广元市委、广元市人民政府	广元市抗震救灾重建家园优秀公民
杨兴长	广元市众想建筑有限责任公司总经理	中共广元市委、广元市人民政府	广元市抗震救灾重建家园优秀公民
张丽君	剑阁县下寺镇窑沟村妇女主任	中共广元市委、广元市人民政府	广元市抗震救灾重建家园优秀公民
孙玉强	剑阁县民政局低保股长	中共广元市委、广元市人民政府	广元市抗震救灾重建家园优秀公民
李　超	剑阁县武连镇武侯村主任助理	中共广元市委、广元市人民政府	广元市抗震救灾重建家园优秀公民
邹仕勇	剑阁县公安局元山派出所民警	中共广元市委、广元市人民政府	广元市抗震救灾重建家园优秀公民
张朝松	剑阁县义兴乡劳动村支部书记	中共广元市委、广元市人民政府	广元市抗震救灾重建家园优秀公民

续表7—2

姓　名	单位及职务	颁奖单位	获奖名称
王秀芳	剑阁县锦屏乡个体户	中共广元市委、广元市人民政府	广元市抗震救灾重建家园优秀公民
高　鹤	剑阁县金仙镇大顺村主任助理	中共广元市委、广元市人民政府	广元市抗震救灾重建家园优秀公民
李国锋	剑阁县城北镇武装部干事	中共广元市委、广元市人民政府	广元市抗震救灾重建家园优秀公民
张高生	剑阁县元山供电所电工	中共广元市委、广元市人民政府	广元市抗震救灾重建家园优秀公民
陈　虎	剑阁县毛坝小学校教师	中共广元市委、广元市人民政府	广元市抗震救灾重建家园优秀公民
贾凤琼	剑阁县人民医院急诊科护士长	中共广元市委、广元市人民政府	广元市抗震救灾重建家园优秀公民
杨明亮	剑门木业有限责任公司总经理	中共广元市委、广元市人民政府	广元市抗震救灾重建家园优秀公民
王林生	黑龙江省建筑职业技术学院副院长,黑龙江省对口支援剑阁县灾后重建前线指挥部监督办公室主任	中共广元市委、广元市人民政府	广元市灾后恢复重建先进个人
张焕昭	黑龙江省发改委农经处副处长,黑龙江省对口支援剑阁县灾后重建前线指挥部联络宣传组组长	中共广元市委、广元市人民政府	广元市灾后恢复重建先进个人
张宝武	黑龙江省住房和城乡建设厅城市规划处副处长,黑龙江省对口支援剑阁县灾后重建前线指挥部成员	中共广元市委、广元市人民政府	广元市灾后恢复重建先进个人
杨伟杰	黑龙江省八达路桥建设有限公司副董事长、副总经理,黑龙江省对口支援剑阁县灾后重建前线指挥部成员	中共广元市委、广元市人民政府	广元市灾后恢复重建先进个人
陈方斌	黑龙江省广播电视大学办公室副主任,黑龙江省对口支援剑阁县灾后重建前线指挥部成员	中共广元市委、广元市人民政府	广元市灾后恢复重建先进个人
侯继周	黑龙江省发改委哈大齐协调处副处长,黑龙江省对口支援剑阁县灾后重建前线指挥部办公室主任	中共广元市委、广元市人民政府	广元市灾后恢复重建先进个人
王寅亮	黑龙江省公安厅政治部副主任兼人事训练处处长,黑龙江省公安机关赴剑阁抗震救灾支援队临时党委书记、队长兼政委	中共广元市委、广元市人民政府	广元市抗震救灾先进个人

续表7—2

姓　名	单位及职务	颁奖单位	获奖名称
肖兴明	黑龙江省发改委稽查特派员，黑龙江省对口支援剑阁县灾后重建前线指挥部副总指挥兼综合计划组组长	中共广元市委、广元市人民政府	广元市抗震救灾先进个人
李佩新	黑龙江省哈尔滨轻工业学校教研室副主任，黑龙江省援建剑阁职业中学支教队队长	中共广元市委、广元市人民政府	广元市抗震救灾先进个人
王金玉	中共中煤集团山西平朔赴剑救援队临时支部负责人	中共广元市委、广元市人民政府	广元市抗震救灾先进个人
谭朝光	中共浙江省宁波建设集团临时支部书记	中共广元市委、广元市人民政府	广元市抗震救灾先进个人
徐建斌	中共四川省冶金地质勘查局604大队赴剑救援队临时党支部	中共广元市委、广元市人民政府	广元市抗震救灾先进个人

第二章　模范人物事略

第一节　县内模范人物

王述培

王述培，男，汉族，1960年5月生，剑阁县盐店镇人，中共党员，初中文化，剑阁县盐店镇红花村三组组长。

2008年5月12日14时28分，王述培刚吃完午饭，突然房屋摇晃起来，他立刻意识到是地震了，就一把拉起妻子跑到屋外，3间房屋轰然坍塌。想到群众的安危，他来不及跟妻子交代，就匆匆地向其他农户跑去。王述培急步穿行在家家户户，组织群众撤离，全力抢救伤员，一直忙碌到次日23时，待安全疏散转移195名群众，帮助搭建起53顶帐篷，安顿好大家的吃住，群众的情绪基本稳定后，才回到妻子搭的小棚子里。

随后的一周，王述培起早摸黑，带领群众抗震救灾，尽量降低灾害造成的损失。从灾情调查、统计上报，到救灾物资的领取、发放，从困难户的生活安排，到缺劳户的生产帮扶，都是他一手操劳。时值夏收季节，他组织互助队，顺利完成全组收割任务。而家里内外，全是妻子一人承担，0.13公顷油菜收割了，0.1公顷烤烟栽上了。

5月21日，王述培一大早就去通知各户防洪，并查看防震篷加固情况。上午，他帮助曹芝春等5户空巢老人盖好房子。下午又赶到镇上领取救灾物资。17时，一个电话使他差点瘫坐在地上："快，你老婆喝农药，都快不行了！"王述培最终没有被击倒，救灾物资装运安排好后，便急急忙忙地赶到县医院。看到平日辛劳贤惠的妻子奄奄一息地躺在病床上，一贯坚强的他流下了伤心的泪水。经医院全力抢救，曹述兰脱离了生命危险。

原来，他的妻子当天盖完房子后，又下地抢收了0.03公顷小麦，回到家已是下午3点，回想起地震发生后的9天时间里，丈夫天天在外忙碌，也许是太累了，也许……她越想越想不通，脑子一时糊涂，拿起农药瓶子几大口就喝完了。

妻子苏醒后，看到站在床前的丈夫和从广东赶回来的女儿，便说："现在我想通了，你们都好好地工作吧，我再也不做傻事了。"面对妻子的信任，王述培深感内疚。

他继续带领群众恢复生产，重建家园。组织党员服务队，帮助养殖大户王良进维修养殖场，帮助困难家庭渡过难关。在王述培的感召下，外出打工的梁光宇等50多名群众先后赶回老家，参加生产自救，全组种植烤烟20余公顷，新修通镇泥碎路4千米。

2008年6月，王述培获中共四川省委授予的“抗震救灾优秀共产党员”称号。10月，获中共中央宣传部、中央精神文明办授予的“抗震救灾精神文明户”称号。10月21日，王述培荣获中共四川省委、四川省人民政府授予的“抗震救灾模范”称号。

李茂凡

李茂凡（1939.8—2008.5），男，汉族，剑阁县汉阳镇人，中共党员，1960年6月参加工作，先后在小剑小学、普安小学、南禅小学任教，1992年2月退休。生前为剑阁县普安镇卧龙社区居委会主任。

李茂凡任居委会主任十余年，以造福社区，服务居民为己任，在社区党支部的领导下，带领社区干部围绕群众关心的热点、难点问题，改水、改电，改善基础设施，改造社区面貌，不断提高居民生活水平，连续三届高票当选为普安镇卧龙社区居委会主任。

2008年5月12日汶川特大地震发生后，李茂凡不顾个人和家人安危，不顾家庭财产损失，昼夜奔波在抗震救灾第一线，使社区没有发生一起次生意外事故，所有工作井然有序，得到社区居民的称赞。

5月12日午后，李茂凡正走在上班的路上，突然大地摇晃开来，刹那间，路边的房屋也随之剧烈晃动。他一下意识到地震发生了，于是一边奔跑一边高喊：“地震了，大家快跑！”这时，附近有人呼喊：“来人呀，有人受伤了！”他直奔出事地点，原来是一居民惊恐中从二楼跳下造成双腿骨折。他不顾余震，抱起伤员，艰难地转移到安全地带，并安排送医院治疗。李茂凡就这样争分夺秒地组织社区居民疏散和转移，逐户查看有无受伤者，老人、儿童是否全部安全撤离，给倒房户送上矿泉水、方便面，买回彩条布，帮助受灾居民搭建临时帐篷，让他们渡过灾后的艰难时刻。地震发生的当天下午和晚上，他一直在各个居民小区奔走，共疏散和转移居民1000余人，组织抢救伤员11人。

地震后的17个日日夜夜，李茂凡几乎没有吃过一顿饱饭，睡上一个安稳觉，心里总是挂念着每一个受灾群众，他们吃的、喝的、住得怎么样？病了有没有钱治疗？孕、产妇及老人、儿童生活得好吗？这一切，使他天天马不停蹄地奔走着，忙碌着。及时发放救灾物资，坚持“公平、公正”和“重灾多发、轻灾少发”的原则，做到“三无”户、“三孤”人员优先，重灾户、困难户优先，不优亲厚友，不照顾熟人。他认真把握抗震救灾工作中的各个环节，防止出现差错。长时间的高负荷运转，他的身体变得越来越瘦，眼睛充满着血丝。虽年事已高，但斗志未减。

5月28日，早上7时许，李茂凡又去上班，谁知这一走，竟是和老伴的最后道别。当天他连续工作了14个小时：到镇政府参加会议，领回各类灾情报表；8时40分左右，他顶着烈日回社区办事处取受灾居民的相关资料；9时许，因频繁余震造成社区内一超高水塔断裂，随时有倒塌的危险，发现险情后，他立即报告镇政府，相关部门划定警戒线，通知周围居民撤离，进行定向爆破；11时左右，爆破失败，他抓紧时间到附近的11户重灾户走访，登记灾情；12时，又一次组织群众撤离，顾不上吃午饭；下午3时爆破成功，他又到镇上领取救灾物资；5时左右，同社区干部一起卸救灾物资。卸完救灾物资后，他继续去查看登记灾情，直到晚上。居民任光碧劝他：“李主任，你今天太累了，就不要到我家去看了，反正你已经看过几次了。”“那不行，我还要看看余震后你的房子能不能住，你不要进去，在外面等我……”任光碧熟悉李主任的脾气，他是说一不二的，便在家门口等他。可是，等来的却是李主任出事的噩耗。21时，李茂凡在查险排危时，因劳累过度突然晕倒，从一处近6米高的堡坎摔下去，导致脑部重伤，送县医院抢救无效，于5月30日5时18分逝世，终年69岁。

2008年6月，中共剑阁县委追授予李茂凡“优秀共产党员”称号。11月，中共广元市委、市人民政府授予李茂凡“广元市抗震救灾先进个人”称号。

李　轩

李轩，男，汉族，1970年9月生，剑阁县普安镇人，大学学历。

“5·12”地震发生时，李轩正在普安镇后西街办事。剧烈摇晃使小巷的围墙倒塌，一位六旬老人被压在下面。他不顾自身安危，徒手刨挖，将老人救出并送往医院救治。随后，他迅速赶到县实验学校，协助疏散、转移学生1000余人。李轩带领83人的志愿者服务队，在普安镇街道社区开展自救抢险，抢救、转运伤员20人，救助孤残人员33人，帮助受灾群众搭建帐篷200余顶，排除险情数百处。

李轩带领的抗震救灾志愿者服务队，足迹遍及县内外。5月19日深夜，李轩和部分队员参加县民兵应急分队，紧急驰援广元市郊821厂阻击核废料泄漏抢险战斗，他们冒着强烈余震和可能出现核废料泄漏的极大危险，不怕疲劳，连续奋战14个小时，抢卸搬运水泥500余吨，使厂房得到及时加固，确保了核废料安全。在这次抢险行动中，李轩以其瘦弱之躯顽强拼搏，几次因体力不支差点晕厥，但坚持不下火线，直到完成任务。

5月25日，地震极重灾县青川县部分受灾群众转移到剑阁安置，李轩和志愿者们率先抵达城北镇海螺包受灾移民临时安置点，打扫环境卫生。赈灾物资陆续运到，刚卸完两车货，突然，瓢泼大雨伴随狂风袭来。没有雨具，大家冒着狂风暴雨卸下帐篷，并一个个搭建起来。搭完帐篷，已是晚上11时，来不及休息，又冒雨赶到一家木业公司搬运搭建床铺的木枋。雨水淋透了他们的衣服，没有一个人叫苦，直到翌日2时30分才结束工作。这一天，共卸赈灾物资5车次30余吨，搭建帐篷15顶，转运木枋307吨。接下来的3天时间里，李轩和志愿者们每天早上7时至晚上9时，为受灾群众提供服务。不避烈日酷暑，严守工作岗位。李轩将50顶帐篷编号，进行统一管理，志愿者按各自承担的篷区，负责打扫清洁卫生、受灾移民食品发放、健康知识讲解及心理救助工作。他对老弱病幼者特别照顾，为他们送水送药、做饭、洗澡等。与受灾移民打成一片，亲如一家。

李轩带领志愿者服务队先后到北庙乡突击“双抢”；到柳沟、汉阳、木马等乡镇对受灾群众进行心理疏导，帮助30余人走出地震心理阴影；协助团县委、福建康之味食品有限责任公司，举办“抗震救灾，奉献爱心——捐助灾区希望工程义卖”活动；参加县科协、团县委举办的“剑阁县校外青少年灾后心理救助”活动。在6天行程中，足迹遍布5个乡镇13个村组，对800余名青少年进行灾后心理救助。孩子们把李轩当做“贴心人”，亲切地称他“李老师”。

李轩参加剑阁县赴青川民兵抗震救灾应急分队，在孔溪乡、沙州镇等地执行“进村入户”救援任务。与队员们一道，冒着余震不断、山体滑坡的危险，拆除危房56间，清理废墟千余立方米，卸运救灾物资数十车（吨），搭建过渡安置房42间。在50多天里，他多次受伤、中暑，但始终坚持战斗在第一线。他发挥多才多艺的专长，为群众检修电路、修理电器、维护电脑、调试卫星电视接收设备等。他教孩子们唱抗震救灾歌曲，排练文艺节目，组织筹备并主持了“心连心，手挽手，众志成城建家园”“军队和老百姓，咱们是一家人”等抗震救灾主题文艺联欢会，丰富灾区军民文化生活。

李轩辗转各地抗震救灾3个多月。他是下岗工人，经济来源有限，但他在大灾面前首先想到的是受灾群众，为灾区群众慷慨解囊，捐款捐物计人民币13000余元。

2008年10月，中共四川省委、省人民政府授予李轩“抗震救灾模范”称号。

李荣健

李荣健，男，汉族，1964年10月生，剑阁县公兴镇人，中共党员，大专学历，剑阁县城乡规划建设和住房保障局局长、党组书记。

在汶川特大地震灾后恢复重建期间，李荣健带领建设系统全体干部职工，又好又快地完成了组织分配的各项重建任务。他坚持科学规划，组织精干技术力量，先后完成县城、51个乡镇、42个村庄的城乡建设体系重建规划，编印5万册20种户型农房重建图集，为全县农村灾后重建及时提供了重要的参考资料。他牵头负责建设系统承担的72个重建项目，总投资逾11亿元，县城基础设施重建项目投资逾6亿元。2011年8月底，重建项目全部竣工，均为合格工程。灾后重建期，县城建成道路12千米、河堤10千米、景观打造11千米，6平方千米主城区城市骨架基本形成。在创建山水森林旅游城市工作中，投资近1亿元，新增城市绿地面积30万平方米，人均新增绿地4平方米，城市绿化率达到35%。李荣健按照县委、县政府“城乡统筹发展”的思路，带领建设系统的职工强力推进乡镇市政基础设施建设，精心谋划实施国、省干道沿线乡镇3万户农房改造示范工程，全县城乡面貌得到极大改善。

李荣健与建设系统的职工一起，积极贯彻落实县委、县政府“资源转化战略”的重要决策，在剑门关景区开发重建启动后，主动接受13个项目的建设任务，完成投资7000万元。2010年5月剑门关景区，13个项目全部完成，实现第一个开工、第一个完工，项目数量、投资额、施工速度、质量标准均居县级部门之首。同全县人民一道，铸就了“抢抓机遇、创新开拓、合力攻坚、勇创一流、超常拼搏”的剑门关精神。

李荣健充分调动建设系统广大干部职工的积极性，统筹协调各项工作，坚持“向高空要土地、向高层要品位”的城市建设理念。把保障性住房建设放在重要位置，全面启动经济适用房、公租房、棚户区改造工程建设。全县近3年建成4.5万平方米、916套廉租房，为部分“三无”户解决了栖身之所。房地产市场持续健康发展，住房保障工作走在全市前列。在灾后重建项目中，剑阁首次获得“天府杯”工程金奖2个；剑门关关楼、剑门大厦入选全省灾后重建经典案例。

2011年10月，人力资源和社会保障部、发展和改革委员会、解放军总政治部授予李荣健“汶川特大地震灾后恢复重建先进个人”称号。

何茂生

何茂生，男，汉族，1968年3月生于四川省青川县，中共党员，剑阁县上寺乡桅杆村党支部书记。

桅杆村与青川县剑峰乡接壤，境内铁佛山、汉王山两峰对峙，清江河穿境而过。“5·12”地震一瞬间，铁佛山、汉王山山体崩裂，重达数百吨的巨石一个个从山顶砸下来，整个村庄笼罩在烟尘之中。正在乡政府办事的村支部书记何茂生来不及多想，冒着飞石，5分钟内赶到铁佛山脚下的十一组。眼前的一切让他惊呆了：村民赵文军的房子一半倒入河中，一半堵塞了村道公路。村民们对他说，一块大约一百多吨重的石头砸到赵家的堂屋，赵文军躲闪不及，双腿砸断……何茂生当即掏出500元钱，安排人迅速护送赵文军去医院治疗。当务之急是打通村道公路，抢救伤员。而赵文军的妻子哭喊着不答应，非要乡上领导看了现场后再清除建筑垃圾。想到还有很多伤员急需救治，何茂生禁不住对她大嚷：“房子倒了，我们都能证明，你要为全村人，为其他伤员着想！”对方不听，情急之下，何茂生一把将她拦腰抱开。10多分钟后，公路畅通了，30多名伤员被迅速送往医院救治。

地震造成通讯中断，拟定下午3时召开的全村党员干部紧急会议，只好托人一个个传口信。何茂生一边通知参会人员，一边察看灾情，一路上越看心情越沉重。十组有4户村民房屋倒塌，九组有12户，八组有62户……此时此刻，对于一无所有的村民来说，生存是最重要的。何茂生拿出准备付公路款的3000元钱，派人到乡场镇购买大米和面粉。下午3时，全村42名党员、15名村组干部站在村委会断墙残壁的房屋前，何茂生带领全体党员面对党旗庄严宣誓：“一心为民，只讲奉献，不等不靠，奋力抗灾！”经过短暂研究，党支部迅速作出所有受灾群众统一食宿、统一行动的决定。

全村有200户近千人无家可归的受灾群众，而救灾帐篷只有63顶，“僧多粥少”怎么办？何茂生毅然决定，先保障房屋垮塌户中的老人和小孩，其他能够投亲靠友借住的就不住帐篷。他带头挤进了弟弟家搭起的棚子。在他的带动下，一组组长何明昆一家人主动住进了亲戚家，越来越多的党员、干部主动申请不住帐篷。在救灾物资的分配上，党员干部舍己为人，尽量多让出一些给重灾户和困难户。党员梁开昆、梁开德等几家，虽然都是重灾户，可每批救灾物资送到家里，他们都原封不动地退回村委会。他们说：“把这些东西发给更需要群众吧，我们人还在，两只手还在，生活会慢慢好起来的。跟何书记比，我们做得还不够。”群众平时看支部，困难时看党员，党员干部的无私奉献精神打动了村民。八组14户村民主动把分给自己的救灾物资送给重灾户。上级分发的6批救灾物资，桅杆村没有一个人争，没有一个人怨这怨那。更有一批党员干部自发组织到县城，义务搬卸外地救灾物资。党员冯自保，满头是汗，浑身是泥……城里人无不为之感动。

在规划过渡房选址时，党员王秀英主动让出他家仅有的5分责任田和7根木料，此举在人均不到3分耕地的桅杆村被传为佳话。干群同心，力可断金。在建过渡房期间，何茂生每天早上6时出工，晚上和守护工地的党员干部一起住在工棚里，轮流值班，常常一天只能睡两三个小时。长时间加班熬夜，他黑瘦了，但仍然保持旺盛的精力，带领全村人民共克时难。10天过去了，59户房屋垮塌户住进了首批简易过渡房。至6月中旬，全村高标准建成过渡房310间，创造了全县过渡房安置新模式。

为让群众早日住上放心、安全的永久性住房，在做好农房维修加固工作的同时，何茂生在桅杆村八组抓点，按照新农村建设的标准，统一进行农房规划设计，既节药耕地，又满足了村民们的生产生活需要。他外出为该组联系购买了大批建筑材料，缓解了灾后重建建材紧张的矛盾。至2008年10月，全村永久性住房动工兴建141户。

桅杆村基础设施在地震中遭到严重破坏。何茂生发动群众自力更生，重建家园，同时积极争取上级对本村灾后重建工作的支持，多方筹措资金120万元，投劳1700个，完成5.1千米通村公路的铺油建设任务。投资2万元，投劳200个，完成本村铁路沿线沿河公路的基础整治工作，为沿河公路硬化打下基础。完成至猫儿村的码头建设，开通渡船，群众渡河难的问题得到解决。

2008年10月7日，中共中央、国务院、中央军委授予何茂生“全国抗震救灾模范”称号。

张庚杰

张庚杰，男，汉族，剑阁县下寺小学二年级学生，时8岁。

2008年5月12日下午，张庚杰在家里午休后，正高高兴兴地和同学们走在上学路上。

14时28分，特大地震发生了，周围的房屋伴随道“劈啪”的断裂声，不停地摇摆，水泥路面瞬间扭曲变形，同学们站立不稳。“地震了，快跑!”街上的行人和店铺里的人们恐慌地向空旷地带涌去，同学们也纷纷向街道右侧的一片空地跑去。机灵的张庚杰正要跑开时，突然发现前面一位小同学正朝着街道左侧即将倒塌的围墙跑去。他一边高喊：“围墙要倒了，赶紧闪开!”一边奋不顾身地去拉那位小同学。突然，两米多高的围墙倒塌了，小同学被埋在下面，张庚杰也被砸倒在地上。他不顾疼痛，十分吃力地朝围墙掩埋同学的地方爬去，并高声呼喊：“快来人啊！我的同学被围墙压在下面了!”

当闻讯赶来的老师和群众搬开倒塌的围墙时，那位小同学已经停止了呼吸。张庚杰哭着说：“都怪我跑不动，没有来得及推开他。”这时，大家才发现张庚杰的左脚前段被砸得血肉模糊，血流不止。大家立即将他送往卫生院救治。

张庚杰经下寺镇中心卫生院紧急清创包扎后，被转至广元市人民医院治疗，由于伤势严重，最后转至郑州医科大学第一附属医院治疗，他以坚强的毅力，战胜痛苦，左脚掌前段被切除，康复后继续上学。

2008年6月14日，教育部授予张庚杰“抗震救灾优秀学生”称号；27日，张庚杰获中央文明办、教育部、团中央、全国妇联授予的“抗震救灾优秀少年”称号。

徐怀峰

徐怀峰，男，汉族，1965年9月生，剑阁县毛坝乡人，中共党员，大学学历，剑阁县城北镇党委书记、人大主席。

汶川特大地震造成城北镇17个村，5412户普遍受灾。其中1548户，房屋重度受损或垮塌，5225

人无家可归。全镇水利、公路等基础设施和第一、二、三产业遭到严重破坏。

地震发生后，徐怀峰立即召开党委、政府成员紧急会议，成立抗震救灾指挥部，启动应急预案。全镇干部在他的带领下，全力投入抗震救灾。他关心群众安危、群众冷暖、群众情绪，连续70余天，始终站在抗震救灾第一线。那里有困难，他就出现在那里，帮助老弱者搭建帐篷，帮助缺劳户恢复生产。他身先士卒，加班加点，不顾疲劳与同事们一道装卸救灾物资，在救灾物资的发放上，充分发挥群众的参与、监督作用。各村成立有群众代表参加救灾物资发放、监督小组，坚持公平、公正、公开的原则，使救灾物资能够及时、准确的发放到受灾群众手中。为了让受灾群众得到临时安置并安全度汛，他及时谋划过渡安置房工作，采取集中修建与分散修建相结合的方式提早进行。6月初，前锋村一组和红双村集中修建的过渡房顺利完工。仅一个月时间，全镇1598户、5225人得到妥善安置。徐怀峰在全镇组织党员助耕队、青年突击队、民兵应急小分队等65支，参加“双抢”和防汛工作，圆满完成夏收夏种生产任务，最大限度地降低灾害损失，为灾后重建打下基础。

在完成住房加固后，灾后重建全面展开。徐怀峰将交通便利、经济条件较好的民主村、柳垭村、红双村、前峰村、新华村作为永久性住房重建示范点，按照因地制宜、适度集中、节约用地、合理布局、功能齐全、美观实用的原则进行建造。7月4日，省领导刘奇葆到城北镇民主村视察后给予高度评价。灾后重建期间，全镇引资新建页岩砖厂3个，年产量8000万匹以上，有效解决了灾后重建红砖紧缺的矛盾，灾后重建项目施工进度走在全市、全省前列，省、市灾后重建现场会先后在城北镇召开。

2008年10月，中共四川省委、省人民政府授予徐怀峰“四川省抗震救灾模范”称号。

第二节　援建单位模范人物

王寅亮

王寅亮，男，汉族，1962年3月生，中共党员，大学文化。黑龙江省公安厅政治部副主任，黑龙江省支援剑阁警务队队长。

王寅亮带领两批225名民警在剑阁执行对口警务支援任务。在灾区战斗的四个多月里，自觉接受当地党委、政府和公安机关的领导，坚持“安全、有力、有序、有效”的工作标准，以“当地党委政府满意、受援地公安机关满意、灾区人民群众满意、本省公安厅党委满意”为奋斗目标，精心组织、科学实施警务支援工作，为维护灾区稳定、保卫灾后重建、服务当地百姓作出了突出贡献。警队协助处置群体性治安事件19起，处理民间纠纷158起，化解上访事件26起，扭转了剑阁县越级上访多发的局面。警队配合当地公安机关先后圆满完成了温家宝总理赴青川视察、四川省文联赴剑阁慰问演出、中央电视台“温暖灾区行”大型直播、青川县东河口地震遗址公园开园仪式、广旺能源发展集团百万吨水泥项目施工等警卫、保卫、守护任务81次，出动警力1662人次，未发生任何纰漏。

在打击防范犯罪上，警队派出巡逻勤务6849人次，参与统一清查行动86次，盘查人员13972人次，检查行李包裹 7593 件次、行业场所 781 家次；破获刑事案件 47 起，抓获犯罪嫌疑人 75 名，缉捕逃犯 9 人，查获盗抢机动车 47 辆；查办治安案件 99 起，收缴枪支 33 支、子弹 150 发、爆炸物品 274 千克、管制刀具 65 把、网吧公卡 125 张；查纠交通违法 14691 起，疏导交通堵塞 441 次，清理违法占道 390 处，治理交通乱点 140 处，处理交通事故 215 起，查破肇事逃逸案件 5 起。

开展交通安全宣传进农村、进社区、进企业、进学校、进家庭“五进”活动 521 次，举办交通安全知识讲座 52 次，受教育人数 20 余万人次。在抢险救灾上，警队坚持逢险必查，闻警速动。队员顶风冒雨排除洪灾险情，快速反应抢救余震伤员，不惧艰险营救轻生青年，机智果敢避免森林大火，奋不顾身扑灭汽车自燃火灾，舍生忘死抠挖拆房抢救被埋群众等感人事迹，在当地广为流传。队员参加余震抢险 1 次，火灾抢险 8 次，抗洪救灾 2 次，事故抢险 4 次，抢救遇险群众 14 人，营救轻生人员 3 人；警队资助剑阁县特困民警 5 名，队员捐助贫困家庭 100 家、贫困学生 71 名，与贫困学生结成长期帮扶对子 13 对，捐助款物 96386 元；无偿献血 13000 毫升，助民劳动 957 人次。突显大灾大难面前警民唇齿相依的鱼水深情。当地群众纷纷以各种方式表达对警队的拥护和爱戴，警队收到表扬信 83 封、锦旗 184 面。在警队的帮助下，剑阁县震后一度中断的交警车驾管业务得到全面恢复，刑事技术装备水平、应用技能大幅度提升，警务技能“小教员”队伍进一步壮大，驻在单位的信通、网络技术和基础业务有了新的加强。警队实施“智力援建”和“公理援助”计划。援建期间，队员共协助办理机动车牌证 3420 本，整理车辆积压档案 11190 份，整理基础台账 1932 份。举办各类培训讲座 9 次，培训民警 720 人次。在王寅亮的带领下，警队成绩显著。国务委员、公安部部长孟建柱和公安部副部长、公安部对口支援领导小组组长刘金国先后作出重要批示，要求“全国援川警队要向黑龙江省警队学习”。

王寅亮荣立个人三等功 4 次，个人二等功 2 次，个人一等功 1 次。荣获公安部授予“全国优秀人民警察”称号，人事部、公安部授予的“全国特级优秀人民警察”称号，中共四川省委、省人民政府授予的“抗震救灾模范”称号。

王林生

王林生，男，汉族，1963 年 6 月生，中共党员，硕士研究生，黑龙江省建筑职业技术学院副院长兼建筑经济管理系系主任，高级会计师，黑龙江省对口支援剑阁县灾后重建前线指挥部监督领导小组办公室主任。

在援建过程中，他克服糖尿病、颈椎病、湿疹等病痛困扰和气候潮湿、饮食不适等困难，勤勤恳恳，踏实工作，认真履职，为援建工作作出了积极贡献。在工程项目管理中，他深入边远乡镇，一心扑在援建一线。他负责管理县广播电视骨干网络建设、乡镇计生站、粮食收储站、垃圾处理场等 9 个援建项目。从设计到施工，坚持每天到现场跟踪检查工程进展情况。因路途遥远，有时一连几天吃住在条件艰苦的乡下。他严格工程质量监督，强化施工过程控制管理，发现问题督促施工单位及时整改，在第一时间解决问题。重视施工安全，狠抓现场管理和文明施工，开展标准化工程建设活动，3 次带队检查质量安全，查处违规企业 20 余家，整改质量安全隐患 60 余处，以保证援建项目顺利进行。

在监督检查和审核审计工作中他认真负责，一丝不苟，不徇私情，严格把关。负责起草《黑龙江省支援剑阁县灾后重建项目工程款拨付暂行办法》《进一步加强黑龙江省支援剑阁县灾后重建项目监督管理的补充通知》等5个规范性文件，对援建项目的资金拨付、价款结算、履约保证金交存等做出相应规定。累计审核工程预付款、进度款、变更款和二类费用等工程量清单资料2000多件。为防止援建资金被挤占、截留、挪用、滞留等违法违规问题的发生，坚持援建项目资金专户储存、专账核算、专款专用。他先后4次组织援建资金大检查，纠正整改建设单位违纪违规问题40件。组织援建项目竣工决算和审计，确保援建资金使用依法合规，安全高效。建立援建资金申请、审核、决定、拨付、监管、审计“六位一体”的监管机制，与同事共同研究制定“标书预审、两地售标书、异地开标、业绩考察”等多项招标创新措施，破解招标工作难题，收到良好效果。他带队调查处理招标违规违纪问题3起，处理招投标来信来访6件，保证援建项目招标工作公开、公正、公平进行。黑龙江省援建工作创新监督机制的做法，得到中纪委监察部的肯定，中纪委监察部办公厅《反腐败工作信息》《中国纪检监察报》《中国监察》杂志均刊登报道。

他始终牢记党和人民的重托，自觉遵守廉洁自律规定，对自找上门要工程的企业，尤其是对朋友、同学说情揽工程的，都坚决回绝，严格遵守前线指挥部“四不准”工作纪律。

谈到两年援建工作，他深有感触地说：“能够到灾后重建一线工作，是我一生最大的收获。地震灾区是一所大学校，灾区人民就是最好的老师，援建工地就是一个大课堂，我学到了教科书上没有的知识，援建使我懂得了生命的责任与爱的意义!"

2010年9月，王林生获中共四川省委、四川省人民政府授予的“四川省灾后恢复重建先进个人”称号，同年获中共广元市委、广元市政府授予的“广元市灾后恢复重建先进个人”称号，先后获“感动广元十大人物”“广元市优秀共产党员”“剑阁县荣誉市民”“广元市荣誉市民”称号及“剑阁县灾后重建特殊贡献奖”。

刘国会

刘国会，男，汉族，1961年6月生，中共党员，黑龙江省发展和改革委员会党组成员、巡视员，黑龙江省对口支援四川省剑阁县灾后重建前线指挥部指挥长。

刘国会于2008年6月25日率队进驻剑阁，在艰苦卓绝的援建实践中，把大庆精神、铁人精神与抗震救灾精神融为一体，铸造出具有时代特色的黑龙江援建精神，带出了一支铁人式的援建队伍，为剑阁县灾后恢复重建和经济发展作出了重大贡献。

他情系灾区，爱洒剑门。从踏上前线的那刻起，就毅然将重病卧床的母亲交给亲人照看，自己不顾余震频发、强震不断、气候不适等诸多困难，全身心投入援建工作。母亲多次病危住院，每次他都因工作紧张不能回家照顾。直至2009年5月8日母亲在大庆去世，他陪护母亲的日子加在一起也不足10天。面对“5·12”地震一周年这个特殊节点，他将母亲去世的噩耗瞒得严严实实，直到5月14日中央和四川省各项纪念活动结束，他才匆匆赶回大庆祭母，这时母亲辞世已经整整6天。

他把对口支援作为自己崇高的政治使命，坚定不移地执行党中央、国务院和黑龙江省委、省政府的各项决策部署，始终不渝地坚持“办快、办实、办好”“求实、务实、做实”的援建方针；始终不渝地遵循援建的四大原则；始终不渝地坚持以科学发展观统揽援建，大力推进学校、医院等民生工程和基础设施建设，始终不渝地坚持“输血”和“造血”相结合，大力培植剑阁经济增长极。

他视灾区为故乡，视受灾群众为亲人。他和他的团队是龙江大爱的传递者，是龙剑友谊的推进者。他和他的战友们不怕牺牲、顽强拼搏、务实创新、无私奉献，创造了可歌可泣的龙江援建精神，展示出龙江人“特别能吃苦、特别能战斗、特别能奉献、特别能忍耐”的团队风貌。

他运筹帷幄，统揽全局，在剑阁灾后重建的舞台上大展身手。刘国会率领前线各支队伍从灾区实际出发，开拓创新，勇克时艰，名扬巴蜀。他领导的前线指挥部与受援地党委政府共同创造的“无缝隙对接、无障碍合作”经验，受到省领导刘奇葆同志多次赞扬，在全省18支援建队伍中广泛推广；采取的“交支票＋全过程参与和监督＋全方位援助”的援建模式，作为“案例研究”在国际国内研讨会上广泛交流；农房重建分区设防，针对不同村镇农户进行规划设计的做法深受受灾群众欢迎，新闻媒体争相报道。危房鉴定和农房技术指导走在前列。特别是黑龙江省在招投标领域采取“两地售标书、异地开标、业绩考察、投标底限”等措施，在项目监管上实行“三位一体”的监管模式，有效破解援建工作中遇到的一些新问题，得到中纪委的高度肯定，并以纪检专报报送政治局常委。在他的组织和领导下，各支队伍圆满完成各项援建任务，援建工作取得了全面胜利。

他以身正人，用无声的行动为援建队员树起了人生标杆。坚持民主集中制，不搞一言堂；个人服从组织，少数服从多数；作风正派，为人公道，光明磊落，一视同仁；班子团结，同事友爱。形成了一个相互尊重、相互信任、相互支持，具有强大凝聚力、号召力和战斗力工作团队。

他带头做到“慎权、慎欲、慎微、慎独”，严于律己、以身作则，在招投标、项目监管上不徇私利，清正廉洁，真正做到了踏踏实实干事、清清白白为官。前线指挥部干部人人执行“四不准”的规定，即不准出入娱乐场所、不准打麻将、不准驾驶机动车、不准以项目谋私，便是当年大庆“三老四严”作风的延伸。指挥部的同志常说，刘指挥是铁打的，像一部开足马力的机器，昼夜不停的高速运转。剑阁的父老乡亲把这位东北汉子视为大庆“铁人”的化身。

2010年9月，刘国会荣获中共四川省委、省人民政府授予的“四川省汶川特大地震灾后恢复重建先进个人”称号。同年，获“广元市优秀共产党员”称号。先后获“剑阁县荣誉市民”“广元市荣誉市民”称号和“剑阁县灾后恢复重建特殊贡献奖”。

肖兴民

肖兴民，男，汉族，1963年11月生，研究生。黑龙江省发展和改革委员会社会发展处副处长、稽查特派员，黑龙江省援建剑阁县前线指挥部副总指挥兼综合计划组组长。

中央确定黑龙江省援建剑阁，他不顾腿手术后钢板引发的炎症，第一个报名请战。2008年6月25日如愿成行，随第一批援建队员进驻剑阁。

他身先士卒，克服人手少、资料缺、时间紧等不利因素，认真执行党和国家的方针政策，紧紧依靠当地党委、政府，有针对性地开展灾情评估和规划工作。不到一个月时间，参与完成《剑阁县地震灾后恢复重建总体规划纲要》，为迅速启动剑阁县的灾后重建提供了政策依据。

他为民分忧解急，积极配合当地政府，深入重灾户，了解房屋受损和建设情况，制定《剑阁县农民自建过渡安置房和自建永久性住房政策补助规划》，把解决受灾群众过渡房和永久性住房纳入援建的总体规划中，在援建资金上重点扶持，使这项最大的救民、安民工程得以顺利实施。他把解决灾区人民行路难、吃水难、就医难和学生上学难等民生问题始终放在心上，逐一落实在项目的谋划之中。在加快推进第一批项目的同时，提出第二批援建项目的计划，总投资达8.59亿元。他主动抓好项目启动和实施工作。为加强对援建项目的管理，提高援建项目的建设进度和工程质量，在搞好总体规划的同时，结合国家的要求和剑阁县项目管理的实际，创造性地开展工作，主持拟定了《黑龙江省对口支援四川省剑阁县恢复重建项目管理办法》《项目资金管理办法》《办公经费管理办法》《灾后重建项目工程款拨付暂行办法》《进一步加强招投标监管工作的通知》《项目变更管理暂行办法》《援建项目流程图》，规范援建项目招投标、项目变更、资金拨付管理等项目工作流程，使援建项目的速度效益、低成本效益和经济社会效益大大提高。

作为副总指挥，他身先士卒，吃苦在前。为做好第二批、第三批项目规划，主动到有关部门调研，带领工作人员搞测绘、查资料、绘图纸，常常一干就是一个通宵。他翻山越岭，不辞劳苦，掌控重建进度，全县乡村都留下了他的足迹。

2008年10月，中共四川省委、省人民政府授予肖兴民“抗震救灾模范”称号。2009年获“广元市优秀共产党员”称号。连续两年获“广元市先进个人”称号，先后获“剑阁县荣誉市民”“广元市荣誉市民”称号和“剑阁县灾后恢复重建特殊贡献奖”。

张焕昭

张焕昭，男，汉族，1968年3月生，研究生，黑龙江省发展和改革委员会农经处副处长，黑龙江省援建前线指挥部联络宣传组组长。

他发扬大庆精神、铁人精神和北大荒精神，特别能战斗、特别能吃苦、特别能奉献，克服余震频发、水土不服、气候不适、生活条件简陋、老人生病及自身患有头晕等困难，肩负重任，团结同志，努力工作，开拓创新，廉洁自律，用自己的实际行动，为剑阁灾后恢复重建作出了重要贡献。

他带领联络宣传组全体同志，运用多种宣传手段，宣传黑龙江省的援建工作，扩大对口援建成果，为援建工作营造良好的舆论氛围，让外界和家乡人民更多地了解和支持对口援建工作。他同时肩负综合计划组和办公室部分工作，援建期间共编发前线快报50多期，为中央、省、市报刊，电视、网络等媒体提供新闻稿件200余条，起草领导讲话、工作总结、典型材料等70余篇累计30余万字。在2009年纪念“5·12”一周年宣传期间，负责接待新闻媒体30家百余人。在市级以上新闻媒体播发新闻83条，举办两期图片展。配合中央电视台和新华社成功举办多次现场直播和系列报道，参与编撰《践行使命》《剑门关下铁人情》《大援建》《汶川特大地震黑龙江省援建剑阁县志》，对黑龙江省援建工作进行广泛宣传报道，扩大影响，为宣传黑龙江省援建成果、展示龙江风采作出突出贡献，得到指挥部和剑阁人民好评。

2010 年 9 月，张焕昭获中共四川省委、省人民政府授予的“四川省灾后恢复重建先进个人”称号。同年，获“广元市灾后重建先进个人”称号。先后获“剑阁县荣誉是市民”“广元市荣誉市民”称号和“剑阁县灾后恢复重建特殊贡献奖”。

张宝武

张宝武，男，满族，1968 年 9 月生，中共党员，大学学历，硕士学位，黑龙江省住房和城乡建设厅副处长，黑龙江省支援剑阁灾后重建前线指挥部工程组成员。

他特别重视工程质量安全监督管理，狠抓规章制度建设，认真执行《黑龙江省支援剑阁县灾后恢复重建项目变更管理暂行办法》《工程款拨付暂行办法》等规定，有效规范援建项目程序，加大现场监督管理力度，提高工作效率。剑阁县面积较大，许多乡镇离驻地较远，最远的一百多千米，而且都是山路，既崎岖不平又危险重重，滑坡泥石流灾害时有发生。他不畏艰险，不怕苦，带领检查组深入施工现场，先后开展十余次援建项目质量安全大检查活动，不定期地下乡督察百余次，对提高援建项目质量，加快推进项目建设速度起到显著的作用。在工程项目的变更管理上，由于剑阁地处山区，地质条件复杂，常常引起项目内容变更。他和工程组成员严格控制工程造价，规范变更行为，务求项目变更趋于科学合理。他负责组织的“剑门杯”活动开展得有声有色，卓有成效，广获好评。

张宝武建筑专业出身，有丰富的专业知识和实践工作经验，在支援剑阁灾后重建的一年多时间里，他处处严格要求自己，清正廉洁，克己奉公，在各类项目招投标监审工作中刚正不阿，不徇私利。严格遵守“四不准”规定，不做任何有损援建的事，不做任何伤害受灾群众感情的事，模范践行自己“尽早为灾区人民工作生活提供一个优良环境”的诺言。

2010 年 9 月，张宝武获中共四川省委、省人民政府授予的“四川省灾后恢复重建先进个人”称号。同年，获广元市委、市人民政府授予的“广元市灾后恢复重建先进个人”称号，先后获“剑阁县荣誉市民”“广元市荣誉市民”称号和“剑阁县灾后重建特殊贡献奖”。

李佩新

李佩新，女，汉族，1967 年 8 月生，中共党员，时任黑龙江省哈尔滨市轻工业学校教研室副主任，高级统计师，黑龙江省支援剑阁教育队队长。

2008 年 7 月，她受黑龙江省教育厅的委派，赴四川省剑阁县职业中学支教。从北方高寒干燥地区到四川高温潮湿环境，从原来的高楼大厦到住灾区板房，尤其是地震刚过，余震不断。上课时间由早八晚五，一周上五天课，休两天，到早六晚十，月休四天，生活规律和环境发生很大变化。作为队长，她知难而进，身体力行，耐心疏导支教老师，在较短时间内，12 名支教人员都适应了新的工作和生活环境。

她从灾区实际出发，因陋就简自制教具进行教学。她承担两个班的《计算机录入与排版技术》的课程。在学校缺 3D MAX 的教师情况下，她提出的就地培养当地教师的建议，得到学校领导班子的赞同，为当地培养了一批专业教师。

支教队伍有一半是党员。她组织党员定期学习，建立健全党支部生活制度，处处发挥党员模范带头作用，开展“一帮一”活动，帮助青年积极上进，有4名青年教师加入中国共产党。

2008年10月，李佩新获“四川省抗震救灾模范”称号。

杨伟杰

杨伟杰，男，汉族，1972年2月生，中共党员，大学学历。时任黑龙江省八达路桥建设有限公司副董事长、副总经理，黑龙江省支援剑阁灾后重建前线指挥部工程组成员。

他始终以饱满的工作热情，良好的精神状态，强烈的责任感和使命感，全身心地投入到援建工作中去，表现出较高的政治素质和个人修养。

他负责交通项目实施和监管工作，及时协调解决项目推进过程中遇到的有关问题。百余次深入施工第一线，抓工程质量、安全和进度。严把初审关，按要求及时办理交通项目工程款的拨付，无一差错，保证了援建资金的使用安全。在交通项目的快速推进及工程质量、安全监管方面发挥了积极地作用，表现了特别能吃苦、特别能战斗、特别能奉献的龙江精神，所负责的剑昭公路建设创造了广元市“剑昭速度”。

在抓好本职工作的同时，他不计分内分外，积极协助其他部门工作，在联络宣传、后勤保障方面发挥了积极作用。他积极为灾区贫困的孩子奉献爱心，资助了剑阁县沙溪中学八年级学生杨森，使该生顺利完成学业。

2010年9月，杨伟杰获“四川省灾后恢复重建先进个人”称号，同年获“广元市灾后恢复重建先进个人”称号，先后获“感动广元十大人物”“广元市优秀共产党员”“剑阁县荣誉市民”“广元市荣誉市民”称号及“剑阁县灾后重建特殊贡献奖”。

苑维春

苑维春，男，汉族，1969年6月生，中共党员，本科学历，黑龙江省卫生厅副调研员，黑龙江省支援剑阁灾后重建前线指挥部工程组成员。

苑维春深入施工一线，始终严把援建工程进度关、质量关和安全关。他说：“学校、卫生院要建成避难所，必须质量第一。”每周一次的联合检查，他总是不厌其烦地向业主方、施工方、监理方强调项目质量，“援建工程不仅要对剑阁人民负责，更要代表黑龙江省人民的一片真心，我们不能在剑阁留下黑龙江省人民的任何遗憾!”他负责的41个卫生援建项目如期完工，大大地改善了剑阁人民的就医条件。

他克服余震频发，水土不服，周身湿疹反复发作等诸多困难，顽强拼搏，无私奉献，岳母病重住院和妻子怀孕期间依然坚守岗位。孩子出生后的第五天，剖腹生产的妻子还在病床上，苑维春就匆匆返回了剑阁。“国家的事再小也是大事，自家的事再大也是小事。”就是这种强烈的使命和责任感，让苑维春变成了“铁石心肠”。

他在卫生项目的灾后重建工作中，积极主动，尽责尽力，兢兢业业。生活上严于律己，团结同志，关爱他人，发挥自身的医学专长，主动承担指挥部全体成员的医疗保健等工作。他及时协调解决黑龙江省援助医疗队的有关问题，协助宣传组共接待近百家新闻媒体到前线指挥部采访，收集援建宣传成果近千件（份）。援建期间，累计下乡近百次。严把初审关，按要求及时拨付卫生项目工程款，审核百余件，无一差错，保证了援建资金的安全使用。

2010 年 9 月，苑维春获“四川省灾后恢复重建先进个人”称号，同年获“广元市优秀共产党员”称号。先后获“剑阁县荣誉市民”“广元市荣誉市民”称号和“剑阁县灾后重建特殊贡献奖”。

陈方斌

陈方斌，男，汉族，1963 年 8 月生，中共党员，本科学历。黑龙江省广播电视大学办公室副主任，黑龙江省支援剑阁灾后重建前线指挥部工程组成员。

陈方斌幼时曾随“三线”建设的父母赴四川成都，此次又身负重托万里驰援剑阁抗震救灾。一家三口，两国三地，可谓万千家国事，一身两担当。他赋诗明志：万里驰赴剑门关，别妻离子心坦然。父子两代巴蜀意，剑龙河山著诗篇。

他一心扑在学校项目建设管理上，对立项、设计、招投标等各个环节严格把关。经常到建设工地检查建材质量和施工情况。为了援建工程尤其是沙溪中学、剑阁职中、体育活动中心等援建重点工程顺利推进，先后赴西安、重庆、长沙、北京、九江等地考察“陕西康大”“九江一建”等中标企业的资质及业绩，许多时间是在思考问题、咨询答辩、详细核查中度过的。

他发扬铁人精神，住板房、吃食堂，严格服从指挥部准军事化管理，抓住援建工作“告别板房”“国庆献礼”“决战年底”等时间节点，开展质量安全检查、竣工验收，又好又快地推进恢复重建，援建剑阁教育系统 51 个项目陆续竣工。

陈方斌的爱人在哈尔滨工作，女儿在美国读书，年迈的母亲瘫痪在床，但他每次在家停留的时间都十分短暂，时时把灾区人民的安危冷暖挂在心上。多次与指挥部领导一起到普广小学、毛坝小学、汉阳中学等校慰问教师和学生，特别关怀教育藏区学生。

2010 年 9 月，陈方斌获“四川省灾后恢复重建先进个人”称号，同年获“广元市灾后重建先进个人”称号。先后获“剑阁县荣誉市民”“广元市荣誉市民”称号和“剑阁县灾后重建特殊贡献奖”。

侯继周

侯继周，男，汉族，1972 年 7 月生，中共党员，大学文化，黑龙江省发展和改革委员会哈大齐协调处副处长，黑龙江省支援剑阁县灾后恢复重建前线指挥部办公室主任。

他在纷繁复杂的办公室工作中不畏艰苦，积极组织办公室工作人员调查研究，为领导决策服务。开展政务督办和重大事项督办，协助总指挥负责资金和事务管理，分管就业等工作。他始终以饱满的工作热情、良好的精神状态、强烈的责任感和使命感，全身心地投入到援建工作中去。他主动放弃节假日和星期天，甚至回家探望身患癌症的母亲也是来去匆匆。2010年正月初七，其母重病离世，未能多陪母亲成为他最大的遗憾，他满怀愧疚地料理完母亲的丧事后，就匆匆赶赴剑阁。

他坚持原则，不徇私利。在权力和金钱面前，他就给自己立下警示牌“慎权、慎欲、慎微、慎独”，严于律己，宽以待人，踏踏实实干事，清清白白做人。他带头执行“四不准”规定，不以项目谋私。分管的财务工作、办公室工作、后勤工作样样出色。“他恨不得一分钱掰成两半花”“黑龙江省援建指挥部的好管家”这是援建指挥部里的同事们对他的最直观感受。

他甘于奉献，不计得失。工作付出多，荣誉面前谦让，表现出较高的政治素质和业务能力。在他与同事们的共同努力下，前线指挥部工作生活环境得到改善，重大活动保障有力，各项政令得到有效贯彻。分管的就业援助工作也取得实效，他主动加强与省直及市地有关部门、企业协调和沟通，统筹促进灾区群众就业，协调省内企事业单位提供就业信息3648条，成功组织613名大学生、农民技术工和城镇下岗工人赴黑龙江就业，力促援建项目帮助实现就业1534人，帮助受援方就地就近就业11686人。

2010年9月，侯继周获“四川省灾后恢复重建先进个人”称号，同年获“广元市灾后恢复重建先进个人”称号。先后获“剑阁县荣誉市民”“广元市荣誉市民”称号和“剑阁县灾后重建特殊贡献奖”。

高启生

高启生，男，汉族，1966年11月生，中共党员，公共管理硕士，黑龙江省住房和城乡建设厅干部，选派灾区援建干部，任中共剑阁县委常委、剑阁县政府副县长，黑龙江省援建剑阁前线指挥部副总指挥。

高启生在援建期间，先后主持、参与制定剑阁县灾后重建“1+9”专项规划，亭子口工程剑阁淹没区集镇迁建规划，剑阁县村镇体系规划、乡镇规划、村庄规划，创建山水森林旅游城市规划及沿108国道下寺、普安城乡统筹示范带规划等工作。参与黑龙江省援建投资1.3亿元的龙江大道工程、投资6000万元的剑门关古镇改造工程和投资4000万元的剑门关关楼等项目规划设计。他参加由国土资源部在剑阁县召开的剑门关山体地震滑坡灾害治理评估会，对全县地质灾害的治理提出了有价值的意见和建议。

他积极协调黑龙江省地震局，组织27名房屋安全鉴定专家到剑阁县开展房屋安全鉴定。冒着余震和烈日，走村串户，完成全县学校、医院和机关单位办公楼和集中小区共409栋57万平方米房屋的鉴定。组织力量对全县城镇震损房屋维修加固，为尽快恢复灾区正常工作、学习、生活秩序打下了基础。

协调黑龙江省住房和城乡建设厅，派出24名建筑专家组成农民自建房技术指导队，奔赴剑阁指导农民自建住房。组织专家编制20套面积不等的农房设计图集，下发2.6万套供农民选用。培训村干部、建房村民和农民工匠8000余人，推进剑阁农房重建进程，使剑阁县农房重建工作走在全省前列，得到黑龙江省、四川省、广元市主要领导的高度评价，其经验在省、市交流。

他积极参与重大工程建设，主持剑门关景区、龙江大道、剑门工业园区10万平方米标准化厂房等重大工程项目的规划、设计和实施。

按照县委、县政府“大抓项目、抓大项目”的要求，抓住扩大内需和灾后重建两大机遇，协助抓好招商引资工作，推进剑阁经济社会快速发展。通过各种渠道，积极主动和黑龙江省内企业协调，推进黑龙江和剑阁的产业合作，在招商引资、技术合作等方面实现重大突破。

协助抓好川煤广旺集团120万吨水泥项目、5000吨脂肪酸精深加工生产线和东山米业上档升级等重点企业培育项目。加大工业园区基础设施的投入力度，主持和参与剑阁县面粉厂、国家储备库建设的前期调研工作。

他不断探索，勇于创新，共同推进建立援建工作的重大决策协商、项目推进、沟通协调、监督检察、党组织保障五个工作机制。创新项目建设资金封闭管理制度，落实援建项目质量责任终身追究制，形成援建、受援工作不分彼此的一体化工作格局，又好又快推进各个援建项目。所挂联的剑门关供水站作为样板工程在中央电视台现场报道。

他参与制定12个规范性文件，对项目招投标、安全生产、质量管理、进度推进、资金拨付、设计变更、工程预决算、审计验收等方面工作进行规范，有效解决工程项目招投标中的串标、卖标、虚假中标等难题。项目工程安全、质量、进度监管工作扎实，援建项目廉洁、优质、高效推进。

2010年9月，高启生获“四川省灾后恢复重建先进个人”称号，同年获“广元市灾后重建先进个人”称号、广元市和剑阁县荣誉市民等荣誉称号，获“剑阁县灾后恢复重建特殊贡献奖”。

附　录

讲话摘要

抗震救灾期间省领导在剑阁调研讲话

一、蒋巨峰强调“一手抓抗震救灾一手抓经济社会发展”

2008 年 6 月 18 日，蒋巨峰在剑阁调研抗震救灾和恢复重建工作。先后在上寺乡桅杆村，下寺镇拐枣村、大桥村调研。晏永和，省政府秘书长、办公厅主任于伟，罗强、马华等参加调研。

蒋巨峰强调，当前抗震救灾和灾后重建任务重。要按照党中央、国务院的总体部署和省委、省政府的要求，坚持“两手抓”，一手抓好抗震救灾，一手抓好经济社会发展；坚持以人为本，继续全力以赴做好救治伤员、安置受伤群众、加强卫生防疫、防范次生灾害等方面的工作，确保大灾之后无大疫，不出现新的人员伤亡；因地制宜研究恢复生产、灾后重建，搞好规划，并按照国务院的统一部署和省里的要求做好对口支援重建的准备工作；突出自身特色和资源优势，抓好国家灾后重建的机遇，抓好项目发展，抓好经济发展，抓好社会事业发展，抓好灾区社会稳定。

蒋巨峰指出：要坚持自力更生，艰苦奋斗，通过自己勤劳的双手重建美好家园。要按照党中央、国务院和省委、省政府的总体要求，把更多的精力集中到生产自救和重建家园上来，搞好灾后重建工作。组织好、动员好、发动好群众，充分发挥他们灾后重建的主体作用，用自己的双手和辛勤劳动重建美好家园。除了依靠国家、兄弟省市的支持和社会的捐助外，还要善于把握利用市场机制，为恢复生产、灾后重建提供强有力的财力支持。

二、中共四川省纪委副书记任俊年指出“严肃查处特殊时期典型违纪违规问题”

2008 年 6 月 17 日，省纪委副书记任俊年率工作组深入调研抗震救灾期间的信访工作。任俊年强调，要充分发挥查办案件的治本功能，加大信访案件查处力度，严肃查处特殊时期典型违纪违规问题，对违纪干部决不纵容姑息。

17日上午，在卢达昌的陪同下，任俊年一行深入下寺镇拐枣村、上寺乡等地，检查了救灾政策的落实、救灾款物的发放情况和特殊时期信访工作情况。

在认真听取了县委、县纪委的工作汇报后，任俊年充分肯定了县纪委的工作。他说：在重建家园阶段，剑阁县纪委要再接再厉，发扬纪检监察干部敢于吃苦，甘于奉献的精神，夺取抗震救灾工作决定性胜利。

任俊年要求，要启动12388信访专线，建立24小时值班制度；要开通信访直通车，在灾情严重的乡镇、受灾群众集中安置点设立投诉点；要开展下乡接访，主动派涉农涉法干部到一线接访，解决老百姓关心的问题；要进一步把信访工作抓实、抓深，积极探索在应急状态下如何进行信访工作，建立新的应急状态工作机制，坚持政策宣传与思想教育相结合的信访工作原则，降低信访量。任俊年强调，要充分发挥查办案件的治本功能，加大信访案件查处力度，严肃查处特殊时期典型违纪违规问题，对违纪干部决不纵容姑息。

三、张作哈要求“坚持抗灾自救与发展生产两手齐抓”

2008年6月17日，副省长张作哈一行赴剑阁视察灾情，检查指导抗震救灾工作。马华、张兴德及市、县有关领导陪同调研。张作哈一行视察城北镇新华村现代农业示范园区建设，看望慰问高观乡安置点的青川移民，沿途察看烤烟种植情况，并详细视察下寺镇拐枣村及新县城的地震受灾情况，督导过渡安置房建设工作。

张作哈指出，剑阁受“5·12”汶川8.0级地震及多次余震冲击，损失惨重。剑阁县委、县政府在大灾面前组织有序、应对有方、措施得力，各项工作稳步推进。希望剑阁县继续发扬不折不挠、顽强拼搏精神，坚持抗灾自救与发展生产两手齐抓，努力夺取抗震救灾工作的全面胜利。

（张华兰整理）

四、晏永和在调研集中安置点时的讲话

同志们：

今天到剑阁来，重点是想就省抗震救灾指挥部226号文件对我们广元几个县区灾后过渡安置房配套设施建设如何加强整改，迎接全省检查的通知的有关情况作一了解。武先同志非常重视这一通知，批示我们工作组作一些前期的督促检查工作，目的是想把这件事情搞得更圆满一些。市委、市政府也非常重视，接到通知后，立即召开了指挥部会议，并提出了几条整改措施。

第一，关于剑阁抗震救灾百日攻坚工作的评价。坦率地说，工作组到广元100多天了，我们是多次到剑阁来，而且剑阁给我在整个百日攻坚战中留下了深刻印象。在“5·12”地震后，剑阁县在我们七个县区当中，也是一个受灾比较严重的县。在大灾面前，剑阁县委一班人带领县四大班子以及全县人民奋起抗灾，成绩斐然。在这百日攻坚过程中，给我总体感觉，剑阁的同志们特别是领导班子，给我的印象是：思维敏捷、思路超前、措施得力、效果明显。在各个阶段中，无论是抢救生命、临时

过渡安置、次生灾害防治，还是灾后防疫、过渡安置等各个阶段都充分展现了这一点。而且有几件事情给我们印象非常深刻，为全市乃至全省也创造了一些好的经验和典型，也得到了及时的推广。奇葆书记专门进行了表扬，而且在剑阁召开了全省灾后重建现场会议，应该说起到了很好的作用。

一是采取群众评议的办法。剑阁县的灾情特点决定了认定的享受国家补助的对象难度相当大，矛盾尖锐。81%和19%的差距是相当大的。而剑阁依靠群众、相信群众、充分运用党的群众路线，采取群众评议的办法，把最困难的事情交给群众解决。这一方法有效地解决了矛盾，为全市创造了经验，在全市、全省得到推广运用。

二是在过渡房安置、永久性住房建设方面，见识早、起步早，得到省委、省政府的高度肯定。省委书记奇葆同志视察剑阁以后，非常振奋，在省委全委（扩大）会议上唯一表扬的一个县就是剑阁，并且要求全省灾后永久性住房建设现场会议在剑阁召开，主要是学习剑阁经验。5月下旬，当大部分地区还在救治伤员、安置受灾群众的时候，剑阁就率先开始建设永久性住房。

三是大局意识强。剑阁在自身极端困难的情况下，发扬社会主义优越性，主动帮助青川安置2000移民，率先在全省跨地区安置创造了经验。这是一个地方班子、干部的党性观念、全局意识的体现。

四是创造了一个保持稳定的奇迹。剑阁长期以来，历史矛盾较多，针对上访量大的现状，在全省率先开展了千名领导干部下乡大接访活动，采取提前公告的方式让老百姓知晓，有效地把各类矛盾消化在萌芽状态。因为只有19%的群众享受国家有关政策，这与其他地方是不同的，这就意味着面临的矛盾更多，但就是在这样一种条件下，剑阁确保了社会稳定，创造了稳定的奇迹。

五是把灾后重建当成机遇，特别是眼界、视野开阔。在全省还没有定调时候，剑阁就将灾后重建与工业化、城镇化、新农村建设、产业培育相结合，从这一点来说，剑阁的眼界是够的，是开阔的。

六是与对口援建省关系处理得好。特别是充分发挥了主导、主体作用和引导意识，处理好了与援建方的权、责、利关系。这一点很值得总结研究。一方面，人家是无私援助，我们要感恩；另一方面，他们又不太了解情况，出于我们自身发展的需要，这两者怎样结合是非常重要的。群众是主体，政府是主导，援建方是帮助，这三个关系怎么处理。你们有一句话，我感受很深，“你的钱就是我的钱，最终是剑阁受灾群众的钱。”这样一种思路要成为援建方的基本想法，变成他们的行动，最终为老百姓做成实实在在的实事。如果没有这样一个思想基础，始终走不到一块。如果没有这样一个基础，很可能在实施过程中产生一些问题，甚至可能出现分歧。所以这就是我为什么回顾这一段时间的抗震救灾工作，因为剑阁给我留下的印象是非常深刻的。希望剑阁戒骄戒躁，再接再厉，保持这样一个好的传统和作风，这是一个班子的精神财富。

第二，关于活动板房集中安置区配套设施建设中存在问题的整改。从总的情况来看，剑阁县对这一工作是非常重视的。我想着重强调一下，过渡安置的基本任务完成以后，大家的主要任务是抓永久性住房重建。应该说我们要着眼于精、立足于细，不要因为一些小问题，影响我们的成绩。也不要因为工作上的一些个别问题，影响我们整个工作的推进。省指挥部的文件要求各地对板房配套进行一次自查，而且指挥部也明确提出要在月底对我们的板房配套进行一次检查。今天我们来看，总体来说还不错。从我们检查的四个问题整改情况看，第一个解决得不错。第二个就是化粪池的排污口达到标准，三是城区的垃圾桶也解决得不错，卫生死角问题主要是管理问题依然存在。另外，还存在渡口社区的化粪池堆积柴草，化粪池的排污问题，集中居住区的环境卫生问题都还没有完全解决。这几个问题应该引起高度重视，尽快整改到位，不能给我们脸上抹黑，更不能影响到整个工作大局。希望下来之后抓紧解决，不能等到省上检查组检查之后再整改。

（2008年8月25日，根据晏永和讲话录音材料整理。）

重要文件

“5·12”地震剑阁抗震救灾重要文件存目

时 间	文件名及文号
2008年5月12日	中共剑阁县委办公室剑阁县人民政府办公室关于成立剑阁县“5·12”抗震救灾指挥部的通知（剑委办〔2008〕33号）
2008年5月12日	剑阁县“5·12”抗震救灾指挥部关于做好当前抗震救灾工作的通知（剑指〔2008〕2号）
2008年5月14日	剑阁县“5·12”抗震救灾指挥部关于进一步做好抗震救灾尽快恢复正常生产生活秩序的紧急通知（剑指〔2008〕6号）
2008年5月14日	剑阁县人民政府关于加强灾后维护稳定和社会治安工作的意见（剑府〔2008〕45号）
2008年5月14日	剑阁县“5·12”抗震救灾指挥部关于加强村镇受损房屋震后重建工作的紧急通知（剑指〔2008〕7号）
2008年5月15日	剑阁县“5·12”抗震救灾指挥部关于县级部门定点帮扶乡镇开展抗震救灾重建家园工作的紧急通知（剑指〔2008〕8号）
2008年5月17日	剑阁县“5·12”抗震救灾指挥部关于进一步做好抗震救灾物资接收发放工作的通知（剑指〔2008〕15号）
2008年5月17日	剑阁县“5·12”抗震救灾指挥部关于抓好地震灾后农村饮用水安全工作的紧急通知（剑指〔2008〕17号）
2008年5月17日	剑阁县“5·12”抗震救灾指挥部关于切实做好地震灾后疾病防控工作的紧急通知（剑指〔2008〕20号）
2008年5月18日	剑阁县“5·12”抗震救灾指挥部关于开展全县无房户调查摸底工作的紧急通知（剑指〔2008〕24号）
2008年5月19日	剑阁县“5·12”抗震救灾指挥部关于开展抗震救灾抓好农业生产恢复工作的紧急通知（剑指〔2008〕26号）

续表

时　间	文件名及文号
2008 年 5 月 22 日	剑阁县“5·12”抗震救灾指挥部关于认真做好青川移民安置工作的通知（剑指〔2008〕30 号）
2008 年 5 月 23 日	剑阁县“5·12”抗震救灾指挥部关于做好“5·12”地震灾害城镇住房及公共建筑物损失情况统计调查工作的通知（剑指〔2008〕33 号）
2008 年 5 月 24 日	剑阁县“5·12”抗震救灾指挥部关于加强震后安全生产，隐患排查治理工作的紧急通知（剑指〔2008〕37 号）
2008 年 6 月 1 日	剑阁县“5·12”抗震救灾指挥部关于进一步做好抗震救灾期间维护社会稳定工作暨集中开展“迎奥运保稳定”五项专项治理活动的通知（剑指〔2008〕59 号）
2008 年 6 月 1 日	剑阁县“5·12”抗震救灾指挥部关于印发《剑阁县“5·12”地震灾后重建规划编制工作实施方案》的通知（剑指〔2008〕60 号）
2008 年 6 月 4 日	剑阁县“5·12”抗震救灾指挥部关于做好“5·12”地震灾害损失统计工作的紧急通知（剑指〔2008〕72 号）
2008 年 6 月 7 日	剑阁县“5·12”抗震救灾指挥部关于进一步加强抗震救灾食品安全工作的紧急通知（剑指〔2008〕76 号）
2008 年 6 月 10 日	剑阁县“5·12”抗震救灾指挥部关于对救灾款物发放情况进行检查的通知（剑指〔2008〕82 号）
2008 年 6 月 11 日	剑阁县“5·12”抗震救灾指挥部关于将我县纳入“5·12”地震极重县和灾后重点帮扶县的请示（剑指〔2008〕83 号）
2008 年 6 月 12 日	剑阁县人民政府关于安置“5·12”震灾青川移民工作情况的报告（剑府〔2008〕58 号）
2008 年 6 月 12 日	中共剑阁县委剑阁县人民政府关于我县遭受“5·12”地震和开展抗震救灾重建家园工作情况的通报（剑委〔2008〕37 号）
2008 年 6 月 12 日	剑阁县“5·12”抗震救灾指挥部关于震后危房鉴定和拆除有关问题的紧急通知（剑指〔2008〕89 号）
2008 年 6 月 13 日	中共剑阁县委办公室剑阁县人民政府办公室关于“5·12”地震灾害农村居民自建过渡期安置房享受补助有关问题的通知（剑委办〔2008〕66 号）
2008 年 6 月 18 日	剑阁县“5·12”抗震救灾指挥部关于收集“5·12”地震文物资料的通知（剑指〔2008〕96 号）
2008 年 6 月 20 日	剑阁县人民政府关于加快农村灾后重建若干优惠政策的意见（剑府〔2008〕24 号）
2008 年 7 月 17 日	剑阁县人民政府关于印发剑阁县“5·12”地震损坏农房维修加固工作方案的通知（剑府〔2008〕38 号）
2008 年 9 月 9 日	剑阁县人民政府关于确保“5·12”地震受灾群众安全过冬的实施意见（剑府〔2008〕43 号）
2008 年 9 月 13 日	剑阁县人民政府关于“5·12”地震灾后城镇住房恢复重建工作实施意见（剑府〔2008〕48 号）
2008 年 10 月 6 日	黑龙江省财政厅关于印发《黑龙江省支援四川省剑阁县灾后恢复重建资金管理暂行办法》的通知（黑财建〔2008〕136 号）

续表

时　间	文件名及文号
2008 年 10 月 28 日	中共剑阁县委办公室剑阁县人民政府办公室关于进一步做好地震受灾群众安全过冬的通知（剑委办〔2008〕105 号）
2008 年 10 月 31 日	黑龙江省人民政府办公厅关于印发黑龙江省对口支援四川省剑阁县灾后恢复重建项目管理暂行办法的通知（黑政办〔2008〕58 号）
2008 年 12 月 15 日	剑阁县人民政府关于进一步加强城乡居民灾后永久性住房建设管理工作的通知（剑府〔2008〕53 号）
2008 年 12 月 17 日	中共剑阁县委办公室剑阁县人民政府办公室关于印发《剑阁县接受黑龙江省支援剑阁灾后重建工作运行机制和管理办法》的通知（剑委办〔2008〕123 号）
2008 年 12 月 18 日	中共剑阁县委剑阁县人民政府关于加快推进黑龙江省援建项目实施的意见（剑委〔2008〕74 号）
2008 年 12 月 23 日	中共剑阁县委办公室剑阁县人民政府办公室关于组建剑阁县“5·12”地震灾后恢复重建委员会的通知（剑委办〔2008〕126 号）
2008 年 12 月 24 日	中共剑阁县委办公室剑阁县人民政府办公室关于调整剑阁县地震灾后城镇住房恢复重建工作领导小组组成人员的通知（剑委办〔2008〕128 号）
2009 年 1 月 19 日	中共剑阁县委剑阁县人民政府关于加快推进灾后恢复重建项目实施意见（剑委〔2009〕1 号）
2009 年 2 月 16 日	黑龙江省援建前线指挥部关于印发《2009 年黑龙江省援建决战年工作推进方案》的通知（黑援前指〔2009〕3 号）
2009 年 2 月 9 日	剑阁县接受黑龙江省支援灾后重建领导小组办公室关于印发《剑阁县黑龙江省援建项目目标管理考核办法》的通知（剑受援办〔2009〕16 号）
2009 年 2 月 25 日	黑龙江省援建前线指挥部关于进一步加强黑龙江省支援剑阁县灾后重建项目招投标监管工作的通知（黑援前指〔2009〕9 号）
2009 年 3 月 11 日	中共剑阁县委剑阁县人民政府关于加快农村灾后重建促进农民增收的工作意见（剑委〔2009〕2 号）
2009 年 3 月 15 日	中共剑阁县委办公室剑阁县人民政府办公室黑龙江省支援四川省剑阁县灾后重建前线指挥部关于“5·12”地震灾后重建黑龙江省援建决战年工作方案的通知（剑委办〔2009〕9 号）
2009 年 4 月 22 日	中共剑阁县委办公室剑阁县人民政府办公室黑龙江省支援四川省剑阁县灾后重建前线指挥部关于成立剑阁县龙江大道工程建设指挥部及工作机制的通知（剑委办〔2009〕47 号）
2009 年 5 月 13 日	黑龙江省支援四川省剑阁县灾后重建前线指挥部关于进一步加强黑龙江省支援剑阁县灾后重建项目监督管理的补充意见（黑援前指〔2009〕15 号）
2009 年 8 月 7 日	中共剑阁县委剑阁县人民政府黑龙江省支援四川省剑阁县灾后重建前线指挥部关于又好又快推进灾后重建项目开工前期工作的意见（剑委〔2009〕7 号）
2009 年 9 月 9 日	中共剑阁县委办公室关于成立剑阁县抗震救灾“特殊党费”使用管理监督工作领导小组的通知（剑委办〔2009〕84 号）
2009 年 9 月 16 日	中共剑阁县委办公室剑阁县人民政府办公室关于开展“老区不会忘记——剑门感恩回馈行动”的通知（剑委办〔2009〕87 号）
2009 年 11 月 5 日	中共剑阁县委办公室剑阁县人民政府办公室黑龙江省支援四川省剑阁县灾后重建前线指挥部关于加快推进实施黑龙江省第二批援建项目工作的意见（剑委办〔2009〕92 号）

续表

时　间	文件名及文号
2010年1月12日	中共剑阁县委办公室剑阁县人民政府办公室黑龙江省支援四川省剑阁县灾后重建前线指挥部关于黑龙江省委常委、常务副省长杜家毫同志来剑视察重要讲话和市委书记罗强同志重要批示精神贯彻落实责任分工的通知(剑委办〔2010〕2号)
2010年3月8日	剑阁县人民政府关于呈送《黑龙江省对口支援剑阁县环境保护方案》的通知(剑府函〔2010〕22号)
2010年3月11日	黑龙江省支援四川省剑阁县灾后重建前线指挥部关于印发《2010年龙江援建决胜年工作推进方案》的通知(黑援前指〔2010〕3号)
2010年3月31日	黑龙江省支援四川省剑阁县灾后重建前线指挥部关于我省对口支援四川省剑阁县地震灾后恢复重建工作情况的报告(黑援前指〔2010〕6号)
2010年5月10日	中共剑阁县委剑阁县人民政府黑龙江省支援四川省剑阁县灾后重建前线指挥部关于强力推进城区景区灾后重建项目和环境综合治理工作的紧急通知(剑委〔2010〕27号)
2010年5月20日	中共剑阁县委剑阁县人民政府黑龙江省支援四川省剑阁县灾后重建前线指挥部关于进一步加强灾后恢复重建项目资金监督管理的通知(剑委〔2010〕37号)
2010年9月3日	中共剑阁县委办公室剑阁县人民政府办公室黑龙江省支援四川省剑阁县灾后重建前线指挥部关于做好完工援建项目竣工验收和决算审计工作的通知(剑委办〔2010〕57号)
2010年9月25日	黑龙江省支援四川省剑阁县灾后重建前线指挥部关于报送《黑龙江省援建剑阁灾后恢复重建工作总结》的报告(黑援前指〔2010〕12号)
2010年11月5日	中共剑阁县委办公室剑阁县人民政府办公室关于加快灾后重建重点工程项目实施进度和竣工项目检查验收决算审计工作的通知(剑委办〔2010〕65号)

中共剑阁县委办公室　剑阁县人民政府办公室
关于成立剑阁县“5·12”抗震救灾指挥部的通知

剑委办〔2008〕33号

各乡镇党委、政府，下寺经济开发区、剑门关景区党委和管委，县级各部门：

经县委、县政府研究，决定成立剑阁县“5·12”抗震救灾指挥部，指挥部成员由下列同志组成：

指挥长：县委主要领导

副指挥长：田中文　何海生　卢达昌

成员：王成书　何德生　肖光林　吴　勇　彭廷明　夏思法　王湖益　贾剑生　杨正国　赵春学

分组：

1. 县总值班室：何海生　王湖益
2. 维稳安全组：吴　勇
3. 医疗保障组：卢达昌

4. 交通保障组：杨正国

5. 通信保障组：肖光林

6. 电力保障组：肖光林

7. 救灾物资组：何海生　贾剑生

8. 宣传报道组：夏思法　吴　成　敬明洋

9. 食品保障、铁路运输组：肖光林　彭廷明

10. 秘书组：王湖益　杨明学

2008 年 5 月 12 日

剑阁县“5·12”抗震救灾指挥部
关于县级部门定点帮扶乡镇开展抗震救灾重建家园工作的
紧急通知

剑指〔2008〕8 号

各乡镇、下寺经济开发区、剑门关景区、县级各部门抗震救灾指挥部：

5 月 12 日下午，受汶川县 7.8 级特大地震的波及影响，我县城乡受到重大损失，给人民群众生产生活带来极大不便。在市委、市政府的领导下，县委、县政府科学处置、果断决策，全县上下齐心协力，全县抗震救灾工作正扎实推进。为尽快帮助受灾群众做好抗震救灾，重建家园，县委、县政府决定，由县级部门定点帮扶乡镇抗震救灾重建家园工作，现将有关情况紧急通知如下：

一、充分认识定点帮扶乡镇抗震救灾重建家园工作的重大意义

这次大地震波及事发突然，毫无准备，受灾面积大，遍及全县，特别是城乡损失惨重，但因施救及时，人员伤亡降低到最低限度。截至 5 月 15 日 9 时，在这次突如其来的地震灾害中，我县死亡 19 人，伤 5522 人，全县所有房屋不同程度受损，倒塌房屋 2.9 万户、6.1 万间，造成危房 10.5 万户、50.36 万间，39.8 万人无家可归，财产损失特别巨大，受灾群众安置异常困难。灾情发生后，各级领导干部第一时间深入乡镇、重点区域、重点行业查灾、防灾，组织各地群众抗灾救灾。目前，城市基础设施基本恢复，农村查灾工作基本结束，群众情绪稳定，社会秩序良好。大灾虽已经过去，但余震的震源仍在汶川，防震抗灾形势仍然严峻，抗震救灾工作任务依然繁重。县委县政府要求把抗震救灾作为当前全县压倒一切的中心工作和最大的政治任务。特别是县级部门定点帮扶乡镇抗震救灾重建家园工作，是县委、县政府把握全县灾情发展特征作出的有力部署，各级各部门要高度重视，统一思想，加强领导，强力安排，及时组织动员干部职工深入乡镇、深入村组、深入农户全力抗震，全力救灾，全力帮扶重建家园。

二、认真落实定点帮扶乡镇抗震救灾重建家园工作的各项任务

为做好全县抗震救灾，重建家园工作，实行县级领导、县级部门挂联乡镇定点帮扶（名单见附表），一个乡镇一名领导干部，一个乡镇一个县级部门帮扶。主要帮扶任务是：

1. 加强宣传，正面引导，做好受灾群众的思想工作，确保社会稳定。

2. 继续做好防震查灾，排除险情，保证群众生命、财产安全，防止发生次生灾害事故和新增伤亡、损失。

3. 切实帮助受灾群众解决好基本生产生活问题，保证受灾群众有衣穿、有饭吃、有水喝、有医疗、有避灾休息场所。

4. 落实帮助受灾群众重建家园、恢复生产的措施，及时做好小春抢收和大春抢种，把灾害损失降低到最低限度。

三、几点要求

1. 各单位、各部门要按本通知精神，迅速制订方案，落实措施，立即组建帮扶队伍，进驻帮扶乡镇及村组。

2. 实行责任追究制。各单位、各部门主要领导要亲自带队，一线指挥，切实做到在一线发现灾情，在一线制定措施，在一线解决困难。同时，县纪委、组织部、县委县政府督查督办室要加强督查，对行动迟缓，落实不力的，要追究主要领导责任。

3. 加强信息通报和反馈。各单位、各部门要及时向县委、县政府报送帮扶过程中出现的新情况、新问题。同时，新闻媒体要切实加强帮扶工作的宣传工作，注重发现典型和宣传典型，营造抗震救灾、重建家园的良好氛围。

2008 年 5 月 15 日

剑阁县“5·12”抗震救灾指挥部
关于印发《剑阁县“5·12”地震灾后重建规划编制工作实施方案》的通知

剑指〔2008〕60 号

各乡镇、下寺经济开发区、剑门关景区、县级各部门抗震救灾指挥部：

《剑阁县“5·12”地震灾后重建规划编制工作实施方案》已经县政府同意，请抓紧组织实施。

特此通知。

剑阁县“5·12”抗震救灾指挥部

2008 年 6 月 1 日

剑阁县“5·12”地震灾后重建规划编制工作实施方案

（2008 年 6 月 1 日）

为贯彻落实党中央、国务院关于汶川特大地震灾后重建工作的重要指示，根据国家汶川特大地震灾后重建规划组第一次全体会议精神，灾后重建规划编制的具体工作以四川省为主，国务院各组成部门承担指导协调、帮助配合责任，集中统一对汶川特大地震灾区重建工作进行专项评估、政策研究和规划编制。按照《广元市地震灾后重建规划工作实施方案》的要求，结合我县实际，为积极主动配合做好地震灾后重建规划编制工作，特制定《剑阁县“5·12”地震灾后重建规划编制工作实施方案》。

一、指导思想和基本原则

灾后重建规划编制工作要全面贯彻落实科学发展观，坚持以人为本，优先恢复重建受灾群众基本生活和公共服务设施；坚持尊重科学、尊重自然，充分考虑资源环境承载能力；坚持统筹兼顾，与推进工业化城镇化和新农村建设相结合，与主体功能区建设和产业结构优化升级相结合，与保护和弘扬中华民族和灾区的人文精神相结合。

灾后重建规划编制工作要坚持统一部署、分工负责、尊重自然、区分缓急、突出重点、加强衔接、上下协调、规范有序、扎实推进的原则。在深入论证、科学规划的同时，尽可能加快工作进度；在重建生活家园的同时，注重精神家园建设；在重建生产设施的同时，注重制度建设；在抓好近期重建的同时，注重中长期发展提高，促进协调、可持续发展。

规划范围涉及全县相关部门和相关乡镇，具体范围在灾害评估的基础上确定。

规划期分为近三年（2008—2010 年）和后五年（2011—2015 年）。近三年以恢复重建为主，目标、任务和政策措施要明确具体，具有可操作性；后五年以发展提高为主，要明确发展方向和目标要求，体现战略性。

二、工作任务和分工

工作任务包括配合专项评估、规划编制和政策研究。

（一）专项评估

要全力配合好国家、省地震专家在我县进行现场调研、科学论证、地质地理条件评估和建设项目科学选址等工作，为相关专项评估做好前期基础准备工作。

1. 灾害范围评估。配合做好我县地震受灾范围、标准划分等工作，为科学确定规划范围提供依据。县地震办、县民政局会同有关部门提出，副县长贾剑生负责，6 月 5 日前完成。

2. 灾害损失评估。配合做好对城乡住房、基础设施、公共服务设施、农业生态、国土、工商企业等灾害损失进行全面系统评估。县地震办、县经商局、县教育局、县规划和建设局、县交通局、县国土资源局、县水利局、县农机局、县农业局、县林业局、县文化局、县卫生局、县国资局、县统计局、县体育局、人行剑阁支行、县供电局、县邮政局、电信剑阁分公司、移动剑阁分公司、联通剑阁分公司、网通剑阁分公司分别提出，县民政局汇总，副县长贾剑生负责，6 月 10 日前完成。

3. 资源环境承载能力评价。配合做好对水土资源、生态重要性、生态系统脆弱性、自然灾害危险性、环境容量、经济发展水平等综合评价工作，为确定可承载的人口总规模、城乡居民点建设范围提供依据。县环保局牵头，县国土资源局、县规划和建设局、县水利局、县农机局、县地震办、县气象局参与，副县长杨正国负责，6 月 10 日前完成。

（二）规划编制

国家、省明确灾后恢复重建规划包括：灾后恢复重建总体规划及城镇体系、农村建设、城乡住房建设、基础设施建设、公共服务设施建设、生产力布局和产业调整、市场服务体系、防灾减灾和生态环境修复、灾后重建用地等九个专项规划。配合工作主要任务为：

1. 灾后恢复重建总体规划。配合做好灾后重建工作指导思想、基本原则、主要目标、总体布局、重点任务和政策措施等方案的制订工作。县发改局牵头，县级相关部门参与，副县长杨正国负责，6月25日前完成。

2. 城镇体系规划。配合做好城镇布局、人口和用地规模、公用施设建设等方案的编制工作。县规划和建设局牵头负责，有关部门参与，常务副县长何海生负责，6月25日前完成。

3. 农村建设规划。配合做好农村居民点布局和规模、农村道路、农田恢复、供水供电、污水垃圾处理等生活设施及农业生产设施重建方案的编制工作。县规划和建设局牵头负责，县农业局、县交通局、县水利局、县农机局、县电力公司、县供电局等相关部门参与，常务副县长何海生负责，6月25日前完成。

4. 城乡住房建设规划。配合做好城镇、农村住房规模、标准，筹资等方案的编制工作。县规划和建设局牵头负责、县民政局等相关部门参与配合，常务副县长何海生、副县长贾剑生负责，6月15日前完成。

5. 基础设施建设规划。配合做好交通、通信、电力、水利、测绘基准等基础设施恢复重建方案的编制工作。县经济和商务局牵头，县发改局、县交通局、县水利局、县农机局、县国资局、县供电局、县邮政局、电信剑阁分公司、移动剑阁分公司、联通剑阁分公司、网通剑阁分公司等相关部门参与配合，县委常委、副县长肖光林，副县长杨正国、贾剑生分别负责，6月25日前完成。

6. 公共服务设施建设规划。配合做好教育、卫生、文化（文物和遗产）、广电、体育、社会福利、气象设施、基层政权等恢复重建方案的编制工作。县发改局牵头负责、县教育局、县民政局、县文化局、县卫生局、县广播电视局、县体育局、县气象局相关部门参与配合，县委常委、宣传部长贾晓玲，副县长杨正国、贾剑生、邓益平分别负责，6月25日前完成。

7. 生产力布局和产业调整规划。配合做好我县产业发展方向和布局、结构调整等方案的编制工作。县经济和商务局牵头负责，县发改局、县农委、县旅游局等相关部门参与配合，县委常委、副县长肖光林，副县长杨正国、贾剑生、邓益平分别负责，6月25日前完成。

8. 市场服务体系规划。配合做好城乡商贸、金融等网点布局和重建方案的编制工作。县经济和商务局牵头负责、人行剑阁支行、县粮食局、县供销社等相关部门参与配合，县委常委、副县长肖光林，副县长杨正国分别负责，6月25日前完成。

9. 防灾减灾和生态环境修复规划。配合做好防治地震、地质、洪涝等灾害的预防和生态环境修复方案的编制工作。县国土资源局牵头，县地震办、县民政局、县水利局、县农机局、县林业局、县环保局、县气象局等有关部门参与配合，常务副县长何海生、副县长贾剑生分别负责，6月25日前完成。

10. 灾后重建用地规划。配合做好保障灾后恢复重建的土地利用方案的编制工作。县国土资源局牵头负责，县农业局等相关部门参与配合，常务副县长何海生负责，6月15日前完成。

（三）政策研究

全力配合做好国家、省、市对灾后重建各项政策的专题研究。结合我县实际，提出需国家、省、市支持的具体政策建议。

1. 财政政策。积极争取中央财政支持，提出财政性资金投入总规模、年度规模，筹资方式，提出县内各级地方财政的分担比例等。县财政局提出，常务副县长何海生负责，6 月 7 日前完成。

2. 税费政策。税费减免等优惠措施。县财政局会同县国税局、县地税局提出，常务副县长何海生负责，6 月 7 日前完成。

3. 金融政策。信贷、保险和资本市场等支持措施。人行剑阁支行提出，常务副县长何海生负责，6 月 7 日前完成。

4. 土地政策。对灾后恢复重建用地的特殊支持措施。县国土资源局提出，常务副县长何海生负责，6 月 7 日前完成。

5. 产业政策。支持灾后重建的区域性产业政策。县发改局、县经济和商务局、县农工委会同有关部门提出，县委常委、副县长肖光林，副县长杨正国、贾剑生分别负责，6 月 7 日前完成。

6. 对口支援。有关对口支援的原则、范围、方式等。县扶贫办会同有关部门提出，副县长贾剑生负责，6 月 7 日前完成。

7. 社会募集。动员全社会通过资金和物资支持灾区恢复重建的措施。县财政局、县民政局会同有关部门提出，常务副县长何海生、副县长贾剑生分别负责，6 月 7 日前完成。

8. 其他政策。通过教育援助、孤残救助、定向招工等方式支持重建的其他政策措施。县教育局牵头负责、县发改局、县民政局、县劳动保障局、县残联等部门参与配合，副县长邓益平负责，6 月 7 日前完成。

三、组织协调和工作要求

县委、县政府成立了以县长田中文为组长的剑阁县“5·12”地震灾后重建规划编制工作领导小组，办公室设在县发改局，负责灾后重建规划工作的组织协调。各部门要成立相应工作机构。

各部门务必统一思想认识，强化组织领导，树立大局意识，严明纪律，任务到人，责任到人。要加强协调，密切配合，严禁推诿扯皮。在规划编制过程中要充分论证，广泛征求和收集社会各方面的意见。切实加大向上汇报衔接力度，争取更大的支持援助。要按照全省规划编制工作的总体要求、工作任务和时间进度，高质量、高效率地完成灾后重建规划编制相关工作。

剑阁县人民政府
关于安置“5·12”震灾青川移民工作情况的报告

剑府〔2008〕58 号

广元市人民政府：

青川震灾移民首批 346 户 724 人已安置到我县 15 个乡镇，现将有关情况报告如下：

一、前期所做的工作

（一）加强领导，落实责任。5 月 21 日，我县接到市委、市政府安置 2000 名青川移民的任务后，县委、县政府高度重视，于5月22日召开会议进行了专题研究。会议成立了青川移民安置工作领导小组，县长田中文任组长，副县长贾剑生任副组长，县政府办、县移民局、县国土局、县农业局、县林业局、县规划和建设局主要负责人和有安置任务的乡镇长为成员，做到了主要领导亲自抓、分管领导具体抓、各职能部门齐心协力抓的工作格局。会议决定在30个乡镇安置青川移民2000人，各安置乡镇接到任务后，及时组织乡镇、村组干部深入到村、组、户开展了闲置房屋、土地、林地的调查摸底工作，为移民安置奠定了基础。

（二）明确标准，制订方案。这次青川震灾移民在我县安置方式以农业生产安置为主，初步拟定人均耕地1.0亩，林地0.5亩。主要是利用全家外出务工、在外地安家就业的闲置土地、林地、房屋；利用集体土地、林地、果园、茶园、房屋、闲置的村小学等集体财产；利用有复垦条件的撂荒地等进行安置；安置地点必须保证水、电、路三通；方便移民就医和移民子女上学。

（三）精心准备，积极接收。5月25日下午，我县接到青川首批移民当晚到达剑阁的通知后，县委、县政府迅速部署，县委书记吴连奇、县长田中文在第一时间赶赴青川移民中转站普安镇海螺包进行现场指挥，组织了400多名机关干部和志愿者冒着倾盆大雨参与为迎接青川移民的到来做好各方面的准备工作。一是及时解决照明设施；二是调运了50多吨矿泉水、饼干、牛奶、大米等食物，同时安置了十套灶具，确保了移民有吃的、有喝的；三是搭建了100顶帐篷，组织了1500床棉被，为移民住宿创造了基本的条件。四是从县人民医院、县中医院抽调了医务人员设立了临时医疗点，为移民提供医疗服务。保证了移民的基本生活条件和安全。

（四）积极对接，及时安置。为了尽快把移民安置下去，27日上午，我县积极与青川对接，掌握了首批移民的基本情况后，我县及时将安置任务落实到公店、碗泉等15个乡镇。随后，县长田中文在现场主持召开了青川移民安置动员会，要求各安置乡镇站在讲政治、讲服从的高度，切实做好青川移民的安置工作。5月28日，县政府安排46辆公交车将临时集中居住的全体移民送到15个安置乡镇。各乡镇在接收移民后，进一步细化了安置方案，落实了安置措施，及时将移民任务对接到村、组。各乡镇在财政资金相当困难的情况下，采取多种措施，保障移民过渡期的生活。对临时集中安置在场镇的移民，组织各单位、居民为他们捐款捐物。已安置到村、组的移民，各乡镇一方面为其搭建了帐篷，另一方面利用安全良好的闲置村小学、外出人员的房屋安置移民居住。各地还积极开展党员干部结对帮扶移民活动，组织本地群众对移民进行互助，党员干部和部分村民为移民做饭做菜，捐粮、捐款、捐物，将粮食、蔬菜等送到移民家中。同时对移民做了深入细致的解释、疏导、安慰工作。目前移民的情绪稳定。

（五）及时督导，深入调研。为了让移民工作扎实有序地推进，5月30日，县移民局会同青川县移民办对15个乡镇的移民安置情况进行了指导。5月31日，县长田中文、副县长贾剑生对移民安置进行了检查督导并慰问了移民。6月2日，县委书记吴连奇专题调研移民安置工作。为做好移民政治思想工作，各乡镇成立了青川震灾移民临时党支部，并开展了丰富多彩的活动，稳定移民情绪。同时，还成立了剑阁县青川移民安置政策调研组，拟定移民安置方案。

二、存在的问题

（一）移民个人的基本情况不清楚，给安置工作造成了很大困难。

（二）首批移民中有孤寡老人4名（其中80岁1人，60－70岁3人）、残疾人6名，医院退休职工且子女都在青川工作的老人1人（69岁，该老人子女没有同时移过来），这11人已经没有生活自理能力。

（三）移民期望太高，要求在集镇安置的较多，而又无能力承担集镇调整土地的补偿费，每亩土地补偿费、青苗补偿费、安置补助费高达1.5万元，同时要求政府给予建房购房，购买生产资料等补助。

（四）青川移民过去大都以采矿、种药、伐木为主要经济来源，不懂我县的农业生产技术，移民认为以后的生活来源难以保证。

（五）一些移民户只来户主一人，家庭其他人员迟迟不到，存在等待观望思想，目前有14户移民不愿意在剑阁安置，其中4户移民未经同意，已擅自返回青川。

三、几点建议

（一）建议青川县应尽快核实已安置我县移民的基本情况，办理移民户口迁移，以便我县进一步做细移民安置工作。首批到我县移民中的孤寡老人、残疾人、有子女供养而子女又在青川工作的老人等11人，应由青川县妥善安置。

（二）建议在后期的移民安置中青川县要提供移民的基本情况，实行迁出地与安置地一一对接；对孤寡老人、残疾人及有监护人、或有赡养能力的老人不得分离后作为移民安置，以确保移民能“安得下，稳得住，能致富”。

（三）建议市政府制定出台相关政策。安置青川震灾移民不同于安置工程项目移民，完成好市委市政府下达我县青川震灾移民的安置任务是我县义不容辞的责任，但鉴于我县“5·12”震灾损失严重，本级财力脆弱，难以解决好涉及移民安置中的有关投入问题。建议：

1. 调整土地、林地的补偿费，用按亭子口水库可研阶段的征地补偿标准的50%计算，需土地补偿资金2204.8万元；林地和林木补偿费用需要551.2万元。两项合计2756万元。

2. 加大对移民集中安置区基础设施建设项目支持力度，据初步测算安置2000人的移民所需水、电、路、小型水利设施等投入1000余万元。

3. 移民必要的生活用品和必需的生产工具应给予专项补助。

特此报告。

2008年6月12日

剑阁县“5·12”抗震救灾指挥部
关于震后危房鉴定和拆除有关问题的紧急通知

剑指〔2008〕89号

各乡镇、下寺经济开发区、剑门关景区、县级各部门抗震救灾指挥部：

2008年5月12日14时28分，我省汶川发生8级特大地震，波及我县绝大部分地区，给人民群众生命财产安全造成巨大损失。县委、县政府及时安排，紧急部署，各乡镇和县级有关部门对全县各乡镇政府、学校、医院等公益事业单位和民房进行了安全隐患排查。为确保灾区安置阶段工作顺利推进，切实维护受灾群众的合法权益，现就震后危房鉴定和拆除有关事项通知如下：

一、为了尽快恢复正常生活生产秩序，县抗震救灾指挥部成立县房屋安全隐患排查评估专家指导组，由建设部门的设计、建管、质安、检测、房管会同国土部门以及省建设厅下派的专业人员组成，对全县震后房屋安全隐患排查评估进行指导。各震后隐患排查责任主体，要按照市抗震救灾指挥部第3号通知精神，将房屋隐患排查评估结果及时告知房屋所有权人；学校、医院、政府、金融等重点公用基础设施由剑阁县房屋安全鉴定办公室出具房屋安全隐患排查评估建议书，并将评估结果告知房屋所有者；各乡镇人民政府、县级各部门、下寺经济开发区、剑门关景区负责将辖区和部门建筑物隐患排查评估结果及时发布公告，告知房屋所有者；各企事业单位负责本单位建筑物隐患排查评估结果的公告；对已竣工交付使用，未成立业主委员会的开发项目，由开发企业依据隐患排查评估结果发布公告，已成立业主委员会的开发项目由业主委员会和物业管理企业依据隐患排查评估结果发布公告。

二、经排查评估确系可居住或经加固可居住的房屋，房屋所有权人应及时采取相应措施，实施加固维修。其加固维修方案由房屋产权人委托具有建筑工程设计丙级以上（含丙级）资质的设计单位承担抗震鉴定和加固设计任务，加固设施文件应经具备相应资质的施工图设计文件审查机构审查合格并报县建设行政主管部门备案，方可实施加固。

三、经隐患排查评估确系危房需要拆除的，在实施拆除前必须告知房屋所有权人，在确保安全的前提下尽快清理危房内的财产，由负责拆除的单位进行登记造册，并由当事双方签字确认。

四、依照《物权法》《城市房地产管理法》等法律法规，确系危房拆除后房屋产权灭失的，房屋所有权人应及时向房地产管理部门说明并注销其产权。需拆除危房是抵押地产的，房屋所有权人应及时告知抵押权人并在房地产管理部门备案。需恢复重建的，以如下方式取得土地进行恢复重建：

1. 以出让方式取得土地使用权其使用年限未满的危房拆除后，在不影响规划限制条件的情况下，原则上可在原地恢复重建。

2. 以划拨方式取得土地使用权的危房拆除后，在不影响规划限制条件的情况下，原则上可在原地恢复重建；不符合规划的，其土地使用权收归国有，由土地部门以划拨或出让方式另行供给土地恢复重建。

3. 集体土地宅基地使用权的危房拆除后，宅基地使用权人可以在原址上恢复重建；对因地质灾害失去宅基地的村民，应当重新分配宅基地恢复重建。

五、乡镇个人房屋（含县城规划区）经排查隐患评估确需拆除的，由房屋所有权人提出申请，村（社区）审核，乡镇人民政府审查同意，报辖区村建环卫中心与国土所备案，由房屋所有权人与拆除单位签订房屋拆除合同后拆除；部门（单位）房屋经评估鉴定确需拆除的，由部门（单位）提出申请，报主管部门审核（是国有资产的，报县国资局审查同意），报县房管所备案。严禁对鉴定评估为可居住或经加固可居住的房屋未经房屋所有人同意实施拆除。

六、各地建立健全专门的信访和接待渠道，认真受理群众诉求，做好宣传解释工作，及时疏导情绪、化解矛盾，防止引发群体性事件。

2008年6月12日

中共剑阁县委办公室　剑阁县人民政府办公室 关于“5·12”地震灾害农村居民自建过渡期安置房享受补助有关问题的通知

剑委办〔2008〕66号

各乡镇党委、政府，下寺经济开发区、剑门关景区党委、管委，县级各部门：

为加快过渡期安置房建设，鼓励灾区农村居民自建过渡期安置房，根据四川省“5·12”抗震救灾指挥部《关于鼓励农村居民自建过渡期安置房的通知》（川指〔2008〕104号）和《广元市“5·12”抗震救灾指挥部关于“5·12”地震灾害农村居民自建过渡期安置房享受补助有关问题的通知》（广指〔2008〕222号）精神，结合我县实际，现就有关问题通知如下：

一、补助对象

（一）因地震灾害造成房屋垮塌或严重受损，经鉴定无法居住必须拆除重建，而自行修建过渡期安置房的农村居民。

（二）因地震灾害导致住房必须搬迁，而自行修建过渡期安置房的农村居民。

（三）符合上述条件的农村居民自动投亲靠友安置的，必须与亲友签订安置协议，且在亲友处居住半年以上，方可享受政府补助。

二、补助标准

自建过渡期安置房并符合有关条件的农村居民，由县政府从救灾款中，按照每户2000元的标准给予补助。

三、建房标准

自建房必须坚持“科学、安全、结实、实用、节俭”的原则，修建地点必须选择在安全区域。自建房要求人均7平方米左右、户平均20平方米左右，层高2米以上，尽量使用钢架、竹木、油毛毡、玻纤瓦、彩条布、石棉瓦等材质，因地制宜修建，具备防风、防雨、防寒、防潮、防震、防火功能，能够满足睡觉、做饭、储存粮物等基本要求，使用安全。部分受灾农户自建过渡期安置房达不到上述标准或居住在政府提供的帐篷、彩条布棚内，要建设永久性住房的，经本人作出建房承诺可先付1000元，启动永久性建房的再付1000元。

四、审批发放程序

以户为单位，由户主提出申请；经村委会调查核实并张榜公示；乡镇审核，乡镇党委书记、乡镇长实名签字加盖政府的印鉴（章）；报县民政局审批。

凡符合建设过渡期安置房规定要求和在较短时间动工修建永久性住房对象，由政府先行给付200元的前期启动资金，待各户建修完工后，由乡政府组织专门队伍验收合格后每户再付800元。在启动永久性住房时每户再补助1000元。投亲靠友的在签订协议后拨付1000元，在启动永久性住房建设后再付1000元。

五、工作要求

此项工作由民政部门负责牵头组织实施，乡镇负责调查核实、上报名册。要求村组、乡镇要切实核准户数，严格补助范围，程序要公开透明，同时接受社会和新闻媒体的监督。严禁挤占、挪用和虚假冒领、优亲厚友、徇私舞弊等现象发生。财政部门要积极争取资金并监督资金的使用。建设部门要强化质量监督，确保安全实用。纪检监察和审计部门要进行专项检查和审计，一旦发现违纪违规行为，要坚决依法依纪进行处理。

2008 年 6 月 13 日

剑阁县人民政府
关于加快农村灾后重建若干优惠政策的意见

剑府〔2008〕24 号

各乡镇人民政府、下寺经济开发区、剑门关景区管委、县级各部门：

为鼓励全县受灾无房户积极自建家园，加快重建家园进程，尽快恢复受灾群众正常的生产生活秩序，县政府决定大力扶持全县受灾无房户修建永久性住房。现提出如下意见。

一、指导思想

灾后重建家园工作要以“三个代表”重要思想和科学发展观为指导，按照“三年恢复重建，五年发展提高”的总目标，依据“科学规划、统筹兼顾、重点推进、宜聚则聚、宜散则散、特色鲜明、功能完善”的思路，坚持“以人为本、政策扶持、群众主体”的原则，充分发挥广大群众的主动性和创造性，调动各方面的积极因素，扎实有效地推进家园重建工作，尽快改善全县受灾群众居住环境，共同构建和谐社会。

二、目标任务

7 月底前全面完成全县危房排危加固方案制定，春节前让所有无房户搬进新居。

三、方法步骤

（一）危房排查鉴定

1. 危房是指在“5·12”地震中房屋（不含猪、牛圈，柴草房等生产性用房）主要或主体结构严重受损，房屋虽未完全垮塌，但已无法居住和使用，必须全部拆除重新建设的房屋。

2. 各乡镇人民政府是辖区内所有私有建筑（主要是住房）排查鉴定的责任主体，负责对农村村民和城镇居民住房进行排查鉴定。

3. 各乡镇人民政府要迅速组织相关人员负责对辖区内村（居）民房屋的原排查鉴定结果重新进行核定，并经群众民主评议，社会公示，公示期为 3—7 天。公示期满后，户主对核定结果无异议的，与乡镇人民政府签订重建永久性住房协议；对核定结果有异议的，由本人提出申请，按照有关程序请有资质的专业机构重新鉴定（农村土坯房以乡镇排查认定的结果为准，不在申请鉴定之列）。如鉴定结果是危房的，要追查所属乡镇人民政府有关人员的责任，同时，由乡镇人民政府承担该户鉴定费用；若鉴定结果不是危房的，鉴定费用由申请鉴定户自己承担。

4. 全县各党政、事业机关和部门的办公用房等公共建筑设施的排查鉴定，新老县城由县人民政府组织实施，其余按照属地负责的原则，由乡镇人民政府组织实施。

（二）排危除险

排危除险工作按照安全生产属地负责的原则，由各级政府统一安排、部署和指导，由房屋产权所有者负责实施。

（三）规划设计

凡灾后需要重建的公共建设部分和农村集中安置点的规划和设计工作由县政府负责；农村个户由县规划和建设局无偿提供通用图集，由个户选择使用；城镇个户建房必须符合城镇整体规划，并达到城镇房屋基本设计要求。

四、优惠政策

（一）享受政策的范围和对象

1. 经上述办法排查确定的危房户；

2. 因“5·12”地震造成的房屋全部垮塌户；

3. 到我县定居的青川移民户；

4. 因地震造成农村房屋全垮塌或危房无法居住需重建，而到本县城镇或异地购房户；

5. 因地质灾害，经相关专家认定必须避让拆迁户；

6. 因修建集中安置点或城镇重建规划造成危房必须拆除的户。

以下两种情况不在享受优惠政策之列：

1. 同一户有两处住房，一处是危房，另一处完好或通过加固维修可居住的户；

2. 自己先行拆除或因非地震因素造成危房，群众评议未认定的户。

以上六种对象可按照中央有关规定享受修建永久性住房和临时生活救助的有关政策，同时享受以下优惠政策。

（二）灾后重建户在农村建房优惠政策：

1. 在原址修建及另选址修建的

一是免交所有规费；二是先修建后补办手续；三是建设部门无偿提供共修建图集，农户在所提供的图集中选择使用；四是建房所需砖瓦可通过个户或联户自建小砖瓦窑解决，但房屋建好后小砖瓦窑必须关闭复耕。

2. 在居民点集中修建的

每户享受的优惠政策与上述相同。居民点有关水、电、路、气等基础设施配套建设在居民点建设完工并验收入住后，给予50%的基础设施配套资金补助，剩余50%可按村民“民主决策，一事一议”的办法自筹解决。

（三）灾后重建户在城镇建房优惠政策：

1. 在原址修建不新增占地面积的，免交所有行政性收费；

2. 新选址修建的，除必须符合规划外，在规定人均使用面积30㎡以内的（不含生产用房），免交所有行政性收费，超面积部分按政策规定如数收缴。

以上两种情况所涉及自收自支的单位收费，其费用按下限的50%收取；办理房产证、土地使用证时只收取工本费。

（四）灾后重建户在本县境内城镇购房居住或在异地购（建）房的，凭房产证、土地使用证和购房协议享受中央有关补助政策。

（五）亭子口淹没区移民重建，除按原政策执行外，同时享受此次灾后重建政策，具体实施办法由县移民局制定并指导落实。

（六）其他相关优惠政策：

1. 经营性砖瓦厂除按照“统筹规划、简化程序、矿权协议出让”的方式办理国土部门的手续外，林业、水利、环保、安监等部门不得收取任何费用，同时在灾后重建的三年中，所有涉及各部门的费用一律免交。个户或联户自建小型砖瓦窑按照“统一规划、完善手续、免缴费用、限时关闭”的原则鼓励加快修建，并尽早投入使用。

2. 在恢复重建家园的三年时间内，所有河沙不得以招拍挂方式进行出让，已进行招拍挂的地方，水利部门要配合物价部门加强管理，实行价格干预。

3. 灾后重建所需林地在从严控制的原则下采取先占后征的方式进行，所需的林木采伐免收一切费用。

4. 经商局要加快上寺水泥厂的技改进度，协调金融、财政等部门尽快投入生产资金；电力部门要从6月份开始暂停执行水泥生产企业差别电价政策，支持企业满负荷生产。

5. 金融部门要坚持特事特办原则，建立灾后重建金融支持绿色通道。严格执行人民银行总行和银监会“四个承诺”规定，充分满足农村信用社支农再贷款需求，确保服务到位，灾区有关信贷政策落实到位。

6. 在灾后重建期间，政府将对在除普安、下寺镇以外的其他42个重灾乡镇新开设的钢材、水泥、瓷砖、玻璃等建材销售点进行定额房租补助，每个销售点每年补助1000元。

五、申请补助的程序和发放的方式

农村无房户修建永久性住房申请补助按个户申请。1. 填写《农村无房户修建永久性住房补助资金申请表》；2. 村组审核，村民组长、村支部书记、村主任签字确认，并加盖村“两委”印鉴；3. 乡镇审定；4. 进行公示。各乡镇审定后在群众中公示，公示期限为7天；5. 经公示无异议后，由乡镇人民政府组织发放。

六、政策兑现

依据中央灾后重建有关政策，由乡镇人民政府按照建房进度按比例拨付补助资金，即：新宅基地基础工程完工且旧宅基地复耕后发放补助的20%，房屋主体工程完工后发放补助的70%，拆除过渡用房、自建小砖瓦窑关闭复耕、新居通过验收并入住后补足100%。

七、工作要求

1. 各级各部门主要领导是加快家园重建的第一责任人，要切实承担起领导责任，确保本辖区和本单位重建家园工作的顺利推进。

2. 县级联系领导和县级挂联部门要加强对乡镇的指导和帮助，切实解决家园重建过程中的具体困难和问题。

3. 县民政、财政、审计部门要切实加强资金的监督和管理，县纪委、县监察局要加大对加快家园重建工作的监察力度，坚决查处在加快家园重建过程中的违纪违法行为。县物价局要加强市场监管，对生活急需品及建筑建材物资实行价格跟踪干预，确保市场价格稳定。质监部门要加强监管，保障灾后重建物资的质量。

4. 县委、县政府将把家园重建工作纳入目标管理，实行否定式计分。县委县政府督查督办室、县目标办要加强督查督办力度，及时通报进展情况。

二〇〇八年六月二十日

中共剑阁县委　剑阁县人民政府
关于加快推进黑龙江省援建项目实施的意见

剑委〔2008〕74号

各乡镇党委、政府，下寺经济开发区、剑门关景区党委、管委，县级各部门：

为确保黑龙江省支援我县灾后恢复重建项目顺利推进，实现县委、县政府和黑龙江省援建剑阁前线指挥部确定的“一年全部实施，两年基本完成，三年完善提高”的援建工作目标，加快我县灾后重建步伐，结合我县实际，制定本实施意见。

一、援建项目规划的确定

援建项目实施单位根据灾后重建规划，搞好项目的编制。依据县规划和建设局、县国土资源局、县环保局等单位出具的选址、用地、环评等初步意见，编制好项目建议书。项目的编制必须坚持的几个原则：一是必须遵循《汶川特大地震灾后恢复重建条例》《汶川特大地震灾后恢复重建对口支援方案》。二是必须围绕黑龙江省制定的援建剑阁县工作思路，以人为本、统筹规划、项目援建、经济协作、机制创新，本着“救急、救民、救灾”的原则，坚持当前和长远相结合，坚持“输血”与“造血”相结合。三是必须按照《剑阁县灾后恢复重建实施规划》和县委提出的坚持“两个大力推进、两个统筹发展”灾后重建工作思路，科学规划、落实项目。四是必须与国家灾后重建项目、黑龙江省以外其他援建项目错位安排，互为补充。县援建办会同县发展和改革局负责援建项目编制的指导、汇总和初步审查，送县委、县政府审核后，由县委、县政府与黑龙江省援建剑阁前线指挥部召开联席会议研究确定，再由黑龙江省援建剑阁前线指挥部报黑龙江省政府最终审定。

二、援建项目的审批

援建项目严格执行政府投资项目的审批程序，本着“依法、简化、适用、高效”的原则，实行审批会签和复审制度。审批以我县为主，具体负责项目立项、可行性研究、审计方案、施工图设计、招标投标、等价评审、竣工验收等环节的审批、报批，并负责做好规划、土地、环保、地质灾害评估等项目前期工作，黑龙江省援建剑阁前线指挥部全程参与监督、会审。其中，援建项目立项报批、可行性研究报批、招标报批由主管部门、县受援办和黑龙江省援建剑阁前线指挥部会签后，再由主管部门报上级有关部门审批；县级有关部门或委托中介机构完成项目初步设计方案、施工图设计和工程造价审批后，必须报黑龙江省援建剑阁前线指挥部或黑龙江省援建剑阁前线指挥部送黑龙江省有关部门复审。

各项目实施单位、主管部门、乡镇要严格按照《剑阁县接受黑龙江省援建项目工作流程图》（见附件1），强化责任意识、服务意识、效率意识，加强沟通联系，建立统一受理、分头介入、同步审查、限时办结的“并联审批”机制，缩短项目审批时限，提高审批效率。对需转报市以上主管部门审批（核准）的重大项目，要特事特办，立办立结，并落实专人，负责向市有关部门报送审批手续，及时获得审批（核准）文件。县发改、国土、环保、建设、交通、水利、林业、安监、消防等部门要充分利用现有信息资源，建立信息互通制度，将各自办理的项目审批、核准、备案和规划、土地利用、环境影响评价等项目文件送达，同时抄送县援建办。

三、援建项目的管理

要按照国家和省、市、县灾后恢复重建项目管理有关规定，参照《黑龙江省对口支援四川省剑阁县灾后恢复重建项目管理暂行办法》，建立健全援建项目法人责任制、招标投标制、工程监理制、项目合同管理制等项目建设管理制度，强化项目实施单位、主管部门、所在乡镇和施工企业、监理单位责任意识。规范项目招投标行为，科学组织施工，严格质量管理，确保工程质量和施工安全。严格按照国家有关法律法规和政策实施项目招标工作，国家招投标有关法律法规和政策规定，个别特殊项目不实行招标或不实行公开招标的，须经县委、县政府和黑龙江省援建剑阁前线指挥部同意，按程序报批后方可实施。严禁随意调整工程建设投资。对确需调整的，必须在项目实施前报县委、县政府和黑龙江省援建剑阁前线指挥部审核同意，并履行相关手续后方可实施。建立援建项目参建单位信誉和业绩考核制度。对管理不到位、建设进度慢、工程质量差、安全管理存在严重问题的施工企业和监理单位，列入黑名单，今后将限制这些企业和单位参与我县项目建设和监理。

项目实施单位、所在乡镇人民政府是援建项目实施和工程质量、安全管理的主体，必须严格实行“一把手”负责制和“属地管理”原则，并落实专人抓好项目现场监督工作。实行项目质量终身负责制。凡工程出现质量问题，既要依法追究施工企业、监理单位的责任，也要追究项目实施单位、所在乡镇负责人和现场监管人员的责任。主管部门要按照“谁主管、谁负责”的原则，每个援建项目必须落实专人负责项目实施和工程质量、安全管理。项目实施单位要严格按照档案管理有关规定及时做好工程审批资料、财务资料、建设资料等专业资料和技术文件的收集整理和归档。县档案局要加强业务指导，工程竣工后及时组织档案验收。

四、援建项目实施的保障措施

加强组织领导。受援工作在县受援领导小组统一领导下开展，下设“一办六组”分工承办具体工作。县四大班子相关领导挂联援建项目，负责受援工作的统筹协调、督查督导，牵头解决有关具体问题。黑龙江省援建剑阁前线指挥部领导挂联参与项目指导、监督。援建工作经费纳入县财政预算并优先安排。

强化工作责任。各项目实施单位、主管部门、乡镇要充分认识援建项目是加快我县灾后重建、促进投资增长、增强发展后劲、实现又好又快发展的重要支撑力量。要高度重视制定科学工作进度和研究解决实施过程中的具体困难和问题，有关部门要各司其职、加强沟通、密切配合，形成推进援建工作的强大合力。

建立奖励机制。对援建工作中涌现出的先进集体和个人，由县受援办建议，县委、县政府予以表彰，特别出色的工作人员，由县委组织部、县援建办提出建议，并充分征求黑龙江省援建前线指挥部的意见，报县委研究，可以优先提拔使用。

严格责任追究。援建工作纳入县委、县政府目标考核，由县受援办、县目标办具体负责。建立援建项目工作首问负责制、限时办结制和责任追究制，严肃工作纪律，对援建工作中履职不到位，在项目审批、核准、备案过程中无故延迟或无正当理由拒绝批复、报批的，或在援建项目管理工作中乱收费、乱摊派和吃、拿、卡、要的，依法依纪予以严肃处理。

2008 年 12 月 18 日

中共剑阁县委办公室　剑阁县人民政府办公室
关于组建剑阁县“5·12”汶川特大地震灾后恢复重建委员会的通知

剑委办〔2008〕126 号

各乡镇党委、政府，下寺经济开发区，剑门关景区党委、管委，县级各部门：

我县抗震救灾已经取得阶段性胜利，应急抢险、过渡安置工作基本完成，恢复重建全面推进。为进一步加强组织领导，整合各方力量，统筹推进灾后恢复重建工作，县委、县政府决定撤销剑阁县“5·12”抗震救灾指挥部，组建剑阁县“5·12”地震灾后恢复重建委员会。现将有关事项通知如下：

一、撤销剑阁县“5·12”抗震救灾指挥部

撤销剑阁县“5·12”抗震救灾指挥部及其下设的指挥部办公室、维稳安全组、医疗保障组、交通保障组、通信保障组、电力保障组、救灾物资组、宣传报道组和秘书组。

二、组建剑阁县“5·12”地震灾后恢复重建委员会

组建剑阁县“5·12”地震灾后恢复重建委员会，由冯安富、田中文同志任主任，陈勇同志任常务副主任，王成书、何德生、吴勇、卢达昌同志任副主任，肖光林、贾小玲、彭廷明、夏思法、王湖益、王绍光、曾维忠、高启生、秦斌、邓益平、贾剑生、赵春学、杨正国、李斌、何春蓉、杨明学同志任委员。主要职责：贯彻落实中央和省委、省政府，市委、市政府，县委、县政府“5·12”地震灾后恢复重建工作的重大部署；研究制定我县灾后恢复重建政策措施；统一领导、统一组织、统筹协调、督促检查加快灾后恢复重建工作；加强与黑龙江省的沟通衔接，协调解决对口支援工作中的突出问题。

三、剑阁县“5·12”地震灾后恢复重建机构设置

剑阁县“5·12”地震灾后恢复重建委员会下设办公室和13个工作组。

（一）办公室人员组成和主要职责

主任：陈勇；副主任：杨正国、杨明学、杨久国。办公室设在县政府办公室，抽调3名工作人员。主要职责：负责灾后恢复重建委员会的综合协调工作和日常工作；负责灾后恢复重建委员会议定事项的追踪落实的协调工作；负责灾后恢复重建委员会会议的准备、组织、记录等工作；负责灾后恢复重建委员会信息收集报送、简报编发等工作；负责协调、承办灾后恢复重建督查督办工作；开展灾后重建调查研究；负责灾后恢复重建委员会交办的其他事项。

（二）13个工作组人员组成和主要职责

1. 规划实施组。组长：陈勇；副组长：高启生、杨正国、孙元泰、何秀萍。牵头部门：县发展和改革局、县财政局等。主要职责：负责政策调研和灾后恢复重建规划实施等工作；制定全县灾后恢复重建和项目争取年度计划，明确重建时序，推进灾后恢复重建总体规划的实施；负责规划实施的中期评估和规划实施结束时的全面总结工作；负责县“5·12”地震灾后恢复重建委员会交办的其他工作。

2. 城镇灾后重建组。组长：杨正国；副组长：高启生、李荣健。牵头部门：县规划和建设局等。主要职责：负责组织实施灾后城镇恢复重建工作。组织实施城镇居民住房重建规划，负责房屋规划、风貌的严格执行和其他专项规划；落实城镇居民住房重建补助支持政策；优化城镇空间布局，搞好城镇恢复重建；负责县“5·12”地震灾后恢复重建委员会交办的其他工作。

3. 农村灾后重建组（含救济救助）。组长：王湖益；副组长：曾维忠、贾剑生、杨正国、何春蓉。牵头部门：县委农工委、县规划和建设局、县民政局、县扶贫办等。主要职责：负责组织农村灾后恢复重建工作。组织实施农村居民住房重建规划和其他专项规划；落实农村居民住房重建补助支持政策；负责受灾群众救济救助工作；负责县“5·12”地震灾后恢复重建委员会交办的其他工作。

4. 灾后重建受援组。组长：陈勇；副组长：黑龙江援剑前线指挥部相关领导、高启生、杨正国、王龙。牵头部门：县发展和改革局、县受援办、县委统战部。负责对口援建工作及指定捐款单位的受援工作；负责县“5·12”地震灾后恢复重建委员会交办的其他工作。

5. 工业重建组（含建材特供）。组长：肖光林；副组长：高启生、伏跃志、余黎。牵头部门：县经济和商务局、下寺经济开发区。主要职责：负责指导、协调、组织灾后工业恢复重建工作。实施灾后工业生产力布局和产业结构调整专项规划，联动推进工业化和城镇化，引导受灾企业恢复重建；牵头协调国家和省市县支持工业企业恢复重建政策的落实；推进产业园区建设，促进承接产业转移，以项目大突破推进发展大跨越；抓好建材生产组织和市场监管；负责县“5·12”地震灾后恢复重建委员会交办的其他工作。

6. 商贸重建组。组长：肖光林；副组长：伏跃志、何伟林。牵头部门：县经济和商务局、县供销联社等。主要职责：负责指导、协调、组织灾后恢复重建工作。实施灾后商贸恢复重建专项规划，引导受灾商贸企业恢复重建；牵头协调国家和省市支持商贸恢复重建政策的落实；负责县“5·12”地震灾后恢复重建委员会交办的其他工作。

7. 文化旅游重建组。组长：吴勇；副组长：贾小玲、秦斌、邓益平、何春蓉。牵头部门：县委宣

传部、县文化局、县广电局、县旅游局等。主要职责：负责指导、协调、组织灾后文化旅游恢复重建工作。实施灾后文化旅游恢复重建专项规划，整合旅游市场，全面启动景区、景点的恢复重建；负责县“5・12”地震灾后恢复重建委员会交办的其他工作。

8. 金融支持组。组长：肖光林；副组长：秦斌、何秀萍、郝建波。牵头部门：县财政局、人行剑阁县支行、县信用联社。主要职责：负责恢复重建金融支持工作。负责争取特殊金融支持政策，制定支持灾区发展的金融措施；引导和支持有条件的企业利用资本市场融资；负责县“5・12”地震灾后恢复重建委员会交办的其他工作。

9. 教育和卫生计生重建组（含防疫）。组长：贾小玲；副组长：赵春学、何春蓉、杨明学。牵头部门：县教育局、县卫生局、县人口和计生局等。主要职责：负责教育卫生恢复重建工作。负责教育卫生重建规划实施；探索农村教育、卫生、计生资源综合利用和一体化发展的新模式；做好卫生防疫工作，确保无传染病暴发的突发公共卫生事件发生；协调相关部门共同做好灾区群众和学生的心理干预以及地震伤员的医疗康复工作；负责县“5・12”地震灾后恢复重建委员会交办的其他工作。

10. 交通重建组。组长：陈勇；副组长：邓益平、刘忠银。牵头部门：县交通局等。主要职责：负责全县交通基础设施重建；负责组织实施公路、航运恢复重建规划；负责县“5・12”地震灾后恢复重建委员会其他工作。

11. 维护稳定组。组长：吴勇；副组长：孙正安、母云斌、孙益科、刘来平。牵头部门：县委政法委、县群众和信访工作局、县维稳办、县公安局、县司法局等。主要职责：负责全县维稳工作。加强矛盾纠纷和不稳定因素排查化解工作，积极预防和妥善处置群体性事件；加强社会治安管理，严厉打击违法犯罪，严防恶性案（事）件发生；加强涉灾法律专项问题研究，提出有针对性的法律保障建议；健全推进大调解工作格局，多渠道畅通群众的各种利益诉求，注重心理疏导和人文关怀，深入细致地做好群众工作，从源头化解矛盾隐患；负责县“5・12”地震灾后恢复重建委员会交办的其他工作。

12. 宣传报道组。组长：贾小玲；副组长：王绍光、邓益平。牵头部门：县委宣传部。主要职责：负责灾后恢复重建的宣传报道工作。全面做好宣传舆论管理和引导，保持正确的舆论导向，营造良好的发展氛围；负责县“5・12”地震灾后恢复重建委员会交办的其他工作。

13. 督查督导组。组长：卢达昌；副组长：黄正强、杨光强。牵头部门：县纪委、县委组织部、县委县政府督查督办室、县人大常委会办公室、县政协办公室。负责对全县进行不定期巡回督导；督导组成员按照精干、高效、灵活的原则，根据每次督导重点，分别从县级有关部门抽调人员组成，日常工作由灾后恢复重建委员会办公室负责协调承办。督查督导组主要职责：负责不定期对灾后恢复重建工作开展督促检查。督促检查灾后恢复重建委员会决策部署的贯彻落实情况；及时发现和反映灾后恢复重建中的新情况、新问题，有针对性提出对策建议。

2008 年 12 月 23 日

中共剑阁县委　剑阁县人民政府
关于加快推进灾后恢复重建项目实施的意见

剑委〔2009〕1号

各乡镇党委、政府，下寺经济开发区、剑门关景区党委、管委，县级各部门：

灾后恢复重建是一项十分紧迫而艰巨的任务。为贯彻落实党中央、国务院和省委、省政府，市委、市政府关于加快灾后恢复重建工作的要求，全面推进我县灾后重建项目提速实施，结合我县实际，制定本实施意见。

一、恢复重建项目实施的指导思想、目标任务和基本原则

（一）指导思想。全面贯彻落实科学发展观，抢抓国家宏观政策调整的重大机遇，坚持以人为本，新生自然，统筹兼顾，科学重建，把灾后重建与全面小康建设有机结合，贯彻落实《剑阁县灾后恢复重建项目实施规划》，加快恢复重建受灾群众基本生活和公共服务设施及灾区基础设施，调整优化经济结构，探索剑阁灾后恢复重建新模式。

（二）工作目标。坚持“三年项目、两年实施”，2009年恢复重建项目全面启动并提速推进，黑龙江省援建项目及中央重建补助资金项目3月底前全面启动，9月1日前全面完成学校项目灾后重建，其余项目10月底主体工程完工，年底前基本竣工。全年完成重建主要任务的80%；城乡住房重建、维修加固全面完成，社会公益设施和基础设施基本恢复，产业实现恢复性发展。

（三）基本原则。灾后重建项目的安排必须严格执行《剑阁县灾后恢复重建项目实施规划》，分轻重缓急，科学有序地推进灾后恢复重建项目的实施。项目实施遵循以下原则：坚持以人为本、尊重自然、统筹兼顾、科学重建，尽快恢复受灾群众的基本生活条件和公共服务设施，恢复生产条件，合理调整城镇乡村、基础设施和生产力布局，逐步恢复生态环境，坚持一手抓灾后重建，一手抓城乡统筹发展，把恢复重建和全面建设小康社会结合起来，突出民生及公共服务设施、基础设施项目，突出产业发展、资源转化、可持续发展项目。

二、全力加快恢复重建项目建设进度

项目是灾后恢复重建的重要载体，总体规划和各专项规划的各项目标必须通过具体项目建设去实现。县发改局要及时将上级下达或即将下达补助资金的项目分解落实到项目建设责任单位和责任部门，并明确办理流程、办理时限（黑龙江省援建项目由县受援办牵头落实）。各责任单位、责任部门要根据县发改局（县受援办）的任务分解情况，迅速制定项目工程建设方案，启动工程立项、报批、招标等各项工作。对重大项目实行县领导或部门领导挂联责任制。县级各有关部门要认真履行职责，加强衔接，搞好服务，做到资金早拨付、项目早审批、协调早到位、困难早解决。

（一）做好项目前期工作。各级各部门要按照《剑阁县灾后恢复重建项目实施规划》和《剑阁县灾后恢复重建工程建设项目管理办法》（附后），抓住当前有利时机，加快进度，加大力度，尽快开工一批灾后重建重大基础设施项目、重大产业项目、重大民生及社会事业项目。教育、卫生、水利、交通等项目要迅速启动，全面推进。已下达资金计划的，凡是春节前能启动、能开工的项目要启动和开工；春节前没有启动的要确保在3月底全面开工。

（二）优化项目审批流程。要严格执行《剑阁县灾后恢复重建项目工程审批及比选流程》（附后），切实推行并联审批，各相关行政审批职能部门对审批流程进行再优化，压缩一般性项目审批时限，没有明确时限的作即办件处理；对工期有特殊要求的特事特办；需转报市以上主管部门审批（核准）的，要落实专人立办立结。县发改局、县财政局、县监察局、县审计局等部门要进一步落实措施，划定"红线"，多设路标，确保项目程序依法合规，投资安全透明，做到提速而不越轨。

（三）推进项目建设进度。强化要素保障，组织好项目建设所需的物资，落实好建材特供机制，确保建材供应和价格基本稳定。强化资金筹措，充分整合各级财政资金、对口支援和社会捐赠资金，积极争取信贷支持。严格执行《剑阁县灾后恢复重建工程建设项目资金管理办法》（附后），加强项目资金管理，加强对资金的拨付使用和绩效的全过程跟踪监督和审计检查，确保专款专用。严格质量管理，从严执行强制性建设标准规范，坚决执行项目合同制、法人负责制、工程监理制、招投标制等四项制度。各项目建设单位要优化细化工程建设实施方案，按照竣工时间倒排工期，落实措施，确保项目按计划加快有序推进。

（四）精巧整合项目，充分利用好重建资金。灾后恢复重建规划制定得较粗较宽松，项目资金渠道也较多，在执行好规划的前提下，要在规划实施方案制定等环节，加大项目整合结合力度，善于整合结合，放大项目效应，经得起检验检查。通过整合实施，使交通、城镇、工业园区建设等发展瓶颈制约得到缓解和消除，使一批打基础增潜力的工业、旅游等产业项目得以加快推进，使重建资金的每一分钱都充分有效地使用在解难事办实事上。

三、加强领导，逗硬考核

（一）加强组织领导，落实工作责任。县"5·12"地震灾后恢复重建委员会统筹全县恢复重建项目实施的综合协调、监督检查、责任追究等工作。重建委下设的1办13个工作组要抓好工作落实。各项目实施单位要成立相应机构，落实分管责任和具体工作人员，进一步明确灾后恢复重建项目实施的主体责任，由一把手负总责，严格项目管理，加强资金使用管理，强化审计监督，确保重建工作顺利推进。

（二）推行目标管理，强化督查督办。县委、县政府把灾后恢复重建项目推进情况纳入目标管理，作为领导班子、领导干部年终考核的重要内容。县委、县政府督查督办室、县目标办要加强目标督查，对重建项目推进情况和有关部门协调服务情况进行严格考核。县财政安排专项资金，用于表彰奖励推进灾后恢复重建项目建设工作中业绩突出的部门、建设单位和个人。对推进工作不力，影响项目正常建设的行为，要严肃查处，并追究相关单位和工作人员的责任。

（三）加强宣传，畅通信息。加强灾后重建工作的宣传，强化对重建工作的舆论监督。县级相关部门要通过多形式做好重建宣传，县新闻媒体要开设重建专栏，全面实行阳光重建。各项目建设单位要实行周报告、月总结制度。县统计局要建立灾后恢复重建统计体系，按月统计、专题分析灾后恢复重建项目进展情况。

2009年1月19日

中共剑阁县委　剑阁县人民政府
黑龙江省支援四川省剑阁县灾后重建前线指挥部
关于进一步加强灾后恢复重建项目资金监督管理的通知

剑委〔2010〕37号

各乡镇党委、政府，下寺经济开发区、剑门关景区党委和管委会，县级各部门：

“5·12”地震灾后恢复重建以来，全县各级各部门各单位认真贯彻县委、县政府的决策部署，高度重视灾后恢复重建工作，确保了全县灾后恢复重建工作有序推进。截至目前，全县尚未发现重大侵占、挤占和挪用重建项目资金及工程质量安全等问题。但是，根据国家审计署西安特派办及省市驻我县工作组对我县部分灾后恢复重建项目的审计、跟踪，个别单位在灾后恢复重建项目管理方面存在一些薄弱环节和突出问题。按照党中央、国务院和省、市的有关要求，结合我县实际，现就进一步加强灾后恢复重建工程建设项目、资金监督管理工作通知如下：

一、严格执行恢复重建规划和项目实施计划

根据省发改委批复的我县灾后恢复重建规划项目实施计划（中期调整本），我县结合实际确定了批次实施方案，并以县重建委办公室文件印发。各单位要进一步落实工作责任，明确目标任务，加强监督检查，按照下达的计划认真组织实施。对尚未开工项目，要加大推进力度，切实做好项目实施前的各项准备工作，确保在6月10日前全部开工建设；对在建项目，要实行倒排工期、挂牌销号等办法，加快建设进度，6月底前完成农业产业项目重建，7月底前基本完成卫生项目重建，8月底前基本完成教育项目恢复重建，9月底前完成交通及基层政权建设项目恢复重建，年底前重建项目完工数及投资完成率95%以上；对已完工项目，要尽快组织竣工验收备案和决算审计，尽早发挥项目效益。

二、加强灾后恢复重建项目管理

（一）严格基本建设程序。严格执行国家工程项目基本建设程序，坚持按规划、先勘察、后设计、再施工的原则，切实做好项目立项、报建、招投标、施工监理、竣工验收和后评估等工作。县发改局要对申报项目的真实性、合规性严格审查，加大重大项目的立项、可研咨询评估；县规划和建设局要加强对项目设计、施工和监理单位的监管，严格工程质量，保证施工安全；县国土资源局要加强用地保障，严格土地管理，严禁违规用地；县环保局要严格按照“三同时”的要求，加强环境影响评价工作。项目实施（业主）单位因客观原因相关资料不齐的，要尽快完善各种手续。

（二）严格招标投标。强化项目招投标监督管理工作，加大招投标监管力度，严格招投标制度刚性，规范招投标行为。加强代理机构及服务机构的管理，严格代理执业准入，对违法违规机构实行清退制的市场禁入制。严格查处肢解工程、随意增项和增量、围标串标等违法行为，确保招投标环节不出现任何问题。对于比选规模限额以下的灾后恢复重建项目，要严格按照《剑阁县比选规模限额以下项目建设施工、服务实行竞争性谈判暂行办法》（剑委〔2009〕7号文件附件4）执行。

（三）严控项目规模。项目实施单位要严格执行项目投资计划，按照项目批复的建设规模、内容、标准建设，严禁擅自调整建设规模、建设标准、建设内容。工程量变更按规定程序办理。因工程量变更导致资金可能超概算的，原则上调减建设规模，不突破投资计划。如确需增加项目投资的，项目实施单位应书面提出申请，报灾后恢复重建项目工程变更审查组（名单附后）初审，经县政府常务会议或县重建委全体会议同意后方可实施。未经审核、批准的，项目实施单位不得以任何借口提前启动，形成事实上的增加工程量或超概算投资。增加的投资在本项目或本单位内自行消化。

（四）严格质量及安全管理。加大工程建设质量管理和安全督查力度，严格执行国家《建筑工程抗震设防标准分类标准》等有关标准和规范。切实把好设计和施工图审查等前期工作质量关、建筑材料关、工程施工关，确保重建工程质量。以质量、安全、日志三个现场管理为重点，突出项目施工班子、监理人员、甲方代表三到位，全面落实压证施工制度。对违反工程质量法规、工程建设强制性标准和基本建设程序，存在安全隐患的，要暂停施工，依法责令整改；对造成重大损失和重大不良影响的，要依法追究责任，坚决杜绝重大安全事故和工程质量问题。

三、加强灾后恢复重建资金监管

（一）严格预算管理。坚持“有多少钱办多少事，资金包干”的原则，统筹安排使用好财政性灾后恢复重建资金。实行灾后重建项目财政评审全覆盖，凡是存在资金硬缺口的项目不予评审、不得启动。项目实施单位在设计时主体工程资金原则上不超过60%，其余作为二类费用、设施设备、附属工程等费用。县财政局要做好灾后恢复重建项目资金管理系统的应用指导工作，做到专户储存、专账核算、封闭运行。

（二）严格申报管理。各项目业主单位要严格按照灾后恢复重建项目批次实施计划，科学合理安排恢复重建项目。按照项目工程进度，实事求是，准确测算，及时准确申报项目资金预算。申报资金时应当收集整理项目可研报告、评审报告、招标文件、施工合同（协议）、项目变更（调整）审批报告、会议纪要、谈判协议、税务发票等相关资料。

（三）严格拨付管理。由项目实施单位按工程进度提出资金拨付申请，经项目监理、项目主管部门审核、财政部门审查后，将资金直接支付给项目实施单位或供应商。县财政既要严格审核，又要简化程序，及时、足额拨付资金。凡未进行财政评审的重建项目，财政一律不予拨付项目资金。所有项目建设完工后必须预留15%的尾款，根据审计部门确认、财政部门批复的审计结论结算。黑龙江援建项目资金的拨付按黑前指7号文件执行。

（四）严格捐赠资金管理。社会捐赠资金的安排使用，要完善有关协议手续，充分尊重捐赠者意愿和知情权，并按要求及时公开账目，反馈使用情况。

四、加强灾后恢复重建项目竣工决算审计工作

（一）审计事中介入。各项目业主单位必须积极配合，主动接受审计，定期向审计部门报送资金拨付及项目进度情况。被确定的跟踪审计业主单位在初步设计、招投标、合同签订、重大设计变更等工作程序完成后3个工作日内要将资料报送审计机关。基础工程（基础超深工程）、主体工程等阶段验收前5个工作日，书面通知审计机关到场监督验收。

（二）竣工项目送审。所有灾后重建项目必须按时办理竣工决算业务，各项目实施单位必须在工程完工 30 个工作日内完成决算编制，报县审计局进行审计，再由县财政局对决算进行批复。

（三）强化决算审计。审计部门要按照《审计署办公厅关于开展汶川特大地震灾后恢复重建项目竣工决算审计的意见》（审办投发〔2010〕72 号）的要求，及早安排，整合力量，做好恢复重建项目竣工决算审计工作。

（四）确保整改到位。项目竣工决算审计结束后，审计部门要全面、客观、公正地披露审计发现的问题和情况。审计过程中发现的问题，相关单位和部门要及时整改。要建立健全信息沟通、案件线索移送机制。

五、加大督查问责和案件查处力度

加强灾后恢复重建项目、资金监督管理。成立县灾后恢复重建项目监督管理工作组，由资金平衡组、工程变更审查组、案件查处组、督查问责组组成（组成人员名单附后），具体负责重建项目、资金监督管理的组织领导和统筹协调。

要加大灾后恢复重建项目工作的督查问责力度，对履职不到位，出现质量、安全隐患或发生质量、安全事故，以及未按期完成重建任务的，要追究相关责任人的责任。

对违反《招投标法》、挪用项目资金、虚报工程量、超计划投资等违法、违纪、违规行为要及时查处，做到发现一起坚决查处一起。对典型案例要予以公开曝光，涉嫌犯罪的要移送司法机关追究刑事责任。

2010 年 5 月 20 日

经验文章

全面推进剑阁灾后发展振兴新跨越的思考

向永东

剑阁作为“5·12”地震重灾县，经受了异常考验并创造了非凡业绩，谱写了穿越灾难、崛起危难的历史篇章。但截至 2010 年，全县人均地区生产总值、人均财力等各项经济指标，与全国、全省及市内其他兄弟县区相比差距仍然很大。加快发展，缩小差距，全面推进剑阁灾后发展振兴新跨越，已成为全县人民的价值取向。

实现灾后发展振兴新跨越，务必坚定不移地推进跨越发展。科学谋划跨越发展思路和战略目标，加快发展速度，加大发展步伐，创新发展举措，紧紧扭住目标不动摇。

要加快发展速度。科学把握剑阁县情和发展阶段性特征，必须强化跨越发展的意识，以只争朝夕的紧迫感，以跳起摸高的决心和勇气，在发展的速度上能有多快就多快，在发展的方向上能突破多少就突破多少。必须加大发展步伐，科学谋划跨越发展思路和目标。基于此，我们提出了未来五年坚持“三个统筹”，以“三化联动”为抓手，以城市新区、产业园区、旅游景区为载体，奋力“做强工业、做优农业、做深旅游、做大城镇”的总体思路，确定了“基本建设成广元市的经济文化生态强县和川陕甘结合部的旅游强县，为早日具备申报县级市条件打下扎实基础”的总体目标，实现经济“五个翻番”：2016 年全县生产总值达到 147 亿元，工业增加值达到 75 亿元以上，地方财政一般预算收入达到 4.5 亿元以上，社会消费品零售总额达到 50 亿元以上，均在 2011 年的基础上翻一番。固定资产投资累计超过 340 亿元，比过去五年翻一番，这是跨越发展的方向。

要创新发展举措。作为地震重灾县，面临灾后重建投资增长乏力、优势骨干产业缺乏等特殊困难，实现灾后发展振兴和跨越发展困难更多、任务更加繁重。必须创新机制体制和工作方式方法，特别是善于用市场经济的理念、思维和办法解决问题，推动发展。要创新资金筹措方式，将政府引导和市场配置资源的基础性作用有机结合，以有限的财政金融政策和市场化运作模式，激发金融机构、民间资本的投资热情。要扩大开放合作，大力招商引资。主动融入成渝、关中—天水经济区和成绵广经济带的建设，巩固深化黑龙江省对口援建长效合作机制，学会借力发展。同时，必须主动发展，参与竞争迎接挑战谋求跨越。实现灾后发展振兴新跨越，务必坚定不移地推进重点发展。坚持把新型工业化、城镇化、农业产业化与旅游产业、基础设施改善相结合，率先在重点领域实现突破发展。

奋力做强工业。大力推进新型工业化，坚持产城一体、“两化”互动发展。坚持工业相对集中、集约、集聚布局，加快工业“两园区三基地”建设。重点加快拓展和完善剑门工业园区，着力打造新兴工业基地；支持普安工业园区打造农产品加工基地；支持江口、元山规划建设白酒、原浆酒生产基地，白龙、开封等创业园区建设。着力完善园区功能，提升承载和聚集能力，力争把剑阁工业集中区建设为省级经济开发区。同时，切实加大项目的引进、培育。壮大农副产品加工、建筑建材、机械电子、医药化工、新型能源和纺织服装等六大主导产业，培育发展重点企业，大力实施亿元企业培育工程，积极支持中小企业快速发展壮大，打造富有特色的产业集群和产业带。加强企业品牌建设，努力培育一批四川乃至全国名牌产品和著名商标。推进企业技术创新，提升企业核心竞争力。搭建企业服务平台，建立促进工业发展的生产型服务业体系。

奋力做优农业。坚持围绕工业抓农业，以农民增收为核心，着力打造川北重要的农产品生产基地，创建提升“六个大县”。加快推进农业经济结构战略性调整，坚持“园区引领、成带发展、项目推进、农民主体”的基本思路，沿“一带三线”高标准建设一批辐射带动全县的现代农业示范区，成片成带推进新农村建设，切实提升现代农业发展水平。加快发展农业特色产业，推进农业产业化经营，加大龙头企业和农民专合经济组织的培育力度，特别是加快中粮集团畜禽产业基地项目早日签约建设，提高农业生产组织化程度，创优农产品品牌，构建现代农业产业化链条，提升农业效益。2016 年底，全县农业总产值达到 80 亿元。加快农业基础设施建设，大力推进农田水利基本建设，实施整村扶贫和农村危旧房改造，不断改善农村生产生活条件。

奋力做深旅游。深入实施旅游富县战略，努力把剑门关、翠云廊景区创建成 5A 级景区，实现剑门关地质公园申报国家级地质公园和蜀道申报世界遗产的目标。围绕“1 +5”旅游总体规划，加快推进剑门关—翠云廊核心景区深度开发，逐步开发打造县城温泉休闲区、鹤鸣山文化道教公园、拦马墙、觉苑寺等重点景区。深入挖掘剑门蜀道文化，办好“两节一会”，开发以商业、文化为主的大型实景剧演出活动，做强剑门关旅游品牌。完善旅游要素配套，延伸旅游产业链条，增强旅游综合效益。切实做强旅游营销，拓展旅游市场，提高服务水平，不断提升剑门关景区知名度，建成国内重要旅游目的地和游客集散地。2016 年全县旅游接待人数 300 万人以上，旅游门票收入 1 亿元以上，相关产业收入 30 亿元以上。

奋力做大城镇。以新型工业化为动力，以统筹兼顾为原则，推动城市现代化、城市集群化、城市生态化、农村城镇化，全面提升城镇化质量和水平。一要以下普快速通道为依托，将普安镇、剑门关镇、汉阳镇及上寺乡纳入县城区发展专项规划，控制发展老城，加快发展新城，促进中心集镇和农村集镇市政设施建设。二要以剑门新区建设为抓手，加快建设宝龙山森林文化公园、剑门关旅游文化产业园及旅游酒店、温泉度假区，拉大城市骨架，完善城市功能。逐步形成一城多点、统筹布局的县城发展新格局。同时，按照“外有特色、内有分工”的城镇功能定位，提升城镇载体功能，打造北部城镇群和沿国省公路干线城镇带，构建协调发展的县域城镇体系，促进农村人口向集镇转移，加快城乡一体化发展进程。2016 年城镇化率达到 40% 以上，全县城镇人口达 30 万人以上。

实现灾后发展振兴新跨越，务必坚定不移地推进全面发展。按照科学发展观要求，注重统筹城乡发展、统筹新老县城建设、统筹经济建设与社会事业发展，提升经济社会整体发展水平。

首先要树立科学发展理念。要始终贯彻落实科学发展观，尊重自然，遵循规律，坚持当前与长远统一、速度与质量统一、富民与强县统一，注重经济发展与资源、环境、社会相协调，人与自然和谐相处，实现好中求快、又好又快的发展。

其次，要坚持统筹协调发展。要注重三次产业协调发展。继续加大调整力度，确保实现 2012 年二产超一产，2013 年工业超农业。要按照“三个统筹”要求，做到老城与新城，城镇与农村，经济与社会事业同部署、同落实。加快推进统筹城乡综合配套改革，构建城乡一体化的管理体制和运行机制。加快下普快速通道建设，重视并加强边远乡镇统筹发展工作，逐步缩小县内地区间差距。加强和创新社会管理，做实基层基础工作，保持社会长期和谐稳定。要推进教育、广播电视、卫生、文化等社会事业全面发展进步。把教育放在优先发展的首位，抓好优化布局和均衡发展，为跨越发展培养新型工人、职业人才。按照党的十七届六中全会精神，大力发展文化事业，抓好“一带五园”文化产业发展，激发全县人民思创业、谋发展的热情，营造干事创业、全面发展的社会氛围。

（原载广元新闻网）

新闻报道

黑龙江省领导赴四川省剑阁县考察指导援建工作

记者　贾辉

东北网 2008 年 9 月 8 日讯 9 月 2 日至 5 日，受省委书记吉炳轩委托，省长栗战书代表省委、省政府赶赴四川省剑阁县，实地考察这里的灾情，送去我省人民对受灾群众的问候，检查指导我省援建项目建设情况，慰问我省援建前线指挥部及各专业支援队成员，与当地党委、政府共商对口援建和恢复重建工作。省委常委、常务副省长杜家亳参加考察、慰问活动。

党中央、国务院作出我省对口支援剑阁灾后重建决定后，我省高度重视，迅速行动。6 月 25 日援建剑阁前线指挥部进驻剑阁并立即展开援建工作，确定的第一批 7 大类 40 个援建项目，近期已将陆续开工。栗战书、杜家亳在对 20 余个援建点实地考察后，连夜召开座谈会，听取前线指挥部对口支援剑阁县灾后恢复重建情况汇报，研究部署下步援建工作。栗战书指出，两个多月来，参加援建的同志克服重重困难，用实际行动履行了党的宗旨，展现了龙江人的精神风貌，向灾区传递了龙江人民的深情厚谊，各项援建工作取得了明显成效。目前，抗震救灾斗争取得了重大阶段性胜利，已经进入了恢复重建的重要阶段。前线指挥部和全体援建同志要再接再厉、明确使命，发挥使者作用、协调作用、参谋作用和推进作用，进一步把援建项目做快做实做好。要把倒塌、毁损房屋重建摆上重要位置，及时拨付救助资金，按照安全、经济、适用、省地原则，争取在今年入冬前让 70% －80% 的居民住进新房。同时，统筹考虑受损倒塌的学校、医院、敬老院等公共公益类项目的重建。要民生优先、着眼发展，实事求是、尊重规律，因地制宜、科学建设，充分听取包括地震灾区干部群众在内的各方面的意见和建议，不搞大包大揽和面子工程，把恢复重建的好事办实，实事办好，做到每分钱、每个项目、每项工作都切实体现在群众得实惠上。要发挥临时党总支的战斗堡垒作用和共产党员的先锋模范作用，锻炼作风顽强、素质过硬、昂扬向上的援建队伍。栗战书、杜家亳还同当地领导及援建人员对援建项目一一进行了敲定和安排。

9 月 5 日晨和 4 日晚，省领导刘奇葆、蒋巨峰分别会见了栗战书、杜家亳等。栗战书首先转达了省委书记吉炳轩同志对四川灾区人民的慰问和对四川领导同志的问候。刘奇葆、蒋巨峰对我省及时伸出援助之手，调集大量人力、物力、财力支援灾区表示由衷感谢，认为我省参加援建的同志特别能吃苦，特别能干事，特别能奉献，各项援建工作扎实有效，并向吉炳轩等省领导和全省人民问候。栗战书表示，搞好对口援建工作是党中央、国务院赋予黑龙江重大的政治责任，黑龙江将按照党中央、国务院的统一部署，坚持科学指导，从实际出发的总体思路，坚持当地党委政府统一领导的工作原则，坚持协商、协调、依靠当地的工作方法，坚持按重建规划实施援建和节约、实用、适用的援建方针，尽最大努力把援建工作办快、办实、办好，让党中央放心，让灾区人民满意。他说，四川人民在抗震救灾斗争中形成的万众一心、众志成城、友爱互助、坚忍不拔、庄严不屈、自强不息的抗震精神，是中华民族宝贵的精神财富，值得我们学习。这种抗震精神同黑龙江的北大荒精神、大庆精神和铁人精神将相互融合，代代相传，一定会成为兄弟省份间加快经济发展和社会进步的强大动力。

四川省副省长黄彦蓉陪同考察、慰问并参加了4日晚的会见。

（原载《黑龙江日报》）

栗战书赴剑阁县考察：入冬前让八成居民迁入新居

贾　辉

东北网2008年9月9日讯“剑阁蜀道险，龙江情更浓”。9月2日至5日，受省委书记吉炳轩委托，省长栗战书、常务副省长杜家毫代表省委、省政府赶赴四川省剑阁县，实地考察这里的灾情，检查指导我省援建工作，慰问援建前线指挥部及各专业支援队成员，与当地党委、政府主要负责同志共商对口援建大计。

剑阁县位于川北山区，隶属广元市。受汶川特大地震和强余震影响，城乡居民房屋成片垮塌和开裂，学校、医院损失惨重。省委、省政府和我省人民一直心系灾区，特别是党中央、国务院作出黑龙江对口支援剑阁灾后重建决定后，全省上下迅速行动，提出要把支援灾后恢复重建工作“办快、办实、办好”，实现受灾群众满意、灾区稳定目标。6月25日，我省援建剑阁前线指挥部进驻剑阁并立即展开援建工作。70多天过去了，援建地区的情况怎样？受灾群众是否得到安置？恢复重建的进展如何？带着这些惦念，栗战书一行从哈尔滨出发，乘机直抵成都，而后换乘汽车，一路轻车简从，穿山越岭，深入到剑阁县的村屯、学校、居民临时安置点、援建项目现场进行了考察，送去我省人民对灾区群众和援建队员的问候，鼓励大家齐心协力，不畏艰难，共同建设繁荣美丽的新剑阁。

要把倒塌、毁损民房的恢复重建作为重中之重，争取在今年入冬前让70% ~80%的居民迁入新居。

剑阁县67.5万人口中，有55.5万人的房屋在地震中受到不同程度损坏，受损面达82.2%，仅农村就有39993户受灾群众房屋急需恢复重建。按照党中央、国务院对援建工作的总体要求，我省确定了救灾、救急、救民，重点抓好受灾群众安置、学校医院等恢复重建的援建思路，援建依此确立了“图纸设计、技术指导、农民互助、结对帮扶、市场服务、资金保障”六个关键环节，及时拨付到位3000万元农村受灾群众自建房政策性补助款，全力推进农村受灾群众自建房建设。

栗战书、杜家毫来到剑阁县北庙乡孤玉村灾后居民小区集中建设点，施工队伍和村民有的在平整地基，有的在搬运石料，有的在砌修墙体，一片热火朝天的景象。栗战书走到村民刘学民的房屋前，询问有关情况，“建房的钱筹到了吗？”“筹到了。”“黑龙江援建队伍的工作你们满意吗？”“非常满意。”……听说周围的村民都很有信心在我省自建房指导队的帮助下抗灾自建，栗战书十分欣慰，他鼓励大家抓紧时间重建新房。

“黑龙江和剑阁人民心连心”“感谢黑龙江人民的无私奉献”“建设剑阁新家园是黑龙江人民的最大愿望”，贴在道路两旁的标语格外引人注目。栗战书对随行的同志说：搞好对口援建工作是党中央、国务院赋予黑龙江重大的政治责任，当前和今后一个时期仍然要继续把倒塌、毁损民房的恢复重建作为重中之重，及时拨付救助资金，按照安全、经济、适用、省地原则，争取在今年入冬前让70%－80%的群众住进新居，对其余村民提供取暖保障。

在城北镇柳垭村受灾群众重建集中点、下寺镇渡口安置小区、大仓坝居民安置小区、汉阳镇建材经销网点、北庙乡砖厂等地，看到受灾群众正在积极修建永久性住房，建筑材料供应充足，栗战书说，现在灾区农民正在用自己的双手重建家园，只要精心规划、因地制宜、科学组织，一定能够尽早把房屋建起来。栗战书、杜家毫还深入到受灾群众陈琳瑛的过渡房中，仔细了解家中受灾、收入和建房准备情况，并送上慰问金，鼓励一家人坚定信心，克服困难，争取在有关方面支持下，早日恢复正常的生产生活。

要把“输血”与“造血”相结合，加快基础类、公益类、产业类项目建设，为长远发展打下坚实基础。

学校和医院等公用设施是灾后重建优先考虑的重点。在剑阁期间，栗战书、杜家毫来到我省拟重点援建的沙溪中学和剑阁县人民医院住院楼开工现场进行考察。

沙溪中学是一所拥有4000多名学生的重点中学，教学质量优良。我省有多位教师在此援教，今年的高考中，一名女学生考入了哈尔滨师范大学。汶川特大地震中，沙溪中学遭到破坏，部分教室变成了危房。我省援建指挥部根据实际情况，着眼学校长远发展，规划投资6000万元为学校兴建宿舍楼和教学楼。9月4日上午，栗战书、杜家毫来到这里实地考察。已经按期复课的学校教室发出朗朗的读书声，考察团一行虽没有打扰正在上课的学生，但听说黑龙江的人来了，一些学生还是在老师的带领下，将考察团的同志围拢在中央，孩子们拿出了自己画的美丽家园的图画，送到大家手里，感谢我省人民对灾区的真情援建。栗战书勉励孩子们努力学习，尽快成才，为建设家乡贡献力量。

在我省援建的剑阁人民医院住院楼开工仪式上，栗战书、杜家毫与当地干部、医务工作者和村民代表一起挥锹培土，为新住院楼奠基，并对周围的同志说，援建工作中，要始终把住房重建摆在首位，按期完成建设任务。与此同时，要着眼未来，精心谋划，加快学校、医院等基础类、公益类、产业类项目建设，使受灾群众的生产生活恢复到正常状态和水平。

剑阁县区位优势明显，旅游资源富集，依托这些优势，该县规划了占地4543亩的工业园，启动了剑门关古镇灾后重建工程，我省援建指挥部与剑阁县共同谋划包括路桥在内的工程项目，助力剑阁县的长远发展。在剑阁期间，栗战书、杜家毫先后来到剑门工业园区、剑门关古镇、县城龙江大道建设改造现场，与大家一起研究推进援建项目建设工作，要求前线指挥部要紧紧依靠当地，坚持“输血”与“造血”相结合，在农业、工业、旅游业、教育、劳动力转移等方面与剑阁进行对接合作，为剑阁的长远发展打下基础。

要注意安全、劳逸结合，以饱满热情服务受灾群众，在实践中接受锻炼，增长才干。

深秋的剑阁古镇山光水色、草木葱茏，然而，这看似秀美的景致后面却潜伏着巨大的危险。受地震影响，城镇中的很多房屋成了危房，频发的余震让人们寝食难安。我省援建指挥部19名成员和各类专业援建队员就是在这样的情境下进驻和开展工作的。两个多月来，他们一直住在防震板房内，克服了气候湿热、蚊虫叮咬、饮食差异、居住条件差等诸多困难，不分昼夜，顽强拼搏，谋划7大类40个援建项目，这些项目近期已陆续开工。在剑阁工作的日子里，有的同志一直没有回过家，有的同志丧失亲人还坚守岗位，有的同志水土不服患上了严重的湿疹……但他们没有一个人抱怨、退缩，始终战斗在灾后重建的第一线。当地党委政府和人民群众由衷称赞说：黑龙江援建队伍远离家乡、远离亲人，特别能吃苦，特别能干事，特别能奉献，一切为了受灾群众，一切为了灾区更好更快发展，让我们深受鼓舞，倍感责任重大。

带着对援建同志的牵挂，栗战书一行专程来到我省援建指挥部和疾控队、公安干警队、农民自建房指导队、青年志愿者服务队、卫生监督队、教育支援队驻地，慰问辛勤奋战在抗震救灾、恢复重建前线的同志们。栗战书、杜家毫进帐篷、看食堂，同各路援建队员热情交谈，认真询问大家生活和工作情况，关心大家的困难和要求，希望大家发扬“一方有难、八方支援”的互助精神，真正把剑阁当成自己的家乡来建设，把剑阁恢复重建当成自己的事业来奉献。

在剑门关古镇，栗战书巧遇正在值勤的鹤岗交警支队民警李松贵，作为支援警队的一员，他和其他150名同事，接警800余次，查纠各类交通纠纷2100余起，救助群众50余次，捐款8600元，赢得了当地群众深深的信任。栗战书与李松贵热情地握手交谈。“工作开展得怎么样?”“生活还习惯吗?”李松贵一一作答并坚定地说：“绝不辜负组织和家乡的重托，一定完成好维稳任务。”栗战书对他的辛苦工作和饱满热情表示赞赏，叮嘱他注意安全、劳逸结合，以实际行动服务灾区人民。

要让抗震救灾精神与大庆精神、铁人精神、北大荒精神相互融合，代代相传，化为兄弟省份间加快发展的强大动力

栗战书一行同援建队员一起住活动板房，与前线指挥部成员一起吃自助餐，一起沿着蜿蜒崎岖的剑门古道跋涉。在短短几天的时间里，实地考察了我省援建剑阁的20余个项目。晚饭后、午饭后又召集有关方面同志召开座谈会，听取我省前线指挥部和其他援建队伍的工作情况汇报，听取广元市和剑阁县抗震救灾恢复重建工作介绍，研究部署下步援建工作。考察团代表全省人民对剑阁县传递的深情厚谊，给当地党委政府和广大群众留下了深刻印象。剑阁县委县政府决定我省所有到剑阁的游客享受门票免费待遇。

在剑阁考察过程中，栗战书高度评价了剑阁和四川人民在抗震救灾斗争中表现出的万众一心、众志成城、友爱互助、坚忍不拔、庄严不屈、自强不息的精神风貌。他说，剑阁县和四川人民在抗震救灾中的坚强和奋起可歌可泣，形成的宝贵精神财富同黑龙江的北大荒精神、大庆精神和铁人精神将相互融合，代代相传，一定会成为双方加快发展的强大动力。他相信，只要坚持依靠当地党委政府的统一领导，坚持按照重建规划实施援建，坚持求实务实做实，一个繁荣美丽的新剑阁定会呈现在世人面前。

（原载《黑龙江日报》）

黑龙江省对口援建四川省剑阁县共建家园

记者　文天心

从东北到西南，中国地图上的一条对角线。“5·12”地震，让龙江大地与地处大西南的四川省剑阁县紧紧地联系到一起。黑龙江3800万人民与67万剑阁人民携手，心往一处想，劲往一处使，共建新剑阁。

把好事做实把实事做好

6月13日，中央工作会议确定黑龙江省对口支援四川省剑阁县灾后重建。

战鼓擂响，全省上下，迅速行动，援建工作高效、有序进行……

6月14日至17日，黑龙江省派出援建工作小组对剑阁县42个重灾乡镇进行全面灾情踏查和调研，以给对口援建县剑阁拿出一份合理、科学、可行的援建方案；6月23日，黑龙江省援建剑阁县灾后重建前线指挥部正式成立；6月24日，省委常委、常务副省长杜家毫接见指挥部全体人员，传达省委书记吉炳轩、省长栗战书关于做好援建工作的重要指示，对如何开展好援建工作提出明确要求；6月25日，援建指挥部全体人员抵达剑阁县。

从中央部署到黑龙江省援建前线指挥部在剑阁县竖起大旗，只用了12天。

“剑阁的事，就是黑龙江省的事，我们要全力以赴！”省委书记吉炳轩对援建工作做出重要批示：办快、办实、办好。

省长栗战书反复强调援建工作要求实、务实、做实。

结合黑龙江省和剑阁县实际，省委、省政府确定了黑龙江省援建工作的总体思路：坚持科学发展观，一切从实际出发，坚决贯彻执行党中央、国务院的统一部署和安排，本着“救急、救民、救灾”的原则，坚持当前和长远相结合，坚持“输血”与“造血”相结合，充分尊重受援方意愿，采取“政府主导、依靠当地、面向市场”的援建方式，让受灾群众满意，确保灾区稳定，为剑阁的长远发展打下坚实基础。

经过援建人员夜以继日的奔波和广泛深入的谋划论证，首批7大类40个援建项目陆续确定。

9月2日至5日，受省委书记吉炳轩委托，省长栗战书，省委常委、常务副省长杜家毫代表省委、省政府赶赴剑阁县，实地考察灾情，走访受灾农户，看建筑工地、建材市场、工业园区以及学校、医院和开工的项目，检查指导黑龙江省援建工作，慰问援建前线指挥部及各专业支援队成员，与当地党委、政府主要负责同志共商对口援建大计。

无缝隙对接无障碍合作

10月21日，援建前线指挥部会议室。

指挥部全体人员与当地干部开了一次“碰头会”，就援建项目中3个集中安置小区推进中遇到的问题共商解决之道。

“这样的会，我们经常开。与援建有关的事，都是双方商量着办。”援建前线总指挥刘国会向记者介绍说，无论指挥部还是其他各个援建支援的队伍，都服从当地党委、政府的统一领导，即使在村里搞一个民房集中小区，恢复重建，也要和村委会、党支部搞好关系，听他们的安排，指挥部就是出主意、想办法、当参谋、帮助协调。一切服从当地党委、政府的统一领导，这是援建工作的一个总原则。

按照黑龙江省援建工作的总体思路，援建指挥部确定了援建工作的“四项基本原则”：坚持在当地党委、政府统一领导下开展援建；坚持按照重建规划实施援建；坚持协商协调、依靠当地的办法推进援建；坚持节约、实用、适用、安全的原则搞好援建。

剑阁县县长田中文说：“涉及灾后重建议题的县委、县政府重要会议，剑阁县会邀请黑龙江省援建前线指挥部人员参加，共同研究、协商、决定灾后重建重要事项，科学决策，民主决策，在问题面前绝不遮遮掩掩。”

剑阁县常务副县长何海生说，在援建工作中，黑龙江省一直是站在剑阁县的角度考虑问题，所有援建项目全部面向社会进行招投标，施工企业上缴税收全部留在当地。指挥部还与剑阁县明确约定，项目单位在与施工单位签订的合同中增加一个条款，施工企业必须吸纳30%以上的当地农民就业。对援建工作中存在的问题，双方会一起研究解决，落实责任部门，明确完成时限，实现了无缝隙对接，无障碍合作。

“兄弟同心，其利断金。”高占国副总指挥介绍说，经过黑龙江省援建前线指挥部和剑阁县的共同努力，黑龙江省第一批援建项目已经取得实质性进展。到10月30日，黑龙江省援建的首批40个项目中，已有23个项目开工。

9月27日，刘奇葆视察剑阁县灾后恢复重建工作时，对黑龙江省的援建工作给予了充分的肯定。“黑龙江省的援建思路清晰，工作务实，进展扎实，项目推进快，派出的前指人员精干高效。”

“受灾群众满意，是我们的最大心愿!”

10月19日下午，剑阁县城北镇民主村灾后重建指挥部聚满了受灾村民。他们的脸上洋溢着笑容，黑龙江省援建前线指挥部把每户3600元自建房和过渡安置房补助款发到受灾村民手中。根据自建房的进展情况，黑龙江省承担的共1.1亿元的补助款陆续发放给了受灾群众。

灾后，剑阁县有4.6万户受灾群众急需恢复重建，其中农村达39993户。黑龙江省派去专家，指导当地重新设计20套图纸，按照不同的地质结构，分6级、6.5级、7级设防，既考虑安全性和群众的经济承受能力，又兼顾川北民居特色。

剑阁当地农民自建房技术力量薄弱，前线指挥部协调，从省里请来24名建筑专家组成指导队，从7月18日起，指导队走村入户，面对面、手把手传授技术，培训村干部、建房村民和农民工匠。

北庙乡孤玉村村民龚树方家原来的土房在地震中坍塌。老龚指着构造柱里的钢筋对记者说，原来想用10毫米粗的钢筋，听了黑龙江省专家的建议后，把钢筋换成了13毫米粗。

北庙乡乡长罗映波向记者介绍说，孤玉村这一片安置小区，背靠孤玉山，风景优美，规划建设时，以农家乐生态旅游为发展方向，每户都是独立的小院，户与户之间是小型的葡萄园，自建房不仅要考虑救急，还要考虑发展。在黑龙江省的帮助下，我们这个小区建好以后肯定会有大发展，村民也会受益。

刘国会说："我们搞援建，不仅要救急，更要放眼长远，为当地的今后发展打下好的基础。受灾群众满意，是我们的最大心愿！"

经过前线指挥部和剑阁县的共同努力，黑龙江省第一批援建项目进展迅速：广坪小学、高池卫生院、剑南公路3个项目施工企业已经进场；县人民医院住院楼项目正在进行基础回填。剑门、白龙、木马、武连、香沉、东宝、羊岭、毛坝、西庙、圈龙、秀钟11个供水站项目，已开工建设；大仓受灾群众安置新村、公兴中学、毛坝小学、姚家小学、元山中学、剑州中学、剑阁特教学校、开封中学、元山小学、东宝小学、普安敬老院、柳沟敬老院、桥边河大桥、柘坝大桥14个项目正在进行招投标；渡口受灾群众安置新村、沙溪受灾群众安置新村、沙溪中学、剑门中学、剑阁职业中学5个项目正在进行征地拆迁；团结、英雄、战备3个水库震损除险加固项目，初步设计方案已经编完……

（原载2008年11月3日《黑龙江日报》）

春风度过剑门关

——"龙剑精神"速写

特约记者 左松　记者 张涵

这是一个没有硝烟的战场，没有敌人和对手，却一样存在生与死的考验、情与义的博弈；这是一场18省市同展武艺的擂台赛，只有奋力拼搏、开拓创新、勇创一流，才能不辱使命；这是一场特殊的考试，评判的标准只有一个：让灾区人民满意。——记者手记

2010年是黑龙江省援建的决胜年，也是中央提出"三年任务两年基本完成"的最后一年。"5·12"地震发生一年半以后，本频道记者再次走访剑阁援建前线指挥部及广元市、剑阁县相关部门和领导，亲耳聆听到了天下雄关内外伴随灾后重建跨越式发展的足音，留给记者美好而鲜活的印象。

一方有难八方援

2008年5月12日，一场突如其来的大灾难不期而至，汶川、北川、青川多点爆发的特大地震，使享有"川北重镇、蜀道明珠"之美誉的剑阁县遭受重创。交通、水利、教育、卫生等基础设施和城乡居民房屋遭受严重损毁，4万余户，20万人无家可归，19位同胞失去了生命，直接经济损失达203亿元。

2008年6月13日中央工作会议确定黑龙江省对口支援四川省剑阁县灾后恢复重建。6月14日黑龙江省委省政府前期对接组就奔赴剑阁展开工作。6月17日召开的省委常委扩大会议上，黑龙江省对口支援剑阁县灾后恢复重建领导小组成立。6月23日黑龙江省援建前线指挥部成立，6月25日前线指挥部全体成员奉命进驻剑阁。一场万里驰援的大战役就此启开大幕。

龙江儿女献爱心

"家人重病毋远行"，总指挥刘国会从走上前线的那刻起，就毅然把照顾正在病中的老母亲的重担

交给了家人。2009 年 5 月 8 日上午 10 时母亲在大庆去世，他正在援建前线紧张忙碌，硬是将这一噩耗瞒得严严实实。夜深人静的时候，刘总指挥强忍悲痛，通过电话满含愧疚地对姐姐、弟弟说，前指离不开我，母亲的丧事越简单越好……就这样，直到党中央、国务院汶川特大地震一周年纪念活动结束后的 5 月 13 日，他才匆匆赶回大庆。这时，母亲离去已经整整 5 天。在母亲墓前，他泣不成声。而直到现在，每当别人提起母亲的时候，泪水总会盈满刘指挥的眼眶。

同样强忍着亲人离去的悲痛而坚持在援建一线的副总指挥肖兴民，剑阁县委常委、副县长、副总指挥高启生，也用自己的行动践行着什么叫忠诚、什么叫使命。

肖兴民同志在岳母去世的时候，仍然坚持在工作岗位。就连回家看望身患癌症的父亲，却也只是等父亲刚下手术台，又匆匆返回了援建岗位。

一直忙碌在援建一线的高启生同志，在国庆期间终于有机会回哈尔滨探亲。原指望陪老父亲唠唠嗑，把自己在前线的工作向父亲汇报汇报，孰料父亲病重离世，让他痛不欲生，在匆匆料理完丧事后，他依旧坚定地奔赴援建前线。

当大爱遭遇亲情，忠孝不能两全时，援建工作者用无声的行动诠释着一个普通共产党员对党的事业的无限忠诚和对人民的无限热爱。

在这些可爱的援建者群像中，还有无法陪护身患癌症母亲的侯继周；还有总把可以因公回哈尔滨的机会让给别人的夏忠玉、杨渊沛副总指挥，尽管他们俩是 2009 年年初的正月初七就来到了剑阁援建前线；还有张焕昭、王林生、杨伟杰、苑维春、陈方斌、张宝武等等同志……就是他们，用自己的行动把龙江人民对剑阁人民的深深热爱真情传递、把援建工作付诸实践。

他们用自己的工作实践，重新诠释了“5 + 2”“白 + 黑”的概念。而这些，也只是他们对自己工作的基本要求。

在紧张的援建前线指挥部，援建者也自有自己的一套工作经验，那就是：克服枯燥生活的办法，就是紧张的工作；放松压力的最好办法，就是一场既是队员又是观众的羽毛球赛；而慰藉思亲之苦的最好办法，就是在节假日里，慰问完受灾群众和建筑工人之后，再给家人一通问候电话。

援建推进“又好又快”

灾后重建史无前例，没有任何经验、做法可资借鉴。黑龙江省独辟蹊径，采取“交支票 + 全过程参与和监督 + 全方位援建”的方式开展工作。前线指挥部在援建工作中积累升华的“无缝隙对接、无障碍合作”经验、“四个坚持”“五大机制”以及有针对性采取的“两地售标书、异地开标、业绩考察、投标低限、造价评审、联席会议和联合检查”等措施，都是对口支援工作中成功经验的高度概括和提炼，有效破解了援建工作中遇到的难题。

2008 年 12 月 4 日在剑阁县召开的全省对口支援工作会议上家亳常务副省长审时度势，提出了“又好又快”推进援建的工作要求，与中央“三年任务、两年基本完成”的部署调整不谋而合。2009 年前线指挥部认真贯彻中央省市部署，确定 2009 年为龙江援建决战年，狠抓关键时间节点，强势推进项目建设，援建工作取得阶段性成果，项目进度居于 18 省市前列。确定援建项目 146 个全部开工，到 2009 年底完工 135 个。全县 44178 户农房重建任务全面完成，农村受灾群众全部入住新居。49 个教育项目交付使用，10 万师生将如期告别板房。41 个卫生项目全部完工。11 个乡镇供水站项目已交付使用，6.44 万人口饮上卫生水，3 座病险水库项目 7 月底已除险加固完成，防洪蓄水能力增强，新增有效灌溉面积 1.65 万亩。桥边河桥、塔子山公路已经完工。剑门关隧道、剑昭公路、剑门关古镇恢复重建等项目交付使用，剑门关关楼等景区项目正在抓紧推进。剑门工业园区基础设施管网和标准化厂房一期工程完工，二期正在建设。广播电视项目设备已经采购及骨干网络建设已经完工。剑门大厦、体育馆项目开工建设，今年 4 月可望交工。确定援建交通项目 8 个，交工 7 个。派出的 300 余人的支教、医疗、防疫疾控、特警、志愿者队伍和建设、地震、交通、水利、造价评审、心理辅导等方面的专家，全力投入应急抢险和灾后重建工作，从物质、资金、技术、智力等方面给予了全方位支援，为剑阁及时恢复正常工作、学习、生活秩序发挥了积极作用。

决胜年间交答卷

2010 年是黑龙江省援建的决胜年，也是中央提出“三年任务、两年基本完成”的最后一年。今年黑龙江省援建工作的指导思想是，贯彻落实全省对口援建工作会议精神，坚持从灾区的实际出发，以科学发展观为指导，进一步开拓创新，强化措施，更好、更快、更实推进各项援建工作，千方百计完成龙江援建决胜年的各项任务，确保三年任务两年全面完成。

工作思路是，瞄准一个目标，抓住两大节点，严把三大关口，坚持四个到位，抓好五项工作。“瞄准一个目标”：夺取决胜年援建战役的胜利，三年援建任务两年提前完成，努力确保灾区社会稳定、经济社会发展、人民安居乐业。“抓住两大节点”：“5·12”地震两周年援建项目基本完成，9 月底援建任务全面完成。“严把三大关口”：严把援建工程的进度关、质量关、安全关，建一流工程，树龙江品牌。“坚持四个到位”：较大项目实行领导责任到位、政策服务到位、监督措施到位、激励奖惩到位。全力抓好五项工作：一是加快推进项目建设。这是援建工作的重中之重。要在确保质量安全的前提下，进一步加大项目推进力度，能快则快，又好又快。要深入开展以进度质量安全为主要内容的“剑门杯”评比和进度、质量、安全月等活动。继续把援建项目建设中形成的一系列好的经验和做法加以创新和完善，在领导督办、会议督办、联合检查、奖惩激励上与剑阁县委政府默契配合，务求实效，努力确保两大节点目标任务的完成。二是同步展开项目决算审计和竣工验收工作，完工一个，决算一个，不拖整体工作的后腿。三是扩大对外宣传。2010 年前线指挥部将围绕援建物质成果、援建精神成果两大重点进行系统总结和升华，在各类媒体、各种场合进行集中展示。同时做好援建志、刊物编撰、文献和实物资料的收集整理。四是探索建立援建长效机制。进一步巩固完善在支医、支教、服务业外包等方面建立的合作机制。依托剑阁的资源优势，面向全国加大招商引资力度，推动康大和宏业公司与剑阁县的兔业合作，为灾区农民增收、财政增税、企业增利创造有利条件。广泛开展“传帮带”活动，培养当地技术和行业带头人，为剑阁可持续发展留下一支不走的工作队。五是继续加强自身建设。进一步严肃工作生活纪律，严格执行“四不准”规定，以务实的作风、严谨的态度、一流的业绩和顽强的精神展示龙江风采。同时不断丰富队员生活，营造一个团结紧张、严肃活泼的工作生活环境。

前线指挥部决心在省委省政府的坚强领导下，继续发扬成绩、扩大战果、勇争一流，坚决打赢龙江援建决胜年这场硬仗，全力确保三年任务两年全面完成，向党中央国务院和全国人民交上一份满意答卷。

（原载 2010 年 2 月 1 日中国抗震救灾网、四川在线）

剑门关重建竣工开放喜迎八方宾朋观光旅游

——2010 中国蜀道剑门关文化旅游节好戏连台

本报讯（左松　卫任荣）　近日，为期 5 天的剑门关景区灾后重建关楼落成仪式暨 2010 中国蜀道剑门关文化旅游节成功落下帷幕。五天的剑门关文化旅游节好戏连台，以剑门关景区灾后重建关楼落成仪式作为标志，中央电视台“激情广场”、“情定剑门 · 真爱永恒”百对新人集体婚礼、剑门绝壁攀岩系列活动高潮迭起，“难于上青天”的蜀道剑门关景区灾后重建硕果累累！

剑门雄关新修后开关

4 月 29 日上午，记者从剑阁新县城召开的“剑门蜀道风景名胜区国家自然与文化双遗产新闻发布会”上获悉，位于广元市境内的“剑门蜀道风景名胜区”被列入住房和城乡建设部公布的第二批“中国国家自然遗产”“国家自然与文化双遗产预备名录”。参加这次新闻发布会的有：四川省住房和城乡建设厅副厅长杨光、处长郑国林，四川省世界自然文化双遗产办公室主任张虎等相关领导。剑门蜀道风景名胜区是广元市的首批国家级重点风景名胜区，其遗产价值主要是以剑门关为中心，由昭化古城、翠云廊等组成。评审专家认为剑门关是蜀中四大名胜（峨眉天下秀、青城天下幽、剑门天下雄、夔门天下险）之一，剑门关和翠云廊这个我国乃至世界罕见的古关隘和保护最好的林荫古大道，具有极高的历史、文化、科研和旅游价值。在国家级双遗产只有剑门关千年蜀道是唯一性，翠云廊也具有唯一性。目前被成功列入国家自然与文化双遗产预备名录，为申报世界自然与文化双遗产奠定了坚实的基础。

截至下午三时，举行剑门关关楼落成、开关、入关仪式暨中国蜀道 · 剑门关文化旅游节开幕式，参加开幕式的有四川省委常委、常务副省长，黑龙江省副省长于莎燕，黑龙江省援建剑阁前线指挥部总指挥刘国会，广元市委书记罗强，市长马华，剑阁县委书记冯安富，县长田中文，以及省、市、县相关领导和部分特邀嘉宾参加揭幕仪式。

据了解，2010 年是黑龙江省援建的决胜年，剑门关景区项目共五个，总援建资金 1. 5 亿元已经全部投入使用，其中剑门蜀道标志性工程刚于前日举行了开关仪式。龙剑携手灾后重建所展示出来的“龙剑精神”无论速度还是内容业已创造了“剑门神鸟”般的震撼。

据悉，地震之后，剑阁县迅速启动重建工程，围绕“2010 年创建成国家 AAAA 级旅游景区，最终建成剑门蜀道三国文化旅游精品线上的龙头景区和国内一流景区”目标，编制规划重建项目 72 个。剑门雄关新貌不仅是龙剑携手灾后重建所交的精彩答卷，也是剑阁县委、剑阁县人民政府“旅游兴县战略”实施的精彩答卷。以刘国会为代表黑龙江前线指挥部和以冯安富为代表的剑阁县委县政府决心早下，发扬成绩、扩大战果、勇争一流，坚决打赢龙江援建决胜年这场硬仗，决胜2010！交出全部精彩答卷!! 让灾区人民满意。

百对新人见证龙剑情

中央电视台《激情广场》颂扬龙剑人民灾后重建答卷精彩的歌声还在心间萦绕，雄关5月1日又笑颜迎新人："情定剑门·真爱永恒"百对新人集体婚礼，五一佳节上午九时，在剑门关游客接待中心隆重举行，这也是剑门关景区灾后重建关楼落成仪式后2010中国蜀道剑门关文化旅游节最精彩的活动之一，观众如潮！游客如潮！欢喜如潮！

在活动现场，中共剑阁县委书记、县人大常委会主任冯安富，剑阁县委副书记、县长田中文，广元市妇联主席何淑蓉女士和副县长杨明学等领导分别为来自国内外新人们颁发了剑门关景区夫妻终身免费旅游卡、交通礼服补助银行卡和红伞新婚书籍等纪念品，表达了剑阁县委、剑阁县人民政府的深情厚谊；黑龙江援建剑阁前线指挥部副总指挥肖兴明为新人表达了对口援建剑阁县的黑龙江人民对新人们的深深祝福，并欢迎新人们到黑龙江做客，度浪漫蜜月之旅。

登天"神鸟"吸引众游客

是英雄是好汉，请向剑门绝壁看！5月2日，2010年中国·广元首届剑门关攀岩邀请赛上，来自英国的马强、艾本和我国的陈华、刘兴华等30余名攀岩专业高手在两条80至100米高的绝壁上一展绝技。

"难于上青天"的剑门蜀道挑战着攀登者的勇气、力量、执著的信念，来自省市县主要领导王振会、冯安富、刘国会、吴勇和贾小玲等为勇士们助威呐喊，在上万观看者的惊呼声、尖叫声、赞美声和欢笑声中一个个成功登顶。一位来自重庆的刘姓游客兴奋地说，刚才在景区看了4D电影《剑门神鸟》，再看登山健儿在石笋峰旁危崖直立、刀削斧劈的凌空表演，如同见到真正的"神鸟"……

据了解，攀岩邀请赛，不仅是户外体育爱好者提供了一个绝佳的观赏机会，也红火了当地旅游。据广元市旅游局局长苟英明和剑阁县旅游局局长徐怀峰介绍，五一节近两天，剑门关就接待游客近8万人，门票收入两百多万元，加之宾馆饭店等总收入三千余万元……这都是实施资源转化战略的重要成果之一。按照市委市政府和县委县政府实施资源转化战略、发展低碳经济的要求，剑门关景区还将围绕今年建成AAAA级景区、力争AAAAA级景区，申报中国蜀道世界文化线路遗产的目标，坚持政府主导、市场运作、立足久远，把剑门关风景区打造成精品中的精品，实现四川北线旅游的重大突破，剑门关旅游的"井喷"才刚刚开始……

（原载2009年5月6日《四川科技报》）

纪实文章

爱洒剑门山区

——中煤集团平朔公司赴四川剑阁救援队抗震救灾纪实

杨仕甫

“5·12”汶川8级地震严重波及四川省剑阁县，造成人员伤亡，部分道路中断，大部分水利等基础设施毁损，全县数十万间房屋倒塌，67.5万人受灾，直接经济损失高达230亿元。

5月25日，中煤平朔公司赴川救援队一行43人带着山西人民的重托，中煤集团全体干部职工的厚望，在公司安监局长田金泽同志的带领下，顶着烈日酷暑，行程1400余千米，赶赴千里之外的剑阁抢险救灾，经过22个小时的车程颠簸，终于在26日抵达了国务院确定对口帮扶的十八个重灾县之一剑阁。

为难之时显身手

在救援队到达的前一天，与剑阁紧邻的青川县刚刚发生了6.4级的最大余震，当地震感非常强烈，且有房屋倒塌，人员伤亡，但救援队员们没有丝毫畏惧，下车之后，顾不得吃饭和休息，就迅速与当地取得联系，在最短的时间里确定出了救灾任务。为了不增加当地政府的负担，救援队于当天下午在普安镇搭建了临时帐篷，27日就冒着不断的余震行程300余千米，察看了灾情较为严重的6个乡镇的中心医院、学校、村庄，居民区，制定出拆除、清理、倒运措施和救援方案，并对设备行进的路线和桥梁进行了详细勘察。5月29日，通过火车托运的10余台重型设备抵达剑阁境内的沙溪坝火车站，这是一个乡镇小站，不具备装卸大型设备的条件，这次运来的吊车，车身长，重达35吨，全靠人工卸载，要从火车上卸下来，其难度可想而知。当晚一时许，天上又下起了倾盆大雨，队员们一个个被淋得像落汤鸡，大家顶着风雨，裹着满身泥泞，想尽办法，克服重重困难奋战了一个通宵，直到30日凌晨7时才终于将设备卸完。

剑阁地处“蜀道之难难于上青天”的剑门山区，举世闻名的天下雄关剑门关就位于此。这里崇山耸峙，坡陡路险，加之地震使多处山体滑坡给救援工作增加了极大的难度。灾情就是命令。救援队员们没有半点犹豫和退缩，从30日开始，就按照确定的救援方案，立即展开了平整活动板房搭建场地，清理废墟，拆除危房等工作。在当地政府的配合下，兵分两路，一路出动一台推土机和一台前装机对该县沙溪小学的100立方混凝土和沙溪中学6100平方米场地进行前期清理、施工；另一路出动一台推土机、两台卡车、两台前装机到全县最贫困、灾情最重、距县城80千米的毛坝乡抢险。毛坝乡6个村1000多户村民的房屋全部受损或成为危房，乡政府决定对这6个村庄进行重新规划，按新农村的标准重新建设，救援队立即对该村4000平方米的新农村建设用地进行平整。在队员们的团结奋战下，一块平如镜面的新农村建设用地终于呈现在人们的面前。这次地震，造成毛坝小学校舍倒塌，学校被迫停课，为了使347名师生早日摆脱地震带来的伤害，尽快重建家园，救援队夜以继日地工作，迅速拆除了学校210间共4500平方米的危房，并清理倒运了建筑垃圾。为了最大程度的减少损失，在拆除前，队员们充分利用设备优势，对校园内的树木、花草进行了移栽，并冒着极大的危险，从受损最为严重的教室里抢出50多套桌椅等教学用具。武连镇中心医院也是这次地震受损十分严重的单位，经过几天的奋战，中心医院的5000平方米危房被全部拆除，并清理、倒运了全部垃圾，平整了场地。在武连，救援队还拆除了小学5000平方米的教学楼，职业中学2000平方米危房，清理场地3000平方米，拆除镇政府10间平房，10间二层楼房，拆除了中街、后街118间危房，武五村13间危房，平整了700余平方米土地，清理了全部垃圾。郑家山广播电视调频台位于海拔较高的山顶，承担着为全县农村转播中央人民广播电台、中央电视台卫星信号的特殊任务，这次地震中，放置主要设备的二层楼房严重受损，随时面临倒塌的危险，内有价值20多万元的电子设备无法搬出，救援队了解到这个情况后，主动与剑阁县广电局联系，及时帮助他们抢出了设备，拆除了危楼。

在普安镇，救援队开辟出一条1000米长的通往该镇过渡房建设工地的道路，拆除职业中学600平方米厂房，平整3000平方米场地，拆除剑州中学一幢四层楼房，清理罐头厂3000平方米场地，拆除楼房800余平方米，拆除百货公司3000余平方米危房；在凉山乡盐井村，救援队清理上下落差5米的胶泥、硝土共计45亩，平整场地1600平方米；在城北镇，救援队拆除危房130余间；在下寺工业园区，救援队帮助运送砂石100余车。共清理和平整土地32200平方米，拆除危房15700平方米，修筑道路4000米，清理混凝土100平方米，拆除水泥柱和横梁114根，拉运砂石18车。

一连串的数字，凝聚了救援队员们的辛劳和汗水，充分体现了中煤人特别能吃苦，特别能战斗，特别能奉献的崇高精神。

一片冰心在玉壶

救援队充分发挥党组织在抗震救灾一线的战斗堡垒作用，共产党员的先锋模范作用，领导干部的率先垂范作用，为队员们树立了标杆。在党员干部的感召下，先后有19人向临时党支部递交了入党申请书，43人递交了思想汇报材料，表达了他们追求进步的决心。

已经50多岁的领队王金玉是救援队伍中年龄最大的，他既是指挥员又是战斗员，在抢险救援的数十个日子里，他总是起得最早睡得最晚，白天奔忙在各个排危现场，晚上还要召集相关人员总结当天的工作，讨论第二天的工作方案，他科学组织救援工作科学安排队员生活，先后为队员解决了洗热水澡，吃上可口的家乡饭等现实问题。在郑家山广播电视调频台抢险救灾时，为了确保救援队员的生命安全，他先后三次深入现场察看，研究排危方案，连续几天吃不下饭，睡不着觉，研究楼房建筑图纸，分析受力情况，独自一人进入危楼观察，最终确定了抢搬设备、拆除危房的可行方案，在大家的艰苦努力下，终于顺利地抢出了设备，拆除了这幢二层楼房。救援队队长、共产党员张现，处处身先士卒，奋战在抢险一线，哪里有危险，哪里就有他的身影，救援队攻下的每一处难关，无不凝聚着他的辛劳和汗水。副领队李双柱临危不惧，冲在前面，和队员们一起从随时可能倒塌的教室里抢出了桌椅。

领导率先带头，作出榜样，队员们不甘落后，奋勇争先，出现了许许多多可歌可泣的感人事迹，用自己的行动彰显了中煤人冰清如玉的高尚品质和情操。

从县城到重灾区武连镇的90余千米山路坡陡弯急，道路狭窄，随处是悬崖峭壁，给机械运输带来极大困难。在前往武连的路上，平板车拉着推土机艰难地行驶着，突然，一个急转弯，推土机滑到了平板车的一侧，眼看着就要从车上摔下来，同行的人员都惊呆了，因为大家都知道，随时都有翻车的可能，这时，入党积极分子李新生二话没说，纵身跳上平板车，然后小心翼翼地将身子挪到推土机旁边，迅速打开车门，坐到了驾驶室里，熟练地挂挡、退挡、启动，终于把推土机从平板车上安全地开了下来。在毛坝乡平整土地时，由于这里是典型的黄胶泥土，加上刚刚下过大雨，平整起来十分吃力，而前装机的轮胎又突然损坏了，已经到了中午一点，卡车司机刘春放弃吃饭和休息，顶着烈日帮助维修工更换轮胎，使工作得以顺利进行。在拆除百货公司危房时，老工人杜兴冒着生命危险进楼勘察看时，发现了一个钱包，里面装着300元现金，他毫不犹豫地将钱包交到了普安镇政府的领导手中，受到了当地党委、政府的高度赞扬。随队医生于志强在做好队员医疗、防疫工作的同时，还主动承担了全队的饮食卫生等后勤服务，他奔忙于厨房和菜市场，经常几天都顾不上给家里打一个电话。小车司机闫大伟、赵建平冒着余震和大山滑坡的危险，每天行程200多千米接送队员，总是随叫随到，从无怨言。共产党员张伟在做好救援协调工作的同时，还积极为队员搞好后勤服务，每天只能睡三、四个小时，6月4日凌晨两点，一台前装机的轮胎坏了，他马上跑回驻地去取，一路上连口水也没喝，凌晨5点钟就赶回到了毛坝乡工地。大轿车司机吕光林身患重感冒，仍然没有停止过工作，戴着厚厚的口罩奔走在危房和设备之间，时刻为拆除工作做好警戒；随队记者王耀始终与救援队战斗在一起，白天摄像、拍照，晚上写救援快报，为了发送稿件，常常要步行十多千米。还有队员李建国、刘春、王海江、赵根平、李平文、候向勇、乔春明、赵继军、王彪、尹建朝、薛二年等等，每一位干部都是典范，每一位党员都是旗帜，每一个队员都是救灾的勇士。救援队的感人事迹，当地市、县电视台以及《广元日报》均多次作了报道，全国总工会还授予平朔救援队“抗震救灾、重建家园工人先锋号”的光荣称号。

大爱无疆不言谢

面对严重的灾情和受灾的同胞，救援队员们的心情格外沉重。在毛坝小学拆除危房时，看到学校办学条件简陋，地震时又严重受损，大家纷纷伸出援助之手，向该校捐款10000元，表达了中煤人对灾区人民的爱心。接到这笔捐款时，毛坝小学校长贾明泉激动地说：非常感谢中煤平朔救援队，在我们最困难的时候，是你们的爱心给我们带来了重建家园的信心。救援队卓有成效的工作赢得了当地群众的高度赞扬，忘我工作的精神给当地群众留下了深刻印象，与当地群众结下了鱼水深情。

看到一处处平整出来的平地，一处处被拆除的危房，毛坝乡党委书记贾益秀含着感激的泪水说：感谢中煤平朔救援队千里迢迢来到剑阁，救援队顽强拼搏，忘我工作的精神给全乡干部群众很大的鼓舞，也更加坚定了我们抗震救灾、重建家园的决心和信心，并送来了一幅写着“中煤救援，大爱永存”的锦旗。6 月 26 日，毛坝乡召开庆“七一”表彰大会，李新生、贾云飞、谷新文、杨志荣四位同志还被该乡党委、政府授予“先进个人”称号。武连小学校长梁玉剑向救援队赠送了“救灾援助，爱心永存”的锦旗，代表师生向救援队表示感谢，他说：“中煤救援队不仅帮助我们拆除危房，清运建筑垃圾，而且带来了国有大型企业的精神，让我们看到了中央企业精细的管理和优良的作风，有这种精神的鼓舞，我们重建校园的进程会更加扎实与迅速。”6 月 21 日晚上，武连镇政府还专门为救援队举办了“明天会更美好”的大型文艺晚会。

当地老百姓更是被队员们的拼搏精神所感动，以各种形式纷纷前来表达他们的谢意。毛坝小学退休教师郑桂莲，看到队员们汗流满面忙碌的身影，专门买来液化气，在自己家里烧水，方便队员洗澡，使队员们感动得热泪盈眶。在武连职中搬家时，高三女生杨丽华把写好的一封信交到了队员张伟的手中，她在信中写道：“我们是幸运的，虽然遇上大灾，却感受到了大爱”。山西洪洞籍老乡韩中建还带着他曾是南下干部，已过 80 高龄的父亲，将一面写着“天灾无情，人间有爱”的锦旗送到救援队领导手中，表达父子俩为有中煤这样的老乡救援队而骄傲和自豪的肺腑之情。为了表达对救援队的感激之情，在队员们离开的时候，当地群众还自发地排成长队，含泪为他们送行。在抢险救灾期间，救援队也得到了各级领导的关心和厚爱。集团公司党委书记纪喜来、朔州市副市长雷建国、平朔公司总经济师叶新等领导先后到救灾现场看望全体队员，给了队员们极大的鼓舞，朔州市政府还送来了 20000 元慰问金以及水果、饮料等慰问品，使队员们感受到了家乡领导的关怀和温暖；剑阁县委主要领导、县长田现平多次到抢险现场看望队员，并为救援队解决了生活上的很多困难。剑阁县建设和规划局的领导和职工自始至终关心和支持援建工作，并与救援队一起并肩战斗。

平朔救援队用辉煌的业绩证明了中煤集团的实力，用自己的行动谱写了中煤人众志成城、抗震救灾的拼搏之歌，谱写了中煤人在为难之时的大爱之歌，奉献之歌。可以自豪地说：他们没有辜负山西人民的厚望，没有给山西人丢脸！没有给中煤人丢脸！他们为山西人争了光，为中煤人争了光。

（原载 2008 年《翠云廊》，编辑中有改动）

艺　文

诗　词

亲历汶川特大地震

杨政国

地陷山崩乱石飞，楼倾路断气衰微。
一从劫难身边起，尽日扶贫自未知。

（原载《剑阁古今诗词选集》）

汶川特大地震偶成

王湖益

地崩河堰神州惊，华夏民生哀祸频。
恍若欢颜一如故，瞬息生死两隔尘。
耗传寰宇九天泣，拯难扶危四海情。
倾觞尽饮新福酒，重振家园满园春。

（原载《四川诗词》）

汶川特大地震

蒲汉林

2008年5月12日14点28分，四川汶川发生8.0级特大地震波及剑阁，霎时地动山摇，楼倾塔毁，到处轰然作响，遍街瓦砾横飞；顷刻之间通信中断，电力中断，交通中断……入眼人群塞道，惊魂遍野……

震魔兀自袭汶川，
瞬息斯民系倒悬。

忍见同胞挥泪眼，
捂襟饮泣独潸然。

龙门山脉震区三题

松潘平武与汶川，
脉系龙门一线悬。
断续震期三十载，
山崩地裂奈何天。

龙门山脉万千年，
魔震狰狞册有编。
后汉前朝遭此劫，
烝民戚戚泪涟涟。

如今魔震起汶川，
元首亲临解倒悬。
英勇三军涉生死，
忠魂高义薄云天。

（原载2008年《翠云廊》）

5·12地震记

邓 勇

戊子三川动，龙门起祸端。
崩山埋土地，塌宅绝人烟。
忍见伤亡巨，惊闻哭喊绵。
三军车甲阵，四海救扶旃。
铁臂寻生命，灾棚救病员。
寒星连晓月，骤雨共暑天。
故垒华居掩，亲朋浊浪湮。
登高含泪眼，月缺照家园。

（原载《诗韵剑门》）

广电抗震救灾四题

王锡华

（一）

震灾惊恐后，谁敢上高楼。
携众排危险，机房破碎收。

（二）

砖房墙断裂，地震势来频。
车吊雄心起，临危不惜身。

（三）

灯火明长夜，援灾物入城。
双肩红又破，不闻厌烦声。

（四）

塔顶基房毁，声音断难传。
帐篷林里搭，发射上云天。

（原载《广元诗词》）

汶川特大地震

朱光泽

龙门山脉秀川中，一震成灾满目空。
多少无辜蒙劫难，杜鹃啼血啸悲风。

（原载《中华诗人》）

余震惊魂

何茂枝

莫诵汶川哀恸词，恁多白发悼青丝。
频繁地震心何累，怕见帐摇地动时。

（原载《广元诗词》）

拯灾有纪

张　健

地坼山崩哭汶川，国殇今日半旗悬。
八方民众同倾力，十万大军争著鞭。
电网抢修情益迫，岷江除险夜无眠。
此逢多难兴邦际，守护光明敢歇肩？

（原载《岷峨诗稿》）

感恩别

夏思法

锣鼓鞭炮雄关震，五里长队送亲人。
献花赠果潮水涌，揽臂凝咽手难分。
千里驰援无疆爱，两载倾情天高恩。
新房新路新城乡，丰碑世代耀剑门。

（原载广元日报2010年10月28日《明月峡》副刊）

“5·12”地震周年祭

王玉森

汶川地震满周年，噩梦惊魂似昨天。
房倒人亡财产毁，山崩地裂路桥翻。
幸亏四海伸援手，大爱无疆暖人间。
挺起胸膛开伟业，家园重建谱新篇。
幢幢高楼拔地起，条条道路坦而宽。
民生富裕康而乐，秀美山川更超前。
但愿人天亲善处，太平盛世乐无边。

（原载《流光掠影》）

汶川特大地震周年随想

赵仕诚

恸悉汶川劫难生，中南海内诏宣明。
魂牵领袖忧心扰，泪洒山河铁血横。
唯有民心坚作盾，遂令裂土铸为城。

难堪去岁惶惶日，遍地呼传援救声。

（原载《广元诗词》）

临江仙·古城遇灾

李登禄

石柱钟楼高耸，闻溪柳色低垂。千年市井沐晨晖。苍松雄汉垒，碧草掩唐碑。
突遇震魔横扫，民居白塔残危。情牵四海扣心扉。名城重建日，万众盼春雷。

（原载《广元诗词》）

妈妈不要在我的头顶落泪

敬明洋

妈妈，不要在我的头顶落泪
回家的路我没忘
枝头上的那些小白花
还有九岁生日那天，你和爸爸
送给我的礼物一指南针
可是，妈妈
我朝着家的方向
一直不分昼夜地走啊……跑啊……
却怎么也走不出
那片刚刚被风干后马上又潮湿的
咸泪之地
妈妈，我是不是
迷路了

妈妈，不要在我的头顶落泪
看见你哭红的双眼
我会很伤心
爸爸说：男儿有泪不轻弹
那天，我们的教室就像失控的海盗船
把同学们都吓哭了
但是，妈妈
请相信我
（现在我已经无力对你撒谎）
那一刻，我真的没哭

我用尽全身力气，轻轻地喊了一声“妈妈”
可还没来得及叫一声“爸爸”
我就睡着了

妈妈，不要为我担心
我很听话
天堂里没有车来车往
有很多小朋友陪我一起学习玩耍

妈妈，不要在我的头顶落泪
如果你和爸爸想我了
就看看母亲节那天我们拍的全家福吧
“爸爸，你看妈妈多美啊”
“妈妈，你看爸爸多帅啊”
我像一只栖息在你们心尖上的小鸟
永远也飞不出这个
幸福的巢

妈妈，不要在我的头顶落泪
我知道
你的灵魂已经随我而去
你的心已经被我绝情的离别掏空
填充的却满是悲痛和期望我
复活的梦
妈妈，我还知道
此时，就连想听我喊你一声“妈妈”
也成了你今生最富有的奢望
妈妈，请原谅我
（就算我最后一次求你吧）
我真的不想离开这个世界
不想离开这个家，不想离开
你和爸爸

妈妈，不要在我的头顶落泪
这里很危险，你的身子一直不好
快和爸爸离开这儿吧
把伤心全都忘掉

去寻找一个温暖安全的地方落脚
这里有老师照顾我们
我不孤单，也不害怕

妈妈，不要在我的头顶落泪
等来生
我还做你的宝贝
你还做我的妈妈

（原载2008年《翠云廊》）

热血颂

——献给抗震救灾的英雄们

樊建刚

孩子别怕，失去了妈妈，失去了家
你的成长总会有人牵挂
一位军妈妈，留下家中待乳的小孩
把母爱献给震区遗留下的娃
吃过军妈妈甘甜乳汁，安心睡吧，快快长大
同学，为救你，老师将永远不再开口说话

别悲伤，擦干泪水，露出久违的笑靥
勤奋、努力，把青春迸了绚烂火花
九泉之下的老师，才会含笑，血没白洒
白山黑水，海角天涯，灾难把56个民族兄
弟姊妹紧连成一片。
一个声音在喊着：
汶川、北川、青川……天府四川，我们来啦！
抗震救灾的征途上，有多少志愿者甘洒
热血，又有多少壮士英雄累死，倒下。
铁血铸就的共和国里，有我、有你、还有他
党中央帷幄运筹，更大的天灾
中国大厦，也永远不会坍塌！

（原载2008年《翠云廊》）

那一刻

——献给“5·12”地震罹难的同胞和战斗在救灾一线的英雄们

刘林英

那一刻
地动山摇，山崩地裂
繁华的街市夷为平地
恬静的村庄变成万人冢
数万人失去了生命
数万人失去了亲人
数万人失去了家园
数万人改变了人生轨迹……

那一刻
三尺讲台上
你抠紧着双手
用柔弱的身躯
与死神抗争
换取了四个孩子的重生
你以一名普通人民教师
无言的行动
书写着对党和人民的无限忠诚

那一刻
你失去了牙牙学语的宝贝儿
永远爱你、心疼你的父母也深深地埋在地层
化悲痛为力量
你没日没夜地战斗在抗灾一线
无微不至地照顾他人
你用大爱祭奠亲人的亡灵
不屈的警魂
彰显了人性的光辉

那一刻

你情系灾区
俯下身来，深入险境，临阵指挥
那一刻，你挥师四川
与时间赛跑，和灾魔拉锯
那一刻，你醒目的小红帽
流动在伤员的帐篷里
那一刻，你慷慨解囊
把急需的物资
运输发放到饥渴难耐的受灾群众手中……

记住“5·12”
记住灾难来临的那一刻
记住废墟之下逝去的生命
和劫后余生的人们
那一刻，中华大地
山河同泣，举国同哀

记住“5·12”
记住困难频频出现的那一刻
记住那一支支救援队伍
一车车救灾物资、一笔笔捐款……
那一刻，国际社会
翘首称赞　真情相助
那一刻，英雄的中国人民
毅然选择了坚强和从容，

（原载2008年《翠云廊》）

真爱永恒

高彩云

5·12……
一个让世人揪心的日子
人们见证了
地球暴发的威力！
山崩地陷　房屋倒塌

众多个鲜活的生命消失
瞬息间
所有的惨痛成为定格

唯有
真爱传递让人暖心窝
你看
援建队正在烈日下拼搏 奋战
速成了一批批民用板房
志愿者中
国娃子的豆腐干也送进了千万家
一群白衣天使正忙碌着
发放消疫抗暑的药品
在我们急需的时刻
是他们用行动诠释爱的内涵
是他们用行动诠释了生命的价值取向

我终于懂得
抗震精神在昭示
人活着不仅仅是珍爱一次性的生命
还应学会付出
用行动去引领身边的人们前进
将欺世盗名的张狂和贪欲败露的苦涩
摒弃　杜绝

乘着东风 踏着雨露
让诚信成为习惯
让真爱永恒人间

（原载2008年《翠云廊》）

歌 曲

挺起我们的脊梁

1＝A 6/8

杨仕甫 词
孙银莲 曲

（衰伤地）

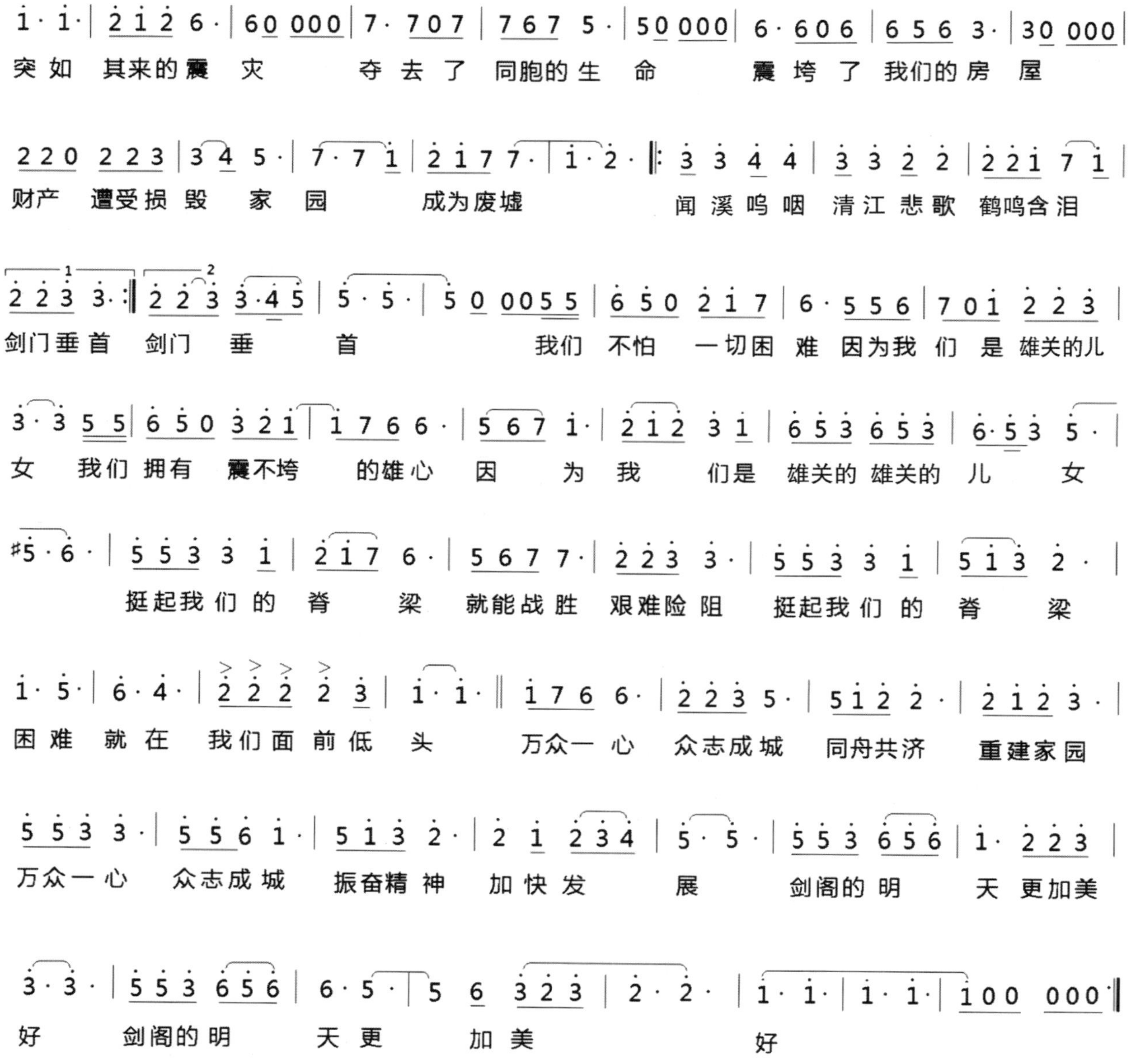

龙江大爱铸辉煌〔快板舞〕

编创：郭玉奎、袁剑成、李轩　指导：吕秀君

众齐：5·12，大灾难，川北明珠受重创。

一方有难八方援，龙江千里来相帮。

受命危难时，情牵百姓家。

三年任务两年成，援建成果开红花。

放声唱，情谊长，龙剑儿女铸辉煌！

龙剑儿女铸辉煌！

女齐：哎，我来说，我来讲：清江建桥当夸奖。

从论证，到设计，方案周密又详细。

工期短，功能齐，科技创新见稀奇。

对对对！真稀奇！工业强县策，基础设施齐。

两地千里情相牵，心心相印干劲齐。

心心相印干劲齐！

男齐：嗨，嗨，听我说，听我表，龙江兄弟功劳高！

蜀道天险成坦途，隧道开在剑山腰。

女齐：剑门关、换新颜，4A景区服务全。

栈道入云端，关楼凭险要，

远方的客人把拇指翘，旅游兴县见实效！

众齐：妙妙妙，见实效！剑阁进入新跑道！

女齐：数不清，算不细，直接投资十几亿。

对接无缝隙，合作无障碍，

男齐：剑阁的速度创新高，众齐：创新高！

男齐：喜庆的雄关迎客到。众齐：迎客到！

龙剑深情暖胸怀，龙剑深情暖胸怀

众齐：重建路，两年多，兄弟真情暖心窝。

“5加2”，白加黑，人民的冷暖放首位。

修学校，建医院，党的恩情记心间。

筑景区，架大桥，千秋伟业基础牢！

众齐：指挥部，立大功，个个成员打先锋。

总指挥，刘国会，七彩蓝图巧搭配。

舍小家，顾大家，哪儿有困难哪儿有他。

哪儿有困难哪儿有他！

男齐：肖兴民，高启生，业务行政两头兴。
夏忠玉，杨渊沛，项目党建样样会。
领导班子能力高，援建旗帜迎风飘。
女齐：张焕昭，侯继周，王林生，张宝武。
起早贪黑不怕苦。
王广炎，杨伟杰，陈方斌，苑维春，
龙江人民好兄弟，情系剑阁显真情。
情系剑阁显真情！
众合：让我们！男齐：用舞姿，
女齐：用歌喉，男齐：用微笑，用掌声，
众齐：献给龙江的好兄弟，龙江剑阁一家亲。
党的领导好，龙江人民亲，
危难之处显身手，两地人民心连心。
叫声亲人请放心，剑阁的明天更加美！
剑阁的明天更加美！

散　文

无名抗灾者

何　生

“5·12”地震后，在如火如荼的抗震救灾战斗中，涌现出许多英雄人物，他们的行为和言语，常使我激动地流下热泪。但在我内心深处，更佩服那些没有豪言壮语、默默无闻、无私奉献，在不同岗位忘我苦战的普通抗灾者。

五月十三日一大清早，我下乡查灾，路经剑门关雷鸣谷时，看到在陡峭的半山坡，有四五个穿着工作服的人，腰里系着绳子，手里拿着各种工具，艰难地修复被山上岩石砸坏的通讯线路，而山上的石头有可能再次垮塌下来；路经剑门关口时，一块巨大的岩石横卧路中央；路经天生桥时，一棵大古柏树倒卧路上。当天下午我回来时，横卧在公路上的巨石和大柏树已经移到路边，路障已完全清除，而且放上了安全标志，半坡上的电线杆已经站起来，通讯线路已经修好了。

五月二十五日晚十点过，天下着大雨，一辆黄色工具车开到县宣传文化中心大门前，车上下来几个小伙子，撑开大雨伞，又抬下一台发电机，开始修复被当天下午强余震损坏的通讯线路。在强烈的灯光下，他们穿着背心，眉头紧皱，小心地清理复杂的网线。雨不停地下，各种虫子在他们身旁不停地飞，发电机在他们身边不停地轰鸣……到第二天凌晨四点过，我起夜上厕所时，他们竟还在雨中战斗！

我不知道这些人的名字和他们的工作单位，但每当我拿起电话询问亲人是否平安时，开着汽车行驶在通畅的公路上时，我知道这后面是多少默默无闻的抗灾者所付出的艰辛！

向你们致敬，默默无闻的抗灾者！

（原载2008年《翠云廊》）

老屋，在地震中倒掉了

袁剑成

我家祖上留下的几套大院子和三百多亩土地，作为爷婆地主成分的罪证，早已零落破碎得不见了先前的模样，保存下来的书房和祠堂，我懂事的时候就已经住着别的人家。爹只过了十几年的大少爷生活，成分划定生活层次锁定后，和妈一起四十年，七次打井两次修房，在被爷爷当做宝贝的屋基地上，给我留下了一间正房和一间堂屋，和哥哥的几间房子连在一起 ，围成了半个四合院落，这就是我的老屋。

我在老屋里度过了人生的第一个二十年。四个儿女中我排行老三，是在这间正房里出生的第二个孩子。我出生在下半夜，是下弦月，爹见到儿子第一眼后，从屋里出来就看到房檐上的弯月亮，欢快地叫嚷着说那就是观音菩萨送给我的“船”，多年以来，他的这个声音仍然没能超出我的想象。就在我出生的木床上，我二十多年把一个相同场景和情节的梦做了四次，老屋成了我魔幻童年记忆中的天堂。老屋是在一处离县城三百多里的山沟里，多年来交通非常困难，没有了祖上成群的骡马，爹希望我这辈子能够多到几趟县城，最好再去几趟省城，就把老家、县城和省城三个地方名字的第一个字组合起来给我作了名字。小木楼上，藏过我竹的、木的刀枪剑戟吹管瓦罐以及五颜六色的玻璃瓶子，藏过我上小学一年级就开始使用的旱烟袋和牛角烟斗；石板院坝里，有过多少个无眠的夜晚陪哥哥端一瓢炒花生等看“月花”听故事睡蚕簸箕；在无忧的黄昏里，放学回来卧石板写作业、数喜鹊蜻蜓八哥蚯蚓；堂屋门前，时常放着杨明才老师两次家访坐过的小圆桌和地板凳：一个相框里悬挂着我家六代人的照片，一个上世纪40年代的博士帽子里，珍藏着爷爷的画像。在茅草堆的红色箱子里晒太阳，在棉花堆里仰躺着指点卷积云和积雨云，带着英勇善战的家狗“赛虎”，在屋后荆竹林里打过仗，在核桃树上当过孙悟空，给爹打下手加工家具，吹笛子拉二胡对歌给妈过生日，年节上击石唱歌敲锣打鼓下棋打牌……数不清儿时美好的经历，全部深藏在老屋这片热土里。

从出生到中学毕业，这里每块田地的每季庄稼都有我的足迹。打猪草、采桑叶、掏红苕，栽插收种，耕田耙地，天旱时抢挑池水，天不亮下河赶船，夜里赶路为搭车，泥里骑车为上学。老屋的门板上开始记录每年的猪价粮价和茧价，爹开药方的小本子上，逐渐挤进去了欠提留款和农业税的数字。墙壁上儿女们的学习成绩单和奖状证书贴了两排后，老屋开始变成我们兄妹四人常年住校读书的驿站。风雨奔走的几年中，小家再次一贫如洗，爹妈的棺木，也因为给我大学最后一季交学费卖掉了。在这座老屋里，一家人心手相牵，守着爹妈四次从病死的边缘上缓了过来。回到老屋里，不管是灶屋里还是爹妈床前，我都能够一坐几个小时。无论家里发生什么，呆在老屋里是我心情最能放松的去处。只要老屋在，即使家徒四壁没吃没穿的那几年，一家人总能其乐融融，有泪有笑，心灵就有归依，灵魂就有托付。这座老屋，早已是我们一家人习惯了的劳累心灵的归依之地。

能够放下手上的工作再回一趟老屋，是在大地震之后第九十二天。

爹去世后这几年，我每次回家，大老远就能看到妈在院坝里或门前叫我“剑成”，从结婚以后，妈就坚持改口叫我这个名字。妈走后我回过四次老屋，看不到妈走出来，听不到她坚持叫我“剑成”的名字，我每次回家都要站到院坝前看那个坝子，看那道石街檐坎，和经常出现在妈身后大半脱漆的红房门，在心早默默地回想妈的声音和略驼的脊背慈祥亲切的脸，等着听嫂嫂走出来，仍然坚持叫我“剑成”的名字。

这次回来，石街檐坎大半被墙土掩埋了，一次来车并倒车离开留下的车辙，把院坝里散落的墙土辗出了两道渠。路边的自留地里，依然是柚树和竹栅栏，我多年没再侍弄的园子里，哥嫂种满了葱蒜和好几种青菜，院坝界上的大柏树更加显得孤傲高大。房后爹和我们砌的那条二十一级的石坎子路，多年远离求医问药人的足迹，已经显得零乱不堪了。原来在房后紧紧圈着半个四合院的荆竹林，现在完全没有遮挡地俯视着还没有完全移平的墙土，一直被后墙挡着的石壁开始可以全天晒到太阳了。抬送爹进墓地时在荆竹林里砍出来的路上，已经又长满了竹子。

嫂嫂把我带回来绘制建房规划图的电脑轻轻放到枕头上后，递给我一瓶矿泉水，这有点像是救灾物资。从窝棚里出来爬到成堆的墙土上，找不到原来的墙洞，找不到爹妈为生活吃尽苦头却替儿女健康成长欢乐的一切见证物，我脑子里一下变成了一片空白。模糊的思绪中，逐渐浮现出了爹妈忙碌着的身影……因为医术和爹妈的慈祥厚道，我家曾是周围几个生产队受尊重和接受帮助最多的人家。地震之前，我仍然希望一有公休假就回到老屋，到爹妈坟前看一转，打点一下邻里乡亲，赶场种地，这里仍然是我最能放松心情的地方。可是……在杂乱无章的思绪中，我来到了妈坟前，拨开杂草，用树条平整坟上有点松陷的泥土，竟然又有大滴大滴的眼泪掉了下来，春节上坟时，我给过若干理由说服自己以后不要掉眼泪的。听到哥哥找过来的脚步声，我抹了一下脸颊的泪珠，和哥哥一起朝老屋基走去。老屋，我儿时的乐园，我一家两代人辛酸创业的见证物，我们一家十余口人劳累心灵曾经的归依之所，在爹妈离开人世后的大地震中，已经完全倒掉了。

（原载 2008 年《翠云廊》）

地震中的短消息

王林乐

汶川特大地震发生时，瞬间断电。一切信息都突然中断，生活好像一下子又回到了原始状态。直到下午 3 点过，我们才通过机关小车上的交通电台得知：汶川映秀发生了 7.8 级大地震。我心中非常紧张，因为我老家在都江堰市区里，离地震中心只有 20 多千米。与其说是汶川，还不如说是都江堰发生了大地震。家人到底怎么样了？心急火燎地急于想得到信息。但是，手机、座机都没有信号。半天不到，把两块电池快用完了都联系不上。就这样，忐忑不安地等到了晚上。

半夜 12 点过，居然收到了来自东北吉林一位网友的短消息：“乐斋（我的网名）：你们那里情况怎样？你们全家安全吗？我们都急死了，赶快给个消息，大家都在替你们担心！望多多保重！有什么需要帮助的就请电话告知！”紧接着就是县抗震救灾指挥部的短消息：“汶川发生7.8级大地震波及我县，县委、县政府正在全力组织抢救。请全体党、团员紧急行动起来和广大群众一道，积极投身于抗震救灾之中！……”大约半个小时以后，新疆的姑姑、成都的女儿、中江的岳母、都江堰的弟弟……都陆续发来了信息并接通了电话。

5月13日以后的一段时间里，几乎天天都有来自各地的短消息。除了问候和报平安以外，有的向我打听需要什么志愿者的；有问我要不要帐篷、罐头的；更多的是对我们的抗震救灾进行精神上的鼓励。其中有很多都是来自我所参加互联网上各种论坛的网友发出的。他们在短信中祝福说：“一场地震，告诉我们生活如此美好，我们还如此年轻，忘记生活中的烦恼，坦然面对生活给予我们的一切，享受属于我们的每一天，愿心爱的朋友珍重！”他们还问候道：“地震突袭，虽有惊无险，但顿感生命的渺小和宝贵，亲情和友情的珍贵，名和利的卑微，借短信问候一声，衷心祝愿你平安、幸福！震后快乐。”有的劝慰我说：“灾后新概念，一个中心：一切以平安为中心，两个基本点：遇事洒脱一点，看世淡然一点。三个忘记：忘记年龄，忘记过去，忘记烦恼。”有的直接表明生活态度：“活着真好，莫在意钱多钱少，汶川的震波，分不清你是乞丐还是富豪；活着真好，莫计较权大权小，汶川的断壁，不认识你头上的几尺官帽；活着真好，莫为世态炎凉烦恼，汶川的废墟，不知道你的豪情壮志、俗事纷扰；活着真好，请记住汶川的分分秒秒，幸存的生命，一次次演绎着爱的伟大、情的崇高。”……读了这些短消息后，我感到：这地震，简直就是在一夜间把人们都变成哲学家了！后来得知，有的网友根据我发出的短消息在一些论坛和网上社区建立了专门的网页：“四川来电”、“震区最新消息”“灾区人民在奋战”……报道了我们灾区的即时情况。

5月16日后，各大媒体都陆续刊载了一个标题为“短信妈妈”的消息：在映秀镇地震废墟中发现了一位年轻母亲的遗体。在她的身体下面躺着她的孩子，大概有3、4个月大，因为母亲身体庇护着，他毫发未伤，抱出来的时候，他还安静地睡着。随行的医生在小孩的身上发现有一部手机，屏幕上是一条已经写好的短信“亲爱的宝贝，如果你能活着，一定要记住我爱你”。这个消息在两年后曾遭到质疑，自今未见定论。但是，在当时的确感动全国人民，激励起了全社会的广博爱心和灾区人民与灾害斗争的决心！紧接着，一首题为《孩子快抓紧妈妈的手》的长诗，通过手机短信的传播，感动了无数中国人：“妈妈，别担忧，天堂的路有些挤，有很多同学朋友。我们说，不哭，哪一个人的妈妈都是我们的妈妈，哪一个孩子都是妈妈的孩子，没有我的日子，你把爱给活的孩子吧！妈妈，你别哭，泪光照亮不了我们的路，让我们自己慢慢地走……妈妈，我会记住你和爸爸的模样，记住我们的约定，来生一起走。”直把人看得泪眼模糊。

5月19日到21日是全国哀悼地震遇难同胞的日子。在此期间，天天看到和听到的都是一些悲壮凄惨和大爱感人的人和事，人们每天几乎都是含着热泪度过的。就在5月19号下午，参加完哀悼仪式后，我收到了一条情绪激越的短信。那是青川党校一位朋友发来的“一场地震，生死两难；只道三、四险，不知五月难；纵有六双眼，泪也流不完；七颗心儿悬。零八奥运坚；高呼九州十地炎黄后，纵然百舸千帆风浪间，也让咱行得万年船！泱泱中华几千年，自古百折不挠惯于斗苍天；十分震怒，朗声两问九霄云中住着何神仙?！胆敢零八年八月八日还有八十八天之时降灾难；试看七彩祥云现，六月中国保平安，五星红旗永鲜艳；四海升平，三地两岸心连心，拧成一条线！怒恼时，扬眉抬手问苍天，敢应否：下辈子，你做人来我做天！”同时还收到省委党校一位朋友的短信：“汶川特大地震，生死转换于顷刻。穷人与富人同行，少年与老人携手，恩人与仇人同去，平民与官员共趋，抹平了恩怨情仇，埋葬了利禄功名。当生命邂逅死亡，顿感生命脆弱，亲情弥珍，更使世人明白：得到别得意忘形，失去别怨天尤人；顺时要善待别人，逆时要善待自己，累了就自己歇歇，想了就发条短信。平安是福，深深地祝福我的每位亲人和朋友！”

5月21日前后一段时间里，余震不断，谣言多了起来。灾后受压抑的心理、莫名其妙地烦躁和无奈都逐渐反映到日常生活中来。开始出现描写躲避地震的心态、生活为主要内容的信息。其中不乏自我调侃和对地震预报不准的埋怨。

一天，我在参加沙溪坝火车站搬运救灾物资的劳动中，就连续收到几条短信。有一条是都江堰的朋友发来的。“近期生活状况：震不死人晃死人，晃不死人吓死人，吓不死人困死人，困不死人累死人，累不死人跑死人。愿大家平安幸福。”还有一条是一位同学从绵阳发来的短信说：“比地震可怕的是余震，比余震可怕的是预报余震，比预报余震还可怕是预报了余震却一直不震。比一直不震更可怕的是，一直以为不震，却偏偏又发生6．4级强烈余震！”这的确是人们当时的心态的写照。

在“5．12”地震以前成都的府南河改造工程早已结束，提出了成都是一个“来了就不想走的城市”。但是，在余震频繁，人心浮动之际，成都朋友发来的短信就说是“成都，一座拒绝裸睡的城市；成都，一座洗手间备有瓶装水和巧克力的城市；成都，一座洗澡和如厕速度飞快的城市；成都，一座家有倒立啤酒瓶的城市；成都，一座人均帐篷拥有量全国第一的城市；成都，一座地震来了就不想离开的城市！”还有人以四川人特有的诙谐幽默，给我发来了一篇不知是谁仿照成都小妹口气给“地震哥哥”写的信：“亲爱的地震哥哥：我们商量哈嘛，你要耍明天再来嘛哈！实际上，四川不好耍。真勒。你切那个火星嘛，那安逸的很……”以此来央告地震不要再来了。看了之后叫人真的在悲伤的同时又有些忍俊不禁。

有人依据地震初期停水、停电、信息中断的现状在短信中说：“总结此次地震的‘特色’：通讯基本靠吼，寻人基本靠狗，挖掘基本靠手，交通基本靠走。”还有人根据平静几天又较强余震一次的现象总结出感性经验，在短信中说：“余震就像打麻将，如果半天没啥子动静就绝对是在做大的。”广元的朋友发来的短信是：“广元市麻将协会通知，各位麻友：从今日起，打麻将不准打‘5124’（注：麻将中算番的一种方法），因为512是灾难日；不准‘刮风下雨’（注：成都麻将中计算杠牌的方法），因为堰塞湖很危险；不准打‘血战到底’（注：麻将中和牌的一种规则），因为要让世界充满爱；严禁打‘摆叫’（注：广元麻将中‘下叫’后就把牌翻开摆起的一种打法），因为地震把房子震垮后，大家都在露天坝摆起了；严禁‘一炮双响’、‘一炮三响’（注：麻将中一张牌被两家或三家和了），再也经不起折腾了；千万不要‘持续点炮’（注：麻将中一人出的牌连续被别人和了），主震余震让人很担心。”还有的就直接对地震中的一些现象提出了批评：上联：汶川人无家可归在余震中等待吃喝；下联：剑阁人有房不住在吃喝中等待余震。横批：羞死他先人板板；特别是一度时间谣传陇南地区有7级左右的余震，为保证安全，不准任何人回家睡觉。几天几夜人心惶惶时，收到一条短信：上联：汶川特大地震毫无预报延误几千人性命；下联：陇南余震信口开河折腾数万众睡觉；横批：就没弄醒豁（注：清楚）过。

2008年，是我国的多事之秋。春天南方发生了50年一遇的大暴雪，之后因雪灾物价指数上涨，在3月4日又发生拉萨打砸事件、4月下旬发生胶济铁路火车相撞事故、在巴黎奥运火炬传递受阻碍，5月12日汶川特大地震……一连串事件的发生，不由得纷纷为国运担忧。于是这样的短消息在人群中迅速传开："2008，好好过个年吧，遇雪灾了，好好地上个网吧，艳照门了；发展农村医疗吧，发手足口病了；买点股票吧；大小非减持了；坐火车吧，还出轨了；在家待着吧，还地震了。"紧接着另一条充满英雄气概的短消息立即流传开来："天降大任于斯国也，必先下其大雪，涨其物价，跌其股市，撞其火车，震其国土，行拂乱其连续，而后奥运成功，台湾收复，日本投降，欧洲大战，华夏称雄"。干净利落，直截了当地表明了大家的立场与态度。

2008年前后，又正是改革中深层次矛盾集中爆发的时候。社会各方面都存在着一些怨气。地震灾害虽然惨烈，但是看到党和政府救灾积极，全国人民的无私援助的事实，使很多人受到了教育。在抗震救灾中，平时的很多矛盾悄然得到了化解，看问题的观点也得到改变。这样一段的短消息就比较客观、真实地反映了这一转变：汶川特大地震见真谛：①天不可靠，还是政府可靠；②国强比什么都强；③解放军依然是亲人。

回想地震期间我收到的短消息中：最乐观的是："天当被，地当床，笑傲风月卧路旁；数星星，看月亮，纵有微震亦何妨；叹人生，话沧桑，以苦为乐在梦乡；书短信，写真情，聊寄数语祝安康！"最淡定的一条是在端午节前一天收到的："山崩地裂垮房子，死过一次怕锤子！该剥盐蛋剥盐蛋，该吃粽子吃粽子！（四川民俗，端午节吃盐蛋和粽子）帐篷里头过日子！每天余震也巴适。饭前余震多吃点，饭后余震揉肚子！一天不震不安逸！感觉不震有问题！地震来时举杯子，震完又去挣票子。端午节快乐！"

最实用的是："抗震知识：食物、巧克力、水、手电、哨子、常用药、伞、大衣，把重要证件收在一起，睡前地上倒立一个瓶，听见瓶倒声，抱着东西就跑。"还有就是："避震时的正确姿势：或蹲或坐，蜷曲身体、降低重心；抓住牢固物体；保护头眼，掩住口鼻但保持呼吸畅通。""避震原则：震时，就近躲避在易于形成三角空间、开间小、有支撑的地方；震后，及时撤离到室外开阔地带。""地震救灾内容：包括抢救受灾人员、处理次生灾害、生命线工程抢险、受灾群众紧急安置、伤病员医治、防疫等。""地震谣言的特征：一是地震'预报'参数很准确；二是假借权威人士或部门，狐假虎威；三是带有迷信色彩。"……

最具人生指导主意义的是："①重视健康，提高生命质量，人非电脑，没有重新启动的机会。②珍惜亲情，关爱亲人朋友，生离死别只在一瞬间。③淡泊名利，漠视争斗，生命苦短，不值得让虚荣充斥每一天。对自己好，更要对别人好，乐于助人，常怀感恩回报之心。④快乐开心地活着，同时也让更多的人开心快乐。⑤与地震中的死伤者换位思考，考虑好明天的希望和今天的打算。""地震恐慌'五心'消除法：爱心，关注灾情，加入抗震救灾行列；信心，相信科学，不要听信传播谣言；留心，加强防范，掌握地震预防知识；放心，增强定力，余震不会大过主震；安心，调整心态，照常工作正常生活。"

最有文学色彩的是一段宋词曲牌——《满江红》填写的短消息："汶川特大地震，家园碎，山河落泪。举国哀，三日国殇，万众同悲。十万将士奔灾区，一心换得同胞回。手牵起，姐妹兄弟兮，心相随。同出力，不分谁。齐援手，滴泉汇。用君之爱心，共盈山水。中华儿女同相济，巴蜀精神闪光辉。平常心，共建好家园，定无悔。"还有就是改写苏轼《念奴娇·赤壁怀古》的："地震几时有？把酒问青天。不知余震发生，今夕或明年。我欲归家睡去，又恐专家断语，有家不能还，精神要过敏，神经受熬煎。搭帐篷，住户外，人无眠。不应有恨，灾区人民更难眠。人有悲欢离合，数万同胞罹难，唯有斗志坚。但愿爱长久，重建我家园！”

最有创意的是：“〔梦游西天〕特推出四川特色旅游新线路：（一）行程安排：1. 唐家山堰塞湖荡舟，晚上在大坝露营，如遇溃坝，体验生死漂流；2. 都汶公路自驾＋暴走，看泥石流的壮观场景，听山体崩塌的震撼轰鸣；3. 平武青川感觉余震，体会地动山摇的瞬间；4. 绵阳九州体育馆夜宿，和数万受灾群众交流震后的人生感悟。（二）综合报价：2008 元/人；未吓晕者费用减免。四川余震旅行社，联系人：郑得凶姚得晃”。

最真实反映人们生活与心理变化的是：地震后遗症：地震过去已经 13 天了，发生在汶川的摧毁性灾难仍然在我们心里有不可磨灭的阴影。其威力之猛，使得在灾区的我们都患上地震后遗症。经多日观察，总结其症状如下，欢迎补充完善：（一）原来打招呼问：“吃了没？去哪儿?”现在逢人就招呼：“今晚上睡哪儿”；（二）原来关心别人住哪儿，现在关心别人住几楼；（三）每次余震过后就拿放大镜观察自己的房子有没有裂缝；（四）觉得二楼很高；（五）超级讨厌有抖腿习惯的人；（六）见不得哪个把手机开成震动；（七）偶然自己抖哈腿都会遭吓倒；（八）房子晃的时候紧张得要死，希望它再也不要晃了，等它不晃了又紧张得要死，不晓得大地是不是在积蓄能量，是不是暴风雨来临前的平静，反正晃或者不晃都紧张得要死；（九）移动用户决定以后不做移动用户，联通用户决定以后不做联通用户；（十）空闲时候计算从自己楼上的家火速飞奔到空地上到底需要好多秒；（十一）背起一个自认为装有重要物品的包包随身携带，并且睡觉都不离身，或者最多不离身一米；（十二）不相信自己的感觉，不停向别个求证：“刚才是不是晃了一火哇”；（十三）每隔 5 分钟必定要关注桌子上装着水的杯子；（十四）对地理知识突然很感兴趣；（十五）对求生知识突然很感兴趣；（十六）穿得“周吴郑王”的切（川话“去”的读音）睡觉，心头盘算：“鞋子脱不脱勒”；（十七）养成了看新闻的好习惯，而且一看就哭。……还有就是：“余震写实：在塔子山住的，是怕死和有钱的；在普安镇广场住的，是拿不定主意和舍不得家屋（川话：家庭财产）的；这两天住屋里头的，是不怕死和没钱的；在外面到处乱转的，是被地震吓成精神病的；还有一种不慌不乱正常生活的，那才是坚强智慧的，这种人打麻将是最不怕输的。”

最搞笑的是 5 月 22 日收到都江堰家中传来的：“映秀湾一幸存者被俄罗斯救援队救出，记者采访他感觉怎样，幸存者想了半天说：‘地震好凶噢！老子被挖出来看到外国人，还以为把老子震到国外了勒！’”在那举国同悲的日子里，这样的短消息，以四川人特有的诙谐幽默给人们的心灵以抚慰，当时就被好多人转载传阅。

短消息是现代通讯的一种形式。在地震期间党和政府通过它指挥抗震救灾；全国人民通过它表达无私的爱；灾区人民通过它在哀伤时借此以得到抚慰……短消息以其独具的功能和形式构成了地震期间的一个特殊的文化现象。其蕴含的信息与思想通过手机传递，瞬间呈几何级数增长，迅速构成社会的大众心理。虽然找不到原创是谁，却也从一个侧面真实、客观地反映了这一阶段的社会存在，至今回忆起来还倍感亲切！

（原载县政协《剑阁文史资料》，有改动）

碑 记

剑门关景区灾后恢复重建碑记

青城之幽，峨眉之秀，尽在剑门，而穷地之险，极路之峻，惟剑门独誉环宇。登天下雄关，走金牛古道，观千年翠柏，觅三国遗踪，品文化大餐，陶情怡性，乐在其中。剑门一景，谓之国家级，乃名副其实也！

然天有不测之风云，岁在戊子，时交春夏，汶川特大地震，波及剑阁，山体滑坡，道路被毁，关楼房顶坍塌，景区设施瘫痪，经济损失高达二亿九千万，创巨痛深，千载不逢。

剑阁县委、政府率六十七万雄关儿女，集全县之智，举全民之力，蹑影追风，倍道而进，迅即拉开雄关重建之帷幕，新建项目七十有二，斥资四亿有余。黑龙江人民倾力相助，将关楼等纳入援建，投入资金一亿过五。龙、剑携手，众煦飘山，众心如城。重建于己丑年二月动工，庚寅年五月竣工，其建设之神速，令世人震撼，为天地动容。雄关儿女，承继伯约忠勤之品格，再现五丁神勇之壮举，干群合力，拔山举鼎，超越极限，屡建奇功。规划、建楼、修道、拆乱、栽树、作文、配套、治污，白加黑，五加二，浴血奋战，风雨难阻。恢复历史原貌，打造文化亮点，追求尽善尽美，重塑名关经典。今日之剑门，风光旖旎，如画新展，脱胎换骨，气象万千。

呜呼，剑山之雄，未及剑山人雄，地陷天塌，难撼雄关风骨！观景区巨变，倍显党之英明，国之强盛。面对突如其来之灾难，剑门儿女挺起脊梁，重绘蓝图，再创伟业，德昭日月，功炳千秋。噫吁嚱，重建之碑不在于此，在乎雄关之巅，在乎百姓之口！

杨仕甫庚寅年秋撰文

注释：

1. 穷地之险，极路之峻：语出张载《剑阁铭》。

2. 蹑（niè）影追风：形容速度极快。《梁书·王僧孺传》："入班九棘，出专千里，据操撮之雄官，参人伦之显职，虽古之爵人下次，取士无名，未有蹑影追风，奔骤之若此者也。"

3. 倍道而进：倍：加倍；道：行程。形容加快速度前进。明·罗贯中《三国演义》第十一回："曹兵闻失兖州，必然倍道而进，待其过半，一击可擒也。"

4. 众煦（xǔ）飘山：众人吹气，可以移山。比喻人多力量大。《后汉书》：众煦飘山，聚蚊成雷，盖骄佚所从生也。

5. 规划、建楼、修道、拆乱、栽树、作文、配套、治污：为剑门关景区重建主抓的八件大事。

（原载《广元日报》）

剑阁县“5·12”地震灾后重建记

公元2008年5月12日下午2点28分，四川汶川发生的里氏8.0级特大地震，使剑阁县5580多人受伤，21人死亡，44178户农房、1712户城镇住房损毁，199座水库、12164个塘堰、810处道路、38座桥梁受损，53处山体出现地质灾害，电力、通讯、广电线路中断，全县上报的直接经济损失203亿元。剑阁县是地震重灾县，由黑龙江省对口援建。在党中央国务院和省市党委政府的坚强领导下，在全国各族人民的关心支持下，剑阁县委县政府带领全县68万人民沉着应对，万众一心、不屈不挠、顽强拼搏，夺取了抗震救灾的伟大胜利，并迅速开始重建美好家园。剑阁县以“重建、发展、和谐”工作为大局，从剑阁是“五一二汶川特大地震”重灾县和总体上的传统农业县这两个最大最基本的县情出发，坚持“发展是第一要务、稳定是第一责任、干部是第一保障”，着眼发展抓重建，“大力推进灾后重建、大力推进经济结构大转型”，强力实施“资源转化战略”，促进总体上的传统农业县向旅游县、工业县、现代农业县转变，并“统筹发展城镇农村、统筹发展新城老城”，建设“山水森林旅游城市”。全县规划并实施灾后恢复重建项目一千二百零一个，概算总投资一百八十五亿元。其中，中央支持重建资金四十八亿四千万元，黑龙江省援建资金十五亿五千万元，“特殊党费”支持二亿一千万元，港澳和社会援助资金五千万元。黑龙江省委省政府把剑阁县作为“龙江第一县”倾情援建，采取了“交支票+全过程参与和监督+全方位援助”的模式，黑龙江省援建前线指挥部的同志发扬黑龙江“铁人精神”，科学援建、务实援建、和谐援建，提前完成了援建任务，在剑阁大地树立了不朽的丰碑。全县灾后重建按照党中央国务院关于“三年重建任务两年基本完成”的要求，注重重建与发展的有机结合，创新工作推进机制，加强项目和资金管理，强化监督检查和问题整改，民生性、公益性、基础性重建工程得到优先推进，产业重建取得历史性突破，大力推进统筹发展，生态环境进一步优化，灾区人民群众生产生活条件得到恢复和改善，城乡面貌发生深刻变化，圆满实现了重建目标。全县人民正在为把剑阁县建设成为广元市经济文化生态强县和川陕甘三省结合部的旅游强县而努力奋斗。剑阁县委县政府被广元市委市政府授予“灾后重建特殊贡献奖”，剑阁县被四川省委省政府表彰为“县域经济发展先进县”和“维护社会稳定工作先进县”。剑门关景区开发重建和剑门大厦建设入选全省从二万九千多个灾后重建项目中精选出的二十个灾后重建项目经典案例集。山河破碎，雄关儿女挺起脊梁，书写了不屈与坚强；重建家园，剑阁人民感恩奋进，成就了辉煌与希望。全县人民在抗震救灾和灾后重建中深刻地感受到：中国共产党好！社会主义好！祖国大家庭好！黑龙江人民好！

中共剑阁县委　剑阁县人民政府

二〇一〇年十二月八日

修志文存

剑阁县人民政府办公室
关于组织编纂《汶川特大地震剑阁抗震救灾志》的通知

剑府办函〔2009〕93号

各乡镇人民政府，下寺经济开发区、剑门关景区管委，县级各部门：

根据《广元市人民政府办公室关于组织编纂〈汶川特大地震广元抗震救灾志〉的通知》（广办发〔2009〕48号）等有关精神，经县政府同意，我县将组织编纂《汶川特大地震剑阁抗震救灾志》，全面、系统、客观地反映“5·12”地震及我县的抗震救灾工作。为此，县政府决定成立《汶川特大地震剑阁抗震救灾志》编纂委员会，负责统筹规划、组织协调编纂工作，研究解决编纂和出版工作中的重大事项。

为作好《汶川特大地震剑阁抗震救灾志》编纂工作，现将《汶川特大地震剑阁抗震救灾志》编纂委员会名单、《（汶川特大地震剑阁抗震救灾志）工作方案》印发你们，请结合实际，认真组织实施。

附件：

1.《汶川特大地震剑阁抗震救灾志》编纂委员会名单

2.《汶川特大地震剑阁抗震救灾志》编纂工作方案

剑阁县人民政府办公室

2009年7月9日

剑阁县人民政府办公室
关于印发《汶川特大地震剑阁抗震救灾志》纲目的通知

剑府办函〔2009〕226号

《汶川特大地震剑阁抗震救灾志》各牵头承编、参编单位：

《汶川特大地震剑阁抗震救灾志》纲目，经编纂委员会审定，县人民政府同意，现印发给你们，请各单位按照纲目内容认真组织实施。

剑阁县人民政府办公室

2009年8月7日

中共剑阁县委办公室　剑阁县人民政府办公室
关于认真做好《汶川特大地震剑阁抗震救灾志》
入志图片编辑工作的通知

剑委办〔2014〕43号

各乡镇党委、政府，县经济开发区、剑门关景区管理局，县级各部门：

《汶川特大地震剑阁抗震救灾志》是全面记述“5·12”汶川特大地震发生后，剑阁抗震救灾、灾后重建的大型史书，目前编修工作已完成初稿，按照《地方志书质量规定》对入志图片的规定，结合我县实际。现就做好入志图片编辑工作有关事项通知如下。

一、加强领导，高度重视，确保入志图片编辑工作完成

图片是志书内容的重要体裁，是志书的重要内容，形象直观反映剑阁县委、县政府团结带领全县人民英勇抗击“5·12”地震灾害推进灾后重建工作的珍贵存史资料。图片涉及全县各个行业，量大面广分散，收集和编辑难度大。各个单位要加强对此项工作的领导，落实人员具体负责，县地方志办公室要加强对编辑业务的指导，确保编辑工作顺利完成。

二、全面真实客观记述，反映历史进程

（一）收录编辑图片内容范围和断限。涵盖全县各行业灾情、抢险救灾、灾后重建图片，以及医疗防疫、赈灾图片。重点为2008年5月12日到2011年12月期间图片。注重对有历史对比图片的收集和编辑。

（二）编辑图片要求。纸质图照应在背面载明图照名称，拍摄者姓名以及拍照时间与地点。电子文档图照应在文档下方载明图照名称，拍摄者姓名以及拍照时间与地点。示意图、统计图要载明图名、制作者，若为引用的要载明出处。无电子版的图照资料报送时须提交原始资料（书籍、报刊、照片等）。

要求图像清晰，主题突出。图片大小1．0MB以上，保证印刷质量，图片原则上不能ps合成，以确保真实。

三、严格审核内容，规范报送程序

本次入志图片收集和编辑涉及全县各行业单位，各部门负责审核图片的真实性和图片内容质量（包括图片注解文字内容和电子图片像素），完成收集和编辑并经单位领导审定盖章后于2014年10月31日前报县地方志办公室。县委、县政府将对该项工作进行督查督办，县地方志办公室要组织力量，根据志书要求，严格把关，确保质量。

有关编辑工作的具体组织实施事项，与县地方志办公室资料编辑股联系。联系人：李云华，电话：0839－6604176，邮箱：jgzbli@126．com，QQ号：1357098780，地址：县政府一楼。

附件：《汶川特大地震剑阁抗震救灾志》入志图片收集编辑任务分配表

中共剑阁县委办公室

剑阁县人民政府办公室

2014年4月22日

剑阁县人民政府办公室
关于核实修改完善《汶川特大地震剑阁抗震救灾志》
总纂初稿的通知

各乡镇人民政府，县经济开发区，剑门关景区管理局，县级各部门：

《汶川特大地震剑阁抗震救灾志》（下简称《抗震救灾志》）是全面记述“5·12”地震发生后剑阁抗震救灾及灾后重建的历史文献。目前初稿已编修完成，为确保成书质量，将初稿分别返回相关单位进一步完善，现将有关事项通知如下：

一、高度重视，加快推进

《抗震救灾志》是县政府编纂的史书，影响久远，严肃性很高。志书总纂工作面大量广，要求高。前期各相关单位提供的原始资料质量参差不齐，初稿又几经修稿，需进一步核实完善。因此，各牵头单位和参编单位要从思想上高度重视《抗震救灾志》组稿和完善工作；要从政治责任，传承文化的高度认识总纂工作的重要性和必要性，进一步明确责任，严格按照县地方志办公室工作要求，及时对初稿修改核实完善，确保志书质量。

二、完善的重点，确保质量

请各牵头单位收到初稿后立即安排具体工作人员对组织参编单位初稿进行认真核实、修改、完善。其重点：一是初稿记述是否反映了该行业的主要情况；二是补充漏记事项；三是纠正错误记述；四是核实重要数据。工作中要注意把握如下几点：一是记述上下时限，全志记述时限为2008年5月12日至2010年12月30日，即地震发生到灾后重建工作基本结束，其中《灾情》、《抢险救灾》、《医疗防疫》、《赈灾》记述时限为2008年5月12日至2008年12月23日；二是记述范围是剑阁县境；三是有些事物（数据）要统一到规定的法定单位的公布口径。

三、严格要求，确保完成

县上将此工作纳入目标考核，各牵头单位和参编单位要认真负责，保证按质按时完成。一是各单位将所有需要补充、修改、调整、完善等内容具体落实到稿件中去，形成完整的稿件。二是将核实、修改、完善后的稿件，经领导签字、加盖单位印章后，于2015年8月10日前送剑阁县地方志办公室。三是如有必要在志书上刊载的图照、附录等其他资料一并提供。（联系地址：县政府一楼，联系人：李云华；联系电话：6604176）。

附件：1. 初稿简介

2.《抗震救灾志》征求意见相关篇目

3. 核实修改完善《抗震救灾志》初稿情况回执表

剑阁县人民政府办公室

2015年7月17日

广元市人民政府
关于同意公开出版发行《汶川特大地震剑阁抗震救灾志》的批复

广府复〔2017〕41号

剑阁县人民政府：

你县《关于出版〈汶川特大地震剑阁抗震救灾志〉》的请示（剑府〔2017〕50号）收悉。《汶川特大地震剑阁抗震救灾志》报批稿经广元市县区志审查验收小组审查，质量达到出版要求，同意交付出版并公开发行。请进一步在史实、观点、涉密等方面把关，确保志书质量。

此复。

广元市人民政府

2017年8月2日

《汶川特大地震剑阁抗震救灾志》资料（图片）供稿人员名录

梁成友	舒金华	袁建成	李大波	杨仕甫	邓国荣	左清勇
母　勇	刘高居	何光平	何建伟	张许安	张子洪	李　林
李小勇	吴绍红	杨建安	罗勇泉	赵建中	傅　桉	窦炎章
陈竞松	梁继清	肖　东	冯　晓	田怡然	杨　超	陈华富
余　桥	张　威	陈晓波	赵仕斌	张天锦	王正理	苟永雄
黄中强	孙翠东	曾正强	唐禄君	蔡运生	徐元强	王　龙
梁述敬	罗　成	张华兰	李平荣			

索　引

使用说明

一、本索引采用内容分析索引法，按索引条目汉语拼音字母顺序排列。

二、索引标目后的数字表示内容所在的页码。

K

L

M

N

P

Q

R

S

Z

后 记

“5·12”地震给剑阁人民造成了惨重的损失。剑阁人民面对灾难，与全国人民一道奋起抗灾自救，重建家园，谱写了一曲气壮山河的悲壮凯歌。根据国务院、省、市政府安排，县委、县政府决定编修《汶川特大地震剑阁抗震救灾志》，记载剑阁灾情、抗震救灾和灾后重建历史。在县委、县政府的领导和关怀下，全县各级各部门通力协作，历时近十年，数易其稿，现付梓面世。全书共 7 篇、40 章、116 节、60 余万字。

《汶川特大地震剑阁抗震救灾志》的编修，大致经历了准备、征集资料、编纂、审改四个工作阶段，资料征集与核实贯穿修志始终，编纂与审改穿插进行。

准备阶段。2009 年 7 月，根据四川省人民政府办公厅《关于组织编纂〈汶川特大地震四川抗震救灾志〉的通知》和广元市人民政府办公室《关于组织编纂〈汶川特大地震广元抗震救灾志〉的通知》要求，中共剑阁县委、县人民政府决定编修《汶川特大地震剑阁抗震救灾志》。2009 年 7 月 9 日，县人民政府办公室印发编纂《汶川特大地震剑阁抗震救灾志》通知，成立《汶川特大地震剑阁抗震救灾志》编纂委员会，由分管地方志工作的常务副县长任主任，由县地方志办、防震减灾局、县人武部、县卫计局、县民政局、县发改局、县人社局等 7 个承编单位和全县各县级部门组成，各相关单位领导为成员。各承编单位搜集整理相关基础资料，县地方志办公室具体组织实施，负责制定编纂规则、编纂纲目、组织培训、搜集审核资料、编辑稿件、总纂、征求意见、审查修改。编纂工作正式启动。

资料征集阶段。2009 年 9 月 7 日，县人民政府印发《汶川特大地震剑阁抗震救灾志》纲目，征求各方意见。同时，《汶川特大地震剑阁抗震救灾志》各承编单位全面收集整理抗震救灾的各种基础材资料，形成资料汇编。《汶川特大地震剑阁抗震救灾志》的编修工作当即全面展开。

编纂阶段。在各承编单位及相关部门的积极支持配合下，至 2014 年 6 月，完成志稿约 80 万字资料长编的整合编写，2015 年 6 月全面完成初稿。后又对初稿进行了 5 轮修改，其中较大修改 3 轮。第一轮是初稿形成后，2015 年 7 月 17 日，县人民政府办公室印发关于核实修改完善《汶川特大地震剑阁抗震救灾志》初稿的通知，将志稿分卷下发各牵头单位修改完善，同时将初稿印送相关人士，征求意见。县地方志办公室按提出的修改意见对志稿修改润色，完成初审稿。第二轮是 2015 年 8 月 27 日由编纂委员会组织对志稿初审。并按初审意见和相关单位、部分专家的建议，全面核实修改志稿内容。第三轮是复审前制作样书，送编纂委员会领导及成员再次审阅、修改。至 2016 年 7 月完成复审稿。

审查验收阶段。2016 年 11 月 3 日，县人民政府组织复审《汶川特大地震剑阁抗震救灾志》，复审后全面汇集各位专家的意见和建议，集思广益，认真归纳消化提出的修改意见，形成终审稿。2017 年 7 月 11 日，终审稿由市人民政府主持终审并获通过。2017 年 8 月 2 日，市人民政府批准出版《汶川特大地震剑阁抗震救灾志》。2018 年 7 月，通过政府集中采购，付印出版。

志书之成，是各级领导和部门热心关怀、支持的结果，也是编纂人员集体智慧的结晶。广元市地方志办公室主任王少卿审读本志稿各阶段文稿，提出专业指导意见，相关科室在业务上精心指导，数次缜密审阅，提出宝贵修改意见；县委书记向永东、县长张世忠亲自为志书作序；历任县长田中文、陈勇、张世忠，分管副县长、编纂委员会主任王静及历任分管副县长吴勇、侯宏高度重视，统筹协调，及时解决编纂过程中出现的实际困难和问题，保证编纂工作的顺利进行；主编杨光强，历任主编杜中贵、孙元泰全力以赴，适时指导，确保编纂工作如期圆满完成。各承编单位领导全力支持，积极提供资料，按质按量完成资料汇编；县内外专家、学者提出了若干建设性意见和建议；社会各界热心人士无偿提供了大量珍贵图文资料；编辑及编务人员以高度的历史责任感和严谨的科学态度反复核查相关资料和数据，严守编纂过程中各个环节的质量关。值此志书付梓之际，谨向关心支持编写工作的各级领导、专家学者、社会各界人士和承编、参编单位表示诚挚的感谢。

《汶川特大地震剑阁抗震救灾志》的编修业务由县地方志办公室主任、副主编赵勇主持，并负责制定工作方案、编写纲目、统稿总纂和审核；田中锦拟定篇目；何中辉撰写资料长编。田中锦分纂概述、大事记、医疗防疫、模范人物事略；赵树鹏分纂灾情、灾后重建、黑龙江援建、先进名录、附录；左松参与统筹图文资料。志稿由何代英统改语言文字，黄茂斌复核数据。县地方志办公室工作人员全程参与志书编纂、审定、出版各阶段工作。

汶川特大地震灾害遍及县内城乡各个角落，而抗震救灾及灾后重建场面之宏大、历时之久都是史无前例的，这些都给资料的收集带来了严重困难。一些资料因此而无法收集；志稿虽几经修改校勘，不足乃至舛误之处仍在所难免。诚望各位读者、同仁指正。

《汶川特大地震剑阁抗震救灾志》编辑部

2018 年 12 月